# Die

# Zölle und indirekten Steuern

## in Elsaß-Lothringen

(ausschließlich des Enregistrements und Stempels).

## Systematische Zusammenstellung

der

einschlägigen Gesetze, Verordnungen, Regulative, Bundesrathsbeschlüsse und Erlasse, mit Anmerkungen

im Auftrage des Oberpräsidenten herausgegeben

von

**L. Leydhecker**

Kaiserl. Regierungsrath.

---

**Zweiter Band.**

**Straßburg,**

Verlag von Karl J. Trübner.

1877.

# Systematisches Inhaltsverzeichniß.

## Zweiter Band.

Dritter Theil.

# Die Zölle und gemeinschaftlichen Steuern

des Deutschen Reichs.

# IX.

# Die Zölle.

## A. Die Zollgesetzgebung im Allgemeinen.

### Inhaltsübersicht.



### Vorbemerkungen.(¹)

Die Zollgesetzgebung der Zollvereinsstaaten beruht im Wesentlichen auf den bei der ersten Generalkonferenz im Jahre 1836 getroffenen Verabredungen. Die Vereinsstaaten haben sich damals über ein Zollgesetz und eine Zollordnung geeinigt. Das erstere sollte den allgemeinen Theil zur Zollordnung bilden, die letztere die Ausführungsbestimmungen enthalten; nur das Zollgesetz mußte in jedem Vereinsstaate als Landesgesetz publicirt werden, hinsichtlich der Zollordnung blieb dies dem Ermessen der einzelnen Regierungen überlassen. Da jedoch auch die Zollordnung viele Bestimmungen enthält, für welche der Weg der Gesetzgebung geboten erschien, so hat man es in den meisten Vereinsstaaten als nothwendig erachtet, Zollgesetz und Zollordnung als Landesgesetz zu publiciren.

Sieht man auf die damaligen Verkehrsverhältnisse und auf die Zolleinrichtungen anderer Staaten in jener Zeit, so wird man nicht verkennen, daß die Zollkontrolen des Zollvereins sich durch Einfachheit vor anderen hervorgethan haben,

(¹) Z. vgl. die Denkschriften zu dem Entwurf des Gesetzes vom 1. Juli 1869.

daß man namentlich von Anfang an bemüht gewesen ist, die Entrichtung der Zölle dem Uebergang der Waaren in den Konsum möglichst nahe zu rücken. Seitdem hat aber der Verkehr in Deutschland einen Aufschwung genommen, der bei Begründung des Zollvereins kaum geahnt werden konnte. Die Zollordnung hat fast ausschließlich den durch den Frachtfuhrmann vermittelten Verkehr im Auge. Eisenbahnen, welche dem internationalen Verkehr dienten, existirten noch nicht; der Dampfschiffsverkehr war ohne Bedeutung. Von der zollamtlichen Behandlung des Eisenbahnverkehrs ist daher in der Zollordnung keine Rede; des Seeverkehrs wird nur beiläufig gedacht.

Man war nun zwar bemüht, den gesteigerten Bedürfnissen des erweiterten Verkehrs nach Erleichterungen in der Zollabfertigung durch reglementäre Einrichtungen, wie z. B. durch Einführung des Ansageverfahrens beim Eisenbahnverkehr mittelst des Eisenbahnregulativs vom Jahre 1852, Rechnung zu tragen. Außerdem wurden durch die Gesetzesnovelle vom 18. Mai 1868, betr. die Abänderung einzelner Bestimmungen der Zollordnung und Zollstrafgesetzgebung (B. G. B. 1868 S. 225) erhebliche Erleichterungen gewährt, allein die Nothwendigkeit einer durchgreifenden Revision der Zollgesetzgebung zeigte sich immer gebieterischer. In einem Beschluß des Zollparlaments vom 8. Mai 1868 wurden für diese Reform folgende Gesichtspunkte aufgestellt:

1) Möglichste Erleichterung der Zollabfertigung in Bezug auf die Zeit, zu welcher dieselbe stattfinden darf, sowie in Bezug auf die Anzahl, Lage und Kompetenz der Zollstellen;

2) Möglichste Erweiterung des Ansageverfahrens und des Niederlageverkehrs;

3) Zulassung jeder Veränderung (Umladung, Umpackung, Theilung) der vom Auslande eingegangenen und noch nicht in den freien Verkehr gesetzten Waaren auf dem Transporte, soweit solcher unter amtlicher Aufsicht geschieht;

4) Möglichste Beschränkung der Kontrolen im Grenzbezirk und im Binnenland.

Um diese Erleichterungen ins Leben treten zu lassen, wurde dem Zollparlament im Jahre 1869 der Entwurf eines Vereinszollgesetzes vorgelegt, welcher mit unerheblichen Abänderungen zum Gesetz erhoben wurde, und am 1. Januar 1870 in Kraft getreten ist. Durch dasselbe wurde zugleich eine einheitliche Zollstrafgesetzgebung für sämmtliche Vereinsstaaten erzielt, während es bei den Verhandlungen im Jahre 1836 nur gelungen war, sich über gewisse leitende Grundsätze zu verständigen, nach Maßgabe deren den einzelnen Vereinsregierungen die Redaktion des Zollstrafgesetzes überlassen blieb.

**11. Mai 1833.** — Zollkartel (G. E. L. 1871, S. 156). (¹)

**1. Juli 1869.** — Vereinszollgesetz. (B. G. S. 317). (²)

I. Verkehr mit dem Vereinsauslande.

§ 1. Alle Erzeugnisse der Natur, wie des Kunst- und Gewerbefleißes dürfen im ganzen Umfange des Vereinsgebiets eingeführt, ausgeführt und durchgeführt werden. Ein-, Aus- und Durchfuhr.

§ 2. Ausnahmen hiervon (§ 1) können zeitweise für einzelne Gegenstände beim Eintritt außerordentlicher Umstände oder zur Abwehr gefährlicher ansteckender Krankheiten (Art. 4, Abs. 2. bis einschließlich 5 des Vertrages vom 8. Juli 1867) oder aus sonstigen gesundheits- oder sicherheitspolizeilichen Rücksichten für den ganzen Umfang oder einen Theil des Vereinsgebiets angeordnet werden. (³)

§ 3. Die aus dem Vereinsauslande eingehenden Gegenstände sind zollfrei, soweit nicht der Vereinszolltarif einen Eingangszoll festsetzt. (⁴) Eingangszoll.

---

(¹) S. Abschn. V.

(²) Eingeführt in E. L. durch Ges. vom 17. Juli 1871, die Einführung der deutschen Zoll- und Steuergesetzgebung betr.

Die Vorarbeiten zum V. Z. G. sind in den nachstehenden Protokollen und Drucksachen des Bundesraths des Zollvereins vom Jahre 1869 enthalten:

a) Entwurf zum V. Z. G. nebst Denkschrift hierzu. (Prot. I, § 5. Drucksache Nr. 10);

b) Abänderungen des Entwurfs. (Prot. III, § 44. Drucksache Nr. 45);

c) Bericht der vereinigten Ausschüsse für Zoll- und Steuerwesen und für Handel und Verkehr, den Entwurf des V. Z. G. betr. (Prot. V, § 86 und VII, § 98. Drucksache Nr. 63);

d) Bericht derselben Ausschüsse, die Ausführung des Vereinszollgesetzes betr. (Prot. IX, § 160. Drucksache Nr. 112).

(³) Z. vgl. Ges. vom 11. Dezbr. 1871, Maßregeln gegen die Rinderpest betr;

VO. vom 11. Februar 1873, das Verbot der Einfuhr von Reben zum Verpflanzen betr;

VO. vom 26. Februar 1875, das Verbot der Einfuhr von Kartoffeln aus Amerika betr;

Bek. d. OPr. vom 5. Septr. 1874 (Str. Z. Nr. 211), Verbot des in Basel erscheinenden Baseler Volksblatts betr.

(⁴) Z. vgl. Kapitel B. „Zolltarif."

§ 4. Im letzteren Fall tritt mit den im gegenwärtigen Gesetz (§§ 111 bis 118 bestimmten Ausnahmen die Zollpflichtigkeit, ohne Rücksicht auf die etwaige Abstammung der Gegenstände aus dem freien Verkehr des Zollvereins ein. (1)

Ausgangszoll.

§ 5. Bei der Ausfuhr gilt ebenfalls die Zollfreiheit als Regel. Die Ausnahmen ergiebt der Vereinszolltarif. (2)

Zollfreiheit des Durchganges.

§ 6. Von der Durchfuhr werden Abgaben nicht erhoben.

## II. Verkehr im Innern des Vereinsgebiets.

Freiheit des Verkehrs im Innern.

§ 7. Der Verkehr mit vereinsländischen, sowie mit zollfreien oder verzollten ausländischen Waaren innerhalb des Vereinsgebiets ist, vorbehaltlich der Bestimmungen in den Abschnitten XV. und XVI. dieses Gesetzes und soweit nicht durch Vertrag unter den Zollvereinsstaaten Ausnahmen begründet sind, frei. (3)

§ 8. Binnenzölle, sowohl des Staats, als der Kommunen und Privaten, sind unzulässig.

Dahin gehören jedoch nicht solche Abgaben, welche für die Benutzung von Häfen, Kanälen, Schleusen, Brücken, Fähren, Kunststraßen, Wegen, Krahnen, Waagen, Niederlagen, und anderen zur Erleichterung des Verkehrs bestimmten Anstalten erhoben werden. (4)

## III. Erhebung des Zolles.

Erhebungs-Maaßstab — nach welchen Sätzen der Zoll zu entrichten ist.

§ 9. Die Erhebung des Zolles geschieht nach Gewicht, (5) nach Maaß, nach Stückzahl oder nach dem Werthe. (6)

---

(1) Z. vgl. Art. 13 u. 15 des Z. V. V. vom 8. Juli 1867 über die Zollbefreiung auf privative Rechnung; außerdem B. R. B. vom 29. April 1872 über den Zollerlaß für die beim Deutschen Reiche akkreditirten Gesandten.

(2) Ausfuhrzölle werden nach Aufhebung des Zolles für Lumpen u. s. w. nicht mehr erhoben.

(3) Z. vgl. Art. 4 u. 5 des Z. V. V. vom 8. Juli 1867 und den Abschnitt „Verkehr mit steuerpflichtigen Gegenständen u. s. w."

(4) Z. vgl. Art. 25 d. Z. V. V.

(5) Z. vgl. B. R. B. vom 19. Juni 1871 (§ 344 d. Prot.) im Kapitel „Zolltarif."

(6) Z. vgl. § 93 d. V. Z. G.

Der Zoll ist nach denjenigen Tarifsätzen und Vorschriften zu entrichten, welche an dem Tage gültig sind, an welchem

1) die zum Eingange bestimmten Waaren bei der kompetenten Zollstelle zur Verzollung, zur Abfertigung auf Begleitschein II (§ 33), oder zur Anschreibung auf Privatkreditlager (§ 108),
2) die zum Ausgange bestimmten ausgangszollpflichtigen Waaren bei einer zur Erhebung des Ausgangszolles befugten Abfertigungsstelle

angemeldet und zur Abfertigung gestellt werden (§ 34).

§ 10. Neben den Zöllen dürfen andere Abgaben und Gebühren nur insoweit erhoben werden, als dieselben in den §§ 8, 27 und 108 vorbehalten sind, oder als es sich um eine Entschädigung für den Mehraufwand an Beamtenkräften handelt, welchen die Verabsäumung gesetzlich den Betheiligten obliegender Verpflichtungen noch in anderen Fällen als denen des § 27 oder die Gestattung einer Ausnahme von den Vorschriften dieses Gesetzes im Interesse der Zollsicherheit nothwendig macht. (¹) — Neben-gebühren.

Wegen der Meßgebühren (Meßunkosten) ist das Nöthige in den Meßordnungen enthalten.

§ 11. Abänderungen des Vereinszolltarifs sollen der Regel nach wenigstens acht Wochen vor dem Zeitpunkte, mit welchem sie in Kraft treten, zur öffentlichen Kunde gebracht werden. — Abänderungen des Vereinszolltarifs.

§ 12. Zur richtigen Anwendung des Vereinszolltarifs dient das amtliche Waarenverzeichniß, welches die einzelnen Waarenartikel nach ihren im Handel und sonst üblichen Benennungen in alphabetischer Ordnung aufzählt und die auf jeden derselben anzuwendende Tarifnummer bezeichnet. Beschwerden über die Anwendung des Tarifs im einzelnen Fall werden im Verwaltungswege entschieden. (²) — Amtliches Waarenverzeichniß.

---

(¹) Z. vgl. Nr. 1 der Anweisung zur Ausführung d. V. Z. G. und wegen der für die Oeffnung der Privatlager zu erhebenden Gebühren die bezüglichen Angaben im Kapitel „Niederlageverkehr."

(²) Z. vgl. § 7 der Bek. vom 3. Aug. 1871, wonach das amtliche W. V. bei sämmtlichen Zollstellen eingesehen und auch im Wege des Buchhandels bezogen werden kann.

In folgerichtiger Anwendung des Schlußsatzes des § 12 ist von den Gerichten des deutschen Zollgebiets allgemein an-

Verpflichtung zur Entrichtung des Zolles.

§ 13. Zur Entrichtung des Zolles ist dem Staate gegenüber derjenige verpflichtet, welcher zur Zeit, wo der Zoll zu entrichten, Inhaber (natürlicher Besitzer) des zollpflichtigen Gegenstandes ist. Dem Inhaber steht derjenige gleich, welcher den zollpflichtigen Gegenstand aus einer öffentlichen Niederlage entnimmt.

Haftung der Waare.

§ 14. Die zollpflichtigen Gegenstände haften ohne Rücksicht auf die Rechte eines Dritten an denselben für den darauf ruhenden Zoll und können, so lange dessen Entrichtung nicht erfolgt ist, von der Zollbehörde zurückbehalten oder mit Beschlag belegt werden. Das an den Inhaber des zollpflichtigen Gegenstandes von einem Zollbeamten ergangene Verbot, über den fraglichen Gegenstand weiter zu verfügen, hat die volle Wirkung der Beschlagnahme. Die Verabfolgung der Waaren, auf welchen noch ein Zollanspruch haftet, kann in keinem Falle, auch nicht von den Gerichten, Gläubigern oder Gütervertretern (Massenkuratoren) bei Konkursen eher verlangt werden, als bis die Abgaben davon bezahlt sind. (¹)

Verjährung der Abgabe.

§ 15. Alle Forderungen und Nachforderungen von Zollgefällen, desgleichen die Ansprüche auf Ersatz wegen zu viel oder zur Ungebühr entrichteter Gefälle verjähren binnen Jahresfrist, von dem Tage an gerechnet, an welchem die Waare in den freien Verkehr gesetzt oder an welchem der Zoll für die auf Privat-Kreditlager abgefertigten Waaren festgestellt oder die Abfertigung auf Begleitschein II erfolgt ist. Auf das Regreßverhältniß des Staates gegen die Zollbeamten und auf Nachzahlung hinterzogener (defraudirter) Gefälle findet diese abgekürzte Verjährungsfrist keine Anwendung. (²)

---

erkannt worden, daß dieselben zur Entscheidung über die Auslegung und Anwendung der zollgesetzlichen Bestimmungen überhaupt inkompetent seien. Von den elf. lothr. Gerichtsbehörden haben sich bis jetzt die Landgerichte in Mülhausen und Straßburg dieser Auffassung angeschlossen.

(¹) Z. vgl. §§ 45 u. 100.

(²) Die bei der ersten G. K. nach § 42 des Hauptprotokolls d. d. 12. Sept. 1836 vereinbarten Bestimmungen über die aus Anlaß der Registerrevision eintretende Nacherhebung oder Zurückerstattung von Zollgefällen, sind gemäß B. R. B. vom 13. Nov. 1875 (§ 436) noch in Gültigkeit, aber dahin modificirt worden,

## IV. Einrichtungen zur Beaufsichtigung und Erhebung des Zolles.

§ 16.(¹) Die Landesgrenzen gegen das Vereinsausland bilden die Zollgrenze oder Zolllinie. Es können indeß einzelne Theile eines Vereinsstaates, wo die Verhältnisse es erfordern, von der Zolllinie ausgeschlossen bleiben. Für den Verkehr dieser Theile mit dem Vereinsgebiete werden nach Bedürfniß besondere Anordnungen getroffen. (²) Zolllinie — Grenzbezirk — Binnenlinie.

Wo das Vereinsgebiet durch das Meer begrenzt wird, bildet die jedesmalige den Wasserspiegel begrenzende Linie des Landes die Zolllinie. Das Gleiche gilt, wo das Vereinsgebiet an andere Gewässer grenzt, sofern deren Stand von Ebbe und Fluth abhängig ist.

Der zunächst innerhalb der Zolllinie belegene Raum, dessen Breite nach der Oertlichkeit bestimmt wird, bildet den Grenzbezirk, welcher von dem übrigen Vereinsgebiete durch die besonders zu bezeichnende Binnenlinie getrennt ist.(³)

---

daß der unter Nr. 1 u. 2 bezeichnete Minimalbetrag von 1 Groschen oder 3 Kreuzer auf 10 Pfennig Reichswährung festgesetzt wurde. Dieselben lauten:

„Wenn bei der Prüfung der Zollregister sich ergibt, daß indebite oder zu viel oder zu wenig erhoben, oder eine Erhebung ganz unterlassen worden ist, und

1. der Betrag der Unrichtigkeit nicht mehr als 1 Groschen oder 3 Kreuzer ausmacht, so soll derselbe zwar im Revisionsprotokoll notirt, aber weder nacherhoben noch zurückvergütet werden;
2. Beträge über 1 Groschen oder 3 Kreuzer, aber unter 1 Thlr. (1 Gulden 45 Kreuzer), sollen jedesmal nacherhoben, aber nur auf ausdrückliches Verlangen des Betheiligten binnen Jahresfrist vom Tage der Erhebung an zurückvergütet werden;
3. Beträge von 1 Thlr. (1 Gulden 45 Kreuzer) und darüber sollen nicht nur nacherhoben, sondern auch ex officio restituirt werden. Hat aber letzteren Falls der zum Empfang Berechtigte, nachdem die Hinauszahlung angewiesen war, ein Jahr vorübergehen lassen, ohne das Geld zu erheben, so ist die zur Restitution angewiesene Summe als heimgefallen zu behandeln."

Wegen der Verjährung defraudirter Gefälle vgl. § 164.

(¹) Z. vgl. Ausf. Anw., Nr. 2 zu §§ 16 u. 17.

(²) Z. vgl. Art. 33 u. 34 der R. V.; Art. 6 d. Z. V. V. vom 8. Juli 1867 und die Anmerkungen zu demselben, sowie die Ausführungen im Anhang zu Abschn. I.

(³) Z. vgl. die §§ 2 u. 4 der Bek. vom 3. August 1871 und die Anmerkungen zu denselben.

Zollstraßen und Landungsplätze.

§ 17. Zollstraßen sind:

a) alle die Grenze gegen das Vereinsausland überschreitenden oder an der Grenze beginnenden, dem öffentlichen Verkehr dienenden Eisenbahnen für den Eisenbahntransport;

b) die Häfen am Meer, soweit sie nicht ausnahmsweise ausdrücklich ausgeschlossen sind, mit den dazu angewiesenen Einfahrten;

c) die aus dem Vereinsauslande in und durch den Grenzbezirk führenden Land- und Wasserstraßen, welche einen erheblichen Waarenverkehr mit dem Auslande vermitteln, und als solche ausdrücklich zu bezeichnen sind.

Wo die Zollgrenze durch ein schiffbares Wasser gebildet wird, sollen die erforderlichen Landungsplätze bestimmt werden. (¹)

Zollbehörden

§ 18. Zur Sicherung, Feststellung und Erhebung der Ein- und Ausgangszölle werden Zoll- oder Steuerämter, und da, wo die Grenzollämter nicht nahe genug an der Zolllinie liegen, an dieser besondere Ansagestellen errichtet. (²)

Grenzbewachung.

§ 19. Die Aufsicht auf den Waaren-Ein- und Ausgang wird längs der Zollgrenze und im Grenzbezirke durch eine uniformirte und bewaffnete Grenzwache geübt, die zum Gebrauche ihrer Waffen nach den darüber bestehenden besonderen Bestimmungen befugt ist. (³)

Mitwirkung anderer Beamten zum Zollschutze.

§ 20. Andere Staatsbeamte, sowie die Kommunalbeamten, namentlich die Polizei- und Forstbeamten, sind zur Unterstützung der Grenzwache verpflichtet. Sie haben insbesondere Uebertretungen der Zollvorschriften, welche bei Ausübung ihres Dienstes zu ihrer Kenntniß kommen, möglichst zu hindern und jedenfalls zur näheren Untersuchung sofort anzuzeigen. (⁴)

---

(¹) Wie zu Anm. 1 u. 3 auf S. 9.

(²) Wie zu Anm. 3 auf S. 9, s. a. §§ 128—131 d. V. Z. G.

(³) Z. vgl. den § 129 d. V. Z. G. und die Anmerkungen zu demselben, insbes. das Ges. vom 28. Juni 1834 über den Waffengebrauch der Grenzaufsichtsbeamten, s. Absch. II.

(⁴) Z. vgl. § 130 des V. Z. G., sodann Art. 51 d. Ges. vom 1. germinal an XIII, Art. 245 d. Ges. vom 28. April 1816 und § 2 d. Ges. vom 20. Juni 1872 wegen Errichtung der Gendarmerie, s. Abschn. II.

## V. Allgemeine Bestimmungen für die Waaren-Einfuhr, Ausfuhr und Durchfuhr.

§ 21. Wer zollpflichtige Waaren oder solche Gegenstände mit sich führt, welche zwar zollfrei, aber dergestalt verpackt sind, daß ihre Beschaffenheit nicht sogleich erkannt werden kann, darf über die Zolllinie zu Wasser oder zu Lande in der Regel nur während der Tageszeit und nur auf einer Zollstraße (§ 17) eintreten, auch, Fälle dringender Gefahr oder höherer Gewalt ausgenommen, nur bei einem erlaubten Landungsplatze anlanden. Straßen und Zeit, an welche die Ueberschreitung der Grenze gebunden ist.

Ebenso darf bei der Ausfuhr von ausgangszollpflichtigen, sowie von solchen Waaren, deren Ausfuhr nachgewiesen werden muß, die Ueberschreitung der Grenze in der Regel nur während der Tageszeit und nur auf einer Zollstraße stattfinden. Waaren des freien Verkehrs, welche keinem Ausganszolle unterliegen, sind auch in verpacktem Zustande bei der Ausfuhr an die Innehaltung der Zollstraße und der Tageszeit nicht gebunden.

Als Tageszeit wird angesehen:

in den Monaten Januar und Dezember die Zeit von 7 Uhr Morgens bis 6 Uhr Abends;

in den Monaten Februar, Oktober und November die Zeit von 6 Uhr Morgens bis 6 Uhr Abends;

in den Monaten März, April, August und September die Zeit von 5 Uhr Morgens bis 8 Uhr Abends:

in den Monaten Mai, Juni und Juli, die Zeit von 4 Uhr Morgens, bis 10 Uhr Abends.

Eine Ausnahme leidet die Bestimmung, daß die Ueberschreitung der Grenze nur während der Tageszeit und nur auf einer Zollstraße erfolgen darf:

a) bei Fischerfahrzeugen, welche blos frische Erzeugnisse des Meeres einführen;

b) bei der Bergung von Strandgut;

c) wenn in besonderen Fällen die Erlaubniß des zuständigen Hauptzollamts oder Nebenzollamts vor dem Beginn des Transports ertheilt worden ist. Der Erlaubnißschein muß den Waarenführer, die Waare selbst, die Straße und Zeit, für welche er gültig ist, bezeichnen.

Die Ueberschreitung der Grenze außerhalb der angegebenen Zeit ist ferner gestattet:

d) beim Transport auf den dem öffentlichen Verkehr dienenden Eisenbahnen;

e) beim Eingange und Ausgange, der seewärts erfolgt, oder von Ebbe und Fluth abhängig ist;

f) bei Waaren, welche mit den gewöhnlichen Fahrposten versendet werden, sowie bei Waaren, welche Reisende mit sich führen, mit Ausschluß der zum Handel bestimmten Waaren.

Rücksichtlich der Zeit, innerhalb deren Zollabfertigungen an der Grenze vorgenommen werden, gelten die Bestimmungen des § 133. (¹)

Deklaration — generelle und spezielle Deklaration.

§ 22. (²) Beim Eingange ist die Ladung zu deklariren. Die Deklarationen sind entweder generelle oder spezielle.

Die generelle Deklaration (Ladungsverzeichniß, Manifest), welche bei der Einfuhr auf Eisenbahnen und seewärts abzugeben ist, muß enthalten:

die Zahl der Wagen, aus denen der Transport besteht, bei Schiffen den Namen oder die Nummer des Schiffsgefäßes;

den Namen und Wohnort der Waarenempfänger;

die Zahl der Kolli, deren Verpackungsart, Zeichen und Nummern, sowie die allgemeine Bezeichnung der Gattung der geladenen Waaren;

beim Eingange auf den Eisenbahnen außerdem deren Bruttogewicht.

Sie muß ferner mit der Versicherung der Richtigkeit der gemachten Angaben und der Unterschrift des Deklaranten versehen sein.

In der speziellen Deklaration, (³) deren es in der Regel zur weiteren Abfertigung der eingegangenen Waaren, sowie beim Eingange auf anderen als den oben bezeichneten Verkehrswegen bedarf, ist außerdem anzugeben:

die Menge und Gattung der Waaren — bei verpackten Waaren für jedes Kollo — nach den Benennungen und Maaßstäben des Tarifs, sowie welche Abfertigungsweise begehrt wird.

Sind in einem Kollo Waaren zusammengepackt,

---

(¹) Z. vgl. Ausf. Anw., Nr. 3.

(²) Z. vgl. Ausf. Anw., Nr. 4 zu den §§ 22—32.

(³) Z. vgl. Nr. 1 der V. vom 22. Mai 1874, I. 8503 (A. Bl., S. 99) und das derselben beigegebene Muster nebst Anleitung zu speziellen Deklarationen.

welche verschiedenen Zollsätzen unterliegen, so muß in der speziellen Deklaration die Menge einer jeden Waarengattung nach dem Nettogewicht angegeben werden.

Die Deklarationen müssen in Deutscher Sprache abgefaßt und deutlich geschrieben sein. Auch dürfen sie weder Abänderungen noch Rasuren enthalten. Deklarationen, welche diesen Erfordernissen nicht entsprechen, können zurückgewiesen werden.

Die näheren Bestimmungen über den Umfang der Deklarationspflicht enthalten die Abschnitte VI. bis VIII.

§ 23. Die Deklaration liegt dem Waarenführer ob. An Stelle desselben kann auch der Waarenempfänger die Gattung und Menge der Waaren mit der Angabe, welche Abfertigungsweise begehrt wird, speziell (§ 22) deklariren.

Der Waarenführer, sowie der Waarenempfänger, ist berechtigt, bei dem Grenzzollamte oder einem Amte im Innern, an welches die Waaren im Ansageverfahren (§ 33) abgelassen sind, eine bereits abgegebene Deklaration, so lange die spezielle Revision noch nicht begonnen hat, zu vervollständigen oder zu berichtigen.

In gleicher Weise können die Angaben des Ladungsverzeichnisses (§ 63) in Betreff der Gattung und des Gewichts der Waaren vervollständigt oder berichtigt werden.

Die Berichtigung einer Deklaration über die mit Begleitschein I. (§ 33) abgefertigten Waaren am Bestimmungsorte ist nur in der im § 46. angegebenen Einschränkung zuläßig.

§ 24. Die Deklaration hat alle Theile der Ladung, mithin, wenn zollpflichtige Waaren mit zollfreien Gegenständen zusammengeladen sind, auch die letzteren zu umfassen.

Die Deklarationen über Waaren, welche in den freien Verkehr treten sollen, brauchen nur in einfacher Ausfertigung abgegeben zu werden. Sind die Waaren zur Weiterversendnng unter Begleitscheinkontrole bestimmt, so kann für jede Waarenpost, über die ein besonderer Begleitschein auszustellen ist, eine zweifache Ausfertigung der Deklaration verlangt werden.

Bei Ladungen, von denen der Eingangszoll weniger als 3 Thaler beträgt, genügt die mündliche Angabe.

Werden statt einer Deklaration mehrere Theildeklarationen übergeben, so hat der Deklarant eine besondere schriftliche Versicherung beizufügen, daß die ganze Ladung richtig deklarirt sei.

Rücksichtlich der Deklarationen der Reisenden kommen die Bestimmungen im § 92 zur Anwendung.

§ 25. Die Ausfertiguug der Deklaration kann durch den Waarenführer beziehungsweise Waarenempfänger selbst oder durch einen Bevollmächtigten erfolgen.

Ist der Waarenführer des Schreibens unkundig, und befindet sich kein Kommissionair (Zollabrechner) am Orte, so geschieht auf den Antrag des Waarenführers die Ausfertigung der Deklaration durch das Zollamt auf Grund der übergebenen Papiere oder der mündlichen Anzeige. Ebenso kann der Waarenführer die Ausfertigung von dem Zollamte verlangen, wenn der Eingangszoll von der ganzen Ladung nicht über 10 Thaler beträgt.

Die vom Zollamte ausgefertigte Deklaration hat der Deklarant mit seiner Unterschrift oder seinem gewöhnlichen Handzeichen zu versehen, dessen Richtigkeit von einem zweiten Beamten oder einem Zeugen zu bescheinigen ist. (¹)

§ 26. Der Deklarant haftet für die Richtigkeit der Deklaration auch in dem Falle, wenn dieselbe von einem Dritten in seinem Auftrage oder vom Zollamte gefertigt worden ist. Ebenso haftet der Waarenführer oder der Waarenempfänger für die Richtigkeit der etwa von ihm ergänzten oder berichtigten Deklaration.

Insoweit eine Berichtigung erfolgt ist, wird die ursprüngliche Deklaration als beseitigt angesehen.

§ 27. Werden die Deklarationen nicht rechtzeitig (§§ 39, 63, 66, 75 und 81) abgegeben, so werden die Waaren auf Kosten und Gefahr der Betheiligten unter amtlichen Gewahrsam oder amtliche Bewachung genommen.

Besitzt der Waarenführer keine Frachtbriefe oder andere über seine Ladung sprechende Papiere, oder nur solche, die zur Anfertigung der vorgeschriebenen Deklaration unzureichend sind, oder über deren Richtigkeit er Zweifel hegt, und ist ihm sonst die Ladung nicht genug bekannt um die Deklaration zu fertigen oder fertigen zu

(¹) Z. vgl. Nr. 2 d. V. vom 22. Mai 1874, sodann die V. vom 8. Juni 1872, I. 11711 (A. Bl., S. 171). betr. die Ausstellung der Vollmachten für die Vertreter der Eisenbahnverwaltungen. Nach Art. 47 des deutschen Handelsgesetzbuches (G. E. L., 1872, S. 250), braucht der Bevollmächtigte des Waarenempfängers nur die Eigenschaft eines Handlungsbevollmächtigten, nicht die eines Prokuristen zu haben und es bedarf derselbe einer Spezialvollmacht nicht.

lassen, und erfolgt auch nicht die Deklaration Seitens des Waarenempfängers, so hat der Waarenführer, wenn er nicht den höchsten Eingangszoll zu entrichten erbötig ist, in dem Abfertigungspapier oder besonders schriftlich oder zu Protokoll zu erklären, daß er außer Stande sei, eine zuverlässige Deklaration abzugeben und hiermit den Antrag auf Vornahme der amtlichen Revision zu verbinden. Es schreitet sodann die Zollbehörde zur speziellen Revision (§ 28), deren Befund der Waarenführer, welcher für die richtige Stellung der Ladung zur Revision haftet, mit zu unterzeichnen hat. Der Waarenführer und der Empfänger müssen sich in diesem Falle gefallen lassen, daß die gehörig deklarirten Ladungen, auch wenn sie später eintreffen, in der Abfertigung vorgezogen werden und daß die Ladung inzwischen auf seine Kosten unter amtlicher Bewachung und Verschluß gehalten wird. (1)

(1) Z. vgl. § 30, Abs. 2 d. V. Z. G. wegen der probeweisen Revision, und § 42, wegen der Abfertigung mit Begleitschein, sodann Nr. 3 a—c der V. vom 22. Mai 1874, wobei jedoch zu a und c zu bemerken bleibt, daß die Errichtung eines Protokolls, welche nach § 9 der alten Zollordnung obligatorisch war, nach § 27 d. V. Z. G. durch eine „schriftliche Erklärung" ersetzt werden kann. Durch die lith. V. des R. K. A. vom 1. Mai 1873, R. K. A.. 397, III., ist im Einverständniß mit dem Ausschusse des Bundesraths für Zoll- und Steuerwesen bestimmt worden, daß im Falle des § 27 der Spediteur oder Waarenempfänger nicht an die Stelle des Waarenführers treten könne. Einmal steht der Wortlaut entgegen. Nur in Bezug auf die Abgabe der speziellen Deklaration kann nach § 23 d. V. Z. G. der Waarenempfänger an die Stelle des Waarenführers treten. Dann aber erscheint es auch materiell bedenklich, den Waarenführer im Falle des § 27 ex nexu zu lassen. Der Waarenführer hat nach diesem Paragraphen für die richtige Stellung der Ladung zur Revision zu haften und deßhalb den amtlichen Befund mit zu unterzeichnen; er hat nach § 136 Nr. 2 a die Defraudationsstrafe verwirkt, wenn einzelne Gegenstände nicht zur Revision gestellt sind. An einer gleichen Strafbestimmung gegen den Waarenempfänger würde es aber fehlen. Endlich kommt in Betracht, daß es nicht im Interesse der Zollverwaltung liegt, die Anwendung des § 27 noch mehr zu erleichtern. Vielmehr muß gewünscht werden, daß die Abgabe einer speziellen Deklaration als Grundlage für die Revision die Regel bildet. Z. vgl. ferner die lith. V. d. G. D. vom 17. Februar und 3. November 1876, I. 2605 u. 13302

Revision — allgemeine und spezielle Revision.

§ 28. Die Revision Seitens der Zollbehörde ist entweder eine allgemeine oder eine spezielle. Die erstere geschieht nur nach Zahl, Zeichen, Verpackungsart und Gewicht der Kolli ohne deren Eröffnung. Bei der speziellen Revision findet außerdem die Eröffnung der Kolli statt, um die Gattung und Menge der in denselben enthaltenen Waaren zu ermitteln. (¹)

Brutto-gewicht — Tara — Nettogewicht.

§ 29. Bei der speziellen Revision wird entweder nur das Bruttogewicht oder auch das Nettogewicht der Waaren ermittelt.

Unter Bruttogewicht wird das Gewicht der Waare in völlig verpacktem Zustande, mithin in ihrer gewöhnlichen Umgebung für die Aufbewahrung und mit ihrer besonderen für den Transport verstanden.

Das Gewicht der für den Transport nöthigen äußeren Umgebung wird Tara genannt.

Ist die Umgebung für den Transport und für die Aufbewahrung nothwendig dieselbe, wie es z. B. bei Syrup u. s. w. die gewöhnlichen Fässer sind, so ist das Gewicht dieser Umgebung die Tara.

Das Nettogewicht ist das Bruttogewicht nach Abzug der Tara. Die kleinen, zur unmittelbaren Sicherung der Waare nöthigen Umschließungen (Flaschen, Papier, Pappe, Bindfaden und dergl.) werden bei Ermittelung des Nettogewichts nicht in Abzug gebracht; ebensowenig, der Regel nach, Unreinigkeiten und fremde Bestandtheile, welche der Waare beigemischt sein möchten. Eine Ausnahme von letzterer Bestimmung findet rücksichtlich der zu Wasser eingegangenen Waaren in der Weise statt, daß, wenn in Folge von Havarie durch eingedrungenes Wasser oder andere fremde Bestandtheile das Gewicht der Waare vermehrt ist, bei der Verzollung ein dem Gewicht des Wassers rc. entsprechender Abzug von dem vorgefundenen Gewicht der Waare zugestanden wird. — Auch ist es gestattet, die Waare unter amtlicher Aufsicht zu trocknen, worauf das nach der Trocknung vorgefundene Gewicht der Verzollung zu Grunde gelegt wird.

---

(¹) Z. vgl. Ausf. Anw., Nr. 5 und §§ 32, 39, 41 u. 42 d. V. Z. G. — Unter Nr. 4 a—p der V. vom 22. Mai 1874 sind eingehende Vorschriften über die Vornahme der Revision ertheilt.

Welche Gegenstände nach dem Brutto- und welche nach dem Nettogewicht zu verzollen sind, bestimmt der Vereinszolltarif.

Es bleibt der Wahl des Zollpflichtigen überlassen, ob er bei Gegenständen, deren Verzollung nach dem Nettogewicht geschieht, die tarifmäßige Tara gelten, oder das Nettogewicht, entweder durch Verwiegung der Waare ohne die Tara oder der letzteren allein ermitteln lassen will. Bei Flüssigkeiten und anderen Gegenständen, deren Nettogewicht nicht ohne Unbequemlichkeit ermittelt werden kann, weil ihre Umgebung für den Transport und für die Aufbewahrung dieselbe ist, wird die Tara nach dem Vereinszolltarif berechnet und der Zollpflichtige hat kein Widerspruchsrecht gegen Anwendung desselben. Die Zollbehörde ist befugt, die Nettoverwiegung eintreten zu lassen, wenn eine von der gewöhnlichen abweichende Verpackungsart der Waaren oder eine erhebliche Entfernung von den im Vereinszolltarif angenommenen Tarasätzen bemerkbar wird. (1)

§ 30. Liegen spezielle Deklarationen über die Waaren (§ 22) vor, so kann die Feststellung des zu entrichtenden Zolles oder die weitere Abfertigung auf Grund probeweiser Revisionen erfolgen, sofern sich bei denselben vollkommene Uebereinstimmung mit den Angaben der Deklaration herausstellt. Probeweise Revision.

In dem Falle des § 27 ist eine probeweise Revision ausgeschlossen. (2)

§ 31. Der Zollpflichtige hat die Waaren in solchem Zustande darzulegen, daß die Beamten die Revision, wie erforderlich, vornehmen können, auch muß er die dazu Obliegenheiten des Zollpflichtigen.

---

(1) Z. vgl. Ausf. Anw., Nr. 6 und die Bundesrathsbeschlüsse über die Tara (s. Kap. B „Zolltarif").

(2) Z. vgl. Ausf. Anw., Nr. 7, sodann § 41, Abs. 3 d. V. Z. G. Nach V. vom 28. März 1874, I. 5402 (A. Bl., S. 79) ist es als genügend anzusehen, wenn auf demselben Gebiete, auf dem es sich um probeweise Revision handelt, spezielle Deklaration vorliegt, daher eine probeweise Revision des Inhalts unter Voraussetzung spezieller Deklaration desselben auch dann zulässig, wenn das Gewicht nicht speziell deklarirt, also bezüglich desselben probeweise Revision ausgeschlossen ist.

nöthigen Handleistungen nach der Anweisung der Beamten auf eigene Gefahr und Kosten verrichten oder verrichten lassen.

Die Ab- oder Ausladung darf erst erfolgen, nachdem das Zoll- oder Steueramt die Anweisung dazu ertheilt hat. (¹)

Behandlung der Waaren, welche in den freien Verkehr treten sollen.

§ 32. Sollen die Waaren in den freien Verkehr treten, so erfolgt spezielle Revision (§§ 28—30). Bei der Abfertigung an der Grenze oder bei einem Amte im Innern, auf welches die Waaren im Ansageverfahren (§ 33) abgelassen sind, bilden stets, soweit nicht für havarirte Güter (§ 29) eine Ausnahme nachgelassen ist, die ermittelte Menge und Beschaffenheit der Waare die Grundlage der Verzollung. Rücksichtlich der unter Begleitscheinkontrole abgefertigten Waaren kommen die Bestimmungen im § 47 zur Anwendung.

Wünscht der Deklarant, daß die Ladung, oder ein Theil derselben, von der speziellen Revision befreit bleibe, so kann dem Antrage gegen Entrichtung des höchsten Zollsatzes im Tarif entsprochen werden, insofern nicht besonderer Verdacht vorhanden ist, daß eine Umgehung des Stückzolles oder die Uebertretung anderer Landesgesetze beabsichtigt werde, z. B. die Einbringung falscher Münzen u. s. w., in welchem Fall die Revision, und nach dem Befunde, die Beschlagnahme der betreffenden Gegenständen eintreten muß.

Behandlung der Waaren, welche an der Grenze auf ein Amt im Innern abgelassen oder durchgeführt werden sollen — Ansageverfahren — Begleitscheinverfahren, Ladungsverzeichniß.

§ 33. Sollen die Waaren unverzollt von dem Grenzzollamte auf ein zur weiteren zollamtlichen Abfertigung befugtes Amt im Innern, oder zur unmittelbaren Durchfuhr abgelassen werden, so geschieht dies entweder im Ansageverfahren (§ 38, 52 und 83), bei welchem die grenzzollamtliche Abfertigung — Deklaration und Revision — an das Amt im Innern verlegt, beziehungsweise der Wiederausgang der eingeführten Waaren lediglich durch amtliche Begleitung kontrolirt wird, oder es tritt die Abfertigung auf Ladungsverzeichniß oder Begleitschein ein. Die Begleitscheine bestehen in Begleitscheinen Nr. I oder Nr. II Die Begleitscheine Nr. I und die denselben gleichgestellten amtlichen Bezettelungen, sowie die Ladungsverzeichnisse

(¹) Z. vgl. Nr. 4 o u. p und 5 der Verf. vom 22. Mai 1874, s. a. § 161 d. V. Z. G.

haben den Zweck, den richtigen Eingang der über die Grenze eingeführten Waaren am inländischen Bestimmungsorte oder die Wiederausfuhr solcher Waaren zu sichern. Begleitscheine Nr. II dienen dazu, die Erhebung des durch spezielle Revision ermittelten Zollbetrages einem anderen Amte gegen Sicherheitsleistung zu überweisen.

Behandlung ausgehender ausgangszollpflichtiger Waaren.

§ 34. Bei ausgehenden, einem Ausgangszolle unterliegenden Waaren geschieht die Ermittelung der Menge und Art derselben, sowie die Erhebung des Zolles nach der Wahl des Waarenführers entweder beim Grenzzollamte am Ausgangspunkte, oder bei einer dazu befugten Hebestelle im Innern mit Vorbehalt der Revision beim Grenzzollamte. Für den Eisenbahn- und Seeverkehr gelten besondere Vorschriften (§§ 71 und 88). (1)

Verschiedenheit des Abfertigungsverfahrens je nach der Art d. Einganges und Ausganges.

§ 35. Die näheren Bestimmungen über das bei der Waaren-Ein-, Aus- und Durchfuhr zu beobachtende Verfahren richten sich darnach, ob der Ein- und Ausgang auf Landstraßen, Flüssen und Kanälen, oder auf Eisenbahnen oder seewärts stattfindet.

## VI. Bestimmungen über die Waaren-Einfuhr, Ausfuhr und Durchfuhr auf Landstraßen, Flüssen und Kanälen.

A. Waaren-eingang. Verhalten beim Eingang über die Grenze.

§ 36. Der Weg von der Zolllinie bis zum Grenzzollamte muß auf der Zollstraße ohne Abweichung und willkürlichen Aufenthalt und ohne daß die Ladung eine Veränderung erleidet, fortgesetzt werden.

Anmeldung bei dem Grenzzollamte oder den Ansageposten.

§ 37. Bei dem Grenzzollamte hat der Waarenführer seine sämmtlichen, die Ladung betreffenden Papiere zu übergeben. (2)

§ 38. Wo zwischen der Grenze und dem Grenzzollamte ein Ansageposten errichtet ist, hat der Waarenführer seine Papiere über die Ladung bei letzterem abzugeben. Die Papiere werden in Gegenwart des Waarenführers einge-

---

(1) Nach Aufhebung des Ausgangszolls für Lumpen ist diese Bestimmung weggefallen.

(2) Zu den §§ 37 u. 38, vgl. Nr. 6 a—h der V. vom 22. Mai 1874 und die zugehörigen Muster zu Ansagezetteln, Anmeldungsregistern, Anmeldescheinen und Deklarationsregistern. Wegen des von jeder Zollhebestelle zu führenden Deklarationsregisters, vgl. auch die V. vom 28. November 1871, Nr. 22226 (A. Bl., S. 655) s. Kap. H.

siegelt, an das Grenzzollamt adressirt und einem Grenzaufseher überliefert, welcher das Fuhrwerk oder Schiffsgefäß zum Grenzzollamte begleitet. (¹)

Verfahren, wenn die Waaren an der Grenze in den freien Verkehr treten sollen.

§ 39. Sollen die Waaren an der Grenze in den freien Verkehr treten, so sind dieselben unmittelbar nach der Ankunft dem Grenzzollamte nach Maaßgabe der Bestimmungen in den §§ 22 ff. speziell zu deklariren, sofern nicht nach § 27 der Antrag auf Vornahme der amtlichen Revision gestellt wird. Es findet demnächst spezielle Revision (§§ 28 bis 30) und gegebenen Falles Erhebung des Eingangszolles (§ 32) statt.

Ueber den entrichteten Eingangszoll wird von der Zollbehörde eine Quittung ertheilt.

Der Deklarant haftet für die Richtigkeit der Deklaration sowohl hinsichtlich der Zahl und Art der Kolli, als hinsichtlich der Menge und der Gattung der Waaren. Es sollen indeß Abweichungen von dem deklarirten Gewicht, welche bei der Revision sich herausstellen, straffrei gelassen werden, wenn der Unterschied zehn Prozent des deklarirten Gewichts der einzelnen Kolli oder der in einem Kollo zusammengepackten verschieden tarifirten Waaren oder einer zusammen abgefertigten gleichnamigen Waarenpost nicht übersteigt. (²)

Niederlegung beim Grenzeingangsamte.

§ 40. Die Waaren können bei dem Eingangsamte niedergelegt werden, wenn der Ort das vollständige Niederlagerecht (§ 97) hat, oder sich eine beschränkte Niederlage (§ 105) daselbst befindet.

Das Abfertigungsverfahren wird durch das für die betreffende Niederlage erlassene Regulativ (§ 106) bestimmt. (³)

Verfahren, wenn die Waaren von

§ 41. Sollen die Waaren unverzollt einer Hebestelle im Innern zur schließlichen zollamtlichen Abfertigung

---

(¹) Z. vgl. Anm. zu § 37, sowie die Ausf. Anw., Nr. 8.

(²) Z. vgl. Ausf. Anw., Nr. 9, sowie Nr. 7 a—p der V. vom 22. Mai 1874 und die zugehörigen Muster zu den Zolleinnahmejournalen und Quittungen. Wegen Führung der Zolleinnahmejournale ist die auf der vierten Seite des Musters gegebene Anleitung und die V. vom 18. Januar 1873, I. 26118 (A. Bl., S. 69) zu beachten.

(³) Z. vgl. Ausf. Anw., Nr. 10, und das „Niederlageregulativ."

überwiesen werden, oder zur unmittelbaren Durchfuhr gelangen, so ist die Ladung speziell zu deklariren. Bei einer und derselben Post gleichartiger Waaren braucht das Gewicht in der Deklaration nur summarisch angegeben zu zu werden.

der Grenze auf ein Amt im Innern oder zur Durchfuhr abgelassen werden sollen. — Begleitschein I.

Die Revision Seitens des Abfertigungsamtes ist eine allgemeine, insofern nicht besondere Gründe eine Ausnahme erfordern, oder die Betheiligten selbst die spezielle Revision beantragen. Es tritt sodann in der Regel amtlicher Verschluß der Waare und die Ertheilung eines Begleitscheins I ein, welcher ein Verzeichniß der Waaren, auf die er lautet, nach Maaßgabe der vorhandenen Deklaration oder des Revisionsbefundes, die Zahl der Kolli und deren Bezeichnung, die Art des angelegten amtlichen Verschlusses, den Namen und Wohnort der Waarenempfänger, das Erledigungsamt, sowie den Zeitraum enthalten muß, innerhalb dessen der Beweis der erreichten Bestimmung zu führen ist. (¹)

Die Feststellung des Gewichts kann, ausnahmsweise in Fällen des Bedürfnisses durch Probeverwiegungen erfolgen, wenn sich bei den einzelnen zur Verwiegung gelangenden Kolli keine Abweichungen ergeben, welche zwei Prozent des deklarirten Gewichts überschreiten. (²)

Bei eingehenden Schiffs- oder Wagenladungen, bei welchen die Revision ohne vorherige Ausladung nicht ausführbar ist, soll der Begleitschein ohne vorgängige Revision auf Grund der abgegebenen Deklaration ausgefertigt werden, sofern amtliche Begleitung eintritt oder ein sichernder Verschluß angelegt werden kann.

Auf den Antrag der Betheiligten kann die Abfertigung auch solcher Waaren auf Begleitschein I erfolgen, welche nach der Deklaration zollfrei sind.

§ 42. Liegt keine vollständige spezielle Deklaration (§ 22) vor, so sind in der Regel die Waaren bei dem Grenzzollamte der speziellen Revision zu unterwerfen. Es kann jedoch, im Fall die Deklaration nur insofern mangelhaft ist, daß die Gattung der Waaren nur allge-

(¹) Z. vgl. Nr. 7 (dieselbe kommt doppelt vor) der V. vom 22. Mai 1874 und die §§ 4—12 des „Begleitscheinregulativs“.

(²) Z. vgl. § 30 d. V. Z. G.

mein nach ihrer sprachgebräuchlichen oder handelsüblichen Benennung bezeichnet worden oder die Angabe des Nettogewichts bei den in einem Kollo zusammenverpackten verschiedene tarifirten Waaren fehlt, hierüber hinweggesehen werden und die Abfertigung auf Begleitschein I ohne vorherige spezielle Revision erfolgen, wenn ein sichernder Verschluß angelegt werden kann oder Begleitung von der Behörde angeordnet wird. (1)

Amtlicher Verschluß.

§ 43. In der Regel tritt Kolloverschluß ein. Es kann indeß statt desselben nach dem Ermessen des Abfertigungsamtes der Verschluß des Wagens oder des Schiffsgefäßes eintreten (§§ 94 bis 96).

Bei speziell revidirten Waaren kann von der Anlegung eines amtlichen Verschlusses, wenn die Betheiligten dieselbe nicht selbst beantragen, abgesehen werden, sofern eine Vertauschung der Waare nach deren Beschaffenheit auf dem Transporte nicht zu besorgen ist. (2)

Verpflichtungen des Begleitschein-extrahenten.

§ 44. Derjenige, auf dessen Verlangen ein Begleitschein I ausgestellt wird (Extrahent des Begleitscheins), übernimmt mit der Unterzeichnung desselben die Verpflichtung, die im Begleitschein bezeichneten Waaren in unveränderter Gestalt und Menge in dem bestimmten Zeitraume und an dem angegebenen Orte zur Revision und weiteren Abfertigung zu stellen, ingleichen die Verbindlichkeit, für den Betrag des Eingangszolles von diesen Waaren und wenn die Art derselben durch spezielle Revision nicht festgestellt worden, beziehungsweise wenn es sich um Gegenstände handelt, welche nach der Deklaration zollfrei sind, für den Betrag des Zolles nach dem höchsten Erhebungssatz des Tarifs zu haften.

Der Waarenführer hat die Waaren unverändert ihrer Bestimmung zuzuführen und dem Amte, von welchem

(1) Z. vgl. §§ 5 u. 6 des Begleitscheinregulativs. Was die Bestimmung im 2. Satze des § 42 anbelangt, so ist dieselbe so zu verstehen, daß in dem fraglichen Falle nicht nur die Ausfertigung des Begleitscheins ohne vorherige spezielle Revision, sondern auch bei der Schlußabfertigung am Bestimmungsorte die Revision ohne vorherige Ergänzung der Deklaration erfolgen kann. (Z. vgl. B. R. Drucksache Nr. 63 v. 1869. Bericht zum Entwurf d. V. Z. G., S. 5)

(2) Z. vgl. § 13 des Begleitscheinreg. u. die Anm. zu dems.

die Schlußabfertigung zu bewirken ist, unter Vorlegung des Begleitscheins zu gestellen, auch bis dahin den etwa angelegten amtlichen Verschluß unverletzt zu erhalten. (¹)

Sicherstellung des Zolles.

§ 45. Für den Eingangszoll muß entweder durch Pfandlegung oder durch einen sicheren Bürgen, der sich als Selbstschuldner verpflichtet und den bürgschaftlichen Rechtsbehelfen entsagt, Sicherheit bestellt werden.

Die Pfandlegung oder Bürgschaft muß, wenn die Waarengattung ermittelt ist, auf den zu berechnenden Betrag des Eingangszolles, sonst aber auf den höchsten Zollsatz gerichtet werden.

Das Abfertigungsamt ist befugt, bekannte sichere Waarenführer, sowohl In- als Ausländer, von der Sicherheitsbestellung zu entbinden. (²)

Nachweis der Erfüllung der Verpflichtungen des Begleitschein-extrahenten.

§ 46. Die im Begleitschein I übernommenen Verpflichtungen erlöschen nur dann, wenn durch das darin bestimmte Amt bescheinigt wird, daß diesen Obliegenheiten

(¹) Z. vgl. Ausf. Anw., Nr. 11, sowie die §§ 49, 50 und 96 d. V. Z. G. und die §§ 18, 23—31 und 41—47 d. Begl. Reg. Der Begleitscheinextrahent bleibt in erster Linie nur für den Betrag des Zolles verhaftet, für die Vergehen des Waarenführers nur insofern, als er bei denselben mitgewirkt hat, oder selbst Waarenführer ist. Nach dem zweiten Absatz des § 44 d. V. Z. G., kann der Waarenführer von mit Begleitschein I. abgefertigten Gütern, auf Grund des § 152 des Ges. mit einer Ordnungsstrafe bestraft werden, falls er die Waaren nicht dem Erledigungsamte unter Vorlegung des Begleitscheins gestellt oder den angelegten Verschluß nicht unverletzt erhalten hat und zwar letzteren Falles auf die bloße Thatsache der Verschlußverletzung hin. Ist bei eingetretener Verschlußverletzung der Thäter ermittelt worden, so kann dieser mit der im § 151 des Ges. vorhergesehenen Strafe belegt werden. Hierbei wird bemerkt, daß der Wortlaut des § 64, Abs. 2, des V. Z. G. von dem § 44 abweicht, indem ersterer positiv ausspricht, welche Nachtheile den Waarenführer treffen sollen, falls er die übernommene Verpflichtung nicht erfüllt. Es kann deßhalb beim Begleitzettelverkehr der Waarenführer nicht auf die Thatsache der Nichtgestellung der Waaren oder der Verschlußverletzung hin bestraft werden und im letzteren Falle nach allgemeinen strafrechtlichen Grundsätzen überhaupt nur eine Bestrafung des Thäters und zwar nach § 152 d. V. Z. G. eintreten.

(²) Z. vgl. § 14 des Begl. Reg.

völlig genügt sei, worauf sodann die Löschung der geleisteten Sicherheit oder Bürgschaft erfolgt. (1) Auf den Antrag des Waarendisponenten kann der Begleitschein von dem Empfangsamte auch einem anderen dazu befugten Amte zur Erledigung überwiesen werden. (2)

Die Angaben des Begleitscheins hinsichtlich der Gattung und des Nettogewichts der Waaren können von dem Waarenführer oder dem Waarenempfänger am Bestimmungsorte, so lange eine spezielle Revision noch nicht stattgefunden hat, ergänzt oder berichtigt werden. (3)

Rücksichtlich der Haftung für die berichtigte Deklaration, sowie rücksichtlich der Folgen einer Berichtigung gelten die Bestimmungen im § 26.

Zollpflichtiges Gewicht.

§ 47. Das beim Eingang ermittelte und im Begleitschein angegebene Gewicht der Waaren wird in der Regel der Verzollung oder weiteren Abfertigung zu Grunde gelegt, unbeschadet der näheren Untersuchung, welche wegen etwa vorgekommener Irrthümer in der Abfertigung oder wegen versuchter Zolldefraudation einzuleiten ist, wenn sich bei der am Bestimmungsorte veranlaßten abermaligen Verwiegung Abweichungen von dem beim Eingange ermittelten Gewicht ergeben.

Es wird indeß von dem Mindergewicht, welches sich bei den unter amtlichem Verschluß oder unter Begleitung abgelassenen Waaren am Bestimmungsorte gegen das beim Eingange ermittelte Gewicht herausstellt, kein Eingangszoll erhoben, vielmehr bildet das vorgefundene Gewicht die Grundlage der Verzollung oder weiteren Abfertigung, sofern der amtliche Verschluß unverletzt befunden wird und anzunehmen ist, daß das Mindergewicht lediglich durch natürliche Einflüsse herbeigeführt worden sei, namentlich kein Grund zu dem Verdachte vorliegt, daß ein Theil der Waare heimlich entfernt worden.

Unter den gleichen Voraussetzungen wird auch von der Erhebung des Eingangszolles für das Mindergewicht

---

(1) Z. vgl. § 44 d. V. Z. G. und die §§ 46 und 56 d. B. R.
(2) Z. vgl. § 25 d. B. R.
(3) Z. vgl. § 35 d. B. R. und die Anm. zu § 42 d. V. Z. G., sowie B. R. B. vom 5. Oktober 1876 (§ 261 d. Prot.), s. Kap. C.

abgesehen, welches sich etwa bei den zum Durchgange abgefertigten Waaren beim Ausgangsamte gegen das im Begleitschein angegebene Gewicht herausstellt.

Ist beim Eingangsamte nur eine probeweise Verwiegung erfolgt (§ 41), so gilt rücksichtlich der nicht verwogenen Kolli das deklarirte Gewicht als das ermittelte.

Hat beim Eingangsamte überhaupt keine Verwiegung stattgefunden (§ 41), so bildet das am Bestimmungsorte festgestellte Gewicht die Grundlage der Verzollung oder weiteren Abfertigung, sofern der Verschluß unverletzt befunden und nicht durch Umstände der Verdacht begründet wird, daß eine heimliche Entfernung von Waaren stattgefunden habe. In diesem Falle kann, nach dem Ergebniß der anzustellenden Erörterungen das deklarirte Gewicht der Verzollung oder weiteren Abfertigung zu Grunde gelegt werden. (1)

§ 48. Wenn auf Begleitschein I abgefertigte Waaren erweislich auf dem Transporte durch Zufall zu Grunde gegangen sind, so tritt ein Zollerlaß ein. Zollerlaß für die auf dem Transport zu Grunde gegangenen oder in verdorbenem oder zerbrochenem Zustande ankommenden Waaren.

Ferner bleibt, sofern der angelegte amtliche Verschluß unverletzt befunden wird, oder amtliche Begleitung stattgefunden hat, der Eingangszoll unerhoben, wenn die Gegenstände, welche unter amtlichem Verschluß oder amtlicher Begleitung abgefertigt worden sind, am Bestimmungsorte in verdorbenem oder in zerbrochenem Zustande ankommen. Die in verdorbenem Zustande ankommenden Gegenstände müssen unter amtlicher Aufsicht vernichtet werden. Die zerbrochen ankommenden Gegenstände sind unter Aufsicht der Zollbehörde nöthigenfalls so zu zerstören, daß sie völlig unbrauchbar werden. (2)

§ 49. Sollten Naturereignisse oder Unglücksfälle bei dem Transporte innerhalb des Vereinsgebiets den Waarenführer verhindern, seine Reise fortzusetzen und den Bestimmungsort in dem durch den Begleitschein festgesetzten Zeitraume zu erreichen, so ist er verpflichtet, dem nächsten Zoll- oder Steueramte Anzeige davon zu machen, welches entweder den Aufenthalt auf dem Begleitschein Verzögerung des Transportes.

(1) Z. vgl. § 37 d. V. R.
(2) Z. vgl. Ausf. Anw. Nr. 12, § 44 d. V. R. und Nr. 8 d. V. vom 22. Mai 1874.

bezeugen, oder, wenn die Fortsetzung der Reise ganz unterbleibt, die Waaren unter Aufsicht nehmen muß. ([1])

Veränderte Bestimmung oder Theilung der Ladung.

§ 50. Wenn eine Waarenladung, über welche ein Begleitschein ertheilt worden ist, eine andere Bestimmung erhält, so hat der Waarenführer den Begleitschein bei dem nächsten Zoll- oder Steueramte abzugeben, welches den Begleitschein mit dem erforderlichen Vermerk über den veränderten Bestimmungsort und Empfänger versieht. ([2])

Soll eine auf Begleitschein I abgefertigte Ladung unterwegs getheilt werden, so sind die Waaren dem nächsten Hauptzoll- oder Hauptsteueramte oder einem zur Ausstellung von Begleitscheinen befugten Zoll- oder Steueramte vorzuführen, welches auf diesfälligen Antrag neue Begleitscheine ausgefertigt, nachdem die Theilung der Ladung unter amtlicher Aufsicht erfolgt ist. ([3])

Die Theilung darf sich auch auf den Inhalt einzelner Kolli erstrecken.

Begleitscheine II.

§ 51. Soll nach dem Antrage des Deklaranten die Erhebung des durch spezielle Revision ermittelten Eingangszolles bei einem anderen dazu befugten Amte erfolgen, so geschieht dies durch Ertheilung eines Begleitscheins II. welcher die Menge und Gattung der Waaren nach den Ergebnissen der Revision, den Namen und Wohnort des Waarenempfängers, den Betrag des gestundeten Eingangszolles, wo derselbe zu entrichten, ob und welche Sicherheit geleistet, was wegen Vorlegung des Begleitscheins zu erfüllen ist, sowie den Zeitraum enthält, innerhalb dessen der Beweis der erfolgten Zollentrichtung geführt werden muß.

Begleitscheine II. werden jedoch nur dann ausgestellt, wenn der Eingangszoll von den Waaren, für welche der Begleitschein begehrt wird, fünf Thaler oder mehr beträgt. ([4])

Ansageverfahren.

§ 52. Mit Genehmigung der obersten Landes-Finanzbehörde kann auf solchen Strecken, wo es im Bedürfniß des Verkehrs liegt, und amtliche Begleitung zulässig erscheint, die Ablassung der Waaren von dem Grenzzoll-

---

([1]) Z. vgl. §§ 28 u. 29 d. B. R.
([2]) Z. vgl. §§ 23 u. 24 d. B. R.
([3]) Z. vgl. § 27 d. B. R.
([4]) Z. vgl. §§ 21 u. 48 d. B. R.

amte auf ein zur weiteren zollamtlichen Abfertigung befugtes Amt im Innern im Wege des Ansageverfahrens erfolgen. Die Abfertigung findet in diesem Fall nach Maßgabe der Bestimmung im § 38 statt.

B. Unmittelbare Durchfuhr: a) von ausgangszollpflichtigen Waaren;

§ 53. Werden Waaren, welche mit einem Ausgangszoll belegt sind, zur unmittelbaren Durchfuhr deklarirt, so unterbleibt, sofern dieselben beim Eingange speziell revidirt werden, die Begleitschein-Ausfertigung.

Statt derselben wird in dem Duplikat der Deklaration angegeben, daß und wie die Waaren unter Verschluß gesetzt worden sind und innerhalb welcher Frist und über welches Zollamt der Wiederausgang derselben erfolgen dürfe. (1)

b) auf kurzen Straßenstrecken.

§ 54. Auf kurzen durch das Vereinsgebiet führenden Straßen können nach Maaßgabe der von der obersten Landes-Finanzbehörde zu treffenden Anordnungen bei der Abfertigung Erleichterungen eintreten.

C. Waarenausgang. Behandlung der ausgangszollpflichtigen Waaren.

§ 55. Sollen Waaren zur Ausfuhr gelangen, welche mit einem Ausgangszoll belegt sind, so müssen dieselben nach den Bestimmungen im § 22 speziell angemeldet werden. Es erfolgt sodann spezielle Revision und die Erhebung des Ausgangszolles.

Ueber die Zollentrichtung wird Quittung ertheilt.

Ist der Ausgangszoll bei einem Amte im Innern entrichtet, so wird auf Grund der Angaben des Waarenführers in der Quittung zugleich bemerkt, binnen welcher Frist und auf welcher Straße die Ausfuhr erfolgen muß. Der Ausgang darf, sofern nicht nach § 21 eine Ausnahme zugestanden ist, nur über ein Grenzzollamt stattfinden, bei welchem die Quittung vorgezeigt werden muß. (2)

Behandlung der Waaren, deren Ausfuhr nachgewiesen werden muß.

§ 56. Waaren, bei denen es auf den Beweis der erfolgten Ausfuhr ankommt, müssen von dem Waarenführer bei demjenigen Grenzzollamte angemeldet und gestellt werden, über welches die Ausfuhr nach Inhalt der empfangenen Bezettelungen geschehen soll. Dieses Amt bewirkt die Abfertigung, nachdem es sich durch Revision der Waare die Ueberzeugung verschafft hat, daß diejenigen Gegenstände vorhanden sind, auf welche die Bezettelung lautet. Bei Waaren, welche unter amtlichem Verschluß zum Ausgange abgefertigt sind, beschränkt sich die Ausgangs-Abfertigung in der Regel auf die Prüfung und Lösung des Verschlusses.

Ist die Gestellung der Waare bei dem Grenzausgangsamte unterblieben, so hängt es von dem Ermessen

---

(1) Aufgehoben, da Ausgangszölle nicht mehr bestehen.

(2) Wie Anm. 1; vgl. Ausf. Anw. Nr. 13, und wegen des Ausgangs der im freien Verkehr befindlichen Gegenstände, Nr. 9 d. V. vom 22. Mai 1874.

der Zollbehörde ab, ob der Ausgang in Bezug auf die Ansprüche der Zollverwaltung als erwiesen anzunehmen sei. (1)

D. Waaren-Ein- und Durchfuhr auf Flüssen, auf welche besondere Staatsverträge Anwendung finden.

§ 57. Bei der Waaren-Einfuhr und Durchfuhr auf Flüssen, auf welche besondere Staatsverträge Anwendung finden, tritt das darin zur Sicherung des Zoll-Interesses vereinbarte Verfahren an die Stelle des gewöhnlichen Abfertigungsverfahrens. (2)

E. Begleitscheinregulativ.

§ 58. Ueber das bei der Ausfertigung und Erledigung der Begleitscheine I und II zu beachtende Verfahren wird ein besonderes Regulativ erlassen. (3)

## VII. Bestimmungen über die Waaren-Einfuhr, Ausfuhr und Durchfuhr auf den Eisenbahnen.

A. Allgemeine Verpflichtungen der Eisenbahnverwaltungen: 1. bezüglich der für die Abfertigung und die einstweilige Niederlegung der nicht sofort zur Abfertigung gelangenden Gegenstände erforderlichen Räume;

§ 59. Die Eisenbahnverwaltung hat auf den für die Zollabfertigung bestimmten Stationsplätzen die für die zollamtliche Abfertigung und für die einstweilige Niederlegung der nicht sofort zur Abfertigung gelangenden Gegenstände erforderlichen Räume zu stellen, beziehungsweise die nach der Anordnung der Zollbehörde hierfür nöthigen baulichen Einrichtungen zu treffen. (4)

2. gegenüber den Zollbeamten.

§ 60. Diejenigen Oberbeamten der Zollverwaltung, welche mit der Kontrole des Verkehrs auf den Eisenbahnen und der die Abfertigung desselben bewirkenden Zollstellen besonders beauftragt sind und sich darüber gegen die Angestellten der Eisenbahn ausweisen, sind befugt, zum Zwecke dienstlicher Revisionen oder Nachforschungen, die Wagenzüge an den Stationsplätzen und Haltestellen so lange zurückzuhalten, als die von ihnen für nöthig erach-

(1) Z. vgl. Ausf. Anw. Nr. 14; §§ 40 u. 46 d. B. R. und Nr. 10 d. B. vom 22. Mai 1874.

(2) Z. vgl. Ausf. Anw. Nr. 15; B. R. B. vom 17. Mai 1871, betr. die zollamtl. Beh. des Gütertransports rc. auf dem Rhein und dessen konventionellen Nebenflüssen (§ 242 d. Prot.) s. Kap. C; Revid. Rheinschifffahrtsakte vom 17. Oktober 1868, Art. 9—11.

(3) Z. vgl. Kap. C.

(4) Z. vgl. § 5 des Eisenbahnregulativs.

lete und möglichst zu beschleunigende Amtsverrichtung solches erfordert.

Die bei den Wagenzügen oder auf den Stationsplätzen oder Haltestellen anwesenden Angestellten der Eisenbahnverwaltungen sind in solchen Fällen verpflichtet, auf die von Seite der Zollbeamten an sie ergehende Aufforderung bereitwillig Auskunft zu ertheilen und Hülfe zu leisten, auch den Zollbeamten die Einsicht der Frachtbriefe und der auf den Güterverkehr bezüglichen Bücher zu gestatten.

Nicht minder sind die bezeichneten Zollbeamten befugt, innerhalb der gesetzlichen Tageszeit alle auf den Stationsplätzen und Haltestellen vorhandenen Gebäude und Lokalien, soweit solche zu Zwecken des Eisnbahndienstes und nicht blos zu Wohnungen benutzt werden, ohne die Beachtung weiterer Förmlichkeiten zu betreten und darin die von ihnen für nöthig erachteten Nachforschungen vorzunehmen. Dieselbe Befugniß steht ihnen auf solchen Stationsplätzen und Haltestellen, welche von Nachtzügen berührt werden, auch zur Nachtzeit zu.

Jeder mit der Kontrole des Eisenbahnverkehrs besonders beauftragte Oberbeamte muß innerhalb der von der betreffenden Zolldirektivbehörde bezeichneten Strecke der Eisenbahn in beiderlei Richtungen in einem Personenwagen II. Classe unentgeltlich befördert werden.

Ebenso hat, wo die Zollverwaltung eine Begleitung der Wagenzüge durch Zollbeamte eintreten läßt, die Beförderung der Begleitungsbeamten unentgeltlich zu erfolgen und ist denselben ein Sitzplatz auf einem Wagen nach ihrer Wahl, sofern sie von der Begleitung zurückkehren aber ein Platz in einem Personenwagen mittlerer Classe einzuräumen. (1)

B. Waaren-eingang. 1. Zollamtliche Behandlung der Güter, die in Eisenbahnwagen die Grenze überschreiten.

§ 61. Bei Ueberschreitung der Grenze dürfen in den Personenwagen oder sonst anderswo als in den Güterwagen sich keine Gegenstände befinden, welche zollpflichtig sind oder deren Einfuhr verboten ist. Eine Ausnahme findet nur hinsichtlich der unter dem Handgepäck der Reisenden befindlichen zollpflichtigen Kleinigkeiten, sowie des

---

(1) Z. vgl. §§ 11 u. 12 d. E. R.

Gepäcks statt, welches sich auf den mittelst der Eisenbahn beförderten Wagen von Reisenden befindet.

Auf den Lokomotiven und in den dazu gehörigen Tendern dürfen nur Gegenstände vorhanden sein, welche die Angestellten oder Arbeiter der Eisenbahnverwaltung auf der Fahrt selbst zu eigenem Gebrauch oder zu dienstlichen Zwecken nöthig haben. Auch dürfen weder in den Eisenbahnwagen, noch in den Lokomotiven und Tendern geheime oder schwer zu entdeckende, zur Aufnahme von Gütern oder Effekten geeignete Räume vorhanden sein. (¹)

§ 62. Sämmtliche Frachtgüter und Effekten, deren Abfertigung nach Maaßgabe der folgenden Bestimmungen stattfinden soll, müssen in der Regel schon im Auslande in leicht und sicher verschließbare Güterwagen, (Kulissenwagen, Wagen mit Schutzdecken), oder in abhebbare Behälter, nach den von der Zollbehörde zu ertheilenden näheren Vorschriften, verladen sein. (²)

Generelle Deklaration. Ladungsverzeichniß.

§ 63. Unmittelbar nach Ankunft des Zuges auf dem Bahnhofe des Grenzzollamtes hat der Zugführer oder der sonstige Bevollmächtigte der Eisenbahnverwaltung dem Amte vollständige Ladungsverzeichnisse über die Frachtgüter in zweifacher Ausfertigung zu übergeben. Der einen Ausfertigung müssen die Frachtbriefe über die darin verzeichneten Güter beigefügt sein.

Die Ladungsverzeichnisse müssen die verladenen Kolli nach Inhalt, Verpackungsart, Zeichen, Nummer und Bruttogewicht nachweisen, die Gesammtzahl derselben angeben und dasjenige Amt bezeichnen, bei welchem die weitere Abfertigung verlangt wird. Ferner muß darin die Angabe der Wagen oder Wagenabtheilungen oder der abhebbaren Behälter, in welche die Kolli verladen sind, nach Zeichen, Nummer oder Buchstaben enthalten sein.

Ein jedes Ladungsverzeichniß darf in der Regel nur solche Güter enthalten, welche nach einem und demselben Abfertigungsorte bestimmt sind. (³)

---

(¹) Z. vgl. §§ 3, 6 u. 13 d. E. R.
(²) Z. vgl. §§ 7, 9 u. 14 d. E. R.
(³) Z. vgl. §§ 17–20 d. E. R. und die Anm. hierzu in Betr. der Ausstellung von Vollmachten für die Vertreter der E.

§ 64. Demnächst werden die Wagen unter amtlichen Verschluß gesetzt (§§ 94 bis 96). *Abfertigung der weitergehenden Wagen.*

Der Zugführer oder sonstige Vertreter der Eisenbahnverwaltung übernimmt durch Unterzeichnung des Ladungsverzeichnisses in Vollmacht der Eisenbahnverwaltung die Verpflichtung, die in diesen Verzeichnissen genannten Wagen u. s. w. binnen der darin bestimmten Frist in vorschriftmäßigem Zustande und mit unverletztem Verschlusse den betreffenden Abfertigungsämtern zu gestellen, widrigenfalls aber für die Entrichtung des höchsten tarifmäßigen Eingangszolles von den in dem Ladungsverzeichnisse nachgewiesenen Gewichtsmengen zu haften.

Es werden sodann sowohl die Ladungsverzeichnisse mit den dazu gehörigen Frachtbriefen, als auch die Schlüssel zu den zum Verschlusse der Wagen verwendeten Schlössern, amtlich verschlossen, an die betreffenden Abfertigungsstellen adressirt und nebst den vom Grenzzollamte auszufertigenden Begleitzetteln dem Zugführer oder sonstigen Bevollmächtigten der Eisenbahnverwaltung zur Abgabe an die Abfertigungsstellen übergeben. Die unterbliebene Ablieferung der Schlüssel oder die Verletzung des Verschlusses, unter welchem sich dieselben befinden, zieht für die Eisenbahnverwaltung und ihren Bevollmächtigten die nämlichen rechtlichen Folgen nach sich, wie die unmittelbare Verletzung des Verschlusses derjenigen Wagen u. s. w., zu welchen die Schlüssel gehören. (¹)

§ 65. Auf den Antrag der Eisenbahnverwaltung kann unterwegs eine Umladung oder theilweise Ausladung von Frachtgütern bei einem dazu befugten Zoll- oder Steueramte unter amtlicher Aufsicht und unter den von der Zollbehörde näher vorzuschreibenden Bedingungen stattfinden. *Umladungen und Ausladungen.*

An Hafenplätzen, wo die Eisenbahn bis an eine schiffbare Wasserstraße reicht, kann gleichfalls die Umladung der Güter von den Eisenbahnwagen in verschlußfähige Schiffe und umgekehrt unter den vorbezeichneten Bedingungen vorgenommen werden.

---

(¹) Z. vgl. §§ 21, 22 u. 24 d. E. R. und die Anm. hierzu, wegen des Verfahrens bei Transportverzögerungen; ferner die Anm. zu § 44 d. V. Z. G. wegen der Haftpflicht der Eisenbahnbevollmächtigten.

Die Abnahme des Verschlusses, die erfolgte Umladung oder Ausladung, ferner die Wiederanlegung des Verschlusses ist auf dem Begleitzettel zu bescheinigen. (¹)

Abfertigung am Bestimmungsorte — spezielle Deklaration, Revision und weitere Abfertigung.

§ 66. Gleich nach Ankunft des Wagenzuges am Bestimmungsorte sind die Wagen und die abhebbaren Behälter der Abfertigungsstelle vorzuführen, welche dieselbe in Beziehung auf ihren Verschluß und ihre äußere Beschaffenheit revidirt.

Sodann ist binnen einer von der Zollbehörde örtlich zu bestimmenden Frist die Gattung und Menge der eingegangenen Waaren mit der Angabe, welche Abfertigungsweise begehrt wird, nach den Bestimmungen in den §§ 22 ff. speziell zu deklariren, sofern nicht nach § 27 der Antrag auf amtliche Revision gestellt wird.

Zollfreie Gegenstände können auf Grund des Ladungsverzeichnisses ohne spezielle Deklaration abgefertigt werden.

Der Bevollmächtigte der Eisenbahnverwaltung, welcher das Ladungsverzeichniß unterzeichnet hat, haftet für die Richtigkeit der in demselben enthaltenen Angaben hinsichtlich der Zahl und Art der geladenen Kolli. Abweichungen, welche sich bei der Revision von dem in den speziellen Deklarationen angegebenen Gewicht herausstellen, bleiben innerhalb der im § 39 bezeichneten Grenzen straffrei.

Hinsichtlich des der Verzollung oder weiteren Abfertigung zu Grunde zu legenden Gewichts finden die Bestimmungen im Schlußsatze des § 47 Anwendung.

Auf den Antrag der Eisenbahnverwaltung können die Ladungsverzeichnisse auch einem anderen dazu befugten Amte zur Erledigung überwiesen werden. (²)

§ 67. Rücksichtlich der auf dem Transport zu Grunde gegangenen oder in verdorbenem oder zerbrochenem Zustande ankommenden Gegenstände gelten die Bestimmungen des § 48. (³)

§ 68. Bei der Revision und weiteren Abfertigung kommen die Bestimmungen in den §§ 39 bis 51 zur Anwendung.

---

(¹) Z. vgl. §§ 25 u. 26 d. E. R.

(²) Z. vgl. §§ 28—31 u. 24 d. E. R.

(³) Z. vgl. Ausf. Anw. Nr. 12 und Nr. 8 d. V. vom 22. Mai 1874.

§ 69. Die aus dem Auslande eingegangenen Waaren, für welche das im Eisenbahnverkehr zulässige erleichterte Abfertigungsverfahren in Anspruch genommen wird, sind von dem Waarenführer unter Uebergabe der Ladungspapiere dem Grenzzollamte vorzuführen, welches die Waaren unter amtliche Aufsicht und Kontrole stellt. Vor der Verladung in die Eisenbahnwagen hat der Bevollmächtigte der Eisenbahnverwaltung das im § 63 vorgeschriebene Ladungsverzeichniß zu übergeben.

2. Zollamtliche Behandlung der Güter, welche im gewöhnlichen Landfracht- oder Schiffsverkehr einem Grenzzollamte Behufs Weiterbeförderung mittelst der Eisenbahn zugeführt werden.

Die Verladung geschieht unter amtlicher Aufsicht und unter Vergleichung der einzuladenden Güter mit dem Ladungsverzeichniß.

Hinsichtlich des weiteren Verfahrens gelten die Bestimmungen in den §§ 64 bis 68. ([1])

§ 70. Die zum unmittelbaren Durchgange auf den Eisenbahnen bestimmten Güter werden mit Begleitzetteln und Ladungsverzeichnissen und unter amtlichem Verschluß (§§ 63 und 64) zur Durchfuhr abgefertigt. Die Zollabfertigung beim Grenzausgangsamte beschränkt sich in der Regel auf die Prüfung und Lösung des Verschlusses und die Bescheinigung des Ausgangs über die Grenze. Enden die Eisenbahnen bei dem Grenzausgangsamte, so hat das letztere eine Vergleichung der auszuladenden Güter mit dem Ladungsverzeichniß vorzunehmen.

C. Waarendurchgang.

Für den Durchfuhrverkehr auf Eisenbahnen, welche das Vereinsgebiet auf kurzen Strecken durchschneiden, können von der obersten Landes-Finanzbehörde weitere Erleichterungen zugestanden werden. ([2])

§ 71. Ausgangszollpflichtige Güter dürfen zur Beförderung nach dem Auslande nicht verladen werden, bevor nicht der Ausgangszoll bei einer zu dessen Erhebung befugten Zoll- oder Steuerstelle entrichtet oder sichergestellt worden ist. Die Güter werden, wenn der Ausgangszoll bei einem Amte im Innern entrichtet ist, unter Kollo- oder Wagenverschluß unmittelbar nach dem Auslande abgefertigt. Bei dem Grenzausgangsamte findet alsdann nur die Prüfung und Lösung des Verschlusses statt. (3)

D. Waarenausgang.

Rücksichtlich der Güter, deren Ausfuhr nachgewiesen werden muß, kommen die Bestimmungen im § 56 zur Anwendung. ([4])

---

([1]) Z. vgl. § 40 d. E. R.
([2]) Z. vgl. § 41 d. E. R.
([3]) Aufgehoben, da Ausgangszölle nicht mehr bestehen. Z. vgl. § 42 d. E. R.
([4]) Z. vgl. § 43 d. E. R.

§ 72. Wenn die Abfertigung bei dem Grenzzollamte nach Maaßgabe der vorstehenden Bestimmungen nicht in Anspruch genommen wird, so erfolgt die Abfertigung nach den in den §§ 39 bis 51 enthaltenen Bestimmungen. (1)

E. Regulativ über die Behandlung d. Eisenbahntransports.

§ 73. Die näheren Bestimmungen über die zollamtliche Behandlung des Güter- und Effektentransports auf den Eisenbahnen werden durch ein zu erlassendes Regulativ getroffen. (2)

## VIII. Bestimmungen über die Waaren-Einfuhr und Ausfuhr seewärts.

A. Waareneingang. Anmeldung bei dem Ansagepoften.

§ 74. Wo für den Eingang seewärts Ansageposten errichtet sind, haben sich die Schiffsführer bei diesen zu melden und sämmtliche über ihre Ladung sprechenden Papiere abzugeben. Der Schiffsführer ist zugleich verpflichtet, dem Ansageposten eine von ihm unterzeichnete Deklaration der Zugänge zum Schiffsraum und etwaiger geheimer Behältnisse zu übergeben, auch dem Beamten diese Zugänge und Behältnisse an Ort und Stelle zu zeigen. Die Ladungspapiere werden demnächst von dem Ansageposten in Gegenwart des Schiffsführers eingesiegelt, an das betreffende Grenzzollamt adressirt und, falls nach dem Ermessen des Ansagepostens Begleitung eintritt, dem begleitenden Beamten, andernfalls dem Schiffsführer zur Aushändigung an das Grenzzollamt zugestellt.

Verfahren beim Grenzzollamte — generelle Deklaration (Manifest).

§ 75. Soll die Ladung bei dem Grenzzollamte zur Entlöschung gelangen, so hat der Schiffsführer dem Amte binnen spätestens 24 Stunden nach der Ankunft eine generelle Deklaration (Manifest) in einfacher Ausfertigung zu übergeben, welche den Namen des Schiffes und des Schiffsführers, die Nationalität und Tragfähigkeit des Schiffes, den Hafen oder die Häfen, wo die Ladung eingenommen ist, die Namen der Waarenempfänger, die Gattung der geladenen Waaren — bei verpackten Waaren

---

(1) Z. vgl. B. R. B. vom 14. Mai 1870 (§ 63 d. Prot.) „Der § 72 findet nicht bloß, wie dies aus der Stellung geschlossen werden könnte, beim Waarenausgang mit der Eisenbahn, sondern überhaupt auf den ganzen von der Zollkontrole betroffenen Verkehr mit der Eisenbahn Anwendung."

(2) Z. vgl. Kap. D.

auch die Zahl und Verpackungsart der Kolli, deren Zeichen und Nummer — ferner die besondere Bezeichnung der Kolli oder der unverpackt geladenen Waaren, welche sich außerhalb des Schiffsraumes befinden, endlich die Versicherung, daß die Angaben richtig sind und die Unterschrift des Schiffsführers oder seines Bevollmächtigten enthalten muß.

§ 76. Der Schiffsführer haftet für die Richtigkeit der Angaben hinsichtlich der Zahl und Art der geladenen Kolli, sowie dafür, daß keine unverpackt geladene Waare in der Deklaration verschwiegen ist.

Die Gattung der geladenen Waaren hat der Schiffsführer nach bestem Wissen anzugeben. Ist ihm der Inhalt einzelner Kolli unbekannt, so hat er dies in der generellen Deklaration zu bemerken.

§ 77. Zugleich mit der generellen Deklaration muß der Schiffsführer eine Deklaration über die Zugänge zum Schiffsraum und etwaige geheime Behältnisse übergeben, sofern nicht eine solche bereits bei dem Ansageposten (§ 74) abgegeben ist. Deklaration der Eingänge zum Schiffsraum und der geheimen Behältnisse.

§ 78. Es ist ferner der generellen Deklaration eine Deklaration über die am Bord befindlichen, für den Gebrauch der Schiffsmannschaft und des Schiffs bestimmten Mund- und anderen Vorräthe, die Effekten der Schiffsmannschaft und die Schiffsinventarienstücke (Schiffsprovisionsliste) beizufügen. Das Gewicht der vorhandenen Vorräthe braucht nur annähernd angegeben zu werden. Schiffsprovisionsliste.

Bei Schiffen, welche von ihrer Ankunft im Hafen bis zu ihrem Wiederausgange unter amtlicher Bewachung stehen, bedarf es der Abgabe einer Schiffsprovisionsliste nicht.

§ 79. Bevor die vorläufige Revision des Schiffes (§ 80) Seitens der Zollbehörde stattgefunden hat, darf dasselbe ohne Erlaubniß der Zollbehörde weder am Ufer anlegen, noch irgend einen Verkehr mit dem Lande oder mit anderen Schiffen unterhalten. Verbot des Verkehrs mit dem Lande oder mit anderen Schiffen.

Die Zollbehörde ist befugt, das Schiff sofort nach der Ankunft durch ihre Beamten besetzen zu lassen.

§ 80. Nachdem die generelle Deklaration, sowie die Deklaration der Zugänge zum Schiffsraum und die Schiffsprovisionsliste übergeben ist, erfolgt die vorläufige Revision des Schiffes. Zugleich findet die spezielle Revision Vorläufige Revision des Schiffes.

des Proviants, der Schiffsvorräthe, der Utensilien und Inventarienstücke, ferner der Effekten der Schiffsmannschaft und des Reisegepäckes der Passagiere statt, sofern nicht etwa für das letztere Abfertigung unter Begleitscheinkontrole beantragt wird.

Demnächst werden die Waarenräume des Schiffes und die etwa die Verdeck- oder Kajütfracht bildenden Waaren unter amtlichen Verschluß gesetzt (§§ 94 bis 96), oder das Schiff bleibt unter amtlicher Bewachung.

Der Schiffsproviant wird insoweit zollfrei und außer weiterer Kontrole gelassen, als derselbe den muthmaaßlichen Bedarf der Schiffsmannschaft während der Dauer des Aufenthaltes des Schiffes im Lande nicht übersteigt. Dagegen werden die diesen Bedarf übersteigenden Mengen zur Verzollung gezogen oder auf den Antrag des Schiffsführers unter amtlichen Verschluß gesetzt.

Spezielle Deklaration, Revision und weitere Abfertigung.

§ 81. Binnen einer von der Zollbehörde örtlich zu bestimmenden Frist hat demnächst der Waarenführer oder der Waarenempfänger die eingegangenen Waaren dem Grenzzollamte speziell (§§ 22 ff.) zu deklariren, sofern nicht nach § 27 der Antrag auf Vornahme der amtlichen Revision gestellt wird.

Hinsichtlich der Deklaration, Revision und weiteren Abfertigung der Waaren kommen die Bestimmungen der §§ 29 und 39 bis 51 zur Anwendung.

Abweichungen von dem deklarirten Gewicht können nach den von der obersten Landes-Finanzbehörde zu treffenden näheren Anordnungen bis zu 20 Prozent von dem deklarirten Gewicht der einzelnen Kolli oder einer zusammen abgefertigten gleichnamigen Waarenpost straffrei gelassen werden.

Beschädigte Strandgüter.

§ 82. Für beschädigte Güter, welche aus den an den Küsten von Zollvereinsstaaten gestrandeten Schiffen geborgen sind und im Wege öffentlichen Ausgebotes zum Verkauf gelangen, ist auf den Antrag der Betheiligten ein Eingangszoll von zehn Prozent des Bruttoertrages des Auktionserlöses zu erheben, wenn sowohl die Behörde, welche die Auktion abhält, als die Zollbehörde die stattgehabte Beschädigung der Waare bescheinigt. (1)

(1) Z. vgl. B. R. B. vom 21. Juli 1873 (Kap. E).

§ 83. Auf den Antrag des Schiffsführers können die Schiffe von dem Grenzzollamte im Ansageverfahren nach dem Bestimmungsorte abgelassen werden. Zu diesem Ende hat der Schiffsführer sogleich nach seinem Eintreffen, falls es nicht bereits bei einem Ansageposten geschehen ist, dem Grenzzollamte sämmtliche über seine Ladung sprechenden Papiere zu übergeben. Ansageverfahren.

Das Schiff wird in der Regel mit zwei Beamten besetzt, welche dasselbe zu beaufsichtigen und nach dem Bestimmungsorte zu begleiten haben. Die Ladungspapiere werden amtlich abgestempelt, versiegelt und mit einem über das Schiff ausgefertigten Ansagezettel den Begleitungsbeamten zur Ablieferung an das Amt am Bestimmungsorte übergeben.

§ 84. Die Ablassung im Ansageverfahren kann auch stattfinden, nachdem ein Theil der Ladung bei dem Grenzzollamte entlöscht oder die Ladung ganz oder theilweise in Leichterschiffe übergeladen worden ist. Es muß jedoch, wenn das Schiff seine Ladung ganz an Leichterfahrzeuge abgegeben hat und im Eingangshafen zurückbleibt, der Schiffsführer für die Berichtigung des Deklarationspunktes am Bestimmungsorte (§ 86) persönlich oder durch einen Bevollmächtigten Sorge tragen. Die zollamtliche Abfertigung der beim Grenzeingangsamte entlöschten Waaren erfolgt nach Maaßgabe der Bestimmungen in den §§ 39 bis 51. Umladung in Leichterschiffe.

§ 85. Die Schiffsführer müssen ihre Fahrt zum Bestimmungsorte unverweilt und ohne weiteren Aufenthalt, als durch natürliche Hindernisse unvermeidlich wird, fortsetzen, auch während derselben die Ladung unberührt lassen. Die Schiffe dürfen ohne Erlaubniß der Zollbehörde auf der Fahrt weder am Ufer anlegen, noch mit dem Ufer oder mit anderen Schiffen Verkehr treiben. Verpflichtungen des Schiffsführers auf der Fahrt zum Bestimmungsorte.

§ 86. Hinsichtlich der Deklaration, Revision und weiteren Abfertigung am Bestimmungsorte gelten die Bestimmungen der §§ 75 bis 81. Abfertigung am Bestimmungsorte.

Sollen die Waaren unverzollt auf einer Eisenbahn weiter versendet werden, so kann die Abfertigung mittelst Ladungsverzeichnisses nach Maaßgabe der Bestimmungen in dem § 69 erfolgen.

§ 87. Soll die Ladung des Schiffes von dem Grenzzollamte unter Begleitscheinkontrole abgelassen werden, so kommen die Vorschriften in den §§ 41 bis 51 zur Anwendung.

B. Waarenausgang.

§ 88. Ueber die zur Ausfuhr seewärts bestimmten Güter, welche ausgangszollpflichtig sind oder deren Ausfuhr nachgewiesen werden muß, hat der Schiffsführer der Zoll- oder Steuerstelle am Orte der Einladung eine Ausgangsdeklaration zu übergeben, welche den Namen des Schiffes und des Schiffsführers, die Nationalität und Tragfähigkeit des Schiffes, die Zahl, Verpackungsart, Zeichen und Nummern der Kolli, die Gattung der Waaren, die Namen der Versender und den Bestimmungsort, sowie die Bezeichnung der über die geladenen Waaren ertheilten amtlichen Bezettelungen enthalten muß.

Einer Anmeldung der zur Ausfuhr seewärts bestimmten Güter des freien Verkehrs, welche keinem Ausgangszolle unterliegen, bedarf es nicht.

Die Verladung erfolgt unter amtlicher Aufsicht. Ausgangszollpflichtige Gegenstände müssen vor der Verladung vorschriftsmäßig angemeldet und verzollt sein.

C. Lösch- und Ladeplätze.

§ 89. Die Löschung, sowie die Einnahme von Ladungen darf nur an den von der Zollbehörde dazu bestimmten Stellen erfolgen.

D. Hafenregulative.

§ 90. Die näheren Bestimmungen über das beim Eingange und Ausgange seewärts zu beobachtende Verfahren enthalten die unter Berücksichtigung der örtlichen Verhältnisse zu erlassenden Hafenregulative. (1)

## IX. Behandlung des Verkehrs mit den Staatsposten.

§ 91. Die mittelst der Posten eingehenden zollpflichtigen Waaren müssen mit einer Inhaltserklärung in Deutscher oder Französischer Sprache versehen sein; den oberen Zollbehörden bleibt vorbehalten, auf einzelnen Grenzstrecken im Falle des Bedürfnisses auch Inhaltserklärungen in anderen Sprachen zuzulassen. Die Waaren werden von der Zollstelle an der Grenze entweder schließlich abgefertigt oder an eine andere Zoll- oder Steuerstelle

---

(1) Z. vgl. Ausf. Anw. Nr. 16, sowie den B. R. B. vom 26. Juni 1871, s. Kap. E.

zur weiteren zollamtlichen Behandlung beziehungsweise znr Ausgangsabfertigung abgelassen.

Die Entrichtung des Eingangszolles, von den zum Verbleib im Vereinsgebiet bestimmten Postgütern erfolgt im Wohnorte des Empfängers, oder, wenn keine Zoll- oder Steuerstelle daselbst vorhanden ist, bei einer geeignet gelegenen Hebestelle, deren Wahl der Postbehörde überlassen bleibt.

Bei den durchgehenden Poststücken findet seitens des Grenzausgangsamtes eine Vergleichung mit den Inhaltserklärungen und, wenn es für nöthig erachtet wird, den Postkarten oder den Begleitbriefen statt. Nach dem Ermessen der Zollbehörde kann die Durchführung der Poststücke durch das Vereinsgebiet auch unter Gesammtverschluß oder statt dessen unter amtlicher Begleitung erfolgen.

Sollen Gegenstände mit der Post nach dem Auslande versendet werden, welche einem Ausgangszolle unterliegen, so muß dieser vorher entrichtet werden.

Die näheren Bestimmungen wegen der Behandlung des Verkehrs mit den Posten sind in einem besonderen Regulativ enthalten. (¹)

## X. Behandlung der Reisenden.

§ 92. Die vom Auslande eingehenden Reisenden, welche zollpflichtige Waaren bei sich führen, brauchen dieselben, wenn sie nicht zum Handel bestimmt sind, nur mündlich anzumelden. Auch steht es solchen Reisenden frei, statt einer bestimmten Antwort auf die Frage der Zollbeamten nach verbotenen oder zollpflichtigen Waaren, sich sogleich der Revision zu unterwerfen. In diesem Falle sind sie nur für die Waaren verantwortlich, welche sie durch die getroffenen Anstalten zu verheimlichen bemüht gewesen sind.

Einer Anmeldung bei dem Ansageposten (§ 38) bedarf es nicht. Der Ansageposten kann, wenn er es für nöthig erachtet, die Reisenden bis zum Grenzzollamte begleiten lassen.

---

(¹) Z. vgl. Ausf. Anw. Nr. 17; Postregulativ s. Kap. F.

Die Effekten der Reisenden werden in der Regel sogleich beim Grenz-Eingangsamte schließlich abgefertigt. (¹) Beim Ausgange sind dieselben nur aus besonderen Verdachtsgründen einer Revision unterworfen.

## XI. Behandlung der einem Werthzolle unterliegenden Gegenstände.

§ 93. Die in dem Vereinszolltarif festgesetzten Werthzölle sollen nach dem Werthe am Orte des Ursprungs oder der Fabrikation des eingeführten Gegenstandes, mit Hinzurechnung der bis zum Orte der Eingangsabfertigung erforderlichen Transport-, Versicherungs- und Kommissionskosten, berechnet werden.

Wer einen solchen Gegenstand einführt, hat dessen Werth schriftlich zu deklariren.

Wenn die Zollbehörde den deklarirten Werth für unzulänglich erachtet, so soll sie berechtigt sein, die Waaren zu behalten, gegen Zahlung des deklarirten Werthes mit einem Zuschlage von fünf vom Hundert an denjenigen, welcher dieselben eingeführt hat.

Diese Zahlung muß innerhalb der auf die Deklaration folgenden vierzehn Tage erfolgen, und es müssen die etwa erhobenen Zölle gleichzeitig erstattet werden.

Wenn die Zollbehörde das Vorkaufsrecht ausüben will, so kann derjenige, gegen welchen dasselbe ausgeübt werden soll, sofern er es vorzieht, die Abschätzung der Waare durch Sachverständige verlangen. Dieselbe Befugniß steht der Zollbehörde zu, wenn sie es nicht für angemessen erachtet, sofort von dem Vorkaufsrechte Gebrauch zu machen.

Wenn die Schätzung durch Sachverständige ergiebt, daß der Werth der Waare den bei der Einfuhr deklarirten nicht um fünf vom Hundert übersteigt, so soll der Zoll nach dem in der Deklaration angegebenen Betrage erhoben werden.

Wenn der Werth den deklarirten um fünf vom Hundert übersteigt, so kann die Zollbehörde nach ihrer Wahl das Vorkaufsrecht ausüben oder den Zoll nach dem durch die Sachverständigen ermittelten Werth erheben.

---

(¹) Z. vgl. § 133 d. V. Z. G. und § 19 d. E. R., sowie Nr. 11 der V. vom 22. Mai 1874.

Dieser Zoll soll zur Strafe um die Hälfte seines Betrages erhöht werden, wenn der von den Sachverständigen ermittelte Werth um zehn vom Hundert höher ist, als der deklarirte.

Die Kosten der Untersuchung sind von dem Deklaranten zu tragen, wenn der durch die schiedsrichterliche Entscheidung ermittelte Werth den deklarirten Werth um fünf vom Hundert übersteigt, im entgegengesetzten Falle sind dieselben von der Zollbehörde zu tragen.

Im Falle einer Abschätzung der Waare wird der eine der beiden sachverständigen Schiedsrichter von dem Deklaranten, der andere von dem Vorstande der Lokal-Zollbehörde ernannt. Bei einer Meinungsverschiedenheit oder, wenn der Deklarant es verlangt, schon bei der Niedersetzung des Schiedsgerichts, wird ein Obmann von den Sachverständigen gewählt, oder sofern sich die letzteren über die Wahl nicht verständigen, von dem Präsidenten des zuständigen Handelsgerichts oder, wo ein solches nicht vorhanden ist, von dem Vorsitzenden des Civilgerichts erster Instanz ernannt.

Die schiedsrichterliche Entscheidung muß innerhalb der auf die Niedersetzung des Schiedsgerichts folgenden vierzehn Tage abgegeben werden.

## XII. Waarenverschluß.

§ 94. Der zollamtliche Verschluß erfolgt durch Kunstschlösser, Bleie oder Siegel.

Das abfertigende Amt hat zu bestimmen, ob Verschluß eintreten, welche Art desselben angewendet und welche Zahl von Schlössern, Bleien u. s. w. angelegt werden soll. Es kann verlangen, daß derjenige, welcher die Abfertigung begehrt, die Vorrichtungen treffe, welche es für nöthig hält, um den Verschluß anzubringen. (¹)

---

(¹) Z. vgl. Ausf. Anw. Nr. 18 u. Nr. 12 d. V. vom 22. Mai 1874, sowie die Anl. H zu ders. „Anleitung zur Anlegung und Prüfung des amtlichen Waarenverschlusses". Vgl. ferner V. vom 25. Juni 1874, I. 9546 (A. Bl., S. 240), betr. das Oeffnen beschädigter Kunstschlösser, und wegen des Verschlusses der Schiffe, die Anm. zum V. R. V. vom 17. Mai 1871 (Kap. C).

§ 95. Das erforderliche Material an Blei, Lack, Licht und Versicherungsschnur, sowie die fortan erforderlichen Schlösser beschafft die Zollverwaltung, vorbehaltlich des Anspruchs auf Ersatz der Kosten für verloren gegangene oder beschädigte Schlösser gegen diejenigen, welche die Schuld des Verlustes oder der Beschädigung trifft. Eisenbahnverwaltungen haben in dieser Beziehung für ihre Angestellten zu haften.

Das übrige zu der Verschlußvorrichtung nöthige Material muß von den Betheiligten besorgt werden.

§ 96. Bei eingetretener Verletzung des Waarenverschlusses kann in Folge der im Begleitschein u. s. w. von den Extrahenten übernommenen Verpflichtung für die Waaren, je nachdem ihre Gattung ermittelt ist oder nicht, die Entrichtung des tarifmäßigen oder des höchsten Eingangszolles verlangt werden. (¹)

Wird der Verschluß nur durch zufällige Umstände verletzt, so kann der Inhaber der Waaren bei dem nächsten zur Verschlußanlegung befugten Zoll- oder Steueramte auf genaue Untersuchung des Thatbestandes, Revision der Waaren und neuen Verschluß antragen. Er läßt sich die darüber aufgenommenen Verhandlungen aushändigen und giebt sie an dasjenige Amt, welchem die Waaren zu stellen sind, ab. Der Zollbehörde bleibt die Entscheidung überlassen, ob nach den obwaltenden Umständen von den oben angegebenen Folgen der Verschlußverletzung abgesehen werden kann. (²)

## XIII. Von den Niederlagen unverzollter Waaren.

A. Öffentliche Niederlagen.

§ 97. Zur Beförderung des mittelbaren Durchfuhrhandels und des inneren Verkehrs werden in den wichtigeren Handelsplätzen des Vereinsgebiets, sowie bei den Hauptzollämtern an der Grenze, wo ein Bedürfniß dazu sich zeigt, unter amtlicher Aufsicht stehende öffentliche Niederlagen eingerichtet, in welchen Waaren bis zu ihrer weiteren Bestimmung unverzollt gelagert werden können.

---

(¹) Z. vgl. V. Z. G., §§ 44 u. 64 und die Anm. hierzu.

(²) Z. vgl. Ausf. Anw. Nr. 19; §§ 41 u. 42 d. B. R. und §§ 33 u. 34 d. E. R.

Die öffentlichen Niederlagen sind entweder:
allgemeine Niederlagen (Packhöfe, Hallen, Lagerhäuser, Freihäfen §§ 98 bis 104), oder
beschränkte Niederlagen (§ 105), oder
freie Niederlagen (Freiläger § 107).

An Orten, wo keine dem Staate gehörigen Gebäude, welche als Niederlage benutzt werden können, oder dergleichen Gebäude nicht in dem nöthigen Umfange vorhanden sind, ist es Sache der Kaufmannschaft oder der Kommune, welche eine solche Anlage oder deren Erweiterung wünschen, den erforderlichen sicheren Raum zur Benutzung des Staates zu stellen. (¹)

1. Allgemeine Niederlagen. Niederlagsrecht — Lagerfrist.

§ 98. Das Niederlagerecht wird der Regel nach nur für solche Waaren bewilligt, auf denen noch ein Zollanspruch haftet und welche nicht durch die besonderen Niederlage-Regulative (§ 106) von der Lagerung ausgeschlossen sind.

Die Lagerfrist soll in der Regel einen Zeitraum von fünf Jahren nicht überschreiten. (²)

Lagergeld.

§ 99. Wo Lagergeld erhoben wird, soll dasselbe für jede Niederlage nach dem örtlichen Bedarf zur Deckung der Kosten festgestellt werden, jedoch, sofern die Niederlagen für Rechnung des Staates verwaltet werden, die folgenden Sätze nicht überschreiten:

für das Lagern monatlich
a) von trockenen Waaren vom Zentner $^1/_{60}$ Thaler (3 Kreuzer),
b) von flüssigen Waaren vom Zentner $^1/_{24}$ Thaler ($4^1/_2$ Kreuzer). (³)

Haftung der lagernden Waaren.

§ 100. Die in der Niederlage befindliche Waare haftet unbedingt für den darauf ruhenden Zoll.

Wird die Verabfolgung der Waaren aus der Niederlage vom Niederleger oder einer dritten Person verlangt,

(¹) Z. vgl. Ausf. Anw. Nr. 10 und wegen der Niederlageregulative, Kap. G. Nach B. R. B. vom 20. Dezember 1869 (§ 157) ist bei den unter Administration der Kommunen u. s. w. stehenden Niederlagen nach den bisherigen, im Ausschußbericht (Drucks. 109) angegebenen Grundsätzen auch ferner zu verfahren.

(²) Z. vgl. §§ 1—5 u. 29 d. Niederlagereg.

(³) Z. vgl. § 39 d. N. R. u. B. vom 24. Dezember 1874, I. 17881 (A. Bl., S. 391).

so ist diesem Verlangen nur unter den im § 14 enthaltenen Beschränkungen zu willfahren.

Gestattung der Umpackung. § 101. Den Eigenthümern und Disponenten der lagernden Güter steht es frei, in der Niederlage, unter Aufsicht der Beamten, die Waaren Behufs der Theilung, Sortirung, Reinigung, Erhaltung und sonstiger mit dem Zweck der Niederlage zu vereinbarenden Behandlung umzupacken, sofern geeignete Räumlichkeiten dazu vorhanden sind. (¹)

Zur Ergänzung, Auffüllung ꝛc. der lagernden Waaren können Waaren aus dem freien Verkehr in die Niederlage eingebracht werden. Dieselben nehmen damit die Eigenschaft fremder unverzollter Waaren an.

Verpflichtungen der Niederlageverwaltung rücksichtlich der lagernden Waaren. § 102. Die Niederlageverwaltung muß für die wirthschaftliche Erhaltung der Niederlageräume in Dach und Fach, für sichern Verschluß derselben, für Aufrechthaltung der Ruhe und Ordnung unter den in der Niederlage beschäftigten Personen, sowie für Abwendung von Feuersgefahr im Innern des Gebäudes und dem dazu gehörigen umschlossenen Raum sorgen und haftet für Beschädigungen der lagernden Waaren, welche aus einer ihr zur Last fallenden Unterlassung oder Vernachlässigung dieser Fürsorge entstehen. Diese Verpflichtung tritt erst ein, nachdem die Waare in die Niederlage aufgenommen und die amtliche Bescheinigung hierüber ertheilt worden ist.

Andere Beschädigungen der lagernden Waaren und Unglücksfälle, welche dieselben treffen, hat die Niederlageverwaltung nicht zu vertreten. (²)

Abmeldung von der Niederlage. § 103. Die Verzollung oder weitere Abfertigung der von den Niederlagen abgemeldeten Waaren erfolgt nach Maaßgabe der bei der Einlagerung festgestellten Menge und Beschaffenheit derselben.

In Fällen, in welchen das Gewicht der Waaren während der Lagerung durch Umpacken (§ 101) oder durch zufällige Ereignisse eine Verminderung erfahren hat, oder in denen anzunehmen ist, daß eine bei der Abmeldung wahrgenommene Gewichtsverminderung lediglich durch Eintrocknen, Einzehren, Verstauben, Verdunsten, oder ge-

---

(¹) Z. vgl. §§ 21—25 d. N. R.
(²) Z. vgl. §§ 16—18 d. N. R.

wöhnliche Lekkage entstanden ist, bildet das Auslagerungsgewicht der Waaren die Grundlage der Abfertigung, sofern nicht von den Betheiligten die Verzollung oder Abfertigung nach dem Einlagerungsgewicht verlangt wird. Liegt der Verdacht vor, daß ein Theil der Waaren heimlich aus der Niederlage entfernt worden, so ist stets das Einlagerungsgewicht der Verzolluug zu Grunde zu legen.

Das Gewicht der etwa von den Waaren entnommenen Proben wird besonders zur Verzollung gezogen.

Von den auf der Niederlage gänzlich verdorbenen und unbrauchbar gewordenen Waaren wird, nachdem dieselben unter amtlicher Aufsicht vernichtet worden sind, ein Zoll nicht erhoben. (¹)

Verfahren mit Waaren: a. deren Eigenthümer unbekannt ist;

§ 104. Sind Güter, deren Eigenthümer und Disponenten unbekannt sind, ein Jahr in der Niederlage geblieben, so soll dies unter genauer Bezeichnung derselben zu zwei verschiedenen Malen mit einem Zwischenraum von mindestens vier Wochen durch öffentliche Blätter bekannt gemacht werden, und wenn sich hierauf binnen sechs Monaten nach der letzten Bekanntmachung Niemand meldet, die Niederlageverwaltung berechtigt sein, die Güter öffentlich meistbietend zu verkaufen. Der Erlös bleibt nach Abzug der Bekanntmachungs- und Verkaufskosten, der Abgaben, sowie der etwa auf die Erhaltung der Waaren verwandten Kosten und des Lagergeldes sechs Monate hindurch aufbewahrt und fällt, wenn er bis zu deren Ablauf von Niemand in Anspruch genommen wird, der Staatskasse anheim.

Sind dergleichen Waaren einem schnellen Verderben ausgesetzt, so kann ein früherer Verkauf mit Genehmigung der dem Hauptamte vorgesetzten Behörde in der Art geschehen, daß der Licitationstermin im Orte zu zwei verschiedenen Malen innerhalb acht Tagen öffentlich bekannt gemacht wird.

b. welche binnen fünf Jahren aus der Niederlage nicht abgeholt werden.

Haben Güter, deren Eigenthümer oder Disponent bekannt ist, länger als fünf Jahre gelagert, so ist derselbe, sofern nicht auf seinen Antrag ausnahmsweise eine längere Lagerung bewilligt ist, aufzufordern, die Güter

(¹) Z. vgl. Ausf. Anw. Nr. 12, Nr. 8 d. V. vom 22. Mai 1874 und die §§ 25--27 u. 30—38 d. N. R.

binnen einer Frist, welche vier Wochen nicht überschreiten darf, von der Niederlage zu nehmen. Genügt er dieser Aufforderung nicht, so wird zum öffentlichen Verkauf der Waaren geschritten und der Erlös nach Abzug der Kosten und Abgaben dem Eigenthümer oder Disponenten zugestellt. (¹)

2. Beschränkte Niederlage.

§ 105. Bei den Aemtern an solchen Orten, welche nicht im Genuß des Niederlagerechts sind, können, wo sich ein Bedürfniß dazu ergiebt und geeignete Räume vorhanden sind, Waaren unverzollt mit der Maaßgabe niedergelegt werden, daß die Lagerfrist in der Regel nicht über sechs Monate dauern darf. Nach Ablauf derselben treten die im § 104 enthaltenen Bestimmungen ein.

Wegen des Lagergeldes, der Gestattung von Umpackungen und der Behandlung des während der Lagerung entstandenen Mindergewichts kommen die Bestimmungen für allgemeine Niederlagen in den §§ 99, 101 und 103 in Anwendung. (²)

3. Regulative für die Niederlagen.

§ 106. Die näheren Bedingungen für die Benutzung der einzelnen Niederlagen, sowie die speziellen Vorschriften über die Abfertigung der zu denselben gelangenden und aus ihnen zu entnehmenden Waaren enthalten die zu erlassenden Regulative. (³)

4. Freie Niederlagen.

§ 107. In den wichtigeren Seeplätzen des Vereinsgebiets können örtlich mit dem Hafen in Verbindung stehende freie Niederlageanstalten (Freiläger) errichtet werden.

Derartige Niederlagen werden mit den Maaßgaben, welche die für die einzelnen Niederlagen zu erlassenden Regulative enthalten, zollgesetzlich als Ausland behandelt. Die zur Ein- und Ausladung, sowie zur Lagerung bestimmten Räume sind durch sichernde Umschließung von dem umgebenden Gebiete abzuschließen. (⁴)

---

(¹) Z. vgl. § 40 d. N. R.

(²) Z. vgl. § 40 d. V. Z. G.; Ausf. Anw. Nr. 10 und § 29 d. N. R.

(³) Z. vgl. Kap. G.

(⁴) Laut B. R. B. vom 20. Dezember 1869 (§ 157 d. Prot.) bleiben die für die freien Niederlagen bisher gültigen Regulative (festgestellt auf der X. G. K.) mit den durch das V. Z. G. von 1869 bedingten Aenderungen in Kraft, s. Kap. G. Sie

§ 108. Waaren, auf denen ein Zollanspruch haftet, können auch in Privaträumen unter oder ohne Mitverschluß der Zollbehörden niedergelegt werden. Sind die Waaren zum Absatz im Vereinsgebiete bestimmt und nur zur Sicherung des darauf ruhenden, aber kreditirten Eingangszolles niedergelegt (Privat-Kreditläger), so darf die Lagerungsfrist sich der Regel nach nicht über sechs Monate und — bei längerer Lagerung — wenigstens nicht über das Kalenderjahr des Eingangs hinaus erstrecken. B. Privatläger.

Sind die zu lagernden Waaren zugleich oder ausschließlich zum Absatz nach dem Auslande bestimmt (Privat-Transitläger), so finden auf diese Läger, wenn sie unter amtlichem Mitverschluß stehen, die Bestimmungen in den §§ 101 und 103 Anwendung; rücksichtlich der Lagerfrist gilt die Vorschrift des § 98. Dagegen haftet der Inhaber eines Privat-Transitlagers, welches sich nicht unter amtlichem Mitverschluß befindet, unbedingt für die Entrichtung des Eingangszolles von den zum Privatlager verabfolgten Waaren nach Maaßgabe des bei der Verabfolgung festgestellten Gewichts, insofern er nicht die Entrichtung der Angaben an anderen Orten oder die Ausfuhr der Waaren in vorgeschriebener Art nachweist.

Für die Bewachung der unter amtlichem Mitverschluß stehenden Privat-Transitläger während ihrer Oeffnung bleibt der Zollverwaltung vorbehalten, die Entrichtung von Gebühren zu fordern. (1)

§ 109. Die näheren Bestimmungen darüber, für welche Gegenstände und unter welchen Bedingungen Privatläger zu bewilligen sind, wird der Bundesrath des Zollvereins treffen. (2)

§ 110. Zur Erleichterung des Vertriebes ausländischer Waaren nach dem Auslande können an Großhand- C. Fortlaufende Konten.

---

unterscheiden sich von den übrigen Niederlagen dadurch, daß Güter des freien Verkehrs allgemein zugelassen werden, daß vor der Aufnahme in die Freilager eine spezielle Revision der Waaren nicht stattzufinden hat und daß die Lagerfrist unbeschränkt ist. Es bestehen solche Freilager in Lübeck, Harburg, Emden und Leer.

(1) Z. vgl. Ausf. Anw. Nr. 20 und die Regulative im Kap. G.

(2) Wie Anm. 1.

lungen unverzollte fremde Waaren unter Eintragung in ein fortlaufendes Konto mit der Maaßgabe verabfolgt werden, daß die Wiederausfuhr derselben nach dem Auslande nachgewiesen oder die Verzollung zum Eingange bewirkt werden muß.

Die Bedingungen, unter denen derartige Konten zu bewilligen sind, und die Verpflichtungen der Konteninhaber werden durch ein besonderes Regulativ bestimmt. (¹)

## XIV. Verkehrserleichterungen und Befreiungen. (²)

1. Versendungen aus dem Vereinsgebiet durch das Ausland nach dem Vereinsgebiet.

§ 111. Bei Versendungen der im freien Verkehr stehenden Gegenstände aus dem Vereinsgebiete durch das Ausland nach dem Vereinsgebiete ist dem Ausgangs-Zollamte oder einem zu dieser Abfertigung befugten Amte im Innern eine Deklaration vorzulegen, worin die Art und Menge der zu versendenden Waaren mit ihrer sprachgebräuchlichen oder handelsüblichen Benennung und deren Bestimmungsort anzugeben ist. Einer Angabe des Nettogewichts der in einem Kollo zusammen verpackten, verschieden tarifirten Waaren bedarf es nicht.

Es tritt sodann die Revision und, der Regel nach, der amtliche Verschluß der Waaren ein. Dem Abfertigungsamte bleibt es überlassen, auch andere Maaßregeln zur Sicherung gegen eine Vertauschung der Waaren zu treffen. Bei Versendung von Wein können Proben entnommen werden, welche verschlossen der Sendung beizufügen sind.

Der Absender erhält demnächst die hiernach bescheinigte Deklaration zurück, auf welcher zugleich die zum Eintreffen beim Wiedereingangsamte verstattete Frist bemerkt wird.

Hat die Ausgangsabfertigung bereits bei einem Amte im Innern stattgefunden, so bedarf es bei dem Grenzausgangsamte nur der Rekognition des Verschlusses.

---

(¹) Z. vgl. Ausf. Anw. Nr. 21 und das Reg. über die fortlaufenden Konten (Kap. G).

(²) Z. vgl. wegen der §§ 112—116 u. 118 das Regulativ vom 24. Januar 1876 über die Befugnisse des G. D. (s. Abschnitt I) § 5, Nr. 3 und Ausf. Anw. Nr. 23.

Bei derartigen Versendungen von ausgangszollpflichtigen Waaren kann Sicherstellung des Ausgangszolles verlangt werden.

Bei dem Wiedereingangsamte werden die Gegenstände auf den Grund der zu übergebenden Deklaration revidirt und nach richtigem Befund ohne Zollerhebung abgelassen. Sind die Waaren unter Kollo- beziehungsweise Wagen- oder Schiffsverschluß abgefertigt, so beschränkt sich die Revision beim Wiedereingangsamte in der Regel auf die Prüfung und Lösung des angelegten Verschlusses. Auf den Antrag des Waarenführers können auch die Waaren von dem Grenzzollamte unter Belassung des amtlichen Verschlusses auf ein Amt im Innern zur schließlichen Abfertigung abgelassen werden.

Wird bei dem Transport von Waaren, welche unter Zollkontrole stehen, zwischenliegendes Ausland berührt, so muß die Waare dem Ausgangs- und dem Wiedereingangsamte zur Revision gestellt und der richtige Ausgang, beziehungsweise der Wiedereingang auf der die Sendung begleitenden Bezeltelung bescheinigt werden.

Nach örtlichem Bedürfnisse können von der obersten Landes-Finanzbehörde für den Verkehr aus dem Vereinsgebiete durch das Ausland nach dem Vereinsgebiete Erleichterungen zugestanden werden. (1)

2. Meß- und Marktverkehr.

§ 112. Zur Erleichterung des Besuchs auswärtiger Messen und Märkte kann die zollfreie Rückbringung der unverkauft gebliebenen, aus dem freien Verkehr des Zollvereins stammenden Waare verstattet werden.

Nicht minder wird den fremden Handel- und Gewerbetreibenden, welche vereinsländische Messen und Märkte besuchen, von ihren unverkauften Waaren Erlaß des Eingangszolles bei der Wiederausfuhr gewährt. (2)

3. Retour-Waaren.

§ 113. Vereinsländische Erzeugnisse oder Fabrikate, welche, außer dem Meß- und Marktverkehr, auf Bestellung, zum Kommissionsverkauf, zur Ansicht, zu öffentlichen Ausstellungen oder zum vorübergehenden Gebrauch nach dem Auslande gesandt sind und von dort zurückkommen, können vom Eingangszolle frei gelassen werden, sofern kein Zweifel

(1) Z. vgl. Ausf. Anw. Nr. 22 und Kap. H 1.
(2) Z. vgl. Art. 13 u. 14 d. Z. V. V. und Kap. H 2.

dawider besteht, daß dieselben Waaren wieder eingehen, welche ausgegangen sind.

§ 114. Die Freilassung vom Eingangszolle kann auch erfolgen, wenn Gegenstände aus dem Auslande zu öffentlichen Ausstellungen oder zum vorübergehenden Gebrauche eingehen, und demnächst wieder ausgeführt werden. (¹)

4. Veredlungsverkehr.

§ 115. Gegenstände, welche zur Verarbeitung, zur Vervollkommnung oder zur Reparatur mit der Bestimmung zur Wiederausfuhr eingehen, können vom Eingangszoll befreit werden.

In besonderen Fällen kann dies auch geschehen, wenn Gegenstände zu einem der bezeichneten Zwecke nach dem Auslande gehen und im vervollkommneten Zustande zurückkommen. (²)

5. Grenzverkehr.

§ 116. In Bezug auf den kleinen Grenzverkehr können nach Maaßgabe des örtlichen Bedürfnisses besondere Erleichterungen angeordnet werden. (³)

6. Strandgüter.

§ 117. Inländische Strandgüter von Schiffen, welche nach dem Auslaufen verunglücken, bleiben, wenn die Thatsache vollständig nachgewiesen ist, frei vom Eingangszolle. (⁴)

7. Bedingungen der vorstehenden Erleichterungen — anderweite Zollerlasse aus Billigkeitsrücksichten.

§ 118. Die allgemeinen Bestimmungen und Kontrolen, unter denen die in den §§ 111 bis 117 erwähnten Erleichterungen und Befreiungen eintreten, werden von dem Bundesrathe des Zollvereins vorgeschrieben werden.

Der Bundesrath wird ferner darüber Bestimmung treffen, ob und unter welchen Bedingungen auch in anderen als den oben erwähnten Fällen für die aus dem freien Verkehr des Zollvereins nach dem Auslande gesandten Gegenstände beim Wiedereingange, oder für die vom Auslande eingegangenen Gegenstände beim Wiederausgange aus Billigkeitsrücksichten ein Zollerlaß gewährt werden darf. (⁵)

---

(¹) Z. vgl. Kap. H 3.
(²) Z. vgl. Kap. H 4.
(³) Z. vgl. Kap. H 5.
(⁴) Z. vgl. Ausf. Anw. Nr. 24.
(⁵) Z. vgl. Art. 12 u. 13 d. Z. V. V.. Die in Aussicht gestellten Vorschriften sind bis jetzt vom Bundesrathe noch nicht erlassen worden.

## XV. Kontrolen im Grenzbezirke.

§ 119. Innerhalb des Grenzbezirks unterliegen, nach Maaßgabe der von der obersten Landes-Finanzbehörde zu treffenden Anordnungen, solche Waaren, bei welchen es nach den örtlichen Verhältnissen zur Sicherung gegen heimliche Einfuhr oder Ausfuhr nothwendig erscheint, einer Transportkontrole. Zu diesem Zweck hat Jeder, welcher Waaren dieser Art im Grenzbezirke transportirt, sich durch eine amtliche Bescheinigung (Legitimationsschein) darüber auszuweisen, daß er zum Transporte der gehörig bezeichneten Waaren in einer gewissen Frist und auf den vorgeschriebenen Wegen befugt sei. Transportkontrole.

Beim Eingange aus dem Auslande und in der Richtung von der Grenze nach der Zollstelle bedarf es auf der Zollstraße keines Transportausweises. Von der Zollstelle bis zur Binnenlinie haben sich diese Transporte durch die bei ersterer erhaltene Bezettelung zu legitimiren. (¹)

§ 120. Von der Verpflichtung zur Legitimation im Grenzbezirke sind allgemein befreit: Allgemeine Befreiung von der Legitimationsscheinpflichtigkeit.

a) rohe Erzeugnisse des Bodens und der Viehzucht eines inländischen Landguts für den Verkehr innerhalb des Gutsbezirks. Wird das Landgut von der Grenzlinie durchschnitten, so sind nach der Oertlichkeit besondere Aufsichtsmaaßregeln vorzuschreiben;
b) der Transport auf den dem öffentlichen Verkehr dienenden Eisenbahnen aus dem Binnenlande in den Grenzbezirk;
c) Gegenstände, die innerhalb einer Stadt, eines Dorfes oder einer geschlossenen Ortschaft des Grenzbezirks von Haus zu Haus gesendet werden, vorbehaltlich der auch über solche Transporte, sofern dieselben die im Eingange des § 119 gedachten Waaren zum Gegenstande haben, auf Verlangen der Zollbeamten

---

(¹) Z. vgl. Ausf. Anw. Nr. 25, sodann:
Bek. vom 3. August 1871 (§§ 5 u. 6), S. 56;
Bek. vom 22. Juli 1872 (A. Bl., S. 264), besondere Bestimmungen für den Bezirk des Hauptzollamts Altkirch enthaltend;
Bek. vom 22. August 1874 (A. Bl., S. 300), besondere Bestimmungen für den Bezirk des Hauptzollamts Schirmeck enthaltend.

zu liefernden Nachweisung der Verzollung oder zollfreien Abstammung der letzteren;

d) der Gütertransport mit den Posten. Die Postanstalten im Grenzbezirke dürfen jedoch, wenn es für nöthig erachtet und ihnen bekannt gemacht wird, entweder allgemein oder von gewissen Personen Päckereien zur Beförderung landeinwärts nur gegen eine, für jeden einzelnen Fall zu ertheilende schriftliche Erlaubniß des betreffenden Zollamts annehmen, welche dann das Poststück zum Bestimmungsorte begleitet.

Waarentransport auf Gewässern.

§ 121. An den Ufern der Gewässer im Grenzbezirke und auf den in diesen Gewässern gelegenen Inseln dürfen zollfreie Gegenstände im verpackten Zustande oder zollpflichtige Gegenstände ohne besondere Erlaubniß nur an solchen Stellen aus- und eingeladen werden, welche zu Landungsplätzen (§ 17) bestimmt und als solche bezeichnet sind.

Für Gewässer, welche längs der Zollgrenze sich erstrecken, bleibt es der obersten Landes-Finanzbehörde überlassen, nach dem örtlichen Bedürfniß eine Entfernung zu bestimmen, bis auf welche beladene Fahrzeuge ohne Erlaubniß des nächsten Zollamtes sich dem Ufer nur nähern dürfen. Unverdeckte Nachen, welche zollfreie Gegenstände geladen haben, unterliegen dieser Beschränkung nicht.

Beschränkung des Transports in Bezug auf die Zeit.

§ 122. Der Transport der der Legitimationsschein-Kontrole unterliegenden Waaren im Grenzbezirke ist nur innerhalb der im § 21 bezeichneten Tageszeit gestattet, sofern nicht der Transport auf den dem öffentlichen Verkehr dienenden Eisenbahnen stattfindet oder in besonderen Fällen von dem zuständigen Haupt- oder Nebenzollamte vor dem Beginne des Transportes eine Ausnahme nachgelassen ist.

Ausstellung des Transportausweises.

§ 123. Der zum Transport erforderliche Ausweis wird ausgestellt:

a) beim Eingange aus dem Auslande von demjenigen, Grenzzollamte, bei welchem die Anmeldung und Abfertigung geschieht;

b) beim Uebergange aus dem Binnenlande in den Grenzbezirk von denjenigen Aemtern und Expeditionsstellen in der Nähe der Binnenlinie, welche zur Ausfertigung von Legitimationsscheinen ermächtigt sind;

c) bei Versendungen aus Orten des Grenzbezirks von der nächsten Zoll- oder Expeditionsstelle;
d) auch können Ortsbehörden oder andere dazu geeignete Personen zur Ausstellung von Versendungsscheinen ausnahmsweise ermächtigt werden. (¹)

Kontrole der Gewerbetreibenden.

§ 124. Hausirgewerbe, zu welchen auch das Halten von Wanderlagern gehört, dürfen im Grenzbezirke nur mit besonderer Erlaubniß und unter den zum Zwecke des Zollschutzes erforderlichen, von der obersten Landes-Finanzbehörde anzuordnenden Beschränkungen betrieben werden.

Auf Material- und Spezereiwaaren, auf Wein, Branntwein und Liqueure, sowie auf Zeuge, ganz oder theilweise aus Baumwolle, Wolle oder Seide, soll sich der Regel nach die Erlaubniß nicht erstrecken. Es können indeß von der obersten Landes-Finanzbehörde für einzelne Grenzstrecken in Bezug auf solche Waaren, welche dort keinen Gegenstand des Schleichhandels bilden, Ausnahmen zugelassen werden. (²)

Soweit es zur Sicherung des Zollinteresses für nöthig erachtet wird, ist auch der Marktbesuch, sowie der stehende Gewerbebetrieb im Grenzbezirke den nach den örtlichen Verhältnissen von der obersten Landes-Finanzbehörde vorzuschreibenden Kontrolen unterworfen. Insbesondere hat Jeder, welcher mit Waaren einen Handel treibt, auf die sich die angeordnete spezielle Kontrole erstreckt, ein Buch zu führen, worin rücksichtlich der unmittelbar aus dem

(¹) Z. vgl. die Nr. 13 d. V. vom 22. Mai 1874, insbes. die Anl. J zu derselben „Instruktion für die Zoll- und Steuerbehörden über das Verfahren bei der Legitimation des Sachtransports im Grenzbezirk", sodann V. vom 10. August 1871, Nr. 13670 (A. Bl., S. 452), betr. die Ausstellung der Versendungsscheine im Grenzbezirk und die V. vom 20. November 1875, I. 15710 (A. Bl., S. 177), betr. die Legitimation von Weintransporten im Grenzbezirk.

(²) Z. vgl. die V. vom 5. Juni 1872, I. 8827 (A. Bl., S. 161), betr. den Hausirhandel mit Zeugwaaren im Grenzbezirk. — Zu Folge Erl. d. R. K. A. vom 26. Februar 1874, 1260, III. ist der G. D. ermächtigt, über Gesuche um Gestattung des Hausirhandels mit den im Abs. 2 des § 124 d. V. Z. G. genannten Waaren selbstständig zu entscheiden.

Auslande bezogenen Waaren beim Empfang derselben der Tag und Ort, an und in welchem die Verzollung stattgefunden hat, bemerkt, und rücksichtlich der aus dem Inlande empfangenen Waaren der Nachweis hierüber enthalten sein muß.

## XVI. Kontrolen im Binnenlande.

§ 125. Ueber den Grenzbezirk hinaus sind im Innern des Vereinsgebiets nach Maaßgabe der von der obersten Landes-Finanzbehörde nach den örtlichen Verhältnissen zu treffenden Anordnungen nur solche Waaren, welche einen Gegenstand des Schleichhandels bilden, und nur insoweit einer Kontrole unterworfen, daß

1) die aus dem Auslande oder aus dem Grenzbezirke in das Innere des Landes übergehenden Waaren mit den im Grenzbezirke empfangenen Bezettelungen bis zum Bestimmungsorte begleitet sein müssen, und
2) von den Handeltreibenden, welche dergleichen Waaren unmittelbar aus dem Auslande beziehen, über den Handel mit denselben Buch zu führen und darin der Tag und der Ort der Verzollung jedesmal beim Empfang der Waare anzumerken ist.

## XVII. Haussuchungen und körperliche Visitationen.

§ 126. Sind Gründe vorhanden, zu vermuthen, daß irgend Jemand im Grenzbezirke sich einer Uebertretung der Zollgesetze schuldig gemacht habe, oder zu einer solchen Uebertretung durch Bergung verbotener oder zollpflichtiger Waaren mitwirke, so können zur Ermittelung derartiger Kontraventionen Nachsuchungen nach solchen Vorräthen unter Erforderung des Ausweises über die geschehene Verzollung oder den inländischen Ursprung der vorgefundenen Waaren, auch Haussuchungen von Zollbeamten unter Leitung eines Oberkontroleurs oder eines anderen Beamten gleichen oder höheren Ranges vorgenommen werden. Haussuchungen dürfen jedoch nur unter Beachtung der nach den Landesgesetzen (¹) für Haussuchungen im Allge-

(¹) Z. vgl. Ausf. Anw. zu § 3 d. Ges. vom 5. Juli 1872, Abs. 9 u. 10, sowie Art. 76 der Konstitution vom 13. April 1799.

meinen vorgeschriebenen Förmlichkeiten stattfinden. Der Beobachtung dieser Förmlichkeiten bedarf es nicht, wenn auf der That betroffene, von den Zollbeamten verfolgte Schleichhändler in Häusern, Scheunen, u. s. w. einen Zufluchtsort suchen. In solchen Fällen müssen die verdächtigen Räume den verfolgenden Zollbeamten auf Verlangen sofort und zu jeder Zeit geöffnet, und es dürfen letztere in Ausübung ihrer Dienstpflicht gegen die Flüchtigen auf keine Weise gehindert werden.

Auch sind unter den vorgedachten Nachsuchungen die Revisionen bei den auf den Grund des § 124 dieses Gesetzes unter Kontrole stehenden Gewerbetreibenden nicht begriffen.

Haussuchungen außerhalb des Grenzbezirks zum Zwecke der Verfolgung einer Uebertretung der Zollgesetze, können nur von den zur Untersuchung solcher Uebertretungen kompetenten Behörden angeordnet und unter deren Leitung vorgenommen werden. (¹)

§ 127. Personen, gegen welche der Augenschein den Verdacht erregt, daß sie Waaren unter den Kleidern verborgen haben und welche der Aufforderung der Zollbeamten, sich dieser Gegenstände freiwillig zu entledigen, nicht sogleich vollständig genügen, können der körperlichen Visitation unterworfen werden. Sie müssen jedoch, wenn sie die Visitation nicht bei der nächsten Zollstelle oder Ortsbehörde wollen geschehen lassen, deßhalb vor die zur Untersuchung der Zollstraffälle kompetente Behörde geführt werden. (²)

## XVIII. Von den Dienststellen und Beamten und deren amtlichen Befugnissen. (³)

A. Im Grenzbezirk.

§ 128. Jede Erhebungs oder Abfertigungsstelle im Grenzbezirke soll durch ein Schild mit einer Inschrift bezeichnet werden, aus welcher hervorgeht, welche Behörde

(¹) Z. vgl. Nr. 14 d. V. vom 22. Mai 1874.

(²) Wie zu Anm. 1.

(³) Z. vgl. Bd. I., S. 103 ff, insbes. die D. A. für die H. Z. und H. St.-Aemt. ꝛc. vom 24. Juni 1874 (A. Bl., S. 175), ferner Art. 16 d. Z. V. V. vom 8. Juli 1867 und § 18 d. V. Z. G.

daselbst ihren Sitz hat. Die Zollämter sind entweder Hauptzollämter oder Nebenzollämter erster oder zweiter Klasse.

Bei den Hauptzollämtern ist jede Zollentrichtung und jede durch dieses Gesetz vorgeschriebene Abfertigung ohne Einschränkung sowohl bei der Einfuhr als bei der Ausfuhr und Durchfuhr zulässig.

Bei Nebenzollämtern erster Klasse können Gegenstände, von welchen die Gefälle nicht über zehn Thaler vom Zentner betragen, oder welche nach der Stückzahl zu verzollen sind, in unbeschränkter Menge eingehen.

Höher belegte oder nach dem Werthe zu verzollende Gegenstände dürfen nur dann über solche Aemter eingeführt werden, wenn die Gefälle von dergleichen auf einmal eingehenden Waaren den Betrag von Einhundert Thalern nicht übersteigen.

Zur Abfertigung der auf den Eisenbahnen eingehenden Waaren mit Ladungsverzeichniß (§§ 63 und 69) sind Nebenzollämter erster Klasse ohne Einschränkung befugt.

Ueber Nebenzollämter zweiter Klasse können Waaren, welche nicht höher als mit fünf Thalern für den Zentner belegt sind, oder welche nach der Stückzahl oder nach dem Werthe zu verzollen sind, in Mengen eingeführt werden, von welchen die Gefälle für die ganze Waarenladung den Betrag von fünfundzwanzig Thalern nicht übersteigen. Der Eingang von höher belegten Gegenständen ist nur in Mengen von höchstens fünfzig Pfund zulässig. Vieh kann über Nebenzollämter zweiter Klasse in unbeschränkter Menge eingehen.

Den Ausgangszoll können Nebenzollämter erster und zweiter Classe in unbeschränktem Betrage erheben.

Dieselben sind ferner zur Abfertigung der mit der Post eingehenden Gegenständen ohne Einschränkung befugt.

Innerhalb der vorstehend bezeichneten Befugnisse können Nebenzollämter erster und zweiter Klasse Waaren, welche mit Berührung des Auslandes aus einem Theile des Vereinsgebiets in den anderen versendet werden (§ 111), bei dem Aus- und Wiedereingange abfertigen.

Insoweit das Bedürfniß des Verkehrs es erfordert, werden einzelne Nebenzollämter von der obersten Landes-Finanzbehörde mit erweiterter Abfertigungsbefugniß, auch mit der Ermächtigung zur Ausstellung und Erledigung von Begleitscheinen I versehen werden.

§ 129. Die Führer von Fuhrwerk oder Schiffen, sowie alle Personen, welche Waaren transportiren, sind verpflichtet, den Anordnungen der Grenzaufsichtsbeamten Folge zu leisten und dasjenige zu unterlassen, wodurch dieselben in Ausübung ihres Amtes gehindert werden würden. (¹)

Kiepen-, Korb- und Packträger, Fuhrwerke und beladene Lastthiere, welche nicht verpackte Waaren führen, sowie als leer angegebenes Fuhrwerk können von den Grenzaufsehern auf der Stelle revidirt werden.

Verpackte Waaren können die Grenzaufseher, wenn sie nicht durch äußere Besichtigung davon Ueberzeugung erlangen, daß solche keiner Transportkontrole im Grenzbezirke unterworfen sind, in der Richtung, in welcher sich die Transporte bewegen, zur nächsten Dienststelle begleiten oder solche zur Obrigkeit des nächsten Ortes führen, um mit dieser eine Nachsuchung vorzunehmen. Bei Personen, gegen welche der Augenschein den Verdacht erregt, daß sie Waaren unter den Kleidern verborgen haben, ist nach § 127 zu verfahren.

Führer von Schiffsgefäßen von weniger als fünf Lasten Tragfähigkeit müssen auf den Anruf der Grenzaufseher so bald wie möglich anhalten und, je nachdem es verlangt wird, entweder dem Ufer zusteuern und dort an schicklichen Stellen anlegen oder die Ankunft der Grenzaufseher abwarten. Wer Gegenstände führt, welche zwar im Allgemeinen der Legitimationsscheins-Kontrole unterliegen, aber unter gewissen Umständen von dem Transport-Ausweis befreit sind (§ 120), ist verbunden, den Grenzaufsehern zur Stelle die nöthige Auskunft zu geben, um sie zu überzeugen, daß die transportirten Gegenstände eines Ausweises nicht bedürfen. Kann dies nicht sofort genügend geschehen, so sind die Grenzaufseher befugt, den Transport dahin zu führen, wo die verlangte Auskunft mit Sicherheit zu erlangen ist.

Reisende, welche sich auf einer Zollstraße in der un-

(¹) Z. vgl. § 19 d. V. Z. G. und Ausf. Anw. Nr. 26, ferner die im Abschn. II dieser Sammlung erwähnten Instruktionen für die Obergrenzkontroleure u. Grenzaufseher, sowie das daselbst abgedruckte Ges. vom 28. Juni 1834 über den Waffengebrauch der Grenzaufsichtsbeamten.

bezweifelten Richtung nach dem Grenzzollamte befinden, dürfen von den Grenzaufsehern nicht angehalten werden.

§ 130. Die im § 20 bezeichneten Beamten haben, um der ihnen dort aufgelegten Verpflichtung genügen zu können, bei vorhandenem Verdachte, daß eine Verletzung der Zollgesetze beabsichtigt werde, die Befugniß, Personen und Waaren soweit anzuhalten, als solches den Grenzaufsehern selbst verstattet ist. (¹)

B. Im Innern des Vereinsgebiets.

§ 131. Im Innern des Vereinsgebiets bestehen zur Erhebung der Eingangs- und Ausgangszölle Hauptzoll- oder Hauptsteuerämter- und Zoll- oder Steuerämter.

Hauptzoll- und Hauptsteuerämter, mit denen eine Niederlage für Waaren verbunden ist, auf denen noch ein Zollanspruch haftet (§ 97), sind zu jeder Zollerhebung oder sonstigen zollamtlichen Abfertigung, soweit sie nach dem Gesetze im Innern stattfinden darf, ermächtigt.

Hauptsteuerämter ohne Niederlage können die ihnen durch Begleitschein II überwiesenen Zollbeträge erheben. Zur Ertheilung von Begleitscheinen I sind dieselben, so weit es sich nicht um Ausstellung neuer Begleitscheine in Folge der Theilung von Waarentransporten (§ 50) handelt, nur auf Grund besonderer Genehmigung befugt. Der obersten Landes-Finanzbehörde bleibt es vorbehalten, ausnahmsweise diese Aemter auch zur Erledigung von Begleitscheinen I zu ermächtigen.

Den Eingangszoll von den mit der Post eingehenden Gegenständen dürfen alle Zoll- und Steuerämter ohne Unterschied erheben. Welche Zoll- und Steuerämter im Innern zur Erhebung des Ausgangszolles befugt sind (§ 34), ferner welche Aemter Abfertigungen nach Maaßgabe des § 111 vornehmen, auf welche Aemter Abfertigungen nach Maaßgabe der §§ 63 und 66 bis 71 und bei welchen Aus- und Umladungen der auf den Eisenbahnen unter Wagenverschluß beförderten Güter (§ 65) stattfinden können, bestimmt die oberste Landesfinanzbehörde. Der letzteren bleibt es auch vorbehalten, nach Bedürfniß einzelnen Zoll- oder Steuerämtern im Innern die Befugniß zur Ertheilung und zur Erledigung von Begleitscheinen beizulegen. (²)

---

(¹) Z. vgl. §§ 3—5 d. Ges. vom 5. Juli 1872.
(²) Wie zu Anm. 3 auf S. 55.

§ 132. Steueraufseher und andere Beamte im Innern, welche mit der Handhabung der Waarenkontrole im Binnenlande (§ 125) beauftragt sind, müssen, wenn sie sich in Dienstausübung befinden, entweder in Uniform gekleidet, oder mit einer vom Oberinspektor des Bezirks oder dessen vorgesetzter Behörde ausgestellten und untersiegelten Legitimationskarte versehen sein. (¹)

Sie sind befugt, Fuhrwerke und Packenträger, welche dem Anscheine nach kontrolpflichtige Waaren führen und aus dem Grenzbezirke kommen, während des Transports anzuhalten und die Waarenführer zur Auskunft über die geladenen Waaren, sowie in geeigneten Fällen zur Vorzeigung der im Grenzbezirke erhaltenen Bezettelungen aufzufordern und durch äußere Besichtigung der Ladung, wobei eine Veränderung in der Lage der geladenen Kolli und eine Eröffnung der Verpackung nicht stattfinden darf, sich von der Uebereinstimmung der Ladung mit der erhaltenen Auskunft zu unterrichten.

Findet sich hierbei, daß über eine kontrolpflichtige Ladung die erforderliche Bezettelung fehlt, oder ergiebt sich ein Verdacht, daß andere, als die angegebenen Waaren geladen sind, oder daß die Ladung in der Menge von der vorgezeigten Bezettelung erheblich abweicht, so müssen die Aufsichtsbeamten die Ladung zu der auf dem Wege zum Bestimmungsorte zunächst gelegenen Steuerstelle oder, wenn solche über eine halbe Meile von dem Orte entliegt, wo der verdächtige Transport angetroffen worden, zu der nächsten in dieser Richtung vorhandenen Polizeibehörde begleiten, um daselbst die nähere Untersuchung der Ladung vorzunehmen.

In Städten, wo zur Erhebung und Beaufsichtigung innerer Steuern besondere Beamte an den Thoren stationirt sind, haben auch diese die Befugniß zur Nachfrage über die geladenen aus dem Grenzbezirke kommenden Gegenstände und, sofern sich darunter kontrolpflichtige Artikel befinden, zur Besichtigung der Ladung.

---

(¹) Z. vgl. Ausf. Anw. Nr. 26 und die im Abschn. II erwähnten Instruktionen für die Obersteuerkontroleure und Steueraufseher.

## XIX. Geschäftsstunden bei den Zoll- und Steuerstellen.

§ 133. Bei sämmtlichen Grenzzollämtern und sonstigen im Grenzbezirke vorhandenen Abfertigungsstellen sollen, soweit nicht unter Berücksichtigung der örtlichen Verhältnisse eine andere Regelung stattgefunden hat, an den Wochentagen in folgenden Stunden die Geschäftslokale geöffnet und die Beamten zur Abfertigung der Zollpflichtigen daselbst gegenwärtig sein, nämlich:

in den Monaten Oktober bis Februar einschließlich:
Vormittags von 7½ bis 12 Uhr und Nachmittags von 1 bis 5½ Uhr;

in den übrigen Monaten:
Vormittags von 7 bis 12 Uhr und Nachmittags von 2 bis 8 Uhr.

Bei den Hauptzoll- und Hauptsteuerämtern im Innern sollen die Dienststunden folgende sein:

in den Monaten Oktober bis einschließlich Februar:
Vormittags von 8 bis 12 Uhr und Nachmittags von 1 bis 5 Uhr;

in den übrigen Monaten;
von 7 bis 12 Uhr und von 2 bis 5 Uhr.

Die Abfertigung der Reisenden, welche keine zum Handel bestimmten Waaren mit sich führen, bei den Grenzzollämtern muß zu jeder Zeit ohne Ausnahme geschehen. Die Effekten der auf Eisenbahnen eingehenden Passagiere, sowie die auf den Eisenbahnen ankommenden, sofort unter Wagenverschluß weiter gehenden Frachtgüter (§ 63) sind sowohl bei den Grenzämtern, als bei Aemtern im Innern zu jeder Zeit, auch an Sonn- und Festtagen, abzufertigen.

Wo es außerdem das Bedürfniß des Verkehrs erfordert, werden auch andere Abfertigungen zu anderen, als den oben festgesetzten Stunden, sowie an Sonn- und Festtagen, außerhalb der Zeit des Gottesdienstes, ertheilt werden. Es werden in dieser Beziehung die näheren Vorschriften von den Zolldirektivbehörden getroffen werden. (¹)

---

(¹) Z. vgl. Ausf. Anw. Nr. 27, Nr. 15 der V. vom 22. Mai 1874, Art. 234 d. Ges. vom 28. April 1816, § 2 der Ortseinnehmereiinstruktion und die Anm. zu § 1 Nr. 3 derselben.

## XX. Strafbestimmungen. (1)

§ 134. Wer es unternimmt, Gegenstände, deren Ein-, Aus- oder Durchfuhr verboten ist, diesem Verbote zuwider ein-, aus- oder durchzuführen, macht sich einer Kontrebande schuldig und hat die Konfiskation der Gegenstände, in Bezug auf welche das Vergehen verübt worden ist, und, insofern nicht in besonderen Gesetzen eine höhere Strafe festgesetzt ist, zugleich eine Geldbuße verwirkt, welche dem doppelten Werthe jener Gegenstände, und wenn solcher nicht zehn Thaler beträgt, dieser Summe gleichkommen soll. (2) Begriff und Strafe der Kontrebande.

§ 135. Wer es unternimmt, die Ein- oder Ausgangsabgaben (§§ 3 und 5) zu hinterziehen, macht sich einer Defraudation schuldig und hat die Konfiskation der Gegenstände, in Bezug auf welche das Vergehen verübt worden ist, und zugleich eine dem vierfachen Betrage der vorenthaltenen Abgaben gleichkommende Geldbuße verwirkt. Diese Abgaben sind außerdem zu entrichten. (3) Begriff und Strafe der Defraudation.

§ 136. (4) Die Kontrebande, beziehungsweise Zolldefraudation, wird insbesondere dann als vollbracht angenommen: Thatbestand der Kontrebande und der Defraudation.

1) a) wenn verbotene Gegenstände von Frachtführern, Spediteuren oder anderen Gewerbetreibenden — von letzteren, insofern die Gegenstände zu ihrem Gewerbe in Bezug stehen — unrichtig oder gar nicht deklarirt, oder

b) von anderen Personen wider besseres Wissen unrichtig deklarirt oder bei der Revision verheimlicht werden;

---

(1) Z. vgl. Abschn. V dieser Sammlung, insbes. das Ges. vom 5. Juli 1872, das Strafverfahren betr., sowie die einschlägigen Vorschriften des allgemeinen Strafgesetzbuches.

(2) Z. vgl. V. Z. G. § 2.

(3) Wegen der Mindestbeträge der Strafen, vgl. § 27 des Strafgesetzbuchs und V. vom 6. September 1872, I. 17450 (A. Bl., S. 337), vom 28. Januar 1873, I. 2594 (A. Bl., S. 95), vom 12. Dezember 1874, I. 17401 (A. Bl., S. 386).

(4) Z. vgl. V. Z. G., § 137.

c) wenn in Fällen der speziellen Deklaration (§§ 39 41, 55, 66, 81, 88) zollpflichtige Gegenstände von den unter a. bezeichneten Personen gar nicht oder in zu geringer Menge oder in einer Beschaffenheit, welche eine geringere Abgabe würde begründet haben, deklarirt werden;

d) wenn in anderen Fällen (§§ 63, 69, 75, 78) von den unter a. bezeichneten Personen Kolli, welche zollpflichtige Gegenstände enthalten, oder dergleichen unverpackte Gegenstände überhaupt nicht deklarirt werden;

e) wenn von anderen als den unter a. bezeichneten Personen wider besseres Wissen zollpflichtige Gegenstände unrichtig deklarirt oder bei der Revision verschwiegen werden;

Inwieweit Abweichungen, welche sich gegen das deklarirte Gewicht herausstellen, straffrei zu lassen sind, bestimmen die §§ 39, 66 und 81;

2) wenn bei einer Revision ohne vorherige Deklaration verbotene oder zollpflichtige Gegenstände

a) im Falle des § 27 nicht zur Revision gestellt, oder

b) im Falle des § 92 durch getroffene Anstalten verheimlicht werden;

3) wenn beim Eingange mittelst der Eisenbahn (§ 61)

a) verbotene oder zollpflichtige Gegenstände vorbehaltlich der im § 61 bestimmten Ausnahmen in den Personenwagen, oder sonst anderswo als in den Güterwagen, oder

b) andere zollpflichtige Gegenstände, als solche, welche die Angestellten oder Arbeiter der Eisenbahnverwaltung auf der Fahrt selbst zum eigenen Gebrauch oder zu dienstlichen Zwecken nöthig haben, auf den Lokomotiven oder in den dazu gehörigen Tendern sich befinden,

c) verbotene oder zollpflichtige Gegenstände vor der Ankunft des Zuges am Grenzzollamte ausgeladen oder ausgeworfen werden;

4) wenn ausgangszollpflichtige Gegenstände ohne vorherige Anmelduug und Entrichtung oder Sicherstellung des Ausgangszolles entgeg·n den Bestimmungen in den §§ 71 und 88 zur Beförderung nach dem Auslande verladen worden sind;

5) wenn beim Transport verbotener oder zollpflichtiger Gegenstände im Grenzbezirke

a) die Zollstätte, bei welcher dieselben bei dem Ein- oder Ausgange hätten angemeldet oder gestellt werden sollen, ohne solche Anmeldung überschritten oder umgangen,

b) die vorgeschriebene Zollstraße oder der im Zollausweis (§§ 21 und 119) bezeichnete Weg nicht inne gehalten,

c) der Transport ohne Erlaubniß der Behörde außer der gesetzlichen Tageszeit (§ 21) bewirkt wird, oder

d) Gegenstände ohne den vorschriftsmäßigen Zollausweis (§ 119) betroffen werden, oder mit diesem nicht übereinstimmen;

6) wenn über verbotene oder zollpflichtige Gegenstände, welche aus dem Auslande eingehen, vor der Anmeldung und Revision bei der Zollstätte, oder wenn über derartige zur Durchfuhr oder zur Versendung nach einer öffentlichen Niederlage deklarirte oder sonst unter Zollkontrole befindliche Gegenstände auf dem Transporte eigenmächtig verfügt wird; ([1])

7) wenn Gewerbetreibende im Grenzbezirke sich nicht in Gemäßheit der nach § 119 getroffenen Anordnungen über die erfolgte Verzollung oder die zollfreie Abstammung der bezogenen Gegenstände ausweisen können;

8) wenn unverzollte Waaren aus einer Niederlage ohne vorschriftsmäßige Deklaration (Abmeldung) entfernt werden;

9) wenn Gewerbetreibende, denen zur Beförderung ihres Gewerbes und unter der Bedingung der Verwendung zu diesem Zwecke der Bezug zollpflichtiger Gegenstände ganz frei oder gegen eine geringere Abgabe verwilligt wurde, dieselben ohne vorherige Nachzahlung der vollen Abgabe anderweit verwenden oder veräußern; oder wenn Personen, denen Waaren von der Zollverwaltung unverzollt anvertraut wurden, über dieselben zur Verkürzung der Zollgefälle gegen die Zollgesetze oder Verordnungen verfügen.

---

([1]) Z. vgl. V. Z. G., § 144, Nr. 2.

§ 137. Das Dasein der in Rede stehenden Vergehen und die Anwendung der Strafe derselben wird in den im § 136 angeführten Fällen lediglich durch die daselbst bezeichneten Thatsachen begründet.

Kann jedoch in den im § 136 unter 1 a. c. und d., 3, 4, 5, 6, 7 und 8 angeführten Fällen der Angeschuldigte nachweisen, daß er eine Kontrebande oder Defraudation nicht habe verüben können, oder eine solche nicht beabsichtigt gewesen sei, so findet nur eine Ordnungsstrafe nach Vorschrift des § 152 statt. (1)

§ 138. Wenn in den im § 125 bezeichneten Fällen der zollordnungsmäßige Ausweis über die im Binnenlande transportirten Waaren nicht zur Stelle ertheilt werden kann, oder der dort vorgeschriebene Vermerk in den Handelsbüchern fehlt, so wird zwar hierdurch die Vermuthung einer begangenen Defraudation und dem Befinden nach die vorläufige Beschlagnahme der ohne die vorgeschriebene Bezettelung oder Vermerkung in den Handelsbüchern vorgefundenen Waaren begründet. Widerlegt sich aber diese Vermuthung bei näherer Untersuchung, so tritt nur eine Ordnungsstrafe nach § 152 ein.

§ 139. Werden Gegenstände, deren Ein-, Durch- oder Ausfuhr verboten ist,

1) bei dem Grenzzollamte von Gewerbtreibenden ausdrücklich angezeigt, oder von anderen Personen vorschriftsmäßig zur Revision gestellt, oder
2) kommen solche Gegenstände mit der Post an, und kann derjenige, an welchen sie gesendet sind, einer beabsichtigten Kontrebande nicht überführt werden,

so findet keine Strafe, sondern nur die Zurückschaffung der Gegenstände statt.

Im ersten Falle geschieht die Zurückschaffung auf Kosten desjenigen, welcher die verbotenen Gegenstände bei sich geführt hat, im zweiten Falle haften für die etwa dem Staate verursachten Kosten die Gegenstände selbst.

Strafe des ersten Rückfalls.

§ 140. Im Wiederholungsfalle der Kontrebande oder Defraudation, nach vorhergegangener rechtskräftiger Ver-

---

(1) Z. vgl. V. vom 2. September 1872, I. 17299 (A. Bl., S. 335), betr. die Festsetzung von Ordnungsstrafen, an Stelle von Defraudationsstrafen.

urtheilung, wird außer der Konfiskation der Gegenstände des Vergehens die nach §§ 134 und 135 eintretende Geldbuße verdoppelt.

§ 141. Jeder fernere Rückfall zieht neben der Konfiskation der Gegenstände des Vergehens in der Regel eine Freiheitsstrafe nach sich, welche nach dem Doppelten der im § 140 bestimmten Geldbuße zu bemessen ist (§ 162), jedoch zwei Jahre nicht überschreiten darf. Strafe des ferneren Rückfalls.

Doch kann ausnahmsweise nach richterlichem Ermessen mit Berücksichtigung aller Umstände des vorliegenden Vergehens und der vorausgegangenen Fälle auf das Doppelte der im § 140 bestimmten Geldbuße erkannt werden, wenn der Angeklagte das Kontrebandiren oder Defraudiren nicht gewerbsmäßig betreibt.

§ 142. Die Strafen des Rückfalls (§§ 140 und 141) treten ein, ohne Rücksicht darauf, ob die frühere Verurtheilung in demselben Zollvereinsstaate, in welchem das neue Vergehen begangen ist, oder in einem anderen Vereinsstaate erfolgt ist.

Bei Beurtheilung der Frage, ob ein Rückfall vorliegt, sind die Kontrebande und die Defraudation als gleichartige Vergehen zu betrachten.

Die Straferhöhung wegen Rückfalls findet jedoch nicht statt, wenn seit dem Zeitpunkte, in welchem die Freiheitsstrafe oder Geldbuße des zuletzt begangenen früheren Vergehens abgebüßt oder erlassen worden ist, drei Jahre verflossen sind.

Der rechtskräftigen Verurtheilung wird die Erledigung des Straffalles durch freiwillige Unterwerfung gleichgestellt.

§ 143. Wenn ein Frachtführer oder Spediteur nach Vorschrift des § 136 Nr. 1 Littr. c. und d. wegen unrichtiger Deklaration verurtheilt, derselbe jedoch durch die ihm von dem Befrachter mitgegebenen Deklarationen, Frachtbriefe oder anderen schriftlichen Notizen über den Inhalt der Kolli zu der unrichtigen Deklaration veranlaßt worden, oder wenn in den § 136 Nr. 7 angeführten Fällen die Verurtheilung lediglich auf den Grund der daselbst bezeichneten Thatsachen erfolgt ist, ohne daß die Defraudation selbst weiter nachgewiesen worden, so findet im Wiederholungsfalle die Strafe des Rückfalls nicht statt; auch soll eine solche Verurtheilung diese Strafe bei einem nachfolgenden Zollvergehen nicht begründen.

Kontrebande oder Zolldefraudation unter erschwerenden Umständen.

§ 144. Die Strafe der Kontrebande oder Defraudation wird um die Hälfte geschärft:

1) wenn die Gegenstände beim Transport in geheimen Behältnissen, oder sonst auf künstliche oder schwer zu entdeckende Art verborgen,
2) wenn unter Zollkontrole gehende Gegenstände auf dem Transporte vertauscht oder in ihren Bestandtheilen verändert worden sind,
3) wenn die Kontrebande oder Defraudation mittelst Abnahme, Verletzung oder sonstiger Unbrauchbarmachung eines amtlichen Waarenverschlusses verübt wird,

wobei jedoch das im § 162 festgesetzte höchste Maaß der Freiheitsstrafe nicht überschritten werden darf.

§ 145. Diese Strafverschärfung tritt in den Fällen des § 136 Ziffer 9 gleichfalls ein. Außerdem gehen die Schuldigen der ihnen gewährten Begünstigung verlustig.

§ 146. Wenn drei oder mehrere Personen zur gemeinschaftlichen Ausübung einer Kontrebande oder Defraudation sich verbunden haben, so wird die Strafe für die gemeinschaftlich ausgeführten Vergehen gegen den Anführer durch eine drei- bis sechsmonatliche, gegen jeden der übrigen Theilnehmer aber durch ein- bis dreimonatliche Freiheitsstrafe geschärft.

Werden drei oder mehrere Personen zusammen in Ausübung eines Vergehens betroffen, so wird angenommen, daß sie sich zur gemeinschaftlichen Ausübung verbunden haben, wenn sie nicht nachweisen können oder aus den Umständen hervorgeht, daß ihr Zusammentreffen nur ein zufälliges gewesen sei.

Wird das Vergehen nach vorhergegangener rechtskräftiger Verurtheilung wiederholt, oder ist eine derartige Verbindung für die Dauer eingegangen worden, so trifft den Anführer ein- bis zweijährige, die übrigen Theilnehmer sechsmonatliche bis einjährige Freiheitsstrafe, neben der verwirkten Defraudations- oder Kontrebandestrafe.

§ 147. a) Wer Kontrebande oder Defraudation unter dem Schutze einer Versicherung verübt, verfällt neben der auf das Vergehen selbst gesetzten Strafe in eine zwei- bis dreimonatliche Freiheitsstrafe.

b) Wird die Kontrebande oder Defraudation von drei oder mehreren zu diesem Zwecke verbundenen Personen unter dem Schutze einer Versicherung verübt, so ist die nach § 146 verwirkte Strafe gegen den Anführer mit achtmonatlicher bis einjähriger und gegen die übrigen Theilnehmer mit vier- bis sechsmonatlicher Freiheitsstrafe zu schärfen.

c) der Versichernde, sowie der Vorsteher einer Versicherungsgesellschaft verfällt in den Fällen a. und b. in eine Freiheitsstrafe von Ein und einhalb bis zwei Jahren, der Rechnungsführer der Versicherungsgesellschaft in eine solche von sechs Monaten bis zu zwei Jahren, jeder der übrigen Mitglieder der Gesellschaft in eine solche von sechs Monaten bis zu einem Jahre.

Außerdem unterliegen die zum Zwecke der Versicherung angelegten Fonds der Versicherungsgesellschaft der Konfiskation. Kann die Konfiskation nicht vollstreckt werden, so ist an deren Stelle auf Erlegung einer Geldsumme von fünfhundert bis fünftausend Thalern zu erkennen, für welche sämmtliche Theilnehmer solidarisch verhaftet sind.

§ 148. Wer bei Verübung einer Kontrebande oder Defraudation Waffen zum Widerstande gegen die zur Wahrnehmung des Zollinteresses verpflichteten Beamten mit sich führt, hat neben der ordentlichen Strafe des Vergehens sechsmonatliche bis einjährige Freiheitsstrafe verwirkt.

Gegen denjenigen, welcher im Grenzbezirke auf Nebenwegen oder zur Nachtzeit bei einer Kontrebande oder Defraudation mit Waffen betroffen wird, wird angenommen, daß er die Waffen zum Widerstande gegen die Beamten mit sich geführt habe, sofern nicht aus den Umständen hervorgeht oder der Beweis geführt wird, daß der Zweck der Führung der Waffen mit dem Vergehen in keinem Zusammenhange stehe.

Hat der Angeschuldigte sich der Waffen zum Widerstande gegen die Beamten wirklich bedient, so treten die nach den Landesgesetzen verwirkten Strafen ein. (¹)

Den Waffen stehen andere gleich gefährliche Werkzeuge gleich.

Strafe der Theilnahme.

§ 149. In Betreff der Bestrafung der Miturheber, Gehülfen und Begünstiger einer Kontrebande oder Defraudation sind, soweit nicht die besonderen Vorschriften der §§ 146 und 147 Anwendung finden, die allgemeinen Vorschriften der Landesstrafgesetze maaßgebend. (²)

Die für den Rückfall bestimmte Strafe trifft nur diejenigen Theilnehmer einer Kontrebande oder Defraudation, welche sich selbst eines Rückfalls schuldig gemacht haben.

Art der Vollstreckung der Freiheitsstrafe und deren Folgen.

150. Rücksichtlich der zu erkennenden Art der Freiheitsstrafe und deren Vollstreckung, sowie rücksichtlich der Folgen, welche außerdem die Verurtheilung nach sich zieht. kommen die Landesgesetze zur Anwendung. (³)

Ordnungsstrafen.

§ 151. Die Verletzung des amtlichen Waarenverschlusses ohne Beabsichtigung einer Gefälleentziehung wird, wenn nicht nachgewiesen werden kann, daß dieselbe durch einen unverschuldeten Zufall entstanden ist, mit einer Geldbuße bis zu dreihundert Thalern geahndet. (⁴)

Subsidiarische Vertretungsverbindlichkeit dritter Personen.

§ 152. Die Uebertretung der Vorschriften dieses Gesetzes, sowie der in Folge derselben öffentlich bekannt gemachten Verwaltungsvorschriften wird, sofern keine besondere Strafe angedroht ist, mit einer Ordnungsstrafe bis zu fünfzig Thalern geahndet.

§ 153. 1) Handel- und Gewerbetreibende haben für ihre Diener, Lehrlinge, Markthelfer, Gewerbsgehülfen, Ehegatten, Kinder, Gesinde, und die sonst in ihrem Dienste oder Tagelohn stehenden oder sich gewöhnlich bei der Familie aufhaltenden Personen,

2) Eisenbahnverwaltungen und Dampfschifffahrtsgesellschaften für ihre Angestellten und Bevollmächtigten,

---

(¹) Z. vgl. V. Z. G. § 161 und die §§ 113 u. 114 des Strafgesetzbuchs.

(²) Z. vgl. §§ 47—49 u. 257 d. Strafgesetzb.

(³) Z. vgl. §§ 16, 18, 19, Abs 1 d. Strafgesetzb.

(⁴) Z. vgl. die Anm. zu § 44 d. V. Z. G.

3) andere nicht zur handel- und gewerbtreibenden Klasse gehörenden Personen aber nur für ihre Ehegatten und Kinder

rücksichtlich der Geldbußen, Zollgefälle und Prozeßkosten zu haften, in welche die solchergestalt zu vertretenden Personen wegen Verletzung der zollgesetzlichen oder Zollverwaltungsvorschriften verurtheilt worden sind, die sie bei Ausführung der ihnen von den subsidiarisch Verhafteten übertragenen oder ein für allemal überlassenen Handels-, Gewerbs- und anderen Verrichtungen zu beobachten hatten.

Der Zollverwaltung bleibt in dem Falle, wenn die Geldbuße von dem Angeschuldigten nicht beigetrieben werden kann, vorbehalten, die Geldbuße von dem subsidiarisch Verhafteten einzuziehen, oder statt dessen und mit Verzichtung hierauf die im Unvermögensfalle an die Stelle der Geldbuße tretende Freiheitsstrafe sogleich an dem Angeschuldigten vollstrecken zu lassen.

Weisen indessen die unter 1 und 3 bezeichneten subsidiarisch Verhafteten nach, daß das Zollvergehen ohne ihr Wissen verübt worden, so haften sie nur für die Zollgefälle. (1)

§ 154. Der in Folge einer Kontrebande oder Defraudation eintretender Verlust der Gegenstände des Vergehens trifft jederzeit den Eigenthümer. Eine Ausnahme findet statt, wenn die Kontrebande oder Defraudation von dem bekannten Frachtfuhrmann oder Schiffer, welchem der Transport allein anvertraut war, ohne Theilnahme oder Mitwissen des Eigenthümers oder des in dessen Namen handelnden Befrachters verübt worden ist, und der Waarenführer nicht zu denjenigen Personen gehört, für welche der Eigenthümer oder der Befrachter nach Vorschrift des § 153 subsidiarisch verhaftet ist. In diesem Falle tritt statt der Konfiskation die Verpflichtung des Waarenführers ein, den Werth jener Gegenstände zu entrichten.

Bestimmungen wegen der Konfiskation.

§ 155. In allen Fällen, in denen die Konfiskation selbst nicht vollzogen werden kann, ist statt derselben auf Erlegung des Werthes der Gegenstände und, wenn dieser

(1) Z. vgl. § 22 d. Ges. vom 5. Juli 1872.

nicht zu ermitteln ist, auf Zahlung einer Geldsumme von fünf und zwanzig bis Eintausend Thalern zu erkennen.

§ 156. Das Eigenthum der Gegenstände, die der Konfiskation unterliegen, geht in dem Augenblick, wo dieselben in Beschlag genommen worden sind, auf den Staat über, und kann nach den Grundsätzen der Civilgesetze über die Vindikation gegen jeden dritten Besitzer verfolgt werden.

§ 157. Zollpflichtige Gegenstände, welche im Grenzbezirke gefunden werden, unterliegen, sofern deren Eigenthum von Niemand in Anspruch genommen und der Nachweis ihrer Verzollung oder ihrer Herkunft aus dem freien Verkehr des Zollvereins nicht erbracht wird, der Beschlagnahme durch die Zollverwaltung.

Mit den hiernach in Beschlag genommenen Gegenständen ist weiter nach den Bestimmuugen im Absatz 1 und 2 des § 104 zu verfahren. (1)

Zusammentreffen mit anderen strafbaren Handlungen.

§ 158. Treffen mit einer Kontrebande oder Defraudation andere strafbare Handlungen zusammen, so kommt die für erstere bestimmte Strafe zugleich mit der für letztere vorgeschriebenen zur Anwendung. (2)

§ 159. Wird eine Kontrebande oder Defraudation mittelst Fälschung eines amtlichen Waarenverschlusses verübt, so tritt neben der Strafe des verübten Zollvergehens die durch die Landesgesetze für die Fälschung öffentlicher Urkunden festgesetzte Strafe ein. (3)

Strafe der Bestechung.

§ 160. Wer einem zur Wahrnehmung des Zollinteresses verpflichteten Beamten oder den Angehörigen desselben wegen einer zu dessen amtlichem Wirkungskreise gehörigen Handlung oder Unterlassung einer solchen Geschenke oder andere Vortheile anbietet, verspricht oder gewährt, wird, wenn solches den gesetzlichen Charakter der Bestechung hat, mit der Strafe der Bestechung, andernfalls mit einer Ordnungsstrafe bis zu zwanzig Thalern belegt. (4)

---

(1) Z. vgl. § 4 d. Ges. vom 5. Juli 1872.
(2) Z. vgl. § 2, Nr. 4. d. Ges. vom 5. Juli 1872.
(3) Z. vgl. §§ 267—280 d. Strafgesetzb.
(4) Z. vgl. §§ 331—333 d. Strafgesetzb.

§ 161. Wer sich Handlungen oder Unterlassungen zu Schulden kommen läßt, wodurch ein solcher Beamter in der rechtmäßigen Ausübung seines Amtes verhindert wird, hat, insofern damit keine Beleidigung oder thätliche Widersetzlichkeit gegen die Person des Beamten verbunden ist, eine Geldbuße bis zu fünfzig Thalern verwirkt. Strafe der Widersetzlichkeit.

Beleidigungen und thätliche Widersetzungen gegen einen zur Wahrnehmung des Zollinteresses verpflichteten Beamten bei rechtmäßiger Ausübung seines Amtes werden, sofern sie nicht unter die im § 148 Absatz 1 vorgesehenen gehören, nach den Landesgesetzen bestraft. (¹)

§ 162. Im Falle die Geldstrafe nicht beigetrieben werden kann, tritt statt derselben verhältnißmäßige Freiheitsstrafe ein, welche im ersten Falle der Kontrebande oder Defraudation die Dauer von einem halben Jahre, beim ersten Rückfall in eines dieser Vergehen die Dauer von Einem und bei jedem ferneren Rückfall die Dauer von zwei Jahren nicht übersteigen soll. Umwandlung der Geldstrafe in Freiheitsstrafe.

Das Verhältniß, nach welchem die Freiheitsstrafe abzumessen (§ 141) oder die Geldbuße in Freiheitsstrafe umzuwandeln ist, wird durch die Landesgesetze bestimmt. (²)

§ 163. Unbekanntschaft mit den Vorschriften dieses Gesetzes und der in Folge derselben gehörig bekannt gemachten Verwaltungsvorschriften soll Niemand, auch nicht den Ausländern, zur Entschuldigung gereichen. Unbekanntschaft mit den Zollgesetzen.

§ 164. Die Vergehen der Kontrebande und der Defraudation (§§ 134 und 135) verjähren in drei Jahren, Ordnungswidrigkeiten (§§ 151 und 152) in Einem Jahre, von dem Tage an gerechnet, an welchem sie begangen sind. Verjährung der Zollvergehen.

Der Anspruch auf Nachzahlung defraudirter Gefälle verjährt in fünf Jahren. (³)

§ 165. Hinsichtlich des Strafverfahrens verbleibt es bei den Bestimmungen der Landesgesetze. (⁴) Strafverfahren.

---

(¹) Z. vgl. §§ 113, 114, 185, 194 u. 196 d. Strafgesetzb.
(²) Z. vgl. §§ 28—30 d. Strafgesetzb.
(³) Z. vgl. § 26 d. Ges. vom 5. Juli 1872.
(⁴) Ges. vom 5. Juli 1872.

## XXI. Schlußbestimmungen.

§ 166. Dieses Gesetz tritt vom 1. Januar 1870 an in Kraft, und sind von diesem Zeitpunkte ab alle entgegenstehenden Bestimmungen aufgehoben.

§ 167. Bei Verkündung des Gesetzes können solche Aenderungen des Wortlautes vorgenommen werden, welche nach den bestehenden Gesetzen in den einzelnen Vereinsstaaten in der Bezeichnung der Behörden, Beamten, Uebertretungen oder des Münzfußes nöthig sind.

Die zur Ausführung des Gesetzes erforderlichen Regulative und sonstigen Bestimmungen werden von dem Bundesrathe des Zollvereins festgestellt.

---

**3. August 1871.** — Bek. d. K. betr. die Ausführung des V. Z. G. und der zugehörigen Regulative (Str. Z. Nr. 184. — A. N. Nr. 636). (¹)

Unter Hinweisung auf das Gesetz vom 17. Juli l. J., die Einführung der deutschen Zoll- und Steuergesetzgebung in Elsaß-Lothringen betreffend (Gesetzblatt für Elsaß-Lothringen, Nr. 4) werden im Auftrage des Herrn Reichskanzlers in der Anlage

1) die Anweisung zur Ausführung des Vereinszollgesetzes,
2) das Begleitscheinregulativ,
3) das Regulativ über die zollamtliche Behandlung des Güter- und Effektentransports auf den Eisenbahnen,
4) das Regulativ über die zollamtliche Behandlung der mit den Posten eingehenden, ausgehenden oder durchgehenden Gegenstände

bekannt gemacht. (²)

### Anweisung zur Ausführung des Vereinszollgesetzes. (³)

Zur Ausführung des Vereinszollgesetzes werden außer den hierfür erlassenen Regulativen in Gemäßheit des § 167 dieses Gesetzes die folgenden näheren Vorschriften ertheilt. (⁴)

1. Zu § 10. Die Erhebung besonderer Gebühren neben den Zöllen ist, außer den im Gesetz speziell bezeichneten Fällen

---

(¹) A. Bl. S. 291.

(²) Die unter 2—4 genannten Regulative sind in den Kap. C. D. u. F. dieses Abschnitts abgedruckt.

(³) B. R. B. vom 20. Dezember 1869 (§ 160 d. Prot.)

(⁴) Vgl. auch die V. vom 22. Mai 1874 I. 8503 (A. Bl. S. 99) betr. Ausführungsbestimmungen zum V. Z. G.

beispielsweise dann zulässig, wenn die Zollabfertigung an anderen Orten, als an der gewöhnlichen Amtsstelle oder, mit Ausnahme der im § 133 des Vereinszollgesetzes vorgesehenen Fälle, während der Nachtzeit erfolgt, wenn auf den Antrag der Betheiligten statt der Begleitscheinabfertigung und der Anlegung des Verschlusses amtliche Begleitung angeordnet wird, wenn Schiffer sich weigern, eine Deklaration über die Zugänge zum Schiffsraum und etwaige geheime Behältnisse abzugeben und dadurch eine Bewachung des Schiffes nothwendig wird oder wenn dieselben an andern als den bestimmten Löschstellen anlegen. Zur Erhebung der hier in Frage kommenden Gebühren ist die Genehmigung der Zolldirektion erforderlich.

2. Zu den §§ 16 und 17. a. Künstliche in das Wasser hinausreichende Anlagen, wie Moolen, Dämme, Anlege- oder Ladebrücken u. s. w. sind als Theile des Landes anzusehen.

b. Bei Gewässern, deren Stand von Ebbe und Fluth abhängig ist, bildet die jedesmalige den Wasserspiegel begrenzende Linie des Landes nur insofern die Zollgrenze, als der verschiedene Wasserstand in der That eine Folge der Ebbe und Fluth ist. Bei Ueberschwemmungen ist die gewöhnliche Fluthlinie als Zollgrenze zu betrachten.

c. Der Grenzbezirk ist da, wo Straßen, welche einem erheblicheren Verkehr dienen, die Binnenlinie überschreiten, durch Tafeln mit der Inschrift: „Grenzbezirk“ kenntlich zu machen. Die Zollstraßen sind als solche ebenfalls durch Tafeln zu bezeichnen. Dasselbe gilt von den erlaubten Landungsplätzen, welche an den die Grenze bildenden schiffbaren Gewässern liegen.

3. Zu § 21. a. Als verpackte Waaren, welche in der Regel nur während der Tageszeit und nur auf einer Zollstraße über die Zollinie eintreten können, sind, außer den mit einer besonderen Umhüllung für den Transport oder der Aufbewahrung versehenen, alle solche Gegenstände anzusehen, welche in verdeckten Fahrzeugen oder in unverdeckten dergestalt verladen sind, daß der Inhalt des Fahrzeuges nicht mit Sicherheit erkannt werden kann. Unter verdeckten Fahrzeugen werden jedoch Chaisen u. s. w. nicht verstanden.

b. Ist von einem Amte ausnahmsweise die Erlaubniß zur Einbringung zollpflichtiger Waaren außerhalb der Tageszeit und auf einem Nebenwege ertheilt, so muß für die Ueberwachung des Transports durch die Grenzaufsicht Sorge getragen werden. Ueber die ertheilten Erlaubnißscheine ist ein Notizregister zu führen, in welchem der Inhalt der Erlaubnißscheine kurz anzugeben ist.

4. Zu den §§ 22—32. a. Es steht dem Deklaranten frei, statt der generellen sofort die spezielle Deklaration abzugeben.

b. Wegen der Formulare zu den im Eisenbahn- und Seeverkehr abzugebenden generellen Deklarationen (Ladungsverzeichnisse, Manifeste) wird auf die betreffenden Regulative verwiesen.

Die speziellen Deklarationen sind nach dem anliegenden Muster abzugeben; jedoch können die zur Zeit vorräthigen, bisher gebräuchlichen Formulare noch verbraucht werden.

Die Formulare zu den speziellen Deklarationen werden den Deklaranten einzeln unentgeltlich von den Zollämtern verabfolgt. Es können solche auch von den letzteren in beliebiger größerer Menge gegen Erstattung der Papier- und Druckkosten entnommen werden.(1)

c. Die bisherigen Vorschriften wegen Anfertigung der Deklaration, sowie die den Zollämtern ertheilte Geschäftsanweisung bleiben in Kraft, soweit nicht das Vereinszollgesetz etwas Anderes bestimmt oder durch Beschlüsse der Vereinsregierungen Aenderungen eingetreten sind.(2)

5. Zu § 28. Die Revision an anderen Orten, als an der ordentlichen Amtsstelle ist nur in besonderen Fällen mit Genehmigung des Amtsvorstandes zulässig.

6. Zu § 29. Die bisherigen näheren Bestimmungen darüber, welche inneren Umschließungen zum Nettogewicht der Waare zu rechnen sind und welche dagegen vor der Verwiegung entfernt werden dürfen, bleiben auch ferner in Kraft.

Wird von den Betheiligten für havarirte Güter ein Gewichtsabzug bei der Verzollung in Anspruch genommen, so ist in der Deklaration ausdrücklich ein Antrag darauf zu richten. Zur Feststellung des zu gewährenden Abzuges ist das aus den Konnaissementen, Frachtbriefen u. s. w. sich ergebende Gewicht zu berücksichtigen. Auch bleibt dem Abfertigungsamte überlassen, Probetrocknungen vorzunehmen und in geeigneten Fällen Sachverständige zuzuziehen. Die Bewilligung des Abzugs erfolgt durch die Direktivbehörde.

7. Zu § 30. Eine probeweise Verwiegung zur Feststellung des der Verzollung oder weiteren Abfertigung zu Grunde zu legenden Gewichts ist auch dann nicht ausgeschlossen, wenn sich bei der Verwiegung der einzelnen Kolli nur Abweichungen von 2 Prozent oder weniger gegen das deklarirte Gewicht ergeben.

8. Zu § 38. a. Die Begleitungen vom Ansageposten zum Grenzzollamte sollen regelmäßig und so oft geschehen, als es der Umfang des Verkehrs erheischt und die Stärke des Personals, sowie die Entfernung bis zum Grenzzollamte zulassen.

Bei jedem Ansageposten muß eine Bekanntmachung an-

(1) Von Abdruck des Musters wird abgesehen.
(2) Z. vgl. D. A. vom 24. Juni 1874. Bd. I., S. 110.

geheftet sein, aus welcher zu ersehen ist, zu welchen Stunden täglich die Begleitung der eingetroffenen Waarentransporte zum Grenzzollamte erfolgt.

Auch außerhalb der regelmäßigen Begleitungsstunden müssen Reisende, deren Begleitung der Ansageposten für nöthig erachtet, (§ 92 des Gesetzes), zum Grenzzollamte begleitet werden.

b. Auch kann für einzelne Strecken, wo das Bedürfniß des Verkehrs es erfordert, mit Genehmigung der Direktivbehörde von dem Ansageposten, statt der Begleitung, amtlicher Verschluß angeordnet werden.

9. Zu § 39. Hat der Waarenführer über Waaren für verschiedene Empfänger nur eine Deklaration abgegeben, so kann er verlangen, daß das Zollamt, neben Ertheilung der allgemeinen Quittung, auf jedem Frachtbriefe den summarischen Betrag des entrichteten Eingangszolles von den darin verzeichneten Waaren vermerke.

In der auszufertigenden Quittung ist, insofern es sich um legitimationsscheinpflichtige Waaren handelt, dem Waarenführer vorzuschreiben, innerhalb welcher Frist und auf welcher Straße er seine Ladung durch den Grenzbezirk zu führen habe (§ 119 des Gesetzes).

Er erhält schließlich sämmtliche Frachtbriefe und sonstige von ihm übergebene Papiere, nachdem dieselben einzeln abgestempelt worden sind, zurück.

10. Zu den §§ 40, 97 und 105. Allgemeine und beschränkte Niederlagen dürfen in der Regel nur bei Hauptzoll- oder Hauptsteuerämtern errichtet werden. Ausnahmsweise können dieselben auch für solche Orte zugestanden werden, an denen sich nur ein Nebenzollamt oder Steueramt, welches jedoch mindestens mit zwei Beamten besetzt sein muß, befindet.

11. Zu § 44. Daß der Begleitschein die Ladung bis zum Bestimmungsort begleiten müsse, ist zwar durch das Gesetz nicht, wie bisher durch den § 41 der Zollordnung, vorgeschrieben. Dagegen setzen die Vorschriften in den §§ 49, 50 und 96 des Gesetzes über das bei Transportverzögerungen und bei einer veränderten Bestimmung oder Theilung der Ladung oder bei Konstatirung von Verschlußverletzungen zu beobachtende Verfahren das Vorhandensein des Begleitscheins bei der Ladung voraus.

12. Zu den §§ 48, 67 und 103. Der Zollerlaß für die auf dem Transporte zu Grunde gegangenen oder im verdorbenen oder zerbrochenen Zustande ankommenden Waaren kann von dem Hauptamte, welches den Begleitschein oder das Ladungsverzeichniß zu erledigen hat, beziehungsweise von dem dem Erledigungsamte vorgesetzten Hauptamte selbstständig zugestanden werden.

Die Bewilligung darf jedoch nur nach vorheriger protokollarischer Feststellung der obwaltenden Umstände und unter Zustimmung sämmtlicher Hauptamtsmitglieder erfolgen. Der auf dem Abfertigungspapier zu ertheilenden Genehmigung sind die gepflogenen Verhandlungen beizufügen.

Die gleiche Befugniß steht auch dem Niederlageamte bezüglich der auf der Niederlage zu Grunde gegangenen oder verdorbenen oder zerbrochenen Waaren zu. (¹)

13. Zu § 55. Die bei den Grenzzollämtern vorgezeigten Quittungen über entrichteten Ausgangszoll sind zur Verhütung nochmaligen Gebrauchs abzustempeln.

14. Zu § 56. Die Entschließung darüber, ob ungeachtet der Nichtgestellung der Waare beim Grenzausgangsamte der Ausgang in Bezug auf die Ansprüche der Zollverwaltung als erwiesen anzusehen ist, bleibt in unzweifelhaften Fällen, z. B. wenn der erfolgte Eingang der Waare von der ausländischen Zollbehörde bescheinigt ist, dem betreffenden Hauptamte überlassen. In andern Fällen ist die Entscheidung von der Zolldirektion zu treffen.

15. Zu § 57. Rücksichtlich der zum direkten Transit auf dem Rhein bestimmten Schiffsladungen finden die Vorschriften im Art. 9 der revidirten Rheinschifffahrtsakte vom 17. Oktober 1868 Anwendung.

Für die Abfertigung derjenigen Waaren, welche auf dem Rhein mit der Bestimmung eingehen, im Lande zu bleiben, sowie für die zur Ausfuhr bestimmten und die nach vorgängiger Umladung oder Lagerung in Freihäfen oder in anderen Niederlagen auf dem Rhein durchgehenden Waaren treten die Bestimmungen des Vereinszollgesetzes in Kraft, insoweit dieselben weitergehende Erleichterungen gewähren, als die Vereinbarung wegen Behandlung des Gütertransportes u. s. w. auf dem innerhalb des Zollvereinsgebiets gelegenen Theil des Rheins u. s. w. vom 8. Mai 1841.

16. Zu § 90. Wegen des beim Eingange und Ausgange seewärts zu beobachtenden Verfahrens bleiben bis auf Weiteres die bestehenden Hafenregulative in Kraft, sofern sie nicht durch das Vereinszollgesetz eine Abänderung erleiden. Es bleibt hiernach den betheiligten Vereinsregierungen anheimgestellt, im Bedürfnißfalle die bestehenden Hafenregulative in einer entsprechend modifizirten Fassung bis auf Weiteres in Anwendung kommen zu lassen.

---

(¹) Z. vgl. B. R. B. vom 6. Februar 1876 (s. u.), wonach die Vorschrift unter 12 auch auf den Post- und Schiffsansageverkehr Anwendung findet.

17. Zu § 91. Das vom 1. August 1868 ab in Wirksamkeit getretene Regulativ über die zollamtliche Behandlung der mit den Posten eingehenden, ausgehenden oder durchgehenden Gegenstände bleibt auch ferner, und zwar mit der Maaßgabe in Kraft, daß im Falle unrichtiger Inhaltserklärungen (§ 18 des Regulativs) statt des Zollstrafgesetzes die Bestimmungen des Vereinszollgesetzes Anwendung finden.

18. Zu § 94. Wie die Verpackung beschaffen und vorgerichtet sein muß, um als verschlußfähig anerkannt zu werden, darüber bewendet es bei der bisher ertheilten Anleitung. (¹)

19. Zu § 96. Die Entscheidung darüber, ob von den Folgen der Verschlußverletzung abgesehen werden kann, steht, wenn die Untersuchung ergibt, daß die Verschlußverletzung durch einen Zufall herbeigeführt oder sonst genügend entschuldigt ist, auch nach der Ueberzeugung des betreffenden Hauptamtes kein Grund zu dem Verdachte eines verübten oder versuchten Unterschleifs vorliegt, den Hauptämtern zu. In anderen Fällen ist die Entscheidung der Zolldirektion einzuholen.

20. Zu den §§ 108 und 109. Hinsichtlich der Bedingungen, unter denen Privatläger zu bewilligen sind, sowie hinsichtlich der Gegenstände, für welche Privatläger ohne Mitverschluß der Zollverwaltung zugestanden werden können, bleiben die bisherigen Bestimmungen in Kraft, soweit nicht das Vereinszollgesetz abweichende Vorschriften enthält.

Rücksichtlich der Weintransitläger und der Weinkreditläger kommen bis auf Weiteres die seitherigen Bestimmungen in Anwendung.

21. Zu § 110. Das für die fortlaufenden Konten erlassene Regulativ bleibt auch ferner und zwar mit der Maaßgabe in Kraft, daß im Fall von Zuwiderhandlungen gegen die Bestimmungen des Regulativs statt der im § 37 desselben angedrohten, die im Vereinszollgesetz bestimmten Strafen zur Anwendung kommen.

22. Zu § 111. Rücksichtlich der zollamtlichen Abfertigung der aus dem Vereinsgebiet durch das Ausland nach dem Vereinsgebiet zu versendenden Waaren des freien Verkehrs bewendet es bei den bestehenden Vorschriften, sowie bei den bisher für einzelne Strecken gewährten Erleichterungen. Wo es im Bedürfniß des Verkehrs liegt, kann für bestimmte Strecken mit Genehmigung der Direktivbehörde von der Bezeichnung des Wiedereingangsamtes in dem zu ertheilenden Deklarationsschein abgesehen werden. Auch bleibt der obersten Landesfinanzbehörde vorbehalten, nach örtlichem Bedürfniß weitere Erleichterungen eintreten zu lassen.

---

(¹) Z. vgl. Anm. z. V. Z. G. § 94.

Sollen Waaren von dem Grenzzollamte unter Belassung des amtlichen Verschlusses auf ein Amt im Innern zur schließlichen Abfertigung abgelassen werden, so erfolgt die Ablassung unter Begleitscheinkontrole.

23. Zu den §§ 112 bis 118. Hinsichtlich der Bedingungen und Kontrolen, unter denen die in den §§ 112 bis 117 erwähnten Erleichterungen und Befreiungen eintreten, bleiben im Allgemeinen die bisherigen Vorschriften, soweit sie nicht durch das Vereinszollgesetz Abänderung erleiden, in Wirksamkeit. Ebenso bewendet es bis auf Weiteres bei den bisherigen Bestimmungen darüber, in welchen Fällen die Bewilligung der in Rede stehenden Erleichterungen oder sonstigen Zollerlasse aus Billigkeitsrücksichten von der Entscheidung der obersten Landesfinanzbehörde abhängig ist oder Seitens der Zolldirektivbehörde beziehungsweise des Hauptamtes erfolgen kann.

24. Zu § 117. Die Zollfreiheit inländischer Strandgüter kann von den Hauptämtern selbstständig bewilligt werden, wenn sämmtliche Mitglieder übereinstimmen; andernfalls entscheidet die Direktivbehörde.

25. Zu § 119. Als Transportausweise im Grenzbezirke und im Binnenlande, soweit überhaupt solche angeordnet sind (§§ 119—125), können Begleitscheine dienen.

26. Zu den §§ 129 und 131. Die den Grenz- und Steueraufsichtsbeamten ertheilten Dienstinstruktionen bleiben auch ferner in Kraft.

27. Zu § 133. Am Eingange jeder Zoll- und Steuerstelle ist eine Bekanntmachung, aus welcher die ordentlichen Geschäftsstunden ersichtlich sind, anzuschlagen.

---

**16. August 1871.** — V. d. K. betr. die Instruktion für die Maires zur Ausfertigung von Versendungsscheinen als Transportbezettelung im Grenzbezirk. (A. Bl., S. 452.)

[Enthält Ausführungsbestimmungen zum § 119 des V. Z G. — Z. vgl. auch die Instruktion über das Verfahren bei Legitimation des Sachtransports im Grenzbezirk. (A. Bl. 1874, S. 138.]

---

**11. Dezember 1871.** — Ges. wegen Einführung des Reichsgesetzes vom 7. April 1869, die Maaßregeln gegen die Rinderpest betr. (G. E. L., S. 403.)

Das anliegende Reichsgesetz vom 7. April 1869, Maaßregeln gegen die Rinderpest betreffend, tritt in E. L. mit dem 1. Januar 1872 in Kraft.

Mit demselben Zeitpunkte treten die VO. Unseres G. G. vom 3. Oktober 1870 (A. N. für das G. G. Elsaß Nr. 8, 1870. Beilage, S. 9 ff.), sowie alle denselben Gegenstand betreffenden Vorschriften außer Kraft.

## Gesetz,

### Maaßregeln gegen die Rinderpest betreffend.

Vom 7. April 1869.

§ 1. Wenn die Rinderpest (Löserdürre) in einem Bundesstaate oder in einem an das Gebiet des Norddeutschen Bundes angrenzenden oder mit demselben im direkten Verkehr stehenden Lande ausbricht, so sind die zuständigen Verwaltungsbehörden der betreffenden Bundesstaaten verpflichtet und ermächtigt, alle Maaßregeln zu ergreifen, welche geeignet sind, die Einschleppung und beziehentlich die Weiterverbreitung der Seuche zn verhüten und die im Lande selbst ausgebrochene Seuche zu unterdrücken.

§ 2. Die Maaßregeln, auf welche sich die im § 1 ausgesprochene Verpflichtung und Ermächtigung je nach den Umständen zu erstrecken hat, sind folgende:

1) Beschränkungen und Verbote der Einfuhr, des Transports und des Handels in Bezug auf lebendes oder todtes Rindvieh, Schafe und Ziegen, Häute, Haare und sonstige thierische Rohstoffe in frischem oder trockenem Zustande, Rauchfutter, Streumaterialien, Lumpen, gebrauchte Kleider, Geschirre und Stallgeräthe; endlich Einführung einer Rindviehkontrole im Grenzbezirke;

2) Absperrung einzelner Gehöfte, Ortstheile, Orte, Bezirke, gegen den Verkehr mit der Umgebung;

. . . . .

§ 7. Die näheren Bestimmungen über die Ausführung der vorstehenden Vorschriften und deren Ueberwachung durch die geeigneten Organe, über die Bestreitung der entstehenden Kosten und die Bestrafung der Zuwiderhandlungen sind von den Einzelstaaten zu treffen. Es ist jedoch von den deshalb erlassenen Verfügungen dem Bundespräsidium Mittheilung zu machen.

§ 8. Vom Bundespräsidium wird eine allgemeine Instruktion erlassen, welche über die Anwendung der im

§ 2 unter Nr. 1 bis 4 aufgeführten Maaßregeln nähere Anweisung gibt und den nach § 7 von den Einzelstaaten zu treffenden Bestimmungen zur Grundlage dient. (¹)

§ 9. Sobald die Regierung eines Bundesstaates in die Lage kommt, ein Einfuhrverbot zu erlassen, zu verändern oder aufzuheben, hat dieselbe dem Bundespräsidium und den Regierungen der benachbarten Bundesstaaten davon Mittheilung zu machen.

§ 10. Einfuhrbeschränkungen zwischen den einzelnen Bundesstaaten sind erst dann zulässig, wenn die Rinderpest innerhalb eines Bundesstaates ausbricht.

. . . . .

§ 14. Zur Durchführung der Absperrungsmaaßregeln ist militärische Hülfe zu requiriren. Die Kommandobehörden haben den desfallsigen Requisitionen der kompetenten Verwaltungsbehörden im erforderlichen Umfange zu entsprechen.

Sämmtliche Mehrkosten, welche durch die geleistete militärische Hülfe gegen die reglementsmäßigen Kosten des Unterhalts der requirirten Truppen in der Garnison entstehen, fallen der Bundeskasse zur Last.

---

**29. April 1872.** — B. R. B. betr. Zollerlaß für die beim Deutschen Reiche beglaubigten Gesandten. (§ 199 d. Prot.)

Es wurde beschlossen, daß die Rückvergütungen für gezahlte Zölle, welche den bei dem Deutschen Reiche akkreditirten Gesandten gewährt worden, auf Rechnung des Reichs vom 1. Januar 1872 an zu übernehmen seien. (²)

---

**11. Februar 1873.** — VO., betr. das Verbot der Einfuhr von Reben zum Verpflanzen (R. G., S. 43).

§ 1. Die Einfuhr von Reben zum Verpflanzen (Wurzel- und Blindreben, Fechser ꝛc.) über sämmtliche Grenzen des Zollgebiets ist bis auf Weiteres verboten.

---

(¹) Die erstmals erlassene Instruktion vom 26. Mai 1869 ist durch die „Revidirte Instruktion" vom 9. Juli 1873 (C. C. L., S. 170) ersetzt. Ihre Bestimmung ist, den Behörden, welche die Schutzmaaßregeln zu erlassen haben, eine allgemeine Anleitung hierfür zu geben.

(²) Z. vgl. Art. 15 d. Z. V. V. vom 8. Juli 1867.

§ 2. Das Reichskanzleramt ist ermächtigt, Ausnahmen von diesem Verbote zu gestatten und die desfalls erforderlichen Kontrolemaaßregeln zu treffen.

§ 3. Gegenwärtige Verordnung tritt mit dem Tage ihrer Verkündung in Kraft. (¹)

---

**22. Mai 1874.** — V. betr. das Vereins-Zollgesetz (A. Bl., S. 99.)

[Durch diese Verf. sind für die H. Z. und H. St. Ä. weitere Ausführungsvorschriften zum V. Z. G. erlassen worden. Auf dieselben ist in den Anmerkungen zu den betreffenden Paragraphen des V. Z. G. hingewiesen. Anlagen zu der Verfügung bilden außer einer Reihe von Mustern die „Anleitung zur Anlegung und Prüfung des amtlichen Waarenverschlusses" und „die Instruktion über das Verfahren bei der Legitimation des Sachtransports im Grenzbezirk." Da die fraglichen Vorschriften ausschließlich zum Gebrauch der Zoll- und Steuerbehörden bestimmt sind, so ist die wörtliche Aufnahme derselben unterblieben.]

---

**26. Februar 1875.** — VO. betr. das Verbot der Einfuhr von Kartoffeln aus Amerika, sowie von Abfällen und Verpackungsmaterial solcher Kartoffeln (R. G., S. 135.)

§ 1. Die Einfuhr von Kartoffeln aus Amerika, sowie von Schalen und anderen Abfällen solcher Kartoffeln, ferner von Säcken oder sonstigen Gegenständen, welche zur Verpackung oder Verwahrung derartiger Kartoffeln oder Kartoffelnabfälle gedient haben, ist bis auf Weiteres verboten. Auf Kartoffeln, welche als Schiffsproviant eingehen und von dem Schiffe nicht entfernt werden, findet das Verbot keine Anwendung.

§ 2. Gegenwärtige Verordnung tritt mit dem Tage ihrer Verkündung in Kraft.

---

**6. Februar 1876.** — B. R. B. betr. den Zollerlaß für verdorbene oder zu Grunde gegangene Waaren (§ 63 d. Prot). (²)

Es wurde beschlossen:

die in der Nr. 12 der Anweisung zur Ausführung d. V. Z. G. den Hauptämtern ertheilte Ermächtigung zur Be-

---

(¹) Z. vgl. Lith. V. vom 23. Juni 1876. I. 8298.
(²) Vgl. A. Bl, S. 38.

willigung des Zollerlasses für die auf dem Transport zu Grunde gegangenen oder im verdorbenen oder zerbrochenen Zustande ankommenden Waaren, findet nicht allein auf Begleitscheingüter oder mittelst Ladungsverzeichnisses beförderte Waaren, sondern auch auf alle diejenigen Güter, welche im Schiffsansageverkehr, oder im Verkehr mit den Staatsposten eingehen, entsprechende Anwendung.

## B. Der Zolltarif. (1)

[§§ 3—5 und 9—15 d. V. Z. G.]

### Inhaltsübersicht.



---

**23. Mai 1870.** — B. R. B., betr. den Vereinszolltarif und das amtliche Waarenverzeichniß. (§ 90 d. Prot.)

[Z. vgl. die nachstehende Bekanntmachung von demselben Tage, sowie die Ausführungen zu dem B. R. B. vom 8. Juli 1873 auf S. 96.]

---

(1) Z. vgl. die Bemerkung auf S. 96 zum amtlichen Waarenverzeichnisse, und auf S. 102 zur ersten Abtheilung des Vereinszolltarifs.

**23. Mai 1870.** — Bek. d. R. K., betr. die neue Redaktion des Vereinszolltarifs. (B. G., S. 143.) (¹)

Auf Grund des vorstehenden Gesetzes, (²) sowie der Gesetze betr. die Erhebung einer Abgabe vom Salz, vom 12. Oktober 1867 (B. G., S. 41), betr. den Vereinszolltarif vom 1. Juli 1865, vom 25. Mai 1868 (B. G., S. 316), betr. die Besteuerung des Zuckers, vom 26. Juni 1869 (B. G., S. 282), hat der Bundesrath des Zollvereins die nachfolgende neue Redaktion des Vereinszolltarifs vom 1. Oktober 1870 an festgestellt. (³)

---

**3. März 1871.** — B. R. B., betr. Aufhebung des Weinzollrabatts. (§ 55 d. Prot.) (⁴)

---

**19. Juni 1871.** — B. R. B., betr. Beibehaltung der Zolldeklaration und Verzollung nach Zentnern und Pfunden. (§ 344 d. Prot.) (⁵)

Es wurde beschlossen:

Daß im Zollverkehr auch künftighin die Deklaration und Verzollung nach Zentnern und Pfunden, nicht nach Kilogrammen beizubehalten sei.

---

**26. Juni 1871.** — B. R. B., betr. die Zollfreiheit von Umzugsgut. (§ 371 d. Prot.)

Es wurde beschlossen:

Sich damit einverstanden zu erklären, daß gebrauchte Fabrikgeräthschaften, welche Anziehende zur eigenen Benutzung einführen, nach der Bestimmung unter Nr. 2 der I. Abtheilung des Vereinszolltarifs unbedingt und namentlich auch dann zoll-

---

(¹) Der durch diese Bek. festgestellte Vereinszolltarif ist in E. L. durch Ges. vom 17. Juli 1871, betr. die Einführung der deutschen Zoll- und Steuergesetzgebung (G. E. L., S. 37) eingeführt worden.

(²) Nämlich des Ges. vom 17. Mai 1870, betr. die Abänderung des Vereinszolltarifs vom 1. Juli 1865 (B. G., S. 123).

(³) Der Tarif hat durch Ges. vom 7. Juli 1873 (s. u.) weitere Aenderungen erfahren, vgl. daher die laut Bek. vom 12. Juli 1873 festgestellte Redaktion desselben.

(⁴) Abdruck dieses Beschlusses erscheint nicht erforderlich.

(⁵) Z. vgl. V. vom 21. August 1871, Nr. 14207 (A. Bl., S. 465).

frei eingelassen werden, wenn die fraglichen Geräthschaften nicht von dem Anziehenden selbst vor seiner Uebersiedelung benutzt worden sind.

---

**19. November 1871.** — B. R. B., betr. die Bestimmungen über die Tara. (§ 584 d. Prot.) (¹)

Es wurde beschlossen, den nachstehenden Bestimmungen über die Tara die Genehmigung zu ertheilen;

## Bestimmungen über die Tara.

### § 1. Bruttogewicht, Tara und Nettogewicht.

Die Zölle werden entweder nach dem Brutto- oder dem Nettogewicht erhoben.

Unter Bruttogewicht wird das Gewicht der Waare in völlig verpacktem Zustande, mithin in ihrer gewöhnlichen, in der Regel in die Hand des Käufers der Waare mit übergehenden Umgebung für die Aufbewahrung und mit ihree besonderen zur Sicherung der Waare während des Transports dienenden Umschließung verstanden.

Das Gewicht der für den Transport nöthigen äußeren Umgebung wird Tara genannt.

Ist die Umgebung für den Transport und für die Aufbewahrung nothwendig dieselbe, wie es z. B. bei Syrup u. s. w. die gewöhnlichen Fässer sind, so ist das Gewicht dieser Umgebung die Tara.

Das Nettogewicht ist das Bruttogewicht nach Abzug der Tara.

Die kleinen, zur unmittelbaren Sicherung der Waare nöthigen Umschließungen (Flaschen, Papiere, Pappe, Bindfaden u. dergl.) werden bei Ermittelung des Nettogewichtes nicht in Abzug gebracht.

Im Besonderen wird noch bemerkt:

A. Umschließungen und Zuthaten, welche als zum Nettogewicht der Waaren gehörig betrachtet und demgemäß mit zur Verzollung gezogen werden, sind z. B.:

1. Brettchen und Rollen von Holz oder Pappe, um welche Zeugwaaren, Bänder, Garn, Zwirn ꝛc. gewickelt, sowie Karten von Pappe oder Papier, auf welche die Waaren dutzend- oder großweise ꝛc. geheftet sind;
2. Kartons, Schachteln oder Kästchen, in welchen Parfümerien, feine Seifen, Fächer, Figuren aus Chokolade oder Zucker (Bonbonnieren) Sukkade, Farben, Tusche, Zeichenkreide ꝛc. eingehen;

(¹) Z. vgl. B. vom 25. Januar 1872, I. 882 (A. Bl., S. 73).

3. Umschließungen von Holz, Leder, Pappe &c., welche nach den Gegenständen, die sie enthalten, besonders geformt sind, als: Kasten und Etuis zu silbernen oder plattirten Tafelgeräthschaften, zu musikalischen Instrumenten, Operngucken, Brillen, Uhren, Schmucksachen, Waffen &c., Futterale und Ueberzüge zu Gewehren, musikalischen Instrumenten, Schirmen &c.,
4. Blech- oder Glasflaschen mit Flüssigkeiten, ([1])
5. Blechkisten, in denen Nähnadeln eingehen,
6. Dosen und Kistchen mit Thee, ([2])
7. Töpfe oder Terrinen mit Pasteten,
8. von Papierumschließungen:
   a) bei kurzen Waaren (Nr. 20), Porzellan und Steingut die innersten Umhüllungen von feinem (Seiden- &c.) Papier;
   b) bei Zeugwaaren die Chemisen oder Mäntel (als Fabrikverpackung);
   c) bei groben kurzen Waaren (Nr. 3 d; 4 b; 6 e, 2 und 3 α und β; 10 e; 13 f; 19 d 1 und 2; 27 d und e; 31 c und d; 33 d 2; 35 b; 42 d und 43 d) die zur Fabrikverpackung gehörigen Umschließungen &c.
9. Bei Cigarren die dieselben umgebenden Bast-, Schilf-, Papier- &c. Umhüllungen.

B. Als solche innere Umschließungen, von denen anzunehmen ist, daß sie ausschließlich oder doch theilweise zur Sicherung der Waare während des Transportes vorhanden und die daher nicht zum Nettogewicht zu rechnen sind, kommen insbesondere vor: ([3])

1. Kartons und Schachteln aus Pappe, desgleichen lose Pappdeckel, worin Zeugwaaren, Bänder, Putzsachen, fertige Kleider, Herrenhüte, ([4]) Schirme, feine Glaswaaren, Porzellanfiguren, Vasen, Alabaster- und Marmorwaaren, kurze Waaren, als: Bijouterien, Tabatieren, künstliche Blumen, Schmuckfedern, Fächer und dergl., ferner Handschuhe, bos-

---

([1]) Z. vgl. V. vom 7. September 1872, I. 16954 (A. Bl., S. 342), betr. die Taravergütung für Wein und Branntwein in großen Korbflaschen.

([2]) Z. vgl. V. vom 25. Januar 1873, I. 903, betr. die Verzollung von Thee in Kisten.

([3]) Z. vgl. B. R. B. vom 7. März 1873, betr. die Bestimmungen über die Tara (s. u.).

([4]) Z. vgl. B. R. B. vom 12. Februar 1876, betr. die Verzollung von Kartons für Herrenklapphüte (s. u.).

sirte Wachswaaren und andere mit mehr als 4 Thlr. belegte Gegenstände eingehen; ([1])
2. Kistchen von unpolirtem und ungebeiztem Holze, worin Velvets, Bijouterien, Tabatieren oder Parfümerien eingehen;
3. die Schachteln mit Papierspähnen oder Heu ausgefüllt, in denen Töpfe oder Terrinen sich befinden;
4. Stroh, womit Glaswaaren, auch Flaschen mit Flüssigkeiten umwickelt sind;
5. das zur Verpackung dienende Material, als: Stroh, Heu, Moos, Papierspähne, Baumwolle, Watte, Werg, Heede, Sägespähne, Hobelspähne, Kleie, ingleichen Packpapier mit Ausnahme der oben unter A 8 bezeichneten Umschließungen.

C. Unreinigkeiten und fremde Bestandtheile, welche der Waare beigemischt sein möchten, werden der Regel nach nicht in Abzug gebracht. Eine Ausnahme von dieser Bestimmung findet jedoch rücksichtlich der zu Wasser eingegangenen Waaren in der Weise statt, daß, wenn in Folge von Havarie durch eingedrungenes Wasser oder andere fremde Bestandtheile das Gewicht der Waare vermehrt ist, bei der Verzollung ein dem Gewicht des Wassers 2c. entsprechender Abzug von dem vorgefundenen Gewicht der Waare zugestanden wird. Auch ist es gestattet, die Waare unter amtlicher Aufsicht zu trocknen, worauf das nach der Trocknung vorgefundene Gewicht der Verzollung zu Grunde gelegt wird.

## § 2. Verzollung nach dem Brutto- oder Nettogewicht.

Die Zölle werden vom Bruttogewichte erhoben:
1. von denjenigen Waaren, für welche die Abgabe 1 Thlr. oder 1 Fl. 45 Kr. vom Zentner nicht übersteigt;
2. von anderen Waaren, wenn nicht eine Vergütung für Tara im Tarif ausdrücklich festgesetzt ist.

Von allen Gegenständen, von welchen nach vorstehender Bestimmung der Zoll nicht nach dem Bruttogewicht zu erheben ist, wird das Nettogewicht der Verzollung zu Grunde gelegt.

## § 3. Ermittelung des Nettogewichts.

Bei Bestimmung dieses Nettogewichts ist Folgendes zu beachten:
1. in der Regel wird die Vergütung für Tara nach den im Zolltarife bestimmten Sätzen berechnet.

---

([1]) Z. vgl. V. vom 2. Juni 1876, I. 5840 (A. Bl., S. 95) betr. die Verzollung verzierter Kartons u. s. w.

2. werden Waaren, für welche eine Taravergütung zugestanden ist, blos in einfache Säcke von Pack- oder Sackleinen (¹) gepackt, zur Verzollung gestellt, so wird eine Taravergütung von 2 Prozent bewilligt, insoweit nicht in der ersten Tarifsabtheilung eine geringere Vergütung für derartige Verpackungen vorgeschrieben ist. Bei einer Verpackung in Schilf- oder Strohmatten oder ähnlichem Material können 4 Prozent für Tara gerechnet werden, insoweit nicht in der ersten Tarifsabtheilung eine geringere Taravergütung für Ballen vorgeschrieben ist. (²)

Unter den im Tarife mit einem höheren Tarasatze als 2 Prozent aufgeführten Ballen wird in der Regel eine doppelte Umschließung von dem für einfache Säcke bezeichneten Material verstanden. Auf einfache Emballage ist diese höhere Tara für Ballen nur dann anwendbar, wenn das dazu verwandte Material nach dem Ermessen der Zollbehörde erheblich schwerer als bei Säcken in das Gewicht fällt. (³)

Bei Waaren, für welche der Tarif eine 2 Prozent übersteigende Tara für Ballen vorschreibt, ist es, wenn Ballen von einem Bruttogewicht über 8 Zentner zur Verzollung angemeldet werden, der Wahl des Zollpflichtigen überlassen, entweder sich mit der Tara für 8 Zentner zu begnügen oder auf Ermittelung des Nettogewichtes durch Verwiegung anzutragen.

Bei baumwollenen und wollenen Geweben (Tarif, Abtheilung I, 2 c und 41 c) findet diese Bestimmung schon Anwendung, wenn Ballen von einem Bruttogewichte über 6 Zentner angemeldet werden, dergestalt, daß dabei nur von 6 Zentnern eine Tara bewilligt wird.

Bei einigen Waarenartikeln des Tarifs, die gewöhnlich nur in Kisten, aber nicht in Fässern verpackt vorkommen, ist die Tara für Fässer — und umgekehrt bei Waaren, die gewöhnlich nur in Fässern und nicht in Kisten verpackt zu werden pflegen — die Tara für Kisten nicht ausdrücklich erwähnt. In Fällen, wo dergleichen Gegenstände der er-

---

(¹) Oder Wachstuch (Wachsleinwand). Z. vgl. V. von 9. Januar 1872, Nr. 25398 (A. B., S. 39).

(²) Z. vgl. V. R. V. vom 7. März 1874, betr. Taravergütung für Ballen oder Säcke (s. u.).

(³) Z. vgl. V. vom 29. Januar 1873, I. 2596 (A. Bl., S. 96), betr. die Taravergütung für Verpackung in doppelten Schilfmatten, und V. vom 19. November 1875, I. 16215 (A. Bl., S. 175), betr. die Taravergütung bei Verpackung in Ballen oder Säcken.

steren Art ausnahmsweise in Fässern und der letzteren Art ausnahmsweise in Kisten verpackt zur Verzollung gelangen, ist ebenso zu verfahren, als wenn in dem Tarife Fässer und Kisten mit gleicher Tara benannt wären.

Für Kisten, in welchen Fässer mit Wein oder Branntwein eingehen, wird die gleiche Tara wie für Ueberfässer bewilligt.

3. Es bleibt der Wahl des Zollpflichtigen überlassen, ob er bei Gegenständen, deren Verzollung nach dem Nettogewichte geschieht, die tarifmäßige Tara gelten, oder das Nettogewicht entweder durch Verwiegung der Waare ohne die Tara oder der letzteren allein ermitteln lassen will. Bei Flüssigkeiten und anderen Gegenständen, deren Nettogewicht nicht ohne Unbequemlichkeit ermittelt werden kann, weil ihre Umgebung für den Transport und für die Aufbewahrung dieselbe ist, wird die Tara nach dem Vereinszolltarif berechnet und der Zollpflichtige hat kein Widerspruchsrecht gegen Anwendung desselben. Die Zollbehörde ist befugt, die Nettoverwiegung eintreten zu lassen, wenn eine von der gewöhnlichen abweichende Verpackungsart der Waaren oder eine erhebliche Entfernung von den im Vereinszolltarif angenommenen Tarasätzen bemerkbar wird.

So werden namentlich nicht selten unbearbeitete Tabaksblätter und Stengel in einer so leichten Verpackung eingeführt, daß die Anwendung der Tariftara einen unverhältnißmäßigen Gewinn für den Zollpflichtigen gewähren würde. In solchem Falle hat Nettoverwiegung einzutreten, welche jedoch bei unbearbeiteten Tabaksblättern und Stengeln unterbleiben kann, wenn der Zollpflichtige sich mit einer Taravergütung von 8 Prozent für die zu leicht befundenen Fässer, und von 1 Prozent bei der Einfuhr in Ballen aus einfacher leichter Leinwand begnügen will. (¹)

4. Wo eine Anzahl Kolli gleichartigen Inhalts von gleicher Größe und gleichartiger Verpackung (auch bezüglich der Beschaffenheit und Stärke des Materials) eingeht, kann die Feststellung des Nettogewichts durch probeweise vorzunehmende Verwiegung der Umschließung erfolgen. (²)

---

(¹) Z. vgl. die V. R. V. vom 27. Juni 1873, betr. die Taravergütung für Kaffee in Säcken, vom 2. November 1876, betr. die Salzeinfuhr aus Frankreich, und vom 8. November 1876, betr. die Tara für Rohzucker in Säcken (s. u.).

(²) Z. vgl. V. vom 7. Mai 1873, I. 10128 (A. Bl., S. 165), betr. die Ermittelung des Nettogewichts gleich großer Kolli durch probeweise Verwiegung der Umschließung.

## § 4. Einfluß der Umschließung auf den Zollsatz, beziehungsweise besondere Verzollung der Umschließung.

Gehen zollpflichtige oder zollfreie Gegenstände in äußeren Umschließungen ein, welche im Tarif bei den ausgeworfenen Tarasätzen als Verpackung überhaupt nicht vorgesehen sind (z. B. Cylinder, Flaschen, Kästen, Fässer ꝛc. von Metall), so sind derartige Kolli — einschließlich des Gewichts der Umschließung — nach Maßgabe des Inhalts zu behandeln, sofern jene Umschließungen als Fabrik- oder handelsübliche Verpackung anzuerkennen sind (vgl. übrigens § 3 Ziff. 2 Abs. 5). Wird jedoch von den Betheiligten die Nettoermittelung der Waare oder die Abnahme einer derartigen äußeren Umschließung beantragt, oder ist es augenscheinlich, daß letztere nur deßhalb als Emballage gewählt ist, um den Zoll dafür zu ersparen, so tritt Nettoverwiegung ein, und die Umschließung wie die Waare sind je nach ihrer Beschaffenheit besonders zu tarifiren.(¹)

Ebenso tritt die Behandlung des Gesammtgewichtes nach Maßgabe des Inhalts auch beim Eingange in inneren Umschließungen ein, sofern die Waaren (einschließlich der zollfreien) niedriger belegt sind, als die Umhüllungen und sofern letztere an sich einem Zollsatze von weniger als 4 Thlrn. für den Zentner unterliegen.

Gehören dagegen die Umschließungen, wie dies namentlich bei chemischen Fabrikaten, Farben, Parfümerien, feinen Seifen und Zündwaaren vorkommt, einem Zollsatze von 4 Thlrn. oder mehr an, oder sind die Waaren augenscheinlich zu dem Zweck eingeführt, um den Zoll für die Umschließungen zu ersparen, so tritt die Verzollung des Gesammtgewichtes nach Maßgabe dieser höher belegten Umschließungen ein. Doch sind Flaschen von gefärbtem ungeschliffenen Glas, in welchem ätherische Oele oder Medikamente eingehen, und Umhüllungen von Staniol um Parfümerien und feine Seifen auf die Tarifirung von keinem Einfluß.

Etuis, Futterale und andere Umschließungen, welche dazu bestimmt sind, den darin enthaltenen Waaren zur ferneren Aufbewahrung zu dienen, sind mit diesen Waaren zusammen als ein Ganzes nach demjenigen Tarifsatze zur Verzollung zu ziehen, welchem der höher tarifirte Theil — sei es das Etui für sich allein betrachtet oder dessen Inhalt getrennt von dem Etui gedacht — unterliegt. Besteht der Inhalt aus verschieden tarifirten Gegenständen, so findet die Verzollung nach dem am höchsten

---

(¹) Z. vgl. B. R. B. vom 7. März 1873, die Bestimmungen über die Tara betr. (s. u.)

belegten Bestandtheile statt. Gehen solche Etuis noch in besonderen Umschließungen ein, deren Zweck ist, die Etuis selbst dauernd vor Beschädigung zu schützen, so werden diese Umschließungen dem Nettogewicht beigerechnet, ohne auf den nach obigem Grundsatze zu bestimmenden Zollsatz einen Einfluß zu üben.

Eine Ausnahme findet bei Etuis statt, in denen optische und andere unter Nr. 15 a 2 des Tarifs begriffene Instrumente eingehen. Dieselben werden mit dem Inhalte zollfrei gelassen.

Koffer, welche als Reisegeräthe dienen, sind auch dann auf Grund der Vorbemerkung 4 zum Tarif zollfrei zu lassen, wenn sie außer Reiseeffekten noch zollpflichtige, jedoch nicht als Handelsgegenstände eingeführte Waaren enthalten. Ebenso sind Koffer, in denen sich Muster oder Proben befinden, welche Gewerbetreibende zur Ausübung ihres Berufes mit sich führen, bezw. vorausschicken oder sich nachkommen lassen, von der Zollfreiheit nicht ausgeschlossen, mögen die Muster und Proben an sich zollfrei oder zollpflichtig sein.

Dagegen unterliegen Koffer, in denen Handelswaaren eingeführt werden, der tarifmäßigen Verzollung, wenn nicht aus der Beschaffenheit der Koffer sich augenscheinlich ergiebt, daß dieselben lediglich als Emballage für die eingeführten Waaren dienen und auch ferner nur zu diesem Zwecke bestimmt sind.

Gefärbte grobe Holzkisten (Holzkoffer), welche zur Verpackung feiner Felle zur Pelzwerkbereitung verwendet zu werden pflegen, sind mit den Fellen zollfrei zu lassen.

### § 5. Taravergütung für Waaren in zwei- oder mehrfacher Umschließung.

Gehen Waaren, für welche eine zusätzliche Tara bewilligt ist (für Cigarren in kleinen Kisten 24 pCt., in Pappkästchen oder Körbchen 12 pCt., für Südfrüchte in Schachteln 10 pCt. u. s. w.), in doppelter Umschließung ein, so kann das Nettogewicht entweder durch Abzug der Gesammttaravergütung für die äußere und innere Umschließung von dem Bruttogewicht oder durch Verwiegung nach Entfernung der gesammten, nicht zum Nettogewichte zu rechnenden Umschließung oder durch Verwiegung der Waare sammt der inneren Umschließung und demnächstige Abrechnung der für die innere Umschließung gewährten tarifmäßigen Tara festgestellt werden. (¹) Ueberhaupt

(¹) Z. vgl. die B. R. B. vom 7. November 1874 und 20. Dezember 1875, betr. die Taravergütung für Südfrüchte in mehrfacher Umschließung (s. u.), sowie die V. vom 23. Juni 1876, I. 8047 (A. Bl., S. 101) in gleichem Betreff; ferner die V. vom 19. Januar 1875, I. 698 (A. Bl., S. 13), betr. die Taravergütung für Cigarren in kleinen Kisten.

darf, wo eine Waare in zwei- oder mehrfacher Umschließung eingeht, die äußere Umschließung vor Ermittelung des zollpflichtigen Gewichtes stets entfernt([1]) und, sofern nicht Nettoverwiegung eintritt, für die innere Umschließung die tarifmäßige Taravergütung gewährt werden.

Insbesondere ist es zulässig, die äußere Umhüllung von Matten, Leinwand, Stroh, Stricken u. s. w., ferner die beweglichen Doppelböden an Weingebinden ohne Ueberfässer, sowie die Bretterverschläge, Kalk- und Gypsböden an Fässern mit Flüssigkeit jeder Art vor der Verwiegung abzunehmen.

§ 6. Taravergütung für zusammen verpackte verschieden tarifirte Waaren.

Gehen verschieden tarifirte Waaren in einer und derselben Umschließung ein, so bleibt die gemeinsame Umschließung, vorbehaltlich ihrer etwaigen Verzollung für sich (vgl. § 4), bei Feststellung des zollpflichtigen Gewichtes der einzelnen Waaren außer Betracht. Es findet also der Zuschlag der sogenannten Antheiltara (ohne Unterschied ob die betreffenden Waaren brutto oder netto zu verzollen sind) nicht mehr statt, sondern es ist das zollpflichtige Gewicht bezw. die Tara der einzelnen Waaren unter Außerachtlassung der Außenverpackung lediglich nach den gewöhnlichen Regeln zu ermitteln.

---

**11. Dezember 1871.** — Zusatzkonvention zu dem am 10. Mai 1871 zu Frankfurt a. M. abgeschlossenen Friedensvertrag zwischen Deutschland und Frankreich (R. G. B. 1872, S. 7).

. . . . .

Art. 12. Um die Bewirthschaftung der an der Grenze gelegenen Landgüter und Wälder zu erleichtern, werden von allen Eingangs-, Ausgangs- und Verkehrsabgaben befreit:

Getreide in Garben oder Aehren, Heu, Stroh, Grünfutter, die Rohprodukte der Wälder, Holz, Kohlen oder Pottasche, ebenso wie Dungstoffe, Sämereien, Bretter, Stangen, Pfähle, Thiere und Werkzeuge jeder Art, welche zur Bestellung der Güter dienen, die innerhalb einer Zone von zehn Kilometern auf jeder Seite der Grenze liegen, Alles unter dem Vorbehalte der vorschriftsmäßigen Kontrole, welche in jedem der beiden Länder zur Unterdrückung des Schmuggels besteht.

In demselben Umkreise und unter denselben Garantien

---

([1]) Z. vgl. Nr. 2 d. B. R. B. vom 7. März 1873, betr. die Bestimmungen über die Tara (s. u.), sowie die V. von 7. September 1872, I. 16954 (A. Bl., S. 342), betr. die Taravergütung für Wein und Branntwein in großen Korbflaschen.

werden ebenfalls von allen Eingangs-, Ausgangs- oder Verkehrsabgaben befreit:

Getreide und Holz, welches von den Einwohnern des einen der beiden Länder nach einer Mahl- oder Sägemühle gesandt wird, die auf dem Gebiete des andern Landes belegen ist, eben so wie Mehl und Bretter, welche daraus hergestellt sind.

Dieselbe Vergünstigung wird den Einwohnern beider Länder für die Gewinnung des Oeles aus den auf ihren Gütern gepflanzten Sämereien gewährt, ebenso für das Bleichen der Gespinnste und ungebleichten Leinwand, welche von Produkten des von ihnen bebauten Landes herstammen.

. . . . .

---

**28. August 1872.** — Bek. den Handels- und Schifffahrtsvertrag zwischen Deutschland und Portugal vom 2. März 1872 betr. (Str. Z. Nr. 204. — A. Bl., S. 326). (1)

Nach Art. 9 des Handels- und Schifffahrtsvertrages zwischen Deutschland und Portugal vom 2. März d. J. (R. G. Bl., S. 254 ff.), dessen Bestimmungen nach Art. 20 a. a. O. auch auf das Großherzogthum Luxemburg Anwendung finden, so lange dasselbe dem deutschen Zoll- und Handelssysteme angehören wird, hat der Importeur, um die Behandlung der einzuführenden Waaren nach dem Fuße der am meisten begünstigten Nationen zu sichern, der Zollbehörde des andern Landes eine Bescheinigung vorzulegen, durch welche bezeugt wird, daß die Waaren einheimischer Herkunft oder Fabrikation sind. Diese Bescheinigung kann entweder in einer vor einer Behörde am Orte der Versendung abgegebenen Erklärung, oder in einem von dem Vorstande des Ausgangszollamts ausgestellten Zeugniß, oder in einem von dem am Versendungsort oder Verschiffungshafen residirenden Konsul oder Konsularagenten des Landes, wohin die Einfuhr erfolgen soll, ausgefertigten Zeugniß bestehen.

Zur Ausstellung der Ursprungszeugnisse über die mit dem Anspruch auf die vertragsmäßige Begünstigung nach Portugal zu versendenden Waaren sind sämmtliche Kaiserliche Zollämter und Steuereinnehmereien ermächtigt.

Für diejenigen Waaren, welche nicht nach dem vertragsmäßigen, sondern nach dem allgemeinen portugiesischen Tarif verzollt werden sollen, bedarf es keines Ursprungszeugnisses.

---

(1) Hierzu die Verf. des Dir. von dems. Tage Nr. I. 16655 (A. Bl., S. 326), welche das Formular für das Ursprungszeugniß mittheilt.

**7. März 1873.** — B. R. B. betr. die Bestimmungen über die Tara (§ 96 d. Prot). (1)

Es wurde beschlossen:

1) Daß die unter dem 19. November 1871 (§ 584 der Prot.) genehmigten Bestimmungen über die Tara die Frage, in welchen Fällen die nicht zum Nettogewichte zu rechnenden inneren Umschließungen für sich zur Verzollung zu ziehen sind, nicht berühren, die wegen der Verzollung solcher Umschließungen ergangenen besonderen Vorschriften somit durch die bezeichneten Bestimmungen über die Tara keine Aenderung erlitten haben;
2) daß die Vorschrift am Schlusse des ersten Absatzes des § 5 auch auf Brutto zu verzollende Waaren Anwendnung findet.

---

**27. April 1873.** — B. R. B. betr. das Verfahren bei zollfrei einzulassendem Reis zur Stärkefabrikation (§ 210 d. Prot.) (2)

Es wurde beschlossen, daß die nachstehenden „Vorschriften „in Beziehung auf die zollfreie Einfuhr von Reis zur Stärkefabrikation" allgemein im deutschen Zollgebiete zur Anwendung zu bringen seien. (3)

## Vorschriften

in Beziehung auf die Gestattung der zollfreien Einfuhr von Reis zur Stärkefabrikation.

Nach der Anmerkung zu Nr. 25. s der ersten Abtheilung des Zolltarifes kann die zollfreie Einfuhr von Reis zur Stärkefabrikation unter Kontrole gestattet werden. In Beziehung auf das hierbei einzuhaltende Verfahren werden die nachfolgenden Vorschriften ertheilt:

1) Ueber die Bewilligung, welche nur an Inhaber von Reisstärkefabriken in widerruflicher Weise ertheilt werden kann, entscheidet die Direktivbehörde.
2) Dem Inhaber der Fabrik wird für den mit der Bestimmung zur Stärkefabrikation eingehenden Reis nach Maßgabe des Regulativs für Privatläger ein Privattransitlager ohne Mitverschluß der Zollverwaltung bewilligt.

---

(1) Z. vgl. B. vom 24. März 1873, I. 7866 (A. Bl., S. 153).

(2) Z. vgl. B. vom 20. Mai 1873, I. 14170 (A. Bl, S. 170.

(3) Z. vgl. B. R. B. vom 29. April 1874, Nachtragsbestimmungen betr. (s. u.)

3) Wenn die Verarbeitung von Reis zu Reisstärke erfolgen soll, hat der Fabrikant der betreffenden Zoll- oder Steuerstelle spätestens am Tage zuvor eine Abmeldung über den zur Verarbeitung bestimmten Reis zu übergeben und darin die Stunde, zu welcher mit der Einbringung des Reises in die Bottiche begonnen werden soll, zu bemerken.

4) Zu der angemeldeten Zeit erfolgt unter amtlicher Aufsicht die Verwiegung des zur Verarbeitung bestimmten Reises, welcher unmittelbar hierauf in die betreffenden Bottiche gebracht und mit der zur Einweichung desselben dienenden Flüssigkeit (verdünnte Natronlauge) übergossen werden muß. Die solchergestalt gefüllten Bottiche bleiben unter amtlicher Kontrole, welche nach dem Ermessen der Beamten bis zum Schlusse des Einweichungsprozesses erstreckt werden kann.

5) Das Ergebniß der amtlichen Verwiegung und die stattgehabte Verwendung des Reises zur Stärkefabrikation ist unter Angabe der Zeit des Beginns der Einweichung des Reises und des Schlusses der amtlichen Beaufsichtigung von den betreffenden Beamten in der Abmeldung zu bescheinigen.

6) Die nach der Abmeldung zur Stärkefabrikation verwendete Menge an Reis wird in dem Lagerkonto zollfrei abgeschrieben.

7) Den mit der Beaufsichtigung der Fabrik beauftragten Beamten ist der Zutritt zu den Fabrikräumen zu jeder Tageszeit und auch zur Nachtzeit so lange zu gestatten, als in der Fabrik gearbeitet wird.

8) Die Kosten der Beaufsichtigung (Ziffer 4) hat der Fabrikinhaber zu tragen.

9) Die Abänderung oder Ergänzung der Vorschriften bleibt vorbehalten. ([2])

---

**27. Juni 1873.** — B. R. B. betr. die Taravergütung für Kaffee in Säcken (§ 457 d. Prot.). ([1])

Es wurde beschlossen:

daß, wenn roher Kaffee in Säcken eingeht, deren Beschaffenheit darauf schließen läßt, daß das Gewicht derselben erheblich hinter dem tarifmäßigen Tarasatze von 2 pCt. zurückbleibt, von dem Recht der Nettoverwiegung Gebrauch zu machen sei, daß aber von dieser Nettoverwiegung Umgang genommen werden könne, sofern sich der Zollpflichtige mit einer Taravergütung von 1 pCt. begnügen will.

---

([1]) Z. vgl. V. 21. Juli 1873, I. 21188 (A. Bl., S. 234).
([2]) Z. vgl. Anm. 3 auf S. 94.

**7. Juli 1873.** — Gesetz betr. die Abänderung des Vereinszolltarifs (G. E. L., S. 191).

[Von Aufnahme des Wortlauts dieses den Tarif im Besonderen betreffenden Gesetzes in die vorliegende Sammlung ist abesehen worden.]

---

**8. Juli 1873.** — B. R. B. betr. den Zolltarif und das amtliche Waarenverzeichniß. (§ 523 d. Prot.)

[Durch den B. R. B. vom 23. Mai 1870 (s. S. 83) war die neue Redaktion des vom 1. Oktober 1870 an gültigen Vereinszolltarifs festgestellt ([1]), außerdem beschlossen worden, eine Kommission mit der Ausarbeitung eines Entwurfs zum amtlichen Waarenverzeichniß ([2]) zu beauftragen und die Ausschüsse für Zoll- und Steuerwesen, sowie für Handel und Verkehr zur endgültigen Feststellung des vom 1. Oktober an zu benutzenden amtlichen Waarenverzeichnisses zu ermächtigen.

In Folge des Ges. vom 7. Juli 1873 ist der Vereinszolltarif gemäß B. R. B. vom 8. Juli in der unterm 12. Juli durch den R. K. bekannt gemachten Fassung neu redigirt worden und gleichzeitig wurde der Ausschuß für Zoll- und Steuerwesen ermächtigt, einen Nachtrag zum amtlichen Waarenverzeichniß ausarbeiten zu lassen und demnächst endgültig festzustellen, in welchem die seit dem 1. Oktober 1870 beschlossenen Aenderungen, sowie die auf Grund der genehmigten neuen Redaktion des Zolltarifs vom 1. Oktober 1873 an eintretenden Aenderungen aufzunehmen sein würden. Außerdem wurde der Reichskanzler ersucht, eine amtliche Ausgabe des neu redigirten Zolltarifes und des Nachtrags zum amtlichen Waarenverzeichnisse zu veranstalten und den betheiligten Regierungen in der erforderlichen Anzahl von Exemplaren zu übersenden. Durch B. R. B. vom 25. November 1873 (§ 564 d. Prot.) wurde alsdann dem Ausschuß für Zoll- und Steuerwesen die Ermächtigung ertheilt, in den festzustellenden Nachtrag zum amtl. W. B. auch solche Aenderungen und Zusätze aufzunehmen, die nicht durch das Gesetz vom 7. Juli d. J. bedingt sind oder auf Bundesrathsbeschlüssen beruhen.

Das solchergestalt modifizirte Waarenverzeichniß ist noch jetzt im Gebrauch.

Nachstehend sind die allgemeinen Bestimmungen desselben (Vorbemerkungen und Instruktionspunkte) abgedruckt, während von einer Aufnahme des speziellen Theils abgesehen wurde, da das Waarenverzeichniß im Buchhandel bezogen und gemäß § 7

---

([1]) Z. vgl. die Bek. vom 23. Mai 1870.
([2]) V. Z. G., § 12.

der Bek. d. K. vom 3. August 1871 (s. Bd. I, S. 57) bei allen Zollstellen eingesehen werden kann. Die diesen speziellen Theil betreffenden Bundesrathsbeschlusse haben daher in der vorliegenden Sammlung gleichfalls eine Aufnahme nicht gefunden].

## Amtliches Waarenverzeichniß

zum Vereinszolltarif vom 1. Oktober 1870 an.

### Vorbemerkungen.

1. Bei der Hinweisung auf die Nummer des Zolltarifs ist überall da, wo die Bezeichnung der Abtheilung des Tarifs fehlt, die erste Abtheilung desselben zu verstehen. (1)

2. Gegenstände, welche sich nach ihrer speziellen Benennung in dem Waarenverzeichnisse nicht aufgeführt finden, sind nach Maßgabe ihrer Beschaffenheit zu behandeln. Zu diesem Zwecke ist auf den entsprechenden Gattungsbegriff, welchem die Waare ihrer Beschaffenheit nach zugehört, zurückzugehen und hiernach die Tarifposition zu bestimmen. So ist z. B. Sandelholz unter „Holz", Ruhrwurzel unter „Wurzeln", Erdbeeren unter „Beeren", Pflaumen unter „Obst", Seezungen unter „Fische" zu suchen rc.

3. Bei den in wesentlicher Verbindung mit anderen Materialien eingehenden Waaren sind, sofern diese Verbindung im amtlichen Waarenverzeichnisse bei dem speziellen Artikel nicht besonders erwähnt ist, die entsprechenden Gattungswörter (z. B. Bleiwaaren, Bürstenbinderwaaren, Eisenwaaren, Holzwaaren rc.) aufzusuchen und die Gegenstände nach der für die betreffende Verbindung dort vorgeschriebenen Tarifnummer zu behandeln.

4. Artikel mit den Anfangsbuchstaben C oder K, bei welchen bald der eine, bald der andere gebraucht zu werden pflegt, sind, wenn sie unter C nicht aufgefunden werden, unter K aufzusuchen und umgekehrt. Dasselbe gilt für Artikel mit den Anfangsbuchstaben C und Z.

### Instruktionspunkte.

I. Bei der Tarifirung von Waaren, welche aus verschiedenen Stoffen zusammengesetzt sind, bleiben alle solche Gegenstände, welche nur ganz unwesentliche Bestandtheile bilden, ingleichen alle solche, welche *lediglich* zur Befestigung oder Verbindung einzelner Bestandtheile dienen, wie: Nägel, Nieten, Schrauben, Häftel, Schlösser, Schließhaken, Reifen, Beschläge, Gewinde,

(1) Fällt gemäß Nr. 1 des Nachtrags weg, nachdem durch Ges. vom 7. Juli 1873 die Ausfuhrzölle aufgehoben worden sind.

Riegel, Schlüssel, Bänder, Fäden, Schnüre, Gurte, Riemen, Stricke ꝛc. außer Betracht, und es sind die Waaren nach demjenigen Tarifsatze zu behandeln, welchem sie ohne das Vorhandensein jener nebensächlichen Verbindungen nach ihrer sonstigen Beschaffenheit zufallen würden.

Dasselbe gilt auch von solchen Waaren, welche mit eingelegter Arbeit oder Schnitzwerk, oder in sonstiger Weise nur ganz unwesentlich verziert sind.

II. Zusammengesetzte Gegenstände — auch wenn sie nicht zu den Waaren der Nr. 20 gehören —, welche als solche einem besonderen Zollsatze unterliegen, sind auch dann, wenn sie in einzelne, für sich anderweiten Zollsätzen unterliegende Bestandtheile zerlegt, eingeführt werden, nach den für den zusammengesetzten Gegenstand selbst in Anwendung zu bringenden Tarifsätzen zur Verzollung zu ziehen, sobald die das Ganze bildenden Theile in einem Kollo zusammengepackt eingehen, und in sofern nicht im amtlichen Waarenverzeichniß bei einzelnen Artikeln ausdrücklich etwas anderes vorgeschrieben ist.

III. Mechanische Gemenge aus verschieden tarifirten Bestandtheilen sind dann, wenn für dergleichen Gemenge als solche ein besonderer Zollsatz nicht vorhanden ist, nach demjenigen Zollsatze zur Verzollung zu ziehen, welchem der am höchsten belegte Bestandtheil des Gemenges angehört, sofern dieser nicht in einer, nach dem Ermessen der Zollbehörde für unerheblich zu erachtenden Menge vorhanden ist.

Derselbe Grundsatz findet gleichmäßig Anwendung auf Gemische verschiedener Oele, oder von Oel, flüssigem Thierfett, Thran oder anderen ölartigen Substanzen.

Bei Gemischen anderer flüssiger Gegenstände hat die Zollbehörde in jedem Falle nach den Umständen zu entscheiden, ob und inwieweit der hier erwähnte Grundsatz Anwendung zu finden hat.

IV. Gehen zollpflichtige oder zollfreie Gegenstände in äußeren Umschließungen ein, welche im Tarif bei den ausgeworfenen Tarasätzen als Verpackung überhaupt nicht vorgesehen sind (z. B. Cylinder, Flaschen, Kästen, Fässer ꝛc. von Metall), so sind derartige Kolli — einschließlich des Gewichts der Umschließung — nach Maßgabe des Inhalts zu behandeln, sofern jene Umschließungen als Fabrik- oder als handelsübliche Verpackung anzuerkennen sind. Wird jedoch von den Betheiligten die Nettoermittelung der Waare oder die Abnahme einer derartigen äußeren Umschließung beantragt, oder ist es augenscheinlich, daß letztere nur deshalb als Emballage gewählt ist, um den Zoll dafür zu ersparen, so tritt Nettoverwiegung ein, und die Umschließung wie die Waare sind je nach ihrer Beschaffenheit besonders zu tarifiren.

Ebenso tritt die Behandlung des Gesammtgewichts nach Maßgabe des Inhalts auch beim Eingange in inneren Umschließungen ein, sofern die Waaren (einschließlich der zollfreien) niedriger belegt sind als die Umhüllungen, und sofern Letztere an sich einem Zollsatze von weniger als 4 Thalern für den Zentner unterliegen. (¹)

Gehören die Umschließungen dagegen einem Zollsatze von 4 Thalern oder mehr an, oder sind die Waaren augenscheinlich zu dem Zwecke eingeführt, um den Zoll für die Umschließungen zu ersparen, so tritt die Verzollung des Gesammtgewichts nach Maßgabe dieser höher belegten Umschließungen ein.

Außerdem sind die durch das amtliche Waarenverzeichniß bei gewissen Artikeln (z. B. bei Etuis, bei verschiedenen Verzehrungsgegenständen in hermetisch verschlossenen Büchern u. s. w.) gegebenen Bestimmungen zu beachten.

Was endlich die Behandlung von inneren Umschließungen anlangt, welche an sich zollfrei, oder niedriger belegt sind, als die darin eingeführten zollpflichtigen Waaren, so kommen die darüber erlassenen besonderen Vorschriften zur Anwendung.

V. Wird bei Verzehrungsgegenständen in hermetisch verschlossenen Blechbüchsen 2c. die spezielle Revision durch Oeffnen der Büchsen 2c. (welche übrigens, je nach der Beurtheilung der Revisionsbeamten, sich auch auf eine probeweise beschränken kann) vom Deklaranten oder Waarenempfänger abgelehnt, so ist der Regel nach der höchste Zollsatz im Tarif zu entrichten. Eine Ausnahme hiervon tritt jedoch dann ein, wenn kein Zweifel darüber besteht, daß wirklich Verzehrungsgegenstände vorliegen, in welchem Falle der Zollsatz der Nr. 25. p. 1. α. zur Erhebung zu gelangen hat.

VI. Insoweit nicht besondere Ausnahmen in einzelnen Fällen ausdrücklich festgesetzt sind, hat bei der Verzollung der Waaren der Umstand außer Berücksichtigung zu bleiben, ob die betreffenden Waaren neu oder gebraucht sind.

---

**12. Juli 1873.** — Bek. d. R. K., betr. die neue Redaktion des Vereinszolltarifs (G. E. L., S. 194).

Auf Grund des vorstehenden Gesetzes (²) hat der B. R. die nachfolgende neue Redaktion des Deutschen Zolltarifs vom 1. Oktober 1873 an festgestellt:

---

(¹) Wegen der Anwendung von Nr. IV, Abs. 2 vgl. B. R. B. vom 25. November 1873 (§ 563 d. Prot.).

(²) Nämlich des Ges. vom 7. Juli 1873, s. S. 96.

# Zolltarif
vom 1. Oktober 1873 an.

## Erste Abtheilung.
## Bestimmungen über die Einfuhr.(¹)

### Vorbemerkungen.

Die folgenden Gegenstände bleiben vom Eingangszolle frei, wenn die dabei bezeichneten Voraussetzungen zutreffen:

1) Erzeugnisse des Ackerbaues und der Viehzucht eines einzelnen, von der Zollgrenze durchschnittenen Landgutes, dessen Wohn- und Wirthschaftsgebäude innerhalb dieser Grenze belegen sind.(²)
2) Hausgeräthe und Effekten, gebrauchte, getragene Kleidungsstücke und Wäsche, gebrauchte Fabrikgeräthschaften und gebrauchtes Handwerkszeug, von Anziehenden zur eigenen Benutzung; auch auf besondere Erlaubniß neue Kleidungsstücke, Wäsche und Effekten, insofern sie Ausstattungsgegenstände von Ausländern sind, welche sich aus Veranlassung ihrer Verheirathung im Lande niederlassen.(³)
3) Hausgeräthe und Effekten, gebrauchte, getragene Klei-

---

(¹) In allen Fällen, wo im Tarif oder im amtlichen Waarenverzeichnisse gewisse Zugeständnisse an eine besondere Erlaubniß geknüpft sind, ist diese von der Direktivbehörde zu ertheilen z. vgl. Nr. 1 d. V. vom 21. August 1871 Nr. 14206 (A. Bl., S. 464) und der gleichlautenden V. vom 7. Juni 1874. I, 9068 (A. Bl., S. 159).

(²) Z. vgl. Art. 12. der Zusatzkonvention zum Friedensvertrag mit Frankreich vom 11. Dezember 1871., S. 92.

(³) Der nach Vorb. 2 erforderliche Erlaubnißschein ist von derjenigen Direktivbehörde, in deren Verwaltungsbezirk der Bestimmungsort der Ausstattungsgegenstände liegt, auszustellen. (Nr. 2 der V. vom 21. August 1871). Z. vgl. ferner V. R. V. vom 26. Juni 1871, betr. die Zollfreiheit von Umzugsgut (s. o.); die V, vom 21. Oktober 1871, Nr. 20035 (A. Bl., S. 600) betr. die Erleichterung des Abfertigungsverfahrens für Anzugsgegenstände; die V. vom 20. August 1872, I. 16184, (A. Bl., S. 320) betr. die Zollerleichterungen für Umzugseffekten; die V. vom 27. Mai 1876 (A. Bl., S. 94), betr. die zollfreie Ablassung von Anzugsgegenständen.

dungsstücke und Wäsche, welche erweislich als Erbschaftsgut eingehen, auf besondere Erlaubniß. (¹)

4) Kleidungsstücke, Wäsche und anderes Reisegeräth, welches Reisende, Fuhrleute und Schiffer zu ihrem Gebrauche, auch Handwerkszeug, welches reisende Handwerker, sowie Geräthe und Instrumente, welche reisende Künstler zur Ausübung ihres Berufes mit sich führen, ingleichen getragene Kleidungsstücke und Wäsche, sowie andere Gegenstände der bezeichneten Art, welche den genannten Personen vorausgehen oder nachfolgen; Verzehrungsgegenstände zum Reiseverbrauche.

5) Wagen und Wasserfahrzeuge, welche bei dem Eingange über die Grenze zum Personen- und Waarentransporte dienen und nur deshalb eingehen, die Wasserfahrzeuge mit Einschluß der darauf befindlichen gebrauchten Inventarienstücke, insofern die Schiffe Ausländern gehören, oder insofern inländische Schiffe die nämlichen oder gleichartige Inventarienstücke einführen, als sie bei dem Ausgange an Bord hatten; Wagen der Reisenden, auf besondere Erlaubniß auch in dem Falle, wenn sie zur Zeit der Einfuhr nicht als Transportmittel ihrer Besitzer dienten, sofern sie nur erweislich schon seither im Gebrauche derselben sich befunden haben und zu deren weiterem Gebrauche bestimmt sind.

6) Fässer, Säcke u. s. w., leere, welche zum Behufe des Einkaufs von Oel, Getreide u. dergl. entweder vom Auslande mit der Bestimmung des Wiederausganges eingebracht werden, oder welche, nachdem Oel u. s. w. darin ausgeführt worden, aus dem Auslande zurückkommen, in beiden Fällen unter Festhaltung der Identität und, nach Befinden, Sicherstellung der Eingangsabgabe.

Bei gebrauchten leeren Säcken u. s. w. wird jedoch von einer Kontrole der Identität abgesehen, sobald kein Zweifel dagegen besteht, daß dieselben als Emballage für ausgeführtes Getreide u. s. w. gedient haben, oder als solche zur Ausfuhr von Getreide u. s. w. zu dienen bestimmt sind.

7) Musterkarten und Muster in Abschnitten oder Proben, welche nur zum Gebrauche als solche geeignet sind. (²)

---

(¹) Die Erlaubniß zur zollfreien Einlassung von Erbschaftsgut ist von der Direktivbehörde zu ertheilen, in deren Bezirk die inländischen Erben wohnen (Nr. 3 d. V. vom 21. August 1871).

(²) Z. vgl. V. an d. H. St. A. Mülhausen vom 3. Dezember 1875, I. 16641.

8) Kunstsachen, welche zu Kunstausstellungen oder für landesherrliche Kunstinstitute und Sammlungen, auch andere Gegenstände, welche für Bibliotheken und andere wissenschaftliche Sammlungen öffentlicher Anstalten, ingleichen Naturalien, welche für wissenschaftliche Sammlungen eingehen. (¹)

9) Alterthümliche Gegenstände (Antiken, Antiquitäten), wenn ihre Beschaffenheit darüber keinen Zweifel läßt, daß ihr Werth hauptsächlich nur in ihrem Alter liegt, und sie sich zu keinem anderen Zwecke und Gebrauche, als dem des Sammelns eignen. (²)

[Die besonderen Bestimmungen der ersten Tarifsabtheilung — Tarif im engeren Sinne — sind hier nicht abgedruckt, da nach § 7 der Bek. vom 3. August 1871 (s. Bd. I, S. 57) der Tarif bei sämmtlichen Zollstellen eingesehen und im Wege des Buchhandels bezogen werden kann. Dem entsprechend sind auch die auf diese Tarifsabtheilung bezüglichen Bundesrathsbeschlüsse mit einigen besonders wichtigen Ausnahmen nicht in die Sammlung aufgenommen worden. Vgl. die Bemerkungen wegen des speziellen Theils des amtlichen Waarenverzeichnisses auf S. 96]

## Zweite Abtheilung.

## Bestimmungen über die Ausfuhr.

Bei der Ausfuhr werden Abgaben nicht erhoben.

## Dritte Abtheilung.

## Allgemeine Bestimmungen.

I. Die Erhebung des Zolles geschieht nach Gewicht, nach Maaß, nach Stückzahl oder nach dem Werthe.

Der Zoll ist nach denjenigen Tarifsätzen und Vorschriften zu entrichten, welche an dem Tage gültig sind, an welchem die zum Eingange bestimmten Waaren bei der kompetenten Zollstelle zur Verzollung, zur Abfertigung auf Begleitschein II, oder zur Anschreibung auf Privatkreditlager gestellt werden.

---

(¹) Die für wissenschaftliche Sammlungen eingehenden Naturalien können von den Zollstellen selbstständig zollfrei abgelassen werden, bezüglich der übrigen in Vorb. 8 genannten Gegenstände ist die Genehmigung der Direktivbehörde erforderlich. (Nr. 6 d. V. vom 21. August 1871).

(²) Z. vgl. Nr. 7 d. V. vom 21. August 1871.

II. Der dem Tarife zu Grunde liegende Zentner (gleich fünfzig Kilogramm) ist in hundert Pfunde getheilt. (¹)
III. (²)
IV. (³)
V. Es bleiben bei der Abgabenerhebung außer Betracht und werden nicht versteuert:
a) die mit den Staatsposten aus dem Auslande eingehenden Waarensendungen von $^{5}/_{10}$ Pfund und weniger (⁴), ferner
b) alle Waarenquantitäten unter $^{1}/_{10}$ Pfund. (⁵)

Gefällebeträge von weniger als einem halben Groschen oder einem halben Kreuzer werden überhaupt nicht erhoben. (⁶)

Oertliche Beschränkungen bleiben in allen zuvorgedachten Beziehungen im Falle des Mißbrauchs vorbehalten.

VI. Hinsichtlich des Verhältnisses, nach welchen die Gold- und Silbermünzen der sämmtlichen Vereinsstaaten — mit Ausnahme der Scheidemünze — bei Entrichtung der Eingangsabgaben anzunehmen sind, wird auf die besonderen Kundmachungen verwiesen.

---

**25. November 1873.** — B. R. B. betr. die Verzollung der inneren Umschließung einer Waare (§ 563 d. Prot.) (⁷)

Es wurde beschlossen:

Daß die Bestimmung unter Ziff. IV. Abs. 2 der Instruktionspunkte zum amtlichen Waarenverzeichniß (⁸), wonach beim

---

(¹) Z. vgl. B. R. B. vom 19. Juni 1871, betr. die Beibehaltung der Verzollung nach Pfund.

(²) Die unter Nr. III enthaltenen Gesetzesvorschriften sind wörtlich in den vom B. R. unterm 19. November 1871 beschlossenen „Bestimmungen über die Tara" enthalten, s. S. 85.

(³) Die unter Nr. IV enthaltenen Vorschriften stimmen mit denjenigen im § 128, Abs. 2—6 und 8—10 des V. Z. G. überein, s. S. 56.

(⁴) Unter dieser Minimalquantität ist Bruttogewicht zu verstehen. Z. vgl. B. R. B. vom 28. März 1871, Kap. F dieses Abschnitts.

(⁵) Wegen Anwendung dieser Bestimmung, vgl. Nr. 9 der V. vom 21. August 1871 (A. Bl., S. 464).

(⁶) Der Mindestbetrag ist durch B. R. B. vom 13. November 1875 auf fünf Pfennige festgesetzt worden (s. Abschn. VII).

(⁷) Z. vgl. V. vom 21. Dezember 1873, I. 32751 (A. Bl., S. 430).

(⁸) s. S. 98.

Eingang von Waaren in inneren Umschließungen die Verzollung des Gesammtgewichts nach Maßgabe des Inhalts zu erfolgen hat, sofern die inneren Umschließungen an sich einem Zollsatze von weniger als 4 Thaler für den Zentner unterliegen, und die Waaren (einschließlich der zollfreien) niedriger belegt sind, als die Umschließungen, künftig allgemein, also auch bei den Seifen und Parfümerien, chemischen Fabrikaten, Farben, und Zündwaaren, zur Anwendung zu kommen habe, daß daneben jedoch die Bestimmung, wonach Flaschen von gefärbtem, ungeschliffenem Glas, in welchem ätherische Oele oder Medikamente eingehen, und Umhüllungen von Staniol um Parfümerien, und feine Seifen auf die Tarifirung von keinem Einfluß sind, aufrecht erhalten bleibe.

**25. November 1873.** — B. R. B. betr. die Aufstellung eines Nachtrags zum amtlichen Waarenverzeichnisse (§ 565 der Prot.)

[Z. vgl. die Ausführungen zu dem B. R. B. vom 8. Juli 1873 auf S. 96.]

**7. März 1874.** — B. R. B. betr. die Taravergütung für Waaren in Ballen oder Säcken (§ 144 d. Prot.) (¹)

Es wurde beschlossen:

Daß für Waaren, welche nach Ziffer III. b. und c. der dritten Tarifsabtheilung der Nettoverzollung unterliegen und für welche in der ersten Tarifsabtheilung eine Tara für die Verpackung in Säcken von Sack- oder Packleinen nicht ausgeworfen ist, beim Eingang in solcher Verpackung auf Grund der Ziffer II. d. 2. der dritten Tarifsabtheilung eine Taravergütung von 2 Prozent bewilligt werden darf.

**29. April 1874.** — B. R. B. betr. zollamtliche Behandlung von Reis zur Stärkefabrikation (§ 257 d. Prot.) (²)

Es wurde beschlossen, zu den Vorschriften, welche in Beziehung auf die Gestattung der zollfreien Einfuhr von Reis zur Stärkefabrikation erlassen worden sind (§ 210 d. Prot von 1873 Anlage), die nachfolgenden Zusätze zu machen:

(¹) Z. vgl. B. vom 25. März 1874, I. 5064 (A. B., S. 71).

(²) Z. vgl. B. vom 16. Mai 1874, I. 8064 (A. B., S. 94).

1) In denjenigen Reisstärkefabriken, in welchen ungeschält bezogener Reis nach vorgängiger Enthülsung verwendet wird, kann von der Vorschrift, wonach unmittelbar nach der Verwiegung des zur Verarbeitung auf Stärke deklarirten Reises dessen Einweichung erfolgen muß, abgesehen und gestattet werden, daß vor der letzteren die Enthülsung ohne Rückverwiegung des enthülsten Reises unter amtlicher Aufsicht vorgenommen wird.

2) Es ist in diesem Falle in den Abmeldungen über den zur Verarbeitung bestimmten Reis auch die Stunde, zu welcher mit der Enthülsung begonnen werden soll, anzugeben, und

3) Das zur Enthülsung benutzte Mahlwerk ist unter amtlicher Aufsicht zu halten.

4) In dem Lagerkonto erfolgt die zollfreie Abschreibung der nach den Abmeldungen zur Stärkefabrikation verwendeten Menge Reis, nachdem das Ergebniß der amtlichen Verwiegung, die erfolgte Enthülsung und die stattgehabte Verwendung zur Stärkefabrikation unter Angabe der Zeit des Beginns der Enthülsung des Reises, der Einweichung desselben und des Schlusses der amtlichen Beaufsichtigung amtlich bescheinigt ist.

---

**6. Mai 1874.** — B. R. B., betr. die zollfreie Einfuhr der Produkte der deutschen Seefischerei. (§ 264 d. Prot.)

[Von Aufnahme der betreffenden in der Drucksache Nr. 53 enthaltenen Vorschriften ist abgesehen worden, da dieselben für E. L. keine praktische Anwendung finden werden.]

---

**7. November 1874.** — B. R. B., betr. die Taravergütung für Südfrüchte in mehrfacher Umschließung. (§ 460 d. Prot.) (¹)

Es wurde beschlossen: Die Vorschrift im § 5 der Bestimmungen über die Tara, wonach bei Waaren, für die eine zusätzliche Tara bewilligt ist, beim Eingange in doppelter Umschließung das Nettogewicht auch durch Abzug der Gesammttaravergütung für die äußere und innere Umschließung von dem Bruttogewichte festgestellt werden kann, findet allgemein, also auch auf Süd-

---

(¹) Z. vgl. V. vom 25. November 1874, I. 16498 (A. Bl., S. 355), deren Schlußsatz durch V. vom 3. Januar 1876, I. 18295 (A. Bl., S. 3) aufgehoben ist.

früchte Anwendung, welche in Kisten und Leinwandumhüllung eingehen. (1)

---

**12. November 1874.** — B. R. B., betr. die zollfreie Einlassung von Thee zur Theïnfabrikation. (§ 472 d. Prot.) (2)

Es wurde beschlossen:

1. Daß Thee zur Theïnfabrikation nach vorausgegangener Denaturirung zollfrei abgelassen werden dürfe und daß die Wahl des zu verwendenden Denaturirungsmittels der obersten Landesfinanzbehörde überlassen bleibe;
2. Die Bundesregierungen zu ersuchen, im Monat März jeden Jahres von den im Vorjahre denaturirten Theemengen und verwendeten Denaturirungsmitteln dem Reichskanzleramte zum Zweck der weiteren Mittheilung an die einzelnen Regierungen Kenntniß zu geben.

---

**20. November 1874.** — B. R. B., betr. zollfreie Ablassung von Rosinen. (§ 491 d. Prot.) (3)

Es wurde beschlossen, die betreffende auf S. 98 des amtlichen Waarenverzeichnisses enthaltene Bestimmung durch folgende:

„Rosinen, verdorbene, sofern sie unter Aufsicht eingestampft und durch einen Zusatz von zwei Pfund Kohlenstaub, Porzellanerde, Sand oder Lehm auf den Zentner für andere als Brennereizwecke untauglich gemacht worden sind, unter Kontrole der Verwendung, 1 b. (zollfrei)"

zu ersetzen.

---

**28. November 1874.** — B. R. B., betr. Antrag auf zollfreie Einfuhr von Gewehren und Munitionsgegenständen. (§ 515 d. Prot.) (4)

Es wurde beschlossen, daß auch die zur Ausrüstung der

---

(1) Z. vgl. B. R. B. vom 20. Dezember 1875 in gleichem Betreff (s. u.), sowie die V. vom 23. Juni 1876, I. 8047 (A. Bl., S. 101).

(2) Z. vgl. V. vom 1. Dezember 1874, I. 16813 (A. Bl., S. 365).

(3) Z. vgl. die bezügliche Bek. vom 7. Dezember 1874 (Str. Ztg., Nr. 290, A. Bl., S. 386), sowie die lith. V. vom 28. Februar 1875, I. 2705, die Ausübung der Verwendungskontrole betr.

(4) Z. vgl. V. vom 18. Dezember 1874, I. 17599 (A. Bl., S. 387).

Armee aus dem Auslande bezogenen Gewehre und Munitionsgegenstände dem Eingangszoll unterliegen und daß ein Erlaß des letzteren nicht einzutreten habe.

---

**20. Dezember 1875.** — B. R. B. betr. die Taravergütung für Südfrüchte in doppelter Umschließung (§ 536 d. Prot.) (¹)

Es wurde beschlossen:

Bezüglich der Taravergütung für frische und getrocknete Südfrüchte (Nummer 25 h. 1 und 25 h. 2 a. des Tarifs) in doppelter Umschließung nachstehende Bestimmungen zu treffen: (²)

1) Gehen Südfrüchte in inneren Umschließungen ein, so kann, wenn diese inneren Umschließungen in Säckchen oder Bällchen bestehen, für dieselben eine zusätzliche Tara von 2%, and wenn sie in Schachteln, Körbchen oder Kistchen bestehen, eine zusätzliche Tara von 10% neben der tarifmäßigen Tara für die äußere Umschließung bewilligt werden.
2) Gehen Südfrüchte in Säckchen, Bällchen, Schachteln, Körbchen oder Kistchen ohne äußere Umschließung ein, so ist für erstere nur die sogenannte zusätzliche Tara von 2 beziehungsweise 10% zu gewähren, ebenso darf
3) auch in denjenigen Fällen, in welchen die äußere Umschließung der Südfrüchte vor der Verwiegung entfernt wird, sofern nicht Nettoverwiegung eintritt, für die oben bezeichnete innere Umschließung nicht die tarifmäßige, sondern nur die zusätzliche Tara gewährt werden.
4) Auf Südfrüchte, welche in durchgeschnittenen (halben) Fässern eingehen, findet die tarifmäßige Faßtara Anwendung.

---

**12. Februar 1876.** — B. R. B. betr. die Verzollung von Pappkartons zu Herrenklapphüten (§ 89 d. Prot.) (³)

Es wurde beschlossen:

Daß Kartons aus Pappe, in welchen sog. Herrenklapphüte eingehen, nicht zum Nettogewicht der Hüte zu rechnen, sondern

---

(¹) Z. vgl. V. vom 3. Januar 1876, I. 18295 (A. Bl. S. 3).

(²) Z. vgl. B. R. B. vom 7. November 1874 in gleichem Betreff (s. o.), sowie V. vom 23. Juni 1876, I. 8047 (A. Bl. S. 101).

(³) Z. vgl. V. vom 3. März 1876, I. 3219 (A. Bl. S. 40).

nach Maßgabe der bestehenden Bestimmungen entweder für sich zur Verzollung zu ziehen oder zollfrei zn belassen sind.

---

**22. Februar 1876.** — B. R. B. betr. die Verzollung getragener seidener und halbseidene Herrenhüte (§ 109 d. Prot.) (¹)

Es wurde beschlossen:

Daß das in einzelnen Bundesstaaten übliche Verfahren, wonach den Hutfabrikanten, welche getragene seidene und halbseidene Herrenhüte, behufs der Herstellung von neuen Hüten aus dem Auslande einführen, gestattet worden ist, den Plüsch (Felbel) von den Hüten abzutrennen und besonders zur Verzollung zu stellen, die Hutkörper aber entweder wieder auszuführen, oder unter amtlicher Aufsicht zu vernichten, unzulässig sei, daß vielmehr auch in den genannten Fällen die Hüte in demjenigen Zustande, in welchem sie in das Deutsche Zollgebiet eingehen zur Verzollung zu ziehen seien.

---

**2. November 1876.** — B. R. B. betr. die Salzeinfuhr aus Frankreich (§ 333 d. Prot.) (²)

Es wurde beschlossen:

Wenn Salz in Säcken eingeht, deren Beschaffenheit darauf schließen läßt, daß das Gewicht derselben erheblich unter dem tarifmäßigen Tarasatze von 1 Prozent zurückbleibt, ist künftighin von dem Rechte der Nettoverwiegung Gebrauch zu machen (³); es kann jedoch von dieser Nettoverwiegung Umgang genommen werden, sofern der Zollpflichtige sich mit einer Taravergütung von ½ Prozent begnügen will.

---

**2. November 1876.** — B. R. B. betr. Feststellung des Begriffs von getragenen, nicht zum Verkauf eingehenden Kleidern. (§ 337 d. Prot.) (⁴)

Es wurde beschlossen:

Die Anm. zu Pos. 18 des Tarifs, wonach Kleider, getragene oder gebrauchte, wenn sie nicht zum Verkaufe eingehen,

---

(¹) Z. vgl. V. vom 31. März 1876, I. 4704 (A. Bl. S. 49).

(²) Z. vgl. V. vom 28. November 1876, I. 13945 (A. Bl. S. 172).

(³) Z. vgl. § 3 Nr. 3 der Bestimmungen über die Tara vom 19. November 1871 (s. o.)

(⁴) Z. vgl. V. vom 18. November 1876, I. 13947 (A. Bl. S. 170)

zollfrei einzulassen sind, dahin auszulegen, daß dieselben sich auf alle Gegenstände, welche zur Bekleidung des Menschen dienen, auch wenn solche im Falle der Verzollung nicht unter die Tarifposition 18 fallen, also z. B. auch auf Hüte von Filz oder Stroh, lederne Handschuhe, Umschlagetücher ꝛc. bezieht.

**8. November 1876.** — B. R. B. betr. die Tara für Rohzucker in Säcken. (§ 354 d. Prot.) (¹)

Es wurde beschlossen:

Daß, wenn Rohzucker in Säcken eingeht, deren Beschaffenheit darauf schließen läßt, daß Gewicht derselben erheblich hinter dem tarifmäßigen Tarasatze von 2 Prozent zurückbleibt, von dem Recht der Nettoverwiegung Gebrauch zu machen sei, (²) daß von dieser Nettoverwiegung jedoch Umgang genommen werden könne, sofern sich der Zollpflichtige mit einer Taravergütung von 1 Prozent begnügen will.

(¹) Z. vgl. B. vom 27. November 1876, I. 14273 (A. Bl. S. 171).

(²) Z. vgl. § 3 Nr. 3 der Bestimmungen über die Tara vom 19. November 1871 (s. o.)

## C. Bestimmungen über die Waareneinfuhr, Ausfuhr und Durchfuhr auf Landstraßen, Flüssen und Kanälen, insbesondere über den Begleitscheinverkehr.

(Titel VI, §§ 36—58 des V. Z. G.)

### Inhaltsübersicht.



**20. Dezember 1869.** — B. R. B. betr. den Entwurf eines Begleitscheinregulativs. (§ 158 d. Prot.)

Es wurde beschlossen:

1) dem anliegenden Entwurf des Begleitscheinregulativs unter Festsetzung des Zeitpunktes für den Beginn der Gültigkeit desselben auf den 1. Februar k. J. die Genehmigung zu ertheilen; (1)

2) daß jeder Vereinsregierung überlassen bleibt, versuchsweise die Direktivbehörden zu ermächtigen, bei der Registerrevision die Vergleichung der erledigten Begleitscheine mit dem Ausfertigungsregister und dessen Belägen probeweise vornehmen zu lassen, dergestalt, daß sich diese Vergleichung nur etwa auf den sechsten oder achten Theil der Begleitscheine erstreckt; (2)

(1) Z. vgl Bek. vom 3. Aug. 1871. S. 112.

(2) Z. vgl. § 60 d. Begl. Reg. und B. R. B. vom 13. Oktober 1875.

3) daß bei dem Verkehr mit vereinsländischem, unter Steuerkontrole befindlichem Salz die Vorschriften des Begleitscheinregulativs analog in Anwendung zu bringen sind; (1)
4) daß die Abfertigung des mit dem Anspruch auf Zoll- oder Steuervergütung auszuführenden Tabaks allgemein auf Grund der im § 20 des Regulativs wegen Gewährung einer Zoll- oder Steuervergütung für den ins Ausland zu versendenden Tabak vorgeschriebenen Ausfuhranmeldung zu erfolgen hat. (2)

---

**23. Mai 1870.** — B. R. B. betr. das Formular einer Deklaration mit Begleitscheinvordruck und eines Erledigungsscheins u. s. w. (§ 89 d. Prot.)

[Zu Folge des Antrags der Ausschüsse wurde beschlossen;
1) das dem Begleitscheinregulativ beigebene Formular B. zu ändern (3)
2) die Bestimmung im Abs. 1 und 2 des § 53 des Begleitscheinregulativs dahin zu erläutern, daß die Erledigungsscheine monatlich zweimal und zwar je über die vom 1. bis 15. und vom 16. bis zum Schlusse des Monats erledigten Begleitscheine auszustellen sind und in Uebereinstimmung hiermit das Muster J abzuändern. (4)

. . . . . ]

---

**17. Mai 1871.** — B. R. B. betr. die zollamtliche Behandlung des Gütertransports und der Waarenabfertigung auf dem Rhein und dessen konventionellen Nebenflüssen. (§ 242 d. Prot.)

[Da der vorstehende B. R. B. bis jetzt in E. L. im Hinblick auf die Schifffahrtsverhältnisse eine praktische Anwendung nicht finden kann und deßhalb auch nicht publicirt worden ist, so wird von einer Aufnahme desselben in die vorliegende Sammlung abgesehen. Es genügt anzuführen, daß durch den gedachten Beschluß ein Theil der einschlägigen Vereinbarungen vom 8. Mai 1841 (V. Bd. III. S. 100 ff.) außer Wirksamkeit gesetzt, andere dagegen, nebst der Anleitung, den Verschluß der Schiffe

---

(1) Z. vgl. § 9 Abs. 1. d. Ges. vom 12. Oktober 1867, die Erhebung einer Abgabe von Salz betr.

(2) Z. vgl. Abschn. X.

(3) Z. vgl. Nr. 9 der Ausf. Anw. zum Begl. Reg. vom 21. Aug. 1871 (A. Bl., S. 461).

(4) Z. vgl. Nr. 6 a. a. O.

betr. und der Instruktion für die Schiffsbegleiter, aufrecht erhalten wurden und daß bezüglich der übrigen Bestimmungen die entsprechenden Feststellungen der revidirten Rheinschifffahrtsakte vom 17. Oktober 1868 (Jahrbücher d. Zollges. 1869 S. 254) und die allgemeinen zollgesetzlichen Vorschriften für maßgebend erklärt worden sind. Z. vgl. übrigens V. Z. G. § 57].

---

**3. August 1871.** — Bek. d. K., betr. die Ausführung des V. Z. G. und der zugehörigen Regulative. (Str. Ztg., Nr. 184. Amtl. Nachr., Nr. 636.) (1)

Unter Hinweisung auf das Ges. vom 17. Juli l. J., die Einführung der deutschen Zoll- und Steuergesetzgebung in Elsaß-Lothringen betreffend (Gesetzbl. für E. L., Nr. 4), werden im Auftrage des Herrn Reichskanzlers in der Anlage

. . . . .

2) das Begleitscheinregulativ.

. . . . .

bekannt gemacht.

## Begleitscheinregulativ. (2)

(V. Z. G., §§ 41—58.)

In Gemäßheit des § 58 des Vereinszollgesetz werden über das bei der Ausfertigung und Erledigung der Begleitscheine zu beobachtende Verfahren die folgenden näheren Vorschriften ertheilt.

---

(1) A. Bl., S. 291.

(2) Festgestellt durch B. R. B. vom 20. Dezember 1869 (§ 158 d. Prot. Drucks., Nr. 111), dem zu Folge die Vorschriften des Begl. Reg. auf den Verkehr mit vereinsländischen, unter Steuerkontrole befindlichen Salze analog anzuwenden sind, wogegen die Abfertigung des mit Anspruch auf Zoll- oder Steuervergütung ausgehenden Tabaks mit den durch § 20 des bezüglichen Regulativs vorgeschriebenen Anmeldungen zu geschehen hat.

Wegen Anwendung des Begl. Reg. bei der Ausfertigung und Erledigung von Uebergangsscheinen, vgl. B. R. B. vom 17. Mai 1871 (§ 246 d. Prot.), s. Abschn. VIII.

Vgl. übrigens die Ausf. Anw. vom 21. August 1871 (A. Bl., S. 461) zu den §§ 8, 14, 46, 53 u. 60 der Regul.

§ 1. Der Zweck der Begleitscheine (V. Z. G., § 33) ist, entweder

**I. Allgemeine Bestimmungen.**

**1. Zweck und verschiedene Gattungen der Begleitscheine.**

a) den richtigen Eingang der über die Grenze eingeführten Waaren am inländischen Bestimmungsorte oder die Wiederausfuhr solcher Waaren zu sichern, oder
b) die Erhebung des durch spezielle Revision ermittelten Zollbetrages einem andern Amte zu überweisen.

Zu dem ersteren Zweck dienen Begleitscheine I, zu dem zweiten Begleitscheine II.

Die Einrichtung dieser Begleitscheine ist aus den anliegenden Mustern A bis D zu entnehmen.

§ 2. Auf Antrag der Betheiligten können auch solche Waaren mit Begleitschein I abgefertigt werden, welche nach der Deklaration zollfrei sind (V. Z. G., § 41).

Begleitscheine II werden nur dann ausgestellt, wenn der Eingangszoll von den Waaren, für welche der Begleitschein begehrt wird, fünf Thaler oder mehr beträgt (V. Z. G., § 51).

**2. Befugniß der Aemter zur Ausfertigung und Erledigung von Begleitscheinen.**

§ 3. Die Aemter, welche nach Maßgabe der §§ 128 u. 131 des Vereinszollgesetzes zur Ausfertigung und Erledigung von Begleitscheinen I und II ermächtigt sind, und die denselben in dieser Hinsicht zustehenden Befugnisse werden öffentlich bekannt gemacht.

**II. Ausfertigung der Begleitscheine.**

**A. Ausfertigung der Begleitscheine I.**

**1. Anmeldung zur Begleitschein-Ausfertigung.**

§ 4. Zur Ertheilung eines Begleitscheins I bedarf es einer schriftlichen, von dem Extrahenten (V. Z. G., § 44) zu übergebenden Anmeldung.

Zu diesen Anmeldungen dienen

a) bei unmittelbar vom Auslande eingegangenen Waaren — Deklarationen oder Auszüge aus Deklarationen (V. Z. G., §§ 22 bis 27, 41 und 42),
b) bei Versendungen von Niederlagen — Abmeldungen (Niederlageregulativ, § 30),
c) bei der Weiterversendung der mit Begleitschein I angekommenen Waaren — Begleitscheinauszüge (§ 33).

**2. Revision der Ladung.**

§ 5. Die angemeldeten Waaren sind einer allgemeinen oder speziellen Revision (V. Z. G., §§ 28 und 29) zu unterwerfen, deren Ergebniß in die Anmeldung aufzunehmen ist.

Der Umfang der Revision richtet sich bei den mit Deklarationen oder Deklarationsauszügen angemeldeten Waaren (§ 4 a) nach den Bestimmungen in den §§ 41 und 42, beziehungsweise 30 des Vereinszollgesetzes, während bei den mit Niederlageabmeldungen angemeldeten Waaren die Vorschriften des Niederlageregulativs, und bei den mit Begleitscheinauszügen angemeldeten Waaren die Bestimmungen in den §§ 34 ff. dieses Regulativs Anwendung finden.

Die spezielle Revision ist, insofern solche nicht von dem Betheiligten selbst beantragt wird, bei genügender Deklaration nur ausnahmsweise, wenn besondere Gründe vorliegen, vorzunehmen (V. Z. G., § 41, Abs. 2). Es gehören dahin die Fälle, in welchen der Verdacht einer Hinterziehung der Abgaben oder einer unrichtigen Deklaration vorhanden ist, oder ein völlig sichernder Verschluß nicht angelegt werden kann. Tritt der letztere Fall nur bei einzelnen Theilen der Ladung ein, so kann sich die spezielle Revision auf diese beschränken. (¹)

Die zu einer nach Inhalt und Verpackung gleichartigen Waarenpost gehörigen Kolli können in geeigneten Fällen statt kolliweise zusammen oder in Partien verwogen werden.

§ 6. Aus den Anmeldungen zur Begleitscheinausfertigung muß deutlich und bestimmt zu entnehmen sein, in welchem Umfang die darin verzeichneten Kolli der Revision unterlegen haben.

Die durch die Revision festgestellte Gattung und Menge der Waaren sind in dem Revisionsbefund nach den Benennungen und Maßstäben des Tarifs anzugeben.

Der tarifmäßigen Benennung der Waaren ist eine deren spezieller Beschaffenheit entsprechende Bezeichnung nach Anleitung des amtlichen Waarenverzeichnisses beizufügen, wenn dies im Hinblick auf die Allgemeinheit der tarifmäßigen Benennung zur besseren Festhaltung der Identität der Waaren räthlich oder in Rücksicht auf die wegen Führung der Kommerzialregister ertheilten Vorschriften nöthig erscheint.

Außerdem ist in dem Revisionsbefund die Tarifnummer, welcher die Waaren angehören, anzumerken.

Das Gewicht der verwogenen Kolli wird, wie es amtlich ermittelt worden ist, kolliweise, in Partien oder summarisch, in den Revisionsbefund eingetragen. Es braucht jedoch das Gewicht der zu einer gleichartigen Waarenpost gehörigen Kolli, auch wenn dasselbe kolliweise oder in Partien festgestellt ist, aus den über die Verwiegung geführten amtlichen Anschreibungen nur summarisch in die Anmeldung übernommen zu werden, sofern die Abfertigung unter Raumverschluß oder amtlicher Begleitung erfolgt.

3. Einrichtung der Begleitscheine I. im Allgemeinen.

§ 7. Die Ausfertigung eines Begleitscheins I geschieht entweder

a) durch vollständige Ausfüllung aller Spalten des Begleitscheinformulars nach Inhalt ihrer Ueberschrift und für sämmtliche zu der betreffenden Sendung gehörige Waaren (Muster A), oder
b) in der Art, daß auf die dem Begleitschein anzustempelnde Anmeldung (§ 4) Bezug genommen wird, oder endlich

---

(¹) Z. vgl. die Anm. zu § 9, sowie § 13.

c) unter Benutzung eines Anmeldungsformulars, welches mit dem zur Begleitscheinausfertigung erforderlichen Vordruck versehen ist (Muster B u. C).

§ 8. Für die Begleitscheinausfertigung nach § 7 a sind die Anmeldungen in einem Exemplar, für die Ausfertigungen nach § 7 b und c jedoch in zwei gleichlautenden Exemplaren einzureichen. (1)

Besteht die Anmeldung aus mehreren einzelnen Bogen, so sind dieselben zu paginiren und entweder mit einem auf der ersten Seite amtlich anzusiegelnden Faden zu durchziehen oder aneinander anzustempeln.

Die gedruckten Formulare zu Anmeldungen werden den Begleitscheinextrahenten einzeln unentgeltlich von den Zollämtern verabreicht, von denen solche auch in größerer Menge gegen Erstattung der Papier- und Druckkosten in Vorrath entnommen werden können.

Auch kann den Eisenbahnverwaltungen, Dampfschifffahrtsagenturen, Spediteuren, Großhändlern ꝛc. von Seiten der Ausfertigungsämter gestattet werden, diese Formulare nach Maßgabe der vorgeschriebenen Muster auf eigene Kosten drucken zu lassen.

4. Wesentlicher Inhalt der Begleitscheine I.

§ 9. Der Begleitschein I muß folgende Angaben enthalten:

a) Namen, Geschäft oder Firma und Wohnort des Begleitscheinextrahenten und der Waarenempfänger;
b) Zahl der Kolli, deren Verpackungsart, Zeichen und Nummern, sowie die Menge und Gattung der Waaren nach Maßgabe der Deklaration oder des Revisionsbefundes;
c) Art des angelegten amtlichen Verschlusses oder der etwa sonst angewendeten Maßregeln zur Sicherstellung der Identität der Waaren; (2)
d) Namen des Ausfertigungs- und Empfangsamtes, Tag der Ausstellung des Begleitscheins, Nummer, unter welcher derselbe im Begleitscheinausfertigungsregister eingetragen ist;
e) Frist zur Vorlage des Begleitscheins bei dem Empfangsamt, sowie Herkunft der Waaren und Zeitdauer der Lagerung in Niederlagen.

---

(1) Zu vgl. Nr. 1 der Ausführungsanweisung zum Begl.-Reg. vom 21. August 1871 (A. Bl., S. 461.)

(2) Z. vgl. § 13 wegen des amtlichen Verschlusses, sodann B. R. B. vom 6. Mai 1872, betr. die Beifügung von Probefläschchen bei der Versendung von Wein ꝛc., die V. vom 21. Mai 1875, I. 6501 (A. Bl., S. 125), betr. die Abfertigung von unversetztem Branntwein mit Begleitschein I und die V. vom 21. Januar 1876, I. 503 (A. Bl., S. 10), betr. die Abfertigung von Baumöl mit Begleitschein I.

Von der unter d vorgeschriebenen Bezeichnung eines bestimmten Empfangsamtes kann bei den zur Ausfuhr abgefertigten Postgütern abgesehen werden.

5. Verfahren bei Ausfertigung der Begleitscheine I.

§ 10. Bei der Ausfertigung eines Begleitscheins I nach der Bestimmung unter a des § 7 ist der Vordruck des Begleitscheinformulars auf Grund der Anmeldung vollständig auszufüllen (Muster A).

Insoweit die Gattung und Menge der Waaren in Spalte 8 bis 10 des Begleitscheins auf Grund amtlicher Ermittelung vollständig angegeben werden kann, bleiben die Spalten 5 bis 7 desselben unausgefüllt.

Wenn sich die amtlichen Gewichtsermittelungen auf Probeverwiegungen beschränkten, wird das deklarirte Gewicht für sämmtliche zur Abfertigung angemeldeten Kolli, also auch für die probeweise verwogenen, in Spalte 6 beziehungsweise 7 eingetragen, jedoch gleichzeitig das bei einzelnen Kolli amtlich ermittelte Gewicht in Spalte 9 beziehungsweise 10 auf der betreffenden Linie ersichtlich gemacht.

Bei zusammen abgefertigten, nach Inhalt und Verpackung gleichartigen Waarenposten genügt, auch wenn deren Gewicht in der Anmeldung im Einzelnen nachgewiesen ist, sofern die Waaren unter Raumverschluß oder amtlicher Begleitung abgefertigt werden, die Angabe des summarischen Gewichts in dem Begleitschein.

Bei den mit Begleitschein angekommenen oder einer Niederlage entnommenen Waaren, welche mit Begleitschein I nach Muster A weiter versendet werden sollen, wird dasjenige Gewicht, welches nach §§ 47 oder 103 des Vereinszollgesetzes die Grundlage der weiteren Abfertigung zu bilden hat, in den Begleitschein übernommen. Hat eine Verwiegung vor der Abfertigung stattgefunden, und ergiebt sich dabei ein Mehrgewicht gegen das in dem angekommenen Begleitschein überwiesene Gewicht beziehungsweise gegen das Einlagerungsgewicht, so ist das neu ermittelte Gewicht nachrichtlich im Begleitschein zu vermerken.

§ 11. Wenn die Ausfertigung eines Begleitscheins I nach § 7 b oder c mittelst einer angestempelten oder mit Begleitscheinvordruck versehenen Anmeldung stattfindet, so bilden die in der Anmeldung enthaltenen Angaben zugleich den Inhalt des Begleitscheins, und es sind alsdann nur die in der Anmeldung nicht enthaltenen erforderlichen Angaben in den Begleitschein einzutragen. Die Ausfertigung eines Begleitscheins I nach § 7 b kann auch durch Anstempelung mehrerer Anmeldungen bewirkt werden.

In den Begleitscheinen, deren Ausfertigung nach § 7 b mittelst angestempelter Anmeldungen erfolgt, ist statt der Ausfüllung der Spalten auf der ersten Seite auf die angestempelte

Anmeldung durch Beifügung einer entsprechenden Verweisung z. B. „Laut angestempelter Deklaration Nr. 67 vom 15. Januar 1870" Bezug zu nehmen.

§ 12. In dem Begleitschein, beziehungsweise in der angestempelten Anmeldung ist sowohl die Gesammtzahl der Kolli, auf welche der Begleitschein lautet, als auch das summarische Gewicht der Kolli jeder nach Inhalt und Verpackung gleichartigen Waarenpost in Ziffern und in Buchstaben auszudrücken. Die Gewichtsangabe in Buchstaben ist, wenn sämmtliche Kolli amtlich verwogen wurden, bei dem amtlich ermittelten Gewicht, wenn jedoch keine oder nur Probeverwiegungen stattgefunden haben, bei dem deklarirten Gewicht, unmittelbar unter der betreffenden Summe, zu bewirken.

Die Begleitscheine und zugehörigen Anmeldungen müssen deutlich geschrieben sein, und es dürfen keine Rasuren darin stattfinden.

Nachträgliche Aenderungen, welche an einzelnen Eintragungen vor der Aushändigung des Begleitscheins an den Extrahenten etwa vorzunehmen sein möchten, sind jedesmal von dem Beamten, welcher die Abänderung bewirkt hat, durch seine Namensbeischrift zu beglaubigen. Die abzuändernden Worte oder Zahlen sind so zu durchstreichen, daß sie leserlich bleiben (¹).

§ 13. Hinsichtlich der Anlegung des amtlichen Verschlusses sind die Bestimmungen in den §§ 43, 94 und 95 des Vereinszollgesetzes und die deßhalb ertheilten besonderen Vorschriften zu beobachten. 6. Waarenverschluß.

Die Art des Waarenverschlusses und der Umfang, in welchem derselbe zur Anwendung gekommen ist, muß in den betreffenden Spalten der Begleitscheine, beziehungsweise der angestempelten Anmeldungen so deutlich und bestimmt angegeben werden, daß sich das Erledigungsamt vom unveränderten Zustande des Verschlusses bei Ankunft der Waaren vollständig zu überzeugen vermag. Bei Belassung eines von einem anderen Amte angelegten Verschlusses ist der Name dieses Amtes anzugeben. (²)

---

(¹) Z. vgl. V. vom 9. Jan. 1874, I. 386 (A. Bl., S. 30) betr. die bei Begleitscheinen und Uebergangsscheinen vorgekommene Fälschungen.

(²) Z. vgl. § 9 c. d. Begl. Reg., sodann die V. vom 25. Juni 1874, I. 9546 (A. Bl., S. 240) betr. das Oeffnen beschädigter Kunstschlösser und Art. 7 des Z. und H. V. mit Oesterreich vom Jahre 1868, wonach beim unmittelbaren Uebergang von Begleitscheingütern aus dem Gebiet eines der vertragenden Theile in das Gebiet des anderen die Anlage eines anderweiten Verschlusses und die Auspackung unterbleibt.

7. Sicherstellung des Zollbetrags. § 14. In Beziehung auf die Sicherstellung des Zollbetrags sind die Bestimmungen im § 45 des Vereinszollgesetzes zu beobachten.

Eine Entbindung von der Sicherheitsbestellung kann außer in dem dort genannten Falle auch dann eintreten, wenn das Begleitscheinausfertigungsamt sich veranlaßt findet, amtliche Begleitung des ganzen Waarentransports eintreten zu lassen.

Ueber eingelegte Pfänder ist eine besondere Bescheinigung auszustellen, gegen deren Rückgabe nach geschehener Begleitscheinerledigung die Herausgabe des Pfandes erfolgt (§ 55).

Der zur Sicherheit baar niedergelegte Betrag kann auf den Antrag des Extrahenten auch bei dem Begleitscheinempfangsamte zurückgezahlt werden, zu welchem Behufe dem Begleitschein ein entsprechender Vermerk beizufügen ist. Außer der Kautionssumme ist von dem Extrahenten der Portobetrag für deren zu frankirende Ueberfendung an das Empfangsamt (§ 54) zu hinterlegen.

Dritte Personen, welche für den Begleitscheinextrahenten Bürgschaft leisten wollen, haben, insofern sie nicht etwa für alle bei dem betreffenden Amte von ihnen zu übernehmenden Bürgschaften eine generelle Bürgschaft geleistet, eine den gesetzlichen Erfordernissen entsprechende spezielle Bürgschaftsurkunde auszustellen. (¹)

8. Frist zur Gestellung der Waaren bei dem Empfangsamte. § 15. Bei Bestimmung der Frist, binnen welcher die im Begleitschein bezeichneten Waaren an dem darin angegebenen Orte zur Revision und weiteren Abfertigung zu stellen sind (V. Z. G. § 44), ist darauf Bedacht zu nehmen, daß nicht über daß Maß des Bedürfnisses hinaus gegangen wird.

Namentlich ist bei dem Transport mittelst der Eisenbahnen und bei Benutzung anderer regelmäßiger Transportgelegenheiten die Transportfrist der reglementsmäßigen Lieferungszeit anzupassen.

Die Transportfrist ist in den Begleitscheinen in Buchstaben anzugeben.

9. Angabe der Herkunft der Waaren. § 16. Zur Bezeichnung der Herkunft der Waaren ist in den Begleitscheinen das Grenzzollamt, über welches die Waaren ursprünglich vom Vereinsausland eingegangen sind (V. Z. G. §§ 37, 63, 75 2c.), das Land, aus welchem die Einfuhr erfolgte (nach Maßgabe der Vorschriften wegen Führung der Kommerzialregister), und bei der Einfuhr mittelst der Eisenbahnen oder zu Wasser die Art des Transports bei Ueberschreitung der Vereinsgrenze anzugeben.

---

(¹) Z. vgl. Nr. 2 der Ausf. Anw. zum B. R. vom 21. August 1871 (A. Bl., S. 461).

§ 17. Bei der Angabe der Lagerzeit ist auch die Zeit, während deren die Waaren in Privatlagern, welche unter Mitverschluß der Zollbehörde stehen, gelagert haben, jedoch nicht die Zeit der Lagerung in freien Niederlagen zu berücksichtigen. 10. Angabe der Lagerzeit.

Der Angabe der Lagerzeit bedarf es in den Fällen nicht, wenn Begleitscheine zum Zweck der Wiederausfuhr der Waaren ausgestellt werden.

§ 18. Der Begleitscheinextrahent hat den Empfang des Begleitscheins und die Uebernahme der aus demselben nach §§ 44 und 46 des Vereinszollgesetzes für ihn hervorgehenden Verpflichtungen durch unterschriftliche Vollziehung der Annahmeformel in dem Begleitschein und in einer besonderen, bei dem Ausfertigungsamte zurückbleibenden Annahmeerklärung anzuerkennen. 11. Anerkennung der Begleitscheine I.

Diese Annahmeerklärung ist, wenn die Ausfertigung des Begleitscheins nach § 7 a. oder b. erfolgt, nach Muster E. a. auszufertigen und entweder in die Anmeldung selbst oder in ein besonderes, der Anmeldung anzustempelndes Formular aufzunehmen. Bei der Begleitscheinausfertigung nach § 7 c. wird die Annahmeerklärung in den übereinstimmend mit dem Begleitschein auszufüllenden Vordruck der Anmeldung aufgenommen.

§ 19. Die amtliche Vollziehung des Begleitscheins erfolgt durch den Führer des Begleitscheinausfertigungsregisters (§ 22) oder einen anderen, von dem Amtsvorstand damit beauftragten Beamten. 12. Amtliche Vollziehung der Begleitscheine I.

Dem leserlich zu schreibenden Namen muß die Angabe der Diensteigenschaft und ein Abdruck des Amtsstempels beigefügt werden.

Der gedachte Beamte ist für die ordnungsmäßige Ausfertigung des Begleitscheins verantwortlich.

§ 20. Wenn ein Begleitschein verloren gehen sollte, so hat der Vorstand des Hauptamtes, welches den Begleitschein ausgefertigt hat, beziehungsweise in dessen Bezirk das Ausfertigungsamt liegt, wenn sich kein Bedenken ergiebt, auf Grund der Anmeldung an Stelle des abhanden gekommenen Exemplars ein zweites mit Duplikat zu bezeichnendes Exemplar des Begleitscheins ausfertigen zu lassen. Die erfolgte Ausfertigung eines Duplikats ist im Begleitscheinausfertigungsregister (§ 22) zu vermerken. 13. Verfahren bei dem Verlorengehen eines Begleitscheins I.

§ 21. Bei der Ausfertigung der Begleitscheine II (§ 1) finden die Bestimmungen in den §§ 4 bis 20 mit den aus der Einrichtung des Musters D. und den nachfolgenden Bestimmungen sich ergebenden Maßgaben Anwendung. B. Ausfertigung der Begleitscheine II.

a) Der Ausfertigung eines Begleitscheins II hat stets eine spezielle Waarenrevision (V. Z. G. § 28) und Berechnung des zu überweisenden Zollbetrages, welcher in den betreffenden Spalten der Anmeldung anzugeben ist, vorauszugehen.

Der Zollbetrag wird in dem Begleitschein in der Landeswährung des Ausfertigungsamtes, unter Weglassung von Beträgen unter 1/2 Silbergroschen beziehungsweise 1 Kreuzer angegeben. (1)

b) In dem Begleitschein ist die Art der geleisteten Sicherheit anzumerken.

c) Statt der Frist zur Gestellung der Waaren bei dem Empfangsamt ist darin sowohl die Frist zur Vorlegung des Begleitscheins und Einzahlung des gestundeten Eingangszolls bei dem Empfangsamt nach den Bestimmungen im § 15, als auch der entsprechend festzusetzende Zeitraum, innerhalb dessen der Beweis der erfolgten Zollentrichtung bei dem Ausfertigungsamte (§ 53) geführt werden muß, anzugeben. (2)

d) Ein Begleitschein II darf nur für einen Waarenempfänger ausgestellt werden.

Bei der Ausfertigung von Begleitschein II können, außer den Formularen nach Muster D. (§ 7 a.), auch angestempelte Anmeldungen (§ 7 b.) und Anmeldungen mit Begleitscheinvordruck (§ 7 c.) angewendet werden.

Wo es im Bedürfniß liegt, Begleitscheine II nach Muster D. als Transportbezettelung zu benutzen, kann das Formular durch Hinzufügung besonderer Spalten für die Angabe der Zahl und Art der Verpackung, der Zeichen und Nummern, sowie des Bruttogewichts der Kolli ergänzt werden.

C. Führung des Begleitscheinausfertigungsregisters.

§ 22. Das Ausfertigungsamt führt über die von ihm ertheilten Begleitscheine I und II ein Begleitscheinausfertigungsregister nach dem Muster F.

Der Zweck desselben ist, die vollständige Erledigung der ausgestellten Begleitscheine nachzuweisen.

Bei größeren Aemtern, bei welchen verschiedene Abfertigungsstellen bestehen, kann nach dem Ermessen der Direktivbehörde eine Einrichtung dahin getroffen werden, daß die Ausfertigung der Begleitscheine bei den einzelnen betreffenden Stellen erfolgt, und zu diesem Ende bei jeder derselben ein eigenes, mit einem besonderen Buchstaben (A., B., C. . .) zu bezeichnendes Ausfertigungsregister geführt wird. Diese Buchstaben sind nebst den Nummern auch in die Begleitscheine und in die als Beläge zurückbleibenden Begleitscheinanmeldungen und Annahmeerkärungen einzutragen.

---

(1) Fünf Pfennige laut B. R. B. vom 13. November 1875.

(2) Z. vgl. B. R. B. vom 13. Oktober 1875, (§ 339 d. Prot.) (s. u.) und die V. vom 11. September 1874, I. 13278 (A. Bl., S. 339), betr. die Verhütung mißbräuchlicher Extrahirung von Begleitscheinen II.

Das Begleitscheinausfertigungsregister erledigt mit seinen Nummern diejenigen Vorregister, aus welchen die Versendungen entsprungen sind, (Deklarationsregister, Niederlageregister ꝛc.) und wird selbst durch die Erledigungsscheine der Begleitscheinempfangsämter (§ 53) erledigt.

In dem Begleitscheinausfertigungsregister sind die zur Kenntniß des Ausfertigungsamtes gebrachten Aenderungen hinsichtlich des Erledigungsamtes und der Gestellungsfrist (§ 23 ff.) mit rother Dinte zu vermerken.

**III. Behandlung der Waaren während des Transports.**

**1. Verfahren bei veränderter Bestimmung der Waaren.**

§ 23. Wenn eine Waarenladung, über welche ein Begleitschein I. ertheilt worden ist, eine andere als die darin angegebene Bestimmung enthält, so hat der Waarenführer den Begleitschein bei dem nächsten zu der erforderlichen Abfertigung befugten Amte, unter Stellung des entsprechenden Antrags, abzugeben (V. Z. G. §§ 46 und 50).

Soll die Erledigung des Begleitscheins bei diesem Amte stattfinden, so ist weiter nach den Bestimmungen in den §§ 31 ff. zu verfahren.

§ 24. Wird die Erledigung des Begleitscheins bei einem anderen als dem vorbezeichneten, zur Erledigung von Begleitscheinen befugten Amte beantragt, so hat der Waarenführer sowohl durch eine Erklärung auf dem Begleitschein, woraus der veränderte Bestimmungsort und Empfänger hervorgeht, als durch eine besondere, nach Muster E. b. auszufertigende Annahmeerklärung, in die Verpflichtungen des Begleitschein-Extrahenten einzutreten und die nöthige Sicherheit (§ 14) zu leisten.

Das Amt, bei welchem der Antrag gestellt wird, hat sodann das neue Empfangsamt und die sich etwa als nöthig ergebende Aenderung der Gültigkeitsfrist in dem Begleitschein zu bemerken, auch in demselben einen Vermerk über die Beschaffenheit des vorgefundenen und, im Fall einer Erneuerung des Verschlusses, über den neu angelegten Verschluß aufzunehmen. Nach Vollziehung dieser Vermerke durch Unterschrift und Beidrückung des Amtsstempels ist der Begleitschein dem Waarenführer zur Fortsetzung des Transports zurückzugeben, die Annahmeerklärung aber dem ursprünglichen Ausfertigungsamte zu übersenden.

Das Begleitscheinausfertigungsamt hat seinerseits nach erfolgter Erledigung des Begleitscheins durch das neue Empfangsamt die mit einer Erledigungsbescheinigung zu versehende Annahmeerklärung des neuen Begleitscheinextrahenten dem überweisenden Amte wieder zuzustellen, worauf dieses die Aufhebung der bei ihm gestellten Sicherheit veranlaßt.

§ 25. Gleicher Weise ist zu verfahren, wenn die mit Begleitschein I abgefertigten Waaren dem ursprünglichen Empfangsamte mit dem Antrage auf Ueberweisung des Begleitscheins auf ein anderes zur Erledigung von Begleitscheinen I befugtes Amt gestellt werden.

In unbedenklichen Fällen kann bei der Ueberweisung von Begleitscheinen von dem Verlangen der Vorführung und von der Revision der Waaren Umgang genommen werden.

Eine Ueberweisung ist auch dann zulässig, wenn die Waaren an das ursprüngliche Ausfertigungsamt als Empfangsamt zurückbefördert werden sollen, oder wenn bei der Ueberweisung zugleich ein Frachtwechsel eintritt, welcher die Ersetzung des von dem Begleitscheinausfertigungsamt angelegten Raumverschlusses durch einen neuen Raum- oder Kolloverschluß nöthig macht.

In dem letzteren Falle findet eine Vergleichung der Ladung mit den Angaben in dem Begleitschein nach Art und Zahl der Kolli statt, und ist eine Notiz über die Beschaffenheit des vorgefundenen Verschlusses und dessen Erneuerung in die betreffende Spalte des Begleitscheins aufzunehmen.

§ 26. Die überwiesenen Begleitscheine werden in dem Begleitscheinausfertigungsregister des überweisenden Amtes, unter entsprechender Bezeichnung derselben in Spalte 4, eingetragen, von dem neuen Empfangsamte jedoch ebenso behandelt, als wenn dieselben unmittelbar auf dasselbe ausgestellt worden wären.

2. Verfahren, wenn unterwegs eine Theilung der Ladung stattfinden soll.

§ 27. Soll eine auf Begleitschein I. abgefertigte Ladung unterwegs getheilt werden, so sind die Waaren dem nächsten Hauptzoll- oder Hauptsteueramte oder einem zur Ausstellung von Begleitscheinen I befugten Zoll- oder Steueramte vorzuführen, welches auf diesfälligen Antrag den mitgekommenen Begleitschein, den Vorschriften in den §§ 32 ff. entsprechend, erledigt und, nachdem die Theilung (V. Z. G. § 59) unter amtlicher Aufsicht erfolgt ist, die erforderlichen neuen Begleitscheine ausfertigt.

Wird die Theilung der Ladung durch unvorhergesehene Ereignisse (§ 28) nöthig, so können auch solche Zoll- und Steuerämter, welche sonst nicht zur Begleitscheinausfertigung befugt sind, jedoch nur im Namen und nach Anleitung des vorgesetzten Hauptamtes, durch dessen Register die Begleitscheine laufen, die erforderlichen neuen Begleitscheine ausfertigen.

Rücksichtlich des Gewichts, welches der weiteren Abfertigung zu Grund zu legen ist, wird auf die Bestimmungen des § 38 Bezug genommen.

3. Verfahren bei Verhinderung der Fortsetzung des Transports durch unvorhergesehene Ereignisse.

§ 28. Sollten Naturereignisse oder Unglücksfälle den Waarenführer verhindern, seine Reise fortzusetzen und den Bestimmungsort in dem durch den Begleitschein festgesetzten Zeitraum zu erreichen, so ist er verpflichtet, dem nächsten Zoll- oder Steueramte davon Anzeige zu machen (V. Z. G. § 49).

Kann der Transport nach dem Bestimmungsort nach Beseitigung der Ursache der Unterbrechung fortgesetzt werden, so ist die Veranlassung des Aufenthalts Seitens des Amtes, bei welchem die Anzeige erfolgte, in dem Begleitschein amtlich zu bezeugen, und nöthigenfalls die Transportfrist zu verlängern.

Wird eine Umladung mit Aenderung des Verschlusses nöthig, so ist die Umladung nach erfolgter Prüfung und Abnahme des vorhandenen Verschlusses unter Vergleichung der einzelnen Kolli nach Zeichen, Nummern und Verpackungsart mit den im Begleitschein enthaltenen Angaben, amtlich zu kontroliren, die Ladung wieder unter Verschluß zu setzen, auch, was geschehen, in dem Begleitschein anzumerken.

Von der etwa stattgehabten Aenderung der Transportfrist ist dem Ausfertigungsamte Nachricht zu geben.

Im Falle die gesammte Ladung eine andere Bestimmung erhält oder eine Theilung der Ladung einzutreten hat, wird nach den Bestimmungen in den §§ 23 bis 27 verfahren.

**4. Verfahren bei Umladungen mit Aenderung der Verschlußart.**

§ 29. Auch in anderen als den im § 28 bezeichneten Fällen können Waaren, welche mit Begleitschein I unter Schiffs- oder Eisenbahnwagenverschluß abgefertigt worden sind, auf den Antrag des Waarenführers unterwegs an Orten, wo ein zur Erledigung von Begleitscheinen befugtes Amt seinen Sitz hat und die Oertlichkeit eine hinreichend sichernde Aufsicht gestattet, auch Behufs des Ueberganges von der Wasserstraße auf Eisenbahnen oder umgekehrt, umgeladen werden. Ebenso kann die Umladung der mit Begleitschein I unter Kolloverschluß abgefertigten Waaren Behufs des Ueberganges unter Raumverschluß erfolgen. Hierbei ist nach § 28 zu verfahren.

Ein solche Umladung ist auch dann zulässig, wenn der Transport unter amtlicher Begleitung erfolgt, beziehungsweise nach der Umladung unter amtlicher Begleitung fortgesetzt wird.

**5. Verfahren bei zufälligen Verschlußverletzungen.**

§ 30. Wird bei den mit Begleitschein I versandten Waaren auf dem Transport der angelegte amtliche Verschluß durch zufällige Umstände verletzt, so kann der Waareninhaber bei dem nächsten zur Verschlußanlegung kompetenten Amte unter Vorlage des Begleitscheins auf genaue Untersuchung des Thatbestandes, Revision der Waaren und neue Verschlußanlage antragen (V. Z. G. § 96).

Das Amt hat einem solchen Antrag zu entsprechen und darüber, wie dies geschehen, eine Verhandlung aufzunehmen. Letztere ist bei Zurückgabe des Begleitscheins, in welchem auf die Verhandlung zu verweisen ist, dem Waarenführer zu seiner Legitimation bei dem Begleitscheinempfangsamte zuzustellen.

**IV. Erledigung der Begleitscheine.**

**A. Erledigung der**

§ 31. Der Waarenführer hat die mit Begleitschein I abgefertigten Waaren unverändert ihrer Bestimmung zuzuführen und dem Amte, von welchem die Schlußabfertigung zu bewirken ist, unter Vorlegung des Begleitscheins zu gestellen, auch bis

Begleitscheine I. 1. Vorführung der Waaren.

dahin den etwa angelegten amtlichen Verschluß zu erhalten (V. Z. G. § 44). (¹)

Wenn an einem Transport nach einander verschiedene Waarenführer betheiligt sind, so geht die angegebene Verpflichtung zur Vorführung der Waaren und Vorlegung des Begleitscheins auf den letzten Waarenführer über.

Der Amtsvorstand ist befugt, bei Waaren, welche von dem Begleitscheinausfertigungsamt nach vorgängiger spezieller Revision ohne Verschluß abgelassen worden und zur Eingangsverzollung bestimmt sind, von der Vorführung und Revision der Ladung abzusehen.

2. Präsentation der Begleitscheine und Eintragung derselben in das Begleitscheinempfangsregister.

§ 32. Der vorgelegte Begleitschein (§ 31), in welchem der Amtsvorstand oder dessen Stellvertreter den Tag der Abgabe zu bemerken hat, wird hierauf in ein nach Muster G. zu führendes Register, das Begleitscheinempfangsregister, unter Ausfüllung der Spalten 1 bis 8 eingetragen.

Das genannte Register dient dazu, die vollständige Erledigung der auf das Empfangsamt ausgestellten Begleitscheine nachzuweisen und kann, wie das Begleitscheinausfertigungsregister (§ 22), in mehreren Exemplaren geführt werden.

Dem Waarenführer ist auf Verlangen eine Bescheinigung über die Abgabe des Begleitscheins zu ertheilen.

Das weiter einzuhaltende Verfahren ist verschieden, je nachdem die mit den Begleitscheinen angekommenen Waaren

a) mit Begleitschein weiter gesendet oder in eine Niederlage gebracht oder zum Eingang abgefertigt, oder
b) unmittelbar in das Ausland ausgeführt werden sollen.

3. Verfahren, wenn die Waaren mit Begleitschein weiter versendet oder in eine Niederlage gebracht oder zum Eingang abgefertigt werden sollen.

§ 33. Wenn die Waaren in der im § 32 unter a. angegebenen Weise abgefertigt werden sollen, sind zu jedem Begleitschein, die in dem § 39 bezeichneten Fälle ausgenommen, so viele Auszüge zu übergeben, als die darin verzeichneten Waaren verschiedenerlei Bestimmung erhalten. Die Begleitscheinauszüge sind nach dem Muster H. auszufertigen.

Die Bestimmung der Waaren wird auf der ersten Seite der Auszüge durch den Waarendisponenten angegeben.

Die den Begleitscheinauszügen zu gebende fortlaufende

---

(¹) Z. vgl. die Anm. zu § 44 d. V. Z. G. auf S. 23.

Nach Inhalt des B. R. B. vom 4. Januar 1877 (§ 5. d. Prot.) sind die an der Eisenbahn belegenen Hauptämter im Innern mit Niederlage nicht ohne Einschränkung zur Erledigung von Begleitscheingütern unter Wagenverschluß ermächtigt. Es soll vielmehr in dem Verzeichniß der zur Begleitscheinerledigung befugten Aemter vermerkt werden, auf welche Aemter die Abfertigung von Begleitscheingütern unter Eisenbahnwagenverschluß stattfinden kann.

Nummern- oder Buchstabenbezeichnung ist in Spalte 9 des Begleitscheinempfangsregisters, unter Ausfüllung der Spalte 10 desselben, in der Art zu vermerken, daß für jeden Begleitschein zum Zweck der Eintragung der weiteren Nachweisungen über die Waaren in Spalte 11 bis 13 so viele Linien offen bleiben, als zu demselben einzelne Begleitscheinauszügen gehören § 52, Absatz 2).

a. Uebergabe der Begleitschein-Auszüge.

Der Führer des Begleitscheinempfangsregisters hat die Begleitscheine mit den übergebenen Begleitscheinauszügen zu vergleichen und in letzteren die Uebereinstimmung mit den Begleitscheinen zu bescheinigen.

b. Revision der Ladung.

§ 34. Die Ladung ist in der Regel speziell zu revidiren.

Bei der Prüfung des Verschlusses, welche jedesmal mit besonderer Sorgfalt erfolgen muß, ist sowohl auf den unverletzten Zustand desselben, als auch darauf zu achten, ob derselbe in einer völlig sichernden Weise angelegt war. (¹)

Hat eine spezielle amtliche Ermittelung der Gattung und der Menge der Waaren oder einer von beiden nach Inhalt des Begleitscheins bereits stattgefunden, so kann das Erledigungsamt die Wiederholung des nämlichen Revisionsaktes unterlassen (s. auch § 31, letzter Absatz), insofern nicht besondere Gründe für eine wiederholte Revision sprechen (z. B. § 47, Absatz 2 d. V. Z. G.)

Auch kann, wenn die Waaren in dem Begleitschein speziell deklarirt sind oder der Begleitscheinauszug nach § 35 durch spezielle Deklaration ergänzt worden ist, die weitere Abfertigung auf Grund probeweiser Revision erfolgen, sofern sich bei den einzelnen zur Verwiegung gelangenden Kolli keine Abweichungen ergeben, welche zwei Prozent des deklarirten Gewichts überschreiten.

Die spezielle Revision kann unterbleiben,

a) wenn die Waaren mit Begleitschein I weiter gesendet werden,
b) wenn die Waaren zur Lagerung in einer Niederlage bestimmt sind, unter den in dem Niederlageregulativ angegebenen Bedingungen,
c) bei den zur Eingangsverzollung bestimmten Waaren unter der im § 32, Absatz 2, des Vereinszollgesetzes bezeichneten Voraussetzung.

§ 35. Die Angaben des Begleitscheins hinsichtlich der Gattung und des Nettogewichts der Waaren können von dem Waarenführer oder dem Waarenempfänger am Bestimmungsorte,

---

(¹) Z. vgl. V. vom 25. Juni 1874, I. 9546 (A. Bl., S. 240) betr. das Oeffnen beschädigter Kunstschlösser.

so lange eine spezielle Revision noch nicht stattgefunden hat, ergänzt und berichtigt werden (V. Z. G. § 46). (¹)

Bei der Eintragung des Revisionsbefundes in die Spalten 14 bis 19 der Begleitscheinauszüge ist nach Anleitung der Bestimmungen im § 6 zu verfahren. In Spalte 23 und 24 derselben ist die Weiterabfertigung der Waaren nachzuweisen.

c. Weitere Abfertigung. § 36. Bei Waaren, welche mit Begleitschein I weiter versendet werden sollen, tritt entweder die Ueberweisung des Begleitscheins nach § 25, oder die Ausfertigung eines neuen Begleitscheins nach §§ 4 ff. ein.

Bei der Weiterversendung mit Begleitschein II ist nach § 21 zu verfahren.

Sollen die Waaren in eine Niederlage gebracht werden, so richtet sich das weitere Verfahren nach hierfür erlassenen besonderen Vorschriften.

Behufs der Eingangsverzollung der Waaren wird der Eingangszoll den bestehenden Bestimmungen gemäß berechnet und, nachdem die für die Gefälleberechnung in dem Begleitscheinauszug vorgesehenen Spalten 20 bis 22 (Muster H.) dem Vordruck entsprechend ausgefüllt worden sind, zur Erhebung gebracht und gebucht.

§ 37. Hinsichtlich des Gewichts, welches der weiteren Abfertigung zu Grund zu legen ist, finden nach den §§ 47 und 103 des Vereinszollgesetzes folgende Grundsätze Anwendung.

Das bei dem Empfangsamte ermittelte Gewicht bildet, sofern sich ein Mindergewicht gegen das im Begleitschein angegebene Gewicht herausstellt, die Grundlage der Verzollung oder weiteren Abfertigung, wenn der amtliche Verschluß unverletzt befunden ist oder amtliche Begleitung stattgefunden hat und kein Grund zu dem Verdachte vorliegt, daß ein Theil der Waaren heimlich entfernt worden sei. Ergiebt sich dagegen ein Mehrgewicht, so ist — unbeschadet der näheren Untersuchung, welche wegen etwa vorgekommener Irrthümer in der Abfertigung oder wegen versuchter Zolldefraudation einzuleiten ist — das im Begleitschein angegebene Gewicht der weiteren Abfertigung zu Grunde zu legen.

Sind die Waaren ohne amtlichen Verschluß abgelassen oder kommen sie mit verletztem Verschluß an oder liegt der Verdacht vor, daß ein Theil der Waaren heimlich entfernt worden sei, so wird, unbeschadet der etwa wegen Zolldefraude einzuleitenden Untersuchung, das im Begleitschein angegebene Gewicht der Verzollung zu Grunde gelegt, im Falle der Weiterabfertigung mit Begleitschein I oder zur Niederlage dagegen zwar das neu

---

(¹) Z. vgl V. R. B. vom 5. Oktober 1876, (§ 261 d. Prot.)

ermittelte Gewicht als zollpflichtig überwiesen, beziehungsweise im Niederlageregister angeschrieben, jedoch zuvor von dem Mindergewicht der Eingangszoll erhoben.

Insoweit bei dem Begleitscheinempfangsamte keine neue Gewichtsermittelung vorgenommen worden ist (§ 34), bildet das im Begleitschein überwiesene Gewicht die Grundlage der weiteren Abfertigung.

§ 38. Dieselben Bestimmungen (§ 37) kommen zur Anwendung, wenn über eine zusammen abgefertigte, nach Inhalt und Verpackung gleichartige Waarenpost, deren Gewicht in dem Begleitschein nur summarisch angegeben ist, ungetheilt verfügt wird.

Sollen die zu der Waarenpost gehörigen Kolli bei dem Begleitscheinempfangsamt verschiedenerlei Bestimmung erhalten, so wird das bei dem Empfangsamte zu ermittelnde Gewicht, auch wenn sich im Ganzen ein Mehrgewicht gegen das im Begleitschein angegebene Gewicht herausstellt, der weiteren Abfertigung zu Grund gelegt. Gleicherweise ist zu verfahren, wenn ein Kollo getheilt wird. Hinsichtlich der Behandlung des sich etwa ergebenden Mindergewichts finden die Vorschriften des § 37 Anwendung.

§ 39. Bei den zur Eingangsabfertigung bestimmten Waaren kann, wenn der Begleitschein genügenden Raum darbietet, der Antrag des Empfängers auf Verzollung, der Revisionsbefund, die Angabe des Zollbetrags und der Nachweis der erfolgten Buchung desselben in den Begleitschein selbst aufgenommen werden, und bedarf es alsdann der Ausfertigung eines Begleitscheinauszugs nicht (Muster B.).

Bei der Eingangsabfertigung der mit Begleitschein I abgefertigten, ihrer Gattung nach eingangszollfreien Gegenstände (V. Z. G. § 41, letzter Absatz) genügt, auch wenn dieselben mit zollpflichtigen Gegenständen zusammen eingehen, der mündliche Antrag des Empfängers auf zollfreie Ablassung, die Angabe des Revisionsbefundes in dem Begleitschein und eine demselben beizufügende Bemerkung über die zollfreie Ablassung.

4. Verfahren, wenn die Waaren unmittelbar zum Ausgang abgefertigt werden sollen.

§ 40. Bei der Erledigung von Begleitscheinen I über Gegenstände, welche zur unmittelbaren Ausfuhr über das Empfangsamt bestimmt sind, erstreckt sich die amtliche Thätigkeit der von dem Amtsvorstand oder dessen Vertreter zu bestimmenden Abfertigungs- und Begleitungsbeamten auf

a) die Revision der Ladung und

b) die Kontrolirung des Ausgangs derselben über die Grenze.

Die Revision der Ladung (a.) soll die Ueberzeugung gewähren, daß keine vorschriftswidrige Veränderung an derselben stattgefunden hat. Die Revision kann daher in der Regel auf die Prüfung der Zeichen, Nummern, Verpackungsart und des

Verschlusses der Kolli, beziehungsweise des Verschlusses und der verschlußfähigen Beschaffenheit der Laderäume beschränkt bleiben.

Hin und wieder, auch in anscheinend unverdächtigen Fällen, müssen jedoch probeweise einige Kolli aus einer Ladung speziell revidirt und mit den Angaben in dem Begleitschein genau verglichen werden. Der Amtsvorstand ist verpflichtet, die Vornahme solcher speziellen Revisionen unvermuthet anzuordnen und deren Ausführung zu überwachen oder durch einen oberen Beamten überwachen zu lassen. (1)

Der Verschluß an den zum Ausgang bestimmten Waaren wird, soweit nicht Verträge eine Ausnahme bedingen (2), bei dem Grenzzollamte abgenommen. Bei unverschlossen abgelassenen Waaren hat die Ausgangsrevision sich auf die Feststellung des Gewichts und der Waarengattung zu erstrecken; jedoch können in unverdächtigen Fällen die Ermittelungen auf einen Theil der Waarenkolli beschränkt bleiben.

Das Verfahren bei der Kontrolirung des Waarenausgangs (b.) ist je nach der Oertlichkeit und der Art des Transports verschieden.

Wenn der Ausgang der Waaren vom Amtslokal des Grenzzollamts oder dem zuhörigen Ansageposten aus überzeugend beobachtet werden kann, so haben die Abfertigungsbeamten den Auszug zu kontroliren. Andernfalls erfolgt die Kontrolirung des Ausgangs durch Begleitungsbeamte.

Bei der Ausfuhr mittelst der Eisenbahnen oder zu Wasser unter Raumverschluß hat das Amt am Verladungsorte die Revision der Waaren vorzunehmen und das Einladen der Waaren, sowie nach bewirkter Verschlußanlage den Abgang des Transports, dagegen das Grenzzollamt oder der zugehörige Ansageposten die mit unverletztem Verschluß erfolgte Ankunft und den Ausgang über die Grenze in der vorher angegebenen Weise zu kontroliren.

Wie im einzelnen die Ausgangskontrole auszuführen ist, hat der Vorstand des Grenzzollamtes den örtlichen Verhältnissen entsprechend zu bestimmen.

Die Ausgangsabfertigung kann auf Antrag des Waarendisponenten auch dann eintreten, wenn der ursprüngliche Antrag des Versenders bei der Anmeldung zur Begleitscheinertheilung nicht auf Abfertigung zum Ausgang gerichtet war. Der Waarendisponent hat jedoch in diesem Falle, sofern nicht die Ausfuhr unter den Augen des Amtes oder unter amtlicher Begleitung erfolgt, die Verpflichtungen des Begleitscheinextrahenten zu übernehmen.

---

(1) Z. vgl. V. vom 9. April 1876, I. 4702, die Führung von Nachweisungen über die beim Ausgang von Begleitscheingütern vorgenommenen Revisionen.

(2) Art. 7 d. Z. u. H. V. mit Oesterreich von 1868.

§ 41. (¹) Wenn bei der Prüfung eines zur Erledigung übergebenen Begleitscheins oder der Revision der Ladung die Wahrnehmung gemacht wird, daß

5. Verfahren bei Abweichungen zwischen dem Inhalt der Begleitscheine I. und dem Revisionsbefund und sonstigen Anständen. a. Feststellung des Sachverhalts.

a) der im Begleitschein vorgeschriebene Zeitraum zur Gestellung der Waaren bei dem Empfangsamt nicht eingehalten worden ist, oder
b) die Abgabe des Begleitscheins und die Vorführung der Waaren bei einem andern als dem darin ursprünglich oder nachträglich (§§ 24 und 25) bezeichneten Amte stattgefunden hat, oder
c) der angelegte amtliche Verschluß verletzt ist, oder

---

(¹) Bezüglich der Kompetenz zur Entscheidung über die Gefällefrage und zur Abstandnahme von strafrechtlichen Folgen in den Fällen, wo sich hinsichtlich der Erledigung von Begleitscheinen Anstände ergeben, sind maßgebend:
a) die Ausf. Anw. Nr. 12 zu § 48 d. V. Z. G., wonach ein Zollerlaß für die auf dem Transport zu Grunde gegangenen oder verdorbenen oder zerbrochenen Waaren von dem Hauptamte (Erledigungsamte) selbstständig, jedoch nur nach protokollarischer Feststellung und unter Zustimmung der drei Hauptamtsmitglieder ausgesprochen werden kann.
b) die Ausf. Anw. Nr. 14 zu § 56 d. V. Z. G., wonach die Entscheidung über die Gefällefrage bei Begleitscheinen über auszuführende Waaren in unzweifelhaften Fällen, z. B. wenn der Ausgang durch eine Bescheinigung der ausländischen Zollstelle oder der inländischen Postverwaltung dargethan ist, den Hauptämtern, sonst aber der Direktivbehörde zusteht.
c) die Vorschriften der §§ 41 und 42 des Begl. Reg., wonach über die Folgen von Fristüberschreitung, Gestellung bei einem anderen Amte, als dem im Begleitschein bezeichneten und Verschlußverletzung von dem Hauptamte, sowohl in civil- als strafrechtlicher Hinsicht hinweggesehen werden kann, dagegen über die Folgen der Inhaltsabweichung zunächst vom Hauptamtsvorstand innerhalb seiner Befugniß d. h. insofern die Gefälle den Betrag von drei Mark nicht übersteigen (A. Bl. 1872, S. 336) außerdem von dem Generaldirektor (§ 5 Nr. 2 des Regulativs über seine Befugnisse).
d) V. vom 13. September 1875, I. 12138 (A. Bl., S. 146), wonach die Hauptämter über den Gefällepunkt entscheiden können, wenn bei der Ausfertigung des Begleitscheins spezielle Revision stattgefunden hat oder der Waarenempfänger den Zoll nach dem höchsten Tarasatze zu entrichten bereit ist.

d) die Gattung und Menge der Waaren nicht mit den Angaben in dem Begleitschein übereinstimmen oder andere Abweichungen zwischen demselben und dem Revisionsbefund wahrgenommen werden,

so ist der Waarenführer, nach Umständen der Waarenempfänger über die Veranlassung der bemerkten Abweichungen von dem Inhalt des Begleitscheins — in der Regel protokollarisch — zu vernehmen, und der Sachverhalt soweit erforderlich durch Benehmen mit dem Begleitscheinausfertigungsamt und den auf dem Transport berührten Aemtern zu untersuchen. Auch sind nöthigenfalls geeignete Maßregeln zur Sicherstellung der Gefälle, Strafen und Kosten, den Vorschriften für Strafverfahren, entsprechend zu treffen. (¹)

Wenn sich die Erledigung des Begleitscheins über den vorgeschriebenen Zeitpunkt der Absendung des Erledigungsscheins (§ 53) hinaus verzögert, so ist dem Ausfertigungsamt hierüber, unter Angabe der Veranlassung der Verzögerung, eine kurze Mittheilung zu machen (§ 56).

Die alsbaldige Weiterabfertigung der Waaren darf in Fällen der bezeichneten Art nur dann stattfinden, wenn für den Eingang der Gefälle, Strafe und Kosten volle Sicherheit geleistet wird. (²)

b. Behandlung der auf Versehen oder Zufälligkeiten beruhenden Abweichungen.

§ 42. Ergiebt in den im § 41 unter a. bis c. bezeichneten Fällen die Untersuchung, daß die vorgefundene Abweichung durch einen Zufall herbeigeführt oder sonst genügend entschuldigt ist, und liegt nach der pflichtmäßigen Ueberzeugung des Hauptamtes, auf welches der Begleitschein gerichtet oder welches dem als Empfangsamt bezeichneten Nebenamt als Hauptamt vorgesetzt ist, kein Grund zu dem Verdacht eines verübten oder versuchten Unterschleifs vor, so kann die Erledigung des Begleitscheins ohne weitere Beanstandung erfolgen und die für Gefälle, Strafen und Kosten geleistete Sicherheit aufgehoben werden.

Ebenso kann in dem im § 41 unter d. angegebenen Falle nach der Bestimmung des Amtsvorstandes beziehungsweise der dem Empfangsamte vorgesetzten Direktivbehörde, innerhalb der ihnen beigelegten Befugnisse, von einer Strafe abgesehen und der Begleitschein erledigt werden, wenn es sich um augenscheinlich auf Versehen oder Zufälligkeiten beruhende Abweichungen handelt. (³)

---

(¹) Z. vgl. die Anm. zu § 44 d. V. Z. G. auf S. 23.

(²) Z. vgl. V. vom 21. Oktober 1875, I. 13733, betr. die Ablassung von Waaren, bezüglich deren bei einem anderen Amte das Prozeßverfahren eingeleitet ist.

(³) S. Anm. 1 auf S. 129.

§ 43. Bei unerheblichen Abweichungen, welche durch Versehen des Ausfertigungsamtes bei der Begleitscheinausfertigung veranlaßt sind, kann, wenn dasselbe das Versehen anerkennt und auf dem Begleitschein nachträglich eine entsprechende, mit Ort und Datum zu bezeichnende und amtlich zu vollziehende Bescheinigung ertheilt, die Erledigung des Begleitscheins unbeanstandet erfolgen.

c. Behandlung der Anstände, welche durch das Begleitscheinausfertigungsamt veranlaßt sind.

Die Vornahme von Korrekturen in dem zurückgesendeten Begleitschein ist dem Ausfertigungsamt nicht gestattet.

Handelt es sich um erhebliche, durch das Ausfertigungsamt verschuldete Anstände, oder erkennt dasselbe einen von dem seinigen abweichenden Befund des Empfangsamtes nicht als richtig an, so hat die dem letzteren vorgesetzte Direktivbehörde, nach erfolgtem Einvernehmen mit der Oberbehörde des Ausfertigungsamtes, über die Erledigung des Begleitscheins zu entscheiden.

§ 44. Wenn auf Begleitschein I abgefertigte Waaren auf dem Transport Havarie erlitten haben, oder zu Grund gegangen, verdorben oder zerbrochen (V. Z. G. §§ 29 und 48), oder in ihrer Beschaffenheit verändert sind, so darf die Erledigung des Begleitscheins erst dann erfolgen, nachdem über den etwa beanspruchten Zollnachlaß Entscheidung getroffen ist.

d. Verfahren bei havarirten oder in verdorbenem oder zerbrochenem Zustand ankommenden Begleitscheingütern.

In dem Begleitschein ist auf diese Entscheidung Bezug zu nehmen. (1)

§ 45. Treffen die Voraussetzungen nicht zu, unter denen nach § 42 eine Erledigung des Begleitscheins ohne weitere Beanstandung erfolgen kann, so tritt das gesetzliche Strafverfahren ein. (2)

e. Strafverfahren.

Nach Beendigung des Strafverfahrens hat das Begleitscheinempfangsamt, sofern hinsichtlich des Gefällepunktes keine Zweifel bestehen, den Begleitschein zu erledigen. In Zweifelsfällen ist die Entschließung der vorgesetzten Direktivbehörde einzuholen.

Wenn die Erledigung des Begleitscheins nicht zulässig erscheint, so ist derselbe mit den erwachsenen Verhandlungen dem Ausfertigungsamte zu übersenden. Letzteres hat dem Empfangsamt eine Bescheinigung über den Zurückempfang des Begleitscheins zu ertheilen und die Entscheidung der ihm vorgesetzten Direktivbehörde über die Folgen der Nichterfüllung der von dem Begleitscheinextrahenten übernommenen Verpflichtungen einzuholen. (3)

---

(1) S. Anm. 1. a. zu § 41 auf S. 129.
(2) Z. vgl. die Anm. zu § 44 d. V. Z. G. S. 23.
(3) S. Anm. 1. zu § 41.

f. Verfahren bei Nichtgestellung der Waaren bei dem Empfangsamte.

§ 46. Wenn auf Begleitschein I abgefertigte Waaren dem Empfangsamte nicht gestellt werden, so ist über deren Verbleib Erörterung anzustellen und nach Umständen das gesetzliche Strafverfahren einzuleiten. (¹)

Nach Erledigung des Strafpunktes sind die Verhandlungen der Direktivbehörde des Ausfertigungsamtes zur Erledigung des Gefällepunkts vorzulegen. (²)

g. Verfahren bei unterlassener Verfügung über die Waaren

§ 47. Sollte der Empfänger einer mit Begleitschein I angekommenen Ladung nicht auszumitteln sein oder die Annahme und Verfügung über die Waaren verweigern oder ungehörig verzögern, und der Waarenführer sich nicht in der Lage befinden, über die Waaren zu verfügen, so ist, nachdem die Waaren in amtlichen Gewahrsam genommen sind, dem Begleitscheinausfertigungsamt hiervon zur Benachrichtigung des Extrahenten Kenntniß zu geben. Wenn alsdann binnen einer festzusetzenden Frist keine Bestimmung über die Waaren getroffen wird, so ist der Begleitschein unerledigt an das Ausfertigungsamt zurückzusenden. Letzteres hat hierauf den zu entrichtenden Zollbetrag von dem Extrahenten einzuziehen und dem Empfangsamt eine bezügliche Mittheilung zu machen, worauf dieses die Waaren, nach vorheriger Berichtigung der durch die Aufbewahrung etwa entstandenen Kosten, dem Empfänger oder dem zur Empfangnahme bestimmten Beauftragten des Extrahenten zur Verfügung stellt.

B. Erledigung der Begleitscheine II.

§ 48. Die Begleitscheine II. sind nach ihrer Uebergabe in das Begleitscheinempfangsregister (§ 32) einzutragen.

Der Gestellung der mit Begleitschein II abgefertigten Waaren bedarf es nur dann, wenn dieselbe ausdrücklich in dem Begleitschein vorgeschrieben ist.

Der überwiesene Zollbetrag ist dem Begleitscheinempfangsamte, unter Vorlage des Begleitscheins, innerhalb der in letzterem vorgeschriebenen Frist durch den Waarenführer oder den Waarenempfänger einzubezahlen.

Die Annahme des Begleitscheins ohne Zahlung des Zollbetrags ist dem Empfangsamte nicht gestattet.

Letzteres hat den im Begleitschein angegebenen Zollbetrag mit Rücksicht auf die darin enthaltenen Angaben über Gattung und Menge der Waaren zu prüfen, auch, wenn der Zollbetrag im Begleitschein nicht in der Landeswährung des Empfangs-

(¹) Z. vgl. § 56 d. Begl. Reg., ferner die Anm. zu § 44 d. V. Z. G., sowie die V. vom 7. März 1873, I. 6460 (A. Bl., S. 121), betr. die Erledigung der Begleitscheine.

(²) Z. vgl. die Anmerkung 1. zu § 41 des Begl. Reg., sowie Nr. 3 und 4 der Ausf. Anw. zum V. R. vom 21. August 1871 A. Bl., S. 461, und die vorerwähnte V. vom 7. März 1873.

amtes angegeben ist (§ 21 a.), denselben darin mit den gestatteten Abrundungen zu berechnen und zu vereinnahmen.

Ergiebt sich bei jener Prüfung eine Abweichung hinsichtlich des überwiesenen und des wiederholt berechneten Zollbetrags, welche nicht in der Umrechnung in eine andere Währung begründet ist, so ist die Abweichung durch Korrespondenz mit dem Ausfertigungsamte aufzuklären und der höhere Zollbetrag einstweilen zu deponiren, demnächst aber der richtige Zollbetrag definitiv zu vereinnahmen.

Bei Anständen, welche durch Versehen des Ausfertigungsamtes verschuldet sind, ist in der im § 43 angegebenen Weise zu verfahren.

Die Annahme eines Begleitscheins II nebst dem darin überwiesenen Zollbetrag von einem zur Erledigung von Begleitscheinen dieser Gattung befugten Amte ist auch dann nicht abzulehnen, wenn die darin angegebene Zahlungsfrist (§ 21 c.) bereits abgelaufen, oder wenn der Begleitschein auf ein anderes, als das schließlich gewählte Empfangsamt gerichtet ist. In Folge der gedachten Abweichungen von der Vorschrift des Begleitscheins tritt ein Strafverfahren nicht ein. (¹)

C. Vollziehung der Erledigungsbescheinigungen und Schlußverfahren.
1. Erledigungsbescheinigungen des Empfangsamtes.

§ 49. Die Vollziehung der Erledigungsbescheinigungen in den Begleitscheinen I geschieht in der Art, daß

1) der Eingang des Begleitscheins — von dem Amtsvorstand oder dessen Stellvertreter (§ 32),
2) die erfolgte Buchung im Begleitscheinempfangsregister — von dem mit der Führung des letzteren beauftragten Beamten (§ 32),
3) der Revisionsbefund nebst Angabe der stattgehabten Revisionshandlungen — von den Revisionsbeamten (§§ 34 und 35),
4) bei ausgehenden Waaren der Waarenausgang — von denjenigen Beamten, welche die Ausgangsabfertigung bewirkt haben (§ 40),

durch Unterschrift jedes einzelnen dieser Beamten, unter Beifügung seines Amtscharakters, eingetragen und beglaubigt wird.

Ist ein Begleitscheinauszug gefertigt, welcher die Revisionsergebnisse nachweist, so genügt eine einfache Bezugnahme auf diesen Auszug.

Bei der Waarenausfuhr wird der dieselbe betreffende Vordruck auf der letzten Seite des Begleitscheins, soweit dieser Vordruck nicht anwendbar ist, durchstrichen.

---

(¹) Z. vgl. B. R. B. vom 13. Oktober 1875 (§ 339 d. Prot.) und die V. vom 5. Juni 1872, I. 9181 (A. Bl., S. 156), betr. die Erledigung von Begleitscheinen II.

In solchen Begleitscheinen, bei deren Erledigung sich Anstände ergeben haben (§§ 41 ff.), ist dies unter Verweisung auf die betreffenden, dem Begleitschein beizufügenden Verhandlungen anzumerken.

§ 50. Nach Eintragung der Erledigungsbescheinigungen in die Begleitscheine I ist das Erledigungsattest am Schlusse des Begleitscheins durch den Führer des Begleitscheinempfangsregisters oder einen anderen, von dem Amtsvorstande damit beauftragten Beamten, welcher hierbei von der ordnungsmäßigen Erledigung des Begleitscheins Ueberzeugung zu nehmen hat, unter Beifügung der Angabe seiner Diensteigenschaft, zu vollziehen.

§ 51. Die Erledigung der Begleitscheine II erfolgt durch die Ertheilung einer Bescheinigung über die Eintragung in das Begleitscheinempfangsregister und über die stattgehabte Buchung des erhobenen Zollbetrags, welche gemeinschaftlich von dem Führer des Begleitscheinempfangsregisters und dem Führer des Einnahmejournals, unter Angabe ihrer Diensteigenschaft, zu vollziehen ist.

2. Nachweis der weiteren Bestimmung der Waaren in dem Begleitschein-Empfangsregister.

§ 52. Gleichzeitig mit der Vollziehung der Erledigungsbescheinigungen in den Begleitscheinen (§§ 49 bis 51) sind die Spalten 11 bis 13 des Begleitscheinempfangsregisters auszufüllen.

Wenn zu einem Begleitschein J zwei oder mehr Auszüge übergeben worden sind (§ 33), so kann der Nachweis der weiteren Bestimmung der Waaren in den Begleitschein selbst aufgenommen und in Spalte 11 bis 13 des Begleitscheinempfangregisters hierauf verwiesen werden.

3. Ertheilung der Erledigungsscheine.

§ 53. Ueber die erledigten Begleitscheine sind Erledigungsscheine nach dem anliegenden Muster J auszustellen und, nach erfolgter Prüfung und Vollziehung durch den Führer des Begleitscheinempfangsregisters oder einen anderen, von dem Amtsvorstande zu bestimmenden Beamten, dem Begleitscheinausfertigungsamt zu übersenden.

Die Uebersendung der Erledigungsscheine erfolgt von vierzehn zu vierzehn Tagen, und zwar bis zum 20. beziehungsweise 5. des Monats. (¹)

Sind die erledigten Begleitscheine in verschiedenen Quartalen ausgefertigt worden, so ist für jedes dieser Quartale ein besonderer Erledigungsschein auszustellen. (²)

---

(¹) Z. vgl. Nr. 6 der Ausf. Anw. zum Begl. Reg., vom 21. August 1871 (A. Bl., S. 461), wonach gemäß B. R. B. vom 23. Mai 1870, eine Aenderung dahin eingetreten ist, daß die Erledigungsscheine je über die vom 1. bis 15. und vom 16. bis zum Schluß des Monats ausgefertigten Begleitscheine auszustellen sind.

(²) Z. vgl. Nr. 5 der Ausf. Anw. zum Begl. Reg., vom 21. August 1871 (A. Bl., S. 461.)

Die Ordnungszahl, unter welcher jeder Begleitschein in dem Erledigungsschein eingetragen worden, und der Tag der Ausstellung des Erledigungsscheins sind in Spalte 14 und 15 des Begleitscheinempfangsregisters bei den betreffenden Begleitscheinen anzumerken.

4. Ersatzleistung für die durch Vermittelung des Empfangsamts zurückbezahlten Baarkautionen.

§ 54. Wenn die Zurückzahlung einer baar geleisteten Kaution bei dem Begleitscheinempfangsamte zu erfolgen hatte (§ 14), so ist dem Erledigungsschein eine amtliche Bescheinigung über die stattgehabte Zurückzahlung beizufügen und die Ersatzleistung durch Benehmen mit dem Begleitscheinausfertigungsamt herbeizuführen.

5. Behandlung der Erledigungsscheine bei dem Ausfertigungsamt.

§ 55. Die von den Empfangsämtern ertheilten Erledigungsscheine (§ 53) sind sogleich nach ihrer Ankunft hinsichtlich ihrer Uebereinstimmung mit den Anmeldungen und Annahmeerklärungen und in formeller Hinsicht durch den Führer des Ausfertigungsregisters zu prüfen und mit fortlaufenden Nummern zu versehen.

Wenn sich bei der Prüfung nichts zu erinnern findet, so hat der gedachte Beamte unter den Annahmeerklärungen die Nummer und Ordnungszahl des Erledigungsscheines, in welchem die Erledigung der betreffenden Begleitscheine nachgewiesen ist, unter Beifügung seiner Unterschrift, einzutragen und den Tag der Ankunft des Erledigungsscheines in Spalte 8 des Begleitscheinausfertigungsregisters anzumerken.

Ergeben sich bei der vorzunehmenden Prüfung Anstände, so ist deren Erledigung im Wege des Schriftwechsels mit dem Empfangsamte oder nöthigenfalls durch Vorlage bei der dem Ausfertigungsamte vorgesetzten Direktivbehörde herbeizuführen.

Nach vollständiger Erledigung des Begleitscheins ist wegen Aufhebung der von dem Begleitscheinextrahenten bestellten Sicherheit das Erforderliche zu veranlassen (§ 54.)

6. Verfahren bei dem Ausbleiben der Erledigungsscheine.

§ 56. Wird die Erledigung eines Begleitscheins I oder II innerhalb der vorgeschriebenen Frist (§ 53) nicht nachgewiesen und ist inzwischen auch keine Nachricht von dem Empfangsamt über eine etwaige Verzögerung der Erledigung eingetroffen, so ist der Begleitscheinextrahent oder der Bürge aufzufordern, die erreichte Bestimmung der Waaren, beziehungsweise die Einzahlung des gestundeten Zolles, binnen 14 Tagen nachzuweisen. Wird dieser Nachweis nicht geführt, so ist der Extrahent zur Einzahlung des Zollbetrags anzuhalten und die Nummer, unter welcher die Vereinnahmung in dem betreffenden Register stattgefunden hat, in Spalte 9 des Begleitscheinausfertigungsregisters zu vermerken. Gleichzeitig ist dem Empfangsamt von der Einziehung des Zollbetrags Kenntniß zu geben. [1]

Wenn durch das Empfangsamt eine Verzögerung der Erledigung des Begleitscheins angemeldet ist, letztere jedoch innerhalb einer angemessenen weiteren Frist nicht erfolgt, so ist über den Stand der Sache Erkundigung bei dem Empfangsamt einzuziehen, bei ungerechtfertigter Verzögerung der Erledigung aber der vorgesetzten Direktivbehörde Anzeige zu erstatten.

§ 57. Walten Zweifel über den zu zahlenden Betrag oder andere Anstände ob, so ist der Fall der Direktivbehörde vorzutragen.

Die hierauf ergehende Entscheidung ist der Anmeldung beizufügen und im Ausfertigungsregister nach Datum und Nummer zu notiren.

Der Amtsvorstand ist gemeinschaftlich mit dem Registerführer dafür verantwortlich, daß wegen der nicht rechtzeitig erledigten Begleitscheine die geeigneten Maßregeln getroffen werden.

7. Abschluß und Einsendung der Register.

§ 58. Das Begleitscheinausfertigungsregister wird nach vierteljährigen Zeitabschnitten geführt [2], bleibt aber nach Ablauf des betreffenden Vierteljahres bis zur Ankunft der dann noch fehlenden Erledigungsscheine, insofern sich dieselbe nicht über die nächsten drei Monate nach dem Quartalschlusse verzögert, bei dem Amte zurück.

Sobald die Erledigungsscheine eingetroffen sind, längstens jedoch nach Ablauf der vorher bezeichneten Frist, wird das Register abgeschlossen und mit den zugehörigen Anmeldungen und Annahmeerklärungen, welche nach der Nummerfolge der Begleitscheine zu ordnen sind, sowie mit den nach der Nummerfolge (§ 55) zu ordnenden Erledigungsscheinen, zur Revision an die Direktivbehörde eingesendet.

Die alsdann etwa noch nicht erledigten Posten werden in das Register des nächstfolgenden Quartals, unter Bezugnahme auf die alten Nummern, bei welchen auf die Nummern der neuen Eintragungen zu verweisen ist, durch alle Spalten übertragen, so daß z. B. die nicht erledigten Posten des ersten Vierteljahres die ersten Eintragungen in dem Register des dritten Vierteljahres ꝛc. bilden.

Vor der Absendung des Registers hat der Amtsvorstand

---

(1) Z. vgl. die Anmerkungen zu § 46, insbes. die Verf. vom 7. März 1873, I. 6460 (A. Bl., S. 121).

(2) Z. vgl. wegen der Unterämter Abs. 2 der Ausf. Anw. Nr. 5 zum Begl. Reg. vom 21. August 1871 (A. Bl., S. 461).

oder in seinem Auftrag ein anderer oberer Beamte die stattgehabte Erledigung der darin eingetragenen Begleitscheine zu prüfen und dies in dem abgeschlossenen Register mit dem Anfügen zu bescheinigen, daß keine Posten unerledigt geblieben, oder daß die unerledigten sämmtlich in das neue (nach dem Quartal zu bezeichnende) Register richtig übertragen seien.

§ 59. Das Begleitscheinempfangsregister wird ebenfalls nach vierteljährigen Zeitabschnitten geführt und nach Ablauf eines jeden Vierteljahrs abgeschlossen und mit den als Belägen beizufügenden erledigten Begleitscheinen, den zu letzteren gehörigen Anmeldungen, sowie den über die Erledigung einzelner Begleitscheine geführten Verhandlungen zur Revision eingesendet.

Die Beläge zum Begleitscheinempfangsregister sind nach der Folge der Registernummern zu ordnen und mit entsprechend bezeichneten Umschlägen zu versehen.

Die zur Zeit der Einsendung des Begleitscheinempfangsregisters ausnahmsweise noch unerledigten Posten werden in der im § 58 angegebenen Weise in das Register für das Quartal, in welchem die Einsendung erfolgt, übernommen.

§ 60. Nach beendigter Revision werden die erledigten Begleitscheine nach den Bezirken der Direktivbehörden, in welchen die Ausfertigungsämter liegen, sowie nach den Ausfertigungsämtern und den Nummern der Ausfertigungsregister geordnet, um noch mit den letzteren und den zugehörigen Belägen verglichen zu werden, und zu diesem Behufe, soweit die Vergleichung nicht bei der Revisionsbehörde der Empfangsämter selbst vorgenommen werden kann, den Direktivbehörden der betreffenden Ausfertigungsämter mitgetheilt. (1)

Diese Mittheilung soll in der Regel sechs Monate nach dem Schluß des Quartals, in welchem die Begleitscheine erledigt worden sind, erfolgen.

(Folgen die Muster) (2)

---

(1) Z. vgl. Nr. 7 der Ausf. Anw. zum Begl. Reg., vom 21. August 1871 (A. Bl., S. 461), sowie die B. R. B., vom 20. Dezember 1869 (§ 158 Nr. 2 d. Prot.) und vom 13. Oktober 1875 (§ 338 d. Prot.)

(2) Die Muster sind abgedruckt im Amtsbl. von 1871, S. 318 ff., jedoch ohne Probeeintragungen. Vgl. wegen der letzteren die V. vom 26. Mai 1874, I. 8612. Vgl. außerdem Nr. 8 und 9 der Ausf. Anw. zum Begl. Reg., vom 21. August 1871 (A. Bl., S. 461), beziehungsweise den B. R. B., vom 23. Mai 1870 (§ 89 d. Prot.)

**6. Mai 1872.** — B. R. B. betr. die Beifügung von Probefläschchen bei der Versendung von Wein ꝛc. (§ 217 d. Prot.) (¹)

Es wurde beschlossen:

Daß es dem Ermessen der Abfertigungsämter zu überlassen sei, ob in den einzelnen Fällen bei Sendungen der bezeichneten Art zur Sicherung des Zollinteresses die Beigabe von Probefläschchen für nothwendig oder zweckmäßig zu erachten ist und daß die Empfangsämter lediglich aus dem Fehlen von Probefläschchen keinen Grund zu entnehmen haben, die weitere Abfertigung der eingegangenen Flüssigkeiten zu beanstanden.

---

**13. Oktober 1875.** — B. R. B. betr. das Begleitscheinempfangsregister. (§ 338 d. Prot.)

Es wurde beschlossen:

. . . . .

2) die Bundesregierungen umeine Anordnung dahin zu ersuchen, daß die in § 60 des Begleitscheinregulativs vorgeschriebene Vergleichung der erledigten Begleitscheine, welche nach dem Beschlusse d. B. R. d. Z. V. vom 20. Dezember 1869 (§ 158 d. Prot.) nur probeweise erfolgt, künftig in thunlichst großer Ausdehnung vorgenommen werde. (²)

---

**13. Oktober 1875.** — B. R. B. betr. den § 48 al. 8 des Begleitscheinregulativs. (§ 339 d. Prot.)

Es wurde beschlossen:

. . . . den Bundesregierungen eine Anordnung dahin zu empfehlen, daß im Falle der Ueberschreitung der nach § 21 lit. c. des Regulativs in einem Begleitschein II. vorgeschriebenen Frist zur Vorlegung des Begleitscheins und Einzahlung des überwiesenen Zollbetrages eine Kreditirung des letzteren nicht eintreten darf. (³)

---

**5. Oktober 1876.** — B. R. B. betr. die Ergänzung

---

(¹) Z. vgl. V. vom 21. Juni 1872, I. 11319 (A. Bl., S. 174).

(²) Z. vgl. V. an die Rechnungskontrole vom 12. Nov. 1875, I. 15339.

(³) Z. vgl. V. vom 31. Oktober 1875, I. 15340 (A. Bl, S. 170).

und Berichtigung der Begleitscheinangaben am Bestimmungsorte. (§ 261 d. Prot.) (1)

Es wurde beschlossen:

Wenn von dem Waarenführer oder dem Waarenempfänger auf Grund des § 46 Abs. 2 des Vereinszollgesetzes vom 1. Juli 1869 vor der schließlichen Abfertigung am Bestimmungsorte und bevor eine spezielle Revision stattgefunden hat, eine Ergänzung oder Berichtigung der Angaben des Begleitscheins vorgenommen wird, so ist dieselbe entsprechend den Vorschriften für die spezielle Deklaration in § 22 Abs. 4 jenes Gesetzes nach den Benennungen und Maßstäben des Tarifs zu bewirken.

(1) V. vom 25. Oktober 1876, I. 12916 (A. Bl. S. 163).

## D. Bestimmungen über die Waareneinfuhr, Ausfuhr und Durchfuhr auf den Eisenbahnen.

(Titel VII, §§ 59—73 d. V. Z. G.)

### Inhaltsübersicht.



**20. Dezember 1869.** — B. R. B. betr. den Entwurf eines Regulativs über die zollamtliche Behandlung des Güter- und Effektentransports auf Eisenbahnen. (§ 159 d. Prot.)

Es wurde beschlossen:

1) dem anliegenden Entwurf des Regulativs, die zollamtliche Behandlung des Güter- und Effektentransports auf den Eisenbahnen betreffend, unter Festsetzung des Zeitpunktes für den Beginn der Gültigkeit desselben auf den 1. Februar k. J. die Genehmigung zu ertheilen und (1)

2) auszusprechen, daß es den einzelnen Vereinsregierungen überlassen bleibe, die bei den Direktivbehörden vorzunehmende Vergleichung der erledigten Ladungsverzeichnißunikate mit den Begleitzettelausfertigungsregistern und Ladungsverzeichnißduplikaten auf eine probeweise Revision zu beschränken. (2)

---

(1) Z. vgl. Bek. vom 3. August 1871 S. 142.
(2) Z. vgl. § 39 Abs. 3. d. Reg.

3) den Vereinsregierungen zu empfehlen, daß sie, soweit es nicht bereits geschehen ist, die untergebenen Zollbehörden auf die in Drucksache Nr. 87 zur Sprache gebrachte Mangelhaftigkeit in der Verschlußeinrichtung der Eisenbahnwagen aufmerksam machen, und daß sie die Eisenbahnverwaltungen anhalten, die wahrgenommenen Mängel bei Vermeidung des nach § 8 des Regulativs gebotenen Ausschlusses der vorschriftswidrig befundenen Transportmittel binnen einer angemessenen Frist zu beseitigen. (1)

---

**14. Mai 1870.** — B. R. B. betr. Erläuterung des Textes des Vereinszollgesetzes. (§ 63 d. Prot.)

Es wurde beschlossen, zu erklären, daß § 72 d. V. Z. G., welcher bestimmt, daß die Abfertigung des Eisenbahnverkehrs nach den in den §§ 39 bis 51 enthaltenen allgemeinen Vorschriften zu erfolgen habe, wenn solche nicht nach Maßgabe der unmittelbar vorangegangenen besonderen Bestimmungen für den Eisenbahnverkehr in Anspruch genommen werde, nicht blos, wie aus der Stellung des gedachten § vielleicht gefolgert werden könnte, auf den Waarenausgang mit der Eisenbahn, sondern überhaupt eintretenden Falls auf den ganzen, von der Zollkontrole betroffenen Verkehr mittelst der Eisenbahn Anwendung finden solle.

---

**23. Mai 1870.** — B. R. B. betr. Abänderung der Formulare zu . . . . . Ladungsverzeichnissen und Begleitzetteln (§ 89 d. Prot.)

[Es wurde beschlossen . . . . 3) in dem Muster A. zum Eisenbahnregulativ eine Abänderung der Spaltenfolge und bei Muster C. eine Abänderung der Bezeichnung der Erledigungsnachweise eintreten zu lassen.]

---

**28. März 1871.** — B. R. B. betr. mangelhafte Verschlußeinrichtung an Eisenbahnwagen. (§ 99 d. Prot.)

Es wurde beschlossen, den Bundesregierungen zu empfehlen, daß sie, soweit es nicht bereits geschehen ist, die untergebenen Zollbehörden auf die (erwähnte) Mangelhaftigkeit in der Verschlußeinrichtung der Eisenbahnwagen aufmerksam machen und dieselben anweisen, zum Transport zollpflichtiger Waaren unter Wagenverschluß nur solche Eisenbahnwagen zuzulassen, bei welchen die Bretter zwischen dem Bremsercoupé und dem Lade-

---

(1) Z. vgl. die in der Anm. zu § 7 d. Reg. erwähnten, den gleichen Gegenstand betreffenden B. R. B.

raume mit in diesem Koupé vernieteten Schrauben oder sonst in einer das Zollinteresse vollkommen sichernden Weise befestigt, beziehungsweise die Schutzdecken längs der Kanten mit nicht weit von einander angebrachten, durch Metallösen geschützten, zum Durchziehen der Verschlußstricke bestimmten Löchern und nur an den oberen Theilen mit zweckmäßig angebrachten Ringen zum Verschlusse eingerichtet sind. (¹)

---

**3. August 1871.** — Bek. d. K. betr. die Ausführung des V. Z. G. und der zugehörigen Regulative. (Str. Z., Nr. 184. A. N., Nr. 636.) (²)

Unter Hinweisung auf das Gesetz vom 17. Juli l. J., die Einführung der deutschen Zoll- und Steuergesetzgebung in Elsaß-Lothringen betreffend, (Gesetzblatt für Elsaß-Lothringen, Nr. 4) werden im Auftrage des Herrn Reichskanzlers in der Anlage

. . . . .

3) das Regulativ über die zollamtliche Behandlung des Güter- und Effektentransports auf den Eisenbahnen.

. . . . .

bekannt gemacht.

## Regulativ

die zollamtliche Behandlung des Güter- und Effektentransports auf den Eisenbahnen betreffend. (³)

(V. Z. G. §§ 59—73.)

§ 1. Der Transport von Frachtgütern und Passagier-Effekten über die Zollgrenze und innerhalb des Grenzbezirks ist auf den dem öffentlichen Verkehr dienenden Eisenbahnen bei Tag und Nacht gestattet (Vereinszollgesetz § 21, Abs. 5, lit. d.)

**I. Allgemeine Vorschriften.** 1. Transportzeit.

2. Abfertigungsstunden

§ 2. Die Abfertigung der Passagier-Effekten, sowie der ankommenden sofort unter Raumverschluß (§ 10) weiter gehenden Frachtgüter ist nach § 123, Absatz 3 des Vereinszollgesetzes sowohl bei den Grenzämtern als bei den Aemtern im Innern sogleich nach dem Eintreffen des Zuges zu jeder Zeit, auch an Sonn- und Festtagen zu bewirken.

---

(¹) Z. vgl. V. 25. August 1871, Nr. 14308 (A. Bl., S. 476) sowie die in der Anm. zu § 7 d. Reg. erwähnten anderweiten B. R. B.

(²) A. Bl., S. 291.

(³) Festgestellt durch B. R. B. vom 20. Dezember 1869. (§ 159 d. Prot. — Drucks. Nr. 114.)

Andere Abfertigungen finden, sofern das Bedürfniß des Verkehrs nicht eine Erweiterung erfordert (V. Z. G. § 133, Absatz 4), nur innerhalb der im § 133, Absatz 1 des Vereinszollgesetzes bestimmten Geschäftsstunden statt.

§ 3. Die Eisenbahnverwaltungen haben die Fahrpläne, ingleichen jede Abänderung derselben, bevor solche zur Ausführung kommen, der Direktivbehörde sowie den Hauptämtern, in deren Bezirk sich Stationsplätze oder Haltestellen befinden, mitzutheilen. Ebenso haben sie von etwa vorkommenden Extrazügen und von voraussichtlich längeren Verzögerungen in der Ankunft der Züge sämmtlichen betheiligten Abfertigungsstellen (§ 4) so zeitig wie möglich Anzeige zu machen. (¹) 3. Fahrpläne.

§ 4. Zur Abfertigung der auf den Eisenbahnen ein-, aus- und durchgehenden Güter sind die an denselben gelegenen Grenzzollämter nach Maßgabe des § 128 des Vereinszollgesetzes kompetent. Die weitere Abfertigung der vom Grenzzollamt mit Ladungsverzeichniß (§ 22) abgelassenen, sowie die Ausgangs-Abfertigung zoll- oder kontrolpflichtiger Güter im Innern kann nur bei Hauptämtern mit Niederlage oder solchen anderen Aemtern erfolgen, welche von der obersten Landes-Finanzbehörde dazu ermächtigt sind (V. Z. G. § 131). 4. Abfertigungsstellen.

Die zur zollamtlichen Abfertigung des Eisenbahnverkehrs kompetenten Aemter, einschließlich derjenigen, welche zur Gestattung von Umladungen oder Ausladungen (§§ 25 und 26), sowie zur Wiederanlegung des amtlichen Verschlusses im Falle der Verschlußverletzung (§ 27) befugt sind, werden öffentlich bekannt gemacht.

§ 5. Die Eisenbahnverwaltungen haben — sofern nicht durch besondere Verträge zwischen einzelnen Eisenbahnverwaltungen und dem Staate oder den Kommunen etwas anderes festgesetzt ist — nach § 59 des Vereinszollgesetzes auf den für die Zollabfertigung bestimmten Stationsplätzen die erforderlichen Räume für die zollamtliche Abfertigung und für die einstweilige Niederlegung der nicht sofort zur Abfertigung gelangenden Gegenstände zu stellen, beziehungsweise die nach Anordnung der Zollbehörde hierfür nöthigen baulichen Einrichtungen zu treffen, doch liegt ihnen die Ausstattung der hergegebenen Räume und, sofern sie lediglich zu Zwecken der Zollverwaltung dienen, deren Erwärmung und Erleuchtung nicht ob. 5. Abfertigungsräume.

Bei den zur Nachtzeit zur Abfertigung gelangenden Zügen haben die Eisenbahnverwaltungen die Wagenzüge und Geleise innerhalb der Stationsplätze ausreichend beleuchten zu lassen.

---

(¹) Z. vgl. Lith. V. vom 21. Januar 1873. I. 1830, betr. die Mittheilung der Fahrpläne und der vorkommenden Abweichungen.

Die Eisenbahnverwaltungen müssen ferner im Einverständniß mit der Zollbehörde für die erforderliche Abschließung der Räume, in denen die Abfertigung stattfindet, Sorge tragen.

Die zur einstweiligen Niederlegung der Gegenstände bestimmten Räume müssen sichernd verschließbar sein und werden von der Zollbehörde und der Eisenbahnverwaltung unter Verschluß gehalten. Diese Räume dürfen nur für zoll- und kontrolpflichtige Gegenstände benutzt werden. Sie haben nicht die zollgesetzlichen Eigenschaften von Niederlagen unverzollter Waaren und die Lagerung in denselben darf eine von dem Amtsvorstande nach den örtlichen Verhältnissen zu bemessende kurze Frist nicht überschreiten. (1)

6. Transportmittel. a. Deren Beschaffenheit.

§ 6. Weder in den Güterwagen noch in den Lokomotiven und dem dazu gehörigen Tender dürfen sich geheime oder schwer zu entdeckende, zur Aufnahme von Gütern oder Effekten geeignete Räume befinden. Ebenso dürfen Personenwagen besondere zur Aufnahme von Gütern oder Effekten geeignete Räume nicht enthalten (V. Z. G. § 61, Abs. 2) Einrichtungen zur Erwärmung des Fußbodens sind hierdurch nicht ausgeschlossen. Sie müssen jedoch dem Grenzeingangsamte besonders angemeldet werden und so beschaffen sein, daß sie ohne Schwierigkeit einer Revision unterworfen werden können.

Im Uebrigen ist die Eisenbahnverwaltung, soweit die Abfertigung der eingehenden Güter und Passagiereffekten nach Maßgabe der Bestimmungen in den §§ 39 bis 51 nnd 92 des Vereinszollgesetzes erfolgen soll, in den Transportmitteln, deren sie sich zur Einbringung der Güter über die Grenze bedienen will, nicht beschränkt.

§ 7. Dagegen dürfen zum Transport von Gütern und Passagiereffekten, welche nach den Vorschriften dieses Regulativs mit Ladungsverzeichniß (§ 21), beziehungsweise mit Anmeldung (§ 19) auf Aemter im Innern abgelassen, oder welche unter Raumverschluß zum Aus- oder Durchgange abgefertigt werden sollen, in der Regel nur Wagen, die von allen Seiten mit festen Wänden geschlossen sind (Kulissenwagen), oder Abtheilungen solcher Wagen, oder Wagen mit Schutzdecken der unten bezeichneten Art oder abhebbare Kasten oder Körbe verwendet werden.

Die Wagen mit Schutzdecken müssen mit festen, durch eine starke Stange mit einander verbundenen Vorder- und Hinterwänden, ferner an den Vorder- und Hinterwänden mit 2½ Fuß breiten Verdeckstücken und an den Langseiten mit 1½ Fuß hohen Seitenwänden versehen sein. Die Decke muß sich an den

(1) Z. vgl. V. vom 16. März 1875. I. 3814, betr. die Haftpflicht für die lagernden Güter.

Vorder- und Hinterwänden und an den Seitenwänden glatt und ohne Falten anschließen.

Die Wagen u. s. w., welche zum Weitertransport der mit Ladungsverzeichniß, beziehungsweise mit Anmeldungen abgefertigten Waaren und Effekten dienen sollen, müssen so sicher unter Verschluß genommen werden können, daß ohne vorherige Lösung dieses Verschlusses die Oeffnung derselben nicht erfolgen kann.

(V. Z. G. § 62.)

Jede Eisenbahnverwaltung hat die ihr zugehörigen Güterwagen an den beiden Längenseiten, sowie die abhebbaren Behälter mit einem, ihr Eigenthum an denselben kund gebenden Zeichen und mit einer Nummer bezeichnen zu lassen.

Befinden sich in einem Güterwagen mehrere von einander geschiedene Abtheilungen, so wird jede der letzteren durch einen Buchstaben bezeichnet. Alle diese Bezeichnungen müssen so angebracht werden, daß sie leicht in die Augen fallen. (¹)

§ 8. Die Zollbehörde kann zu jeder Zeit verlangen, daß ihr sowohl die Güter- wie die Personenwagen und abhebbaren Behälter, ingleichen die Lokomotiven und Tender zur Besichtigung gestellt werden. Derartige Besichtigungen sind nach Anordnung der Direktivbehörde von Zeit zu Zeit durch einen oberen Beamten vorzunehmen. Ergeben sich hierbei Abweichungen von den in den §§ 6 und 7 enthaltenen Vorschriften, so darf auf die von der Zollbehörde dieserhalb ergehende Anordnung das vorschriftswidrig befundene Transportmittel nicht weiter benutzt werden. b. Deren Kontrolirung.

§ 9. Ausnahmsweise können zum Transport der zur Abfertigung mit Ladungsverzeichniß bestimmten ausländischen Güter, wenn es sich um Kolli handelt, welche einen halben Zentner oder mehr wiegen, auch offene Wagen mit Schutzdecken von anderer als der im § 7 bezeichneten Beschaffenheit oder auch offene Wagen ohne Schutzdecken verwendet werden. Insbesondere sollen von der Abfertigung mit Ladungsverzeichniß nicht ausgeschlossen sein solche in offene Wagen verladene Güter, deren Verladung in Kulissenwagen oder in die in § 7 bezeichneten Wagen mit Schutzdecken wegen ihres Umfangs (wie große Maschinen, Maschinentheile, Dampfkessel u. s. w.) oder wegen ihrer Beschaffenheit (wie Holz, Kohlen, Koaks, Sand, Steine, Erze, Roh- und Brucheisen aller Art, Stabeisen, Vieh, Häringe, Thran, Petroleum u. s. w.) nicht wohl zulässig erscheint. c. Ausnahmsweise Zulassung offener Wagen.

Dem Ermessen des Abfertigungsamtes bleibt es überlassen,

(¹) Z. vgl. die V. R. V., vom 20. Dezember 1869, 28. März 1871 und 13. Oktober 1875, sowie die lith. V., vom 27. Oktober 1876. I. 12979, betr. die Ausschließung mangelhaft konstruirter Wagen der französischen Ostbahn.

ob zur Sicherung gegen Entfernungen oder Vertauschungen Deckenverschluß anzubringen ist, oder Erkennungsbleie anzulegen oder andere Maßregeln zu treffen sind, oder ob ausnahmsweise von einem Verschluß oder anderen Maßregeln zur Festhaltung der Identität überhaupt abzusehen sein möchte.

Auch kann amtliche Begleitung eintreten.

7. Amtlicher Verschluß.

§ 10. Die Verschließung der Wagen und Wagenabtheilungen, der abhebbaren Behälter, sowie der Räume für die einstweilige Niederlegung der Güter und Effekten (§ 5) findet in der Regel mittelst besonderer Zollschlösser statt. Es kann jedoch in einzelnen Fällen, in denen wegen großen Güterandranges die nach den gewöhnlichen Bedürfnissen des Verkehrs bemessene Zahl von Schlössern bei einem Zollamte nicht ausreicht, die Verschließung der Wagen und Wagenabtheilungen, sowie der abhebbaren Behälter mittelst Bleien erfolgen.

Die Kosten der Verschlußeinrichtung hat die Eisenbahnverwaltung zu tragen, wogegen die Zollverwaltung die fortan erforderlichen Schlösser anschafft, vorbehaltlich des Ersatzes für verloren gegangene oder beschädigte Schlösser (V. Z. G. § 95).

Die zum Verschluß benutzten Schlösser, welche die Empfangsämter an die Abfertigungsstellen, die den Verschluß angelegt, zurückzusenden haben, ingleichen die an die Abfertigungsstellen leer zurückgehenden Taschen, welche zum Verschluß der Schlüssel, Ladungsverzeichnisse und Frachtbriefe gedient haben, sowie die zum Transport der Schlösser benutzte leer zurückgehende Emballage, sind von den Eisenbahnverwaltungen mit dem nächsten Eil- oder Personenzug unentgeltlich zu befördern.

Die Schlösser ꝛc. sind in guter Verpackung mit Frachtbrief zurückzusenden. (1)

8. Amtliche Begleitung.

§ 11. Eine Begleitung der Wagenzüge durch Zollbeamte findet auf der zwischen der Zollgrenze und dem Grenzeingangsamte gelegenen Strecke, sofern dieselbe von dem Grenzamte nicht überzeugend beobachtet oder sonst nicht genügend kontrolirt werden kann, beim Eingange immer und beim Ausgange dann statt, wenn Güter befördert werden, deren Ausgang amtlich zu erweisen ist.

Dem Ermessen des Ausfertigungsamtes bleibt es überlassen, auch auf anderen Strecken amtliche Begleitung eintreten zu lassen, wenn eine solche im Zollinteresse nothwendig oder zweckmäßig erscheint.

Wenn ausnahmsweise auf den Antrag der Eisenbahnver-

(1) Z. vgl. V. vom 7. Januar 1876, III. 8386, betr. die Niederlegung der Schlüssel bei anderen Aemtern, mit welchen ein regelmäßiger Verkehr stattfindet.

waltung amtliche Begleitung eintritt, so sind die Kosten derselben von der Eisenbahnverwaltung zu tragen.

Den Begleitern muß ein Sitzplatz auf einem der Wagen nach ihrer Wahl und den von der Begleitung zurückkehrenden Beamten ein Platz in einem Personenwagen mittlerer Klasse unentgeltlich eingeräumt werden (V. Z. G. § 60 Abs. 5).

9. Befugnisse der oberen Zollbeamten.

§ 12. Diejenigen Oberbeamten der Zollverwaltung, welche mit der Kontrole des Verkehrs auf den Eisenbahnen und der die Abfertigung desselben bewirkenden Zollstellen besonders beauftragt werden und sich darüber gegen die Angestellten der Eisenbahn durch eine von der Direktivbehörde ausgestellte Legitimationskarte ausweisen, sind befugt, zum Zweck dienstlicher Revisionen oder Nachforschungen die Wagenzüge an den Stationsplätzen und Haltestellen so lange zurückzuhalten, als die von ihnen für nöthig erachtete und möglichst zu beschleunigende Amtsverrichtung solches erfordert.

Die bei den Wagenzügen oder auf den Stationsplätzen oder Haltestellen anwesenden Angestellten der Eisenbahnverwaltung sind in solchen Fällen verpflichtet, auf die von Seiten der Zollbeamten an sie ergehende Aufforderung bereitwillig Auskunft zu ertheilen und Hülfe zu leisten, auch den Zollbeamten die Einsicht der Frachtbriefe, Frachtkarten und der auf den Güterverkehr bezüglichen Bücher zu gestatten.

Nicht minder sind die bezeichneten Zollbeamten befugt, innerhalb der gesetzlichen Tageszeit (V. Z. G. § 21) auf den Stationsplätzen und Haltestellen vorhandene Gebäude und Lokale, soweit solche zu Zwecken des Eisenbahndienstes und nicht bloß zu Wohnungen benutzt werden, ohne die Beobachtung weiterer Förmlichkeiten zu betreten und darin die von ihnen für nöthig erachteten Nachforschungen vorzunehmen.

Dieselbe Befugniß steht ihnen auf solchen Stationsplätzen und Haltestellen, welche von Nachtzügen berührt werden, auch zur Nachtzeit zu.

Jeder mit einer Legitimationskarte der erwähnten Art versehene Oberbeamte muß innerhalb derjenigen Strecke der Eisenbahn, welche auf der Karte bezeichnet ist, in beiderlei Richtungen in einem Personenwagen zweiter Klasse unentgeltlich befördert werden.

(V. Z. G. § 60, Abs. 1—4).

**II. Besondere Vorschriften.**
A. Waareneingang.
1. Zollamtliche Behandlung der Güter.

§ 13. Bei Ueberschreitung der Grenze dürfen in den Personenwagen oder sonst anderswo, als in den Güterwagen sich keine Gegenstände befinden, welche zollpflichtig sind oder deren Einfuhr verboten ist. Eine Ausnahme findet nur hinsichtlich der unter dem Handgepäck der Reisenden befindlichen zollpflichtigen Kleinigkeiten, sowie des Gepäcks statt, welches sich auf den mittelst der Eisenbahn beförderten Wagen von Reisenden

die in Eisenbahnwagen die Grenze überschreiten. a. Verladung der Güter.

befindet. Auf den Lokomotiven und den dazu gehörigen Tendern dürfen nur Gegenstände vorhanden sein, welche die Angestellten oder Angehörigen der Eisenbahnverwaltung auf der Fahrt selbst zu eigenem Gebrauch oder zu dienstlichen Zwecken nöthig haben. (V. Z. G. § 61).

§ 14. Sämmtliche Frachtgüter und Passagiereffekten, welche ohne Umladung (s. Abs. 2) mit Ladungsverzeichniß (§ 17) beziehungsweise mit Anmeldung (§ 19) abgefertigt werden sollen, müssen, soweit nicht nach § 9 Ausnahmen nachgelassen sind, schon im Auslande in Güterwagen oder in abhebbare Behälter von der im § 7 bezeichneten Beschaffenheit, und zwar Frachtgüter und solche Passagiereffekten, welche nicht zum unmittelbaren Durchgange bestimmt sind, getrennt in verschiedene Wagen, Wagenabtheilungen oder abhebbare Behälter verladen sein.

Es ist aber gestattet, daß die eingegangenen Güter bei den Grenzämtern, nach vorheriger Ausladung in die Zollrevisionsräume, unter zollamtlicher Aufsicht für die einzelnen Bestimmungsorte sortirt und nach ihrer Wiedereinladung mit Ladungsverzeichniß abgefertigt werden. Hierbei finden die Bestimmungen in § 40 Anwendung.

Frachtgüter, welche an verschiedenen Orten im Innern weiter abgefertigt werden sollen, sind in der Regel nach den verschiedenen Abfertigungsorten in verschiedene Wagen oder Wagenabtheilungen gesondert zu verladen. Ausnahmsweise dürfen die zur Abfertigung an verschiedenen Orten bestimmten zoll- oder kontrolpflichtigen Güter in e i n e n Wagen oder e i n e Wagenabtheilung zusammen verladen werden. Es ist jedoch bei der Verladung dafür Sorge zu tragen, daß die Ausladung der Waaren an ihrem Bestimmungsorte erfolgen kann, ohne daß es zugleich der Ausladung der weiter gehenden Güter bedarf.

b. Ordnung der Wagen.

§ 15. Die einen Zug bildenden Wagen müssen möglichst so geordnet sein, daß

1) sämmtliche vom Auslande eingehenden Güterwagen ohne Unterbrechung durch andere Wagen hintereinanderfolgen und
2) die bei dem Grenzzollamte und an den anderen Abfertigungsstellen zurückbleibenden Güterwagen mit Leichtigkeit von dem Zuge getrennt werden können.

c. Abfertigung bei dem Grenzzollamte. aa. Abschließung des dazu bestimmten Raumes.

§ 16. Sobald ein Wagenzug auf dem Bahnhofe des Grenzzollamtes angekommen ist, wird der Theil des Bahnhofes, in welchem der Zug anhält, für den Zutritt aller anderen Personen, als der des Dienstes wegen anwesenden Zoll- und Postbeamten und der Eisenbahnangestellten abgeschlossen (§ 5) und der für die mitgekommenen Passagiere bestimmte Ausgang unter die Aufsicht der Zollbehörde gestellt.

Die Zulassung anderer Personen zu dem abgeschlossenen Raume darf erst nach Beendigung der in den §§ 17 bis 20 erwähnten zollamtlichen Verrichtungen stattfinden.

bb. Anmeldung der Ladung. Ladungsverzeichniß.

§ 17. Unmittelbar nach Ankunft des Zuges auf dem Bahnhofe des Grenzzollamtes hat der Zugführer oder der sonstige Bevollmächtigte (¹) der Eisenbahnverwaltung dem Amte über die nach § 21 abzufertigenden Frachtgüter vollständige, in deutscher Sprache verfaßte und mit Datum und Unterschrift versehene Ladungsverzeichnisse in zweifacher Ausfertigung nach dem anliegenden Muster A zu übergeben. Der einen Ausfertigung müssen die Frachtbriefe über die darin verzeichneten Güter beigefügt sein (V. Z. G. § 63 Abs. 1). (²)

Bei Waaren, welche dem Grenzzollamte sofort nach den §§ 22 und 24 des Vereinszollgesetzes speziell deklarirt und nach den §§ 39 bis 51 dieses Gesetzes abgefertigt werden, genügt die Abgabe der speziellen Deklaration und bedarf es bezüglich solcher Waaren der Aufnahme in ein Ladungsverzeichniß nicht. Auch kann, soweit es sich um zollfreie Massenartikel z. B. Kohlen handelt, welche bei dem Grenzzollamt sofort in den freien Verkehr treten sollen, mit Genehmigung der Direktivbehörde die Abfertigung lediglich auf Grund der Frachtbriefe erfolgen.

Die Ladungsverzeichnisse müssen die verladenen Waaren nach Gattung und Bruttogewicht, bei verpackten Waaren auch nach der Zahl der Kolli, deren Verpackungsart, Zeichen und Nummer nachweisen, und dasjenige Amt, bei welchem die weitere Abfertigung verlangt wird, bezeichnen. Ferner muß darin die Angabe der Wagen oder Wagenabtheilungen oder der abhebbaren Behälter, in welche die Kolli verladen sind, nach Zeichen, Nummer oder Buchstaben enthalten sein. (V. Z. G. § 63 Abs. 2.) (³)

Der Bevollmächtigte der Eisenbahnverwaltung, welcher das Ladungsverzeichniß unterzeichnet hat, haftet für die Richtigkeit der in demselben enthaltenen Angaben hinsichtlich der Zahl und Art der geladenen Kolli. (V. Z. G. § 66 Abs. 4.)

Ein jedes Ladungsverzeichniß darf in der Regel nur solche Güter enthalten, welche nach einem und demselben Abfertigungsamte bestimmt sind. (V. Z. G. § 63 Abs. 3.)

---

(¹) Z. vgl. V., 8 Juni 1872. I. 11711 (A. Bl., S. 171) betr. die Ausstellung der Vollmachten für die Vertreter der Eisenbahnverwaltungen.

(²) Wegen der Abgabe von Generaldeklarationen vgl. die V. vom 24. März 1875. I. 16440 und vom 16 Januar 1877. I. 12997.

(³) Z. vgl. V. R. V., vom 12. November 1871. (§ 555 d. Prot.)

Es kann über jeden einzelnen Wagen beziehungsweise über jede Wagenabtheilung ein besonderes oder über sämmtliche nach demselben Abfertigungsorte bestimmte Wagen ein einziges Ladungsverzeichniß oder es können mehrere Ladungsverzeichnisse ausgefertigt werden. Einer Vergleichung der Ladungsverzeichnisse mit den Frachtbriefen bedarf es nicht.

cc. Revision der Personenwagen und Sonderung der Güterwagen.

§ 18. Während die Anmeldung erfolgt (§ 17), werden die Personenwagen, Lokomotiven und Tender revidirt und soweit nicht nach § 20 eine Ausnahme eintritt, diejenigen Wagen, deren Ladungen bei dem Grenzzollamte in den freien Verkehr gesetzt oder zur Niederlage oder zur Versendung unter Begleitscheinkontrole abgefertigt werden sollen, von denjenigen gesondert, deren Ladungen ihre weitere Abfertigung bei Aemtern im Innern erhalten sollen.

dd. Abfertigung: 1. der Passagiereffekten.

§ 19. Die vom Auslande eingehenden Reisenden, welche zollpflichtige Waaren bei sich führen, brauchen dieselben, wenn sie nicht zum Handel bestimmt sind, nur mündlich anzumelden. Auch steht es solchen Reisenden frei, statt einer bestimmten Antwort auf die Frage der Zollbeamten nach verbotenen oder zollpflichtigen Waaren, sich sogleich der Revision zu unterwerfen. In diesem Falle sind sie nur für die Waaren verantwortlich, welche sie durch die getroffenen Anstalten zu verheimlichen bemüht gewesen sind. (V. Z. G. § 92 Abs. 1.)

In der Regel werden die Passagiereffekten sogleich bei dem Grenzeingangsamte schließlich abgefertigt (V. Z. G. § 92 Abs. 3). Die Effekten der mit demselben Zuge weiterfahrenden Reisenden gehen bei dieser Abfertigung den Effekten derjenigen Reisenden vor, welche die Eisenbahn am Grenzeingangsamte verlassen. Finden sich bei einzelnen weitergehenden Reisenden zollpflichtige Gegenstände in solcher Mannigfaltigkeit oder Menge vor, daß deren sofortige Abfertigung mehr Zeit erfordern würde, als zum Verbleiben des Wagenzuges bestimmt ist, so müssen dergleichen Gegenstände einstweilen zurückbleiben, um — auf vorgängige Deklaration des Reisenden oder eines Beauftragten desselben — nach dem Abgange des Zuges abgefertigt und mit dem nächstfolgenden Wagenzuge weiter befördert zu werden.

Die Revision des Handgepäcks der Reisenden kann, sofern dies ohne Gefährdung der Zollsicherheit thunlich ist, in den Wagen erfolgen, ohne daß die Reisenden darum zum Aussteigen genöthigt werden.

Auf den Antrag der Eisenbahnverwaltung kann die Abfertigung der Passagiereffekten bei dem Grenzeingangsamte unterbleiben und den zu solchen Abfertigungen besonders ermächtigten Aemtern im Innern überwiesen werden. Es können alsdann sämmtliche noch nicht abgefertigte Passagiereffekten, auch wenn sie an verschiedenen Orten zur Abfertigung gelangen sollen, in denselben Wagen verladen werden, es ist aber dem Grenzeingangsamte für jeden Bestimmungsort eine besondere Anmeldung zu übergeben, welche die Effekten nach der Stückzahl und nach den Orten, an denen die Abfertigung stattfinden soll, getrennt nachweisen muß und dem auszustellenden Begleitzettel (§ 22) beizufügen ist.

Als Passagiereffekten im Sinne des Regulativs werden in der Regel nur diejenigen angesehen, deren Eigenthümer sich als Reisende in demselben Wagenzuge befinden. Es soll indeß in Fällen, in denen das Reisegepäck zwar von den Reisenden getrennt ist, jedoch das spätere Eintreffen des Letzteren zu erwarten steht, auf den Antrag der Eisenbahnverwaltung das Gepäck während höchstens acht Tagen unter zollamtlichem Verschluß aufbewahrt und beim Eintreffen des Reisenden innerhalb dieser Frist als Reisegepäck behandelt werden. Ebenso sollen Gepäckstücke, welche Reisenden nachfolgen, auf diesfallsigen Antrag nicht als Frachtgut, sondern als Reiseeffekten abgefertigt werden.

2. der zollfreien Gegenstände.

§ 20. Zollfreie Gegenstände können auf den Antrag der Eisenbahnverwaltung, sofern nach dem Ermessen des Abfertigungsamtes die Revision mit hinreichender Sicherheit bewirkt werden kann, auf Grund des Ladungsverzeichnisses, beziehungsweise der Deklarationen oder Frachtbriefe (§ 17 Abs. 2) von dem Grenzeingangsamte sofort in dem Zuge der speziellen Revision unterworfen und demnächst in den freien Verkehr gesetzt werden, dergestalt, daß ihre Weiterbeförderung mit demselben Zuge erfolgen kann, mit welchem sie eingegangen sind.

3. der auf der Eisenbahn weitergehenden Wagen 2c. Begleitzettel und Begleitzettelausfertigungsregister.

§ 21. Ueber die mit Ladungsverzeichniß abzufertigenden Wagen 2c. wird, nachdem dieselben unter amtlichen Verschluß gesetzt oder die nach § 9 zulässigen anderen Vorkehrungen zur Festhaltung der Identität der Waaren getroffen worden sind, ein Begleitzettel (§ 22) ertheilt.

Sodann wird die Gestellungsfrist, behufs deren Festsetzung für die einzelnen Bestimmungsorte die Zollbehörde sich mit der Eisenbahnverwaltung zu benehmen hat, und der Vermerk über den angelegten Verschluß sowie die Nummer des Begleitzettels, zu welchem das Ladungsverzeichniß gehört, in das letztere eingetragen, beziehungsweise die zollamtliche Abfertigung auf demselben Seitens der Abfertigungsbeamten vollzogen und das Ladungsverzeichniß Seitens des Zugführers oder sonstigen Vertreters der Eisenbahnverwaltung unterzeichnet. Mit dieser Unterzeichnung übernimmt der Bevollmächtigte der Eisenbahnverwaltung die Verpflichtung, die in dem Ladungsverzeichnisse genannten Wagen u. s. w. binnen der bestimmten Frist in vorschriftsmäßigem Zustande und mit unverletztem Verschlusse dem betreffenden Abfertigungsamte zu gestellen, widrigenfalls aber für die Entrichtung des höchsten tarifmäßigen Eingangszolles von den in dem Ladungsverzeichnisse nachgewiesenen Gewichtsmengen zu haften. (V. Z. G. § 64 Abs. 2.) (¹)

Schließlich werden die Unikate der Ladungsverzeichnisse mit den dazu gehörigen Frachtbriefen, sowie die Schlüssel zu den zum Verschluß der Wagen verwendeten Schlössern amtlich verschlossen und die diese Gegenstände enthaltenden Taschen oder Kuverts, nachdem sie mit der Adresse des Erledigungsamtes, den Nummern der Begleitzettel und der Wagen bezeichnet sind, sowie auch die ausgefertigten Begleitzettel dem Zugführer oder sonstigen Bevollmächtigten der Eisenbahnverwaltung zur Abgabe an die Abfertigungsstellen übergeben. Die Duplikate der Ladungsverzeichnisse bleiben bei dem Ausfertigungsamte zurück.

Die unterbliebene Ablieferung der Schlüssel oder die Verletzung des Verschlusses, unter welchem sich dieselben befinden, zieht für die Eisenbahnverwaltung und ihren Bevollmächtigten die nämlichen rechtlichen Folgen nach sich, wie die unmittelbare Verletzung des Verschlusses derjenigen Wagen u. s. w., zu welchen die Schlüssel gehören. (V. Z. G. § 64, Abs. 3.)

§ 22. Die Begleitzettel sind nach dem anliegenden Muster B auszufertigen. Die amtliche Vollziehung derselben erfolgt durch die betreffenden ersten Revisionsbeamten unter Beidrückung des Amtsstempels.

Das Ausfertigungsamt führt über die von ihm ertheilten Begleitzettel ein Ausfertigungsregister nach dem anliegenden Muster C.

In demselben werden die ausgefertigten Begleitzettel mit fortlaufenden Nummern unter Angabe der zugehörigen Ladungsverzeichnisse eingetragen und Aenderungen bezüglich des Erledigungsamtes oder der Gestellungsfrist, sobald sie zur Kenntniß des Ausfertigungsamtes gelangen, mit rother Dinte vermerkt.

Bei größeren Aemtern können mehrere, je mit einem besonderen Buchstaben zu bezeichnende Ausfertigungsregister geführt werden.

Wenn ein Begleitzettel oder Ladungsverzeichniß verloren gehen sollte, so hat der Vorstand des Hauptamtes, welches den Begleitzettel ausgefertigt hat, beziehungsweise in dessen Bezirk das Ausfertigungsamt liegt, wenn sich kein Bedenken ergiebt, an Stelle des abhanden gekommenen Exemplars ein zweites mit Duplikat beziehungsweise Triplikat zu bezeichnendes Exemplar des Begleitzettels beziehungsweise Ladungsverzeichnisses ausfertigen zu lassen. Die erfolgte Ausfertigung eines Duplikats beziehungsweise Triplikats ist im Begleitzettelausfertigungs-

---

(¹) Z. vgl. Anm. 1 auf S. 149.

register beziehungsweise auf dem Duplikat des Ladungsverzeichnisses zu vermerken.

§ 23. Nach Abfertigung des weiter gehenden Wagenzuges sind die zurückgebliebenen Frachtgüter, soweit thunlich vor Ankunft des nächstfolgenden Zuges, dem Grenzzollamte Seitens der Eisenbahnverwaltung oder des Empfängers nach den Vorschriften des Vereinszollgesetzes (V. Z. G. §§ 39 bis 51) zu deklariren, worauf die Abfertigung nach eben diesen Vorschriften erfolgt. 4. der zurückgebliebenen Frachtgüter.

Auf zollfreie Ladungen finden die Bestimmungen im Abs. 2 des § 17 Anwendung.

§ 24 (1). Wenn eine Waarenladung, welche auf Ladungsverzeichniß abgefertigt ist, eine andere Bestimmung erhält, so hat die Eisenbahnverwaltung den Begleitzettel nebst zugehörigen Ladungsverzeichnissen, Frachtbriefen und Schlüsseln bei dem nächsten zuständigen Amte unter Stellung des entsprechenden Antrages abzugeben. d. Behandlung der Waaren während des Transports. aa. Verfahren bei veränderter Bestimmung der Waarenladung.

Soll bei diesem Amte Begleitzettel und Ladungsverzeichniß definitiv erledigt werden, so tritt dasselbe ohne Weiteres an die Stelle des ursprünglich bezeichneten Erledigungsamtes.

Soll dagegen die Erledigung bei einem anderen Amte stattfinden, so hat der Bevollmächtigte der Eisenbahnverwaltung sowohl durch eine Erklärung auf den betreffenden Ladungsverzeichnissen, woraus das neu gewählte Empfangsamt hervorgeht, als durch eine besondere nach dem Muster D auszufertigende Annahmeerklärung in die Verpflichtungen der Grenzeisenbahnverwaltung einzutreten. (2)

Das Amt, bei welchem der Antrag gestellt wurde, hat sodann das neue Empfangsamt und die etwa zugestandene Verlängerung der Transportfrist sowie die Nummer des neu auszustellenden Begleitzettels auf den Ladungsverzeichnissen zu bemerken, den Begleitzettel einzuziehen, an Stelle desselben einen neuen Begleitzettel auszufertigen und letzteren nebst den Ladungsverzeichnissen ꝛc. der Eisenbahnverwaltung auszuhändigen, die Annahmeerklärung aber und den eingezogenen Begleitzettel dem ursprünglichen Ausfertigungsamte zu übersenden.

Der ursprüngliche Begleitzettel ist im Begleitzettelempfangsregister, der neu ausgestellte Begleitzettel im Begleitzettelaus-

---

(1) Z. vgl. B. R. B., vom 8. November 1871, wonach die im § 28 des Begl. Reg. enthaltenen Bestimmungen über die Verlängerung der Transportfrist auch auf den Begleitzettelverkehr Anwendung finden.

(2) Das Verfahren ist abweichend von demjenigen bei dem Verkehr mit Begleitscheinen.

fertigungsregister des überweisenden Amtes unter Bezugnahme auf den entsprechenden Eintrag in dem andern Register einzutragen.

Die in dieser Art überwiesenen Ladungsverzeichnisse und neu ausgestellten Begleitzettel werden von dem neu gewählten Erledigungsamte ebenso behandelt, als wenn sie von dem ursprünglichen Ausfertigungsamte unmittelbar auf dasselbe ausgestellt worden wären.

Gleicher Weise ist zu verfahren, wenn die mit Ladungsverzeichniß abgefertigten Wagen 2c. dem darin bezeichneten Empfangsamt mit dem Antrag auf Ueberweisung auf ein anderes zuständiges Amt gestellt werden.
(V. Z. G. § 66, Abs. 6.)

bb. Umladungen und Ausladungen auf dem Wege zum Bestimmungsorte.

§ 25. Auf den Antrag der Eisenbahnverwaltung kann, sofern eine hinreichend sichernde amtliche Aufsicht ausführbar ist, unterwegs eine Umladung oder theilweise Ausladung der mit Ladungsverzeichniß abgefertigten Güter bei einem dazu befugten Amte stattfinden.

Die Umladung oder Ausladung geschieht auf Grund des Ladungsverzeichnisses unter Vergleichung der Kolli nach Zahl, Zeichen, Nummer und Verpackungsart mit den im Ladungsverzeichniß enthaltenen Angaben und unter Leitung eines Hauptamtsassistenten oder höheren Zollbeamten.

Die weitere Abfertigung der eingeladenen Waaren erfolgt nach Maßgabe der Bestimmungen der §§ 39 bis 51 des Vereinszollgesetzes.

Rücksichtlich der weiter gehenden umgeladenen Güter hat der Bevollmächtigte der Eisenbahnverwaltung, welche dieselben weiter befördert, durch eine Erklärung auf dem Ladungsverzeichniß in diejenigen Verpflichtungen einzutreten, welche die Grenzeisenbahnverwaltung hinsichtlich jener Güter der Zollverwaltung gegenüber übernommen hatte.

Die erfolgte Umladung oder Ausladung ist unter Angabe der Zahl, Art und Bezeichnung der betreffenden Kolli und Wagen auf dem Ladungsverzeichniß, die Abnahme und Wiederanlegung des Verschlusses, sowie die erfolgte Um- oder Ausladung unter Angabe der Wagen auf dem Begleitzettel zu bescheinigen.

Treten Unglücksfälle ein, welche die Weiterbeförderung in dem nämlichen Güterwagen nicht gestatten, so ist dem nächsten Zoll- oder Steueramte Anzeige zu machen. Die Umladung wird durch abzusendende Beamte überwacht und der Begleitzettel sowie das Ladungsverzeichniß mit entsprechendem Vermerk versehen.

(V. Z. G. § 65, Abs. 1.) (¹)

§ 26. An Hafenplätzen, wo die Eisenbahn bis an eine schiffbare Wasserstraße reicht, kann unterwegs die Umladung der Güter aus den Eisenbahnwagen in verschlußfähige Schiffe und auch die Wiederverladung aus den Schiffen in Eisenbahnwagen unter Beobachtung der im § 25 enthaltenen Bestimmungen über die Kontrolirung der Umladung gleichfalls stattfinden, mit folgenden Maßgaben:

1) Der Schiffsführer beziehungsweise Bevollmächtigte der Eisenbahnverwaltung hat auf dem Ladungsverzeichnisse die Erklärung abzugeben, daß er bezüglich der richtigen Gestellung des neu gewählten, unter Verschluß gesetzten Transportmittels die gleichen Verpflichtungen übernehme, welche die Eisenbahnverwaltung gegenüber dem Grenzamte bezüglich der bei diesem abgefertigten Eisenbahnwagen eingegangen hatte.

2) Auf dem Begleitzettel beziehungsweise Ladungsverzeichnisse ist die Abnahme des Verschlusses an den Eisenbahnwagen, die erfolgte Umladung zu Schiff unter Angabe des Namens des Schiffsführers und des Schiffes, sowie die Art der Verschlußanlage, sodann bei stattfindender Wiederverladung in Eisenbahnwagen die Abnahme des Schiffsverschlusses, die Bezeichnung und Nummern der Eisenbahnwagen, Zahl, Zeichen und Art der in dieselben verladenen Kolli und der angelegte Verschluß amtlich zu bescheinigen.

3) Die im Ladungsverzeichnisse vorgeschriebene Gestellungsfrist kann im Umladeorte erforderlichen Falles verlängert werden. Von der Fristverlängerung ist das Ausfertigungsamt in Kenntniß zu setzen.

4) Kann die Umladung nicht sofort nach Ankunft der Waaren im Umladeorte erfolgen, so werden dieselben einstweilen in sicheren Gewahrsam genommen, wozu die Eisenbahnverwaltung auf Verlangen der Zollbehörde die nöthigen Räumlichkeiten zu stellen hat.

(V. Z. G. § 65, Abs. 2.)

cc. Prüfung des Verschlusses und Erneuerung desselben bei zufälliger Verletzung.

§ 27. Die Abfertigungsstellen, welche auf dem Transport bis zum Bestimmungsort berührt werden, haben auf Verlangen der Eisenbahnverwaltung vor dem Abgange jedes Zuges sich von dem vorgeschriebenen Zustande des Verschlusses der mit dem Zuge weiter gehenden Wagen zu überzeugen und die erfolgte

---

(¹) Z. vgl. V., vom 21. April 1873. I. 7079 (A. Bl., S. 162) betr. die bei Unglücksfällen auf Eisenbahnen erforderlichen Umladungen der Frachtgüter.

Revision und den Befund des Verschlusses auf dem Begleitzettel zu bescheinigen.

Wird der Verschluß unterwegs durch zufällige Umstände verletzt, so kann der Zugführer bei dem nächsten zur Verschlußanlage befugten Amte auf genaue Untersuchung des Thatbestandes, Revision der Waaren und neuen Verschluß antragen. Er läßt sich die darüber aufgenommenen Verhandlungen aushändigen und giebt sie an dasjenige Amt, welchem die Wagen zu gestellen sind, ab. (V. Z. G. § 96, Abs. 2.) (¹)

c. Abfertigung am Bestimmungsorte. aa Vorführung der Wagen und Uebergabe der Abfertigungspapiere 2c.

§ 28. Nach Ankunft der Wagen am Bestimmungsorte übergibt der Zugführer oder sonstige Bevollmächtigte der Eisenbahnverwaltung dem Amte die an dasselbe adressirten Schlüssel und Papiere (§ 21). Zugleich sind die Wagen und die abhebbaren Behälter der Abfertigungsstelle vorzuführen.

bb. Revision des Verschlusses. Begleitzettel Empfangsregister.

§ 29. Die Wagen beziehungsweise die abhebbaren Behälter werden in Beziehung auf ihren Verschluß und ihre äußere Beschaffenheit revidirt.

Der vorgelegte Begleitzettel, auf welchem der Amtsvorstand oder dessen Stellvertreter den Tag der Abgabe zu bemerken hat, wird in ein nach dem Muster E zu führendes Register, das Begleitzettelempfangsregister, unter Ausfüllung der Spalten 1 bis 7 eingetragen. (²)

cc. Deklaration und Ausladung der Waaren.

§ 30. Sodann ist binnen einer von der Zollbehörde örtlich zu bestimmenden Frist die Gattung und Menge der eingegangenen Waaren mit der Angabe, welche Abfertigungsweise begehrt wird, nach den §§ 22 ff. des Vereinszollgesetzes speziell zu deklariren, sofern nicht nach § 27 desselben der Antrag auf amtliche Revision gestellt wird.

Die Angaben des Ladungsverzeichnisses in Betreff der Gattung und des Gewichts der Waaren können, so lange eine spezielle Revision noch nicht stattgefunden hat, bei der Deklaration vervollständigt oder berichtigt werden. (V. Z. G. § 23, Abs. 3.)

Auf Antrag der Eisenbahnverwaltung kann die Ausladung der Waaren auf Grund des Ladungsverzeichnisses auch vor Abgabe der speziellen Deklarationen zugelassen und die Uebereinstimmung der in dem Ladungsverzeichniß enthaltenen Angaben

---

(¹) Z. vgl. V., vom 25. Juni 1874. I. 9546 (A. Bl. S. 240) betr. das Oeffnen beschädigter Kunstschlösser.

(²) Z. vgl. V. R. V., vom 12 November 1871, betr. die Verschmelzung des Begleitzettelempfangs- u. Deklarationsregisters

rücksichtlich der Zahl, Zeichen, Nummer, Verpackungsart und des Bruttogewichts der Kolli mit dem Befund festgestellt werden.

Zollfreie Gegenstände können auf Grund des Ladungsverzeichnisses ohne spezielle Deklaration abgefertigt werden. (V. Z. G. § 66, Abs. 3.)

Im Uebrigen kommen hinsichtlich der Revision und weiterer Abfertigung die Bestimmungen in den §§ 31 und 39 bis 51 des Vereinszollgesetzes zur Anwendung.

§ 31. Wo der Schienenstrang nicht bis zum Dienstlokal des Amtes geführt ist, auch sich auf dem Bahnhofe keine Abfertigungsstelle befindet, werden die unter Wagenverschluß eingegangenen Güter unter Aufsicht eines Hauptamtsassistenten oder höheren Zollbeamten aus dem Eisenbahnwagen ausgeladen und unter Verschluß oder Personalbegleitung zur Amtsstelle gebracht, wo die weitere Behandlung nach § 30 stattfindet.

Die Revision des Verschlusses der angekommenen Wagen rc. und deren Beschaffenheit, sowie die Vergleichung der Zahl und Art der geladenen Kolli mit den Angaben des Ladungsverzeichnisses muß von den mit der Beaufsichtigung der Ausladung beauftragten Zollbeamten bewirkt und bescheinigt werden. Zollfreie Gegenstände können von diesen Beamten sogleich auf Grund des Ladungsverzeichnisses nach vorheriger Revision in den freien Verkehr gesetzt werden, sofern auf dem Bahnhofe die Revision in einer das Zollinteresse sichernden Weise ausgeführt werden kann.

dd. Erledigung der Begleitzettel und Ladungsverzeichnisse.

§ 32. Hat sich bei der Revision der Wagen beziehungsweise der abhebbaren Behälter in Beziehung auf ihren Verschluß und ihre äußere Beschaffenheit sowie bei der Entladung der Wagen und Behälter in Bezug auf Zahl und Art der Kolli zu einer Beanstandung keine Veranlassung ergeben, so erfolgt die Erledigung des Ladungsverzeichnisses und Begleitzettels und die Rücksendung des letzteren an das Grenzzollamt. Dagegen bleibt das erledigte Ladungsverzeichniß bei dem Empfangsamte als Registerbelag zurück. [1])

Die Vollziehung der Erledigungsnachweise auf dem Begleitzettel erfolgt in der Art, daß

1) der Eingang desselben sowie der dazu gehörigen Ladungsverzeichnisse und Schlüssel von dem Amtsvorstand oder dessen Stellvertreter,
2) die erfolgte Eintragung im Begleitzettelempfangsregister von dem mit der Führung dieses Registers beauftragten Beamten,

---

([1]) Z. vgl. Lith. V., vom 1. April 1876, I. 4287, betr. die Prüfung der Ladungsverzeichnisse beim Empfangsamte, insbes. deren Vergleichung mit den Frachtbriefen.

3) der Revisionsbefund bezüglich des Verschlusses der Wagen und bezüglich der Zahl und Art der ausgeladenen Kolli von den Revisionsbeamten,
4) bei ausgehenden Wagen der Ausgang derselben von denjenigen Beamten, welche denselben kontrolirt haben,

vermerkt und durch Unterschrift jedes einzelnen dieser Beamten unter Beifügung seines Amtscharakters beglaubigt wird.

Nach erfolgter Eintragung der Erledigungsnachweise ist das Erledigungsattest am Schlusse des Begleitzettels durch den Führer des Begleitzettelempfangsregisters oder einen anderen vom Amtsvorstande damit beauftragten Beamten, welcher hierbei von der ordnungsmäßigen Erledigung des Begleitzettels Ueberzeugung zu nehmen hat, unter Beifügung seiner Diensteigenschaft und eines Abdruckes des Amtsstempels zu vollziehen.

Ebenso ist bei der Erledigung der Ladungsverzeichnisse zu verfahren, doch bedarf es hier der Beidrückung des Amtsstempels nicht.

ee. Verfahren bei sich ergebenden Abweichungen. 1) Feststellung des Sachverhalts.

§ 33. Wenn bei der Prüfung der zur Erledigung übergebenen Begleitzettel und Ladungsverzeichnisse oder bei der Revision der Wagen ꝛc. beziehungsweise der Ladung die Wahrnehmung gemacht wird, daß

a) die im Ladungsverzeichniß bezw. Begleitzettel vorgeschriebene Frist zur Gestellung der Wagen ꝛc. bei dem Erledigungsamte nicht eingehalten worden ist, oder
b) die Angabe des Begleitzettels und die Vorführung der Wagen ꝛc. bei einem anderen als dem ursprünglich oder nachträglich bezeichneten Amte stattgefunden hat, oder
c) der angelegte amtliche Verschluß verletzt ist, oder
d) die Zahl und Art der Kolli nicht mit den Angaben in den Ladungsverzeichnissen übereinstimmt,

so ist der Bevollmächtigte der Eisenbahnverwaltung und nach Umständen der Waarenempfänger über die Veranlassung der bemerkten Abweichungen — in der Regel protokollarisch — zu vernehmen und der Sachverhalt nöthigenfalls im Benehmen mit dem Begleitzettelausfertigungsamt und den auf dem Transport berührten Aemtern zu untersuchen. (¹)

Erhebliche Verzögerungen, die in der Erledigung des Begleitzettels hierdurch veranlaßt werden, sind dem Ausfertigungsamte anzuzeigen.

2) Behandlung der auf Versehen oder Zufall beruhenden Abweichungen.

§ 34. Ergiebt in den vorstehend unter a. bis c. bezeichneten Fällen die Untersuchung, daß die vorgefundene Abweichung durch einen Zufall herbeigeführt oder sonst genügend entschuldigt ist, und liegt nach der Ueberzeugung des Erledigungsamtes, beziehungsweise des demselben vorgesetzten Hauptamtes, kein Grund

(¹) Z. vgl. die nachfolgenden §§ 34—38 und die Anmerkung zu dem § 41 des Begl. Reg. (S. 129).

zu dem Verdacht eines verübten oder versuchten Unterschleifs vor, so kann die Erledigung des Begleitzettels beziehungsweise Ladungsverzeichnisses, ohne weitere Beanstandung erfolgen.

Ebenso kann in dem im § 33 unter d. angegebenen Falle nach der Bestimmung des Amtsvorstandes, beziehungsweise der dem Erledigungsamte vorgesetzten Direktivbehörde innerhalb der ihnen beigelegten Befugnisse von einer Strafe abgesehen und der Begleitzettel, beziehungsweise das Ladungsverzeichniß erledigt werden, wenn es sich um augenscheinlich auf Versehen oder Zufall beruhende Abweichungen handelt. (¹)

3) Behandlung der Anstände, welche durch das Begleitzettelausfertigungsamt veranlaßt sind.

§ 35. Bei unerheblichen Abweichungen, welche durch Versehen des Ausfertigungsamtes bei der Begleitzettelausfertigung veranlaßt sind, kann, wenn dasselbe das Versehen anerkennt und hierüber eine amtlich zu vollziehende Bescheinigung ertheilt, die Erledigung des Begleitzettels, beziehungsweise Ladungsverzeichnisses, erfolgen.

Handelt es sich um erhebliche, durch das Ausfertigungsamt verschuldete Anstände, oder erkennt dasselbe einen von dem seinigen abweichenden Befund des Erledigungsamtes nicht als richtig an, so hat die dem letzteren vorgesetzte Direktivbehörde nach erfolgtem Einvernehmen mit der Oberbehörde des Ausfertigungsamtes über die Erledigung des Begleitzettels, beziehungsweise Ladungsverzeichnisses zu entscheiden.

4) Zollerlaß für auf dem Transport durch Zufall zu Grunde gegangene oder in verdorbenem oder zerbrochenem Zustande ankommende Waaren.

§ 36. Wenn mit Ladungsverzeichniß abgefertigte Waaren auf dem Transport durch Zufall zu Grunde gegangen sind oder in verdorbenem oder zerbrochenem Zustande ankommen, findet der § 67, beziehungsweise § 48 des Vereinszollgesetzes Anwendung.

5) Verfahren bei Nichtgestellung der Waaren beim Empfangsamte.

§ 37. Werden mit Ladungsverzeichniß abgefertigte Waaren dem Empfangsamt nicht gestellt, so ist über deren Verbleib Erörterung anzustellen und nach Umständen das gesetzliche Strafverfahren einzuleiten. (²)

Nach Erledigung des Strafpunktes sind die Verhandlungen

---

(¹) Der Amtsvorstand kann von den Folgen der Inhaltsabweichung absehen, wenn die hinterzogenen Gefälle höchstens 3 Mark betragen oder minder wichtige Formverletzungen vorliegen (A. Bl., 1872, S. 336).

(²) Z. vgl. V. Z. G. §§ 71 und resp. 56, sowie Ausf. Anw. Nr. 14 hierzu.

der Direktivbehörde des Ausfertigungsamtes zur Erledigung des Gefällepunktes vorzulegen.

6) Strafverfahren. § 38. Treffen die angegebenen Voraussetzungen zur Erledigung des Begleitzettels, beziehungsweise des Ladungsverzeichnisses nicht zu, so tritt das gesetzliche Strafverfahren ein. (¹)

Nach Beendigung des Strafverfahrens hat das Begleitzettelempfangsamt, sofern hinsichtlich des Gefällepunktes keine Zweifel bestehen, den Begleitzettel, beziehungsweise das Ladungsverzeichniß zu erledigen. In Zweifelsfällen ist die Entscheidung der vorgesetzten Direktivbehörde einzuholen. Wenn die Erledigung der Begleitzettel, beziehungsweise Ladungsverzeichnisse nicht zulässig erscheint, so sind dieselben mit den erwachsenen Verhandlungen dem Ausfertigungsamte zu übersenden. Seitens des letzteren ist sodann die Entscheidung der ihm vorgesetzten Direktivbehörde über die Folgen der Nichterfüllung der von der betreffenden Eisenbahnverwaltung in dem Ladungsverzeichniß übernommenen Verpflichtungen einzuholen. (²)

1. Abschluß und Einsendung der Register. § 39. Das Begleitzettelausfertigungs- und das Begleitzettelempfangsregister werden nach Maßgabe der Vorschriften über den Abschluß des Begleitscheinausfertigungs- und Empfangsregisters (Begleitscheinregulativ §§ 58 und 59) vierteljährlich abgeschlossen und mit den zugehörigen Belegen, welche nach der Nummerfolge der Einträge zu ordnen sind, an die Direktivbehörde eingesendet.

Die Duplikate der Ladungsverzeichnisse und die erledigt zurückkommenden Begleitzettel bilden die Belege zum Ausfertigungsregister und die Unikate der Ladungsverzeichnisse die Belege zum Empfangsregister.

Nach beendigter Revision der Begleitzettelempfangsregister findet in ähnlicher Weise wie bei den Begleitscheinen (Begleitscheinregulativ § 60) noch eine Vergleichung der erledigten Ladungsverzeichnißunikate mit den Begleitzettelausfertigungsregistern und den Belegen der letzteren statt. (³)

2. Zollamtliche Behandlung der Güter, welche im gewöhn- § 40. Die im gewöhnlichen Landfracht- oder Schiffsverkehr vom Auslande eingegangenen, zur Weiterbeförderung mittelst der Eisenbahn bestimmten Waaren, für welche die Abfertigung mit Ladungsverzeichniß nach Maßgabe der vorstehenden Bestimmungen in Anspruch genommen wird, sind von dem Waaren-

(¹) Z. vgl. die Anm. zu § 44 d. V. Z. G. auf S. 23.

(²) Z. vgl. V. vom 9. Dezember 1876, I. 14570, betr. die Ablassung beschlagnahmter Güter gegen Verbürgung für den Eingangszoll, falls der Prozeß bei einem anderen Amte geführt wird.

(³) Z. vgl. B. R. B. vom 20. Dezember 1869 (§ 159 Nr. 2 d. Prot.)

führer dem Grenzzollamte unter Uebergabe der Ladungspapiere vorzuführen, und bis der Weitertransport erfolgt, unter amtliche Aufsicht und Kontrole zu stellen. Die zu diesem Zweck erforderlichen Einrichtungen hat die Eisenbahnverwaltung nach Anordnung der Zollbehörde zu treffen. Der Weitertransport muß binnen einer von dem Amte nach Bedürfniß zu bemessenden Frist erfolgen. Vor der Verladung in die Eisenbahnwagen, oder, wo dies nach den örtlichen Verhältnissen nicht ausführbar ist, jedenfalls vor der Abfertigung, hat der Bevollmächtigte der Eisenbahnverwaltung das im § 17 vorgeschriebene Ladungsverzeichniß in zweifacher Ausfertigung zu übergeben. lichen Land- fracht- oder Schiffs- verkehr einem Grenz- zollamte behufs Weiterbeförderung mittelst der Eisenbahn zugeführt werden.

Die Verladung geschieht unter Aufsicht der Beamten, welche auf dem Ladungsverzeichnisse die Uebereinstimmung hinsichtlich der Angabe der Zahl, Zeichen und Art der Kolli mit den wirklich verladenen Kolli bescheinigen und Zeichen und Nummer der Wagen, in welche die Verladung erfolgt, beisetzen. Im Uebrigen kommen die Vorschriften der §§ 21 und 22 und 24 bis 39 zur Anwendung.

§ 41. Auf die zum unmittelbaren Durchgange auf der Eisenbahn bestimmten Güter finden die Bestimmungen in den §§ 13 bis 40 analoge Anwendung. B. Waarendurchgang.

Die Zollabfertigung beim Grenzausgangsamte beschränkt sich in der Regel auf die Prüfung und Lösung des Verschlusses und die Bescheinigung des Ausganges über die Grenze. Es bleibt indeß vorbehalten, in Fällen des Verdachtes die Revision der zum Durchgange angemeldeten Waaren eintreten zu lassen, ferner nach Befinden die Vorlegung der Bücher und Papiere der Eisenbahnverwaltung zu fordern.

Dasselbe Verfahren findet bezüglich der zur unmittelbaren Durchfuhr angemeldeten Güter auch dann statt, wenn die Zufuhr zum Grenzeingangsamt beziehungsweise die Abfuhr vom Grenzausgangsamt auf anderen Wegen als auf Eisenbahnen erfolgt. Im letzteren Falle hat jedoch das Ausgangsamt stets eine Vergleichung der auszuladenden Güter mit dem Inhalt des Ladungsverzeichnisses vorzunehmen und die Uebereinstimmung zu bescheinigen.

Der Antrag auf Abfertigung zur unmittelbaren Durchfuhr kann auch noch beim Grenzausgangsamte gestellt werden.

Die Vorschriften in den §§ 25 und 26 in Betreff der Zulässigkeit der Umladungen finden auf die zur unmittelbaren Durchfuhr abgefertigten Güter gleichfalls Anwendung.

Für den Durchfuhrverkehr auf Eisenbahnen, welche das Vereinsgebiet auf kurzen Strecken durchschneiden, können von der obersten Landesfinanzbehörde weitere Erleichterungen zugestanden werden.

C. Waarenausgang. 1. Gegenstände, welche einem Ausgangszolle unterliegen.

§ 42. Ausgangszollpflichtige Güter dürfen zur unmittelbaren Beförderung nach dem Auslande nicht verladen werden, bevor nicht dieselben nach den Bestimmungen im § 22 des Vereinszollgesetzes deklarirt und revidirt sind und der Ausgangszoll entweder entrichtet oder sichergestellt ist.

An Stationsorten, an denen sich eine kompetente Abfertigungsstelle befindet, können ausgangszollpflichtige Güter unter amtlicher Aufsicht in Güterwagen verladen und unter Verschluß der Wagen, sowie der Schlüssel unmittelbar nach dem Auslande abgefertigt werden. Bei dem Grenzausgangsamte findet alsdann die Rekognition und Lösung des Verschlusses, beziehungsweise die Entrichtung des Ausgangszolles statt.

Ist der Ausgangszoll sichergestellt, so ist von der Abfertigungsstelle eine Bescheinigung darüber auszustellen und dieselbe mit der Quittung des Grenzzollamtes über die erfolgte Abgabenentrichtung versehen, innerhalb bestimmter Frist behufs Löschung der gestellten Sicherheit zurückzureichen. (1)

2. Waaren, deren Ausgang amtlich zu erweisen ist.

§ 43. Bei der Ausfuhr von Gütern, deren Ausgang amtlich bescheinigt werden muß, findet der § 56 des Vereinszollgesetzes Anwendung.

An Stationsorten, wo sich Abfertigungsstellen (§ 4) befinden, können derartige Güter ohne Kolloverschluß, beziehungsweise nach Abnahme des letzteren, unter Aufsicht der Zollbehörde in die dazu bestimmten verschließbaren Wagenräume eingeladen und letztere verschlossen werden. (2)

Die Zuladung anderer Güter in diese Räume ist nicht gestattet. (3)

Das Amt am Verladungsorte hat bezüglich solcher Waaren als Ausgangsamt zu fungiren. (4)

Auf der amtlichen Bezettelung der Güter (Begleitschein, Uebergangsschein, Deklarationsschein &c.) welche dem Zugführer

---

(1) Fällt nach erfolgter Aufhebung der Ausgangszölle weg.

(2) Diese Bestimmung erhält laut B. R. B. vom 13. Oktober 1875 (§ 335 d. Prot.) folgenden Zusatz:

„Die Zuladung anderer, aus dem freien Verkehr stammender, gleichfalls zum unmittelbaren Ausgang bestimmter Güter in diese Räume ist gestattet; die Eisenbahnverwaltung hat jedoch der Zollbehörde ein Verzeichniß derselben unter Angabe der Zahl, Verpackungsart, Bezeichnung des Bruttogewichts und Inhalts zu übergeben, welches bei der Verladung zu prüfen und demnächst dem betreffenden Begleitschein anzustempeln ist. Bei Wagen, in welchen Güter des freien Verkehrs mit zollpflichtigen Gütern verladen sind, dürfen auf dem Transport bis zum Ausgangsorte, soweit nicht Verschlußverletzungen oder Unfälle eine Umladung erforderlich machen, Zu- und Abladungen nicht stattfinden."

(3) Kommt gemäß dem erwähnten B. R. B. in Wegfall.

(4) Abs. 4 erhält gemäß dem erwähnten B. R. B. folgende Fassung:

„Das Amt am Verladungsorte hat bezüglich derjenigen Waaren, deren Ausgang amtlich zu bescheinigen ist, als Ausgangsamt zu fungiren."

zu übergeben ist, wird von dem Amte des Verladungsortes das Einladen der Waaren und der Verschluß des Wagens, sowie der Abgang des letzteren auf der Eisenbahn, dagegen von dem Grenzzollamte, beziehungsweise den Begleitungsbeamten die mit unverletztem Verschlusse erfolgte Ankunft beim Grenzausgangsamte, sowie der Ausgang über die Grenze bescheinigt.

§ 44. Bei Versendungen aus dem Vereinsgebiet durch das Vereinsausland nach dem Vereinsgebiet kommt der § 111 des Vereinszollgesetzes in Anwendung. Nach örtlichem Bedürfnisse können aber von der obersten Landesfinanzbehörde für diesen Verkehr Erleichterungen zugestanden werden. D. Versendungen aus dem Vereinsgebiet durch das Ausland nach dem Vereinsgebiet.

§ 45. Die nach Maßgabe der §§ 17 ff. mit Ladungsverzeichniß und Begleitzettel abgefertigten Waarensendungen, welche vor Erreichung des Bestimmungsortes das Ausland berühren, bedürfen beim Wiedereingang, sofern der angelegte Verschluß unverletzt geblieben ist, behufs der Weiterbeförderung an ihren Bestimmungsort keiner nochmaligen Abfertigung.

§ 46. Insoweit überhaupt nach den zur Ausführung der §§ 119 und 125 des Vereinszollgesetzes von der obersten Landesfinanzbehörde getroffenen Anordnungen der Transport im Grenzbezirke, beziehungsweise im Binnenlande einer Kontrole unterliegt, findet diese Kontrole auch auf den Transport auf den Eisenbahnen Anwendung. Indessen ist der Transport von Gegenständen auf der Eisenbahn aus dem Binnenlande nach dem Grenzbezirk und aus dem letzteren nach dem Auslande allgemein von der Legitimationsscheinkontrole befreit; doch haben die Eisenbahnverwaltungen ihre Register über die beförderten Frachtgüter der Zollbehörde auf Verlangen vorzulegen. E. Transport im Inlande. 1. Güter des freien Verkehrs.

§ 47. Gegenstände, welche bei dem Uebergange aus einem Vereinslande beziehungsweise aus einem Steuergebiete in das andere einer Uebergangsabgabe oder einer indirekten Steuer unterliegen, dürfen nur dann nach einem solchen Vereinslande oder Steuergebiete auf der Eisenbahn befördert werden, wenn sie mit den erforderlichen Abfertigungspapieren für den Transport versehen sind. [1] 2. Uebergangssteuerpflichtige Gegenstände.

§ 48. Die Abfertigung von Gütern, auf welchen ein Zollanspruch haftet, erfolgt nach den §§ 41 bis 51 des Vereinszollgesetzes. Wird die Abfertigung unter Wagenverschluß beantragt, so werden die Güter unter amtlicher Aufsicht in Güter- 3. Güter, auf welchen ein Zollanspruch haftet.

---

[1] Z. vgl. die Anm. zu § 2 des Ges. vom 14. Dezember 1872, Bd. I. S. 216.

wagen (§ 7) verladen und auch die Schlüssel (§ 21, letzter Absatz) unter Verschluß gesetzt.

Andere Güter dürfen in diese Güterwagen nicht mit verladen werden.

III. Strafen. § 49. Zuwiderhandlungen gegen die Bestimmungen dieses Regulativs werden, sofern nicht nach den §§ 134 ff. des Vereinszollgesetzes eine höhere Strafe verwirkt ist, nach § 152 desselben Gesetzes mit einer Ordnungsstrafe bis zu 50 Thalern geahndet.

Jede Eisenbahnverwaltung hat in Gemäßheit des § 153 des Vereinszollgesetzes für ihre Angestellten und Bevollmächtigten rücksichtlich der Geldbußen, Zollgefälle, und Prozeßkosten zu haften, in welche diese Personen wegen Verletzung der zollgesetzlichen oder der Vorschriften dieses Regulativs verurtheilt worden sind, die sie bei Ausführung der ihnen von den Eisenbahnverwaltungen übertragenen oder ein für alle Mal überlassenen Verrichtungen zu beobachten hatten.

(Folgen die Muster (¹)

---

**8. November 1871.** — B. R. B. betr. die Verlängerung der Transportfrist für unter Begleitzettelkontrole stehende Eisenbahngüter. (§ 542 der Prot.) (²)

Es wurde beschlossen, daß die in § 28 des Begleitscheinregulativs über die Verlängerung der Transportfrist enthaltenen Bestimmungen auch auf die unter Begleitzettelkontrole stehenden Eisenbahngüter in Anwendung gebracht werden.

---

**12. November 1871.** — B. R. B. betr. die Ausfertigung der Ladungsverzeichnisse. (§ 555 d. Prot.) (³)

Es wurde beschlossen:

In Fällen, in welchen die Verladung der zu einem Frachtbriefe gehörigen Waaren mehr als einen Wagen erfordert, oder in denen einzelne Kolli einer Waarenpost zur bessern Ausnutzung des Raumes getrennt von dem übrigen

---

(¹) Die Muster sind abgedruckt im Amtsblatt von 1871, S. 354 ff. Wegen der bei denselben nachträglich eingetretenen Abänderungen vgl. die B. R. B. vom 23. Mai 1870 (§ 89 der Prot.) und vom 12. November 1871 (§§ 555 und 556 d. Prot.)

(²) Z. vgl. V., vom 25. November 1871. Nr. 23557 (A. Bl., S. 654.)

(³) Z. vgl. V., vom 13. Januar 1872. Nr. 24039. (A. Bl., S. 69.)

Theil derselben verladen werden, kann von der besonderen Angabe des Inhalts der betreffenden Wagen bezw. der Gesammtzahl und des Bruttogewichts der in jedem derselben befindlichen Kolli im Ladungsverzeichnisse abgesehen werden. (Muster Anlage A zum Eisenbahnregulativ.)

Auch kann in solchen Ladungsverzeichnissen, welche eine geringe Zahl von Eintragungen enthalten, von der summarischen Angabe der Zahl und des Bruttogewichts der in jedem einzelnen Wagen befindlichen Waaren, und der Wiederholung der betreffenden Angaben zur Bildung der Hauptsumme in der Weise Abstand genommen werden, daß nur die Letzteren in den betreffenden Spalten des Ladungsverzeichnisses anzugeben sind.

---

**12. November 1871.** — B. R. B. betr. die Verschmelzung der Begleitzettelempfangsregister mit den Deklarationsregistern. (§ 556 d. Prot.)

Es wurde beschlossen:

Die Verschmelzung des Begleitzettelempfangsregisters (Formular Muster E zum Eisenbahnregulativ) mit dem Deklarationsregister kann auf Grundlage des diesem Protokolle unter A angeschlossenen Formulars vorgeschrieben werden. (1)

---

**31. Dezember 1871.** — V. d. K. betr. die Instruktion über den Eisenbahnabfertigungsdienst bei den Nebenzollämtern an der Grenze. (A. Bl., 1872. S. 24.)

[Von Abdruck dieser ausschließlich für die Zollbehörden bestimmten Instruktion wird abgesehen.]

---

**13. Oktober 1875.** — B. R. B. betr. die zollamtliche Behandlung der Güter auf den Eisenbahnen. (§ 335 d. Prot.) (2)

Es wurde beschlossen, das Alinea 3 des § 43 des Regulativs, betr. die zollamtliche Behandlung des Gütertransports auf den Eisenbahnen zu streichen und dem Alinea 2 desselben Paragraphen folgenden Zusatz zu geben:

Die Zuladung anderer, aus dem freien Verkehr stammender, gleichfalls zum unmittelbaren Ausgang bestimmter Güter in diese Räume ist gestattet; die Eisenbahnverwaltung hat jedoch

---

(1) Z. vgl. V., vom 18. November 1874. I. 16253. (A. Bl., S. 351.)

(2) Z. vgl. V., vom 29 Oktober 1875. I. 15109. (A. Bl., S. 170.)

der Zollbehörde ein Verzeichniß derselben unter Angabe der Zahl, Verpackungsart, Bezeichnung des Bruttogewichtes und des Inhaltes zu übergeben, welches bei der Verladung zu prüfen und demnächst dem betreffenden Begleitscheine anzustempeln ist. Bei Wagen, in welchen Güter des freien Verkehrs mit zollpflichtigen Gütern verladen sind, dürfen auf dem Transporte bis zum Ausgangsorte, soweit nicht Verschlußverletzungen oder Unfälle eine Umladung erforderlich machen, Zu- und Abladungen nicht stattfinden.

Im vierten Alinea des § 43 ist statt „solche Waaren" zu setzen: „derjenigen Waaren, deren Ausgang amtlich zu bescheinigen ist."

---

**13. Oktober 1875.** — B. R. B. betr. den mangelhaften Verschluß von Eisenbahnkulissenwagen. (§ 336 d. Prot.)

Es wurde beschlossen, den Bundesregierungen zu empfehlen, daß sie die untergebenen Zollbehörden auf die Mangelhaftigkeit der Bodendielungen aufmerksam machen und anweisen, die Eisenbahnverwaltungen auf Grund der §§ 62 und 72 des V. Z. G. und des § 7 des Regulativs für die zollamtliche Behandlung des Gütertransports auf Eisenbahnen zu veranlassen, allenfallsige Mängel der bezeichneten Art bei Vermeidung des nach § 8 l. c. gebotenen Ausschlusses der vorschriftswidrig gefundenen Transportmittel binnen einer angemessenen Frist in einer das Zollinteresse sichernden Weise zu beseitigen. (1)

---

(1) Dieser Bundesrathsbeschluß ist durch die Wahrnehmung veranlaßt, daß die Verschlußfähigkeit einer größeren Anzahl zum Transporte zollpflichtiger Güter benutzter Kulissenwagen deutscher und außerdeutscher Eisenbahnverwaltungen insofern eine mangelhafte ist, als die Art und Weise der Befestigung der Bodenbretter bei geringer Belastung eine Hebung der Bretter gegen das Innere des Wagens und damit eine Beraubung des Inhalts des Wagens ohne Verletzung des amtlichen Verschlusses gestattet. Z. vgl. V., vom 28. Oktober 1875. I. 15111. (A. Bl., S. 171), sowie die in der Anm. zu § 7 d. Reg. erwähnten anderweiten B. R. B.

## E. Bestimmungen über die Waareneinfuhr und Ausfuhr seewärts.

(Tit. VII, §§ 74—90 d. V. Z. G.)

### Inhaltsübersicht.



**26. Juni 1871.** — B. R. B. betr. die Normativbestimmungen für die Hafenregulative. (§ 366 d. Prot.)

**25. Juni 1872.** — B. R. B. betr. die Bestimmungen über die zollamtliche Behandlung der deutschen Kriegsfahrzeuge. (§ 404 d. Prot,)

[Die zu Folge der vorstehenden beiden B. R. B. vereinbarten Bestimmungen können innerhalb Elsaß-Lothringens keine praktische Anwendung finden und sind daher auch nicht publizirt worden. Aus dem gleichen Grunde wird von einer Aufnahme in diese Sammlung abgesehen.]

---

**27. Juni 1873.** — B. R. B. betr. Interpretation des § 82 des V. Z. G. (§ 461 d. Prot.) (¹)

Es wurde beschlossen, daß als Strandgüter im Sinne des § 82 des V. Z. G. zwar nicht bloß beschädigte Güter behandelt werden können, welche aus den an den Küsten des deutschen

---

(¹) Z. vgl. V. vom 21. Juli 1873, I. 21186 (A. Bl., S. 234).

Zollgebiets gestrandeten Schiffen geborgen werden, daß vielmehr § 82 sich auch auf andere, durch Seeunglück beschädigte Güter bezieht, z. B. auf solche Gegenstände, welche an den Küsten des deutschen Zollgebiets antreiben, oder die auf den Watten oder auf der See aufgefischt, oder die aus auf offener See beschädigten Schiffen gerettet werden. Es könne aber § 82 des V. Z. G. nicht auch Anwendung finden auf solche beschädigte Güter, welche, nachdem ein Schiff durch Seeunglück beschädigt, aber nicht gestrandet und zur Bergung der Ladung in einen vereinsländischen Hafen gebracht worden ist, daselbst entlöscht werden.

## F. Behandlung des Verkehrs mit den Staatsposten.

(Tit. IX, § 91 d. V. Z. G.)

### Inhaltsübersicht.



**24. März 1871.** — B. R. B., betr. Abänderungen des Regulativs über die zollamtliche Behandlung der mit den Posten beförderten Sendungen. (§ 91 d. Prot.)

[Diese Beschlüsse sind in der Fassung, in welcher das Postregulativ für E. L. bekannt gemacht und nachstehend auf S. 170 ff. abgedruckt ist, berücksichtigt.]

**3. August 1871.** — Bek. d. K. betr. die Ausführung des V. Z. G. und der zugehörigen Regulative. (Str. Ztg., Nr. 184. A. N., Nr. 636.) (¹)

Unter Hinweisung auf das Gesetz vom 17. Juli l. J., die Einführung der deutschen Zoll- und Steuergesetzgebung in Elsaß-Lothringen betreffend (Gesetzblatt für Elsaß-Lothringen, Nr. 4) werden im Auftrage des Herrn Reichskanzlers in der Anlage

. . . . .

4) das Regulativ über die zollamtliche Behandlung der mit den Posten eingehenden, ausgehenden oder durchgehenden Gegenstände

bekannt gemacht.

---

(¹) A. Bl., S. 291.

# Regulativ,

betreffend die zollamtliche Behandlung der mit den Posten eingehenden, ausgehenden oder durchgehenden Gegenstände. (*)

(V. Z. G., § 91.)

---

Inhaltserklärung.

## I. Abschnitt.

### Abfertigung der in das Zollvereinsgebiet eingehenden Gegenstände.

§ 1. I. Die mittelst der Posten in den Zollverein eingehenden zollpflichtigen Gegenstände zum Bruttogewicht von mehr als $^{5}/_{10}$ Pfund (**) müssen von einer deutlich geschriebenen, offen beiliegenden Inhaltserklärung (Deklaration) begleitet sein, aus welcher sich ersehen läßt:

a) der Name des Adressaten;
b) der Ort, wohin die Sendung bestimmt ist;
c) die Zahl der einzelnen zu der Sendung gehörigen Poststücke, sowie die Zeichen und Nummern jedes einzelnen;
d) die Gattung der in jedem Poststücke enthaltenen Gegenstände nach deren handelsüblicher oder sonst sprachgebräuchlicher Benennung;
e) der Ort und der Tag der Ausstellung der Inhaltserklärung, und
f) der Name des Versenders.

II. Die Inhaltserklärung kann in Deutscher oder in Französischer Sprache abgefaßt sein. Den oberen Zollbehörden bleibt vorbehalten, auf einzelnen Grenzstrecken im Falle des Bedürf-

---

(*) Das Regulativ ist seit dem 1. August 1868 in Gültigkeit. Z. vgl. B. R. Prot., §§ 33 u. 152, B. R. Drucks., Nr. 34 u. 78 von 1868. Durch den B. R. B. vom 24. März 1871 (§ 91 der Prot.) hat dasselbe mehrere durch die Bestimmungen des V. Z. G. vom 1. Juli 1869 erforderlich gewordene Aenderungen erlitten, welche in der vorliegenden Fassung bereits berücksichtigt sind.

(**) Z. vgl. B. R. B. vom 24. März 1871.

nisses auch Inhaltserklärungen in Englischer, Holländischer oder Italienischer Sprache zuzulassen. [1])

III. Daß eine Inhaltserklärung beigelegt worden, ist von dem Versender auf dem Begleitbriefe (der Begleitadresse) oder, falls ein solcher nicht beigegeben wird, auf der Sendung selbst zu bemerken. ([2])

Bezeichnung der für Zollzwecke einer Inhaltserklärung nicht bedürfenden Gegenstände.

§ 2. Die Beifügung einer Inhaltserklärung ist nicht erforderlich

1) bei Briefbeuteln und Fahrpostbeuteln, sowie bei den an Stelle derselben zur Anwendung kommenden Briefpacketen und Fahrpostpacketen; ([3])
2) bei Zeitungspacketen oder Drucksachen;

## Ausführungsbestimmungen

### der Zollverwaltung.

Zu § 2. Poststücke mit zollpflichtigem Inhalte im Brutto-

### der Postverwaltung.

Zu § 1. [1]) Insofern für einzelne Grenzstrecken das Bedürfniß vorhanden ist, Inhaltserklärungen in Englischer, Holländischer oder Italienischer Sprache zuzulassen, hat die betreffende Oberpostdirektion dieserhalb mit der bezüglichen Provinzialsteuerbehörde in Verbindung zu treten und demnächst an die oberste Postbehörde zu berichten.

[2]) Die Zollpapiere (Inhaltserklärungen) werden vom Zollauslande bis zu derjenigen Postanstalt, welche zuerst die Umspedition besorgt, der betreffenden Postkarte offen beigefügt, an dieselbe mit einer Nadel oder einem Faden befestigt und der Zahl nach am Kopfe der Postkarte nachrichtlich vermerkt. Die Weitersendung erfolgt in den Fahrpostbeuteln in der Weise, daß die Zollpapiere den betreffenden Begleitbriefen beigeschlossen werden.

Zu § 2. [3]) Zur Sicherung der Zollgefälle dürfen Sen-

3) bei Geldfässern, Geldkisten, Geldbeuteln und Geldpacketen;
4) bei Postsendungen, welche unter dem Siegel einer Staatsbehörde oder eines eine solche Behörde repräsentirenden

gewicht von mehr als 1/2 Zollpfund, soweit sie nicht zu den im § 2 bezeichneten Sendungen gehören, dürfen in den vom Auslande eingehenden Brief- und Fahrpostbeuteln oder Brief- und Fahrpostpacketen nicht verpackt sein.

Liegt Grund zu der Vermuthung vor, daß mit den Briefposten zollpflichtige Gegenstände in zollpflichtiger Menge eingeführt werden, so sind die Zoll- und Steuerbeamten befugt, bei der betreffenden Postbehörde darauf anzutragen, daß die Brief- und Fahrpostbeutel oder -Packete in ihrer Gegenwart geöffnet werden, um von dem Inhalte Ueberzeugung zu nehmen. Die etwa vorgefundenen Briefe oder Packete, bei welchen sich die Vermuthung zollpflichtigen Inhalts rechtfertigt, sowie zollpflichtige Waarenproben und Muster zum Gewichte von mehr als einem halben Zollpfund, unterliegen der zollamtlichen Vorabfertigung. (§§ 4 ff.)

Zur Sicherung des Zollinteresses haben die Zoll- und Steuerbeamten sich hin und wieder unmittelbar nach Ankunft der Briefposten am Bestimmungsorte in das Postamt zu verfügen und dem Oeffnen der Briefbeutel beizuwohnen. Der Postabfertigungsdienst darf jedoch dadurch nicht gestört werden.

dungen mit zollpflichtigem Inhalt im Gewicht von mehr als 5/10 Pfund, wenn sie nicht etwa zu den im § 2 bezeichneten Sendungen gehören, in den vom Zollauslande herrührenden Brief- und Fahrpostbeuteln, Brief- oder Fahrpostpacketen der Regel nach nicht verpackt sein. Sollte in einzelnen Fällen begründete Vermuthung vorhanden sein, daß dennoch Sendungen mit zollpflichtigem Inhalt in solcher Weise aus dem Zollauslande eingehen, so sind dieselben zur zollamtlichen Behandlung (§ 4 u. f.) vorzulegen.

Es werden die Zoll- und Steuerbeamten zur Ueberwachung und Sicherung des Zollinteresses sich hin und wieder unmittelbar nach Ankunft der Briefposten am Bestimmungsort in die Dienstlokale der Postanstalten begeben und daselbst dem Oeffnen der Briefbeutel beiwohnen; die innerhalb des deutschen Zollvereinsgebiets belegenen Postanstalten des deutschen Reichspostgebietes werden den gedachten Beamten bei Erfüllung ihrer Pflicht in willfähriger Weise begegnen. Bei einem solchen Zusammenwirken werden die Postdienstgeschäfte aus jenem Anlaß nicht gestört werden.

Beamten eingehen und an eine Staatsbehörde beziehungsweise einen dieselbe repräsentirenden Beamten gerichtet sind.

Fehlen oder Unvollständigkeit der Inhaltserklärung.

§ 3. I. Fehlt eine Inhaltserklärung und soll die zollamtliche Schlußabfertigung nicht schon bei derjenigen Zollstelle erfolgen, welche der Grenze zunächst belegen ist (§ 4), so wird von der letzteren Zollstelle bei dem Eingange der Sendung eine Revisionsnote gefertigt, welche, wenn der Inhalt des Poststücks äußerlich unzweifelhaft zu erkennen ist, den Inhalt speziell bezeichnet, im anderen Falle aber die Angaben enthält, welche sich aus der Adresse auf dem Poststücke oder auf dem Begleitbriefe ergeben, und zugleich bescheinigt, daß die Sendung zur zollamtlichen Behandlung vorgelegen habe. [4])

II. Die Revisionsnote vertritt bei der Weiterbeförderung der Sendung die Stelle der Inhaltserklärung. Dieselbe kann jederzeit und bis zur Vornahme der zollamtlichen Schlußabfertigung sowohl Seitens der Postbehörde, als Seitens des Adressaten durch eine Inhaltserklärung in der vorgeschriebenen Form (§ 1) ersetzt werden.

III. Geschieht dies nicht, so muß sich der Adressat gefallen lassen, daß die gehörig deklarirten Sendungen bei der Schlußabfertigung vorgezogen werden.

IV. Sowohl die Postbehörde als der Adressat sind berechtigt, eine bereits vorliegende Inhaltserklärung, in so lange eine spezielle Revision nicht stattgefunden hat, zu vervollständigen oder zu berichtigen. [5])

---

Zu § 3. Die Revisionsnoten, welche bei dem Fehlen von Inhaltserklärungen ausgefertigt werden sollen, haben fortan nur den Zweck, neben den Marken von rothem Papier (§ 5), mit welchen die Poststücke zu bekleben sind, die Postbeamten darauf aufmerksam zu machen, daß es sich um ein vom Auslande eingegangenes Poststück handelt.

Die Verzollung erfolgt stets nach dem Ergebniß des Revisionsbefundes. (§ 10.)

Zu § 3. [4]) Fehlen im Vergleich mit der Postkarte oder den Vermerken auf den Begleitbriefen Zollpapiere, so muß die Postanstalt, welche solches zuerst wahrnimmt, dieselben unverzögert defektiren; deßhalb darf aber die Weitersendung der Packete, insoweit die Zollvorschriften nicht etwa entgegen sind, keinen Aufenthalt erleiden.

[5]) Die Postanstalten haben die Vervollständigung oder Berichtigung einer Inhaltserklärung nur auf ausdrückliches Verlangen des Absenders oder des Adressaten zu bewirken.

Grundlagen des Verfahrens bei der Zollabfertigung der eingehenden Poststücke.

§ 4. I. Die nach dem Orte der Zollstelle an der Grenze bestimmten, desgleichen diejenigen Sendungen, welche auf dem Wege nach dem Bestimmungsorte einen weiteren Ort, an welchem eine Zoll- oder Steuerstelle sich befände, nicht berühren, werden von der Zollstelle an der Grenze sofort vollständig abgefertigt. [6]) Das Gleiche geschieht unabhängig vom Bestimmungsort der Sendung auf das Verlangen des Absenders, wenn dieser hierauf durch eine Bemerkung auf der Inhaltserklärung oder in einer das Poststück offen begleitenden Note ausdrücklich den Antrag gestellt hat.

II. Die in dem § 2 unter Nr. 4 aufgeführten Poststücke der Behörden, in so fern deren Inhalt aus Akten oder Schriften besteht und dies auf den betreffenden Begleitbriefen oder den Poststücken selbst angegeben oder äußerlich ersichtlich ist, [7]) ferner die in dem § 2 unter Nr. 1, 2 und 3 aufgeführten Gegenstände der Postladnng sind in der Regel den Zollbeamten an der Grenze nur zur allgemeinen Besichtigung vorzulegen und einer weiteren zollamtlichen Behandlung nicht unterworfen.

III. Alle sonstigen eingehenden Poststücke unterliegen, soweit dieselben das Bruttogewicht von $^{6}/_{10}$ Pfund übersteigen, bei derjenigen Zollstelle, welche der Grenze zunächst belegen ist, einer zollamtlichen Vorabfertigung (§ 5). Die schließliche Abfertigung (§ 6 ff.) erfolgt am Bestimmungsorte oder, wenn sich daselbst eine Zoll- oder Steuerstelle nicht befindet, bei einer geeignet gelegenen Zoll- oder Steuerstelle, deren Wahl der Postbehörde überlassen bleibt. [8])

---

Zu § 4. Alle Zollstellen, sowie die hierzu besonders ermächtigten Steuereinnehmereien, sind zur selbstständigen schließlichen Abfertigung der vom Auslande eingegangenen Poststücke, ohne Rücksicht auf deren Gewicht und die Höhe des Eingangszolles, befugt. Die Oberinspektoren haben bei ihren Bezirksbereisungen die vorgekommenen Abfertigungen, soweit thunlich, nachträglich zu prüfen.

Zu § 4. [6]) Die vollständige Abfertigung begreift die zollamtliche Schlußabfertigung in sich (siehe § 6).

[7]) Die Deutschen Postanstalten im Zollausland haben bei Annahme von derartigen Packeten mit Akten oder Schriften den absendenden Behörden zu empfehlen, diesen Inhalt auf den Packeten vermerken zu lassen.

[8]) Die Postanstalten, welchen Sendungen vom Zollauslande entweder direkt oder mit Kartenschlüssen aus Bayern und Württemberg zugehen können, sind im Besitze eines Verzeichnisses derjenigen Postanstalten,

Mit den Posten aus dem Auslande eingehende Waarensendungen im Bruttogewichte von 8/10 Pfund

woselbst sich zur zollamtlichen Schlußabfertigung geeignete Zoll- und Steuerstellen nicht befinden. In diesem Verzeichnisse sind die betreffenden Speditionsorte angegeben. Diejenige Postanstalt, welche eine Sendung vom Zollauslande zuerst umspedirt, prüft, ob die Sendung aus Anlaß der zollamtlichen Schlußabfertigung auf eine andere Postanstalt als diejenige des Bestimmungsorts zu leiten ist. Ist dies der Fall, so vermerkt die Eingangspostanstalt den Speditionsort, in welchem die zollamtliche Schlußabfertigung zu erfolgen hat, auf der Rückseite des Begleitbriefes mit blauer Dinte unter Voransetzung der Buchstaben: Z. O. (Zollort); die Sendung wird sodann derart spedirt, als wenn dieselbe nach dem Zollorte selbst bestimmt wäre.

Von den eingehenden ausländischen, sowie von den eingehenden vereinsländischen Spielkarten kann in den einzelnen Deutschen Zollvereinsstaaten eine Stempelabgabe erhoben werden. Zur Sicherung dieser Abgabe unterliegen Spielkarten, welche aus dem freien Verkehr eines Zollvereinsstaats nach einem Zollvereinsstaate, in welchem eine Stempelabgabe erhoben wird, zum Verbleib oder zum Durchgange versendet werden, der Uebergangsscheinkontrolle. Durch solche Uebergangsscheine, wie durch Begleitscheine, mit denen

und weniger sind als zollfrei auch von jeder zollamtlichen Behandlung befreit. (*)

Zollamtliche Vorabfertigung.

§ 5. I. Die zollamtliche Vorabfertigung (§ 4) besteht in Folgendem:

II. Durch diejenige Zollstelle, welche der Grenze zunächst belegen ist, sind die eingehenden Poststücke

a) mit den Inhaltserklärungen und den Postkarten oder nach Bedürfniß mit den Begleitbriefen äußerlich zu vergleichen, etwaige Abweichungen in den Inhaltserklärungen vorzumerken, auch die letzteren mit einem Vermerk über die geschehene Besichtigung zu versehen und fehlende Inhaltserklärungen durch Revisionsnoten (§ 3) zu ersetzen; *)

Zu § 5. 1. Rücksichtlich der Begleitung der Posten durch

vom Zollauslande eingegangene Spielkarten zur Versendung gelangen, wird die Verpflichübernommen, die Waare, auf welche die Bezettelungen lauten, dem darin bezeichneten Erledigungsamte zur Abfertigung zu stellen. Insofern derartige Gegenstände mittelst der Post versendet werden, liegt den Postanstalten daher ob, dieselben den in den Bezettelungen bezeichneten Erledigungsämtern zuzuführen, und demgemäß die Spedition zu bewirken. Auf den Begleitbriefen zu den unter Begleitschein- oder Uebergangsscheinkontrolle gehenden Sendungen mit Spielkarten müssen die auf das Vorhandensein solcher Zollpapiere bezüglichen Angaben mit Rothstift unterstrichen werden. Die betreffenden Poststücke sind mit einem blauen Zettel mit der Aufschrift „Begleitscheinstück“ zu bekleben. (Siehe im Uebrigen Anmerkung Nr. 21.)

Zu § 5. *) Zur Kontrolle darüber, daß bei einer vom

(*) Z. vgl. B. R. B. vom 24. März 1871.

sodann

b) diejenigen Poststücke, welche der Vorabfertigung unterlegen haben, zum Zeichen der noch vorbehaltenen Schlußabferti-

---

Zollbeamte von der Grenze bis zur Grenzstation bewendet es bei den im Zollvereine bisher gültigen Bestimmungen.

Ebenso ist dafür zu sorgen, daß zur Zeit des Eintreffens einer aus dem Auslande einfahrenden Post auf der Grenzstation die zur zollamtlichen Abfertigung bestimmten Zollbeamten in einer dem Bedürfnisse entsprechenden Zahl in den Postlokalen anwesend sind.

2. Gleich nach Ankunft der Posten, beziehungsweise der Eisenbahnposttransporte an der Grenzstation werden die Wagen unter den Augen der Zollbeamten abgeladen, welche davon Ueberzeugung zu nehmen haben, daß in den Wagen nichts zurückbleibt.

Bei dem Abladen werden gesondert:

a. die im Grenzorte bleibenden Postgüter,
b. die weitergehenden Postgüter und
c. das etwaige Passagiergut.

Die eingegangenen Inhaltserklärungen zu den Postgütern und die Postkarten werden den Zollbeamten vorgelegt.

Die Begleitbriefe sind von den Zollbeamten nur dann einzusehen, wenn die Inhaltserklärungen fehlen und daher Revisionsnoten (§ 3) auszufertigen sind, oder wenn sonstige Umstände es nothwendig er-

Zollauslande eingehenden Post bis zu ihrer zollamtlichen Revision nicht Postgüter u. s. w. abgeladen werden, kann nach dem Ermessen der Zollbehörde die Begleitung der Post von der Grenze bis zur Grenzstation durch einen Zollbeamten stattfinden.

Wenn der mit Begleitung der Posten beauftragte Zollbeamte nicht beritten ist, so soll demselben ein Platz auf dem Postwagen eingeräumt werden. Sind Nebenwagen in Begleitung der Post, so nimmt er seinen Platz auf diesen, und zwar auf dem letzten ein.

Zur Verhütung von Einschwärzungen dürfen Kondukteure und Postillone, welche dergleichen einfahrende Posten begleiten und fahren, zwischen der letzten zollausländischen Postanstalt und der zollinländischen Grenzstation selbstständig Passagiergut weder annehmen, noch abladen lassen.

Gleich nach Ankunft der Posten beziehungsweise Eisenbahnposttransporte auf dem Grenzorte werden die Wagen unter den Augen der Zollbeamten abgeladen, welche davon Ueberzeugung nehmen, ob in den Wagen nichts zurückbleibt.

Bei dem Abladen werden bereits gesondert:

a) die im Grenzorte bleibenden Postgüter,
b) die weitergehenden Postgüter und,
c) das etwaige Passagiergut.

gung (§ 6 ff.) an einer möglichst in die Augen fallenden Stelle (auf der Seite der Signatur oder in der Nähe der Postnummer mit einer Marke von rothem Papier zu bescheinen lassen, auf die Begleitbriefe zurückzugehen.

Das Passagiergut, welches die mit der Post vom Auslande kommenden Reisenden bei sich führen, wird von den Zollbeamten auf der Grenzstation in Gegenwart der Reisenden, welchen das Gut gehört, geöffnet und revidirt.

Von den etwa vorgefundenen zollpflichtigen Gegenständen wird zur Stelle der Eingangszoll erhoben, zu welchem Zwecke die in das Postlokal abgeordneten Zollbeamten ein besonderes Heberegister zu führen haben. Die Abfertigung ist thunlichst zu beschleunigen.

3. Marken von rothem Papier mit der Aufschrift „Zollstück", mit denen die Poststücke, welche der Vorabfertigung unterlegen haben, zu bekleben sind, werden den betheiligten Aemtern unverzüglich zugefertigt werden. Letztere haben einen angemessenen Vorrath im Voraus mit einem Abdruck des Dienststempels zu versehen.

Bei dem Bekleben der Poststücke mit der Zollmarke ist darauf zu achten, daß die Postzeichen auf den Poststücken dadurch nicht berührt werden.

Nach erfolgter zollamtlicher Vorabfertigung sind der Postbehörde die Packete zurückzuliefern und die dazu gehörigen Inhaltserklärungen oder Revisionsnoten zu überweisen.

Diejenige Postanstalt, welche Die eingegangenen Inhaltserklärungen zu den Postgütern und die Postkarten werden den Zollbeamten vorgelegt.

Es ist als Regel anzusehen, daß die Vorlegung der Begleitbriefe zu den Packeten, ohne Rücksicht auf die Art der Eintragungsweise, für gewöhnlich unterbleibt. Tritt jedoch wegen mangelhafter Beschaffenheit der Inhaltserklärungen oder wegen sonstiger Umstände für die Zollbeamten die Nothwendigkeit ein, auf die Begleitbriefe zurückzugehen, so sind ihnen die Begleitbriefe bereitwilligst vorzulegen.

Insofern ein besonderes Lokal zur zollamtlichen Abfertigung der Posten auf den Grenzorten erforderlich sein sollte, beschafft dasselbe die Zollverwaltung. Der Postdienst bedingt, daß dasselbe in der Nähe der Postlokale belegen sei. Es entspricht daher dem dienstlichen Interesse am meisten, wenn die Zollverwaltung ein Abfertigungslokal in demselben Gebäude beschaffen oder übernehmen kann, in welchem die Postlokale sich befinden.

Postpassagierstuben dürfen niemals zur Zollabfertigung verwendet werden.

Die Kosten für Erleuchtung und Heizung des zur Zollabfertigung bestimmten Lokals, sowie für Marken ꝛc. behufs der Zollabfertigung, trägt die Zollkasse.

Zur Zeit des Eintreffens einer von dem Zollauslande

kleben, welche einen schwarzen Abdruck des Dienststempels der betreffenden Grenzzollstelle und die Aufschrift „Zollstück" trägt.[10])

Sendungen vom Zollauslande zuerst umspedirt, vermerkt auf die Vorderseite des Begleitbriefes mit blauer Tinte ein großes A und die Zahl der zu dem Packete gehörigen Inhaltserklärungen oder Revisionsnoten.

einfahrenden Post auf der Grenzstation muß das zur zollamtlichen Abfertigung der Post bestimmte Zollpersonal in einer dem Bedürfnisse angemessenen Anzahl bereits im Posthause anwesend sein. Der Zollbehörde ist zu dem Ende von der Postanstalt die gewöhnliche Zeit der Ankunft der betreffenden Posten schriftlich mitzutheilen, damit es nur in den wenigen Fällen, in welchen eine Post früher als gewöhnlich eintrifft, des Herbeirufens der Zollbeamten bedürfen kann.

Das Reisegepäck, welches die vom Zollauslande kommenden Reisenden bei sich führen, wird von den Zollbeamten auf der Grenzstation in Gegenwart der Reisenden, welchen das Gepäck gehört, geöffnet und revidirt. Die Zollbeträge dafür, wenn solche zu erlegen sind, werden von den Eigenthümern sogleich baar entrichtet. Die Postanstalten haben mit dem Passagiergut keine Befassung.

[10]) Bei dem Bekleben der Poststücke mit der Zollmarke ist darauf zu sehen, daß die Postzeichen auf den Poststücken dadurch nicht berührt werden. Andererseits dürfen die Beklebungszettel, mit denen das Poststück etwa erst bei der Eingangsgrenzpostanstalt versehen wird, nicht auf die Zollmarke geklebt werden.

Seitens der Postanstalt ist darauf zu halten, daß die

III. Diese Behandlung findet auch bei den im § 2 unter Nr. 4 aufgeführten Postsendungen dann Anwendung, wenn die Voraussetzungen des § 4, Absatz II. nicht zutreffen und dieselben deshalb einer weiteren zollamtlichen Abfertigung unterzogen werden müssen.

IV. Diejenigen Poststücke, deren Inhalt als zollfrei sofort erkannt worden, oder deren Schlußabfertigung gleich bei der ersten Zollstelle an der Grenze erfolgt ist, treten in den freien Verkehr, bedürfen daher auch der Bezeichnung durch eine Marke (lit. b.) nicht.

V. Desgleichen ist von dem unter lit. b. vorgeschriebenen Verfahren Abstand zu nehmen, wenn mehrere Sendungen nach einem Orte, an welchem eine Zoll- oder Steuerstelle ihren Sitz hat, kartirt sind, und in verschließbare Wagenabtheilungen, Körbe, Felleisen, Beutel oder sonstige Behälter verpackt werden, welche alsdann unter zollamtlichen Verschluß durch Kunstschlösser oder Plomben zu nehmen sind.

VI. Gehen die nach einem Orte kartirten Sendungen bereits vom Auslande in verschlossenen Wagenabtheilungen oder sonstigen Behältern ein, so hat sich die Zollstelle an der Grenze auf die Anlegung eines zollamtlichen Verschlusses an Wagenabtheilungen u. s. w. zu beschränken.

VII. Nach der Ankunft der unter Gesammtverschluß ge-

Packete nach erfolgter zollamtlicher Vorabfertigung zur Weitersendung ordnungsmäßig zurückgeliefert und die Zollpapiere vollständig an die Post überwiesen werden.

Diejenige Postanstalt, welche Sendungen vom Zollauslande zuerst umspedirt, vermerkt auf die Vorderseite des Begleitbriefes mit blauer Tinte ein großes A und die Zahl der zu dem Packete gehörigen Inhaltserklärungen oder Revisionsnoten. In den Postkarten erscheinen, sobald die Zollpapiere mit den Begleitbriefen zusammen verpackt werden (siehe Anmerkung Nr. 2), auf die zollamtliche Behandlung der Poststücke bezügliche Vermerke nicht.

nommenen Postsendungen an dem Orte, auf welchen die Postkarte lautet, hat die dortige Zoll- oder Steuerstelle in Bezug auf die weitergehenden Stücke die zollamtliche Vorabfertigung dem Vorstehenden entsprechend vorzunehmen, beziehungsweise nach der Bestimmung lit. b. zu ergänzen. [11])

§ 6. I. Zum Zweck der zollamtlichen Schlußabfertigung werden die mit der Post eingegangenen zollpflichtigen Gegenstände mit den dazu gehörigen Inhaltserklärungen oder Revisionsnoten den betreffenden Zoll- oder Steuerstellen (§ 4) übergeben. [12]) Zollamtliche Schlußabfertigung.

Zu § 6. Ueber den Empfang der Poststücke nebst den dazu gehörigen Inhaltserklärungen oder Revisionsnoten wird von der Zoll- oder Steuerstelle, welche die schließliche Abfertigung zu bewirken hat, eine Bescheinigung ertheilt. Die Form dieser Bescheinigung ist nach Maßgabe der örtlichen Verhältnisse zu regeln.

Die Inhaltserklärungen und Revisionsnoten bleiben als Belege bei dem Posteingangskonto, welches nach dem vorgeschriebenen Muster zu führen ist. Ebenso verbleibt es rücksichtlich der Verrechnung der erhobenen Abgaben bei den im Zollverein bisher gültigen Bestimmungen. (*)

(*) Z. vgl. V. vom 7. Januar 1874, I. 477, die Führung des Postannotationsregisters betr.

[11]) Die Postbeamten haben während ihrer postdienstlichen Verrichtungen die Sicherung des Zollinteresses mit derselben Pflichttreue und Gewissenhaftigkeit wahrzunehmen, welche sie dem Postinteresse zuzuwenden verbunden sind. Sie müssen sich bereitwillig zeigen und den Zollbeamten jede mögliche Erleichterung gewähren.

Zu § 6. [12]) Der Transport von der Post nach der Steuerstelle liegt der Postbehörde ob. In der Regel werden, bei Verwendung der sonstigen Betriebs- und Transportmittel, dadurch besondere Kosten für die Postkasse nicht entstehen. Sollten solche Kosten in einzelnen Fällen nicht zu vermeiden sein, so ist an die vorgesetzte Oberpostdirektion zu berichten, welche, unter möglichster Wahrung des finanziellen Interesses, darüber Bestimmung zu treffen hat. Von den Adressaten wird eine Vergütung dafür nicht erhoben.

Ueber den Empfang der Packete nebst den zugehörigen Zollpapieren wird der Postbehörde von der Zollstelle Quittung geleistet. Insofern dazu die Anlegung eines besonderen Quittungsbuches nothwendig sein sollte, ist zu diesem Buche das

Die Abfertigung erfolgt nach den allgemeinen gesetzlichen Vorschriften.

II. Das Verfahren ist indessen ein verschiedenes, je nachdem

gewöhnliche Formular des Geldlagerregisters beziehungsweise des vereinigten Ankunftslagerregisters für Packete und für Sendungen gegen Postschein zu verwenden. Bei den Postanstalten, bei welchen die Führung eines besonderen Quittungsbuches für jenen Zweck nicht im Bedürfniß liegt, kann zu den gedachten Quittungsleistungen das Geld- oder Packetlagerregister selbst, beziehungsweise das vereinigte Ankunftslagerregister für Packete und für Sendungen gegen Postschein mit verwendet werden. Bei nur einem Stück genügt die Namensunterschrift des Zoll- oder Steuerbeamten; bei mehreren Stücken hat die Angabe der Stückzahl hinzuzutreten.

Um den mit der Revision der Zollstellen betrauten Oberinspektoren und Oberkontrolleuren soweit thunlich die Möglichkeit zu gewähren, sich zu überzeugen, ob die mit der Post aus Ländern außerhalb des Zollvereins eingehenden zollpflichtigen Päckereien zur Verzollung gebracht und die Gefälle dafür berechnet werden,(*) ist denselben auf Verlangen

(*) Z. vgl. V. vom 25. November 1872, I. 22480 (A. Bl., S. 493), betr. die durch die Oberinspektoren und Oberkontroleure bei den Postanstalten vorzunehmende Kontrole.

a) der Adressat an dem Orte, wo die Schlußabfertigung zu bewirken ist, selbst oder in dessen Nähe sich befindet und deßhalb der Abfertigung persönlich beiwohnen kann, oder
b) die Sendung ohne Zuziehung des Adressaten zollamtlich abgefertigt und dann zum Zwecke der Weiterbeförderung an diesen der Poststelle zurückgegeben werden muß.

die Einsicht der Frachtkarten oder, insofern das Frachtkartenmaterial zu dieser Prüfung nicht ausreicht, die Einsicht der Lagerregister oder der, nach den örtlichen Verhältnissen in deren Stelle tretenden Verzeichnisse zu gewähren. Damit die auf Grund dieser Register ꝛc. auszuübende Kontrolle von den revidirenden Zollbeamten leicht ausgeführt werden kann, ist bei Eintragung der vom Zollauslande eingegangenen Sendungen in jene Register ꝛc. in der Rubrik „Ort woher“ ein großes A. mit gewöhnlicher Dinte auf in die Augen fallende Weise zu vermerken und außerdem in der Rubrik „Bemerkungen“ ersichtlich zu machen, ob die vom Zollauslande eingegangenen Postsendungen an der Grenze als zollfrei (zllfr.), oder durch Verzollung in freien Verkehr gesetzt (vzllt.), oder noch mit Zollanspruch behaftet (z. v.) sind. Im Weiteren haben die Postanstalten, an deren Orten die Verzollung von Packeten für darauf folgende Orte stattzufinden hat, die betreffende Sendung auch in ihr Lagerregister ꝛc. mit den oben vorgeschriebenen Vermerken aufzunehmen.

Kommen Poststücke bei der Postanstalt im Innern unter Gesammtverschluß an, so darf

Zuziehung der Adressaten.

§ 7. I. Befindet sich der Adressat an dem Orte selbst, wo die Schlußabfertigung zu bewirken ist, oder in dessen Nähe, so werden die Begleitbriefe (Begleitadressen) oder, wenn solche nicht vorhanden sind, Abschriften der auf den Poststücken befindlichen Adressen, mit dem Eingangsstempel der Poststelle versehen, durch die letztere an den Adressaten bestellt; diesem wird dabei eine schriftliche oder gedruckte Notiz behändigt, daß das Poststück bei der Zoll- oder Steuerstelle in Empfang zu nehmen sei. [13])

dieser nur in Anwesenheit eines Zollbeamten und nach erfolgter Untersuchung des Verschlusses und der Beschaffenheit der Behälter durch denselben abgenommen werden. Die einzelnen Stücke werden sodann nebst den dazu gehörigen Papieren von der Poststelle an die Zollstelle nach den Postkarten beziehungsweise nach den Begleitbriefen übergeben. Die Zollbehörde hat in Bezug auf die Behandlung dieser Stücke dasjenige Verfahren eintreten zu lassen, welches für die erste Abfertigung an der Grenze vorgeschrieben worden ist, und sich danach bemißt, ob die Poststücke in dem betreffenden Orte verbleiben oder weiter befördert werden sollen.

Wenn Postsendungen vom Zollauslande, in Stelle des Begleitbriefes, ein zweites ausgefülltes Formular zu einer Inhaltserklärung beigegeben ist, so muß dieses Formular als Begleitbrief behandelt, darf daher nicht an die Zollbehörde abgeliefert werden.

Zu § 7. Bei den Waarenproben und Mustern ist im Interesse des Verkehrs eine besondere Beschleunigung der Beförderung an den Adressaten wünschenswerth.

Zu § 7. [13]) Bei Sendung mit Werthsdeklaration wird vorerst nur der Ablieferungsschein dem Adressaten mit der Benachrichtigung zugestellt, daß gegen Rückgabe des vollzogenen

Sache des Adressaten ist es alsdann, das Poststück von der Zoll- oder Steuerstelle abzuholen oder abholen zu lassen, nachdem er selbst oder sein Beauftragter dort durch Vorzeigung des abgestempelten Begleitbriefes (Begleitadresse) beziehungsweise der abgestempelten Abschrift von der Adresse sich ausgewiesen, der Revision angewohnt und den Zoll entrichtet hat. Das Begleitpapier kann dem Adressaten auf seinen Wunsch zurückgegeben werden, ist jedoch zum Zeichen der geschehenen Abholung des Poststücks auch mit dem Stempel der Zoll- oder Steuerstelle zu versehen, nachdem auf der Adresse der Zollbetrag oder die Zollfreiheit kurz bemerkt und dies durch die Unterschrift eines Abfertigungsbeamten bescheinigt worden ist. [14]) (*)

Die Zollbehörden haben sich mit den Postanstalten des Orts darüber zu verständigen, wie dieser Zweck ohne Benachtheiligung des Zollinteresses am besten zu erreichen ist.

Scheines bei der Postanstalt der Begleitbrief und gegen Vorzeigung des Begleitbriefes bei der Zollbehörde das Packet in Empfang zu nehmen sei.

[14]) Packete, welche auf den Antrag des Absenders an der Grenze geöffnet und revidirt worden sind, werden am Bestimmungsorte nicht der Zollbehörde übergeben, sondern bleiben im Verwahrsam der Postanstalt; die Zollbehörde empfängt alsdann nur die am Grenzorte des Eingangs ausgefertigte Revisionsnote gegen Bescheinigung, wogegen die Postanstalt das Packet dem Adressaten erst verabfolgen darf, wenn derselbe die Quittung über den bezahlten Eingangszoll vorzeigt. Es kann indessen auch die Postanstalt den Zollbetrag auslagsweise entrichten und von dem Adressaten einziehen. Die an der Grenze ohne Verschluß abgelassenen Poststücke mit zollfreiem Inhalt werden den Adressaten ohne Weiteres von der Postanstalt unmittelbar ausgehändigt.

(*) Z. vgl. V. vom 6. März 1874, I. 3938 (A. Bl., S. 69, betr. die Einführung von Postpacketadressen in Kartenform.

Vermittelung Seitens der Poststellen.

§ 8. I. Soll die Postsendung, entfernt von dem Wohnorte des Adressaten, ohne dessen Zuziehung, sei es bei der Zollstelle an der Grenze oder bei einer der dem Bestimmungsorte zunächst gelegenen Zoll- oder Steuerstellen, schließlich abgefertigt und dann zum Zwecke der Weiterbeförderung an den Adressaten der Poststelle zurückgegeben werden, so begiebt sich ein Postbeamter zu der betreffenden Zoll- oder Steuerstelle, weist sich dort als zur Abholung beauftragt aus durch Vorzeigung des Begleitbriefes (der Begleitadresse) oder, in Ermangelung eines solchen, durch eine mit dem Eingangsstempel der Poststelle versehene Abschrift der auf dem Poststücke befindlichen Adresse, und wohnt sodann der zollamtlichen Revision des Poststückes bei; derselbe hat für die Oeffnung des Kollo und die Darlegung der Waaren zur Revision, sowie für deren Wiederverpackung Sorge zu tragen und entrichtet den Zoll gegen Zollquittung. [15])

Zu § 8. [15]) Die Postanstalten, an deren Orten die Verzollung von Packeten für darauf folgende Orte stattzufinden hat, haben die Packete und Inhaltserklärungen oder sonstigen Zollpapiere in Betreff jener Sendungen an die Zollbehörde abzuliefern. Der Begleitbrief wird auf die Postanstalt des Bestimmungsortes weiter gesandt und das Porto für die ganze Sendung bis zu dem auf der Adresse bezeichneten Bestimmungsorte bemessen beziehungsweise in der Frachtkarte auf denselben berechnet. Bei Bestellung des Begleitbriefes soll der Adressat schriftlich davon benachrichtigt werden, woselbst das Packet behufs der Revision, Verzollung und Abholung bereit liege, mit dem Ersuchen, entweder selbst oder durch einen Stellvertreier der Revision des Packets beizuwohnen und die Verzollung desselben zu bewirken; wünscht der Adressat, daß seine desfallsige

II. Die Versiegelung des zollamtlich abgefertigten Poststückes hat darauf durch die Post- und die Zoll- oder Steuerstelle gemeinschaftlich zu geschehen, auch ist von der letzteren der vorgezeigte Begleitbrief, beziehungsweise die Adresse zum Zeichen der geschehenen Verzollung des Poststücks mit ihrem Stempel zu bedrucken. Die durch die Wiederverpackung des Poststücks

Vertretung durch die Postanstalt wahrgenommen werde, so hat er solches unter Rückgabe des Begleitbriefes schriftlich kundzugeben. Der Begleitbrief und die schriftliche Erklärung sind sofort an die Zollspeditionspostanstalt zu übersenden. Bleibt das Ersuchen an den Adressaten ohne Erfolg, so wird nach 8 Tagen das Packet von der Zollbehörde unter Beisein eines Postbeamten geöffnet und revidirt, der Zollbetrag demgemäß festgestellt, die Sendung von der Postanstalt wieder verpackt und nach erfolgter gemeinschaftlicher Versiegelung in das Postlokal zurückgeschafft. War das Packet am Grenzorte des Einganges eröffnet und revidirt, so hat am vorliegenden Orte nur die Revisionsnote zu verbleiben, während das Packet bis zum wirklichen Bestimmungsorte weitergesandt, daselbst dem Adressaten aber erst behändigt wird, nachdem derselbe die Berichtigung des Zollbetrages nachgewiesen hat.

Wenn bei Sendungen mit Werthsdeklaration vorerst nur der Ablieferungsschein zu bestellen ist, so hat sich die obige Benachrichtigung an den Adressaten darauf zu erstrecken, daß zunächst der Begleitbrief gegen Rückgabe des vollzogenen Schei-

etwa entstehenden baaren Auslagen hat die Postbehörde vorschußweise zu berichtigen, auch für den Rücktransport desselben zur Poststelle zu sorgen. Die Poststelle übernimmt demnächst die Weiterbeförderung der nunmehr in den freien Verkehr gesetzten Sendung an den Adressaten und zieht von diesem die bei der Zollabfertigung entstandenen baaren Auslagen an Zoll- und Verpackungskosten ohne Ansatz einer Vorschußgebühr wieder ein. [16])

Besondere Fälle der Zuziehung der Adressaten sowie Schlußabfertigung der Poststücke an Behörden.

§ 9. I. Die Poststelle wie die Zoll- oder Steuerstelle sind befugt, auch in solchen Fällen, in welchen der Adressat sich nicht am Orte oder in dessen Nähe befindet, die Anwesenheit des Adressaten oder eines mit schriftlicher Vollmacht versehenen Vertreters desselben bei der Revision zu verlangen.

II. Dieses Verlangen muß insbesondere dann gestellt werden:

1) wenn das Poststück sich nicht in tadelfreiem äußerem Zustande befindet und wenn deßhalb das Garantieverhältniß der Postverwaltung mit in Frage kommt;

2) wenn der Inhalt des Poststücks nach der Inhaltserklärung in leicht zerbrechlichen oder solchen Gegenständen besteht, die einer besonderen kunstvollen Verpackung bedürfen.

III. In diesen Fällen ist der Adressat durch die Postbehörde zu ersuchen, der Revision beizuwohnen oder einen Dritten dazu zu bevollmächtigen. Zugleich ist dem Adressaten der Begleitbrief (die Begleitadresse) oder in dessen Ermangelung eine Abschrift der Adresse zuzusenden. Wird die Zuziehung des Adressaten bei der Revision von der Zoll- oder Steuerstelle verlangt, so hat sich dieselbe dieserhalb schriftlich an die Poststelle zu wenden.

IV. Das Verlangen der Zuziehung des Adressaten kann auch dann ausgesprochen werden, wenn die Veranlassung hierzu sich erst bei der Revision in Gegenwart des Postbeamten ergiebt.

V. Soweit bezüglich der im § 2 unter Nr. 4 bezeichneten Poststücke an Behörden eine Schlußabfertigung vorbehalten ist

---

nes bei der Postanstalt in N. in Empfang zu nehmen sei, um dadurch die Berechtigung zur Entgegennahme des Packets bei der Zollbehörde an dem betreffenden anderen Orte nachzuweisen.

[16]) die Beförderung des Packets nach erfolgter Revision und Wiederverpackung bis zum Bestimmungsorte geschieht ohne neuen Portoansatz.

(§ 5), sind dieselben ebenfalls den Zoll- oder Steuerstellen auszuhändigen. Die zollamtliche Revision unterbleibt jedoch, wenn von der Behörde, an welche die Sendung gerichtet ist, eine Bescheinigung über den Inhalt ertheilt wird. Es erfolgt alsdann auf Grund der letzteren die zollfreie Ablassung oder falls der Inhalt zollpflichtig ist, die Erhebung des Eingangszolls.

§ 10. I. Die Verzollung erfolgt jedesmal nach dem Ergebniß des Revisionsbefundes. [17]) (*) Verzollung.

§ 11. I. Hat der Adressat den Bestimmungsort des Poststücks verlassen, aber Auftrag wegen Nachsendung des Gegenstandes gegeben, oder wird von ihm die Weitersendung desselben ohne vorherige Eröffnung und Revision beantragt, so kann ein solches Poststück mittelst der Post weiter befördert werden, nachdem die Zoll- oder Steuerstelle, welcher dasselbe zunächst übergeben worden, die Inhaltserklärung beziehungsweise die Revisionsnote mit einem entsprechenden Vermerk versehen und mit diesem Papier das Poststück an die Poststelle zurückgegeben hat. [18]) Verfahren bei Nachsendungen.

Zu § 11. Ueber den Rückempfang der Sendung hat die Postbehörde der Zollstelle Quittung zu leisten.

Zu § 10. [17]) Für etwa zerbrochen angekommene Gegenstände findet ein Zollerlaß statt. (*)

Zu § 11. [18]) Die Poststelle quittirt der Zollbehörde über den Rückempfang der Sendung.

Falls Sendungen vom Zollauslande von dem ersten Bestimmungsorte dem Adressaten nachgesandt werden, bevor die zollamtliche Schlußabfertigung stattgefunden hat, so wird auf dem Begleitbriefe der frühere Zollort durchstrichen und die Sendung der Zoll- und Steuerstelle des neuen Bestimmungsortes zugeführt. Sofern die letzte umspedirende Postanstalt

(*) Z. vgl. B. R. B. vom 12. Februar 1876.

(*) Z. vgl. lith. B. vom 30. September 1876, I. 12001, betr. die Antragstellung des Waarenempfängers in Bezug auf die Abfertigung.

II. Ist der neue Bestimmungsort im Zollvereinsgebiet belegen, so wird die Sendung nebst Inhaltserklärung oder Revisionsnote der Zoll- oder Steuerstelle jenes Ortes durch die Post zugeführt.

III. Liegt der neue Bestimmungsort außerhalb des Vereinsgebiets, so wird das Poststück nebst Inhaltserklärung dorthin nachgesandt (§ 12).

Verfahren bei Rücksendungen.

§ 12. I. So lange ein vom Auslande eingegangenes Poststück nicht aus den Händen der Post- oder der Zoll- oder Steuerbehörde gekommen ist, steht jedem Adressaten frei, dessen Annahme abzulehnen. [19])

II. Bei Sendungen, welche, weil der Adressat die Annahme verweigert hat oder nicht zu ermitteln ist, unbestellbar sind, ist zu unterscheiden, ob die schließliche Abfertigung

a) noch nicht stattgefunden, oder
b) bereits stattgefunden hat.

III. Im Falle zu a. ist die Zoll- oder Steuerstelle, welcher das Poststück übergeben worden, von der Poststelle, unter Vorzeigung des mit dem Vermerk über die Unbestellbarkeit und die zu bewirkende Rücksendung versehenen Begleitbriefes beziehungsweise der Begleitadresse oder der Abschrift derselben, um Rückgabe des Poststücks zu ersuchen. Die Zoll- oder Steuerstelle versieht hierauf die Inhaltserklärung beziehungsweise Revisionsnote mit einem entsprechenden Vermerk und giebt das Poststück

---

Zu § 12. 1. Hinsichtlich des Verfahrens bei Rückzahlung des erhobenen Eingangszolles an die Postanstalt gelten die allgemeinen, wegen Restitution von Gefällen erlassenen Bestimmungen.

2. Bleiben zollpflichtige Packete, zu welchen der Adressat den Begleitbrief angenommen hat, bei der Zollbehörde unabgeholt, so hat die Zollbehörde die Postanstalt davon zu benachrichtigen, welche Letztere das Weitere veranlaßt.

diese Zoll- und Steuerstelle in einzelnen Fällen nicht kennt, ist die Sendung von der Postanstalt des neuen Bestimmungsorts auf die nächstgelegene Zoll- und Steuerstelle zu leiten.

Zu § 12. [19]) Befindet sich das Packet am Orte einer Zollspeditionspostanstalt, so ist der Begleitbrief unverzögert an diese Postanstalt zurückzusenden, damit nicht etwa in Folge Ablaufs der achttägigen Frist zu einer Eröffnung des Packets geschritten wird.

nebst dem letztgedachten Papier an die Poststelle zurück, welche die Rücksendung besorgt.

IV. Im Falle zu b. hat die Poststelle das in freien Verkehr gesetzt gewesene Poststück der Zoll- oder Steuerstelle, von welcher die Schlußabfertigung geschehen war, nebst dem, mit dem Vermerk über die Unbestellbarkeit und die zu bewirkende Rücksendung versehenen Begleitbriefe beziehungsweise der Begleitadresse oder der Abschrift derselben, wieder vorzulegen. Sie empfängt alsdann den gezahlten Eingangszoll gegen Rückgabe der Zollquittung zurück, nachdem diese von der Poststelle mit Gegenquittung und einem Atteste über die Unbestellbarkeit und die zu bewirkende Rücksendung des Poststücks versehen worden ist. Die Zollstelle überzeugt sich von der Identität des Inhalts mit dem bei der früheren Revision vorgefundenen, legt das Poststück unter amtlichen Verschluß und giebt dasselbe, von einer offenen Inhaltserklärung begleitet, an die Poststelle behufs der Rücksendung zurück.

V. Bleiben Poststücke, die vom Auslande eingegangen sind, unabgeholt, so werden solche entweder nach Maßgabe der obigen Vorschriften wieder in das Ausland ausgeführt, oder nach den bestehenden Postreglements behandelt. [20])

VI. Im Fall sie innerhalb des Vereinsgebiets verbleiben, ist von denselben der tarifmäßige Eingangszoll zu entrichten.

[20]) Bleiben zollpflichtige Packete, zu welchen der Adressat den Begleitbrief angenommen hat, bei der Zollbehörde unabgeholt, so hat die Postanstalt auf die desfallsige Benachrichtigung der Zollbehörde den Adressaten unter der gewöhnlichen Verwarnung schriftlich an die Abholung des Packets zu erinnern, beziehungsweise durch Vermittelung der Postanstalt des Bestimmungsortes erinnern zu lassen. Bleibt diese Aufforderung ohne Erfolg, so tritt das gewöhnliche Verfahren ein, wonach die Sendung als unbestellbar zu behandeln ist.

## II. Abschnitt.

**Abfertigung der aus dem Zollvereinsgebiete mit den Posten ausgehenden Gegenstände.** [21])

Poststücke, deren Inhalt einer Ausgangsabgabe unterliegt.

§ 13. I. Sollen ausgangszollpflichtige Gegenstände des freien Verkehrs aus dem Zollvereinsgebiete mittelst der Posten nach dem Zollvereinsauslande versendet werden, so liegt dem Absender ob, vorher bei der Zollbehörde den Ausgangszoll zu entrichten.

II. Die darüber erhaltene Quittung muß der Absender dem Poststücke offen beifügen. Die Postbehörde versieht diese Quittung mit einer Bescheinigung über den Zustand des Packets und übergiebt dieselbe der Ausgangszollstelle. 22) (*)

Versendung unverzollter Waaren aus öffentlichen Niederlagen.

§ 14. I. Wenn unverzollte Waaren aus einer Niederlage mittelst der Posten in das Zollvereinsausland gesandt werden sollen, so wird dem Absender darüber ein Begleitschein oder ein diesen vertretendes Abfertigungspapier ertheilt und dem Post-

Zum II. Abschnitt. [21]) (*)

Zu § 13. [22]) Bei Annahme von Sendungen nach dem Zollauslande ist insbesondere auch auf die Anforderungen der ausländischen Zollverwaltung Rücksicht zu nehmen.

Es ist darauf zu sehen, daß die von den ausländischen Behörden zur Sicherung ihrer Zollgefälle hinsichtlich der Verpackung, Deklarirung u. s. w. gestellten Anforderungen von den Absendern erfüllt werden (siehe die betreffenden Vorschriften in dem Fahrposttarife für das Ausland).

Werden Sendungen zur Post gebracht, deren Inhalt in Gegenständen besteht, die in das Ausland, nach den dort geltenden Vorschriften, nicht eingeführt werden dürfen, so hat der Annahmebeamte, insofern er von dem Einfuhrverbot Kenntniß hat, den Absender auf dasselbe aufmerksam zu machen.

(*) Fällt nach Aufhebung des Ausgangszolls weg.

stücke beigefügt. Der Absender haftet für den Eingangszoll nach den gesetzlichen Vorschriften. Auf dem Begleitbriefe, beziehungsweise der Begleitadresse muß seitens des Absenders vermerkt sein „nebst Begleitschein.“

II. Die Postbehörde versieht das zollamtliche Begleitpapier mit einer Bescheinigung über den Zustand des Packets und stellt das letztere mit dem Abfertigungspapier der Ausgangszollstelle zu. [23])

Musterpässe.

§ 15. I. Pässe, welche zur Erlangung des Anspruchs auf zollfreie Wiedereinlassung der in das Zollvereinsausland zu versendenden Muster von den Zollbehörden ertheilt worden sind, (Musterpässe), müssen bei der Einlieferung der Sendungen zur Post den Begleitbriefen oder Begleitadressen offen beigefügt sein, damit der Ausgang von der betreffenden Zollstelle bescheinigt werden kann. (*) 24)

## III. Abschnitt.

### Abfertigung von Gegenständen, welche mit den Posten durch das Zollvereinsgebiet durchgeführt werden.

§ 16. I. Den zur Durchführung durch das Zollvereinsgebiet bestimmten Poststücken ist von dem Absender eine Inhaltserklärung nach Maßgabe der Vorschriften im § 1 beizufügen.

II. Die Poststücke werden beim Eingange in das Zollvereinsgebiet zollamtlich ebenso behandelt, wie solches im § 5 rücksichtlich der im Zollvereinsgebiete verbleibenden Poststücke vorgeschrieben ist. Beim Ausgange werden den abfertigenden Zollbeamten sämmtliche Inhaltserklärungen beziehungweise Revisionsnoten und auf Verlangen die Postkarten oder die Begleitbriefe zur Vergleichung mit den ausgehenden Poststücken vorgelegt. [25]) (**)

---

Zu § 14. [23]) Muß ein unter Begleitschein eingetroffenes Packet nach dem Abgangsorte zurückgesandt werden, so hat die Postanstalt vor der Rücksendung die Ertheilung eines neuen Begleitscheins bei der Zollbehörde zu beantragen.

Zu § 15. [24]) (*)

Zu § 16. [25]) Die zu den transitirenden Poststücken gehörigen Zollpapiere sind von der-

Zu § 16. Die Inhaltserklärungen oder Revisionsnoten sind von den revidirenden

---

(*) Aufgehoben gemäß V. R. B. vom 13. Oktober 1875, s. Kap. H. „Meß- und Marktverkehr“ vgl. auch V. vom 14. Februar 1876, I. 2466 (A. Bl., S. 29).

(**) Z. vgl. V. R. B. vom 22. Dezember 1875. (§ 550 d. Prot.)

III. Der Zollbehörde bleibt vorbehalten, auf solchen Coursen, auf welchen die Durchführung der Poststücke durch das Vereinsgebiet zweckmäßig unter Gesammtverschluß erfolgen kann, namentlich in den Fällen, in denen die Durchführung ohne Wagenwechsel erfolgt, die desfallsige Vorschrift des § 5 in Anwendung zu bringen oder auch statt des Gesammtverschlusses amtliche Begleitung eintreten zu lassen.

## IV. Abschnitt.

**Abfertigung von Postsendungen, welche aus einem Orte des Zollvereinsgebietes durch das Zollvereinsausland nach einem anderen Orte des Zollvereinsgebietes gehen.**

§ 17. I. Bei Gegenständen des freien Verkehrs, welche von vereinsländischen Postanstalten aus Orten des Zollvereinsgebietes durch das Zollvereinsausland nach Orten des Zollvereinsgebietes befördert werden sollen, bedarf es der Beifügung von Inhaltserklärungen nicht. Die zum Durchgange durch das Zollvereinsausland bestimmten Poststücke werden von der Ausgangsstelle unter zollamtlichen Gesammtverschluß, oder soweit dies nicht ausführbar, unter Einzelverschluß gesetzt, und es wird, daß und wie dies geschehen, auf den Postkarten bescheinigt. Beim Wiedereingange prüft die Eingangszollstelle die Unverletztheit des amtlichen Verschlusses, worauf die Gegenstände in den freien Verkehr gesetzt werden. An Stelle des Verschlusses kann auch amtliche Begleitung treten.

II. Mit Genehmigung der Direktivbehörde kann, namentlich auf kurzen das Ausland berührenden Straßenstrecken, von dem zollamtlichen Verschlusse oder von der amtlichen Begleitung Abstand genommen werden. [26]) Die Eingangszollstelle hat in diesem

beziehungsweise begleitenden Beamten mit einer Bescheinigung über den Ausgang zu versehen und bleiben als Belege bei dem nach dem bisherigen Muster zu führenden Grenzpostdeklarationsregister zurück.

Sind die durchgehenden Poststücke unter Gesammtverschluß gesetzt, so wird beim Ausgange der Verschluß abgenommen.

jenigen Postanstalt ab, welche den betreffenden Kartenschluß auf die zollvereinsausländische Postanstalt anfertigt, wiederum offen bei der Postkarte (siehe Anmerkung Nr. 2) zu versenden.

Zu § 17. [26]) Wo die Interessen des Verkehrs oder des Postbetriebes es wünschenswerth erscheinen lassen, daß bei ver-

Falle durch Vergleichung der Poststücke mit den Postkarten oder den Begleitbriefen von der Abstammung derselben aus dem freien Verkehr des Zollvereins Ueberzeugung zu nehmen.

## V. Abschnitt.

### Folgen unrichtiger Inhaltserklärungen.

§ 18. I. Wenn der Inhalt eines Poststücks bei der Eröffnung und Untersuchung durch die Zollbeamten nicht mit der ausgestellten Inhaltserklärung (§ 1) übereinstimmend befunden wird und nach den obwaltenden Umständen der Verdacht einer beabsichtigten Defraudation begründet erscheint, so wird nach den wegen unrichtiger Deklaration im Zollstrafgesetz enthaltenen Vorschriften weiter verfahren.

hältnißmäßig kurzem Transit durch das Zollausland von dem zollamtlichen Verschluß Abstand genommen werde, haben die Oberpostdirektionen mit den betreffenden Provinzialsteuerbehörden sich dieserhalb in Verbindung zu setzen und event. an die oberste Postbehörde zu berichten.

**22. Dezember 1875.** — V. R. B. betr. die Aufhebung der Registerführung über durchgehende Postgüter bei den Zollbehörden. (§ 550 d. Prot.) (¹)

Es wurde beschlossen, die Fortführung des bei den Ausgangsämtern geführten Annotationsregisters über den Durchgangsverkehr mit den Fahrposten einzustellen und die zollamtliche Abfertigung darauf zu beschränken, daß die zum Ausgange gestellten Poststücke mit den Inhaltserklärungen bezw. Revisionsnoten verglichen und letztere nach erfolgtem Ausgang der Stücke abgestempelt und gesammelt werden.

**6. Februar 1876.** — V. R. B. betr. den Zollerlaß für verdorbene oder zu Grunde gegangene Waaren. (§ 63 d. Prot.) (²)

(¹) Z. vgl. V. vom 3. Januar 1876, I. 18298 (A. Bl., S. 2) und § 16 des Regul.

(²) S. S. 81.

## G. Von den Niederlagen unverzollter Waaren.

(Tit. XIII. §§ 97–110 d. V. Z. G.)

### Inhaltsübersicht.



---

**23. Juni 1868.** — B. R. B. betr. das Regulativ für die laufenden Konten. (§ 164 d. Prot.)

[Durch diesen B. R. B. wurde die Fassung des Regulativs festgestellt. Z. vgl. die Bek. vom 6. Oktober 1871.]

---

**8. Mai 1869.** — B. R. B. betr. die Zulassung finnischer Butter zur Aufnahme in Privattransitlager ohne amtlichen Mitverschluß. (§ 21 d. Prot.)

[Dieser B. R. B. bezieht sich nur auf Privattransitlager in Lübeck. Z. vgl. B. R. B. vom 28. Februar 1873. (§ 73 d. Prot.)]

**8. Mai 1869.** — B. R. B. betr. die den Inhabern von unverschlossenen Privattransitlagern zu ertheilende Befugniß zum Vermahlen von Reis. (§ 29 d. Prot.)

Es wurde beschlossen, sich damit einverstanden zu erklären, daß da, wo das Bedürfniß sich zeigt, den Inhabern von unverschlossenen Privattransitlagern die Befugniß zum Vermahlen von Reis unter folgenden Bedingungen ertheilt werden kann:

1) daß im Falle des Mißbrauchs die Befugniß zu wiederrufen ist,
2) daß zur Abschreibung nur das wirkliche Gewicht des ausgehenden Reismehls oder Grieses zu bringen ist und ohne Berücksichtigung des etwaigen Abfalls.

---

**10. Mai 1869.** — B. R. B. betr. das Regulativ für unwiderrufliche Trantsitlager von Wein und Spirituosen in Lübeck. (§ 58 d. Prot.)

[Dieses Regulativ, welches auf Anregung Lübeck'scher Kaufleute enstanden ist, soll gleichwohl nach Nr. 2 des Beschlusses d. B. R. unter den gleichen Voraussetzungen auch für Händler an anderen Orten zulässig sein. Diese Voraussetzungen bestehen im Wesentlichen darin, daß der Lagerinhaber auf den Absatz der lagernden Waaren im Inlande definitiv verzichtet und sich verpflichtet, dieselben wieder auszuführen. Ausnahmsweise soll jedoch gegen Entrichtung des höchsten Zollsatzes für Flüssigkeiten auch die Verzollung gestattet werden. — In Elſ.-Loth. ist dieses Regulativ, da ein Bedürfniß nicht besteht, nicht bekannt gemacht worden, es wird deßhalb auch von einem Abdruck abgesehen. Vgl. übrigens den B. R. B. vom 23. Mai 1870. (§ 97 d. Prot.)]

---

**20. Dezember 1869.** — B. R. B. betr. den Erlaß eines Niederlageregulativs. (§ 157 d. Prot.)

Es wurde beschlossen:

1) dem von den Ausschüssen vorgelegten Entwurf des Niederlageregulativs unter Festsetzung des Zeitpunkts für den Beginn der Gültigkeit desselben auf den 1. Februar k. J. die Genehmigung zu ertheilen [1].
2) daß bei den unter Administration von Kommunen u. s. w. stehenden Niederlagen nach den auf Seite 2 des Ausschußberichts angegebenen Grundsätzen auch ferner zu verfahren

---

[1] Z. vgl. Bek. vom 5. August 1871.

sei ([1]) und daß bis zum 1. Februar k. J. die bestehenden Niederlageregulative mit den späteren Modifikationen, soweit nicht durch das V. Z. G. Aenderungen bedingt sind, zur Anwendung kommen, auch die Regulative für die freien Niederlagen mit den oben bezeichneten Maßgaben in Kraft bleiben sollen. ([2])

---

**17. April 1871.** — B. R. B. betr. das Regulativ für Privatläger. (§ 139 d. Prot.)

Es wurde beschlossen:

I. den Entwurf eines Regulativs über Privatläger in der durch (die Berathung und Beschlußfassung) festgestellten Fassung die Genehmigung mit der Maßgabe zu ertheilen, daß das Regulativ mit dem 1. Juli d. J. in Kraft zu treten hat. ([3])

II. die in der Anlage 2 zum Ausschußberichte aufgeführten Grundsätze als maßgebend beim Erlaß der für Theilungsläger vorbehaltenen näheren Vorschriften zu bezeichnen. ([4])

III. die Zuständigkeit für die Bewilligung von Privatlägern ausländischen oder vereinsländischen Salzes in Abänderung

---

([1]) Diese auf der IV. G. K. vereinbarten Grundsätze lauten:

1) Es darf den in solcher Art bestellten Magazinverwaltern oder Aufsehern in keiner Weise ein Recht auf Theilnahme an den amtlichen Abfertigungen eingeräumt werden;

2) der Zollbehörde bleibt auch rücksichtlich der Annahme, Beaufsichtigung und Verabfolgung der Lagergüter eine, durch ihre Beamten auszuübende Mitwirkung und Kontrole, und in Fällen, wo über die Bestimmungen des Regulativs Zweifel oder Differenzen zwischen der Niederlageverwaltung und den Niederlegern entstehen, die Entscheidung vorbehalten, zu welchem Ende nicht nur

3) die Niederlage unter Mitverschluß der Zollbehörde gestellt werden muß, sondern auch

4) von der Zollbehörde, ohne Rücksicht darauf, ob Seitens der besonderen Magazinverwaltung über die Lagergüter Buch und Rechnung geführt wird, das vorgeschriebene amtliche Niederlageregister ganz ebenso zu führen ist, als wenn die Verwaltung der Niederlage von ihr ausschließlich ressortirte.

([2]) Z. vgl. die Anm. zu § 107 des V. Z. G auf S. 46.

([3]) Z. vgl. Bek. vom 5. August 1871. Anlage II.

([4]) Z. vgl. B. R. B. vom 2. Dezember 1871. (§ 627 d. Prot.)

des § 5 der Anleitung zur Erhebung der Salzabgabe bei den Zoll- und Steuerstellen, welche sich nicht an Salzwerksorten befinden, der Direktivbehörde zuzuweisen. (¹)

**17. April 1871.** — B. R. B. betr. die Abänderung des Regulativs über die fortlaufenden Konten. (§ 147 d. Prot.) (²)

Es wurde beschlossen, zu genehmigen, daß

1) ein fortlaufendes Konto für „lackirte Gummischuhe" (Nr. 17 d. des Tarifs) bewilligt werden dürfe, wenn das Quantum der halbjährlichen Anschreibung und des jährlichen Absatzes die in dem am 23. Juni 1868 von dem B. R. d. Z. V. (§ 164 d. Prot.) genehmigten Regulative für die fortlaufenden Konten in § 2 unter a. 4 uub b. 4 festgesetzten Minimalbeträge erreicht und
2) den Direktivbehörden der einzelnen Vereinsstaaten überlassen werde, den Zeitpunkt der in § 29 des Regulativs für die Ermittelung des Zollbetrags vorgeschriebenen halbjährlichen Terminen nach ihrem Ermessen zu verlegen.

**24. März 1871.** — B. R. B. betr. die Behandlung verschieden tarifirter geistiger Flüssigkeiten in Theilungslagern (§ 90 d. Prot.) (³)

Es wurde beschlossen:

1) Wenn eine niedriger tarifirte geistige Flüssigkeit aus einem Theilungskeller in einen andern verbracht wird, in welchem eine höher tarifirte lagert, so wird für das herübergebrachte Quantum der erstgedachten Flüssigkeit der höhere Zollsatz gleichfalls maßgebend.
2) Wenn aus einem Theilungskeller, in welchem eine höher tarifirte geistige Flüssigkeit lagert, ein Quantum der letzteren nach einem Theilungslager verbracht werden soll, in welchem eine einem niedrigeren Zollsatze unterworfene Flüssigkeit sich befindet, so kann jenes Quantum der höher besteuerten Flüssigkeit zuvor in Eingang verzollt und dadurch der Ausdehnung des höheren Zollsatzes auf den ganzen Bestand des zweiten Theilungslagers vorgebeugt werden.

---

(¹) Z. vgl. Abschn. XI. „Salzsteuer."

(²) Z. vgl. B. vom 6. Oktober 1871, Nr. 14390 (A. Bl., S. 513.)

(³) Z. vgl. B. vom 21. August 1871 Nr. 14209 (A. Bl., S. 467).

**23. Juni 1871.** — B. R. B. betr. das Regulativ über die Zollerleichterungen für den Handel mit fremden Weinen und Spirituosen. (§ 361 d. Prot.) (1)

Es wurde beschlossen:

I. daß das gedachte Regulativ, betreffend die Zollerleichterungen für den Handel mit Wein und fremden Spirituosen in der durch (die Berathung und Beschlußnahme) festgestellten Fassung vom 1. Januar 1872 an in Kraft tritt;

II. daß bezüglich der Gebührenerhebung für die amtliche Bewachung der Weintheilungsläger nachstehende Grundsätze für alle Bundesstaaten maßgebend sind: (2)

III. (3)

IV. daß für die Staaten der Branntweinsteuergemeinschaft die Aufnahme von inländischen Spirituosen in ein Theilungslager den Anspruch auf die Rückvergütung der inneren Steuer begründet.

Durch vorstehende Beschlüsse wurden die dem III. und IV. Ausschusse bis jetzt überwiesenen Vorstellungen verschiedener Handelskammern und Weingroßhandlungen, welche gegen den Beschluß des Bundesraths wegen des Weinzollrabatts (§ 55 der Protokolle) gerichtet oder auf Zollerleichterungen im Handel mit fremden Weinen bezüglich sind, für erledigt erachtet.

## Regulativ

### betreffend die Zollerleichterungen für den Handel mit fremden Weinen und Spirituosen. (4)

A. Einleitung.

§ 1. Den Händlern mit fremden Weinen und Spirituosen können folgende Zollerleichterungen gewährt werden:

1) für den Handel mit Wein und Spirituosen oder mit einer dieser beiden Waarengattungen Theilungsläger unter amtlichem Mitverschluß, bei welchen eine Festhaltung der Identität der einzelnen Kolli nicht stattfindet (§ 12 des Privatlagerregulativs (Abs. 2);

2) ausschließlich für den Handel mit Wein

---

(1) Z. vgl. B. vom 5. August 1871 Nr. 12709 (A. Bl., S. 432) und vom 8. August 1871 Nr. 13248 (A. Bl. S. 434).

(2) Z. vgl. Erl. d. R. K. A. vom 19. August 1871 und die Anmerkungen hierzu.

(3) Transitorische Bestimmung.

(4) Durch den B. R. B. vom 3. März 1871 (§ 55 d. Prot. Druckf. Nr. 3 und 20) war die Aufhebung des Weinzollrabatts und die Neuregulirung der dem Großhandel mit fremden Weinen eingeräumten Begünstigungen beschlossen worden.

ein eiserner (fortlaufender) Zollkredit in der Art, daß für eine dem Umfange des Lagers entsprechende Weinmenge nicht nur die Verzollung, sondern auch die Festsetzung des Zollbetrags ausgesetzt bleibt, und erstere, wenn sie späterhin erfolgt, nach dem alsdann gültigen Zolltarife zu bewirken ist.

B. Theilungsläger für den Handel mit fremden Weinen und Spirituosen. 1) Bedingung.

§ 2. Die Theilungsläger für Wein und Spirituosen (§ 1, Nr. 1) sind im Allgemeinen nach den Bestimmungen für die Privattransitläger unter amtlichem Mitverschluß zu behandeln. (¹)

Die Bewilligung eines solchen Theilungslagers ist an die besondere Bedingung geknüpft, daß der regelmäßige Lagerbestand oder der jährliche Absatz nach dem Auslande die Menge von 300 Hektolitern jener Flüssigkeiten überschreitet. (²)

2) Zollsatz.

§ 3. Wenn verschieden tarifirte Weine oder Spirituosen und Weine unverzollt auf dasselbe Theilungslager gebracht werden, so findet auf den gesammten Bestand des Lagers der höchste der in Betracht kommenden Zollsätze Anwendung. Inländische Spirituosen, für welche bei der Aufnahme eine Rückvergütung der inneren Steuer gewährt worden, stehen den unverzollten fremden Spirituosen gleich.

Weine, Spirituosen oder sonstige Flüssigkeiten, welche sich im freien Verkehr befinden, können nach vorgängiger schriftlicher Anmeldung unter der Bedingung auf das Lager gebracht werden, daß sie mit ihrer Aufnahme die Eigenschaft unverzollter fremder Weine annehmen und nach dem für das betreffende Lager ohnehin maßgebenden Zollsatze im Niederlagekonto in Zugang gebracht werden. (³)

Der Direktivbehörde bleibt vorbehalten, ausnahmsweise die Lagerung von portugiesischen und anderen Weinen innerhalb desselben Lagerraums zu gestatten, ohne daß dadurch der höhere Zollsatz für den auf dem Lager befindlichen geringer tarifirten Wein begründet wird. (⁴)

---

(¹) Z. vgl. §§ 2—12 d. Reg. für die Privatlager.

(²) Durch den Bericht des Bundesrathsausschusses (Nr. 104 der Drucks.) ist die Frage außer Zweifel gestellt worden, daß es zuläſſig erscheine, in der öffentlichen Niederlage besondere Räumlichkeiten für ein Weintheilungslager herzustellen und dasselbe nach den Grundsätzen des Regulativs zu behandeln und daß die Benutzung dieser Räumlichkeiten von Seiten der Weinhändler nicht an die Bedingung eines bestimmten Lagerbestands geknüpft sei.

(³) Z. vgl. B. R. B. vom 24. März 1871 (§ 90 d. Prot.), sowie Nr. 2 und 3 der V. vom 7. Juni 1874, I. 9067 (A. Bl., S. 159).

(⁴) Fällt weg, nachdem der besondere Zollsatz für portugiesische Weine aufgehoben ist.

3) Registerführung. § 4. Die An- und Abschreibung im Niederlageregister, welches nach Muster A. in Jahresabschnitten zu führen ist, erfolgt nach dem Maaßgehalt (Liter). (¹)

Gelangen Weine oder Spirituosen in Flaschen (auch Krügen ꝛc.) von gleichem Inhalt zum Theilungslager, so ist nicht der Maaßgehalt, sondern die Zahl der Flaschen jeder Gattung (ganze, halbe ꝛc.) Flaschen zu ermitteln und im Konto an- und abzuschreiben.

4) Oeffnung, Bearbeitung und Theilung. § 5. So lange das Lager geöffnet ist, wird der Zugang zu demselben unausgesetzt unter amtlicher Aufsicht gehalten. Das Amt kann dahin Anordnung treffen, daß ohne dessen vorgängige Genehmigung auch leere Gefäße weder in das Lager gebracht, noch aus demselben entfernt werden dürfen.

Dem Lagerinhaber steht die Behandlung, Umpackung und Theilung der gelagerten Waaren während der Offenhaltung des Lagers ohne jegliche Beschränkung frei. Die mit der Beaufsichtigung des Lagers beauftragten Beamten sind befugt, die Lagerräume jederzeit zu betreten und einer Besichtigung zu unterwerfen. (²)

5) Abmeldung. § 6. Für die Abmeldungen vom Lager kann die Direktivbehörde Minimalgrenzen vorschreiben.

Der Niederleger hat bei der Abmeldung von Weinen oder Spirituosen in Flaschen jedesmal anzugeben, ob der Wein ꝛc. in Flaschen zum Lager gelangt, oder in Gebinden eingegangen und auf dem Lager in Flaschen gefüllt worden ist.

6) Abfertigung. § 7. Der Abfertigung der abgemeldeten Mengen wird in der Regel das Auslagerungsgewicht zu Grunde gelegt. Bei der Abfertigung zur unmittelbaren Ausfuhr in Grenzorten kann die Verwiegung unterbleiben.

Die Eingangsverzollung von Flüssigkeiten, welche in Gebinden eingelagert und auf dem Lager in Flaschen umgefüllt sind, erfolgt nach dem auf Gewicht zurückzuführenden Maaßgehalte, wobei für ein Liter Maaßgehalt 1,₈ Kilogramm Gewicht zu rechnen ist.

7) Zollerlaß für verdorbene oder untergegangene Flüssigkeiten. § 8. Weintrüb, Weinhefe, sowie die auf dem Theilungslager verdorbenen und unbrauchbar gewordenen Flüssigkeiten werden, erforderlichen Falls nach vorheriger Vernichtung unter amtlicher Aufsicht, vom Konto zollfrei abgeschrieben. (³)

Haben zufällige Ereignisse, z. B. das Zerspringen von

---

(¹) Z. vgl. die V. vom. 27. Januar 1875, I. 17949 (A. Bl., S. 14) betr. die Feststellung des Maaßgehalts der in Theilungslagern zu- und abgehenden Weine.

(²) Z. vgl. Nr. 4 und 5 d. V. vom 7. Juni 1874.

(³) Z. vgl. § 27 d. N. L. R. wegen der Veränderung der Beschaffenheit des Weins.

Fässern, einen Lagerabgang bewirkt, so hat der Lagerinhaber hiervon sofort dem Amte Meldung zu machen, welches demnächst die amtliche Feststellung der verloren gegangenen Menge und die zollfreie Abschreibung derselben vom Konto veranlaßt. (1)

§ 9. Das Theilungslager ist unter Leitung eines Oberbeamten wenigstens einmal im Jahre, und zwar wenn die Direktivbehörde nicht anders bestimmt, im Monat Juni amtlich aufzunehmen, zu welchem Zwecke der Lagerinhaber eine Bestandsdeklaration abzugeben hat. Der Aufnahme ist der Maaßgehalt und soweit der Wein in Flaschen eingelagert ist, die Stückzahl derselben zu Grunde zu legen. (2) 8) Lagerbestandsrevision. Manko.

Ergiebt sich bei der amtlichen Aufnahme gegen den Zollbestand nach dem Konto ein Minderbestand, so bleibt derselbe bei den in Gebinden eingelagerten Flüssigkeiten unberücksichtigt, wenn auf Grund der amtlich vorzunehmenden Ermittelungen anzunehmen ist, daß der Minderbestand auf Abgängen beruht, für welche nach § 103 des Vereinszollgesetzes Zollfreiheit gewährt werden kann. Die Verhandlung über die Lagerbestandsaufnahme ist der Direktivbehörde vorzulegen.

Bei der Verzollung eines zollpflichtigen Manko wird für jedes fehlende Liter das Gewicht von 1,2 Kilogramm in Ansatz gebracht. Bei fehlenden Flaschen ist der Eingangszoll nach dem Gewichte zu erheben. (3)

Nach jeder Aufnahme ist das Niederlagekonto durch An- oder Abschreibung der vorgefundenen Differenzen mit dem Lagerbestande in Uebereinstimmung zu bringen.

§ 10. Die Einhaltung der fünfjährigen Lagerfrist ist in der Art zu kontroliren, daß jede abgemeldete Post und die zollfrei belassenen Lagerabgänge auf die am längsten lagernden Mengen abgeschrieben werden. (4) 9) Lagerfrist

§ 11. Der eiserne Kredit (§ 1, Nr. 2) wird ausschließlich solchen Weinhändlern gewährt, welche kaufmännische Bücher ordnungsmäßig führen und regelmäßig mindestens 750 Zentner fremden Weins im freien Verkehr auf Lager halten. C) Eiserner Zollkredit. 1) Allgemeine Bestimmungen.

Die Bewilligung ist bei dem Hauptamte nachzusuchen und wird von der Direktivbehörde für diejenige in Zentnern auszudrückende und nicht unter 750 Zentnern betragende Weinmenge ertheilt, welche der Antragsteller zur Zeit der regelmäßigen Bestandsaufnahme mindestens vorräthig haben zu wollen erklärt.

---

(1) Z. vgl. Nr. 6 der V. vom 7. Juni 1874.

(2) Z. vgl. § 28 d. N. L. R. und die V. vom 31. Juli 1872, I. 15048 (A. Bl., S. 285).

(3) Z. vgl. Nr. 7 der V. vom 7. Juni 1874.

(4) Z. vgl. Nr. 8 a. a. O.

In diesen Bestand wird blos der im freien Verkehr befindliche fremde Wein des Kreditnehmers eingerechnet.

Wird für verschieden tarifirte Weine eiserner Kredit begehrt, so ist für jede betreffende Sorte die zu kreditirende Menge besonders anzugeben, widrigenfalls der Zoll nach dem höheren Zollsatze berechnet wird. Dasselbe gilt, wenn nach geschehener Bewilligung des eisernen Kredits eine verschiedene Tarifirung der auf denselben angeschriebenen oder anzuschreibenden Weine eintritt.

Für den eisernen Kredit ist Sicherheit nach den Vorschriften über den Geldkredit zu leisten. ([1])

2) Anmeldung der Lagerräume.

§ 12. Die Räume, in welchen der Wein aufbewahrt werden soll, sind dem Amte nach dessen näherer Anleitung schriftlich anzumelden. Gleiche Anmeldung hat stattzufinden, wenn später andere Räume in Benutzung genommen werden sollen.

Der Kreditnehmer muß die fremden von den vereinsländischen Weinen, außerdem auch die verschieden tarifirten fremden Weine, sofern er für jede Gattung derselben besonderen eisernen Kredit genießt, auf Erfordern in gesonderten Räumen, getrennt halten.

3) Registerführung.

§ 13. Ueber die auf den eisernen Kredit anzuschreibenden Weinmengen ist bei dem Amte ein Register nach dem Muster B. zu führen, wovon jährlich eine Abschrift bei der Direktivbehörde zur Revision einzureichen ist. ([2])

4) Bestandsaufnahme.

§ 14. Die Zollverwaltung ist jeder Zeit befugt, die auf dem Lager des Kreditnehmers befindlichen fremden Weine einer Revision zu unterwerfen, wobei hinsichtlich der auf die Ausführung der Revision bezüglichen Verpflichtungen des Geschäftsinhabers die Bestimmungen im § 9, Abs. 1 des Privatlagerregulativs zur Anwendung kommen.

Ein Mal im Jahre und zwar, sofern die Direktivbehörde nicht anders bestimmt, im Monat Juni, findet eine Lageraufnahme unter Leitung eines Oberbeamten statt, zu welchem Zwecke der Geschäftsinhaber auf Grund seiner Geschäftsbücher eine Bestandsdeklaration einzureichen und den Bestand nach näherer Anleitung der Behörde nachzuweisen hat.

Wird bei keiner der im Laufe eines Jahres vorgenommenen Revisionen ein die Höhe des eisernen Kredits erreichender Bestand an fremdem Wein vorgefunden, so ist der Kredit herabzusetzen, und von der der Herabsetzung entsprechenden Weinmenge der Eingangszoll sofort, mit Ausschluß eines weiteren Geldkredits zu erheben.

---

([1]) Z. vgl. Nr. 9 und 10 d. V. vom 7. Juni 1874.

([2]) Nach V. vom 19. Januar 1875, I. 18447 (A. Bl., S. 13) soll Wein in Flaschen zur Anschreibung auf eisernen Kredit nicht zugelassen werden.

§ 15. Die Direktivbehörde ist ermächtigt, eine zeitweise Erhöhung des eisernen Kredits in dem Falle zuzugestehen, wenn von dem Kreditnehmer Weine in solcher Menge bezogen, und das Lager über den fortlaufend kreditirten Bestand dergestalt vergrößert wird, daß der Eingangszoll von dem überschießenden Betrage sich auf mehr als 2500 Thaler beläuft. Der Eingangszoll für die Weinmenge, um welche der Kreditbetrag zeitweise erhöht worden, ist nach Maßgabe des Absatzes durch monatliche Zahlungen abzutragen und hat der Kreditnehmer zu diesem Zweck nach Ablauf eines jeden Monats die von ihm veräußerten Weinmengen dem Amte so lange anzugeben, bis der zusätzliche Kredit gelöscht ist. 5) Zeitweise Erhöhung des Kredits.

Von jeglichem Weine, welchen eine Handlung über den ihr bewilligten Kreditbetrag einführt, ist, sofern nicht eine zeitweise Erhöhung dieses Kreditbetrages zugestanden wird, der Eingangszoll sofort zu entrichten; eine Stundung nach der Vorschrift des Geldkredits ist jedoch nicht ausgeschlossen.

§ 16. Der eiserne Kredit erlischt 6) Erlöschen des Kredits.

1) durch die Erklärung des Weinhändlers, daß er der Begünstigung entsage, durch Aufgabe des Geschäfts, durch Uebertragung desselben auf einen Andern, durch den Tod des Kreditnehmers oder die Eröffnung des Konkurses über sein Vermögen, soweit nicht in diesen Fällen die Direktivbehörde den Uebergang der Begünstigung auf die Geschäftsnachfolger, die Erben oder die Konkursmasse zugesteht;
2) durch Rücknahme der Bewilligung; dieselbe kann insbesondere erfolgen, wenn Bedenken gegen die Zahlungsfähigkeit des Kreditnehmers entstehen, desgleichen wenn von demselben oder den Personen, welche er nach § 153, Nr. 1. des Vereinszollgesetzes zu vertreten hat, Zolldefrauden oder Kontraventionen begangen werden;
3) durch Verringerung des Lagerbestandes (§ 11) auf weniger als 750 Zentner.

In allen diesen Fällen ist die Direktivbehörde ermächtigt, für die zu leistenden Zahlungen Frist bis zu drei Monaten zu gewähren, auch in dem Falle zu 3 von einer Ablösung des Kredits, desgleichen im Falle des § 14, Abs. 3 von Herabsetzung desselben ausnahmsweise Abstand zu nehmen.

§ 17. Neu entstehenden Weinhandlungen kann sowohl ein Theilungslager als auch ein eiserner Kredit bewilligt werden, wenn dieselben die Verpflichtung übernehmen, innerhalb Jahresfrist den bedingungsmäßigen Lagerbestand (§§ 2 und 11) herzustellen. Erfüllen sie diese Verbindlichkeit nicht, so werden die gelagerten, beziehungsweise kreditirten Weine oder Spirituosen, unter Zurücknahme der Bewilligung, zur Verzollung gezogen. D. Behandlung neu entstehender Weinhandlungen.

E. Strafe. § 18. Zuwiderhandlungen gegen die Bestimmungen des Regulativs werden, soweit nicht die Strafen der §§ 134—151 des Vereinszollgesetzes Anwendung finden, in Gemäßheit des § 152 daselbst mit einer Ordnungsstrafe bis zu 50 Thalern geahndet.

(Folgen die Muster) (¹)

---

**5. August 1871.** — Bek. d. K. betr. die Ausführung des V. Z. G. und der zugehörigen Regulative. (Str. Z. Nr. 186. A. N. Nr. 641.) (²)

Unter Hinweisung auf das Gesetz vom 17. Juli l. J., die Einführung der deutschen Zoll- und Steuergesetzgebung betreffend (G. E. L. Nr. 4), werden im Auftrage des Herrn Reichskanzlers in der Anlage

1) das Niederlageregulativ
2) das Regulativ für Privatläger

bekannt gemacht.

## I. Niederlageregulativ. (³)

(V. Z. G. §§ 40, 97—106.)

In Gemäßheit des § 106 des Vereinszollgesetzes werden für die allgemeinen und beschränkten Niederlagen folgende nähere Vorschriften ertheilt.

I. Allgemeine Bestimmungen. § 1. Der Niederleger, worunter Derjenige verstanden wird, welchen die Zollbehörde als zur Disposition über die niedergelegten Waaren befugt anerkennt, ist verbunden, sich nach den Vorschriften dieses Regulativs zu achten. Das Gleiche gilt für Jeden, welcher die Niederlage betritt.

Wer die Niederlage betreten will oder dieselbe verläßt, hat sich bei dem die Aufsicht führenden Zollbeamten zu melden. Auch können die Personen, welche die Niederlage verlassen, nach Maßgabe des § 127 des Vereinszollgesetzes einer körperlichen Visitation unterworfen werden.

§ 2. In der Regel dürfen nur am Orte der Niederlage wohnhafte Personen dieselbe benutzen und müssen Auswärtige, welche sich der Niederlage bedienen wollen, einen am Orte

---

(¹) s. A. Bl. 1871, S. 441 ff.
(²) A. Bl. S. 394.
(³) Festgestellt durch B. R. B. vom 20. Dezember 1869. (§ 157 d. Prot. — Drucks. Nr. 109.)

wohnhaften Vertreter bestellen. Es steht jedoch für den Fall, daß der bezeichnete Empfänger einer Waare, binnen der zur Anmeldung vorgeschriebenen Frist, entweder nicht auszumitteln ist oder die Annahme und Anmeldung der Waare verweigert, dem Waarenführer, auch wenn er am Orte nicht wohnhaft ist, frei, die Waaren auf seinen Namen zur Niederlage zu deklariren.

Macht der Waarenführer von dem ihm eingeräumten Rechte keinen Gebrauch, so kann das Amt von Amtswegen einen Spediteur veranlassen, die Waaren anstatt des bezeichneten Empfängers zur Niederlage zu deklariren.

§ 3. Nach § 98 des Vereinszollgesetzes dürfen in der Regel nur Waaren, auf denen noch ein Zollanspruch haftet, zur Niederlage gelangen.

Es dürfen indeß Gegenstände des freien Verkehrs mit der Maßgabe in die Niederlage zugelassen werden, daß sie mit ihrer Aufnahme in dieselbe die Eigenschaft unverzollter ausländischer Waaren annehmen und nach den Bestimmungen für die letzteren zu behandeln sind. (1)

Mit Genehmigung der Direktivbehörde können ausnahmsweise Güter des freien Verkehrs auch mit Beibehaltung ihrer Eigenschaft als solche, sowie unter Uebergangssteuerkontrole stehende Gegenstände in die Niederlage aufgenommen werden, sofern die Abfertigungs- und Niederlageräume für die zollpflichtigen Güter von denjenigen für Güter der obenbezeichneten Art auf sichernde Weise geschieden werden können.

Gegenstände, welche gegen Gewährung einer Zoll- oder Steuervergütung in die Niederlage aufgenommen sind, dürfen aus derselben nur gegen Entrichtung das tarifmäßigen Eingangszolles in den freien Verkehr übergehen.

§ 4. Waaren, die gewöhnlich in verpacktem Zustande aufbewahrt werden, können nur in guter Verpackung zur Niederlage angenommen werden. Beschädigte Verpackungen müssen zuvor hergestellt werden.

In wie weit Gegenstände, auf den Wunsch des Niederlegers oder weil ihre Lagerung in geschlossenen Räumen entweder für sie selbst oder für das übrige Lagergut nachtheilig sein kann, im Freien niedergelegt werden dürfen, wird von dem Amtsvorstande bestimmt.

Waaren, deren Lagerung der Niederlage schädlich sein kann, als: der Verpestung verdächtige Sachen, Gegenstände, welche zur Selbstentzündung geneigt oder der Explosion fähig sind, oder deren Aufbewahrung den nahe lagernden Waaren nachtheilig sein kann, so wie Waaren, die bald in Fäulniß überzugehen pflegen, werden zur Niederlage nicht angenommen.

(1) Z. vgl. § 21. Abs. 2.

§ 5. Ueber die niedergelegten Waaren wird ein Niederlageregister nach dem anliegenden Muster A. geführt. Es bleibt jedoch den Direktivbehörden überlassen, die den örtlichen Verhältnissen entsprechenden Abänderungen in dem Muster vorzunehmen, auch hinsichtlich der Führung und Revision des Registers das Nähere anzuordnen. (¹)

II. Anmeldung und Annahme zur Niederlage.

§ 6. Die Anmeldung zur Aufnahme in die Niederlage geschieht mittelst der Deklarationen oder mittelst Auszügen aus solchen oder aus Begleitscheinen, welche nach dem unter B beiliegenden Muster von dem Niederleger zweifach gefertigt und innerhalb der, von der Zollbehörde örtlich zu bestimmenden Frist dem Amte übergeben sein müssen. Die Anmeldungen werden hinsichtlich ihrer Uebereinstimmung mit den ihnen zu Grund liegenden Papieren durch die betreffenden Beamten geprüft und bescheinigt und bei der Revision der Waaren zum Anhalt genommen.

Die Deklarationen u. s. w. können mittelst dieser Anmeldung nach Maßgabe der §§ 23, 26 und 46 des Vereinszollgesetzes noch vervollständigt oder berichtiget werden.

§ 7. Behufs der Aufnahme in die Niederlage sind die Waaren in der Regel speziell zu revidiren.

Die Revision, welcher ein Niederleger oder ein Stellvertreter desselben beizuwohnen hat, kann jedoch auf eine allgemeine beschränkt werden, wenn

1) die unter Verschluß angekommenen oder nach § 43 Abs. 2 des Vereinszollgesetzes ohne Verschluß abgelassenen Waaren schon bei einem Vorabfertigungsamte speziell revidirt worden sind, oder
2) — mag auch die Deklaration hinsichtlich der Waarengattung mangelhaft sein, — wenn der dem Amte als zahlungsfähig bekannte Niederleger sich durch eine Erklärung in der Anmeldung zur Entrichtung des höchsten tarifmäßigen Zollsatzes, sofern nicht ein anderer Zollsatz durch spezielle Revision festgestellt wird, verpflichtet und sich für den Fall, daß in den Kolli sich Gegenstände der im § 4 Abs. 3 bezeichneten Art befinden sollten, einer Konventionalstrafe von 500 Thaler (875 Gulden) unterwirft. Die Waaren müssen aber alsdann, wenn sie nicht zur Durchfuhr bestimmt sind und die Wiederausfuhr nicht binnen einer von dem Amtsvorstande festzusetzenden kurzen Frist erfolgt, unter Kolloverschluß, beziehungsweise mit dem Verschluß, mit welchem sie angekommen sind, gelagert werden.

---

(¹) Z. vgl. V. vom 15. Januar 1872. I. 83. (A. Bl., S. 71.) betr. die Führung der Niederlageregister.

Bei einer aus mehreren Kolli bestehenden, nach Inhalt und Verpackung gleichartigen Waarenpost braucht nur das Gesammtgewicht durch Verwiegung ermittelt zu werden. Die Waarenpost wird summarisch nach Kollizahl, Zeichen und Gewicht, und, wenn die Kolli fortlaufende Nummern haben, nach Nummern im Niederlageregister angeschrieben.

Auch von der Ermittelung des Bruttogewichts kann, sofern dieselbe nicht von dem Niederleger selbst beantragt wird, abgesehen werden:

a) bei den mit Begleitschein I. ohne amtlichen Verschluß abgefertigten Waaren, wenn der Niederleger auf die Abfertigung zur Durchfuhr verzichtet und sich damit einverstanden erklärt, daß das im Begleitscheine überwiesene Gewicht der Verzollung zu Grunde gelegt werde;

b) bei den mit Begleitschein I. unter unverletztem amtlichem Verschluß ankommenden Waaren, wenn die Bruttoverwiegung entweder bei dem Niederlageamt selbst aus anderer Veranlassung bereits erfolgt ist, oder erst kürzlich bei einem anderen Amte stattgefunden hat.

§ 8. Rücksichtlich des als Einlagerungsgewicht zu behandelnden Gewichts und der vorgefundenen Abweichungen von dem im Begleitschein angegebenen Gewicht kommen nach Maßgabe des § 47 des Vereinszollgesetzes folgende Grundsätze zur Anwendung:

1) Werden die Waaren vor der Aufnahme in die Niederlage nicht verwogen, so ist das im Begleitschein überwiesene Gewicht als Einlagerungsgewicht im Niederlageregister anzuschreiben.

2) Ergiebt sich bei der vorgenommenen Verwiegung ein Mehrgewicht gegen das im Begleitschein angegebene Gewicht, so bildet, unbeschadet der näheren Untersuchung, welche wegen etwa vorgekommener Irrthümer bei der Abfertigung einzuleiten ist, das letztere ebenfalls das im Niederlageregister anzuschreibende Einlagerungsgewicht.

3) Ergiebt sich dagegen ein Mindergewicht, so ist zwar nur das durch die Verwiegung beim Niederlageamte ermittelte Gewicht als Einlagerungsgewicht im Niederlageregister anzuschreiben. Es muß indeß, wenn die Waaren unverschlossen oder mit verletztem amtlichem Verschluß angekommen sind, oder wenn der Verdacht einer heimlichen Entfernung von Waaren vorliegt, abgesehen von der etwa wegen Zolldefraude einzuleitenden Untersuchung, von dem vorgefundenen Mindergewicht der tarifmäßige Eingangszoll erhoben werden. Sind die Waaren dagegen mit unverletztem amtlichem Verschluß angekommen und ist zugleich anzunehmen, daß das Mindergewicht lediglich durch natürliche Einflüsse entstanden sei, so bleibt der Eingangszoll für dasselbe unerhoben.

§ 9. Waaren, welche bei dem Niederlageamte unter Zollkontrole unverschlossen eingetroffen sind, und über deren Identität nach dem Ermessen des Amtsvorstandes Zweifel bestehen, dürfen in die Niederlage nicht anders, als gegen Verzichtleistung auf die Abfertigung zur Durchfuhr aufgenommen werden.

§ 10. Hat eine Nettoverwiegung der Waaren stattgefunden, so erfolgt die Anschreibung im Niederlageregister nach dem Brutto- und dem Nettogewicht. Ebenso wird bei der Aufnahme der in einem Kollo zusammenverpackten, verschieden tarifirten Waaren, sofern das Nettogewicht der einzelnen Waarengattungen festgestellt oder in der Anmeldung angegeben ist, auch das Nettogewicht der einzelnen Waarengattungen im Niederlageregister angeschrieben.

§ 11. Wenn die Revision beendigt ist, hat der Niederleger die Waaren auf eigene Kosten zu den Lagerräumen und in denselben an denjenigen Ort zu schaffen, welcher für die Lagerung angewiesen wird.

Soweit es die Gattung der Waaren und der Raum gestatten und nicht andere Umstände entgegen stehen, sind die Waaren eines jeden Niederlegers auf dessen Antrag beisammen zu lagern und die später für ihn hinzukommenden an die früher gelagerten anzuschließen.

**III. Niederlagescheine.**

§ 12. Nach geschehener Niederlegung wird dem Niederleger ein, hinsichtlich der Eintragung in das Niederlageregister bescheinigtes Exemplar der Anmeldung (§ 6) zugestellt, welches ihm als Niederlageschein dient.

Die Zollverwaltung ist befugt, Denjenigen, welcher ihr den Niederlageschein vorlegt, als zur Disposition über die in demselben bezeichneten Waaren legitimirt anzusehen, und nicht verpflichtet, auf eine nähere Prüfung einzugehen, ob derselbe rechtmäßiger Besitzer des Niederlagescheins sei.

Sollte jedoch ein Schein in unrechte Hände gekommen sein und dies von Demjenigen, der daran Interesse hat, dem Amte angezeigt werden, so hat dasselbe hierüber einen Vermerk im Niederlageregister zu machen und so lange keine Disposition über die Waaren zuzulassen, bis über den rechtmäßigen Besitz des Niederlagescheins von der zuständigen Behörde entschieden ist.

§ 13. Sollen Waaren, die in der Niederlage lagern, auf das Konto eines andern Niederlegers übertragen werden, so ist dem Amte der Niederlageschein mit einem entsprechenden Antrage vorzulegen. Wenn, nach dem Ermessen des Amtes, kein Bedenken obwaltet, so findet die Umschreibung im Niederlageregister und die Abschreibung auf dem Niederlagescheine, bezw. die Ausstellung eines neuen Niederlagescheins statt.

§ 14. Sollte ein Niederlageschein verloren gehen, so muß der betreffende Niederleger dem Amte davon Nachricht geben.

Nachdem der Niederlageschein in Gemäßheit der in dem betreffenden Vereinsstaate bestehenden Bestimmungen für ungültig erklärt und dies dem Amte nachgewiesen ist, wird im Niederlageregister das Nöthige vermerkt, ein Duplikat des Niederlagescheins ausgefertigt und darin die erste Ausfertigung für ungültig erklärt. (¹)

Meldet sich, nach erfolgter Benachrichtigung des Amtes von dem Verlust eines Niederlagescheins und bevor derselbe für ungültig erklärt worden ist, ein dritter Besitzer dieses Scheins, so ist durch gerichtliches Erkenntniß darüber zu entscheiden, wer über die niedergelegte Waare zu verfügen hat. In der Zwischenzeit ernennt das Amt einen Vertreter des Eigenthümers, welcher auf Kosten desselben und, wie dieser selbst, für die Erhaltung und Beaufsichtigung der Waaren zu sorgen hat. Hierbei treten, soweit es nöthig ist, die Vorschriften der §§ 16 und 40 ein.

§ 15. Jede Abschreibung im Niederlageregister ist vom Amte auf dem vorzulegenden Niederlageschein zu vermerken. Wird durch die Abschreibung der ganze Inhalt eines Niederlagescheins nicht erledigt, so erhält der Niederleger denselben zurück. Sind sämmtliche darauf verzeichnete Waaren aus der Niederlage abgefertigt, so verbleibt der Schein beim Amte.

**IV. Aufbewahrung und Behandlung auf der Niederlage.**

§ 16. Die Niederlageverwaltung hat für die Sicherung der lagernden Waaren nach Maßgabe des § 102 des Vereinszollgesetzes Sorge zu tragen. Die Niederleger sind verbunden, die an sie ergehenden Anweisungen des Niederlageverwalters zur Verhütung oder Beseitigung von Beschädigungen der lagernden Waaren zu befolgen.

Im Fall fortgesetzter Säumniß eines Niederlegers ist derselbe zur Ergreifung der für die Erhaltung der Waaren erforderlichen Maßregeln oder Entnahme aus der Niederlage vom Amte schriftlich unter Bestimmung einer angemessenen Frist mit der Verwarnung aufzufordern, daß andern Falls von Amtswegen das Nöthige auf seine Kosten werde verfügt werden.

§ 17. Der Niederleger hat auch seinerseits über die lagernden Waaren Aufsicht zu führen. Es bleibt ihm überlassen die Kolli unter seinen Privatverschluß zu nehmen, in welchem Falle die Art des Verschlusses in der Anmeldung zu bemerken ist. Der Niederleger hat ferner von Zeit zu Zeit nach den

---

(¹) Z. vgl. § 15 d. Ges. vom 19. Juni 1872 über die Einführung der deutschen Wechselordnung und des Handelsgesetzbuches, sowie die V. vom 24 September 1872. I. 18470 (A. Bl. S. 359), betr. die Ungültigerklärung verlorener Niederlagsscheine.

Waaren zu sehen und mit darüber zu wachen, daß sie durch ihre Lage, durch Ungeziefer ꝛc. nicht leiden, auch, wenn er solches wahrnimmt, den Niederlageverwalter darauf aufmerksam zu machen.

§ 18. Von der einmal durch den Niederlageverwalter angewiesenen Stelle darf die Waare nur mit dessen Erlaubniß versetzt, und es muß jedenfalls dabei nach dessen Anweisung verfahren werden. Glaubt der Niederleger, daß seine Waare nicht gut lagere, und wünscht derselbe für sie eine andere Lagerstelle, so wird ihm diese, wenn Raum dazu vorhanden ist und die Versetzung ohne Störung geschehen kann, auch sonst kein Hinderniß entgegensteht, gewährt werden.

Kann sich der Niederleger hierüber mit dem Niederlageverwalter nicht einigen, so entscheidet der Amtsvorstand.

§ 19. Dem Niederleger ist gestattet, auf schriftliche Anmeldung bei dem Amte, Proben von den niedergelegten Waaren zu entnehmen. Das Oeffnen der Kolli, die Entnahme der Proben und die neue Verschließung der Kolli kann nur unter amtlicher Aufsicht geschehen.

Das Gewicht der entnommenen Proben ist im Niederlageregister bei der betreffenden Post zu vermerken und falls das Gesammtgewicht der entnommenen Proben zollpflichtig ist, bei der Räumung der Post, besonders zur Verzollung zu ziehen.

§ 20. Die Auslegung ausgepackter Waaren zum Verkauf in der Niederlage ist nicht erlaubt. Die Auspackung und vorübergehende Auslegung von Waaren zur Besichtigung, sofern dazu nicht schon die Ansicht von Proben genügt, ist jedoch nicht ausgeschlossen.

§ 21. Die Eigenthümer und Disponenten der lagernden Waaren sind befugt, in der Niederlage, unter Aufsicht der Beamten, die Waaren Behufs der Theilung, Sortirung, Reinigung, Erhaltung und sonstiger mit dem Zwecke der Niederlage zu vereinbarenden Behandlung umzupacken, insofern geeignete Räumlichkeiten dazu vorhanden sind. Es können indeß von der Direktivbehörde nach den örtlichen Verhältnissen für einzelne Niederlagen gewisse Grenzen festgesetzt werden, innerhalb deren die Theilung nur stattfinden darf.

Zur Ergänzung, Auffüllung ꝛc. der lagernden Waarenkolli können Waaren aus dem freien Verkehr in die Niederlage eingebracht werden. Dies muß jedoch vorher schriftlich, unter Angabe der Gattung und Menge, dem Niederlageamt angezeigt werden, welches alsdann die Waaren vor dem Einlaß in die Lagerräume speziell ermittelt und sowohl im Niederlageregister als im Niederlageschein dem zollpflichtigen Lagerbestand zuschreibt. (¹)

(¹) Z. vgl. § 3, Abs. 2.

§ 22. Jede Umpackung ist dem Amte zuvor nach dem beiliegenden Muster C. unter Vorlegung des Niederlagescheins schriftlich anzumelden, und erst, nachdem von dem Amte die erforderliche Aufsicht angeordnet worden ist, vorzunehmen.

Zu dem Antrage auf Gestattung der Umpackung kann auch das für die Abmeldung vorgeschriebene Formular (§ 30) benutzt werden.

§ 23. Bei der Umpackung ist die Waare stets einer speziellen Revision zu unterwerfen, sofern nicht eine solche schon vorher stattgefunden hat. Neben dem Bruttogewicht ist, wenn es der Niederleger wünscht, auch das Nettogewicht der alten und der neuen Kolli zu ermitteln. Ist jedoch mit der Umpackung eine Theilung verbunden, so muß jedesmal auch das Nettogewicht der alten und der neuen Kolli festgestellt werden. Die Waarenpost wird dann im Niederlageregister ab- und nach der neuen Feststellung wieder angeschrieben, und auch der Niederlageschein hiernach berichtigt oder ein neuer ausgestellt. Wird über den ganzen Inhalt eines zur Theilung angemeldeten Kollo nicht sofort vollständig verfügt, so kann, unter Beifügung einer erläuternden Bemerkung, die Abschreibung des abgemeldeten Theils und die Anschreibung des Bruttogewichts des Restes bei dem ursprünglich eingetragenen Kollo im Niederlageregister erfolgen.

Gewichtsabweichungen von dem ursprünglich angeschriebenen Gewicht sind sofort aufzuklären.

Soweit ein Mindergewicht lediglich durch den Akt der Umpackung oder durch zufällige Ereignisse oder durch Eintrocknen, Einzehren, Verstauben, Verdunsten oder gewöhnliche Leckage entstanden und nicht durch Ordnungswidrigkeiten herbeigeführt ist, darf solches zollfrei abgeschrieben werden.

In anderen Fällen ist von der fehlenden Menge der tarifmäßige Eingangszoll einzuziehen, vorbehaltlich des einzuleitenden Strafverfahrens, wenn der Verdacht vorliegt, daß die Gewichtsverminderung in Folge heimlicher Entfernung eines Theils der Waare aus der Niederlage entstanden sei.

Diejenigen Umschließungen, welche durch Umpacken der Kolli während der Lagerung leer geworden sind, unterliegen, sofern sie an sich zollpflichtig, bei der Entnahme aus der Niederlage der tarifmäßigen Verzollung. (¹)

§ 24. Sollen Flüssigkeiten in Fässern durch Ueberleitung der Flüssigkeit in andere Fässer oder sonstige Umschließungen getheilt werden, so ist das Bruttogewicht des Fasses vor der Theilung festzustellen. Es wird demnächst das Bruttogewicht der neu gebildeten Kolli der Verzollung oder weiteren Abfertigung zu Grunde gelegt. Ergiebt sich jedoch, nachdem über den

(¹) Z. vgl. B. R. B. vom 6. Februar 1876. (§ 62 d. Prot.)

ganzen Inhalt eines Fasses verfügt ist, daß die Summe der Bruttogewichte der Theilposten hinter dem im Niederlageregister angeschriebenen Gewichte des Fasses zurückbleibt, und ist nach den Umständen, wie es namentlich bei der Umfüllung in Ballons der Fall ist, anzunehmen, daß die Theilung nur erfolgt sei, um einen Theil des Gewichts des getheilten Fasses der Verzollung zu entziehen, so kann von dem Niederleger die Entrichtung des Eingangszolls für das sich ergebende Mindergewicht gegen das angeschriebene Gewicht des Fasses gefordert werden. (¹)

§ 25. Gelangen Waaren zur Theilung, für welche, neben der Tara für die äußere Umschließung, eine zusätzliche Tara für die weitere innere Umschließung gewährt wird, so kann, sofern nicht vom Niederleger Nettoverwiegung beantragt wird, ohne Rücksicht auf die äußere Umschließung das Gewicht der betreffenden Waare einschließlich ihrer inneren Umschließung zur Grundlage der Taraberechnung genommen werden. Im Falle einer Theilung zum Zweck der Versendung der Waaren mit Begleitschein I ist das Gewicht derselben einschließlich deren innerer Umschließung im Begleitschein zu überweisen und das Bruttogewicht des neu gebildeten Kollo nur nachrichtlich darin zu bemerken.

§ 26. Die von Niederlagegütern ausgesonderten Unreinigkeiten oder verdorbenen Waaren können unter Zollkontrole in das Ausland zurückgeführt oder mit Genehmigung des Amtsvorstandes unter amtlicher Aufsicht vernichtet werden. Die erfolgte Vernichtung wird amtlich festgestellt und im Niederlageregister vermerkt.

§ 27. Waaren, welche während der Lagerung ihre Beschaffenheit dergestalt verändert haben, daß sie in eine andere, einem niedrigeren Zollsatze unterliegende Waarengattung übergegangen sind (z. B. Wein in Essig), können auf Antrag des Niederlegers und auf Grund amtlicher Feststellung, erforderlichenfalls nach erfolgter Denaturirung, mit Genehmigung des Hauptamtes nach Maßgabe ihrer neuen Beschaffenheit im Niederlageregister und im Niederlageschein umgeschrieben werden.

§ 28. Die Waarenbestände der Niederlage sind von Zeit zu Zeit durch den Amtsvorstand oder durch einen von ihm beauftragten obern Beamten einer Revision zu unterwerfen. Zu welchem Zeitpunkte und in welchem Umfange dieselbe stattzufinden hat, bestimmt die Direktivbehörde.

Die Niederleger haben zum Zweck der Revision auf Ver-

---

(¹) Z. vgl. die B. R. B. vom 25. April 1872 (§ 184 d. Prot.) und vom 6. Februar 1876 (§ 62 d. Prot.)

langen Bestandsdeklarationen zu übergeben und das erforderliche Personal zu den vorzunehmenden Handleistungen zu stellen. (1)

§ 29. Die zur Niederlage gebrachten Waaren dürfen in der Regel in der allgemeinen Niederlage nicht über 5 Jahre (V. Z. G. § 98. Abs. 2) und in der beschränkten Niederlage nicht über 6 Monate (V. Z. G. § 105, Abs. 1) lagern. Bei Berechnung der Lagerzeit ist die in andern Niederlagen oder in Privatlägern, welche unter amtlichem Mitverschluß stehen, nicht jedoch die in freien Niederlagen zugebrachte Zeit zu berücksichtigen. (2)

Die für beschränkte Niederlagen bewilligte Frist wird ohne Rücksicht auf die etwa bereits in andern Niederlagen stattgehabte Lagerung gewährt; doch darf die Lagerzeit im Ganzen 5 Jahre nicht überschreiten.

Mit Genehmigung der Direktivbehörde kann ausnahmsweise in einzelnen Fällen eine Verlängerung der Lagerfrist eintreten.

**V. Abmeldung und Verabfolgung aus der Niederlage.**

§ 30. Wenn Waaren aus der Niederlage entnommen werden sollen, so wird darüber von dem Niederleger unter Vorlegung des Niederlagescheines eine Abmeldung nach dem anliegenden Muster D. dem Niederlageverwalter oder dem mit Führung des Niederlageregisters besonders beauftragten Beamten übergeben, welcher die Uebereinstimmung der Angabe mit dem Register prüft und solche auf der Abmeldung bescheinigt, auch diejenigen Bemerkungen, welche sich auf die früher stattgehabten Revisionsakte und sonst auf die weitere Abfertigung der Waaren beziehen, hinzufügt. Hiernach und nach der über die Bestimmung der Waaren in Spalte 14 der Abmeldung gemachten Angabe richtet sich die weitere Abfertigungsweise. Nach dem Ermessen des Amtsvorstandes kann die Abmeldung auch in doppelter Ausfertigung verlangt werden. Sind die Waaren zur Weiterversendung mit Begleitschein bestimmt, so ist das im Begleitscheinregulativ vorgeschriebene Formular zu benutzen.

Wünscht der Niederleger, daß nach Maßgabe des § 103, Abs. 2 des Vereinszollgesetzes das Auslagerungsgewicht der Abfertigung zu Grunde gelegt werde, so hat er dies in seinem Antrage ausdrücklich zu bemerken.

---

(1) Z. vgl. V. vom 31. Juli 1872. I. 15048, betr. die periodische Revision der Waarenbestände in den Niederlagen, sowie § 9 d. Reg. für die Privatlager, § 9 des Reg. über die Zollerleichterungen beim Weingroßhandel und § 8 d. Reg. für die Theilungsläger; außerdem den B. R. B. vom 19. April 1874. (§ 227 d. Prot.)

(2) Z. vgl. § 10 des Reg. über die Zollerleichterungen beim Weingroßhandel und § 9 d. Reg. für Theilungsläger.

§ 31. Auf Grund der Abmeldung zur Verzollung oder zur Versendung auf Begleitschein II. erfolgt die spezielle Revision, insofern solche nicht unmittelbar vor Aufnahme der Waaren in die Niederlage oder später in derselben stattgefunden hat. Auch kann dieselbe dann unterbleiben, wenn auf den Antrag des Niederlegers die Verzollung nach dem höchsten Zollsatze des Tarifs gestattet wird. (V. Z. G. § 32, Abs. 2.)

Vor dem Beginn der speziellen Revision kann der Niederleger die Angaben in der Abmeldung hinsichtlich der Gattung und des Nettogewichts der ohne spezielle Revision zur Niederlage genommenen Waaren ergänzen oder berichtigen. (V. Z. G. §§ 23, 26 und 46.)

Wird bei Waaren, welche in der Niederlage umgepackt worden sind, eine von der gewöhnlichen abweichende Verpackungsart der Waaren oder eine erhebliche Abweichung von dem im Tarif angenommenen Tarasatz bemerkt, so hat die Nettoverwiegung zu erfolgen.

§ 32. Rücksichtlich des der Verzollung oder Abfertigung auf Begleitschein II. zu Grunde zu legenden Gewichts kommen nach § 103 des Vereinszollgesetzes folgende Grundsätze zur Anwendung.

a) Ist das Gewicht jedes einzelnen Kollo im Niederlageregister angeschrieben, oder wird eine aus mehreren Kolli bestehende, aber nur nach ihrem Gesammtgewicht angeschriebene Waarenpost auf einmal ungetheilt von der Niederlage entnommen, so kann

1. die nochmalige Verwiegung des betreffenden Kollo, beziehungsweise der ganzen Waarenpost dann unterbleiben, wenn der Niederleger nicht in Spalte 14 der Abmeldung die Abfertigung nach dem Auslagerungsgewicht beantragt hat und zugleich kein Verdacht einer heimlichen Entfernung eines Theils der Waaren während der Lagerung vorliegt.

2. Findet eine nochmalige Verwiegung statt, und ergibt sich hierbei

α) ein Mindergewicht gegen das Einlagerungsgewicht, so erfolgt die Abfertigung auf Grund des Auslagerungsgewichts, wenn anzunehmen ist, daß dieses Mindergewicht lediglich durch natürliche Einflüsse entstanden sei. Liegt jedoch begründeter Verdacht vor, daß ein Theil der Waaren heimlich aus der Niederlage entfernt worden, so ist — abgesehen von der wegen Zolldefraude etwa einzuleitenden Untersuchung — jedesmal das Einlagerungsgewicht der Abfertigung zu Grunde zu legen.

Ergiebt sich dagegen

β) ein Mehrgewicht, so bildet — unbeschadet der näheren Untersuchung wegen etwa vorgekommener Irrthümer — das Einlagerungsgewicht die Grundlage der Abfertigung.

In beiden Fällen (α und β) ist auf Antrag der Betheiligten jedes Kollo einer größeren Waarenpost, dessen Einlagerungsgewicht seiner Zeit besonders ermittelt und im Niederlageregister angeschrieben war, bezüglich der Gewichtsabweichungen bei der Abmeldung als eine für sich bestehende Waarenpost zu behandeln, wenn über die Identität der einzelnen Kolli nach Zeichen und Nummer kein Zweifel besteht.

b) Wird eine aus mehreren Kolli bestehende, im Niederlageregister unter einem Gesammtgewicht angeschriebene Waarenpost in Theilmengen aus der Niederlage entnommen, so erfolgt die Abfertigung nach dem jedesmal zu ermittelnden Auslagerungsgewicht.

Ergiebt sich hierbei im Ganzen ein Mindergewicht gegen das Einlagerungsgewicht, so kommen bei der Abfertigung der letzten Theilpost die oben unter a. 2 α ausgesprochenen Grundsätze zur Anwendung.

Hinsichtlich des Mindergewichts, welches sich bei den in Theilposten zur Abmeldung gelangenden Flüssigkeiten in Fässern gegen das Gewicht des getheilten Fasses ergiebt, wird auf den § 24 Bezug genommen.

Für Wein, dessen Abfertigung nach dem Auslagerungsgewicht beantragt ist, wird ein Zollrabatt nicht gewährt.

§ 33. Sind die Waaren zur Verzollung abgemeldet, so hat der Niederleger, nachdem der Befund in der Abmeldung bescheinigt ist, den Gefällbetrag gegen Quittung zu entrichten, beziehungsweise ein Kreditanerkenntniß darüber zu ertheilen.

Bei der Abmeldung zur Abfertigung der Waaren auf Begleitschein II. tritt an die Stelle der Gefälleentrichtung die Extrahirung des Begleitscheins.

§ 34. Zum Zweck der Versendung von Niederlagegütern auf Begleitschein I. wird in der Regel das Auslagerungsgewicht ermittelt.

Ergeben sich bei dieser Verwiegung Abweichungen gegen das Einlagerungsgewicht, so wird im Allgemeinen nach der Vorschrift des § 32 unter a 2 und b verfahren, jedoch mit der Maßgabe, daß

1. ein nach jener Vorschrift zollpflichtiges Mindergewicht sofort besonders zum Eingange zu verzollen und der Begleitscheinabfertigung das Auslagerungsgewicht zu Grunde zu legen
2. in Fällen, wo das Einlagerungsgewicht die Grundlage der weiteren Abfertigung bildet, auch das Auslagerungsgewicht im Begleitschein nachrichtlich zu vermerken ist.

§ 35. Die Verwiegung kann, sofern solche nicht vom Niederleger selbst begehrt wird, unterbleiben,

1. wenn die Waaren unter amtlichem Verschluß zur Niederlage gekommen sind und dieser Verschluß während der Lagerung unberührt geblieben ist.
2. wenn die Waaren zwar ohne amtlichen Verschluß zur Niederlage gelangt sind, jedoch
   a) nach der Beschaffenheit derselben eine Veränderung des Gewichts während der Lagerung nicht zu vermuthen ist, wie z. B. bei Metallen, Metallwaaren, Glas, Porzellan und dergleichen, oder
   b) ihre Lagerung nicht über drei Monate gedauert hat und keine Umstände vorliegen, welche auf eine ungewöhnliche Gewichtsveränderung schließen lassen.

§ 36. Sollte für einzelne Niederlageplätze das Bedürfniß entstehen, den in das Ausland zu sendenden unverzollten Waaren Gegenstände des freien Verkehrs in dem nämlichen Kollo beizupacken, so darf dies unter folgenden Bedingungen nachgegeben werden:

1) die unverzollten Waaren sind im Innern des zu bildenden Kollo von den Gegenständen des freien Verkehrs durch besondere Verpackung getrennt zu halten, auch ist der der Menge nach geringere Theil der Waaren für sich amtlich zu verschließen;
2) das Gesammtkollo wird unter Bleiverschluß gesetzt und
3) im Begleitscheine der Beipackung von Gegenständen des freien Verkehrs erwähnt, auch die Gattung, Menge und der etwaige Verschluß der letzteren, sowie das Bruttogewicht des Gesammtkollo angegeben.

Ist wegen der Beschaffenheit der Waaren, die Bedingung unter 1 nicht zu erfüllen, so kann die Beipackung von Gütern des freien Verkehrs nur unter der Bedingung stattfinden, daß dieselben die Natur fremder unverzollter Waare annehmen.

§ 37. Sollen Waaren aus der Niederlage eines Grenzzollamtes unmittelbar in das Ausland versendet werden, und erfolgt die Ausfuhr unter den Augen des Grenzzollamtes oder unter amtlicher Begleitung, so beschränkt sich die Abfertigung darauf, daß die Ausfuhr von dem Amte oder den Begleitungsbeamten auf der Abmeldung bescheinigt wird.

§ 38. Die Waaren werden gegen Vorzeigung der Zoll-Quittung, beziehungsweise der betreffenden Abfertigungspapiere aus der Niederlage abgelassen. Es erfolgt demnächst ihre Abschreibung im Niederlageregister. Binnen 24 Stunden müssen die Waaren aus der Niederlage entfernt werden.

§ 39. Wo Lagergeld erhoben wird (V. Z. G. § 99), ist dasselbe von dem bei der Einlagerung der Waaren angeschriebenen und im Falle einer Umpackung von dem dabei ermittelten Bruttogewichte zu erheben. ([1])

§ 40. Mit Niederlagegütern, deren Eigenthümer (Disponent) unbekannt ist, oder deren Abnahme von der Niederlage nach Ablauf der Lagerfrist (§ 29) von dem der Zollbehörde bekannten Eigenthümer verweigert wird, ist nach § 104 des Vereinszollgesetzes zu verfahren.

Bleibt in solchen Fällen beim öffentlichen Verkauf der Waaren das Meistgebot nach Abzug der Kosten hinter dem Betrage des Eingangszolles zurück, so entscheidet die Direktivbehörde darüber, ob der Zuschlag zu ertheilen und der Erlös auf den Eingangszoll zu verrechnen oder ob die Waaren unter Abstandnahme von dem Verkauf amtlich zu vernichten seien.

§ 41. Zuwiderhandlungen gegen die Vorschriften dieses Regulativs werden, soweit nicht die Strafen der §§ 134—151 des Vereinszollgesetzes Anwendung finden, in Gemäßheit des § 152 dieses Gesetzes mit einer Ordnungsstrafe bis zu 50 Thalern geahndet. VI. Strafbestimmungen.

(Folgen die Muster.) ([2])

## II. Regulativ für Privatläger. ([3])

(V. Z. G. §§ 108 und 109.)

In Gemäßheit des § 109 des Vereinszollgesetzes werden für die Privatläger folgende nähere Vorschriften ertheilt:

§ 1. In Privaträumen können Waaren, auf denen ein Zollanspruch haftet, unter oder ohne Mitverschluß der Zollbehörde niedergelegt werden. I. Allgemeine Bestimmungen.

Die Privatläger (V. Z. G. § 108) sind entweder A. Arten der Privatläger.

a) Kreditläger, wenn die Waaren zum Absatz im Vereinsgebiete bestimmt und nur zur Sicherung des darauf ruhenden, aber kreditirten Eingangszolles niedergelegt sind, oder

b) Transitläger, wenn die zu lagernden Waaren zugleich oder ausschließlich zum Absatze nach dem Auslande bestimmt sind.

§ 2. Privatläger sind in der Regel nur am Sitze einer mit zwei Beamten besetzten Zoll- oder Steuerstelle gestattet. B. Bewilligung des Lagers.

Dieselben werden lediglich an Gewerbtreibende bewilligt,

---

([1]) Z. vgl. B. vom 24. Dezember 1874. I. 17881 (A. Bl., S. 391) betr. das Lagergeld für die in den zollamtlichen Niederlagen lagernden Waaren.

([2]) S. Amtsbl. 1871. S. 406, ff.

([3]) Festgestellt durch B. R. B. vom 17. April 1871. (§ 139 d. Prot. — Drucks. Nr. 59 von 1870.)

welche kaufmännische Bücher ordnungsmäßig führen, das Vertrauen der Verwaltung genießen und entweder selbst am Lagerorte wohnen, oder einen dort wohnhaften geeigneten Vertreter bestellen. (¹)

Ueber die Bewilligung, welche jederzeit widerruflich ist. entscheidet die Direktivbehörde. Die Bewilligung wird nur ertheilt, wenn ein Bedürfniß im Interesse des Verkehrs anzuerkennen ist.

C. Lagerräume. § 3. Die für ein Privatlager bestimmten Räume müssen so beschaffen sein, daß die Güter darin abgesondert von anderen Waaren gelagert werden können. Bei Lägern unter Mitverschluß der Zollbehörde bedarf es überdies einer so vollständigen Abschließung, daß ohne Lösung des amtlichen Verschlusses oder leicht wahrnehmbare Beschädigung der Umschließungen des Lagerraums Waaren weder in letzteren gebracht, noch aus demselben entfernt werden können.

Der Lagerinhaber hat den amtlichen Anforderungen in Bezug auf die sichernde Einrichtung der Lagerräume Folge zu leisten.

Der zollamtliche Verschluß geschieht mittelst besonderer Kunstschlösser, welche die Zollverwaltung auf Kosten des Lagerinhaberss liefert und nach Auflösung des Lagers zurücknimmt. (²)

D. Haftpflicht des Lagerinhabers. Sicherheitsleistung. § 4. Der Lagerinhaber haftet für die tarifmäßigen Zollgefälle, welche auf den zu einem Privatlager abgelassenen Waaren ruhen, und zwar bei Kreditlägern unbedingt nach Maßgabe des bei der Verabfolgung zum Lager festgestellten Gewichts und ohne Rücksicht auf eine daran während der Lagerung durch natürliche Einflüsse oder zufällige Ereignisse eingetretene Abminderung oder Zerstörung.

Dasselbe gilt für die nicht unter Mitverschluß der Zollbehörde stehenden Transitläger, soweit nicht die Entrichtung der Abgabe an anderen Orten, oder die Aufnahme der Waaren in ein anderes unverzolltes Lager oder endlich die Ausfuhr derselben in vorgeschriebener Art nachgewiesen wird. Dagegen finden bei Transitlägern, welche unter amtlichem Mitverschluß stehen, die Bestimmungen in dem § 103 des Vereinszollgesetzes Anwendung (V. Z. G. § 108).

Rücksichtlich der zu leistenden Sicherheit gelten die von der obersten Landesfinanzbehörde getroffenen Bestimmungen.

---

(¹) Z. vgl. Art. 28—40 des Allg. deutschen Handelsgesetzbuchs. (G. E. L. 1872. S. 242.)

(²) Z. vgl. Nr. 1 d. Verf. vom 7. Juni 1874. I. 9067 (A. Bl., S. 158.)

§ 5. Das Gesuch um Bewilligung eines Privatlagers ist beim Hauptamte einzureichen. In dem Gesuche sind die Lagerräume, unter Beschreibung der einzelnen Theile anzumelden und die zu lagernden Waaren mit ihrer tarifmäßigen Benennung namhaft zu machen, auch ist darin anzugeben, in welcher Weise die etwa zu leistende Sicherheit (§ 4) bestellt werden soll. E. Antrag auf Bewilligung.

Veränderungen an den Lagerräumen unterliegen gleichfalls der Anmeldung und bedürfen der vorgängigen Genehmigung durch das Hauptamt. (1)

§ 6. Die Anmeldung der Waaren zum Privatlager geschieht nach den Vorschriften des § 6 des Niederlageregulativs. F. Anmeldung zum Lager.

Zur Anmeldung der von einer öffentlichen Niederlage oder einem Privattransitlager auf ein Privatlager desselben Orts übergehenden Waaren dient ein Duplikat der Abmeldung, welches von dem Anmelder zur Anerkennung des Zuganges der Waaren auf sein Lager mit vollzogen wird.

Die Direktivbehörde kann für die Anmeldung der Waaren Minimalgrenzen festsetzen.

§ 7. Die Revision der zur Aufnahme in ein Privatlager bestimmten Waaren hat im Allgemeinen nach Vorschrift des § 7 des Niederlageregulativs, und zwar in der Regel an ordentlicher Amtsstelle zu geschehen, von welcher aus der Transport zu den unter Mitverschluß der Zollbehörde stehenden Lägern amtlich zu kontroliren ist. Ueber die Zulässigkeit der Abfertigung an einem anderen Orte, deren Kosten der Lagerinhaber zu tragen hat, entscheidet der Amtsvorstand. G. Abfertigung zum Lager.

§ 8. Für jedes Privatlager wird bei dem Amte ein Konto in dem Niederlageregister eröffnet. H. Kontoführung.

Die An- und Abschreibung der Waaren, für welche der Tarif eine Taravergütung bewilligt, erfolgt bei den Transitlägern ohne amtlichen Mitverschluß und bei Kreditlägern nach dem Nettogewicht. Neben dem Nettogewicht ist bei Transitlägern jedesmal auch das Bruttogewicht zu vermerken.

§ 9. Der Zollverwaltung steht jederzeit die Revision des Lagers frei. Der Lagerinhaber oder ein Vertreter desselben hat der Revision beizuwohnen und ist verpflichtet, auf Verlangen eine Bestandsdeklaration abzugeben, sowie die zur Vornahme der Revision erforderlichen Vorkehrungen nach Anweisung der dieselbe leitenden Beamten zu treffen und die nöthigen Handleistungen auf eigene Kosten und Gefahr verrichten zu lassen. Namentlich müssen für das Lager ausreichende geaichte Waagen und Gewichte stets zur Verfügung stehen. J. Revision und Beaufsichtigung des Lagers.

---

(1) Wie Anm. 2 auf S. 220.

Wann und in welchem Umfange die Lagerrevisionen stattzufinden haben, bestimmt die Direktivbehörde, soweit nicht darüber in dem § 16 Anordnung getroffen ist. (¹)

Den Anträgen auf Oeffnung der unter amtlichem Mitverschluß befindlichen Privatläger ist nach Maßgabe der verfügbaren Beamtenkräfte thunlichst bald zu entsprechen.

Die Zeit und Dauer der Offenhaltung wird für die einzelnen Läger nach Bedürfniß vom Amte bestimmt.

Für die amtliche Bewachung der Läger während ihrer Oeffnung kann von den Lagerinhabern eine Gebühr gefordert werden, welche jedoch den Betrag von 1 Thlr. für den Tag und den Beamten nicht überschreiten darf. (²)

K. Lagerfrist. § 10. Die auf Privatlager gebrachten Waaren dürfen in der Regel in Transitlägern nicht über 5 Jahre, in Kreditlägern nicht über 6 Monate lagern.

Bei Berechnung der Lagerzeit für Transitläger ist die in öffentlichen Niederlagen (mit Ausschluß der freien Niederlagen) oder Transitlägern zugebrachte Zeit zu berücksichtigen.

Die für Kreditläger bewilligte Frist wird ohne Rücksicht auf die etwa bereits in anderen Niederlagen stattgehabte Lagerung gewährt, doch darf die Lagerzeit im Ganzen 5 Jahre nicht überschreiten.

Mit Genehmigung der Direktivbehörde kann ausnahmsweise in einzelnen Fällen eine Verlängerung der Lagerfrist eintreten, jedoch darf sich die verlängerte Lagerfrist bei den Kreditlägern nicht über das Kalenderjahr der Einlagerung hinaus erstrecken.

Wird aus Waaren, welche zu verschiedenen Zeiten eingelagert sind, ein gemeinsames Kollo gebildet, so wird die Lagerzeit für dasselbe von der Einlagerung des am längsten lagernden Theiles an berechnet.

L. Aufhebung des Lagers. § 11. Das Recht zur Haltung des Lagers erlischt:

1) durch die Erklärung des Lagerinhabers, daß er das Lager aufgebe, durch die Uebertragung des Geschäftes, zu dessen Gunsten das Lager bewilligt worden, auf einen Andern,

(¹) Z. vgl. § 28 d. N. L. R. und die V. vom 31. Juli 1872. I. 15048 (A. Bl., S. 285); ferner B. R. B. vom 19. April 1874. (§ 227 d. Prot.) wegen der Verrechnung der betreffenden Zolleinnahmen.

(²) In Bezug auf die für die amtliche Bewachung der Privatlager während ihrer Oeffnung zu erhebenden Gebühren, ist die lith. V. vom 15. Juni 1874. I. 9405 maßgebend. Z. vgl. übrigens den B. R. B. vom 23. Juni 1871 (§ 361, Nr. II. d. Prot.) und den Erl. d. R. K. A. vom 19. August 1871, sowie die Anm. hierzu.

durch den Tod des Lagerinhabers oder die Eröffnung der des Konkurses über sein Vermögen, sofern nicht die Direktivbehörde den Uebergang auf die Geschäftsnachfolger, die Erben oder die Konkursmasse genehmigt;

2) durch Ablauf der Zeitdauer der Bewilligung, sowie durch Zurücknahme der letzteren Seitens der Direktivbehörde. Die Zurücknahme kann insbesondere erfolgen, wenn der Lagerinhaber in Berichtigung der Zollgefälle für die Lagergüter sich säumig zeigt oder Bedenken gegen die Zahlungsfähigkeit desselben entstehen, desgleichen wenn von demselben oder den Personen, welche er nach § 153 Nr. 1 des Vereinszollgesetzes zu vertreten hat, Defrauden oder Ordnungswidrigkeiten in Bezug auf das Lager verübt werden.

In allen Fällen des Aufhörens eines Privatlagers ist sofort das ganze Lager zu verzollen, soweit nicht die Direktivbehörde Aufschub gewährt, oder bei Transitlägern die Waaren innerhalb einer von genannter Behörde zu bestimmenden Frist unter Begleitscheinkontrole abgefertigt, beziehungsweise auf ein anderes Lager desselben Orts übertragen werden.

II. Besondere Bestimmungen. A. Transitläger unter amtlichem Mitverschluß.

§ 12. Auf Transitläger unter amtlichem Mitverschluß finden die Bestimmungen des Niederlageregulativs Anwendung.

Ausnahmsweise ist es gestattet, Transitläger in der Weise zuzulassen, daß eine Festhaltung der Identität der einzelnen Kolli nicht stattfindet, und in Folge dessen die Behandlung, Umpackung und Theilung der gelagerten Waaren ohne Beschränkung unter amtlicher Aufsicht erfolgen kann (s. g. Theilungsläger, Weintransitläger u. s. w.).

Die näheren Vorschriften für solche Läger erläßt der Bundesrath. (1)

B. Transitläger ohne amtlichen Mitverschluß. 1. Gegenstände der Lagerung.

§ 13. Transitläger ohne amtlichen Mitverschluß sind nur zulässig für Waaren, welche mit keinem höheren Eingangszoll als einem halben Thaler für den Zentner belegt, oder welche in dem beifolgenden Verzeichnisse (Anlage A) aufgeführt sind.

Die oberste Landesfinanzbehörde kann ausnahmsweise auch andere mit 15 Sgr. bis 1 Thlr. einschließlich für den Zentner belegte Gegenstände zulassen, wenn ein Verkehrsbedürfniß anzuerkennen ist und im Interesse der Zollsicherheit keine Bedenken entgegenstehen.

2. Behandlung während der Lagerung. Umpackung.

§ 14. Die Umpackung, Theilung, auch Bearbeitung der Waaren zum Zweck der Sortirung, Reinigung, Erhaltung rc. ist während der Lagerung gestattet, auch ist eine jede weiter-

(1) Z. vgl. B. R. B. vom 2. Dezember 1871 (§ 627 d. Prot.), das Reg. für Theilungslager betr.

gehende Behandlung der Waaren zulässig, sofern diese dadurch nicht eine Veränderung erleiden, welche eine andere Benennung oder die Unterordnung unter einen andern Tarifsatz zur Folge haben würde. Ausnahmen hiervon bedürfen der Genehmigung der obersten Landesfinanzbehörde. ([1])

Eine jede Umpackung oder sonstige Bearbeitung 2c. der Waaren, in Folge deren Kolli von anderer Zahl, Art und Bezeichnung, oder von anderem Gewicht gebildet, oder vermittelst welcher zu verschiedenen Zeiten eingelagerte Waaren zusammengepackt werden, ist thunlichst einen Tag zuvor, unter Angabe der Gattung und Menge der Waaren, sowie des Beginns der Arbeit und der voraussichtlichen Dauer derselben, nach Muster B dem Amte zum Zwecke etwa anzuordnender Beaufsichtigung anzumelden.

Sogleich nach beendigter Arbeit ist weitere Anzeige nach Muster B zu machen. Es findet sodann Ab- und Wiederanschreibung im Lagerkonto, jedoch mit gleichzeitiger Festhaltung des ursprünglichen Einlagerungsgewichtes statt. Der Zoll für etwa entstandenes Mindergewicht ist am Halbjahrsschluß einzuziehen.

Ausnahmsweise ist es gestattet, von der Festhaltung der Identität der einzelnen Kolli mit der Wirkung abzusehen, daß die Behandlung, Umpackung und Theilung der gelagerten Waaren uneingeschränkt und ohne Anmeldung erfolgen kann. Die Einhaltung der Lagerfrist ist in diesem Falle in der Art zu kontroliren, daß nach Verlauf von 5 Jahren eine der Anschreibung entsprechende Menge von Waaren derselben Gattung wieder zur Abschreibung gelangt sein muß. Die Direktivbehörde entscheidet über die Zulässigkeit solcher Ausnahmen und regelt das weitere Verfahren für dieselben.

**3. Abgang vom Lager durch Versendung auf Begleitschein oder Uebertragung auf ein anderes Lager.**

§ 15. Waaren, welche von einem Transitlager mit Begleitschein I oder II versendet oder auf ein anderes Lager gebracht werden sollen, sind speziell zu revidiren, im Uebrigen aber nach den allgemeinen Bestimmungen des Begleitschein- und Niederlageregulativs (vergl. auch oben § 6, Abs. 2) abzufertigen. ([2])

Bei der speziellen Revision wird die Nettoverwiegung nur nöthig, soweit dieselbe vor der Annahme zum Lager stattgefunden hat. Der weiteren Abfertigung ist das neu ermittelte Gewicht zu Grunde zu legen, der Zoll für etwaiges Mindergewicht aber am Halbjahresschlusse zu entrichten.

---

([1]) Z. vgl. B. R. B. vom 8. Mai 1869 (§ 29 d. Prot.), betr. das Vermahlen von Reis auf unverschlossenen Pr. T. L.

([2]) Z. vgl. die B. R. B. vom 12. November 1871 (§ 557 d. Prot.) und vom 1. Dezember 1873 (§ 578 d. Prot.)

Die Direktivbehörde kann für die Abmeldung der Waaren Minimalgrenzen festsetzen.

4. Abmeldung zur Verzollung.

§ 16. Am 2. Januar und 1. Juli jeden Jahres, oder wenn einer dieser Tage auf einen Sonntag oder Feiertag fällt, am folgenden Tage, hat der Lagerinhaber dem Amte eine Abmeldung über die zu verzollenden Waaren nach dem Muster C in zweifacher Ausfertigung zu übergeben. (¹)

Waaren, deren Lagerfrist abgelaufen ist, sind unter dem Lagerbestand (Spalte 9 bis 11) nicht mit aufzuführen und vor der Bestandsrevision vom Lager zu entfernen.

Die Abmeldung wird mit dem Lagerkonto verglichen, nöthigenfalls berichtigt, und der alsbald vorzunehmenden Bestands-Revision zu Grunde gelegt. Die letztere kann hinsichtlich der Menge und Gattung probeweise geschehen, wenn die Umstände Bedenken nicht ergeben.

Der Lagerinhaber erhält das eine Exemplar der Abmeldung, nachdem der Zollbetrag berechnet worden, zurück und hat sodann binnen längstens acht Tagen Zahlung zu leisten. Ein weiterer Geldkredit ist unzulässig.

Im Falle einer Tarifänderung sind die seit dem Schluß des letzten Halbjahrs in den freien Verkehr gesetzten Mengen, für welche noch der frühere Tarifsatz in Anwendung kommt, sofort durch Bestandsrevision festzustellen.

C. Kreditläger.

§ 17. Bei Kreditlägern findet in der Regel ein amtlicher Mitverschluß nicht statt. In dieselben können Waaren aller Art aufgenommen werden. (²)

Wegen der Umpackung rc. gelten die Bestimmungen im § 14, Abs. 1. Eine Anmeldung (Abs. 2 und 3) ist nicht erforderlich.

Hinsichtlich der Verzollung finden die Bestimmungen im § 16, Abs. 1, 3 und 4 Anwendung. Die Einhaltung der Lagerfrist ist in der Weise zu kontroliren, daß am Schlusse jeden Halbjahres mindestens eine Waarenmenge zur Verzollung gebracht werden muß, welche dem aus dem vorausgegangenen Halbjahr übernommenen Lagerbestand derselben Gattung gleichkommt.

Die für Salzkreditläger erlassenen Bestimmungen, insonderheit bezüglich der monatlichen Bestandsdeklaration und Verzollung, bleiben in Geltung. (³)

---

(¹) Z. vgl. § 9.

(²) Ein Gesuch um Zollerlaß für auf Privatkreditlager abgelassene *verbrannte* Waaren ist durch B. R. B. vom 13. Februar 1875 (§ 130 d. Prot.) abgelehnt worden.

(³) Z. vgl. B. R. B. vom 2. Juli 1869 (§ 132 d. Prot.), betr. die Errichtung von Privatsalzlagern s. Abschn. XI.

§ 18. Zuwiderhandlungen gegen die Vorschriften dieses Regulativs werden, soweit nicht die Strafen der §§ 134 bis 151 des Vereinszollgesetzes Anwendung finden, in Gemäßheit des § 152 daselbst mit einer Ordnungsstrafe bis zu 50 Thalern geahndet.

Anlage A.

**Verzeichniß**

derjenigen Gegenstände, welche mit mehr als ½ Thaler Zoll für den Zentner belegt, ohne Mitverschluß der Zollbehörden zum Privattransitlager abgelassen werden. (¹)

| Nummer und Unterabtheilung des Tarifs. | Zahlung. Thlr. | Sgr. | Benennung der Gegenstände. |
|---|---|---|---|
| 5. a. | 3 | 10 | Aetherische Oele, als: Bergamott-, Citronen-, Lavendel-, Lorbeer- (nicht butterartiges), Mandel-, (Bittermandelöl), Pommeranzen-, Pommeranzenblüthen-Oel und dergleichen. |
| 5. b. | 2 | — | Rosmarin- und Wachholder-Oel. |
| 6. b. (²) | | | |
| 25. h. 1. | 2 | — | Frische Südfrüchte, als: Apfelsinen, Citronen, Limonen, Pommeranzen, Granaten und dergl. |
| 25. h. 2. α. | 4 | — | Getrocknete Südfrüchte, als: Datteln, Feigen, Korinthen, Mandeln, Pfirsichkerne, Rosinen, Pommeranzen und dergl. |
| 25. i. | 6 | 15 | Von den Gewürzen aller Art die nachstehenden: roher Ingber, Kardamomen, Muskatnüsse, Muskatblüthe, Vanille, Saffran, Nelken, Pfeffer, Piment, Zimmt, Zimmtcassia, Zimmtblüthen, Zimmtblüthenstengel und Mutterzimmt. |
| 25. m. 1. | 5 | 25 | Kaffee, roher. |
| 25. m. 2. | 5 | 25 | Kakao in Bohnen. |
| 25. m. 3. | 2 | — | Kakaoschalen. |
| 25. p. 1. α. | 7 | — | Gebrannter Kaffee. |
| 25. w. | 8 | — | Thee. |
| 31. d. | 3 | 10 | Pommeranzenblüthenwasser. |

(¹) Z. vgl. die B. R. B. vom 8. Mai 1869 (§ 21 d. Prot.) und 28. Februar 1873 (§ 73 d. Prot.) betr. die Zulassung finnischer Butter in unverschlossene Privatlager in Lübeck.

(²) Fällt nach Aufhebung d. Eisenzölle vom 1. Jan. 1877 ab aus.

Folgen die Anlagen B und C, enthaltend die Muster zu den §§ 14 und 16 des Regulativs, nebst einer Anleitung zum Gebrauche des Musters C. (¹)

**18. August 1871.** — Erl. d. R. K. A. betr. die Gebührenfreiheit für die Bewachung der unter besonderem amtlichem Verschluß stehenden Weintheilungslager. (A. Bl., S. 478.) (²)

In Erwiederung auf den gefälligen Bericht vom 8. d. Mts., betreffend die Gebühren für die amtliche Aufsicht in Weintheilungslagern (Nr. 13439), erklärt das R. K. A. sich damit einverstanden, daß in Elsaß-Lothringen

1) für die amtliche Bewachung eines jeden unter besonderem amtlichem Verschluß stehenden Weinlagers bis zu einem Maximum von jährlich 30 Arbeitstagen bis auf Weiteres Gebührenfreiheit zugestanden werde und daß ferner

2) für Oeffnungen des Lagers, welche nicht den Zweck der Arbeit in demselben haben, sondern welche z. B. zum Zweck der Entnahme von Wein erfolgen, und von kurzer Dauer sind, Gebührenfreiheit eintrete. (³)

**6. Oktober 1871.** — Bek. betr. die Bewilligung fortlaufender Konten. (A. N., Nr. 770. Str. Ztg., Nr. 241.) (⁴)

Zur Erleichterung des Vertriebs ausländischer Waaren nach dem Auslande können an Handelsplätzen, an welchen sich hierzu ein Bedürfniß ergiebt, unter gewissen Bedingungen unverzollte

---

(¹) S. A. Bl. 1871. S. 420 ff.

(²) Z. vgl. V. d. K. vom 26. August 1871. Nr. 14235 (A. Bl., S. 477.)

(³) Z. vgl. B. R. B. vom 23. Juni 1871 (§ 361, Nr. II. d. Prot.). Gemäß Erl. d. R. K. A. vom 18. November 1874. 1605. III. soll übrigens die bis zu einem Maximum von 30 Tagen zugestandene Gebührenfreiheit bei denjenigen Lagerinhabern, welche das Aufsichtspersonal mehr als 30 Tage in Anspruch nehmen, in der Weise zur Anwendung kommen, daß bei Berechnung der Gebühren nur die, den Zeitraum von 30 Tagen übersteigende Arbeitszeit in Anrechnung gebracht wird.

Vgl. außerdem die V. vom 15. Januar 1874. I. 656, die lith. V. vom 15. Juni 1874. I. 9405 und die an die H. St. Aemt. Straßburg u. Mülhausen gerichtete V. vom 11. Dezember 1875. I. 16740.

(⁴) A. Bl. S. 513.

fremde Waaren an Großhandlungen mit der Maßgabe verabfolgt werden, daß die Eintragung der Waaren in ein fortlaufendes Konto stattfindet und demnächst die Wiederausfuhr derselben nachgewiesen oder die Verzollung zum Eingange bewirkt werden muß.

Es wird dies hierdurch mit dem Bemerken zur öffentlichen Kenntniß gebracht, daß die näheren in einem Regulativ zusammengestellten Bedingungen für die Bewilligung eines fortlaufenden Konto's bei den Kaiserlichen Hauptzollämtern eingesehen werden können. (¹)

## Regulativ,

### die fortlaufenden Konten betreffend. (²)

(V. Z. G. § 110.)

Zur Erleichterung des Vertriebs ausländischer Waaren nach dem Auslande können unter den nachstehenden Bestimmungen an Großhandlungen unverzollte fremde Waaren mit der Maßgabe verabfolgt werden, daß die Eintragung der Waaren in ein fortlaufendes Konto stattfindet und demnächst die Wiederausfuhr derselben nach dem Auslande nachgewiesen oder die Verzollung zum Eingange bewirkt werden muß.

A. Bedingungen für die Bewilligung eines fortlaufenden Kontos.

1. Großhandlungen, denen ein solches bewilligt werden kann.

§ 1. Die Erlaubniß, ein fortlaufendes Konto zu halten, wird nur solchen Großhandlungen ertheilt, welche im Rufe der Zuverlässigkeit und kaufmännischen Solidität stehen, die Handelsgeschäfte als Kaufleute betreiben und darüber gehörige kaufmännische Bücher führen, welche ferner den Beweis, daß eines der nachstehend (§ 2) bestimmten Kriterien von ihnen bereits erfüllt worden sei, zu führen und die erforderliche Sicherheit (§ 5) zu bestellen im Stande sind. Die Bewilligung erfolgt durch die Direktivbehörde. Sie ist lediglich ein Akt des Vertrauens und kann jederzeit von der obersten Finanzbehörde ohne Weiteres widerrufen werden.

Waaren, auf welche das Konto sich erstrecken kann und die erforliche geringste Menge derselben.

§ 2. Die Bewilligung eines fortlaufenden Kontos kann sich auf folgende Waaren erstrecken:

baumwollene Waaren; Waaren aus Wolle oder anderen Thierhaaren; Leinenwaaren; seidene und halbseidene Waaren; Kleider und Putzwaaren; leinene Leibwäsche; Gewebe aller Art mit Kautschuck überzogen oder getränkt, oder in Verbindung mit Kautschuckfäden; kurze Waaren; lederne

---

(¹) Z. vgl. d. V. von demselben Tage Nr. 14390. A. Bl., S. 513.

(²) Festgestellt durch B. R. B. vom 23. Juni 1868 (§ 164 d. Prot. — Drucks. Nr. 84.)

Handschuhe; Stroh- rc. Hüte; außerdem auf Meßplätzen auf alle Waaren, für welche nach der betreffenden Meßordnung ein Meßkonto eröffnet werden kann. (¹)

Der obersten Finanzbehörde bleibt es indeß überlassen, soweit sich ein Bedürfniß dazu ergiebt, diejenigen Waaren, welche auf Meßplätzen zum fortlaufenden Konto verstattet sind, auch auf andern, als Meßplätzen, ferner auch andere, als die oben bezeichneten Waaren, sowohl auf Meß- als andern Plätzen zur Kontirung zuzulassen.

Die Vergünstigung ist an die nachstehend zu a. und b. angegebenen Bedingungen geknüpft:

a. die Menge der im Konto von einem halben Jahre zum andern, d. h. von einem halbjährlichen Kontoabschluß bis zum andern (§ 29) zur Anschreibung gelangten Waaren muß mindestens betragen:

1) bei Waaren aus Wolle und anderen Thierhaaren der Tarifnummern 41. c. 4. und 11 d. (mit Ausnahme der Roßhaargeflechte und Spitzen)
250 Ztr.;

2) bei Waaren aus Baumwolle der Tarifnummern 2 c. 1 u. 2.
175 Ztr.;

3) bei leinenen Waaren der Tarifnummern 22 f. und g.; leinener Leibwäsche der Tarifnummeru 18. e. und Waaren aus Wolle und anderen Thierhaaren der Tarifnummern 41. c. 2. und 3.
150 Ztr.;

4) bei Geweben aller Art mit Kautschuck überzogen oder getränkt oder in Verbindnng mit Kautschuckfäden der Tarifnummern 17. e. und f.
80 Ztr.; (²)

5) bei seidenen und halbseidenen Waaren, Tarifnummern 30 c. und d.; Kleidern und Putzwaaren der Tarifnummern 18. a., b., c. und d.; Baumwollenwaaren der Tarifnummer 2. c. 3.; Roßhaargeflechten und Spitzen aus Tarifnummer 11. d.; leinenen Waaren

---

(¹) Z. vgl. Art. 14 d. Z. V. V. vom 8. Juli 1867 und Nr. 12 d. Schlußprotokolls zu demselben, Bd. I. S. 26 u. 37. — Diese Meßplätze sind Frankfurt a. O., Leipzig, Frankfurt a. M. und Braunschweig. Die betreffenden Meßordnungen sind unterm 31. März 1832, 4. Dezember 1833, 5. März 1836 und 21. Dezember 1841 erlassen.

(²) Z. vgl. B. R. B. vom 17. April 1871, wegen der Kontirung von Gummischuhen.

der Tarifnummer 22. h. und i. und Wollenwaaren der Tarifnummer 41. c. 1.; kurzen Waaren der Tarifnummern 20. a. und b.; ledernen Handschuhen, Tarifnummer 21. e. und Stroh- ꝛc. Hüten, Tarifnummer 35. d. 1. und 2.

30 Ztr.;

6) bei den nicht unter die Kategorien 1. bis 5. gehörigen Waaren, sofern sie nach der Meßordnung kontofähig oder von der obersten Finanzbehörde zur Kontirung zugelassen sind,

200 Ztr.;

b. Die Menge der im Laufe des Jahres abgesetzten (durchgeführten und in das Vereinsgebiet verkauften) Waaren muß mindestens betragen:

zu a. 1. 80 Zentner.
zu a. 2. 60 "
zu a. 3. 50 "
zu a. 4. 30 "
zu a. 5. 10 "
zu a. 6. 70 "

Hierbei treten folgende nähere Bestimmungen ein:

1) Der bei dem jedesmaligen Kontoabschluß verbleibende Bestand gelangt in dem folgenden Konto wieder zur Anschreibung.

2) Wenn ein Kontolager mehrere Waarenkategorien umfaßt, so werden die vorstehend angegebenen Bedingungen als erfüllt angesehen, sofern für den hauptsächlichsten Geschäftszweig die Mengen der angeschriebenen und der verkauften Waaren unter Zurechnung der Mengen von Waaren aus anderen Kategorien die vorgeschriebenen Summen erreichen.

Für die Beurtheilung, welcher Geschäftszweig als der hauptsächlichste anzusehen sei, ist der aus der Anschreibung des letzten Semesters sich berechnende Zollwerth maßgebend. Ebenso ist bei der Zurechnung der Waarenmengen aus anderen Kategorien der Zollwerth zu berücksichtigen. Führt z. B. ein Kaufmann neben verschiedenen anderen Artikeln dem Zollwerthe nach halbseidene Waaren als hauptsächlichsten Geschäftszweig und beträgt von letzteren die halbjährliche Anschreibung 20 Zentner, so wird das unter a. Nr. 5. bezeichnete Kriterium der Anschreibung doch als erfüllt angesehen, wenn der Zollwerth der sonst noch angeschriebenen Waaren den Zollwerth der noch fehlenden 10 Zentner halbseidener Waaren, d. i. 300 Thlr. (1125 Fr.) erreicht oder übersteigt. Das Kriterium der Abschreibung wird als erfüllt erachtet, wenn überhaupt der Zollwerth des gesammten jährlichen Absatzes an kontirten Waaren dem Zollwerthe des für halbseidene Waaren bestimmten Minimums von 10 Zentnern (300 Thlr. = 1125 Fr.) mindestens gleichkommt.

3) Uebernimmt ein Großhändler auf sein Konto Waarenposten von laufenden Konten anderer Großhändler, so werden diese Posten bei Berechnung der zur Anschreibung gelangten Mengen nur dann, wenn dergleichen Uebertragungen früher von seinem Konto ebenfalls stattgefunden haben und zwar insoweit berücksichtigt, als die letztern von den erstern überschritten werden.

4) Ebenso finden die aus andern vereinsländischen Packhofsstädten unter Begleitscheinkontrole eingehenden Sendungen nur insoweit Berücksichtigung, als sie die früheren unter Begleitscheinkontrole bewirkten Sendungen nach dergleichen Städten übersteigen. Entgegengesetzten Falls sind dieselben als nicht anrechnungsfähig im Konto zu bezeichnen.

5) Dagegen werden die Waarenmengen, welche von einem Kontoinhaber unmittelbar vom Auslande unter Begleitscheinkontrole nach andern vereinsländischen Plätzen eingeführt und dort auf ein fortlaufendes Konto angeschrieben oder zur Niederlage gebracht sind, auf erfolgten Nachweis bei Berechnung der Menge der zur Anschreibung gelangten Waaren mit in Ansatz gebracht.

Es ist aber in einem solchen Falle im fortlaufenden Konto der Großhandlung, welche Waaren aus dem Auslande nach andern vereinsländischen Plätzen eingeführt hat, jeder Waarenzugang von dem betreffenden Platze, mit Einschluß der zu 4. gedachten, unter der dort erwähnten Voraussetzung sonst anrechnungsfähigen Sendungen, er erfolge unmittelbar oder mittelbar, als nicht anrechnungsfähig zu bezeichnen.

6) Ebenso kommen bei Berechnung der im Laufe des Jahres verkauften Mengen auf erfolgten Nachweis diejenigen Waarenmengen mit zur Berücksichtigung, welche von einem Kontoinhaber unmittelbar vom Auslande unter Begleitscheinkontrole nach anderen vereinsländischen Plätzen bezogen und dort abgesetzt worden sind.

7) Der Nachweis in den zu 5. und 6. bemerkten Fällen wird durch Bescheinigungen der Hauptämter an den betreffenden vereinsländischen Plätzen geführt.

8) Ob ein Großhandel bestanden hat und das fortlaufende Konto fortdauern kann, wird nach diesen Grundsätzen mit Zugrundelegung der oben bezeichneten Kriterien nach den Ergebnissen des vorhergegangenen Jahres, d. h. der beiden letzten halbjährlichen Abrechnungen dergestalt bemessen, daß die aus den beiden Kontoabschlüssen sich erge-

bende Menge der zur Anschreibung gelangten Waaren das Doppelte der als Kriterium angenommenen Menge für ein Semester erreichen und in beiden Semestern zusammengenommen ein Waarenabsatz von dem vorgeschriebenen Umfange stattgefunden haben muß.

§ 3. Auf inländischen oder überhaupt aus dem freien Verkehr des Zollvereins abstammende, ins Ausland übergangene Waaren, welche bei ihrem Wiedereingange nach der Vorschrift im § 5 des Zollgesetzes den fremden Waaren in Bezug auf Zollpflichtigkeit gleich zu achten sind, darf die Bewilligung eines fortlaufenden Kontos sich nicht erstrecken. Werden dergleichen Waaren bei der Ausgangsrevision unter den nach dem Auslande gehenden kontirten Waaren vorgefunden, so tritt ein Strafverfahren auch dann ein, wenn der Betheiligte nachweisen sollte, daß jene inländischen Waaren sich ohne Wissen des Anmelders bereits unter den beim Eingange als fremde angemeldeten und kontirten Waaren befunden haben.

2. Wirkung des Kontirungsverfahrens.

§ 4. Die Wirkungen des Kontirungsverfahrens sind folgende:

1) Die Zollgefälle von den kontirten Waaren werden dem Kontoinhaber auf die Dauer eines halben Jahres kreditirt.
2) Der unter Zollkontrole in das Ausland zurückgehende Theil der Waaren, sowie diejenigen Waaren, welche im Wohnorte des Kontoinhabers zur amtlichen Niederlage, oder welche unter Begleitscheinkontrole nach anderen Packhofsstädten gelangen, werden von dem Konto abgeschrieben.
3) Von dem übrigen Theile der kontirten Waaren, soweit nicht ihre Uebertragung auf ein anderes Konto, oder als Bestand auf das nächste Semester erfolgt, hat der Kontoinhaber die Eingangsabgabe zu erlegen.

3. Sicherstellung des zu kontirenden Eingangszolles.

§ 5. Für die Sicherstellung des Eingangszolls, welcher auf den zum fortlaufenden Konto zu nehmenden Waaren ruht, sind die für die Bewilligung vom Zollkredit im Allgemeinen ergangenen Bestimmungen maßgebend.

4. Aufhören der fortlaufenden Konten.
a) durch nicht mehr stattfindende Erfüllung der Bedingungen.

§ 6. a) Die Erlaubniß zur fortlaufenden Kontirung wird — abgesehen von den nach § 1. der obersten Finanzbehörde zustehenden Befugniß zum jederzeitigen Widerruf — dann wieder eingezogen, wenn der Handelsbetrieb des Kontoinhabers sich so verringert, daß die in dem vorhergegangenen Jahre eingeführten und verkauften Waarenmengen die als Bedingung für die Kontobewilligung vorgeschriebenen Mengen — § 2. — nicht erreicht haben. Die oberste Finanzbehörde kann jedoch auf Ansuchen der Betheiligten von der Wiedereinziehung zunächst auf ein Jahr absehen, wenn die Verringerung des

Handlungsbetriebes des Kontoinhabers durch außergewöhnliche Ereignisse, wie Krieg, Handelskrisen u. s. w. herbeigeführt worden ist.

b) Kontoinhaber, welche das ihnen bewilligte Konto zur Hinterziehung des Zolles benutzen, gehen dadurch dieser Bewilligung, unabhängig von der sonst im Wege des prozessualischen Verfahrens nach dem Zollstrafgesetze eintretenden gesetzlichen Ahndung, verlustig.

b) durch Verübung von Zollvergehen u. s. w.

Veränderung in den Personen der Konteninhaber.

§ 7. Tritt eine Veränderung mit den Inhabern eines fortlaufenden Kontos durch den Tod, Austritt bisheriger oder Eintritt neuer Theilnehmer oder durch Bestellung eines Sequesters beim Ausbruch des Konkurses ein, so ist davon dem Hauptamte binnen 8 Tagen schriftliche Anzeige zu machen. Die dem Hauptamte vorgesetzte Direktivbehörde wird dann entscheiden, ob das fortlaufende Konto fortzugewähren oder einzuziehen ist.

5. Orte, an denen die zu kontirenden Waaren nur aufbewahrt werden dürfen.

§ 8. Die zu kontirenden Waaren dürfen in der Regel nur in den Räumen eines und desselben Gebäudes aufbewahrt werden. Die Versendung kontirter Waaren in das Inland ist dadurch nicht ausgeschlossen. Es dürfen ferner, wenn es den Kontoinhabern in den eigenen Geschäftslokalen an Raum gebricht, die kontirten Waaren auch in besonders deklarirten, unter alleinigem Verschlusse der Kontoinhaber stehenden abgesonderten Räumen aufbewahrt, oder in geschlossenen Kolli Spediteuren zur Lagerung übergeben werden.

Die Inhaber fortlaufender Konten sind verpflichtet, die zur Lagerung bestimmten Räume vor Eröffnung des Kontos und jede damit vorzunehmende Veränderung 3 Tage vorher schriftlich bei dem Hauptamte anzumelden.

6. Einrichtung der von den Inhabern fortlaufender Konten zu führenden Handelsbücher.

§ 9. Den Handelsbüchern der Inhaber fortlaufender Konten — § 1. — ist eine solche Einrichtung zu geben, daß aus denselben hinsichtlich aller **bezogenen** Waaren die Zeit des Bezuges und die Abstammung (soweit thunlich unter Angabe der Handlung oder Fabrik) hervorgeht, hinsichtlich der **verkauften** Waaren aber, sofern es sich nicht um einen Verkauf aus freier Hand gegen Baarzahlung handelt, der Name und Wohnort des Käufers ersichtlich ist.

In den Einkaufsbüchern, Fakturen oder Fakturenbüchern ist hinsichtlich der ausländischen kontirten Waaren bei jeder Eingangspost die Nummer der Eingangsanmeldung (§ 13), und in den Verkaufs-, Versandt- 2c. Büchern die Nummer des Certifikats (§ 23) anzugeben. Die Eingangsanmeldungen müssen das Folium oder die Nummer der Einkaufsbücher, Fakturen oder Fakturenbücher, die Certifikate dagegen das Folium der Verkaufs-, Versandt- 2c. Bücher enthalten.

7. Befugniß der Einsicht der Handlungsbücher.

Den Kontoinhabern liegt die Verpflichtung ob, jederzeit die Einsicht ihrer Handlungsbücher den Mitgliedern des Hauptamts, so wie den vom Hauptamte beauftragten Zollbeamten zu gestatten. Die Beamten haben von Zeit zu Zeit, namentlich bei Gelegenheit der Lagerbestandsaufnahme (§ 31) von der Richtigkeit der Angaben in den Handlungsbüchern durch Vergleichung derselben mit den Eingangsanmeldungen und Certifikaten sich zu überzeugen und solches in einzelnen Fällen durch entsprechende Bemerkungen auf den genannten Zollpapieren zu bescheinigen.

8. Erlaubniß a) zum Halten gemischter Kontenlager.

§ 10. Der gleichzeitige Handel mit fremden kontirten und mit gleichnamigen inländischen oder überhaupt aus dem freien Verkehr des Zollvereins abstammenden Waaren muß dem Hauptamte schriftlich angemeldet werden. Letzteres ist befugt, von den gleichnamigen in- und ausländischen Artikeln soweit es nöthig und nach der Natur der Waaren thunlich ist, Proben einzufordern.

b) zur Aufnahme von Kommissionsgütern auf die Kontenlager.

Die Aufnahme von Kommissionsgütern auf die fortlaufenden Konten ist nicht ausgeschlossen. Unter Kommissionsgut sind jedoch nur solche Waaren zu verstehen, welche von einem Dritten mit vorbehaltenem Eigenthum dem Kontoinhaber zum Verkauf unter des letzteren Namen übergeben werden.

9. Bedingungen beim Halten gemischter Kontenlager.

§ 11. Bei gemischten (§ 10 a.) Lagern werden die bereits verzollten ausländischen Waaren in Bezug auf die Kontrolen den inländischen gleichnamigen Waaren gleichgestellt, dergestalt, daß alle auf dem Lager eines Kontoinhabers befindlichen vereinsländischen oder ausländischen verzollten gleichnamigen Waaren von den kontirten ausländischen getrennt, und zwar entweder in besonderen Lokalen oder wenigstens in abgesonderten Regalen ꝛc. zu halten, auch die vereinsländischen oder verzollten ausländischen Waaren zur Vermeidung von Verwechselungen soweit thunlich auf den Umschlägen, Etiquetten ꝛc., eventuell auf den Abtheilungen, Regalen u. s. w., von dem Kontoinhaber mit dem Buchstaben J. (Inland) zu bezeichnen sind.

B. Bestimmungen über die Anschreibung auf ein fortlaufendes Konto. 1. Anzuschreibende Waarenmenge.

§ 12. Zur Anschreibung auf ein fortlaufendes Konto werden alle kontirungsfähigen Waaren ohne Rücksicht auf ihre Menge zugelassen.

2. Abgabe besonderer Eingangsanmeldungen über die zu kontirenden Waaren.

§ 13. Zur Begründung der Kontirung hat derjenige, welcher sich als befugt zur Disposition über die Waaren ausweist — der Empfänger — den nach den allgemeinen zollgesetzlichen Bestimmungen zu übergebenden Abfertigungspapieren eine Eingangsanmeldung nach dem beiliegenden Muster A in doppelter Ausfertigung beizufügen.

In der Eingangsanmeldung oder in einem derselben beizufügenden besonderen Verzeichniß muß das Land, aus welchem die Waare abstammt, das Folium oder die Nummer des Einkaufsbuches (Fakturenbuches) und die Bezeichnung derselben nach Maßgabe der verschiedenen Zollabfertigungspapiere enthalten sein. Die Zollverwaltung ist außerdem befugt, in allen Fällen, wo sie es zur Feststellung der Identität der Waaren für nöthig erachtet, und die desfallsigen Angaben nicht schon in den Fakturen, Avisbriefen u. s. w. enthalten sind, nicht nur die Beifügung der in der gewöhnlichen Handelssprache üblichen Benennung, sondern eine noch speziellere Angabe über die Menge der Waarengattung nach der Zahl der Stücke, Dutzende, Grosse rc., welche in dem Kollo enthalten sind, klassifizirt zu fordern, und auch anderweite, zu diesem Zwecke führende Kontrolemittel anzuordnen.

Der Kontoinhaber ist in solchen Fällen, bei Verlust des Anspruchs auf das fortlaufende Konto, verpflichtet, einer solchen Anordnung nachzukommen.

§ 14. Der Zollverwaltung bleibt vorbehalten, für Waarenartikel, bei denen sich zur Sicherung des Zollinteresses das Bedürfniß herausstellen sollte, die Spezialkontirung anzuordnen. Die für diesen Fall zu beobachtenden Vorschriften werden eventuell besonders bekannt gemacht werden.

§ 15. Waaren gleicher Tarifnummern oder gleicher Unterabtheilungen derselben, welche in verschiedenartigen, einen wesentlichen Einfluß auf den Zollbetrag ausübenden Akkommodationen eingehen, z. B. seidene und halbseidene Bänder mit Rollen und dergleichen ohne Rollen im Innern, gelangen getrennt zur Anschreibung.

Dasselbe gilt von solchen Waaren, welche zwar einer und derselben Tarifnummer angehören, für welche aber verschiedene Kontokriterien (§ 2) maßgebend sind.

3. Erfordernisse der abzugebenden Anmeldungen.

§ 16. Die Anmeldung muß wörtlich genau mit dem Inhalte der nach § 13 vorzulegenden Zollabfertigungspapiere übereinstimmen, deutlich geschrieben, und es darf darin weder durch Ausstreichen, noch Radiren etwas geändert sein. In der Spalte: „Anträge und sonstige Bemerkungen des Anmeldenden" wird vermerkt:

ob die Anwendung der Tara nach dem Tarife oder die Ermittelung des Nettogewichts durch Verwiegung verlangt werde.

In beiden Fällen wird das Nettogewicht von der Revisionsstelle eingetragen.

Auch in dem Falle, wenn der Anmelder die Ermittelung des Nettogewichts durch Anwendung der gesetzlichen Tara in Antrag bringt, steht der Revisionsstelle die Befugniß zu, das

Nettogewicht durch Verwiegung festzustellen, wenn das wirkliche Gewicht der Verpackung augenscheinlich hinter dem tarifmäßigen Tarasatze zurückbleibt.

Die Benennung der Waaren in der dazu bestimmten Spalte geschieht nach den Bezeichnungen des Tarifs. Ist das im zweiten Absatze des § 13 erwähnte besondere Verzeichniß nicht beigefügt, so sind die erforderlichen Angaben in der Eingangsanmeldung beizusetzen.

Anmeldungen, welche den Vorschriften im § 13 resp. im Eingange dieses Paragraphen nicht entsprechen oder überhaupt mangelhaft angefertigt sind, werden dem Anmelder zur Berichtigung oder Ergänzung zurückgegeben.

Behauptet derselbe, die Eingangsanmeldung mit der Grenzdeklaration übereinstimmend nicht anfertigen zu können, weil bei der letzteren Unrichtigkeiten oder Irrthümer untergelaufen sind, so hat er dieses auf der Eingangsanmeldung sofort schriftlich zu erklären, worauf zu genauer spezieller Revision geschritten wird.

Inwieweit eine solche Erklärung zur Entschuldigung der stattgefundenen Unrichtigkeit dienen kann, hängt in jedem einzelnen Falle nach den dabei obwaltenden Umständen von dem Ermessen des Hauptamtes ab.

4. Weiteres Verfahren mit den Eingangsanmeldungen.

§ 17. Nachdem die Prüfung der zollamtlichen Abfertigungspapiere und deren Vergleichung mit der Eingangsanmeldung (§ 13), sowie die Eintragung in den betreffenden Registern erfolgt und dieses nebst dem Ergebnisse der Vergleichung auf den Anmeldungen bescheinigt worden ist, bewirkt das Hauptamt (Kontobuchhalterei) die Uebertragung der Anmeldungen auf das betreffende Konto, bemerkt die laufende und die Ordnungsnummer des Kontos auf denselben und giebt das Hauptexemplar der Anmeldung, nachdem das dazu gehörige spezielle Verzeichniß, insofern ein solches vorhanden, demselben angesiegelt oder angestempelt worden ist, dem Präsentanten zurück, behält das zweite Exemplar aber einstweilen an sich.

Das Hauptexemplar legt der Anmelder dem Hauptamtsdirigenten oder dem sonst hiermit beauftragten Oberbeamten vor, welcher auf demselben die Beamten bezeichnet, welche die Revision vorzunehmen haben, sofern nicht ständige Einrichtungen eine solche Bezeichnung entbehrlich machen.

5. Revision der zu kontirenden Waaren.

§ 18. Es wird sodann zur Revision der zu kontirenden Waaren geschritten.

Ist das Nettogewicht für jedes Kollo von dem Anmelder bereits angegeben, und zwar bei tarifmäßig verschiedenen Waarengattungen mit genauer Bezeichnung des Nettogewichts jeder Waarengattung oder hat der Anmelder erklärt, daß er sich die Abrechnung der Tara in den gesetzlichen Beträgen vom Bruttogewicht gefallen lasse, dann sind nach Anordnung des die Revision leitenden Beamten Proberevisionen zulässig.

§ 19. Hat sich bei der Revision nichts zu erinnern gefunden, so wird die Richtigkeit von der Revisionsstelle unter dem Hauptexemplar der Anmeldung bescheinigt, welche letztere an die Kontobuchhalterei gelangt. Diese vervollständigt die vorläufige Eintragung im Kontoregister, ergänzt danach das zweite Exemplar der Anmeldung und verabfolgt solches nunmehr dem Anmelder. Die Waare wird, nachdem ihre Uebereinstimmung mit der Anmeldung geprüft und anerkannt worden, von der Revisionsstelle abgelassen. Es sind jedoch Proben und Muster der Waare, soweit es erforderlich und nach der Natur der Waare thunlich ist, zum Zweck der Vergleichung bei Gelegenheit der Abfertigung abzuschreibender Waaren zurückzubehalten.

C. Unzulässigkeit von Gewichtsveränderungen der kontirten Waaren.

§ 20. Veränderungen in den nach den bestehenden Vorschriften zum Nettogewicht gehörigen Umhüllungen oder Einlagen der kontirten Waaren, wodurch deren ursprünglich angeschriebenes Nettogewicht vermehrt wird, sind während der Lagerung unstatthaft. Ebensowenig dürfen mit den kontirten Waaren durch Bearbeitung oder durch Hinzufügen anderer Stoffe während des Lagerns Veränderungen vorgenommen werden, wodurch deren zur Kontirung gelangtes Nettogewicht vermehrt oder vermindert wird.

Wünscht der Kontoinhaber oder der Käufer Behufs der Versendung der Waaren nach dem Auslande eine Veränderung in den zum Nettogewichte gehörigen Umhüllungen oder Einlagen, so ist die Erlaubniß dazu bei der Ausgangsanmeldung nachzusuchen. Die Veränderung kann alsdann bei der Ausgangsabfertigung (§ 24) unter amtlicher Aufsicht erfolgen.

D. Bestimmungen über die Abschreibung kontirter Waaren. 1. In welchen Fällen die Abschreibung von den Konten nur erfolgt.

§ 21. Die Abschreibung von dem Konto erfolgt:

a) bei dem Verkaufe kontirter Waaren und deren Versendung nach dem Auslande oder nach Packhofsstädten und bei Rücksendung unverkaufter Waaren nach dem Auslande unter Begleitscheinkontrole,

ferner

b) bei Uebertragung kontirter Waaren auf das Konto eines anderen Kontoinhabers,

c) bei der Abmeldung kontirter Waaren zur öffentlichen oder Theilungsniederlage.

2. Abzuschreibende Waarenmenge.

§ 22. Die Abschreibung kann in jeder beliebigen Menge gleichartiger oder gleichbesteuerter, ihrem Gewichte oder ihrem Zollbetrage nach zollpflichtiger Waaren erfolgen.

3. Abfertigung bei Versendung kontirter Waaren nach dem Auslande oder anderen

§ 23. Der Kontoinhaber hat über jede Waarenpost ein Certifikat nach dem beiliegenden Muster B unter seiner Handlungsunterschrift oder der des Prokuristen oder eines anderen mit ausdrücklicher schriftlicher Vollmacht versehenen Bevollmächtigten und unter Beifügung des Handlungsstempels oder Handlungssiegels auszustellen. Dieses Certifikat muß das Folium

Packhofsstädten, sowie bei der Anmeldung zur amtlichen Niederlage. a) Verpflichtung zur Abgabe von Certifikaten.

enthalten, welches dem Kontoinhaber in der Kontobuchhalterei gegeben ist, sowie die fortlaufende Nummer des bezüglichen Verkaufspostens. Es muß ferner in demselben die Waarengattung nach Anleitung des Zolltarifs, das Nettogewicht derselben und das Ausland angegeben sein, aus welchem die Waaren abstammen. Außerdem muß das Certifikat die im § 13 vorgeschriebenen Angaben über die handelsüblichen Benennungen der Waaren, nach der Zahl der Stücke, Dutzende, Grosse 2c., sowie die im § 9 erwähnte Bezugnahme auf das Verkaufs-, Versandt- 2c. Buch, endlich die Versicherung an Eidesstatt, daß die gemachten Angaben richtig seien, enthalten.

Die Certifikate sind nur vier Wochen, vom Datum ihrer Ausstellung an gerechnet, gültig, und begründen keine Abschreibung vom Konto, wenn sie dem Hauptamte nach dieser Frist vorgelegt werden.

Fällt der Tag des Ablaufs der Gültigkeitsfrist der Certifikate auf einen Sonn- oder Feiertag, so dürfen dieselben auch am Tage darauf noch angenommen werden.

b) Ausgangsabfertigung. aa) Abgabe von Ausgangsanmeldungen.

§ 24. Der Extrahent der Ausgangsabfertigung hat über die auszuführenden Waaren, soweit er sich im Besitze der darüber sprechenden Certifikate befindet, mit Zugrundelegung derselben eine Ausgangsdeklaration nach dem beiliegenden Muster C auszustellen.

Die Kolli müssen mit der Deklaration zugleich zur Ausgangsabfertigung gestellt, jedoch — mit Ausnahme des im § 26 vorgesehenen Falles — dergestalt gepackt werden, daß sich Waaren, worüber ein Certifikat lautet, nicht in verschiedenen Kolli befinden. Auch müssen die Certifikate, sowie die Waaren, welche in einem Kollo verpackt werden, in der Deklaration hintereinander aufgeführt werden und sämmtliche Certifikate den Deklarationen beigefügt sein.

Die Kolli sind so einzurichten, daß sie Behufs der Revision ihres Inhaltes leicht geöffnet werden können.

bb) Revision der ausgehenden kontirten Waaren.

§ 25. Der Extrahent der Abfertigung der Waaren — Deklarant — legt die Ausgangsdeklaration dem Amtsvorstande, bezüglich dessen Stellvertreter vor, welcher solche dem dazu bestimmten Revisionsbeamten zuschreibt. Gleichzeitig ordnet entweder der Amtsvorstand oder der erste Revisionsbeamte an, ob sämmtliche Kolli speziell, oder nur einige derselben probeweise revidirt werden sollen.

Entstammen die Waaren nach Ausweis der Certifikate verschiedenen Konten, oder sind in den Kolli gleichzeitig Gegenstände, welche verschiedenen Tarifnummern angehören, zusammen verpackt, so bildet die Nettoermittelung die Regel.

Entstammt jedoch die ganze aus verschiedenen Kolli bestehende Waarenpost einem und demselben Konto, oder kehren dieselben Namen verschiedener Konten mehrfach auf den Certifikaten wieder, so genügt es, etwa den dritten Theil der Kolli vorzugsweise aber diejenigen, welche mit den höchst besteuerten Artikeln gefüllt sind, netto zu ermitteln. Die übrigen werden nach Lage der Sache theils durchaus speziell, d. h. so revidirt, daß von der Beschaffenheit der Waare die erschöpfendste Ueberzeugung genommen wird, theils erfolgt nur eine spezielle, durch Anschneiden der Ballen oder Oeffnen von Kisten zu bewirkende Revision, theils bewendet es bei der Bruttoverwiegung und Vergleichung von Marke und Nummer.

Behufs der Revision müssen von dem Deklaranten die Waaren dergestalt auseinander gelegt werden, daß jede Waarenpost, worüber ein Certifikat lautet, ohne Schwierigkeit herausgefunden werden kann.

§ 26. Hat sich bei der Revision Nichts zu erinnern gefunden, so bescheinigt die Revisionsstelle solches auf der Deklaration, veranstaltet unter ihrer Aufsicht die Verpackung der Waare und den Verschluß der Kolli, sowie die Ausfertigung des Begleitscheines nach den allgemeinen Vorschriften. Die bescheinigte Ausgangsdeklaration wird nebst den Certifikaten zu diesem Behufe an die Begleitscheinexpeditionsstelle abgegeben, welche letztere, nachdem der Begleitschein ausgefertigt und solches auf der Ausgangsdeklaration und den Certifikaten bescheinigt worden, die Certifikate an die Buchhalterei abgibt, die dadurch die Belege zu den Abschreibungen im Konto erhält und davon den Kontoinhaber auf sein Anmelden in Kenntniß setzt.

cc) Ausfertigung der Begleitscheine.

Hierdurch wird der Kontoinhaber seiner Verhaftung für die Eingangsabgabe von den zum Ausgange abgefertigten Waaren entlastet, und die Zollverwaltung hält sich nunmehr wegen des Verbleibens der Waare lediglich an den Begleitscheinextrahenten nach den über das Begleitscheinverfahren bestehenden Vorschriften.

Ob der Deklarant über alle von ihm abzuführenden fremden Waaren nur einen oder mehrere Begleitscheine verlangen will, bleibt ihm überlassen.

In der Regel muß aber der ganze Inhalt eines Certifikats oder mehrerer in ein und denselben Begleitschein übernommen werden. Hierbei ist eine Theilung der in dem nämlichen Certifikate aufgeführten Waaren nur auf besondere Veranlassung ausnahmsweise zulässig.

§ 27. Unverzollte Waaren, deren Abschreibung vom Konto des Verkäufers bei dem Ausgange erfolgt, dürfen mit inländischen oder anderen im freien Verkehr befindlichen Waaren in dem nämlichen Kollo zusammen nur unter folgenden Bedingungen verpackt werden.

c) Gestattung der Beipackung von inländischen oder im freien Verkehr befindlichen ausländischen Waaren.

1) Die fremden unverzollten Waaren oder, wenn diese in überwiegender Menge vorhanden sind, die im freien Verkehr befindlichen Waaren müssen im Innern des Kollo durch besondere Verpackung getrennt gehalten und für sich amtlich verschlossen werden, dergestalt, daß die Art und Menge der ersteren bei dem Ausgangsamte ohne Schwierigkeit konstatirt werden kann.

2) Das zu bildende Gesammtkollo muß ebenfalls unter amtlichen Verschluß gesetzt und es muß ferner

3) im Begleitschein der Beipackung von Gegenständen des freien Verkehrs erwähnt, auch das Bruttogewicht des Gesammtkollo angegeben werden.

4. Uebertragung kontirter Waaren auf ein anderes Konto.

§ 28. Sollen Waarenposten von dem Konto des einen auf das Konto eines anderen Lagerinhabers übertragen werden, so stellt der erste Eigenthümer ein Certifikat nach Vorschrift des § 23 aus. Mit diesem meldet sich derjenige, auf dessen Konto die Waaren übergehen sollen, unter Beifügung einer Eingangsanmeldung (§ 13) bei der Kontobuchhalterei. Auf den Grund des Certifikats erfolgt dort die Abschreibung vom Konto des ersten Eigenthümers und auf den Grund der Anmeldung die Anschreibung zum Konto desjenigen, an welchen die Waare übergeht.

Einer Gestellung solcher Waaren zur Revision bedarf es bei der Uebertragung zwar nicht, die Anmeldung der letzteren muß aber gleichzeitig mit der Uebernahme der Waare geschehen.

E. Ermittelung und Feststellung des Zollbetrages von den kontirten Waaren.

a) Zeitpunkt derselben.

§ 29. Die Ermittelung und Feststellung des Zollbetrages von den nicht abgeschriebenen Waaren nach Maßgabe des bestehenden Zolltarifs geschieht halbjährlich, Ende Mai und Ende November. (¹)

Treten im Laufe einer Kontirungsperiode Tarifsveränderungen ein, von welchen kontirte Waaren betroffen werden, so sind die Konten, soweit als nöthig, mit Ablauf der alten Tarifperiode nach Maßgabe der im § 30 enthaltenen Bestimmungen abzuschließen und es ist die Aufnahme der Lagerbestände zu bewirken.

b) Verpflichtung zur Anmeldung des Absatzes an kontirten Waaren.

§ 30. Jeder Konteninhaber ist verpflichtet, zu der im § 29 angegebenen Zeit an dem von dem Hauptamte vorzuschreibenden, ihm bekannt zu machenden Tage die Anschreibung und Abschreibung an kontirten Waaren nach dem beiliegeuden Muster D. bei dem Hauptamte schriftlich anzumelden. Dieser Deklaration hat derselbe eine Deklaration seiner Bestände an kontirten Waaren

---

(¹) Z. vgl. B. R. B. vom 17. April 1871 (§ 147 d. Prot.), wonach die Verlegung des Termins durch die Direktivbehörden geschehen kann.

nach dem Muster E. beizufügen, in welcher diese Bestände übersichtlich zu verzeichnen sind. Auch hat derselbe sein Lager dergestalt zu ordnen, daß die amtliche Aufnahme desselben ohne Hinderniß stattfinden kann.

§ 31. Diese Aufnahme (§ 30) muß stets durch zwei Beamte, von denen einer ein Mitglied des Hauptamtes oder ein Oberbeamter ist, erfolgen. Es ist dabei zunächst Ueberzeugung von dem Vorhandensein aller in der Deklaration als Bestand aufgeführten Waarenposten zu nehmen. — Alsdann ist probeweise die spezielle Revision der Waaren und Nettoverwiegung zu bewirken. Beides hat sich etwa auf den zehnten Theil der einzelnen Posten des Lagerbestandes zu erstrecken. c) Revision der Lagerbestände.

Das Hauptamt bestimmt, ob eine solche Lageraufnahme jedesmal halbjährlich oder in längeren Zwischenräumen vorzunehmen sei. Dieselbe kann auch zu jeder andern Zeit eintreten, wenn es für nothwendig erachtet wird.

§ 32. Sollte bei der Deklaration eine unverhältnißmäßig geringe Menge oder gar Nichts als im Inlande abgesetzt erscheinen, so ist, wenn auch dieser Befund bei der Revision der Bestände sich bestätigt, der Kontoinhaber nach dem Ermessen der Zollverwaltung zum näheren Nachweise über die Abstammung der Waaren und ihre Identität mit den im Konto angeschriebenen verpflichtet. d) Verfahren, wenn nur ein unverhältnißmäßig geringer oder gar kein Absatz im Lande angemeldet wird.

§ 33. Ergiebt sich bei der Revision, daß in der Bestandsdeklaration die Menge der vorhandenen Waaren unrichtig angegeben ist, und übersteigt die Differenz 10 Prozent, so tritt Strafverfahren ein. Von dem ganzen ermittelten Mindergewicht wird die Eingangsabgabe erhoben. e) Ahndung von Unrichtigkeiten, welche sich bei der Revision vorfinden.

§ 34. Der nach Abzug des sich ergebenden Absatzes im Inlande und der sonstigen Abschreibungen — § 21 — verbleibende oder bei den Lagerrevisionen besonders ermittelte Bestand bildet die neue Anschreibung auf das Konto. f) Uebertragung des verbleibenden Bestandes auf das neue Konto.

§ 35. Die tarifmäßige Eingangsabgabe von der im Lande abgesetzten Waarenmenge ist zur Hälfte binnen drei Tagen nach erfolgter Feststellung und Bekanntmachung, zur anderen Hälfte aber spätestens binnen vier Wochen nach der Bekanntmachung, der Betrag des 2. Semesters jedenfalls vor dem Jahresschlusse zu berichtigen. Die Versäumniß dieser Termine hat das Erlöschen der Erlaubniß zur fortlaufenden Kontirung zur unmittelbaren Folge. g) Zeitpunkt der Entrichtung der ermittelten Eingangsabgabe.

§ 36. Wird die Bewilligung eines fortlaufenden Konto zurückgezogen (§§ 6 und 7) oder giebt der Kontoinhaber selbst das Konto wieder auf, so tritt die Verpflichtung des Kontoinhabers zur Verzollung derjenigen Waaren ein, welche er auch F. Aufhören der Kontobewilligung.

ferner auf seinem Lager behalten will, so wie der seit der letzten Bestandsaufnahme in das Inland abgesetzten kontirten Waaren.

In dieser Beziehung kommen diejenigen Bestimmungen ebenfalls zur Anwendung, welche in den §§ 30 und 35 bezüglich der halbjährlichen Aufnahme der Lagerbestände u. s. w. gegeben worden sind.

Hierbei wird die Zollbehörde gleichzeitig bestimmen, ob, in welchem Umfange und unter welchen Bedingungen eine Stundung des einzuzahlenden Zolles einzutreten hat, oder etwa Abschlagszahlungen bei der Einzahlung des Zolles zu bewilligen sind.

G. Strafbestimmungen.

§ 37. Zuwiderhandlungen gegen die im Vorstehenden zur Sicherung des Zolles ertheilten Vorschriften werden nach den Bestimmungen des Zollstrafgesetzes geahndet.

Die Uebertretung von Vorschriften des gegenwärtigen Regulativs, für welche in dem Zollstrafgesetze keine besondere Strafe angeordnet worden ist, wird — sofern nicht daraus Veranlassung zur gänzlichen Zurückziehung der Begünstigung zu entnehmen ist — mit einer Ordnungsstrafe von 1 bis 10 Thaler (3 Fr. 75 Ct. bis 37 Fr. 50 Ct.) geahndet.

§ 38. Aenderungen und Ergänzungen dieses Regulativs bleiben vorbehalten.

(Folgen die Muster.) (1)

---

**12. November 1871.** — B. R. B. betr. die Abfertigung von Häringen aus Privatlagern (§ 557 der Prot.). (2)

Es wurde beschlossen, daß bei Privattransitlagern von Häringen von der durch den § 15 des Privatlagerregulativs vorgeschriebenen speziellen Revision der mit Begleitschein I oder II zu versendenden oder auf ein anderes Lager zu bringenden Häringe nach Ermessen der Direktivbehörde Abstand genommen werden kann. (3)

---

**2. Dezember 1871.** — B. R. B. betr. das Regulativ für Theilungslager. (§ 627 d. Prot.) (4)

Es wurde beschlossen, dem .... beigefügten Regulativ für Theilungsläger die Zustimmung zu ertheilen.

---

(1) A. Bl., 1871. S. 525 ff.

(2) Z. vgl. V. vom 14. Januar 1872. Nr. 24041. (A. Bl., S. 71.)

(3) Dieser Grundsatz ist verallgemeinert durch den B. R. B. vom 1. Dezember 1873. (§ 578 d. Prot.)

(4) Z. vgl. V. vom 24. Februar 1872. l. 3006. (A. Bl., S. 87.)

## Regulativ
### für Theilungsläger.

Zur Erleichterung der Theilung, Sortirung 2c. von unverzollten ausländischen Waaren (V. Z. G. § 101, Regul. f. Privatläger § 12) können besondere Theilungsläger zugelassen werden, hinsichtlich welcher die nachfolgenden Vorschriften in Anwendung zu bringen sind:

§ 1. Ueber die Bewilligung eines Theilungslagers, welche jederzeit widerruflich ist, entscheidet die Direktivbehörde.

Die Bewilligung wird ertheilt, wenn ein Bedürfniß im Interesse des Verkehrs anzuerkennen ist, ohne daß jedoch ein Absatz in das Ausland die nothwendige Voraussetzung bildet.

§ 2. Die Theilungsläger stehen unter dem Mitverschluß der Zollverwaltung.

Für dieselben werden

1. abgesonderte Räume der öffentlichen Niederlage, welche für sich verschließbar sind und für deren Einrichtung und Unterhaltung der Niederleger nach Anleitung des Amts Sorge zu tragen hat,

   oder

2. Privaträume

zugelassen.

§ 3. Die Theilungsläger sind im Allgemeinen nach den Bestimmungen des Niederlageregulativs und den für die betreffende Niederlage erlassenen besonderen Vorschriften (Packhofs-Ordnungen u. s. w.), bezw. nach den für Privattransitläger unter amtlichem Mitverschluß im Regulativ für Privatläger enthaltenen Bestimmungen zu behandeln.

§ 4. Ueber die zu Theilungslägern abgelassenen Waaren ist ein besonderes Niederlageregister und zwar, wenn die Direktivbehörde nicht anders bestimmt, in Jahresabschnitten und nach dem anliegenden Muster zu führen, in welchem für jedes Theilungslager ein besonderes Konto eröffnet wird.

Die An- und Abschreibung der Waaren erfolgt nach dem Nettogewicht, oder soweit die Waaren nach dem Bruttogewicht zu verzollen sind, nach diesem. Das Nettogewicht ist in der Regel durch Verwiegung festzustellen. Ausnahmen bestimmt die oberste Landesfinanzbehörde.

Umhüllungen oder Einlagen der Waaren, welche nach den bestehenden Vorschriften zum Nettogewicht gerechnet werden, sind bei der Abschreibung zu bezeichnen, z. B. seidene Bänder mit hölzernen Rollen. Ebenso ist bei brutto zu verzollenden Waaren, welche in verpacktem Zustande auf das Lager kommen, die Art der Umschließungen anzugeben.

Waaren gleicher Tarifnummern oder gleicher Unterabtheilungen derselben, welche in verschiedenartigen, einen wesentlichen Einfluß auf den Zollbetrag ausübenden Akkomodationen eingehen, z. B. seidene und halbseidene Bänder mit Rollen oder dergleichen ohne Rollen im Innern, gelangen getrennt zur Anschreibung.

§ 5. So lange das Theilungslager geöffnet ist, wird der Zugang zu demselben unausgesetzt unter amtlicher Aufsicht gehalten. Die betreffenden Beamten sind befugt, jederzeit die Lagerräume zu betreten und einer Besichtigung zu unterwerfen.

§ 6. Während der Offenhaltung des Lagers steht den Inhabern die Behandlung, Umpackung und Theilung der Waaren ohne jegliche Beschränkung frei, jedoch werden Umhüllungen oder Einlagen, welche bei der Aufnahme der Waaren in das Theilungslager zum Nettogewicht derselben gerechnet worden sind, als zollpflichtig und zwar nach dem Tarifsatz der betreffenden Waaren festgehalten; auch müssen die verpackt auf das Lager gelangten, nach dem Bruttogewicht angeschriebenen Waaren, bei der Umpackung in Umschließungen von gleicher Art gebracht werden.

Die Behandlung der Waaren darf dieselben nicht in der Weise verändern, daß sie dadurch eine andere Benennung erlangen oder einem andern Tarifsatz unterzuordnen sind. Ausnahmen von dieser Bestimmung bedürfen der Genehmigung der obersten Landesfinanzbehörde.

§ 7. Für die Abmeldungen vom Lager kann die Direktivbehörde Minimalgrenzen vorschreiben.

Der Abfertigung der abgemeldeten Mengen wird das Auslagerungsgewicht zu Grunde gelegt.

Auf dem Theilungslager verdorbene und unbrauchbar gewordene Waaren werden erforderlichen Falls nach vorheriger Vernichtung unter amtlicher Aufsicht im Konto zollfrei abgeschrieben.

§ 8. Das Theilungslager ist unter Leitung eines Oberbeamten in der Regel wenigstens einmal im Jahr amtlich aufzunehmen, zu welchem Zweck der Lagerinhaber eine Bestandsdeklaration abzugeben hat. Bei Eisentheilungslägern genügt eine einmalige Lagerbestandsaufnahme für einen Zeitraum von zwei Jahren. Die Zeit der amtlichen Aufnahmen wird von der Direktivbehörde bestimmt.

Ergiebt sich bei der Aufnahme gegen den Sollbestand nach dem Konto ein Minderbestand, so bleibt derselbe unberücksichtigt, wenn auf Grund der amtlich vorzunehmenden Ermittelungen anzunehmen ist, daß der Minderbestand auf den bei wiederholten Verwiegungen unvermeidlichen Gewichtsdifferenzen, oder auf Gewichtsabgängen beruht, für welche, nach § 103 des Vereinszollgesetzes Zollfreiheit gewährt werden kann. Die Verhandlung über die Lagerbestandsaufnahme ist der Direktivbehörde vorzulegen.

Nach jeder Aufnahme ist das Niederlagekonto durch An- oder Abschreibung der vorgefundenen Differenzen mit dem Lagerbestande in Uebereinstimmung zu bringen. ([1])

§ 9. Die Einhaltung der fünfjährigen Lagerfrist ist in der Art zu kontroliren, daß jede abgemeldete Post und die zollfrei belassenen Lagerabgänge auf die am längsten lagernde Menge abgeschrieben werden.

Nach Verlauf von fünf Jahren muß eine der Anschreibung entsprechende Menge der Waaren von der betreffenden Gattung wieder zur Abschreibung gelangt sein.

§ 10. Auf Wein- und Spirituosentheilungsläger finden die Bestimmungen in den §§ 1 bis 10 des Regulativs, betreffend die Zollerleichterungen für den Handel mit fremden Weinen und Spirituosen, Anwendung.

Die Gestattung eines solchen Theilungslagers in der öffentlichen Niederlage ist nicht an die Bedingung eines bestimmten Lagerbestandes (§ 2 a. a. O.) geknüpft.

Bei anderen, zum Theilungslager zugelassenen Flüssigkeiten sind die Bestimmungen für die Wein- und Spirituosentheilungsläger ebenfalls in Anwendung zu bringen.

§ 11. Zuwiderhandlungen gegen die Vorschriften dieses Regulativs werden, soweit nicht die Strafen der §§ 134 bis 151 des Vereinszollgesetzes Anwendung finden, in Gemäßheit des § 152 mit einer Ordnungsstrafe bis zu 50 Thlrn. geahndet.

(Folgt das Muster für das Register über Theilungsläger.) ([2])

---

**25. April 1872.** — B. R. B. betr. die Ergänzung des Niederlageregulativs. (§ 184 d. Prot.) ([3])

Es wurde beschlossen, es für zulässig zu erklären, daß in Fällen, in welchen Flüssigkeiten auf der Niederlage aus Fässern in andere Fässer oder Umschließungen umgefüllt und in Theilposten zur Eingangsverzollung abgemeldet werden, die Zollerhebung bis zum Betrage des von dem Einlagerungsgewicht sich berechnenden Zolles erfolge, sofern der Niederleger vor der

---

([1]) Z. vgl. § 28 d. N. L. R. und die V. vom 31. Juli 1872. I. 15048 (A. Bl. S. 285), betr. die periodische Revision der Waarenbestände in den Niederlagen; außerdem B. R. B. vom 19. April 1874. (§ 227 d. Prot.)

([2]) A. Bl., 1872. S. 91.

([3]) Z. vgl. V. vom 7. Juni 1872, I. 10777. (A. Bl., S. 168.)

Abmeldung des ersten Theilpostens auf die Wiederausfuhr der sämmtlichen Theilposten und die Begünstigung der Verzollung derselben nach dem Auslagerungsgewicht Verzicht leistet. ([1])

---

**25. April 1872.** — B. R. B. betr. die Zollerleichterungen für den Handel mit fremden Weinen und Spirituosen. (§ 185 d. Prot.)

Es wurde beschlossen, daß die Bestimmungen im ersten Absatz des § 4 und im zweiten Absatz des § 7 des Reg. vom 23. Juni 1871, betr. die Zollerleichterungen für den Handel mit fremden Weinen und Spirituosen, auch auf diejenigen Weine und Spirituosen Anwendung finden sollen, welche in die jetzt in Weintheilungslager umgewandelten Weintransitlager in Gebinden eingelegt und daselbst in Flaschen umgefüllt worden sind. ([2])

---

**19. Juni 1872.** — Ges. betr. die Einführung der allgemeinen Deutschen Wechselordnung und des allgemeinen Deutschen Handelsgesetzbuches in Elsaß-Lothringen. (G. E. L., S. 213.)

§ 1. Die allgemeine Deutsche Wechselordnung und das allgemeine Deutsche Handelsgesetzbuch erlangen in der Fassung, in welcher sie in den Anlagen A und B enthalten sind, nebst den gegenwärtigen Einführungsbestimmungen mit dem 1. Oktober 1872 in Elsaß-Lothringen Gesetzeskraft.

. . . . .

§ 15. Ist ein Wechsel oder ein anderes an Order lautendes Papier (Artikel 301, 302, 305 des Deutschen Handelsgesetzbuchs) abhanden gekommen, so gelten hinsichtlich der Amortisation neben den Artikeln 73 und 98 Nr. 9 der Wechselordnung folgende Bestimmungen:

1) der Antrag auf Amortisation ist durch Bittschrift bei dem Handelsgericht des Zahlungsortes anzubringen. Der Betreibende muß eine Abschrift des Wechsels oder Orderpapiers beibringen oder doch den wesentlichen Inhalt desselben und Alles, was zur vollständigen Erkennbarkeit nöthig ist, angeben, auch den Besitz und Verlust glaubhaft machen;

---

([1]) Z. vgl. § 24 d. N. L. R.
([2]) Transitorische Bestimmung.

2) das Gericht erläßt eine öffentliche Aufforderung an den unbekannten Inhaber, binnen einer bestimmten Frist das Papier dem Gericht vorzulegen mit der Verwarnung, daß dasselbe sonst für kraftlos erklärt werde. Die Aufforderung wird in dem Sitzungssaale des Handelsgerichts, und wenn am Zahlungsorte eine Börse besteht, im Börsenlokale angeschlagen, auch ein oder mehrere Male, je nachdem das Gericht es für angemessen erachtet, in den für die Eintragungen in das Handelsregister bestimmten Blättern (Art. 14 des Deutschen Handelsgesetzbuchs), sowie auf Antrag des betreibenden Theils oder geeignetenfalls von Amtswegen in anderen in- oder ausländischen Blättern bekannt gemacht. Die Frist zur Meldung wird auf mindestens sechs Monate und höchstens ein Jahr, vom Verfalltage an gerechnet, bestimmt;

3) wird das Papier von dem Inhaber vorgelegt, so ist dem Antragsteller zu überlassen, sein Recht gegen denselben geltend zu machen;

4) meldet sich kein Inhaber, so erklärt das Gericht auf weiteren Antrag des betreibenden Theils das Papier für amortisirt. (¹)

. . . . .

Anlage B.

## Allgemeines Deutsches Handelsgesetzbuch.

Art. 302. Ingleichen können Konnossemente der Seeschiffer und Ladescheine der Frachtführer, Auslieferungsscheine (Lagerscheine, Warrants) über Waaren oder andere bewegliche Sachen, welche von einer zur Aufbewahrung solcher Sachen staatlich ermächtigten Anstalt ausgestellt sind, ferner Bodmereibriefe und Seeassekuranzpolizen durch Indossament übertragen werden, wenn sie an Order lauten.

. . . . .

Art. 305. Für Papiere, welche an Order lauten und welche durch Indossament übertragen werden können

---

(¹) Z. vgl. § 14 des N. L. R. und die V. vom 24. September 1872, I. 18470, betr. die Ungültigerklärung verlorener Niederlagescheine.

(Art. 301 bis 304), gelten in Betreff der Form des Indossaments, in Betreff der Legitimation des Inhabers und der Prüfung dieser Legitimation, sowie in Betreff der Verpflichtung des Besitzers zur Herausgabe dieselben Bestimmungen, welche die Artikel 11 bis 13, 36 und 74 der allgemeinen Deutschen Wechselordnung in Betreff des Wechsels enthalten.

Sind die im Artikel 301 bezeichneten Papiere abhanden gekommen, so finden in Bezug auf die Amortisation die im Art. 73 der allgemeinen Deutschen Wechselordnung gegebenen Bestimmungen Anwendung. Die Amortisation der im Art. 302 bezeichneten Papiere richtet sich nach den Landesgesetzen. (1)

---

**28. Februar 1873.** — B. R. B. betr. Zulassung finnischer Butter in Privatläger. (§ 73 d. Prot.)

[Bezieht sich nur auf die Privatlager in Lübeck. Z. vgl. B. R. B. vom 8. Mai 1869. (§ 21 d. Prot.)]

---

**1. Dezember 1873.** — B. R. B. betr. die spezielle Revision der Waaren bei der Ablassung aus Privatlägern. (§ 578 d. Prot.) (2)

Es wurde beschlossen, daß bei Versendung von Waaren auf Begleitschein I und II aus Privattransitlägern ohne amtlichen Mitverschluß nach dem Ermessen der Direktivbehörde von der speziellen Revision Abstand genommen werden kann, bei Versendungen auf Begleitschein I jedoch nur dann, wenn auf Grund des § 43 d. V. Z. G. die Ablassung ohne amtlichen Verschluß erfolgt und eine Ermittelung des Nettogewichts nicht erforderlich ist. (3)

---

**19. April 1874.** — B. R. B. betr. die Verrechnung von Zolleinnahmen. (§ 227 d. Prot.) (4)

---

(1) Z. vgl. § 15 des Einführungsgesetzes und § 14 des N. L. R.

(2) Z. vgl. V. vom 29. Dezember 1873. I. 33070. (A. Bl., 1874. S. 27.)

(3) Z. vgl. § 15 des Reg. für Privatlager und den B. R. B. vom 12. November 1871. (§ 557 d. Prot.)

(4) Z. vgl. V. vom 14. Mai 1874. I. 6240. (A. Bl., S. 93.)

Es wurde beschlossen, daß die Zollbeträge, welche auf Grund der nach dem Regulativ für die Privatläger am 2. Januar jeden Jahrs vorzunehmenden Bestandsaufnahme von den im Laufe des letzten halben Jahres in den freien Verkehr getretenen Waaren zur Erhebung kommen, als Einnahmen desjenigen Jahres zu verrechnen sind, in welchem die Bestandsaufnahme stattgefunden hat. (¹)

**6. Februar 1876.** — B. R. B. betr. das Verfahren bei der Verzollung von Wein in den Niederlagen. (§ 62 d. Prot.) (²)

Es wurde beschlossen,

. . . . .

2. in den Fällen der §§ 23 und 24 des Niederlageregulativs bei der Ueberleitung von Flüssigkeiten in andere Umschließungen die Feststellung des Bruttogewichts des alten Fasses in der Weise für zulässig zu erklären, daß zuvörderst das neue Faß sowohl leer als nach geschehener Umfüllung, demnächst aber das alte Faß verwogen, und aus den so gewonnenen Gewichtsbeträgen das Bruttogewicht des alten Fasses im Wege der Berechnung festgestellt wird.

(¹) Z. vgl. § 9 d. Regulativs über die Privatlager.

(²) Z. vgl. V. vom 29. Februar 1876. I. 2884. (A. Bl., S. 38.)

## H. Verkehrs-Erleichterungen und Befreiungen.

(Tit. XIV, §§ 111—118 d. V. Z. G.)

### Inhaltsübersicht.



### 1. Versendungen aus dem Vereinsgebiet durch das Ausland nach dem Vereinsgebiet.

[V. Z. G. § 111.]

**1. September 1871.** — Anweisung d. K. zur Abfertigung von Waarenversendungen aus dem Inlande durch das Ausland nach dem Inlande. (A. Bl., S. 484.) ([1])

---

([1]) Die Grundsätze dieser Anweisung sind auf der I. G. K. (1836) vereinbart worden. Vgl. Z. O. § 76 und bes. Prot. vom 22. Aug. 1836. S. 18.

Für das Verfahren in denjenigen Fällen, in denen Gegenstände vom Inlande durch das Ausland nach dem Inlande versendet werden sollen, werden in Gemäßheit des § 111 des Vereinszollgesetzes vom 1. Juli 1869 folgende Vorschriften ertheilt:

A. Gegenstände, welche im freien Verkehr befangen sind. 1. Abfertigungsbefugniß der Aemter.

§ 1. Der Aus- und Wiedereingang solcher Gegenstände darf über Hauptzollämter und Nebenzollämter I. und II. Klasse stattfinden, jedoch über Nebenzollämter nur in der Beschränkung auf solche Mengen, für welche jedes dieser Aemter bei fremden Waaren zur Erhebung des Eingangszolles berechtigt ist.

2. Deklaration, Revision und Verschluß der Waaren.

§ 2. Der Waarenführer übergiebt dem Ausgangszollamte über die aus- und wieder einzuführenden Gegenstände eine schriftliche Deklaration nach dem beiliegenden Muster A., wozu gedruckte Formulare bei den Dienststellen unentgeldlich zu haben sind.

§ 3. Die Deklaration muß enthalten:

a) die Gattung der Waaren nach ihrer sprachgebräuchlichen oder handelsüblichen Benennung;
b) das Bruttogewicht eines jeden Kollo (einer Angabe des Nettogewichts der in einem Kollo zusammen verpackten, verschieden tarifirten Waaren bedarf es nicht);
c) die Verpackungsart und die Marken und Nummern der Kolli;
d) das Zollamt, über welches die Ausfuhr, und dasjenige, über welches die Wiedereinfuhr stattfinden soll, und
e) den Namen und Wohnort des Empfängers der Waaren.

Ist eine derartige Ladung so bedeutend, daß der Raum in dem Deklarationsformulare die spezielle Aufnahme sämmtlicher Gegenstände nicht gestattet, so kann derselben ein nach dem beiliegenden Muster B. anzufertigendes spezielles Verzeichniß angestempelt werden. Es genügt dann, wenn in der Deklaration unter Bezugnahme auf das Verzeichniß, nur die Zahl der Kolli und deren Bruttogewicht summarisch angegeben wird. Wird ein solches Verzeichniß zweifach übergeben, so bleibt das zweite Exemplar als Registerbelag zurück, und das Amt trägt die Ladung, unter Bezugnahme darauf, in das Notizbuch ebenfalls nur summarisch ein.

§ 4. Auf den Grund der Deklaration werden die Waaren revidirt und nach richtigem Befunde soweit unter Verschluß gesetzt, als solches, nach dem Ermessen des Amts, zur Festhaltung der Identität der Waaren erforderlich ist und diese verschlußfähig sind. Kann ein sicherer Verschluß nicht angebracht werden, so bleibt es dem Abfertigungsamte überlassen, auch andere Maßregeln zur Sicherung gegen eine Vertauschung der Waaren zu treffen.

§ 5. Bei Versendungen von Branntwein muß außer der Verschlußanlage jedesmal die Alkoholstärke nach dem Alkoholometer von Tralles geprüft und im Deklarationsscheine vermerkt, bei Weinen für jedes Faß oder für alle Fässer derselben Weingattung ein mit demselben Weine gefülltes Probefläschchen, mit dem Amtssiegel versiegelt, dem Deklarationsscheine beigefügt werden. (1)

Beim Transporte von Branntwein in Schiffen oder Eisenbahnwagen unter amtlichem Raumverschluß, sowie bei Branntwein, welcher in Flaschen, in Ueberfässern oder in emballirten Gebinden versendet wird, kann von einer amtlichen Ermittelung des Alkoholgehaltes Umgang genommen werden.

Wenn ferner bei einer aus mehreren Kolli bestehenden Branntweinsendung über den Alkoholgehalt des Inhalts der einzelnen Kolli eine spezielle Deklaration des Absenders vorliegt und bei der vorzunehmenden Prüfung Abweichungen zwischen dem amtlichen Revisionsbefunde und der Deklaration sich nicht ergeben, so kann die Prüfung auf eine probeweise Ermittelung des Alkoholgehaltes bei einzelnen Kolli beschränkt und bei den übrigen, zu derselben Sendung gehörigen Kolli der deklarirte Alkoholgehalt, unter Beifügung einer bezüglichen Bemerkung, in dem Deklarationsscheine angegeben werden.

§ 6. Wenn zollpflichtiges Vieh aus dem Inlande durch das Ausland wieder nach dem Inlande getrieben wird, so wird dieses Vieh blos mit Deklarationsscheinen, in welchen eine genaue Beschreibung des Viehes und die kürzeste Zeitfrist für den Durchtrieb durch das Ausland vorzuschreiben ist, begleitet.

§ 7. Diejenigen Zollämter, bei welchen der Aus- und Wiedereingang stattfindet, führen darüber ein Notizbuch nach dem Muster C. ohne bestimmte Zeitabschnitte. (2)

§ 8. Die Anmeldung der Waaren und die Anlegung des Verschlusses braucht nicht nothwendig bei dem Zollamte, über welches der Ausgang erfolgen soll, zu geschehen, sondern kann bei jedem Hauptamte, sowie bei allen übrigen mit Verschlußwerkzeugen versehenen Zoll- und Steuerämtern stattfinden.

§ 9. In solchen Fällen bedarf es bei dem Ausgangsamte keiner nochmaligen Revision, sondern nur der Prüfung des Verschlusses und der Ueberzeugung, daß die angemeldeten Kolli auch wirklich ausgehen.

§ 10. Wenn die Einrichtungen in fremden Staaten, welche durchfahren werden, es nicht verstatten, den Waarenverschluß

(1) Z. vgl. Lith. V. vom 21. Juni 1872. l. 11319, betr. die Beigabe von Probefläschchen.

(2) Z. vgl. Lith. V. vom 9. November 1875. l. 13403, betr. die Führung der Notizregister.

im Auslande uneröffnet zu erhalten, so müssen die Zollämter, sobald sie davon in Kenntniß kommen, dies der ihnen vorgesetzten Behörde anzeigen, damit für diesen Fall von derselben andere Vorkehrungen getroffen werden können.

§ 11. Das Ausgangsamt bestimmt nach Maßgabe der zur direkten Durchfuhr des zwischenliegenden Auslandes erforderlichen Zeit, jedoch unter Berücksichtigung der Eigenthümlichkeiten der zum Wiedereingangspunkte führenden Straße, sowie der Beschaffenheit der Ladung und der Transportmittel, die über das wirkliche Bedürfniß nicht auszudehnende Frist, für welche die dem Waarenführer mitzugebende Deklaration gültig sein soll. 3. Abfertigung beim Aus- und Wiedereingange.

§ 12. Gehen die Waaren innerhalb der festgesetzten Frist bei dem zum Wiedereingange gewählten Amte ein, so werden dieselben nach der mitkommenden Deklaration, bei Branntwein unter Prüfung der Alkoholstärke (welche sich in geeigneten Fällen — siehe § 5 — auf eine probeweise Ermittelung beschränken kann), revidirt, und wenn sich dabei nichts zu erinnern findet, nach vorheriger Eintragung in das Notizregister (Muster c.), bei welchem die Deklaration als Belag zurück bleibt, in den freien Verkehr gesetzt, resp. mit der erforderlichen Legitimation zur Durchfuhr durch den Grenzbezirk abgelassen.

§ 13. (¹)

§ 14. Muß zur Erreichung des inländischen Bestimmungsorts das Ausland zweimal abwechselnd durchfahren werden, so bleibt es der Wahl des Waarenführers überlassen, ob er bei dem ersten Wiedereingangsamte seine Ladung revidiren und in den freien Verkehr treten lassen will, um solche bei dem zweiten Ausgangsamte auf's neue nach den allgemeinen Vorschriften abfertigen zu lassen, — oder ob er bei der Zwischenpassage durch das Inland die mitgekommene Deklaration zum Gebrauch bei der letzten Durchfahrung des Auslandes bei sich behalten will. 5. Mehrmalige Berührung des Auslandes.

In dem letzten Falle wird die Deklaration bei dem ersten Wiedereingangsamte nicht abgenommen, sondern mit einem bloßen Passageatteste versehen, dem Waarenführer belassen und ihr Inhalt, mit Angabe dieses Sachverhältnisses, in das Notizbuch (Muster C.) eingetragen.

Bei den zwischenliegenden Ein- und Ausgangsämtern findet eine Revision statt, welche sich jedoch, wenn die Gegenstände verschlossen sind, auf die Prüfung des Verschlusses beschränken kann.

§ 15. Wenn die Einrichtung in fremden Staaten, welche durchfahren werden, es nicht verstatten, den Waarenverschluß im Auslande uneröffnet zu erhalten, so müssen die Zollämter, sobald sie davon in Kenntniß kommen, dies der ihnen vorge- 6. Erhaltung des Waarenverschlusses im Auslande.

(¹) Fällt nach Aufhebung des Ausgangszolles weg.

setzten Behörde anzeigen, damit für diesen Fall von derselben andere Vorkehrungen getroffen werden können.

§ 16. Waarenversendungen, die mittelst der Eisenbahn befördert werden und nach Maßgabe der §§ 17 und folgende des Regulativs über die zollamtliche Behandlung des Güter- und Effektentransports auf den Eisenbahnen mit Ladungsverzeichniß und Begleitzettel abgefertigt sind, bedürfen, wenn sie vor Erreichung des Bestimmungsortes das Ausland berühren, beim Wiedereingange behufs der Weiterbeförderung an ihren Bestimmungsort einer nochmaligen Abfertigung nicht, sofern der angelegte Verschluß unverletzt geblieben ist.

B. Gegenstände, welche unter Zollkontrole versandt werden.

§ 17. Wenn Waaren, welche auf Begleitscheine abgefertigt werden, bei dem Transport abwechselnd das In- und Ausland berühren, so werden dieselben ohne besondere Deklaration beim Ausgangsamte zu einer allgemeinen Revision gezogen, der Ausgang wird auf dem Begleitschein, unter Beifügung der Bestimmung, wann die Waaren beim Eingangsamte wieder eingetroffen sein müssen, bescheinigt und die Waaren werden nach erfolgter Eintragung in das Notizbuch (Muster C.) abgelassen. In gleicher Art wird, unter den sich von selbst ergebenden Abänderungen, beim Eingangsamte verfahren.

Sind dergleichen Waaren, wie in der Regel geschehen muß, unter Verschluß abgefertigt und wird solcher gut und unverdächtig befunden, so genügt, sowohl beim Aus- als Eingangsamte, dessen Rekognition.

Ist kein Verschluß vorhanden, so wird in beiden Fällen zur besondern Revision geschritten.

§ 18. Die Bescheinigungen über den Zwischen-, Ein- und und Ausgang dürfen nicht in der Schlußbescheinigung über die erreichte Bestimmung auf dem Begleitscheine eingetragen werden. Sie werden außerhalb der Schlußbescheinigung niedergeschrieben und neben derselben wird mit größeren Buchstaben bemerkt: Passagebescheinigung.

Durch ein solches Attest werden die vom Waarenführer und vom Extrahenten des Begleitscheines aus demselben übernommenen Verpflichtungen nicht erledigt.

C. Verfahren wenn die Deklarationsscheine mangelhaft ausgestellt sind, die Transportfrist überschritten, oder der angelegte Verschluß verletzt worden.

§ 19. Wenn bei den mit Deklarationsscheinen versandten Gütern kleinere Versehen und Mängel vorgekommen sind, namentlich der Name und Wohnort der Empfänger, wo darüber eine Angabe vorgeschrieben, nicht richtig angegeben ist, oder die Güter über ein anderes als das im Deklarationsschein genannte Eingangsamt eingeführt worden, oder endlich eine Ueberschreitung der vorgeschriebenen Transportfrist, welche jedoch nicht das Doppelte der ursprünglich bestimmten Frist beträgt oder über letztere nicht um mehr als 4 Wochen hinausgeht, stattgefunden hat, so kann das Hauptamt, in dessen Bezirk der Wiedereingang erfolgt, von der Forderung der Verzollung Umgang nehmen — sofern im Uebrigen kein Bedenken gegen die Zollsicherheit nach Lage des einzelnen Falles eintritt.

Ebenso werden die Hauptämter ermächtigt, beim Wiedereingange derartiger Güter über vorgefundene Verschlußverletzungen hinwegzusehen, wenn sie durch die anzustellenden Erörterungen die Ueberzeugung gewinnen, daß die Verletzuug des Verschlusses lediglich durch Zufall herbeigeführt ist und gegen die Identität der Waaren keine Bedenken bestehen. Sprechen in vorkommenden anderen Fällen Gründe dafür, von der Forderung der Verzollung Abstand zu nehmen, so ist an die Zolldirektivbehörde zu berichten.

(Folgen die Muster, s. A. Bl., 1871. S. 489 ff.)

## 2. Meß- und Marktverkehr.

[V. Z. G., § 112.

Z. V. V. vom 8. Juli 1867, Art. 14 und Nr. 12 d. Schlußprot. (1).

Zoll- und Handelsvertrag mit Oesterreich vom 9. März 1868 (B. G., S. 239, A. Bl. 1875, S. 17), Art. 6 a und b, Schlußprot., Nr. 5;

Bestimmungen zur Ausführung des Art. 6 des Vertrags vom 11. April 1865 (A. Bl. 1875, S. 33), Nr. 1, 2 u. 3.

Handels- und Zollvertrag mit der Schweiz vom 13. Mai 1869 (B. G., S. 603, A. Bl. 1875, S. 40), Art. 5, Nr. 1 u. 2, Anlage B, § 2 Nr. 4 und § 3, Schlußprot., Nr. V A, VI und VII.

Bestimmungen zur Ausf. des Art. 5 d. Vertr. (A. Bl. 1875, S. 48), Art. I—III u. VII.]

**23. Juni 1868.** — B. R. B. betr. zollamtliche Behandlung von Musterstücken. (§ 169 d. Prot.)

Es wurde beschlossen:

1) daß eingangszollpflichtige Gegenstände, welche als Muster dienen und von Hamburgischen Handlungsreisenden in den Z. V. eingeführt werden — unter Voraussetzung der von Hamburg zu gewährenden Gegenseitigkeit — fortan in gleicher Weise vom Eingangszolle frei zu lassen sind, als dies hinsichtlich der von Französischen Handlungsreisenden eingeführten Muster in dem Handelsvertrage zwischen dem

(1) Z. vgl. die Anm. zu § 2 des Reg. über die laufenden Konten, S. 229.

Z. V. und Frankreich vom 2. August 1862, Art. 27, und in dem Schlußprot. dazu unter I. D. verabredet worden; ([1])

2) die Zustimmung dazu zu ertheilen, daß mit Belgien eine Verabredung getroffen werde, nach welcher künftig die vorgedachte, mit Frankreich vereinbarte Begünstigung hinsichtlich der zollfreien Zulassung von Mustern der Handlungsreisenden auch bei dem Verkehr zwischen dem Z. V. und Belgien gegenseitig Anwendung finden soll. ([2])

---

**8. Juli 1868.** — B. R. B. betr. zollamtliche Behandlung von Musterstücken. (§ 199 d. Prot.)

Es wurde beschlossen:

die Zustimmung dazu zu ertheilen, daß mit Großbritannien eine Verabredung getroffen werde, nach welcher künftig die in dem Handelsvertrag zwischen dem Z. V. und Frankreich vom 2. August 1862, Art. 27, und in dem Schlußprot. dazu unter I. D. vereinbarte Begünstigung hinsichtlich der zollfreien Zulassung von Mustern der Handelsreisenden auch bei dem Verkehr zwischen dem Z. V. und Großbritannien gegenseitig Anwendung finden soll. ([3])

---

**8. Mai 1869.** — B. R. B. betr. zollfreie Einfuhr von Musterstücken aus den, dem Zollverein nicht angeschlossenen Gebieten der Staaten d. Z. V. (§ 33 d. Prot.)

Es wurde beschlossen:

daß die in dem Handelsvertrag zwischen dem Z. V. und Frankreich vom 2. August 1862, Art. 27, und Schlußprot. I. D. verabredete, durch B. R. B. vom 23. Juni 1868 auf den Verkehr zwischen Hamburg und dem Z. V. und auf den Verkehr zwischen Belgien und dem Z. V., sowie durch B. R. B. vom 8. Juli 1868 auf den Verkehr aus Großbritannien ausgedehnte Vergünstigung der zeitweisen zollfreien Einfuhr von Musterstücken für Handlungsreisende auch auf den Verkehr zwischen dem Z. V. Gebiete und sämmtlichen zum Nordd. Bunde und den Süddeutschen Vereinsstaaten gehörigen in den Z. V. nicht eingeschlossenen Gebietstheilen ausgedehnt werde.

---

([1]) Der H. V. mit Frankreich ist abgedruckt: Vertr. Anh., S. 97 ff. Derselbe ist durch die Kriegsereignisse aufgehoben. z. vgl. den Anhang zu Abschn. I.

([2]) Z. vgl. Uebereinkunft vom 10. September 1868 (V. Anh., S. 20).

([3]) Z. vgl. Deklaration vom 1. April 1869 (V. Anh., S. 259).

**19. Mai 1869.** — B. R. B. betr. die Ertheilung von Freipässen für Musterstücke. (§ 57 d. Prot.) (¹)

Es wurde beschlossen, daß die den Direktivbehörden bisher vorbehaltene Ausfertigung von Freipässen über solche Musterwaaren, welche aus dem freien Verkehr des Z. V. für inländische Handlungshäuser oder Fabriken aus und nach gemachtem Gebrauch im Auslande zollfrei wieder zurückgeführt werden sollen, künftig den Hauptämtern überlassen werde, wobei die letzteren des diesem Protokoll als Anlage II angeschlossenen Formulars sich zu bedienen haben. (²)

---

**27. August 1874.** — V. d. D. betr. die zollamtliche Abfertigung von Musterstücken. (A. Bl., S. 327. Nr. I. 12789. (³)

Muster, welche nicht bloß Abschnitte sind, sondern aus Stücken bestehen, wovon jedes für sich als verkäufliche Waare betrachtet werden kann, sind nur dann vom Eingangszolle frei, wenn die nachfolgenden Kontrolevorschriften beobachtet werden:

I. Handelt es sich um Musterstücke, welche aus dem Vereinsgebiete stammen, im Auslande benutzt und demnächst wieder eingeführt werden sollen, so hat das inländische Handlungshaus, welches in Betreff derselben auf Zollfreiheit Anspruch macht, dem Hauptamte des Bezirks, zu welchem dasselbe gehört, ein Verzeichniß der Musterstücke einzureichen und letztere zur Abfertigung vorzuführen. (⁴) Stellt sich indessen wegen Entfernung des Wohnsitzes des Fabrikanten ꝛc. von dem Sitze des Hauptamtes das Bedürfniß dazu heraus, so kann die Abfertigung auch Steuerämtern oder Nebenzollämtern I. Klasse übertragen werden. Das abfertigende Amt bescheinigt unter dem Verzeichnisse, auf welche Weise die Identität der Musterstücke festgehalten worden ist, und wird dasselbe demnächst dem von dem Hauptamte nach dem beiliegenden Muster auszufertigenden Eingangspasse beigeheftet und angesiegelt.

---

(¹) Die Bestimmungen dieses B. R. B. sind durch Nr. I der V. vom 27. August 1874 in E. L. eingeführt worden.

(²) Das Formular ist durch B. R. B. vom 13. Oktober 1875 abgeändert (s. u.).

(³) Die Grundsätze, auf welchen diese V. beruht, sind unter den Zollvereinsstaaten vereinbart. (Münchener Vollz. Pr. § 39, Beil. XXXIX. — Bd. I. d. V., S. 281. 435.)

(⁴) Die Ausf. d. Musterpässe erfolgte früher durch die Direktivbehörden, ist aber zu Folge B. R. B. vom 19. Mai 1869 (§ 57 d. Prot.) den Hauptämtern übertragen.

Die Ausstellung derartiger Musterpässe ist zulässig für alle Waaren, welche sich im freien Verkehr befinden, ohne Unterschied, ob sie in inländischen oder verzollten ausländischen Fabrikaten bestehen.

Die Ertheilung von Musterpässen kann auch in dem Falle erfolgen, wenn die Musterstücke nicht persönlich durch Handlungsreisende aus- und eingeführt, sondern mit der Post oder auf der Eisenbahn befördert werden. . . . (1)

Die Abfertigung zum Wiedereingang erfolgt, wenn die Musterstücke mit der Post zurückkommen, ebenso wie die Abfertigung der Poststücke überhaupt. Die auf der Eisenbahn zurückbeförderten Muster dagegen können nach der Wahl der Betheiligten beim Grenzzollamte — einem Hauptzollamte oder Nebenzollamte I. — abgefertigt oder zu diesem Zweck im Ansageverfahren oder unter Begleitscheinkontrole auf das Amt des Versendungsortes abgelassen werden. Letzteres muß stets geschehen, wenn sich beim Grenzzollamte irgend wie Bedenken gegen die zollfreie Wiedereinlassung herausstellen.

II. In Betreff der ausländischen Musterstücke, welche im deutschen Zollgebiet benutzt und demnächst wieder ausgeführt werden sollen, ist die Zollfreiheit nicht allgemein zugestanden, sondern kommt gegenwärtig nur gegenüber Frankreich, Belgien, Großbritannien, Oesterreich, der Schweiz und den dem Zollgebiet nicht angeschlossenen Gebietstheilen Deutschlands zur Anwendung.

Das Verfahren ist Folgendes:

1. Zur Abfertigung eingangszollpflichtiger Gegenstände, welche, um als Muster zu dienen, von Handlungsreisenden eingeführt werden, sind bei der Ein- und Ausfuhr die Hauptzollämter und Nebenzollämter I. und diejenigen Hauptämter im Innern befugt, denen die Abfertigung von Eisenbahngütern nach Maßgabe des § 4 des Regulativs, betreffend die zollamtliche Behandlung des Güter- und Effektentransports auf den Eisenbahnen, übertragen ist, ferner, soweit es auf Niederlegung ankommt, alle Hauptämter mit Niederlage. Die Ausfuhr darf auch über ein anderes Amt als dasjenige, über welches die Einfuhr bewirkt ist, erfolgen.

2. Bei der Einfuhr sind die zu 1 gedachten Gegenstände durch Ausfüllung der Spalten 1 und 2 des nach dem anliegenden Muster aufzustellenden und in doppelter Ausfertigung ver-

(1) Der in der ursprünglichen Fassung hier folgende Satz ist zu Folge B. R. B. vom 13. Oktober 1875 (§ 337 d. Prot.) weggefallen.

zulegenden Verzeichnisses anzumelden. [1] Es erfolgt darauf die Revision und die Ermittelung des tarifmäßigen Eingangszolles, welcher bei dem abfertigenden Amte entweder baar niederzulegen oder vollständig sicher zu stellen ist. Wird der Eingangszoll baar niedergelegt, so ist derselbe sofort als Eingangsabgabe in Einnahme zu stellen und der Musterpaß (Nr. 4) auf der Vorderseite mit einem Vermerk darüber zu versehen, daß dies geschehen und unter welcher Nummer des Heberegisters derselbe vereinnahmt ist.

3. Zum Zweck der Festhaltung der Identität sind die einzelnen Musterstücke, soweit es angeht, durch aufgedruckte Stempel oder durch angehängte Siegel oder Bleie zu bezeichnen, soweit diese Bezeichnung aber nicht ausführbar ist, solche Merkmale anzugeben, die zur Festhaltung der Identität geeignet sind. Für die Stempel, Siegel oder Bleie wird keine Gebühr erhoben.

4. Jeder der beiden Ausfertigungen des Verzeichnisses wird, nachdem das Ergebniß der Revision und die Bezeichnung oder die Angabe der Merkmale zur Festhaltung der Identität auf demselben vermerkt worden ist, ein nach dem anliegenden Muster auszufertigender Eingangspaß angeheftet. In Letzterem, welcher hiernach zweifach auszufertigen ist, wird die Frist bestimmt, bis zu welcher die Wiederausfuhr der Musterstücke oder deren Niederlegung in einem Packhofe erfolgen muß. Die Frist darf den Zeitraum eines Jahres nicht überschreiten. Nach Ablauf derselben hat das abfertigende Amt, wenn der Nachweis der Ausfuhr oder Niederlegung nicht geführt wird, den Eingangszoll, soweit derselbe nicht baar niedergelegt und bereits vereinnahmt war, aus der gestellten Sicherheit einzuziehen und zu verrechnen.

5. Die Musterstücke sind, nach bewirkter Eingangsabfertigung, mit dem Unikatexemplar des Eingangspasses und des dazu gehörigen Verzeichnisses abzulassen. Werden vor Ablauf der im Eingangspaß gestellten Frist (zu 4) die Musterstücke unter Vorlegung des Eingangspasses einem zur Ertheilung der Abfertigung befugten Amte (zu 1) zum Zwecke der Wiederausfuhr oder der Niederlegung in einem Packhofe vorgeführt, so hat dieses Amt sich durch die vorzunehmende Prüfung davon zu überzeugen, ob ihm dieselben Gegenstände vorgeführt worden sind, welche bei der Eingangsabfertigung vorgelegen haben. Soweit in dieser Beziehung keine Bedenken entstehen, bescheinigt das Amt die Ausfuhr

[1] Vgl. V. vom 17. Januar 1877, I. 15594, betr. die Abgabe von Deklarationen.

oder Niederlegung auf dem Eingangspasse und erstattet den bei der Einbringung niedergelegten Eingangszoll oder trifft wegen Freigabe der bestellten Sicherheit die erforderliche Einleitung.

Werden die als Muster eingeführten zollpflichtigen Gegenstände nicht sämmtlich wieder ausgeführt oder niedergelegt, so hat das Erledigungsamt den niedergelegten Eingangszoll nur soweit zu erstatten, als die Gegenstände wieder ausgeführt oder niedergelegt werden, beziehungsweise, bei erfolgter Sicherstellung des Zolles, von den im Inlande verbliebenen den Zoll einzuziehen und zu verrechnen und erst demnächst die Rückgabe der beim Eingange der Muster bestellten Sicherheit zu veranlassen. In die Bemerkungsspalte des Erledigungsregisters (Nr. 7) und in die Erledigungsbescheinigung auf der Rückseite des Musterpasses ist eine nachrichtliche Angabe darüber aufzunehmen, daß, bezw. inwieweit der niedergelegte Betrag als Eingangszoll in Einnahme gestellt, bezw. erstattet worden ist. Den erstatteten Eingangszoll hat das Ausgangs- oder Niederlageamt nach Maßgabe der Verfügung vom 21. Oktober 1871 (Amtsblatt Seite 599) als Restitution zu verausgaben und weiter zu behandeln. (1)

6. Das mit der Bescheinigung der Ausfuhr, der Niederlegung, beziehungsweise der Verzollung versehene Unikat des Eingangspasses dient als Belag für das Register des Ausfertigungsamtes und ist daher, wenn nicht das erledigende Amt zugleich das Ausfertigungsamt ist, dem Letzteren zuzusenden. In diesem Fall hat das Ausfertigungsamt dem Erledigungsamte demnächst das Duplikat des Eingangspasses, nachdem solches mit einer beglaubigten Abschrift der Erledigungsbescheinigung versehen ist, zum Registerbelage zu übersenden, auch alsbald die bestellte Sicherheit freizugeben. Erfolgt die Wiederausgangsabfertigung der Muster bei demselben Amte, welches den Eingangspaß ertheilt hat, so ist in gleicher Weise das Unikat des Passes zum Belag des Ausfertigungs-, das Duplikat zum Belag des Erledigungsregisters zu nehmen.

7. Ueber die Ausfertigung und Erledigung der Eingangspässe für ausländische Muster haben die Aemter zwei besondere Register und nach den anliegenden Mustern zu führen.

(Folgen die Muster, s. A. Bl., 1874. S. 329.)

---

(1) Z. vgl. V. vom 3. September 1872. I. 17209, betr. das Verfahren bei der Restitution von Zollgefällen, welche auf Grund erledigter Musterpässe gezahlt worden sind, und die Lith. V. vom 18. Mai 1876. I. 6709, betr. die Berechnung des zu erstattenden Zolles.

**13. Oktober 1875.** — B. R. B. betr. die Freipässe über inländische Musterstücke. (§ 337 d. Prot.) (¹)

Es wurde beschlossen:

1. Den Hauptzollämtern wird die Befugniß beigelegt, die Gültigkeitsfrist der Freipässe über inländische Musterstücke, welche in dem durch Bundesrathsbeschluß vom 19. Mai 1869, § 57, genehmigten Formulare auf ein Jahr festgesetzt ist, im Bedürfnißfalle angemessen zu verlängern;
2. Die Vorschrift, nach welcher die Zollfreiheit der von deutschen Handlungsreisenden ausgeführten Musterstücke bei der Wiedereinfuhr unter anderen von dem Nachweise der stattgehabten Ausfuhr abhängig gemacht ist, wird als entbehrlich aufgehoben.
3. Die Worte des bezeichneten Formulars: „Der Ausgang dieser Musterstücke von dem Ausgangsamte bescheinigt ist und —" kommen in Wegfall.

## 3. Retourwaaren.

[V. Z. G. §§ 113 und 114;
Zoll- und Handelsvertrag mit Oesterreich vom 9. März 1868 (B. G., S. 239. A. Bl. 1875, S. 17); Art. 6 a u. b, Schlußprotokoll, Nr. 5;
Bestimmungen zur Ausführung des Art. 6 des Vertrags vom 11. April 1865 (A. Bl., 1875, S. 33), Nr. 1—3;
Handels- und Zollvertrag mit der Schweiz vom 13. Mai 1869 (B. G., S. 603, A. Bl., 1875, S. 40), Art. 5, Nr. 1—3, Schlußprotokoll, Nr. V. A. C. D.]

**21. August 1871.** — V. d. K. betr. die zollfreie Wiedereinlassung von Retourwaaren. (A. Bl., S. 466, Nr. 14208.)

Denjenigen Hauptämtern, bei denen ein Bedürfniß hierzu vorliegt, wird die Befugniß ertheilt werden, inländische Erzeugnisse oder Fabrikate, welche außer dem Meß- und Marktverkehr, auf Bestellung, zum Kommissionsverkauf, zur Ansicht, zu öffentlichen Ausstellungen oder zum vorübergehenden Gebrauche nach dem Auslande gesandt sind und von dort zurückkommen, sofern kein Zweifel dawider besteht, daß dieselben Waaren wieder eingehen, welche ausgegangen sind, selbstständig in Gemäßheit des § 113 des Vereinszollgesetzes vom Eingangszolle frei zu lassen, wenn der auf der Sendung ruhende Eingangszoll den Betrag von 30 Thalern (112 ½ Fr.) nicht übersteigt.

(¹) Z. vgl. die V. vom 29. Oktober 1875, I. 15112 (A. Bl., S. 172), sowie die Bek. vom 14. Februar 1876 (A. Bl., S. 29).

Der inländische Ursprung der Waaren und ihre Identität ist einer sorgfältigen Prüfung auf Grund der Fabrik- und Handlungsbücher, des Briefwechsels, der Berücksichtigung der Fabrikationsweise, der Fabrikzeichen u. s. w., sowie sonstiger geeigneter Beweisstücke zu unterwerfen, und es darf die Zollfreiheit überhaupt nur dann zugestanden werden, wenn nach der übereinstimmenden Ansicht sämmtlicher Hauptamtsmitglieder die angestellten Erörterungen die unzweifelhafte Ueberzeugung von dem inländischen Ursprung und der Identität der Waaren begründen. Ferner werden solche Hauptämter, bei denen sich ein Bedürfniß dazu geltend macht — und zwar ohne Beschränkung auf einen gewissen Zollbetrag — ermächtigt werden, Gegenstände ohne Rücksicht darauf, ob sie inländischen oder ausländischen Ursprungs sind, welche aus dem freien Verkehr irrthümlich in das Ausland befördert worden, oder sonst in das Ausland versandt, aber nicht in die Hände des Adressaten gelangt sind, selbstständig zollfrei wieder einzulassen, wenn die Gegenstände im Auslande im Verwahrsam der Post-, Zoll- oder Eisenbahnverwaltung verblieben sind. Die gleiche Ermächtigung kann auch für den Fall ertheilt werden, daß die aus dem freien Verkehr nach dem Auslande versandten Gegenstände dort stets in Gewahrsam einer Polizei- oder Gerichtsbehörde gewesen sind.

Neben der beizubringenden desfälligen Bescheinigung der betreffenden Post-, Zoll- u. s. w. Behörde ist jedoch in allen Fällen durch Einsicht der Begleitpapiere, Frachtbriefe u. s. w. zu prüfen, ob sich gegen die Abstammung der Gegenstände aus dem freien Verkehr des Zollvereins Bedenken ergeben.

Die mit entsprechender Ermächtigung versehenen Hauptämter haben über die gemachten Bewilligungen Verzeichnisse zu führen, welche die gepflogenen Verhandlungen und die Beläge über den inländischen Ursprung der Waaren, soweit nicht deren Rückgabe an die Betheiligten erfolgt, beizufügen sind und welche quartaliter mir zur Prüfung einzureichen sind. (¹)

Etwaigen Anträgen der Hauptämter, ihnen die vorerwähnten Befugnisse beizulegen, sehe ich entgegen, und erwarte dabei den Nachweis des vorhandenen Bedürfnisses. (²)

---

(¹) Z. vgl. die V. vom 30. November 1872, I. 24283 (A. Bl., S. 494), betr. die Behandlung der Gesuche um zollfreie Ablassung von Retourwaaren, und

V. vom 23. Juli 1876, I. 8644, betr. die zollfreie Einfuhr von Waaren, welche zum vorübergehenden Gebrauch nach dem Auslande gesendet und beim Ausgang zur vormerklichen Behandlung angemeldet werden.

(²) Die Hauptämter haben die gedachten Befugnisse sämmtlich erhalten.

**24. April 1874.** — V. d. D. betr. Vorschriften über die zollamtliche Behandlung der zu landwirthschaftlichen und Gewerbeausstellungen ein- bezw. ausgehenden Gegenstände. (A. Bl., S. 87, Nr. I. 6899) (¹)

Indem ich dem Kaiserlichen Hauptamte nachstehend die Vorschriften, welche bezüglich der zollamtlichen Behandlung der zu landwirthschaftlichen und Gewerbeausstellungen ein- bezw. ausgehenden Gegenstände bestehen, mittheile, bemerke ich, daß die Ausstellungen, bei welchen diese Bestimmungen auf Grund der §§ 113 und 114 des Vereinszollgesetzes in Anwendung zu bringen sind, in jedem einzelnen Falle werden bekannt gemacht werden.

## Vorschriften

über die zollamtliche Behandlung der zu landwirthschaftlichen und Gewerbeausstellungen ein- bezw. ausgehenden Gegenstände.

A. In Bezug auf die außerhalb des deutschen Zollgebiets stattfindenden Ausstellungen.

1) Für diejenigen Gegenstände, welche von dem Hauptamte des Versendungsortes auf Grund spezieller Revision und Verzeichnung und, soweit thunlich, unter Anlegung eines Bleis oder Siegels zum Ausgang abgefertigt worden sind, wird bei dem Wiedereingang über dasselbe Hauptamt die Zollfreiheit zugestanden, sofern sich gegen die Identität der Gegenstände kein begründeter Zweifel herausstellt. Dieselbe Begünstigung findet auch bei dem zur Ausstellung bestimmten Vieh (jetzt nur noch bei Schweinen) statt, von welchem bei der Ausgangsabfertigung zur Festhaltung der Identität eine genaue Beschreibung aufzunehmen ist.

2) Bei den Abfertigungen, sowohl beim Aus- als beim Wiedereingange tritt jede sonst zulässige Erleichterung ein.

B. In Bezug auf die innerhalb des deutschen Zollgebiets stattfindenden Ausstellungen.

1) Die Zollfreiheit tritt für die vom Auslande eingehenden zollpflichtigen Gegenstände nur dann ein, wenn dieselben nach beendigter Ausstellung wieder nach dem Auslande gebracht werden.

2) Die vom Auslande für die Ausstellung eingehenden Gegenstände sind von den Grenzzollämtern, und zwar verpackte Gegenstände ohne Eröffnung, mit einem Begleitschein I. auf das Hauptamt des Bestimmungsortes abzulassen.

---

(¹) Diese Vorschriften sind zwischen den Zollvereinsstaaten auf der XV. G. K. vereinbart worden. (§ 10 d. Hauptprot.)

3) Das Hauptamt des Bestimmungsortes hat die mit Begleitschein I. ankommenden Gegenstände der speziellen Revision zu unterwerfen und die zur Festhaltung der Identität erforderlichen Kontrolen zur Anwendung zu bringen. In letzterer Beziehung ist die Nettoverwiegung, sowie die Anlegung von Bleien oder Siegeln vorzunehmen, während bei dem eingehenden Vieh eine vollständige Beschreibung ausreichend erscheint. Gegenstände, bei denen die Festhaltung der Identität an sich unmöglich ist, können, der zugestandenen Erleichterung nicht theilhaftig, müssen vielmehr zum Eingange verzollt werden.

Nach erfolgter Abfertigung werden die Gegenstände, deren Identität festgehalten werden kann, zwar ohne Entrichtung des Eingangszolles zur Ausstellung abgelassen, für den Zoll ist aber eine geeignete Sicherheit zu bestellen.

4) Für die Wiederausfuhr der Ausstellungsgegenstände nach beendigter Ausstellung ist eine angemessene Frist vorzuschreiben, nach deren vergeblichem Verlaufe der Eingangszoll erhoben wird.

Werden die Gegenstände dagegen zum Zwecke der Wiederausfuhr zur Abfertigung vorgeführt, so ist deren Identität durch spezielle Revision zu prüfen und, wenn sich in dieser Beziehung kein Bedenken ergibt, ein Begleitschein I zu ertheilen.

5) In Beziehung auf Maschinen und Geräthe ist bei der Zollabfertigung zwar die Nettoverwiegung und spezielle Identitätsbezeichnung nicht ausgeschlossen, soweit aber wegen des beträchtlichen Gewichts und der Komplizirtheit die Nettoverwiegung nicht wohl ausführbar erscheint, und die spezielle Bezeichnung der einzelnen Theile die Thätigkeit der Maschinen hindern würde können folgende Erleichterungen eintreten:

a. Die einzuführenden Maschinen und Geräthe, deren Nettoverwiegung und Tarifirung nicht gut angänglich ist, werden einzeln nach ihrer Gattung und dem Gesammtnettogewichte jeder Maschine, beziehungsweise jedes Geräths deklarirt.

b. Dieses Nettogewicht wird bei den unverpackt eingehenden Theilen, wenn die Schwere der letzteren solches zuläßt, durch Verwiegung, andernfalls durch Abschätzung amtlich geprüft.

c. Bei solchen Theilen, welche in Kisten verpackt oder in anderer Emballage, welche einen sicheren Verschluß gestattet, eingehen, unterbleibt die Nettoverwiegung und Tarifirung an der Amtsstelle. Statt dessen werden die Kisten u. s. w. amtlich verschlossen und sammt dem sonstigen Zubehör nach der Stelle hingeschafft, woselbst die Maschine zur Aufstellung gelangt. Zur Zeit begeben sich die Zollrevisionsbeamten dahin, in deren Gegenwart die Kisten u. s. w. geöffnet werden, und die Zusammenstellung der Maschinen erfolgt. Ergibt sich hierbei, daß keine nicht zur Maschine gehörigen Gegenstände beigepackt waren, so wird die letztere an einer die Thätigkeit derselben nicht behindernden Stelle durch eine Plombe identifizirt.

d. Bei der Wiederausfuhr geschieht die Zollabfertigung in gleicher Weise, aber in umgekehrter Reihenfolge.

e. Soll die Maschine im Inlande verbleiben, so ist dieselbe an die ordentliche Amtsstelle zu schaffen, wo der zu entrichtende Zoll festgesetzt wird.

f. Die Betheiligten haben die Verpflichtung zu übernehmen, daß die eingegangenen Maschinen und Geräthe entweder wieder ausgeführt oder verzollt werden, und haften eventuell für den bezüglich höchsten Zollsatz von dem deklarirten und bei der Eingangsrevision ermittelten, bezw. angenommenen Nettogewichte.

g. Ueber die eingeführten Maschinen und Geräthe sind entsprechende Register von der Zollbehörde zu führen und die Zu- und Abgänge gehörig anzuschreiben.

---

**19. März 1876.** — V. d. G. D. die zollamtliche Behandlung der zu landwirthschaftlichen und Gewerbe-Ausstellungen eingehenden Gegenstände betr. (A. Bl., S. 45. Nr. I. 4239.)

Auf der XV. Generalkonferenz sind für die zollfreie Einlassung der zu landwirthschaftlichen und Gewerbe-Ausstellungen im Zollverein eingehenden Gegenstände diejenigen Bestimmungen verabredet, welche mittelst Verfügung vom 24. April 1874 (A. Bl., S. 87) zur Kenntniß gebracht worden sind.

Da sich später für einzelne Fälle die Nothwendigkeit herausgestellt hat, weitergehende Erleichterungen zu gewähren, so haben im Jahre 1865 sämmtliche Vereinsregierungen sich anderweitig ([1]) über Bestimmungen verständigt, welche bei landwirthschaftlichen oder Gewerbe-Ausstellungen im Zollverein dann in Anwendung zu bringen sind, wenn sich ein Bedürfniß dazu ergiebt und das Ausstellungskomite die erforderlichen Verpflichtungen übernimmt. Diese Bestimmungen werden nachstehend mit dem Bemerken mitgetheilt, daß es zur Anwendung derselben in jedem Falle meiner Genehmigung bedarf.

---

([1]) Auf dem Korrespondenzwege.

## Bestimmungen,
welche bei land- und forstwirthschaftlichen oder Gewerbe-Ausstellungen im Zollverein in Bezug auf das Zollwesen zu beobachten sind.

1) Errichtung einer Filialpackhofsniederlage im Ausstellungslokale.

§ 1. Das zur Aufnahme der auszustellenden Gegenstände bestimmte Gebäude oder der zu dem Zwecke einzuhegende Platz, bildet in Bezug auf diejenigen Gegenstände, welche aus dem Auslande unter Zollkontrole eingeführt werden, eine Filialpackhofsniederlage des am Orte der Ausstellung befindlichen Hauptamtes und steht unter dessen unausgesetzter Aufsicht.

Die darin ausgestellten ausländischen Gegenstände gelangen sämmtlich ohne Entrichtung oder Niederlegung des Eingangszolles dorthin, doch haben sich die Mitglieder des Ausstellungskomites zu verbürgen, der Steuerbehörde für den auf den Gegenständen ruhenden Zoll aufzukommen, soweit derselbe nicht nach den folgenden Bestimmungen unerhoben gelassen werden darf oder durch die Aussteller selbst entrichtet wird.

2) Zollabfertigungsstelle.

§ 2. In dem Ausstellungsraume nimmt eine unter Leitung eines Oberbeamten stehende besondere Steuerexpedition mit unbeschränkter Abfertigungsbefugniß ihren Sitz. Das für dieselbe erforderliche Lokal wird an der, von der Steuerbehörde zu bestimmenden Stelle auf Kosten des Ausstellungskomites hergestellt und nach den Anforderungen der Steuerbehörde mit den erforderlichen Waagen und Gewichten, Revisionstischen, verschließbaren Pulten u. s. w., versehen.

Die den Beamten der Steuerexpedition, mit Einschluß des Aufsichtspersonals, gesetzlich zustehenden Fuhrkosten und Diäten, sowie die durch Heranziehung fremder, nicht am Orte der Ausstellung stationirter Beamten entstehenden Kosten hat das Ausstellungskomite zu ersetzen.

3) Zugang der Ausstellungsgegenstände.
a. Mit Kolloverschluß eintreffender.

§ 3. Die unter Kolloverschluß mit zollordnungsmäßigen Begleitscheinen oder mit Uebergangsscheinen am Ausstellungsorte anlangenden Ausstellungsgegenstände werden unmittelbar zum Ausstellungslokale geschafft und unter Uebergabe der Begleit- und Uebergangsscheine der dortigen Steuerexpedition vorgeführt.

b. Unter Wagen und Schiffsverschluß anlangender.

§ 4. Die im Ansageverfahren auf der Eisenbahn unter Wagenverschluß oder ohne vorherige zollordnungsmäßige Abfertigung unter Schiffsverschluß am Orte der Ausstellung anlangenden Güter werden, nach unmittelbar bei der Ausladung vorgenommener Bruttoverwiegung, in Verschlußwagen oder in offenen Wagen unter Begleitung zum Ausstellungslokale abgelassen und der Steuerexpedition daselbst vorgeführt.

4) Anmeldung.

§ 5. Die mit zollordnungsmäßigen Begleitscheinen, sowie die mit Uebergangsscheinen unmittelbar der Steuerexpedition im

Ausstellungsraum vorgeführten Gegenstände (§ 3) sind mittelst zweifacher Auszüge, dagegen die auf der Eisenbahn im Ansageverfahren und die ohne vorherige zollordnungsmäßige Abfertigung unter Schiffsverschluß angelangten Gegenstände (§ 4) mittelst dreifacher Deklarationen beziehungsweise Begleitscheinauszüge zur Ausstellung anzumelden.

In zwei Exemplaren der Auszüge, oder Deklarationen ist eine genaue Spezifikation des Inhalts jedes Kollo oder wenigstens jeder, einem und demselben Aussteller zugehörigen Sendung beizufügen. Eines dieser mit dem Revisionsbefunde versehenen Exemplare erhält der Aussteller zurück.

Falls überhaupt keine Spezifikation oder doch keine nach dem Ermessen der Steuerbehörde zu einer eingehenden Vergleichung genügende Spezifikation vorgelegt wird, tritt die spezielle Revision der Waaren vor ihrer Ablassung zur Ausstellung ein.

§ 6. Bei Ankunft der im Ausstellungslokale unter Zollkontrole anlangenden Gegenstände hat die Steuerexpedition sich auf Lösung des Verschlusses und eine allgemeine Revision zu beschränken, mit welcher bei denjenigen Gegenständen, welche überhaupt verwogen werden können, Bruttoverwiegung zu verbinden ist, falls dieselbe nicht schon bei der Ausladung (§ 4) stattgefunden hat. Jedoch ist während der Auspackung oder auch während der Ausstellung selbst eine Vergleichung der ausgestellten Gegenstände mit der Spezifikation (§ 5) vorzunehmen und jede Abweichung unter Zuziehung eines Beamten des Ausstellungskomite zu registriren. 5) Revision.

Gleich nach der Ankunft der Gegenstände im Ausstellungslokale ist die Abtheilung und Nummer, unter welcher sie ausgestellt werden, von dem Ausstellungskomite der Steuerexpedition mitzutheilen und in den Anmeldungen zu verzeichnen.

Kolli, welche mit verletztem zollamtlichen Verschlusse im Ausstellungslokale eintreffen, müssen sogleich zur speziellen Revision gezogen werden.

Jeder Platz, auf welchem fremde zollpflichtige Waaren ausgestellt sind, ist als solcher durch ein gleichartiges, leicht in die Augen fallendes Zeichen, z. B. durch eine bestimmte Farbe der Nummern oder in ähnlicher Weise kenntlich zu machen. Die Steuerexpedition ist von der gewählten Bezeichnung in Kenntniß zu setzen.

§ 7. In der Regel dürfen erst nach Beendigung der Ausstellung die ausgestellten Gegenstände aus dem Ausstellungslokale entfernt werden. 6) Abgang der Ausstellungsgegenstände.

Die ins Ausland zurückzusendenden Gegenstände sind der Steuerexpedition unter Vorlegung der Anmeldung (§ 5) mittelst doppelt abzugebender Abmeldung zu deklariren. Die Steuer- a. Durch Rücksendung in das Ausland.

expedition überwacht die Wiederverpackung der eingegangenen Gegenstände, stellt das Bruttogewicht der Kolli fest, fertigt die bezüglichen Begleitscheine aus und läßt Kolloverschluß anlegen, wenn nicht der Ausgang unter Wagen- oder Schiffsverschluß erfolgen soll, in welchen Fällen, soweit es erforderlich ist, amtliche Begleitung stattfindet.

Die Begleit- und Uebergangsscheine sind von einem, hinlängliche Bürgschaft bietenden, Beauftragten des Ausstellungskomite beziehungsweise des Ausstellers zu extrahiren.

Jeder Aussteller, welcher ausnahmsweise während der Ausstellung die ausgestellte Waare zu entfernen beabsichtigt, hat hierzu vorher schriftlich die Genehmigung der Zollbehörde nachzusuchen. Diese Genehmigung wird erst nach voraufgegangener spezieller Revision des ganzen Lagers des Ausstellers und nach Niederlegung oder sonstiger genügender Sicherstellung des ermittelten Zollbetrages für das ganze Lager ertheilt. Nach beendigter Ausstellung wird der niederlegte Zoll nur insoweit zurückgezahlt, beziehungsweise die bestellte Sicherheit nur insoweit aufgehoben, als die Wiederausfuhr der Waare vorschriftlich amtlich nachgewiesen ist.

b. Durch Verzollung und Versteuerung.

§ 8. Diejenigen zoll- und steuerpflichtigen Gegenstände, welche zum Verbleibe im Zollvereinsgebiete beziehungsweise im Gebiete des Staates, in welchem die Ausstellung stattfindet oder der mit diesem in Uebergangsabgabengemeinschaft stehenden Staaten bestimmt sind, müssen seitens des Ausstellers oder dessen Bevollmächtigten unter Uebergabe der Anmeldung (§ 4) mittelst doppelter Deklaration zur Verzollung beziehungsweise Versteuerung abgemeldet und der Steuerexpedition zur speziellen Revision vorgeführt werden.

Nach Erlegung der Zoll- oder Uebergangssteuerbeträge erhält der Aussteller Quittung, mittelst welcher er sich bei Fortführung der verzollten Gegenstände legitimirt.

c. Durch Verbrauch seitens der Preisrichter.

§ 9. Der Eingangszoll beziehungsweise die Uebergangsabgabe von denjenigen Gegenständen, welche seitens der Preisrichter bei ihren Untersuchungen verbraucht werden, bleibt unerhoben. Die Steuerexpedition ist davon in Kenntniß zu setzen, wann die Preisrichter ihre Untersuchungen vornehmen wollen, und hat die verbrauchten Gegenstände zu notiren, um sie in den bezüglichen Zugangsanmeldungen in Abgang zu stellen.

d. Durch Vernichtung.

§ 10. Gegenstände, welche während der Ausstellung selbst zerbrochen oder sonst zufällig vernichtet werden, sind, wenn der Erlaß des Eingangszolles beziehungsweise der Uebergangsabgabe in Anspruch genommen wird, der Steuerexpedition schriftlich anzumelden und in ihrem vernichteten Zustande vorzuzeigen. Sofern es noch nöthig sein möchte, sind die Gegenstände unter

Aufsicht des Vorstehers der Steuerexpedition dergestalt zu zerstören, daß sie völlig unbrauchbar sind.

Gegenstände, welche am Schlusse der Ausstellung sich verdorben zeigen und deßhalb oder wegen ihres geringen Werthes in das Ausland oder in den Vereinsstaat, aus welchem sie herstammen, nicht zurückgesandt werden sollen, aber auch nicht zum Verbrauch im Zollvereine bestimmt sind, können gleichfalls, wenn der Zollerlaß beziehungsweise der Erlaß der Uebergangsabgabe beantragt wird, in Gegenwart des Vorstehers der Steuerexpedition vernichtet werden.

Der Erlaß des Eingangszolles beziehungsweise der Uebergangsabgabe ist in beiden Fällen von der Genehmigung der Centralfinanzbehörde abhängig.

e. Durch Abhandenkommen.

§ 11. Von Ausstellungsgegenständen, welche nicht abgemeldet werden oder welche nicht aufgefunden und der Steuerexpedition zur Abgangsrevision nicht vorgelegt werden können, hat das Ausstellungskomite den Eingangszoll beziehungsweise die Uebergangsabgabe zu entrichten.

Auf Gegenstände, deren Beschaffenheit durch die Vergleichung mit einer Spezifikation (§ 5) oder durch eine vor der Ankunft am Bestimmungsorte etwa vorgenommene spezielle Revision festgestellt worden, ist, je nachdem danach der Tarifsatz oder nur die Hauptposition des Tarifs, welcher der Gegenstand angehört, sich ersehen läßt, entweder der tarifmäßige oder der höchste Zollsatz des Zolltarifs nach dem ermittelten Bruttogewichte anzuwenden.

f. Durch Versteigerung der nicht abgenommenen Gegenstände.

§ 12. Ebenso ist das Ausstellungskomite zur Entrichtung des Eingangszolles beziehungsweise der Uebergangsabgabe von denjenigen Gegenständen verpflichtet, welche beim Schlusse der Ausstellung und der Aufräumung übrig bleiben, und welche von den Ausstellern verlassen sind.

Schreitet das Ausstellungskomite zu einer Versteigerung derselben, so muß dasselbe auch dann für den Eingangszoll bezw. die Uebergangsabgabe aufkommen, wenn der Verkaufserlös den Zoll bezw. diese Abgabe nicht decken sollte.

7) Allgemeine Aufsichtsführung.

§ 13. Die Ein- und Ausgänge des Ausstellungslokals und das letztere selbst stehen unter steuerlicher Aufsicht.

Es ist nicht gestattet, Packete und Gegenstände, welche nicht zum unmittelbaren Gebrauche des Besuchers gehören, in das Ausstellungslokal hineinzubringen oder aus demselben fortzunehmen. Den Zurückweisungen der Zollbeamten ist unverweigerlich Folge zu leisten.

Wer ausländische, unter Zollkontrole stehende Ausstellungsgegenstände ohne Anmeldung bei der Steuerexpedition aus dem Ausstellungsraume entfernt, wird als Defraudant betrachtet und es wird gegen ihn nach § 65 des Zollstrafgesetzes vom 23. Januar 1838 (jetzt Vereinszollgesetz, § 136, Nr. 8) eingeschritten.

Dem Dirigenten des am Orte der Ausstellung befindlichen Hauptamtes und den von ihm mit Legitimationskarten zu versehenden Beamten ist während der Ausstellung der freie Zutritt zu allen Lokalen, worin Gegenstände ausgestellt sind, sowie auch die Einsicht der von den Beamten des Ausstellungskomite geführten Bücher behufs der Zollkontrole zu gestatten.

§ 14. Vorstehende Bestimmungen werden von der Zollbehörde durch Aushang an der Abfertigungsstelle im Ausstellungslokale sowie durch Einrücken in ein öffentliches Blatt zur Kenntniß des betheiligten Publikums gebracht werden. Auch ist das Ausstellungskomite verpflichtet, einen Abdruck dieser Bestimmungen den Prospekten und Einladungen beizufügen.

## 4. Veredelungsverkehr.

[V. Z. G. § 115;
Schlußprot. Nr. 2 zum Z. V. V. vom 8. Juli 1867 (S. 35);
Zoll- und Handelsvertrag mit Oesterreich vom 9. März 1868 (B. G., S. 239. A. Bl. 1875, S. 17), Art. 6 c, d und e, Schlußprot. Nr. 5 und 6; ([1])
Bestimmungen zur Ausführung des Art. 6 des Vertrags vom 11. April 1865 (A. Bl. 1875, S. 33), Nr. 4 u. 5 A u. B;
Handels- und Zollvertrag mit der Schweiz vom 13. Mai 1869 (B. G., S. 603. A. Bl. 1875, S. 40), Art. 5, Nr. 5—7, Schlußprot. Nr. V B, VI, VII; ([2])
Bestimmungen zur Ausführung des Art. 5 d. Vertr. (A. Bl. 1875, S. 48), Art. IV—VII;
Zusätzliche Uebereinkunft zum Friedensvertrage mit Frankreich vom 12. Oktober 1871 (s. S. 58), Art. 3 u. 4. ([3])]

**17. April 1871.** — B. R. B. betr. die Behandlung des Veredelungsverkehrs. (§ 141 d. Prot.) ([4])

Es wurde beschlossen, sich damit einverstanden zu erklären, daß

1. auf Grund des § 115 des Vereinszollgesetzes nicht bloß Gegenstände vereinsländischen Ursprungs, sondern auch verzollte ausländische Gegenstände, welche zur Verarbeitung,

([1]) Vgl. B. R. B. vom 17. April 1871 und vom 25. April und 16. Juni 1872 (s. u.), und V. vom 7. August 1871, Nr. 12704 (A. Bl., S. 433).

([2]) Wie zu Anm. 1.

([3]) Vgl. Erl. d. R. K. A. vom 20. Februar 1873 (s. u.).

([4]) Z. vgl. V. vom 10. Oktober 1874, I. 14652 (A. Bl., S. 345).

zur Vervollkommnung oder zur Reparatur mit der Bestimmung der Wiedereinfuhr nach dem Auslande gehen und im vervollkommneten Zustande zurückkommen, vom Eingangszolle befreit werden können, und daß

2. die im Art. 6 des Handels- und Zollvertrages mit Oesterreich vom 9. März 1868, sowie im Art. 5 des Handels- und Zollvertrages mit der Schweiz vom 13. Mai 1869 bezeichneten Arten der Veredelung, wenn dieselben in Oesterreich oder der Schweiz stattfinden sollen, bei Einhaltung der vereinbarten Kontrolevorschriften unbedingt und namentlich auch dann zuzugestehen sind, wenn es sich um die Veredelung von zweifellos ausländischen verzollten Waaren handelt.

---

**19. August 1871.** — V. d. K. betr. den Veredelungsverkehr mit Frankreich. (A. Bl., S. 460, Nr. 13879).

. . . . .

Im Allgemeinen sollen bezüglich des Veredelungsverkehrs mit Frankreich, welcher in Elsaß-Lothringen und namentlich in der nächsten Zeit voraussichtlich einen nicht geringen Umfang gewinnen wird, bis auf Weiteres folgende Gesichtspunkte als maßgebend gelten.

Was zunächst die Veredelung von Halbfabrikaten und Waaren ausländischen Ursprungs in Elsaß-Lothringen anlangt, so besteht die Absicht, derselben jeden nur thunlichen gesetzlichen Vorschub zu leisten.

Bezüglich der Veredelung Elsaß-Lothringischer Artikel in Frankreich sollen für die nächste Zeit die bestehenden Geschäftsverbindungen zwar noch thunlichst geschont, jedoch ein solcher Verkehr im Hinblick auf Absatz 2 des § 115 des Vereinszollgesetzes immer nur als Ausnahme von der Regel behandelt und — unbeschadet der Bewilligung auf längere oder kürzere Fristen in der jetzigen Uebergangsperiode — nur unter der Bedingung genehmigt werden, daß die bezügliche Veredelung in Elsaß-Lothringen (bezw. dem Zollvereine) entweder gar nicht, oder doch nur mit unverhältnißmäßigen Kosten zu erlangen ist.

Alle hinsichtlich des Veredelungsverkehrs eingehenden Gesuche sind nach allen einschlagenden Verhältnissen schleunigst zu prüfen und mit gutachtlichem Berichte hierher zur Entscheidung vorzulegen.

. . . . . (¹)

---

(¹) Der Schluß ist durch V. vom 6. Januar 1872, I. 194 (A. Bl., S. 2) aufgehoben.
Vgl. Erl. d. R. K. A. vom 20. Februar 1873.

**22. Februar 1872.** — B. R. B. betr. die Zollbefreiung für in E. L. zur Stärkezuckerfabrikation eingehende Kartoffelstärke. (§ 40 d. Prot.) (¹)

---

**25. März 1872.** — B. R. B. betr. den Veredelungsverkehr in Elsaß-Lothringen. (§ 94 d. Prot.) (²)

Es wurde beschlossen, insoweit nach den bestehenden Verabredungen über die Erleichterungen des kleinen Grenzverkehrs ein derartiger Verkehr nicht schon statthaft erscheint, ausnahmsweise bis auf Weiteres zu gestatten, daß, unter Anwendung entsprechender Kontrolen zur Sicherung des Zollinteresses, Seiden- und Baumwollengarn, welches mit der Bestimmung, die daraus gefertigten Hutplüsche (Felbel) wieder auszuführen, aus Frankreich eingeht, eingangszollfrei belassen werde.

---

**25. April 1872.** — B. R. B. betr. den Veredelungsverkehr mit Oesterreich. (§ 178 d. Prot.) (³)

Es wurde beschlossen, in Uebereinstimmung mit der von der Kaiserlich-Königlich österreichisch-ungarischen Regierung ausgesprochenen Ansicht es für zulässig zu erkennen, daß die im Art. 6 des deutsch-österreichischen Handelsvertrages vom 9. März 1868 zugestandenen Erleichterungen des Veredelungsverkehrs auch für das Zwirnen von Garn und für die Anfertigung von Zwirnknöpfen aus Zwirn und Metallringen gewährt werden.

---

**16. Juni 1872.** — B. R. B. den Veredelungsverkehr betr. (§ 364 d. Prot.) (⁴)

Es wurde beschlossen, sich damit einverstanden zu erklären, daß die für den Veredelungsverkehr Oesterreich und der Schweiz gegenüber geltende Bestimmung, nach welcher das Mehrgewicht, welches behufs der Reparatur ausgeführte Gegenstände bei ihrer Wiedereinfuhr zeigen, wenn überhaupt, nur nach dem Tarifsatze des bei der Reparatur verbrauchten Materials zu verzollen ist, nur dann Anwendung zu finden hat, wenn die im Aus-

---

(¹) Die hierdurch gewährten Erleichterungen hatten nur für das Kalenderjahr 1872 Geltung.

(²) Hierzu ist die V. vom 25. Juni 1872, I. 12626 (A. Bl., S. 177) erlassen worden.

(³) Z. vgl. V. vom 6. Juni 1872, I. 9297 (A. Bl., S. 168).

(⁴) Z. vgl. V. vom 10. Juli 1872, I. 13477 (A. Bl., S. 215).

lande reparirten beziehungsweise erneuerten Theile eines zur Reparatur ausgeführten Gegenstandes mit dem Hauptgegenstand, zu dem sie gehören, zusammen eingeführt werden; auf eine allgemeine Entscheidung der Frage aber, ob und inwieweit die für die Behandlung der zur Reparatur ausgehenden Gegenstände geltenden Grundsätze auch für die Fälle maßgebend seien, in denen die Reparatur in einer Erneuerung selbstständiger Theile des betreffenden Gegenstands besteht, nicht einzugehen. (¹)

---

**20. Februar 1873.** — Erl. d. R. K. A. betr. den Veredelungsverkehr mit Frankreich R. K. A. 921. III.

Auf den gefälligen Bericht vom 6. d. M., betreffend die Fortdauer der Zulassung französischer Garne und Gewebe im sogenannten Veredelungsverkehr über den 1. Januar 1873 hinaus, wird Ew. Excellenz ergebenst erwidert, daß die in den Artikeln 3 und 4 der zusätzlichen Uebereinkunft zu dem Friedensvertrage 2c. vom 12. Oktober 1871 vereinbarten Verkehrserleichterungen und Befreiungen, wie überhaupt die Bestimmungen der Artikel 1 bis 9 der Uebereinkunft nach der auch in dem Texte des Artikel 4 zum Ausdruck gebrachten Absicht der vertragschließenden Theile lediglich vorübergehender sein und auf den Zeitraum bis letzten Dezember 1872 beschränkt bleiben sollten.

Die Zurücknahme der den französischen Garnen und Geweben bewilligten Zollbegünstigungen würde also von der Einwilligung der französischen Regierung nicht abhängig sein. Dagegen ist das Reichskanzleramt mit Ew. Excellenz darin einverstanden, daß eine solche Maßregel durch die in Betracht kommenden gewerblichen Interessen Elsaß-Lothringens nicht geboten wird und daß kein zureichender Grund vorliegt, von den im deutschen Zollgebiete geltenden Grundsätzen hinsichtlich der Zulassung des sogenannten Veredelungsverkehrs, welche seit einer Reihe von Jahren in der Praxis sich bewährt haben, in dem vorliegenden Falle abzuweichen.

Ew. Excellenz wollen den Herrn Direktor der Zölle und indirekten Steuern in Straßburg von Vorstehendem in Kenntniß setzen.

---

**17. März 1875.** — Anweisung d. G. D., betr. das Abfertigungsverfahren in Bezug auf die aus dem Auslande zum Bleichen, Appretiren, Färben, Bedrucken oder Besticken vorbehältlich demnächstiger Wiederausfuhr eingehenden Gewebe. (A. Bl. S. 92). (²)

---

(¹) Vgl. V. vom 16. Juli 1876, I. 8342 (A. Bl., S. 117).

(²) Vom R. K. A. genehmigt zu Folge Erl. vom 8. März 1875. R. K. A. 1300 III.

1. Anmeldung. § 1. Wer Zeugstoffe zum Bleichen, Appretiren, Färben, Bedrucken oder Besticken aus dem Auslande mit dem Anspruch auf Zollfreiheit unter der Voraussetzung der Wiederausfuhr einführen will, hat darüber — nachdem ihm durch den Generaldirektor, beziehungsweise durch das betreffende Hauptzoll- oder Hauptsteueramt, insoweit dessen Zuständigkeit begründet ist (§ 20), die erforderliche Genehmigung ertheilt wurde — eine Deklaration in zwei gleichlautenden Exemplaren nach dem beifolgenden Muster einzureichen, worin die Stückzahl, das Nettogewicht der Kolli, die Dimensionen der Stücke, die tarifmäßige und die handelsübliche Benennung der Gewebe und die Art der Bearbeitung, welche dieselben erfahren sollen, ferner die beantragte Frist zur Wiederausfuhr und die Art der Identitätsbezeichnung, welche gewünscht wird, anzugeben ist. Außerdem hat der Anmelder ausdrücklich zu erklären, daß er im Falle der Nichterfüllung der ihm hinsichtlich der Wiederausfuhr gestellten Bedingungen (§ 15), sich der sofortigen Einziehung des Eingangszolls unterwerfen wolle.

Auf eine und dieselbe Deklaration dürfen stets nur nach tarifmäßiger Beschaffenheit und handelsüblicher Benennung gleichartige Waaren angemeldet werden. (¹)

2. Amtliche Abfertigung beim Eingange. § 2. Die Deklaration (§ 1), wovon ein Exemplar bei dem Amte bleibt, das andere dem Deklaranten zugestellt wird, bildet die Grundlage der zollamtlichen Revision und Vormerkbehandlung, welche in der Weise geschieht, daß die tarifmäßige und handelsübliche Gattung der Waare, sowie deren Nettogewicht, Dimensionen und Stückzahl amtlich ermittelt, daß ferner die Identitätsbezeichnung (§§ 3—6) angelegt und die Frist zur Wiederausfuhr festgesetzt wird. Alle diese Angaben sind betreffenden Ortes in der Deklaration (Vormerkschein) zu vermerken.

3. Identitätskontrole. § 3. Die Identitätskontrole besteht in der Regel darin, daß an beiden Enden der Gewebe amtliche Stempel aufgedrückt werden. Außerdem sind Musterabschnitte zurückzubehalten und dem Vormerkschein anzuheften.

Die Bestempelung erfolgt durch Stempel mit zum Theil verschiebbaren Einsatzziffern, nach beifolgendem Muster, mittelst deren ersichtlich gemacht wird:

1. Das Abfertigungsamt, beziehungsweise die Abfertigungsstelle;
2. Das Semester, in welchem die Vormerkung erfolgte;
3. Das Konto (§ 9) in welchem die Anschreibung geschehen ist;
4. Der Vormerkschein, auf Grund dessen die Anschreibung erfolgte. Die zu einem und demselben Vormerkschein gehörigen

(¹) Die Längendifferenz der in einer Post anzuschreibenden Waaren soll 10% nicht übersteigen. (V. 29. Okt. 1875. I. 13726 a. d. H. St. A. Mülhausen und H. Z. A. Münster).

Waaren erhalten dieselbe Nummer, dagegen sind die Ziffern, welche den Vormerkschein kennzeichnen, bei einer und derselben Abfertigungsstelle durch alle Konten und in ununterbrochener Nummernfolge zur Anwendung zu bringen.

Bei denjenigen Aemtern, wo nur vorübergehend und in ganz geringem Umfange Gewebe zur Veredelung angemeldet werden und sonach eine Vertauschung von Stücken, die auf einen Vormerkschein angeschrieben sind, mit solchen, die zu einem anderen Vormerkschein gehören, bei der Ausfuhr nicht zu befürchten steht, kann nach dem Ermessen des Amtsvorstandes die Bestempelung durch einfache Stempel mit der Bezeichnung der Amtsstelle nach Muster 2. b. erfolgen.

§ 4. Für die innerhalb eines und desselben Semesters zur Veredelung eingehenden Waaren, die sowohl nach tarifmäßiger Beschaffenheit, als auch nach Gespinnst, Webart und Fadenzahl und der hiervon abhängenden handelsüblichen Benennung gleichartig sind, kann auf Antrag der Fabrikanten und nach vorheriger genauer Prüfung jeweilig die gleiche Bestempelung angewendet werden.

§ 5. Bei solchen Waaren, die zunächst zum Bleichen vorgemerkt, dann aber auf die Niederlage verbracht worden sind und hierauf zur weiteren Verarbeitung angemeldet werden, kann auf Antrag des Fabrikanten von einer Neustempelung Abstand genommen und der erste Stempel für die neue Anschreibung als Identitätszeichen benutzt werden, sofern nur die Abdrücke noch genügend kenntlich sind.

In den Fällen, wo durch die Stempel der ausländischen (österreichischen) Zollstelle die einzeln zur Vormerkung kommenden Partieen getrennt festgehalten werden können und die Abdrücke hinreichend haltbar erscheinen, kann von einer Stempelung überhaupt abgesehen werden.

§ 6. Sofern eine Festhaltung der Identiät durch Bestempelung nicht ausführbar ist, können ausnahmsweise auch andere Kontrolemittel in Anwendung gebracht werden, wie z. B. Anlegung kleiner Plomben, genaue Beschreibung der Gewebe, ständige Ueberwachung der Fabrikation durch Zollbeamte u. s. w. Hierüber bleibt in jedem einzelnen Falle die Entscheidung des Generaldirektors vorbehalten.

§ 7. Die Frist zur Wiederausfuhr der verarbeiteten Waaren ist durch das Abfertigungsamt unter Berücksichtigung des gestellten Antrags nach Maßgabe der für die Bearbeitung erfahrungsgemäß erforderlichen Zeit und der etwaigen besonderen Umstände festzusetzen. In der Regel wird eine Frist von 6 Monaten ausreichend sein. Wird vor Ablauf dieser Frist der Antrag auf Verlängerung gestellt, so kann solche das Hauptamt in gemeinschaftlicher Beschlußfassung bis auf weitere 6 — 4. Fristertheilung.

Monate gewähren, sofern das Vorhandensein der Waaren [1] amtlich konstatirt und nachgewiesen ist, daß die Ausfuhr nicht früher erfolgen konnte. Sollte auch innerhalb der 12 monatlichen Frist die Ausfuhr nicht erfolgen können, sodern abermals eine Verlängerung beantragt werden, so ist dem Generaldirektor hierüber Bericht zu erstatten, es wird jedoch solchen Anträgen im Hinblick auf die einschlägigen Bestimmungen der Handels- und Zollverträge mit Oesterreich und der Schweiz nur in Ausnahmefällen stattgegeben werden.

5. Sicherheitsleistung. § 8. Für die zur Veredelung zollfrei abgelassenen Gewebe ist der Eingangszoll sicher zu stellen. Es geschieht dies entweder durch baare Deponirung in jedem einzelnen Falle oder durch Hinterlegung einer Kaution oder durch Bürgschaftsleistung. In letzterer Hinsicht kommen die Vorschriften der allgemeinen Verfügungen vom 14. Oktober 1871, Nr. 18781 (Amtsblatt S. 597) und vom 15. Juli 1873, Nr. I. 19794 (Amtsblatt S. 239) in Anwendung.

6. Registerführung. § 9. Ueber die zur Veredelung eingeführten Gewebe führt die Abfertigungsstelle ein Vormerkregister nach beiliegendem Muster in halbjährigen Abschnitten. Dieses Register bleibt nach Ablauf des Semesters ein weiteres Halbjahr für die Abschreibungen offen. Die bis dahin nicht erledigten Posten sind alsdann in das Register des neuen Semesters vor den laufenden Einträgen zu übertragen.

Die Einsendung des abgeschlossenen Registers zur Revision erfolgt hierauf binnen 14 Tagen. In demselben erhält jeder Unternehmer, der sich mit der Einfuhr solcher Waaren befaßt, ein besonderes Konto.

7. Ausgangsabfertigung. § 10. Die nach erfolgter Bearbeitung zur Wiederausfuhr bestimmten Gewebe sind der Abfertigungsstelle, welche die Vormerkbehandlung beim Eingang vorgenommen hat, mittelst einer Deklaration anzumelden, welche als Registerbelag bei der Abfertigungsstelle zurückbleibt. Behufs Kontrolirung des wirklich erfolgten Ausgangs der Waare ist hiermit der Antrag auf Ausfertigung eines Begleitscheins I zu verbinden.

§ 11. Die Identität der Waare ist durch Prüfung der an den Stücken vorhandenen Stempel, das Nettogewicht durch Verwiegung und die Stückzahl durch Abzählung festzustellen. Die Stückzahlermittelung muß sich jederzeit auf die ganze Post erstrecken; dagegen kann die Feststellung des Nettogewichts und die Verifizirung der Identitätszeichen bei größeren Sendungen probeweise erfolgen und in der Regel auf die Hälfte der

---

(1) V. vom 17. März 1876. I. 4015. Der Nachweis kann durch Auszüge aus dem Magazinsbuch erbracht werden.

Stücke, nach dem Ermessen des Amtsvorstandes sogar bis auf fünf Prozent beschränkt werden.

§ 12. Ergeben sich Gewichtsdifferenzen, so sollen dieselben eine Abgabenerhebung nicht zur Folge haben, wenn die Stückzahl übereinstimmt und die an beiden Enden angebrachte Identitätsbezeichnung vorgefunden wird. (¹)

§ 13. Ueber sonstige Anstände, welche sich bei Revision ergeben, ist von den Revisionsbeamten, beziehungsweise der Abfertigungsstelle alsbald dem Hauptamte Anzeige zu erstatten, welches, wenn solche nicht zur Stelle erläutert werden können, dem Generaldirektor Vorlage machen wird.

§ 14. Das Ergebniß der Abfertigung ist in der Ausgangsdeklaration zu vermerken und es erfolgt sodann die Abschreibung im Konto summarisch. Die Ausfertigung der Begleitscheine erfolgt nach den bezüglichen regulativmäßigen Vorschriften.

Bei der Abmeldung vorgemerkter Gewebe österreichischen Ursprungs in Theilposten, ist auf Antrag der Fabrikanten ein Attest nach beifolgendem Muster stempel- und gebührenfrei auszustellen. (²)

8. Einziehung des Zolls für die nicht zur Ausfuhr gelangenden Gewebe.

§ 15. Nach Ablauf der zur Wiederausfuhr endgültig festgesetzten Frist wird das Konto für die betreffende Post abgeschlossen. Sind die Gewebe nicht innerhalb dieser Frist, oder nicht mit unversehrten Identitätszeichen zur Ausfuhr angemeldet, oder kann die Ausfuhr selbst wegen Nichterledigung des betreffenden Begleitscheines nicht nachgewiesen werden, so wird der Eingangszoll eingezogen. Der Berechnung desselben wird, einerlei ob es sich um eine ganze Post oder nur um einzelne Stücke einer solchen handelt, ausschließlich das bei der Eingangsabfertigung ermittelte Nettogewicht zu Grunde gelegt, so zwar, daß bei der Verzollung von Theilposten die Gewichtsdifferenzen, welche in Folge der Bearbeitung der ausgeführten Stücke entstanden sind, außer Einfluß bleiben. In letzterem Fall ist das Eingangsgewicht für die Theilpost durch Berechnung pro rata aus dem Gewicht der ganzen Post zu ermitteln.

§ 16. Wenn die an die Gewebe angebrachten Stempel bei der Bearbeitung verloren gegangen oder unkenntlich geworden sind, oder wenn die behufs Kontrolirung des Ausgangs ertheilten Begleitscheine nicht vorschriftsmäßig erledigt wurden, so kann gleichwohl von der Einziehung des Eingangszolls Umgang

(¹) V. vom 28. Okt. 1875. I. 13725, betr. zollfreie Ablassung der durch die Bestempelung und während der Fabrikation unbrauchbar gewordenen, abgeschnittenen Enden.

(²) Z. vgl. § 13 Abs. 3 der „Bestimmungen zur Ausführung des Zoll- ꝛc. Vertrags mit Oesterreich vom 11. April 1865 (A. Bl. 1875 S. 33) und der V. vom 18. März 1876. I. 4016.

genommen werden, wenn der Nachweis der Identität, bezw. der erfolgten Ausfuhr in anderer Weise glaubhaft erbracht werden kann. Die Entscheidung hierüber, sowie über die Frage, was im ersteren Falle wegen etwaiger Gewichtsdifferenzen zu veranlassen ist, bleibt dem Generaldirektor vorbehalten.

9. Verfahren bei Theilungen der Gewebe.

§ 17. Soll mit der Veredelung eine Zertheilung der Stücke verbunden werden, so ist solches bei Abgabe der Anmeldung (§ 1) zu deklariren.

Die Stücke sind alsdann nicht nur an den Enden, sondern auch zu beiden Seiten der vom Anmelder zu bezeichnenden Theilenden mit amtlichen Stempelabdrücken zu versehen. Die Vornahme der Theilungsmanipulation selbst braucht jedoch nicht unter amtlicher Aufsicht zu erfolgen.

§ 18. Wird die beabsichtigte Theilung nicht gleich bei der Einfuhr, sondern erst später angemeldet, oder sollen bereits getheilte Stücke weiter getheilt werden, so ist der erste Eintrag im Vormerkkonto ab- und unter einer neuen Nummer wieder anzuschreiben. Bei beiden Einträgen ist wechselseitig Bezug zu nehmen.

10. Benutzung von öffentlichen Niederlagen oder Privattransitlagern.

§ 19. Werden Gewebe mit der Bestimmung zur Veredelung eingeführt, die nicht sofort in Arbeit genommen werden können, so sind die betreffenden Unternehmer zu veranlassen, dieselben zur öffentlichen Niederlage oder auf die ihnen etwa bewilligten Privatlager zu deklariren, da die Fristen zur Wiederausfuhr (§ 7) nur nach dem Umfang der Veredelungsarbeit bemessen werden können.

Ingleichen steht es den Fabrikanten frei, die veredelten Stoffe, wenn deren Ausfuhr noch nicht erfolgen kann, auf die gedachten Lager anzumelden und es ist dann die Verbringung auf das Lager der thatsächlichen Ausfuhr gleich zu achten, Vormerkschein und Konto demgemäß zu entlasten beziehungsweise zu erledigen.

Durch die Verbringung auf die Niederlage nehmen die Waaren den Charakter als ausländische und zwar in ihrem derzeitigen Zustande an; wenn daher — wie dies namentlich bei solchen Geweben vorzukommen pflegt, die in rohem Zustande zum Bleichen und Färben, oder zum Bleichen, Färben und Bedrucken eingeführt werden — eine wiederholte Vormerkung derselben Stücke mit dazwischenliegender Aufbewahrung in einer Niederlage eintritt, so ist bei der zweiten Vormerkung die Waare nicht nach ihrer ursprünglichen Beschaffenheit als rohe, sondern als halbveredelte z. B. gebleichte Waare anzuschreiben und es ist außerdem, sofern demnächst eine Abgabenerhebung nöthig wird, der Zoll nach dem Tariffatze für die halbveredelte Waare und nach dem neuangeschriebenen Nettogewicht (Niederlageeinlagerungs- beziehungsweise Auslagerungsgewicht) zum Einzug zu bringen.

Gleichermaßen ist für Gewebe, die nach Verarbeitung auf die Niederlage gebracht, demnächst aber nicht zur Ausfuhr, sondern zur Verzollung abgemeldet werden, der Zoll nach derjenigen Beschaffenheit zu berechnen, welche die Waare beim Uebergang in den freien Verkehr besitzt.

In allen diesen Fällen sind jedoch im Inlande veredelte Gewebe, welche nicht wieder ausgeführt werden, mindestens demjenigen Zollsatze zu unterwerfen, welchem die Waare nach ihrer Beschaffenheit bei der Einfuhr zu unterstellen gewesen wäre.

Die An- und Abschreibung der zu den gedachten Niederlagen verbrachten Gewebe erfolgt in den, nach den Vorschriften der Regulative für die öffentlichen Niederlagen und Privatläger zu führenden Registern.

§ 20. Die Hauptämter sind ermächtigt, über Gesuche um vormerkliche Behandlung der aus Oesterreich oder der Schweiz zur Verarbeitung eingeführten Gewebe selbstständig zu entscheiden. 11. Befugnisse der Hauptämter zur Entscheidung über Gesuche auf zollfreie Ablassung von Geweben zur Veredelung.

Bei der Einfuhr aus allen anderen Staaten bleibt die Genehmigung dem Generaldirektor vorbehalten, in Fällen des Bedürfnisses wird jedoch für einzelne Unternehmer dem betreffenden Hauptamte die Ermächtigung ein für allemal ertheilt werden.

§ 21. Es bleibt vorbehalten, hinsichtlich einzelner Unternehmer eine Verschärfung der Kontrolemaßregeln eintreten zu lassen, falls dies nöthig sein sollte. 12. Besondere Kontroleverschärfung.

§ 22. Bei Zuwiderhandlungen gegen zollgesetzliche Vorschriften kann neben Anwendung der in dem Vereinszollgesetze festgesetzten Strafen geeigneten Falls die Zurücknahme der ertheilten Begünstigung eintreten. 13. Zuwiderhandlungen.

Die Unternehmer bleiben der Zollverwaltung für alle und jede Irrungen, sowie für etwaige Kontraventionen ihrer Angestellten und Arbeiter verantwortlich und daher rücksichtlich der Strafen, Gefälle und Kosten, in welche letztere verurtheilt werden würden, im Sinne des § 153 des genannten Gesetzes haftbar.

(Folgen die Muster.) (1)

---

Außerdem sind hier noch anzuführen:

Lith. V. vom 29. August 1871, Nr. 14122, und V. vom 2. Januar 1873, I. 25621, betr. die Regelung des Veredelungsverkehrs in den Maschinenfabriken zu Grafenstaden und Mülhausen (fällt nach Aufhebung der Eisenzölle weg);

---

(1) A. Bl. 1875, S. 97.

V. d. K. vom 14. Oktober 1871, Nr. 18781 (A. Bl., S. 597), betr. die Sicherheitsleistung beim Veredelungsverkehr durch Bürgschaft (s. auch wegen der Form der Bürgschaftsurkunden A. Bl. 1873, S. 239);

V. d. K. vom 8. Dezember 1871, Nr. 24388 (A. Bl., S. 658), betr. den Veredelungsverkehr, insbes. die Verzollung des Mindergewichts, welches bei der Ausfuhr im Inland verarbeiteter Materialien festgestellt wird (ist in der Hauptsache nach Wegfall der Eisenzölle aufgehoben);

Lith. V. vom 27. November 1874, I. 16325, betr. die zollfreie Ablassung des zur Reparatur eingehenden Eisenbahnfahrmaterials;

V. vom 16. Juli 1876, I. 8342 (A. Bl., S. 117), betr. die Verzollung des Materialzusatzes von Gegenständen, welche zur Verarbeitung, Vervollkommung oder Reparatur nach dem Auslande gehen und in vervollkommnetem Zustande zurückkommen. (1)

---

## 5. Grenzverkehr.

[V. Z. G. § 116;
Zoll- und Handelsvertrag mit Oesterreich vom 9. März 1868 (B. G., S. 239. A. Bl. 1875, S. 17), Art. 6, Schlußsatz von Nr. 5 des Schlußprotokolls;
Handels- und Zollvertrag mit der Schweiz vom 13. Mai 1869 (B. G., S. 603. A. Bl. 1875, S. 40), Art. 5, Anl. B, §§ 2 u. 3, Schlußprot. Nr. V, B, C, D u. VI.]

**11. Dezember 1871.** — Zusatzkonvention zu dem am 10. Mai 1871 abgeschlossenen Friedensvertrag zwischen Deutschland und Frankreich. (R. G. 1872, S. 7).

. . . . .

Art. 12. . . . . In demselben Umkreise und unter denselben Garantien werden ebenfalls von allen Eingangs-, Ausgangs- oder Verkehrsabgaben befreit:

Getreide und Holz, welches von den Einwohnern des einen der beiden Länder nach einer Mahl- oder Sägemühle gesandt wird, die auf dem Gebiete des andern Landes belegen ist, eben so wie Mehl und Bretter, welche daraus hergestellt sind.

Dieselbe Vergünstigung wird den Einwohnern beider Länder für die Gewinnung des Oeles aus den auf ihren Gütern gepflanzten Sämereien gewährt, ebenso für das Bleichen der Gespinnste und ungebleichten Leinwand, welche von Produkten des von ihnen bebauten Landes herstammen.

---

(1) Z. vgl. XIII. G. Konf. § 37 d. Hauptprot.

**19. Januar 1874.** — V. R. V. betr. den erleichterten Verkehr mit Milchprodukten von Weide- und Futtervieh an der deutsch-französischen Grenze. (§ 36 d. Prot.)

[Der Bundesrath hat von den in vorstehendem Betreff durch den Direktor erlassenen Vorschriften (Lith. V. vom 30. April 1873 ohne Nr.) Kenntniß genommen.]

---

**26. Juli 1876.** — V. d. G. D. Erleichterungen in Bezug auf den kleinen Grenzverkehr betr. (A. Bl., S. 119, I. 9731.)

Zur Ausführung des § 116 des Vereinszollgesetzes, wonach in Bezug auf den kleinen Grenzverkehr nach Maßgabe des örtlichen Bedürfnisses besondere Erleichterungen zugestanden werden können, wird hiermit Folgendes bestimmt:

1. Im Verkehr zwischen den Grenzbewohnern bleiben bei Beobachtung der unter Nr. 2 erwähnten Kontrolemaßregeln vom Eingangszolle befreit:

a. Neue Gegenstände, welche in geringen Mengen zum eigenen Bedarf entweder zur Veredelung, namentlich zum Bedrucken, Bleichen, Färben, Spinnen, Weben, Gerben u. s. w., oder zur handwerksmäßigen Verarbeitung ein- und nach erfolgter Veredelung oder Verarbeitung wieder ausgeführt werden.

b. Gebrauchte Gegenstände aller Art, namentlich auch landwirthschaftliche Maschinen und Geräthe, welche zur vorübergehenden Benutzung oder zur Ausbesserung in das Ausland gesandt werden und von dort wieder eingehen, oder welche unter der Bedingung der Wiederausfuhr nach erfolgter Benutzung oder Ausbesserung eingeführt werden.

c. Schweine, welche zur Weide, zum Belegen oder Schneiden oder zur ärztlichen Behandlung entweder vom Auslande unter der Bedingung der Wiederausfuhr eingeführt werden, oder, zu einem der angegebenen Zwecke nach dem Auslande gebracht, von dort zurückkehren.

d. Schweine und die selbstverfertigten Erzeugnisse der Handwerker, mit Ausschluß von Gegenständen der Verzehrung, welche von ausländischen Märkten unverkauft zurückkommen, oder von inländischen Märkten unverkauft in das Ausland zurückgebracht werden.

2. Bezüglich der zollamtlichen Abfertigung dieser Gegenstände ist Folgendes zu beachten:

a. Die zur Wiedereinfuhr bestimmten Gegenstände müssen bei der Ausfuhr und die zur Wiederausfuhr bestimmten Gegenstände bei der Einfuhr zur vormerklichen Behandlung angemeldet werden und wird die Erlaubniß nur ertheilt, insofern die bei dem Verkehr betheiligten Personen des Schleichhandels nicht verdächtig sind. Die Anmeldung erfolgt mündlich vorbehaltlich der bei Ladungen, von denen der Eingangszoll 9 ℳ oder mehr beträgt, nach § 24 des Vereinszollgesetzes abzugebenden schriftlichen Deklaration.

b. Von der Zollstelle werden die Gegenstände revidirt und durch Siegel, Stempel, Plomben, Zurückbehaltung von Proben, genaue Beschreibung oder in sonstiger Weise so bezeichnet, daß die Identität in zuverlässiger Weise festgehalten werden kann. Für die Wiedereinfuhr beziehungsweise Wiederausfuhr wird eine angemessene Frist bestimmt und für die unter der Bedingung der Wiederausfuhr eingehenden Gegenstände der Eingangszoll durch Hinterlegung oder Verbürgung sicher gestellt, insofern nicht die Zollstelle nach pflichtmäßigem Ermessen den Waarenführer als eine sichere und bekannte Person hiervon entbinden zu können glaubt. Ueber die erfolgte Anmeldung wird ein Zollvormerkschein nach anliegendem Muster dem Waarenführer ausgehändigt.

c. Die in dieser Weise abgefertigten Waaren werden in ein Zollvermerkregister eingetragen, welches in vierteljährlichen Zeitabschnitten und zwar getrennt für die zur Wiederausfuhr eingehenden und die zur Wiedereinfuhr ausgehenden Gegenstände nach anliegendem Muster geführt wird. Nach Ablauf des Vierteljahres bleiben die Register noch ein weiteres Vierteljahr für die Abschreibungen offen, und werden dieselben alsdann mit den übrigen Zollregistern zur Revision eingesandt. Die in einem Register bis dahin nicht erledigten Posten werden in das betreffende Register des neuen Vierteljahres vor den laufenden Einträgen übertragen und wird darüber in Spalte 12 des alten Registers Vermerk gemacht. Die sonstige Führung der Register ergibt sich aus der Einrichtung derselben, jedoch wird noch bemerkt, daß es bei dem Register über die vorbehaltlich der Wiedereinfuhr ausgehenden Gegenstände der Ausfüllung der Spalten 7, 10 und 11 nicht bedarf, und daß bei den zur Wiederausfuhr eingehenden Gegenständen der Zollbetrag (Spalte 7) nach dem, nachrichtlich in Spalte 5 zu vermerkenden Bruttogewichte zu berechnen ist, wenn die Gegenstände nach dem Bruttogewicht verzollt werden.

d. Bei der Wiedereinfuhr beziehungsweise Wiederausfuhr, die über dieselbe Zollstelle erfolgen muß, sind die Gegenstände unter Vorlage des Zollvormerkscheines wiederum anzumelden und zur Revision vorzuführen. Ergibt sich Uebereinstimmung, ist die Frist innegehalten und walten auch sonst keine Bedenken ob, so werden die Gegenstände zollfrei abgelassen, beziehungsweise es wird der hinterlegte Zoll erstattet oder die geleistete Sicherheit aufgehoben. Kommen die eingeführten Gegenstände innerhalb der festgesetzten Frist gar nicht oder nur theilweise zur Wiederausfuhr, so wird für die im Lande verbliebenen der Zoll definitiv verrechnet, beziehungsweise eingezogen; jedoch sollen geringe Gewichtsdifferenzen oder Abgänge, welche erfahrungsmäßig durch die Art der Verarbeitung entstehen, eine Abgabenerhebung nicht zur Folge haben. Das Quartal und die Nummer des Zolleinnahmejournals, worin der Zollbetrag gebucht worden, ist in Spalte 12, und die Menge, von welcher der Zoll erhoben worden, in Spalte 13 des Registers anzugeben. Wegen der Verzollung des Mehrgewichts, welches behufs der Reparatur ausgeführte Gegenstände bei ihrer Wiedereinfuhr zeigen, sind die in der Verfügung vom 16. Juli 1876, I. 8342 (A. Bl., S. 117) ausgesprochenen Grundsätze maßgebend. Gelangen Gegenstände, welche bei der Ausfuhr vormerklich behandelt sind, gar nicht oder nur theilweise innerhalb der festgesetzten Frist zur Wiedereinfuhr, so ist der betreffende Posten des Registers durch einen entsprechenden Vermerk in der Bemerkungsspalte zu erledigen. Ebendaselbst ist auch der Grund, weshalb ein etwaiges Mindergewicht beziehungsweise Mehrgewicht bei der Wiederausfuhr beziehungsweise Wiedereinfuhr nicht zur Verzollung gezogen worden, kurz anzugeben.

Ueber den Rückempfang der etwa geleisteten Sicherheit hat der Waarenführer auf dem Zollvermerkschein Quittung zu leisten. Letztere verbleibt als Belag bei dem Zollvormerkregister.

3. Die oben unter Nr. 1 a bis d aufgeführten Gegenstände können von sämmtlichen Zollstellen innerhalb der ihnen für die Eingangsverzollung zustehenden Befugnisse vormerklich behandelt werden. Wird eine Verlängerung der bewilligten Frist vor Ablauf derselben nachgesucht, so kann einem solchen Antrage bei nachgewiesenem Bedürfnisse entsprochen werden. Eintretenden Falls ist die Fristverlängerung sowohl auf dem Zollvormerkscheine, als im Register (Spalte 9) zu bemerken. Nach Ablauf der bewilligten Frist bedarf es zur ausnahmsweisen Gewährung der zollfreien Ablassung stets meiner Genehmigung. Ebenso ist meine Genehmigung in andern, als den oben unter Nr. 1 a bis d erwähnten Fällen erforderlich, namentlich also auch dann, wenn Gegenstände der unter Nr. 1 a erwähnten Art im Auslande veredelt oder verarbeitet werden sollen, und wird diese Genehmigung der Regel nach nur dann ertheilt werden, wenn nachgewiesen wird, daß das Bedürfniß im Inlande gar nicht oder

nur mit Schwierigkeiten und unverhältnißmäßigen Kosten zu befriedigen ist.

4. Für den Verkehr mit der Schweiz kommen die in der Anlage B zum Handels- und Zollvertrage mit der Schweiz vom 13. Mai 1869 enthaltenen Bestimmungen über die Behandlung des grenznachbarlichen Verkehrs (A. Bl. 1875, S. 73), zur Anwendung. Es wird jedoch bemerkt, daß auch bei diesem Verkehr die Zollstellen vormerkliche Abfertigungen nur innerhalb ihrer Verzollungsbefugnisse vornehmen dürfen.

(Folgen die Muster, s. A. Bl. 1876, S. 121.)

# X.

# Die Tabaksteuer.

## Inhaltsübersicht.



## Vorbemerkungen. (1)

Während im Königreich Preußen bereits seit dem Jahre 1828 eine Abgabe vom inländischen Tabaksbau besteht und die gleiche Steuer im Jahre 1853 auch in Hannover und Oldenburg eingeführt wurde, war in den meisten übrigen, namentlich in den süddeutschen Vereinsstaaten der inländische Tabak bis zum Jahre 1868 von jeder Abgabe befreit.

Er wurde deßhalb bei der Einfuhr nach den erstgenannten Staaten mit einer Ausgleichungs- (Uebergangs-) Abgabe belegt, wodurch der Verkehr mit Tabak im Innern der Zollvereins erheblich gehemmt war.

Nach verschiedenen vergeblichen Versuchen, eine gleichmäßige Besteuerung des Tabaks im ganzen Zollgebiet herbeizuführen

---

(1) Wegen des französischen Tabaksmonopols vgl. den Abschnitt I.

wurde durch den Z. V. V. vom 8. Juli 1867 (Art. 3 § 4) bestimmt, daß der im Umfang des Z. V. gewonnene oder zubereitete Tabak einer übereinstimmenden Besteuerung unterworfen werden sollte, eine Vereinbarung, die durch das Gesetz vom 26. Mai 1868 zur Ausführung gelangte.

Seit dem Inkrafttreten dieses Gesetzes findet im ganzen Zollgebiet freier Verkehr mit Tabak und Tabaksfabrikaten statt.

---

**26. Mai 1868.** — Ges. die Besteuerung des Tabaks betr. (B. G. S. 319) (¹)

§ 1. Der im Zollvereinsgebiet erzeugte Tabak unterliegt einer Steuer nach Maßgabe der Größe der jährlich mit Tabak bepflanzten Grundstücke.

Die Steuer beträgt von je sechs Quadratruthen (Preußisch) mit Tabak bepflanzten Bodens 6 Sgr. (21 Kr.) jährlich.

Wo die Quadratruthenzahl der von einem und demselben Pflanzer mit Tabak bepflanzten Gesammtfläche durch sechs nicht theilbar ist, bleibt das unter sechs Ruthen betragende Maß bei der Steuer unberücksichtigt. (²)

§ 2. Befreiung von der Steuer (§ 1) tritt ein, wenn die von einem Pflanzer, oder von mehreren zu einem Hausstande gehörigen Pflanzern, mit Tabak bebaute Gesammtfläche weniger als sechs Quadratruthen beträgt.

§ 3. Jeder Inhaber einer mit Tabak bepflanzten nach § 1 steuerpflichtigen Grundfläche ist verpflichtet, der Steuerbehörde des Bezirks vor Ablauf des Monats Juli die bepflanzten Grundstücke einzeln nach ihrer Lage und Größe im Landesmaße genau und wahrhaft schriftlich anzugeben. Derselbe erhält darüber von der gedachten Behörde eine Bescheinigung. (³)

---

(¹) Eingeführt in E. L. durch V. O. d. G. G. vom 7. Juni 1871. (Str. Z. Nr. 137 vom 10. Juni, A. N. Nr. 494.)

(²) Z. vgl. Art. 3 der unter Anm. 1 erwähnten Verordnung, sowie B. R. B. vom 29. September 1871 (§ 421 d. Prot.), wonach in den Vorschriften des Gesetzes und in den Ausführungsbestimmungen 85 Quadratmeter = 6 Quadratruthen (preußisch) gerechnet werden sollen.

(³) Z. vgl. Art. 5 a. a. O.; sowie § 1 der Bekanntmachung A. des R. vom 10. Juni 1871 betr. die Besteuerung des Tabaks (Str. Z. Nr. 142 vom 16. Juni A. N. Nr. 509).

§ 4. Die Angaben (§ 3) werden Seitens der Steuerbehörde geprüft, welche dabei von den Gemeindebeamten zu unterstützen ist. Vermessungskosten dürfen hierdurch dem Tabakspflanzer nicht erwachsen. (¹)

§ 5. Nach geschehener Prüfung (§ 4) wird die von dem Tabakspflanzer zu entrichtende Steuer berechnet und demselben von der Steuerbehörde bekannt gemacht.

Die festgestellten Steuerbeträge sind nach der Ernte zur einen Hälfte im Monat Dezember, zur anderen Hälfte im Monat April fällig.

§ 6. Der Inhaber (§ 3) eines mit Tabak bepflanzten Grundstücks ist zu der im § 3 vorgeschriebenen Angabe verpflichtet und haftet für den vollen Betrag der Steuer, auch wenn er den Tabak gegen einen bestimmten Antheil oder unter sonstigen Bedingungen durch einen Anderen anpflanzen oder behandeln läßt.

§ 7. Ein Erlaß an der Steuer soll eintreten, wenn durch Mißwachs oder andere Unglücksfälle, welche außerhalb des gewöhnlichen Witterungswechsels liegen, die Ernte ganz oder zu einem größeren Theile verdorben ist.

Die Bedingungen und das Verfahren für diesen Erlaß werden vom Bundesrathe des Zollvereins festgestellt.

Die Bestimmungen über die Höhe der zu gewährenden Steuererlasse dürfen nicht ungünstiger sein, als die dafür bisher in Preußen (nach dem Remissionsreglement vom 29. Dezember 1828) geltend gewesenen Vorschriften. (²)

§ 8. Die Steuer für den in das Ausland in Mengen von mindestens 50 Pfund versendeten Tabak wird vergütet werden, wenn die von der Zollbehörde vorgeschriebenen Kontrolebedingungen erfüllt worden sind. Der geringste Vergütungssatz beträgt für den Zentner Rohtabak und Schnupftabak 15 Sgr., für den Zentner entrippte Blätter und Tabaksfabrikate (mit Ausnahme des Schnupftabaks) 20 Sgr. Der Bundesrath des Zollvereins ist jedoch ermächtigt, die Ausfuhrvergütung zeitweise oder

(¹) Z. vgl. §§ 5—7 der unter Anm. 3 auf S. 286 erwähnten Bekanntmachung A.

(²) Z. vgl. Bek. B. d. K. vom 10. Juni 1871, den Erlaß der Tabakssteuer wegen Mißwachses und anderen Unglücksfällen betr. (Str. Z. Nr. 142, vom 16. Juni. A. N. Nr. 509).

dauernd bis zum Betrage von beziehungsweise 20 Sgr. und 25 Sgr. für den Zentner zu erhöhen. Für sogenannten Geiz, grüne Tabaksblätter, Tabaksstengel und Abfälle wird keine Vergütung gewährt. (¹)

§ 9. Die Steuer wird zum ersten Male für die im Jahre 1869 mit Tabak bebauten Grundstücke erhoben. (²)

§ 10. 1) Wer es unterläßt, die im § 3 vorgeschriebene Angabe hinsichtlich aller oder einzelner mit Tabak bepflanzten Grundstücke rechtzeitig zu machen, hat das Vierfache desjenigen Steuerbetrages, um welchen die Staatskasse dadurch hätte verkürzt werden können, als Strafe verwirkt. Die Steuer selbst ist unabhängig von der Strafe zu entrichten.

2) Wer zwar alle mit Tabak bepflanzten Grundstücke rechtzeitig angibt, dabei jedoch die Fläche eines Grundstücks dergestalt unrichtig bezeichnet, daß das verschwiegene Flächenmaß mehr als den zwanzigsten Theil der Fläche des mit Tabak bepflanzten Grundstücks beträgt, verfällt in eine Ordnungsstrafe bis zur Höhe der doppelten Steuer von dem verschwiegenen Flächenmaße. Daneben ist die einfache Steuer zu erlegen.

3) Nur diese wird erhoben, wenn der Unterschied zwischen der Angabe und dem Befunde nur den vorbezeichneten zwanzigsten Theil oder weniger beträgt. (³)

§ 11. Wenn eine Geldbuße von dem Verurtheilten wegen seines Unvermögens nicht beizutreiben ist, erfolgt ihre Verwandlung in Freiheitsstrafe nach den Bestimmungen der Zollstrafgesetze. (⁴)

§ 12. Die Feststellung, Untersuchung und Entscheidung der Zuwiderhandlungen gegen das gegenwärtige Gesetz erfolgt nach den Bestimmungen über Zuwiderhandlungen gegen die Zollgesetze.

---

(¹) Z. vgl. Bek. d. K. vom 20. November 1871, das Regulativ über die Gewährung der Zoll- und Steuervergütung für in das Ausland versandten Tabak betr. (Str. Z. Nr. 284 vom 29. November A. N. Nr. 848.)

(²) Z. vgl. Art. 2 der unter Anm. 1 auf S. 286 erwähnten VO.

(³) Z vgl. B. N. B. vom 23. Mai 1870. (§ 88 d. Prot.) Nr. 1, und lith. B. vom 12. März 1877. I. 1941.

(⁴) Z. vgl. § 162 d. V. Z. G. vom 1. Juli 1869.

Zuwiderhandlungen gegen die Vorschriften dieses Gesetzes verjähren in fünf Jahren. (1)

§ 13. Die zur Ausführung dieses Gesetzes erforderlichen Anordnungen werden vom Bundesrathe des Zollvereins festgestellt. (2)

---

**19. Mai 1869.** — B. R. B. betr. die Ausführung des Gesetzes über die Besteuerung des Tabaks. (§ 52 d. Prot.)

[Die durch diesen Beschluß festgestellten Vorschriften sind durch die Bekanntmachungen A. und B. des K. für Verw. der ind. Steuern und Zölle vom 10. Juni 1871, sowie die Bek. vom 20. November dess. Jahres (vgl. dieselben) in E. L. eingeführt worden.]

---

**20. Dezember 1869.** — B. R. B. betr. das Regulativ über die Gewährung der Zoll- und Steuervergütung für in das Ausland versendeten Tabak. (§ 158 d. Prot.) (3)

Es wurde beschlossen,

. . . . .

4) daß die Abfertigung des mit dem Anspruch auf Zoll- oder Steuervergütung auszuführenden Tabaks allgemein auf Grund der im § 20 des Regulativs wegen Gewährung einer Zoll- oder Steuervergütung für den ins Ausland zu versendenden Tabak vorgeschriebenen Ausfuhranmeldung zu geschehen hat.

---

**20. Dezember 1869.** — B. R. B. betr. den Erlaß der Tabaksteuer wegen Beschädigung der Tabaksernte durch Sturm. (§ 165 d. Prot.) (4)

Es wurde beschlossen, sich damit einverstanden zu erklären, daß, im Falle Tabak auf dem Felde durch Sturm beschädigt wird, ein Erlaß der Steuer auf Vereinsrechnung in analoger Anwendung der Bestimmungen über den Steuererlaß wegen Hagelschlag gewährt werden dürfe.

---

(1) Z. vgl. Ges. vom 5. Juli 1872, betr. das Verfahren bei Zuwiderhandlungen gegen die Zollgesetze 2c.

(2) Die zur Ausführung des Gesetzes vom B. R. laut § 52 d. Prot. (Drucks. Nr. 43) gefaßten Beschlüsse sind in den auf S. 292 ff. befindlichen Bek. A. und B. des K. enthalten.

(3) Ist für E. L. im Anschluß an das Regulativ selbst unter II. A. bekannt gemacht.

(4) Dieser Beschluß ist bei der Redaktion des § 2 der Bek. B. vom 10. Juni 1871 (s. d.) berücksichtigt worden.

**23. Mai 1870.** — B. R. B. betr. den Vollzug des Gesetzes über die Besteuerung des Tabaks. (§ 88 d. Prot.) ([1])

Es wurde beschlossen:

1. Bei der Berechnung der im Abs. 2 des § 10 des Gesetzes über die Besteuerung des Tabaks verfügten Ordnungsstrafe ist in der Art zu verfahren, daß als Grundlage derselben das verschwiegene Flächenmaß an Tabaksland angenommen und von demselben nach § 1 Alinea 2 des Gesetzes zuerst die treffende Steuer und sodann nach § 10 Absatz 2 die Ordnungsstrafe bemessen wird.
2. Bei der Feststellung des nach § 2 der Bestimmungen über den Erlaß der Tabakssteuer zu gewährenden Erlasses ist in der Art zu verfahren, daß die Ruthenzahl der als beschädigt konstatirten Fläche durch die Steuereinheit (§ 1 des Gesetzes), sonach mit 6 ([2]) getheilt und der hiernach sich berechnende Steuererlaß von der Gesammtsumme der treffenden Steuer in Abzug gebracht wird.

---

**26. August 1870.** — Bek. d. K. für die Verwaltung der direkten und indirekten Steuern für Elsaß und Lothringen in Nanzig.

.....

5 und 6. ([3])

---

**17. März 1871.** — B. R. B. betr. die Berechnung der Tabaksteuer von Grundstücken, deren Flächenraum zu hoch deklarirt ist (§ 81 d. Prot.). ([4])

Es wurde beschlossen, sich damit einverstanden zu erklären, daß übereinstimmend mit dem in Preußen bestehenden Verfahren im Allgemeinen von dem Grundsatz ausgegangen werde, daß die Tabakssteuer von Grundstücken, deren Flächenraum höher deklarirt, als bei der Revision ermittelt ist, nicht nach dem bei der Revision gefundenen, sondern nach dem deklarirten Flächenmaß berechnet wird, daß jedoch

1. in Fällen, in welchen der Tabakpflanzer die Pflanzung auf zuverlässige Weise und auf seine Kosten vermessen läßt, und sich bei der Prüfung des Ergebnisses dieser Vermessung findet, daß wirklich ein Irrthum in der Angabe des Flächeninhalts stattgefunden, die Berichtigung des Steueransatzes erfolgen kann;

---

([1]) Durch Verf. d. K. vom 24. Juli 1871 (A. Bl., S. 286) ist obiger Beschluß in E. L. in Wirksamkeit gesetzt worden.

([2]) Beziehungsweise die Quadratmeterzahl durch 85. Vgl. auch lith. V. vom 12. März 1877. I. 1941.

([3]) S. Bd. I., S. 43.

([4]) V. d. K. vom 24. Juli 1871. (A. Bl., S. 286

2. in Fällen, in welchen die Angabe des Flächenraums Seitens des Deklaranten bei der Revision zu hoch gegriffen sich erweist, und kein Zweifel über den dabei untergelaufenen Irrthum obwaltet, gestattet sein soll, daß der Deklarant die ursprüngliche irrige Angabe ohne Weiteres, und namentlich ohne eine nochmalige vorgängige Vermessung zu veranlassen, zurückzieht und die anderweite berichtigte Deklaration der Feststellung der Steuer zu Grunde gelegt wird.

---

**7. Juni 1871.** — V. O. d. G. G. betr. die Einführung des Zollvereinsgesetzes über die Besteuerung des Tabaks. (Str. Z. Nr. 137 vom 10. Juni, A. N. Nr. 494.)

Der General-Gouverneur, kraft der ihm von Seiner Majestät dem Deutschen Kaiser und König von Preußen ertheilten Vollmacht, in Erwägung, daß durch die Bekanntmachung des Kommissars für die Verwaltung der direkten und indirekten Steuern in Elsaß und Lothringen vom 26. August v. J. der Detailhandel mit Tabak für Jedermann freigegeben und die Kontrole des Tabakbaues außer Wirksamkeit gesetzt ist und daß in Folge dieser Anordnung das im Gebiete des Generalgouvernements Elsaß früher bestandene Tabaksmonopol aufgehört hat, verordnet was folgt:

Art. 1. Das nachstehend abgedruckte Zollvereinsgesetz, die Besteuerung des Tabaks betreffend, tritt für Elsaß und Deutsch-Lothringen unter den in den Artikeln 2—6 genannten Modifikationen mit dem heutigen Tage in Kraft.

Art. 2. Die Steuer wird zum ersten Male für die im Jahre 1871 mit Tabak bebauten Grundstücke erhoben. (1)

Art. 3. Die Steuer beträgt von je 85 Quadratmeter (6 Quadratruthen preußisch) mit Tabak beflanzten Bodens 75 Centimes (6 Sgr.) jährlich. Wo die Quadratmeterzahl der von einem und demselben Pflanzer mit Tabak bepflanzten Gesammtfläche durch 85 nicht theilbar ist, bleibt das unter 85 Meter betragende Maß bei der Steuer unberücksichtigt. (2)

---

(1) Nach einer Bek. des Civilkommissars, vom 23. Dezember 1870 (Str. Z. Nr. 69 vom 25. Dezember, A. N. Nr. 188) war von dem Plane, schon die Erndte des Jahres 1870 zur Besteuerung heranzuziehen, im Hinblick auf die vorgeschrittene Jahreszeit und die Unzulässigkeit einer sofortigen zollfreien Zulassung des elsässischen Tabaks zur Einfuhr in das Zollvereinsgebiet, Abstand genommen worden.

(2) Nach Einführung der Markrechnung beträgt die Steuer 60 Pfennige für je 85 Quadratmeter.

Art. 4. Befreiung von der Steuer tritt ein, wenn die von einem Pflanzer oder von mehreren zu einem Hausstande gehörigen Pflanzern mit Tabak bebaute Grundfläche weniger als 85 Quadratmeter beträgt.

Art. 5. Die in § 3 des Gesetzes vorgeschriebene Anmeldung der steuerpflichtigen Grundfläche hat bei dem Maire derjenigen Gemeinde, auf deren Gemarkung das Grundstück gelegen ist, zu geschehen.

Der Anmeldende erhält darüber von dem Maire eine Bescheinigung.

Art. 6. Der Kommissar für die Verwaltung der Zölle und indirekten Steuern ist mit den weiteren Vollzugsverordnungen beauftragt.

(Folgt Abdruck des Zollvereinsgesetzes, die Besteuerung des Tabaks betreffend, vom 26. Mai 1868, s. S. 286.)

---

**10. Juni 1871.** — A. Bek. des K., die Besteuerung des Tabaks betr. (Str. Z. Nr. 142 vom 16. Juni, A. N. Nr. 509.)

§ 1. Wer eine Grundfläche von 85 oder mehr Quadratmeter mit Tabak bepflanzt, ist verpflichtet, vor Ablauf des Monats Juli dem Maire derjenigen Gemeinde, auf deren Gemarkung die Grundfläche gelegen ist, die von ihm bepflanzten Grundstücke nach ihrer Lage und Größe in Landesmaß (in Hektaren, Aren und Quadratmetern) nach Anleitung des beiliegenden Musters A. genau und wahrhaft anzugeben.

Das Muster, mit welchem die Maires der Tabak bauenden Orte in hinlänglicher Anzahl zeitig vorher zu versehen sind und welches unentgeltlich verabfolgt wird, muß von dem Steuerpflichtigen oder in seinem Auftrage von einem Anderen, jedoch in diesem Falle unter Beglaubigung des Maire oder dessen Stellvertreters, ausgefüllt werden.

Jeder Anmeldende erhält darüber eine Bescheinigung nach dem Muster B.

§ 2. Die eingereichten Anmeldungen werden von dem Maire oder dessen Stellvertreter alsbald in die drei ersten Spalten des Anmelderegisters, welches nach dem Muster C geführt wird, unter fortlaufender Nummer eingetragen. Zugleich ist oben in der rechten Ecke der Anmeldung die Ordnungszahl, unter welcher dieselbe im Register eingetragen ist, zu bemerken.

Für jeden Tabak bauenden Ort wird ein besonderes Register angelegt.

Ende Juli werden die Anmelderegister abgeschlossen und mit sämmtlichen Anmeldungen, Letztere nach der Nummernfolge geordnet, an den Einnehmer der indirekten Steuern des Bezirks eingesendet, wofür Letzterer Empfangsanzeige ausstellt.

§ 3. Die Steuereinnehmer und Steuerkommis haben sich

gelegentlich ihrer sonstigen Diensttouren darüber zu verlässigen, ob und wo in ihrem Bezirk Tabak gepflanzt worden ist. Die gesammelten Notizen sind zur Prüfung zu benützen, ob die Tabakspflanzungen vollständig angemeldet und zu Buch gebracht worden sind. (¹)

§ 4. Der Steuereinnehmer prüft hiernächst die Anmelderegister durch Vergleichung mit den Anmeldungen unter Benützung der nach § 3 gesammelten Notizen, stellt die Register, soweit nöthig, richtig und übergibt, wenn die Revision der Anmeldungen an Ort und Stelle nicht ihm selbst übertragen ist, die Anmelderegister nebst den Anmeldungen längstens bis 10. August den von dem unterzeichneten Kommissar mit der Revision beauftragten Beamten.

§ 5. Die Revision der Anmeldungen an Ort und Stelle hat durch die von dem unterzeichneten Kommissar hiezu bestimmten Steuereinnehmer oder andere geeignete Beamten und, wenn nöthig, unter Zuziehung eines zweiten Steuerbeamten (Steuercommis, Büralist ꝛc.) im Beisein des Maire oder eines von dem Letzteren beauftragten tauglichen Ortseinwohners, wenn möglich eines Mitgliedes des Gemeinderaths, zu geschehen.

Die Leistung der nöthigen sachverständigen Hülfe muß von dem Maire gewährt, insbesondere können die Feldschützen (gardes champêtres) zur Auskunftsertheilung beigezogen werden. Uebrigens haben sich die Steuerbeamten angelegen sein zu lassen, mit den Regeln für die Ausmessung ebener geradliniger Figuren und dem Gebrauche der Meßkette (cordeau métré) hinlänglich bekannt zu werden. (²)

§ 6. Der Zeitpunkt der Revision wird für jeden einzelnen Ort von dem mit der Revision betrauten Beamten bestimmt und dem Maire der betreffenden Gemeinde mit dem Auftrage mitgetheilt, die Inhaber der Tabakspflanzungen von dem Termin in Kenntniß zu setzen und dieselben zum Anwohnen bei der Revision einzuladen. Leisten Letztere dieser Einladung kein Genüge, so braucht deßhalb die Revision nicht aufgeschoben zu werden.

Wird dabei in Ansehung der Fehlenden etwas Anderes, als sie angegeben haben, ermittelt, so ist solches einstweilen mit Zuziehung des Maire, oder dessen Stellvertreters festzustellen und der Fehlende nöthigenfalls vorzuladen, um sich über seine Einwendungen dagegen vernehmen zu lassen.

---

(¹) In Folge Veränderung in der Lokalverwaltung sind die Notizen durch die Oberkontroleure und Steueraufseher zu sammeln. Nr. 1 der V. des Dir. d. Z. u. ind. St. vom 5. November 1874. I. 15894. A. Bl., S. 348.

(²) Ebenso erfolgt die Revision der Anmeldungen durch die Oberkontroleure und Steueraufseher. (a. a. O.)

§ 7. Durch die Revision ist die richtige Angabe der Größe der Tabakspflanzungen festzustellen. In den meisten Fällen, zumal bei vierseitigen, rechtwinkeligen Bodenflächen wird es genügen, die Länge und Breite durch Abschreitung zu messen, nachdem ermittelt worden, wie sich die Schrittlänge des Abschreitenden zum Landesmaaße verhält, und daraus nach den Regeln für die Berechnung des Inhaltes einer Fläche denselben zu ermitteln.

Unregelmäßige Flächen sind in der, dem rechtwinkeligen Viereck am nächsten kommenden Figur auf dieselbe einfache Weise zu ermitteln und die Ein- und Aussprünge besonders ab- oder zuzurechnen. In Streitfällen ist die Meßkette anzuwenden, oder auf Antrag des Bodeninhabers auf seine Kosten ein sachverständiger Feldmesser zuzuziehen. Hat schon früher eine amtliche Vermessung des betreffenden Grundstücks stattgefunden oder wird die schriftliche Angabe eines vereideten Feldmessers über die von ihm vorgenommene Bemessung vorgelegt, so kann darauf, wenn der Augenschein nicht erhebliche Zweifel übrig läßt, ohne Weiteres gefußt werden. Liegen mehrere Pflanzungen im Zusammenhange, so genügt die Ausmittelung der Gesammtfläche, wenn sie mit der Summe der einzelnen Angaben genau genug übereinstimmt.

§ 8. Sowohl über die Fälle, in denen die Anmeldung eines Grundstücks ganz unterlassen worden ist (§ 10, Ziffer 1 des Gesetzes), als über solche entdeckte Unrichtigkeiten der Anmeldung, welche nach dem Gesetze (§ 10, Ziffer 2) Bestrafung nach sich ziehen, ist ein fortlaufendes Protokoll aufzunehmen und von dem Maire und dem Anmeldenden, wenn er gegenwärtig ist, mit zu unterschreiben. (1)

§ 9. Tag und Ergebniß der Revision werden in die dazu bestimmten Spalten 5 und 6 der Anmeldungen eingetragen und in Spalte 7 und 8 mit kurzer Bemerkung, durch welches Verfahren ein etwa abweichendes Resultat gefunden worden, bescheinigt.

Ueber die nicht angemeldeten mit Tabak bepflanzten Grundstücke hat der Revisionsbeamte auf einem Anmeldungsformular die nöthigen Notizen zu machen und Letztere in das Anmeldungsregister Spalte 1, 2 und 4 einzutragen. (2)

§ 10. Nach beendigter Revision und Vervollständigung der Anmeldungen hat der Steuereinnehmer des Bezirks die Spalten 4 bis 6 der Anmelderegister auszufüllen, die Gesammtfläche der

---

(1) Z. vgl. B. R. B. vom 23. Mai 1870. (§ 88 d. Prot.) Nr. 1.

(2) Z. vgl. B. R. B. vom 17. März 1871 (§ 81 d. Prot.)

in jeder Gemarkung mit Tabak bepflanzten Grundstücke, sowie die Summe der jeden Ort treffenden Steuer zu berechnen und eine Hauptzusammenstellung der Schlußergebnisse sämmtlicher Anmelderegister zu fertigen. (¹)

§ 11. Hierauf sind sämmtliche Register sammt Beilagen längstens bis 15. Oktober zur Prüfung und Genehmigung dem unterzeichneten Kommissar vorzulegen. Nach erfolgter Genehmigung werden die Akten zum Behufe des Steuereinzugs an die Steuereinnehmereien zurückgegeben werden. (²)

§ 12. Auf Grund der genehmigten Register haben die Steuereinnehmer sofort für jeden Pflichtigen einen Steuerzettel nach Muster D zu fertigen und denselben durch Vermittelung des Maire dem Steuerpflichtigen zustellen zu lassen.

Die Steuer ist in den durch das Gesetz vorgeschriebenen Terminen (zur einen Hälfte im Monat Dezember, zur andern im Monat April k. J.) an den Steuereinnehmer zu zahlen und von Letzterem im Anmelderegister, sowie Einnahmejournal zu buchen.

Die Bescheinigung über erfolgte Zahlung erfolgt nach Muster D auf dem Steuerzettel.

§ 13. Auf den 30. Juni des der Ernte folgenden Kalenderjahres sind Anmelderegister, Hauptzusammenstellung und Einnahmeregister abzuschließen und etwaige Ausstände in ein Ausstandsverzeichniß zu bringen, welches zur Prüfung anher vorzulegen ist. (³)

(Folgt : Muster A—E.) (⁴)

---

(¹) Nach Nr. 2 der unter Anm. 1 auf S. 293 erwähnten Verfügung ist die Hauptzusammenstellung vom Bezirksoberkontroleur dahin zu bescheinigen, daß in den Anmelderegistern sämmtliche Anmeldungen vorgetragen und die Schlußergebnisse sämmtlicher Anmelderegister in die Hauptzusammenstellung richtig übernommen sind.

Wegen der Berechnung der Steuer vgl. auch Lith. V. vom 8. Juli 1876, I. 7129.

(²) Nach Nr. 3 der vorerwähnten Verfügung findet die Einsendung der Anmelderegister nicht mehr statt. Dagegen haben die H. Z. und H. St. Aemt. an Stelle hiervon die Zusammenstellung der Tabaksteuersollbeträge nach den Abschlüssen der Anmelderegister jeweils bis zum 20. September vorzulegen.

(³) Nach Nr. 5 derselben Verfügung sind bezüglich der Einsendung der Anmelderegister, der Hauptzusammenstellungen und der Einnahmejournale zur Registerrevision die in § 12 Nr. 3 e. der V. vom 24. Juni 1874. Nr. I. 7806 (A. Bl., S. 178) enthaltenen Vorschriften maßgebend.

(⁴) Die Muster sind abgedruckt im Amtsbl. d. Verw. d. Zölle u. ind. Steuern S. 201—210.

**10. Juni 1871.** — B. Bek. d. K., die Bestimmungen über Erlaß der Tabaksteuer wegen Mißwachses oder anderer Unglücksfälle betr. (Str. Z. Nr. 142 vom 16. Juni, A. N. Nr. 509.)

§ 1. Wird mit Tabak bepflanztes Land, bevor ein Einsammeln der Tabaksblätter stattgefunden hat, wegen Mißwachses oder Beschädigung des Tabaks, nach vorgängiger Anzeige bei der Steuereinnehmerei unter Aufsicht eines Steuerbeamten umgepflügt, so wird dem Tabakspflanzer die Steuer für die umgepflügte Fläche erlassen.

Ueber die erfolgte Umpflügung ist von dem kontrolirenden Steuerbeamten ein Protokoll aufzunehmen, welches sofort an den Steuereinnehmer einzusenden ist.

Wenn die Umpflügung vor der Revision erfolgt ist, so hat auch der Revisionsbeamte bei der ordentlichen Revision von derselben Ueberzeugung zu nehmen und solche auf der betreffenden Anmeldung zu bestätigen.

§ 2. Wird durch Hagelschlag, Ueberschwemmung oder Sturm vor oder während der eigentliche Tabaksernte der sechste Theil oder darüber der gesammten von einem Tabakspflanzer in einer Feldflur mit Tabak bestellten Grundfläche so stark beschädigt, daß nach der Abschätzung von dem beschädigten Theile der Grundfläche entweder nicht ein Viertel oder nicht die Hälfte des Ertrages zu gewinnen ist, welcher gewonnen sein würde, wenn sich der Unfall nicht ereignet hätte, dann wird von diesem beschädigten Theile die Steuer im ersten Fall ganz, in dem andern zu zwei Dritteln erlassen. ([1])

Dieser Erlaß wird unter denselben Bedingungen auch für die Beschädigungen durch Frost gewährt, insofern solche in den Monaten Juli, August und September, jedenfalls aber später als die erfolgte Anmeldung der Tabakspflanzung eingetreten sind.

Beschädigungen, welche sich nach der Haupternte an dem Nachwuchse oder sog. Geiz (den neuen Trieben nach abgeschnittener Tabaksstaude) ergeben, begründen keinen Anspruch auf Steuererlaß.

§ 3. Werden durch Feuerschaden von dem noch im Ganzen und ohne daß davon etwas verkauft worden ist, vorhandenen

---

([1]) Der Eingang zu § 2 lautete in der ursprünglich vom Bundesrath festgestellten Fassung wie folgt:

„Wird durch Hagelschlag oder Ueberschwemmung vor „oder 2c."

Z. vgl. deßhalb B. R. B. vom 20. Dezember 1869 (§ 165 d. Prot.); z. vgl. ferner B. R. B. vom 23. Mai 1870 (§ 88 d. Prot.) Nr. 2.

Tabaksgewinn bei dem Tabakspflanzer vor dem 1. Februar des dem Erntejahre folgenden Jahres erweislich die Hälfte oder drei Viertheile zerstört, so wird die Steuer ebenfalls, im ersten Falle zu zwei Drittheilen, im letzteren Falle ganz erlassen.

§ 4. Dürre und Nässe begründen, abgesehen von dem § 1 gedachten Fälle, keinen Anspruch auf Steuererlaß.

§ 5. Beschädigungen, auf deren Grund ein Steuererlaß nachgesucht wird, müssen,

a) wenn sie sich während der Ernte, d. h. während des eigentlichen Abblattens der Tabakstauden oder der Gewinnung des sog. Obergutes ereignen, von dem Beschädigten spätestens am folgenden Tage dem Maire und Büralisten, wenn ein solcher in dem Orte fungirt, sowie der Steuereinnehmerei, wohin die Gemeinde gehört, angezeigt werden. Der Maire und der Büralist, bezw. wenn ein solcher in dem Orte nicht aufgestellt ist, ein Mitglied des Gemeinderaths, haben, wenn die weitere Fortsetzung der Ernte nicht bis zur Besichtigung sistirt werden kann, vorläufig den Schaden möglichst zu konstatiren und dafür zu sorgen, daß von dem eingesammelten Tabak, wohin auch die vor der Ernte etwa abgenommenen Sand- oder andere brauchbare Tabaksblätter gehören, nichts abhanden gebracht werde.

   Ist die Beschädigung während der Ernte durch Frost geschehen, so kann die Einsammlung der noch brauchbaren Blätter auch vor der Besichtigung zugelassen werden, da der Schaden aus den erfrorenen, an den Stielen gebliebenen Blättern mit hinlänglicher Sicherheit zu erkennen und zu schätzen ist.

b) Wenn die Ernte noch nicht begonnen hat, oder doch jedwedes Abblatten bis zur Besichtigung ausgesetzt werden kann, so muß die Anzeige der Beschädigung längstens in drei Tagen nach ihrer Entstehung bei der Mairie und der Steuereinnehmerei erfolgen, damit die erforderliche Ermittelung angestellt werde.

c) Wenn nach der Ernte Tabak durch Feuer vernichtet ist, so muß die Anzeige in eben der Art und in derselben Frist, wie unter b geschehen.

In allen vorbemerkten Fällen muß die Anzeige sowohl an die Orts- als an die Steuerbehörde und zwar an beide gleichlautend nach dem unter a anliegenden Muster, wenn die Beschädigung durch Naturereignisse, und nach dem unter b anliegenden Muster, wenn solche durch Feuersbrunst entstanden, geschehen. Geschieht die Anmeldung mündlich, so wird sie von dem Beamten, vor welchem sie gemacht wird, nach demselben Muster aufgenommen, und bei dessen Unterschrift bemerkt: „nach mündlicher Angabe des N."

Ist sie länger als drei Tage nach entstandener Beschädigung unterlassen worden, so findet ein Anspruch auf Erlaß nicht mehr statt.

§ 6. Der Steuereinnehmer muß sofort mit Zuziehung eines zweiten Steuerbeamten, den Schaden in Gemeinschaft mit dem Maire oder einem Abgeordneten des Maire und in Gegenwart des Beschädigten besichtigen und feststellen. Die örtliche Untersuchung des Schadens muß in dem § 5 a gedachten Falle so schleunig wie möglich, in anderen Fällen aber innerhalb zehn Tagen, nachdem die Anzeige gemacht worden, erfolgen.

Die Festsetzung des Schadens geschieht, wenn der durch denselben veranlaßte Steuerlaß nicht über 75 Francs anzuschlagen ist, sogleich bei der Besichtigung durch die oben genannten Beamten nach ihrer eigenen Kenntniß und Ueberzeugung, und sind andere Sachverständige nur insofern darüber abzuhören und zuzuziehen, als der Beschädigte es auf seine Kosten, wenn dergleichen dadurch verursacht werden, verlangt.

Ist der Schaden von größerer Bedeutung, oder hat er das Tabaksland in einer ganzen Markung oder einem großen Theile derselben betroffen, so wählt der Steuereinnehmer und der Maire zwei verpflichtete Taxatoren oder sonstige vereidigte oder zu dem Ende zu vereidigende Sachverständige und zwar jeder Theil einen, welche unter Aufsicht des nöthigenfalls zur Wahl eines Obmanns befugten Steuereinnehmers an Ort und Stelle unter Zuziehung des oder der Beschädigten und auf deren Kosten ermitteln, ob der Schaden von der im § 2 oder 3 angegebenen Art und Größe ist, und ihr Gutachten darüber zu Protokoll geben.

Sollte der Schaden von der Art sein, daß sich die Tabakspflanzung in der Folge wieder ganz oder zum Theil von demselben erholen kann, und ließe sich mithin vor der Erntezeit nicht bestimmen, ob der Ausfall an dem Gewinne von der bedingungsmäßigen Größe sein werde, so muß die Ernte abgewartet und durch eine hinlängliche Kontrole dafür gesorgt werden, daß von dem ganzen Gewinne der Steuerbehörde nichts verschwiegen werde.

§ 7. Der Steuereinnehmer hat darauf zu sehen, daß das über die örtliche Untersuchung aufgenommene Protokoll vollständig abgefaßt und alle diejenigen Umstände, welche zur Bestimmung über die Zulässigkeit und Höhe des Steuererlasses erforderlich sind, nach faktischer Ausmittelung, Schätzung der Sachverständigen oder aus anderen zuverlässigen Quellen darin aufgenommen werden. Stimmen die Sachverständigen in den Schätzungsergebnissen nicht überein, so ist das Gutachten sowohl jedes einzelnen Sachverständigen, als das der Ortsbehörde zu Protokoll zu nehmen und diesem das Gutachten des Steuereinnehmers anzuschließen. In diesem Falle bleiben die Spalten 4 b c und 5 bis 8 der Nachweisung c (§ 8) unausgefüllt, während in der Spalte 9 auf das Protokoll verwiesen wird. Beträgt die Differenz zwischen den Schätzungsergebnissen unter 10 Prozent, so genügt die protokollarische Einigung des Steuereinnehmers mit der Ortsbehörde zur Feststellung des Steuererlasses.

§ 8. Auf den Grund der Abschätzungsprotokolle und übrigen Ausmittelungsverhandlungen wird von dem Steuereinnehmer über die in einer Gemeinde gleichzeitig vorgekommenen Beschädigungen an Tabaksfeldern eine Nachweisung nach dem anliegenden Muster c und bei Brandschäden nach dem Muster d zusammengestellt und mit sämmtlichen Belegen zur Entscheidung dem unterzeichneten Kommissar vorgelegt.

Die nachgelassenen Steuerbeträge sind sowohl in dem Tabaksteuerregister, als von der auf dem Steuerzettel jedes einzelnen Beschädigten bemerkten Steuerschuld desselben abzusetzen. (¹)

(Folgen die Muster a—d, abgedruckt im A. Bl. d. Verw. d. ind. St. u. Zölle, S. 214—223.)

---

**19. Juni 1871.** — B. R. B. betr. das Regulativ über die Gewährung von Zoll- oder Steuervergütung für den in das Ausland versandten Tabak. (§ 345 d. Prot.) (²)

Es wurde beschlossen:

1. Bei der Abfertigung des mit dem Anspruche auf Steuervergütung ausgehenden inländischen Rohtabaks kann statt der Nettoverwiegung das Nettogewicht durch Abrechnung eines Tarasatzes von 2 % von dem Bruttogewichte festgestellt werden, wenn der Rohtabak in Leinwand verpackt ist.
2. Die Bestimmung, nach welcher das Brutto- und Nettogewicht der einzelnen Kolli in den Anmeldungen zu deklariren ist, bleibt aufrecht erhalten.
3. Das durch Abrechnung des vorgedachten Tarasatzes berechnete Nettogewicht wird jedoch nur dann der Feststellung der Steuervergütung zu Grunde gelegt, wenn es nicht mehr beträgt, als das von dem Versender in der Anmeldung

---

(¹) Die Abschätzung der Schäden erfolgt nach eingetretener Veränderung in der Organisation der Lokalsteuerbehörden nicht mehr durch die Steuereinnehmer, sondern durch die Oberkontroleure.

(²) Dieser B. R. B. ist für E. L. in unmittelbarem Anschluß an das Regulativ selbst unter II. C. bekannt gemacht worden (s. S. 309).

angegebene; das letztere wird zu Grunde gelegt, wenn es geringer ist, als das durch Berechnung ermittelte.

4. Der Abfertigungsstelle steht in jedem Falle die Befugniß zu, statt der Berechnung des Nettogewichts nach dem Tarasatze, die Ermittelung des Nettogewichts durch wirkliche Verwiegung eintreten zu lassen. Von dieser Befugniß ist Gebrauch zu machen, wenn anzunehmen ist, daß das wirkliche Nettogewicht erheblich geringer ist, als das aus der Berechnung hervorgehende. Zum Anhalte für die Beurtheilung können nach Befinden der Abfertigungsstellen einzelne Kolli der Nettoverwiegung unterworfen werden.

5. Für Rohtabak in anderer Verpackung als in Leinwand, sowie für Tabaksfabrikate bewendet es bei der bisherigen Vorschrift der Nettogewichtsermittelung durch Verwiegung. Es kann jedoch in diesen Fällen Probeverwiegung eintreten, wenn Kolli von nahezu gleichem Gewichte, gleicher Beschaffenheit, gleicher Verpackungsart und gleichem Inhalte vorliegen und sonst keine Bedenken bestehen. Abweichungen von nicht mehr als 5 % des Bruttogewichts sollen dabei die Probeverwiegung nicht ausschließen. Von jeder Waarenpost, bei welcher die Probeverwiegung zur Anwendung kommt, ist wenigstens der vierte Theil der dazu gehörigen Kolli der Ermittlung des Nettogewichts durch wirkliche Verwiegung zu unterwerfen. . . . . (1)

6. Zum Zweck der Feststellung des Inhalts ist, auch wenn nach den vorstehenden Vorschriften Taravergütung oder probeweise Nettoverwiegung erfolgt, die innere Besichtigung und Prüfung der Kolli mit aller Genauigkeit zu handhaben. (2)

**26. Juni 1871.** — B. R. B. betr. das Regulativ über die Gewährung von Zoll- oder Steuervergütung für den in das Ausland versandten Tabak. (§ 370 d. Prot.) (3)

Es wurde beschlossen, daß Abfertigungen des mit dem Anspruche auf Steuervergütung ausgehenden Tabaks (§ 20 des Regulativs) von jeder zu einer derartige Abfertigung überhaupt kompetenten Zoll- und Steuerstelle vorgenommen werden können,

(1) Der Schluß von Nr. 5 enthält eine transitorische Bestimmung.

(2) In Bezug auf die Nr. 2—6 vergl. auch Nr. 2—4 des B. R. B. vom 12. November 1874 (§ 474 d. Prot.), sowie den B. R. B. vom 2. Februar 1876 (§ 54 d. Prot.)

(3) Ist für E. L. im Anschluß an das Regulativ selbst unter II. B. bekannt gemacht.

indem unter dem für solche Abfertigungen in dem Regulative bezeichneten Amte des Versendungsortes das Amt desjenigen Ortes verstanden wird, von dem aus die Versendung des Tabaks mit dem Anspruche auf Steuervergütung erfolgt, gleichviel ob es der Ursprungsort oder ein anderer Ort ist, welcher nur auf dem Transport nach dem Ausland berührt wird.

---

**20. November 1871.** — Bek. d. K., Regulativ über die Gewährung der Zoll- und Steuervergütung für in das Ausland versandten Tabak betr. (Str. Ztg., Nr. 284 vom 29. November, A. R., Nr. 848).

Das in Gemäßheit des § 13 des unter dem 7. Juni d. J. verkündeten Gesetzes über die Besteuerung des Tabaks (Str. Ztg. 1871, Nr. 137) vom Bundesrath des Zollvereins festgestellte Regulativ über die Gewährung der Zoll- und Steuervergütung für in das Ausland versandten Tabak, sowie die durch spätere Bundesrathsbeschlüsse vom 20. Dezember 1869 und 19. und 26. Juni d. J. getroffenen Abänderungen einzelner Vorschriften desselben werden im Auftrage des Herrn Reichskanzlers in der Anlage mit dem Bemerken bekannt gemacht, daß das Regulativ für Elsaß-Lothringen mit dem 1. Januar 1872 in Kraft tritt.

## I.

## Regulativ,

betr. die Gewährung der Zoll- und Steuervergütung für in das Ausland versandten Tabak.

(B. R. B. vom 19. Mai 1869, § 52 d. Prot.)

§ 1. Für Tabaksfabrikate, die im Inlande aus ausländischem (außervereinsländischem) oder theilweise aus ausländischem, theilweise aus vereinsländischem Tabak, Blättern, Stengeln, Karotten oder Rollentabak bereitet, nach dem Auslande (d. i. nach anderen, nicht zum Zollvereinsgebiete gehörigen Ländern) ausgeführt werden, soll in den nach den folgenden Vorschriften hierzu geeigneten Fällen bezüglich des außervereinsländischen Tabaks eine Zollrückvergütung geleistet werden.

Dieselbe beträgt zur Zeit vom Zollzentner Nettogewicht:

| | | |
|---|---|---|
| Für Schnupftabak und Kautabak | 3 Thlr. — Sgr. | (11 Fr. 25 Cts.) |
| für Rauchtabak (dem vereinsländische Blätter zugemischt sind) | 3 Thlr. 18 Sgr. | (13 Fr. 50 Cts.), |
| für Rauchtabak nur aus ausländischen Blättern. . . . . . . . | 3 Thlr. 24 Sgr. | (14 Fr. 25 Cts.), |
| für Cigarren . . . . . . . . . . . . . | 3 Thlr. 24 Sgr. | (14 Fr. 25 Cts ). |

§ 2. Diese Zollrückvergütung wird nur solchen Fabrikanten bewilligt, welche in Beziehung auf die Beobachtung der Zollgesetze unbescholten sind, deren Lager an Roh- und fabrizirtem

Tabak fortwährend wenigstens 1500 Zentner beträgt, und deren Fabrik- und Waarenlager sich an einem Orte befinden, in welchem ein Hauptzoll- oder Hauptsteueramt oder doch ein zu den nöthigen Abfertigungen ermächtigtes, mit wenigstens zwei Beamten besetztes Nebenamt (Zoll- oder Steueramt) vorhanden ist. Inhabern von Tabaksfabriken, welchen bereits ein Anspruch auf Gewährung dieser Zollrückvergütung zugestanden ist, wird solche deshalb, weil sie sich nicht an einem Orte befinden, an welchem solche Steuerstelle besteht, nicht entzogen.

Darüber, ob ein Lagerbestand von dem bezeichneten Umfange fortdauernd unterhalten werde, hat sich die Zoll- oder Steuerstelle am Fabrikorte von Zeit zu Zeit Ueberzeugung zu verschaffen. Neu entstehende Fabriken, wenn sie im ersten Jahre, und eingehende Fabriken, wenn sie bis zur Abwickelung ihrer Geschäfte den Lagerbestand von 1500 Zentnern nicht nachzuweisen vermögen, sind deshalb vom Genusse der Vergütung nicht auszuschließen. Auch ist die letztere nach Befinden nicht zu entziehen, wenn wegen besonderer Konjunkturen der Lagerbestand eines Fabrikanten auf kürzere Zeit unter jenen Betrag herabsinken sollte.

§ 3. Die Begünstigung wird ertheilt:

1. sowohl denjenigen Fabrikanten, welche lediglich ausländischen Tabak verarbeiten, als
2. denjenigen, welche
   a) neben Tabaksfabrikaten aus blos ausländischem zugleich solche von inländischem Tabak,
   b) oder auch Fabrikate, gemischt aus in- und ausländischem Tabak, bereiten.

Bei der Ausfuhr von Fabrikaten aus blos inländischem Tabak findet nur die im § 20 vorgesehene Steuerrückvergütung statt. Bei Ausfuhr der unter Nr. 2 b bezeichneten gemischten Fabrikate wird die § 1 gedachte Rückvergütung nur bezüglich des Gewichts des in den gemischten Tabaken befindlichen ausländischen Materials gewährt und für das Gewicht des in denselben befindlichen inländischen Materials die inländische Tabaksteuer gemäß § 20 vergütet.

Jeder Tabaksfabrikant, welcher die Zollvergütung in Anspruch nehmen will, muß an die Zoll- oder Steuerstelle des Fabriksitzes schriftlich oder zu Protokoll eine Erklärung darüber abgeben, ob in seiner Fabrik allein ausländischer (außervereinsländischer) oder auch inländischer (vereinsländischer) Tabak verarbeitet werden soll, und letzteren Falles, ob nur ungemischte Fabrikate (Nr. 2a) oder auch ob gemischte Fabrikate (Nr. 2b) sollen hergestellt werden.

Diese Erklärung kann der Fabrikant ändern, wenn er in der Folge von der einen Art des Betriebes auf eine andere überzugehen wünscht.

§ 4. Ausländischen Tabak darf der Fabrikant nur unmittelbar aus dem Auslande oder aus öffentlichen Niederlagen und nur in Mengen von wenigstens 10 Zentnern beziehen.

Eine Ausnahme ist zulässig zum Zweck der Beziehung von Proben, wenn sie nicht in größeren Posten als 1 Zentner geschieht, und der Nachweis geführt wird, daß die Sendungen wirklich nur aus Proben bestehen.

§ 5. Befindet sich das Grenzzollamt oder das Niederlageamt, über welches der ausländische Tabak bezogen werden soll, nicht im Fabrikorte, so darf die Verzollung nicht bei jenem Amte, sondern nur bei der Zoll- oder Steuerstelle im Orte des Fabriksitzes erfolgen.

Der Tabak ist daher in solchen Fällen unter Begleitscheinkontrole dorthin zur vorschriftsmäßigen Revision und Verzollung zu überweisen.

Der Fabrikant ist verpflichtet, den bezogenen ausländischen Tabak in seine Fabrikräume zu bringen. Daß dies geschehen, wird auf den die erfolgte Verzollung nachweisenden Belägen amtlich bescheinigt.

§ 6. Versendungen von Tabaksfabrikaten mit dem Anspruche auf Zollrückvergütung sind nur in Mengen von mindestens einem halben Zentner zulässig.

§ 7. Die in das Ausland bestimmten Tabaksfabrikate, für welche Zollrückvergütung in Anspruch genommen wird, müssen dem Amte des Versendungsortes angemeldet, zur Revision und Nettoverwiegung (bei welcher der Tabak ohne Papier, Bindfaden ꝛc. zu ermitteln ist) gestellt, in der Regel im Amtslokale verpackt und verbleiet und sodann mit Begleitschein auf ein zur Ausgangsbescheinigung berechtigtes Grenzzollamt versehen werden. Bei diesem erfolgt nach Maßgabe der Umstände allgemeine oder spezielle Revision. Durch den zurückgekommenen, mit der Bescheinigung des wirklich erfolgten Ausgangs versehenen Begleitschein wird der Anspruch auf Rückvergütung begründet. ([1])

§ 8. Der Fabrikant erhält die Zollrückvergütung für die ausgeführten Tabaksfabrikate in vierteljährlichen Zeitabschnitten.

Die Zoll- oder Steuerstelle stellt die Berechnung über die hiernach zu gewährende Zollrückvergütung auf Grund des bezüglich der betreffenden Fabrik geführten Konto's über An- und Abschreibung (§ 15) und unter Beifügung der Begleitscheine auf. Die Berechnung wird der Zolldirektivbehörde zur Prüfung und Anweisung vorgelegt. Hat der Fabrikant auf den

---

([1]) Z. vgl. B. R. B. vom 20. Dezember 1869 (§ 158 d. Prot.), sowie B. R. B. vom 2. Februar 1876 (§ 54 d. Prot.).

zu entrichtenden Eingangszoll Kredit, so wird hierauf Abrechnung gepflogen. (1)

§ 9. Will der Fabrikant neben dem ausländischen auch inländischen Tabak verarbeiten (§ 3, Nr. 2), so darf er letzteren nur in Mengen von mindestens fünf Zentnern in einem Transporte beziehen und muß eine jede Einlagerung von solchem Tabak alsbald der Zoll- und Steuerstelle anzeigen.

Dasselbe gilt, wenn Surrogate zum Ankauf oder zur Verwendung kommen sollen. Solche Surrogate können im Allgemeinen als zur Verarbeitung in der Tabaksfabrik bestimmte Blätter oder in ähnlicher Weise deklarirt werden.

§ 10. Werden bei der Bereitung beide Tabaksarten nicht vermischt, sondern blos Fabrikate lediglich aus ausländischem und Fabrikate lediglich aus inländischem Tabak dargestellt, so hat der Fabrikant bei der Ausfuhr der erstgenannten Fabrikate, unter der ausdrücklichen Versicherung, daß dieselben lediglich aus ausländischem, unter Beachtung der Bestimmung im § 5 bezogenem Tabak bestehen, solche anzumelden. Rücksichtlich der weiteren Behandlung solcher Versendungen kommen die Vorschriften des § 7, sowie hinsichtlich der Zollrückvergütung die Vorschriften des § 8 zur Anwendung.

§ 11. Werden ausländische und inländische Tabake bei der Fabrikation vermischt, so sind alle Ausfuhren, welche bei der Zollrückvergütungsberechnung berücksichtigt werden sollen, der Zoll- oder Steuerstelle anzumelden, und es tritt je nach der Wahl des Fabrikanten, welche übrigens mit dem Beginn jedes Quartals geändert werden darf, die weitere Behandlung entweder nach den Bestimmungen des § 12 oder nach jenen des § 13 ein.

§ 12. Der Fabrikant hat in jeder Anmeldung zur Ausfuhr das Brutto- und Nettogewicht eines jeden einzelnen Kollo (letzteres jedoch getrennt, wenn Rauch- und Schnupftabak zusammen verpackt sind) anzugeben, und dabei zu bemerken, ob das Fabrikat aus in- und ausländischem Tabak gemischt, oder lediglich aus einer dieser Tabaksarten gefertigt worden ist. Hiernächst tritt die weitere Behandlung nach § 7 ein.

Zur Feststellung des in diesen Versendungen enthaltenen Nettogewichts sowohl an ausländischem als inländischem Tabak hat der Fabrikant ein Notizbuch nach dem unter I angeschlossenen Muster zu führen, welches amtlich zu foliiren und mit einer mittelst des Amtssiegels anzusiegelnden Schnur zu durchziehen ist. In dasselbe werden sämmtliche nach dem Auslande unter Begleitscheinkontrole versendete Tabaksfabrikate ohne

(1) Z. vgl. B. R. B. vom 20. Dezember 1869 (§ 158 d. Prot.).

Säumniß nach ihrer Benennung und Zusammensetzung eingetragen.

Am Schluß des Vierteljahrs werden die in diesem Buche befindlichen Eintragungen durch den mit der Kontrole der Fabrik besonders beauftragten Oberbeamten, unter Zuhülfenahme des Versendungsbuchs und der Fabrikationsbücher, welche letztere die Namen und Zusammensetzung der einzelnen Sorten mit den bezüglichen Gewichtsverhältnissen der Zuthaten und gewonnenen Mengen genau nachweisen müssen, geprüft und mit den betreffenden Begleitscheinen verglichen.

Ist durch die Prüfung die Uebereinstimmung dieser Bücher und der genannten Beläge festgestellt, so erfolgt der Abschluß des Notizbuchs. Das daraus sich ergebende Gewicht des aus- und inländischen Tabaks bildet die Summe, welche in dem § 15 bezeichneten Konto in Abschreibung zu bringen ist.

Auf den Antheil an ausländischem Tabak wird die nach den Bestimmungen im § 8 zu berechnende Zollvergütung, auf den Antheil an inländischem Tabak die Steuervergütung nach Maßgabe des § 20 gewährt.

Die Richtigkeit des erfolgten Abschlusses ist durch den betreffenden Oberbeamten sowohl in dem Notizbuch, als auch in einem daraus zu fertigenden Auszuge zu bescheinigen. Letzterer hat die Menge des ausländischen Rohmaterials, welches in dem ausgeführten Tabak enthalten gewesen ist, in der Hauptsumme (nicht auch für die einzelnen Tabakssorten) ersichtlich zu machen, und ist dem Tabakskonto beizufügen. (¹)

§ 13. Wünscht der Fabrikant die Angabe des Mischungsverhältnisses von ausländischem und inländischem Tabak für jede einzelne Sendung (§ 12) zu vermeiden, so wird auf seinen Antrag und auf die gutachtliche Aeußerung der Zolldirektivbehörde, nach vorgängiger mit Beachtung des bisherigen Absatzes nach dem Auslande gepflogener Erörterung, die oberste Finanzbehörde die dem durchschnittlichen Mischungsverhältnisse angemessene Menge Fabrikate bestimmen, welche nur gegen Vergütung der Steuer (§ 20) auszuführen ist.

Die Ausfuhren eines solchen Fabrikanten sind lediglich nach den Vorschriften des § 7 zu behandeln. Von dem Nettogewichte der hiernach im Laufe eines Vierteljahrs angemeldeten und demnächst wirklich zur Ausfuhr gelangten Tabaksfabrikate wird die der eben erwähnten Bestimmung der obersten Finanzbehörde entsprechende, gegen Steuerrückvergütung (§ 20) auszuführende Menge in Abzug gebracht, und nur von dem Reste die Zollrückvergütung nach den Bestimmungen des § 8 berechnet.

(¹) Wie zu Anm. 1 auf S. 304.

Fabrikanten, welche diese Behandlung wünschen, haben fortlaufend einen tabellarischen Auszug aus ihrem Versendungsbuche zu dem Zweck zu führen, daß daraus jeder Zeit von jeder bereiteten Tabakssorte die Nettogewichtsmenge, welche unter Einhaltung der Vorschriften des § 7 ins Ausland gesendet worden ist, entnommen, und hiernächst mit Zuhülfenahme des Fabrikationsbuches berechnet werden kann, welcher Theil in inländischem Tabak besteht.

Die Auszüge sind vierteljährlich abzuschließen.

§ 14. Jeder Fabrikant, welcher für seinen Absatz ins Ausland Zollvergütung anspricht, ist verbunden, jährlich an einem bestimmten, im Voraus zu verabredenden Zeitpunkte eine Aufnahme seiner auf Lager und in der Fabrikation befindlichen Vorräthe an rohen Tabaksblättern und Stengeln, an Karotten- und Rollentabak, sowie seiner Vorräthe an Fabrikaten hieraus zu veranstalten. Er hat den Tag, an welchem damit begonnen wird, jedesmal zum Voraus der Zoll- und Steuerstelle anzuzeigen, welche einen Beamten zur Anwohnung während des ganzen Aktes oder während eines Theils desselben abzuordnen hat. Ueber das Ergebniß der Aufnahme hat der Fabrikant der Zoll- oder Steuerstelle einen Auszug mitzutheilen, welcher den vorgefundenen Vorrath an inländischen und an ausländischen rohen und an dergleichen in der Fabrikation begriffenen Tabaken, den Vorrath an Fabrikaten aus rein inländischem Tabak, endlich an gemischten Fabrikaten, bezüglich der letzteren zugleich die Angabe, welcher Theil derselben aus ausländischem und welcher Theil aus inländischem Tabak bestehe, enthalten muß.

§ 15. Die Zoll- und Steuerstelle hat bezüglich jeder Fabrik, welche zum Anspruche auf Zollrückvergütung zugelassen ist, ein Konto zu führen, in welchem die Einlagerungen an dem zur Fabrikation bestimmten Tabak und der Absatz an Fabrikaten nachgewiesen, am Schlusse jedes Vierteljahrs der Lagerbestand (auf rohe Blätter und Stengel reduzirt) dargestellt und die Berechnung der Rückvergütung angefertigt wird. Die Führung dieses Kontos geschieht nach dem unter II beigefügten Muster.

Hierzu wird erläuternd bemerkt:

1. In dem Konto für eine Fabrik, welche nur ausländischen Tabak verarbeitet, können die Kolumnen 6, 11, 13, 14 und 16 und in jenem für eine Fabrik, in welcher ausländischer und inländischer Tabak, jedoch unvermischt, verarbeitet wird (§ 10), können die Kolumnen 11 und 14 ausfallen.
2. Im Zugange erfolgt nach der Reihenfolge der Einlagerungen, beziehungsweise Verzollungen die Anschreibung des Nettogewichts (bei ausländischen Blättern u. s. w. die Anschreibung des der Verzollung zu Grunde gelegten Nettogewichts).

3. In Abgang werden
   a) zunächst die nach den Vorschriften der §§ 7 und 20 abgefertigten Fabrikate abgeschrieben. Die Behandlung für Fälle des § 12 zeigt der Mustereintrag in Beilage II, Blatt 3 und für Fälle des § 13 jener in Beilage II, Blatt 7;
   b) am Schlusse jedes Quartals wird überdies nach den Angaben des Fabrikanten der Absatz innerhalb des Vereinsgebietes, sowie der etwa ohne Beachtung der Vorschriften der §§ 7 und 20 stattgehabte Absatz nach dem Auslande vorgetragen. Bei den Fabriken, welche gemischte Fabrikate bereiten, erfolgt die Ausscheidung des Antheils, welcher auf die ausländischen und welcher auf die inländischen Blätter fällt, auf Grund der Bücher des Fabrikanten und, soweit sich Anstände ergeben, mit amtlicher Einsicht dieser Bücher.
4. Der Lagerbestand wird am Schlusse jedes Quartals in der Weise ermittelt, daß der Summe des Zugangs (vorstehend zu 2) der zu Anfang des Quartals vorhanden gewesene Lagervorrath beigeschlagen und von der so gebildeten Summe diejenige Blättermenge abgesetzt wird, welche der Menge der in Abgang geschriebenen Fabrikate (vorstehend zu 3 a und b) entspricht.

   Die Verhältnißzahlen für die Reduktion der Fabrikate auf rohe Blätter werden nach vorgängiger genauer Ermittelung der einschlagenden Verhältnisse von der Zolldirektivbehörde für jede Fabrik festgesetzt.
5. Als anfänglicher Lagervorrath wird derjenige Lagerbestand angenommen, welcher sich nach der Berechnung am Schlusse des Kontos des vorhergehenden Quartals ergeben hat. Hat jedoch im Laufe oder am Schlusse eines Quartals eine Bestandesaufnahme (§ 14) stattgefunden, so wird im nächsten Quartale bei der Berechnung des Lagerbestandes von demjenigen Lagervorrathe ausgegangen, welchen die Bestandesaufnahme, soweit erforderlich, nach vorher gepflogenen Erörterungen, als wirklich vorhanden herausgestellt hat.
6. Bei Gelegenheit der Bestandesaufnahme (§ 14) ist jedesmal der büchermäßige Lagerbestand nach der vorstehend zu 4 ertheilten Vorschrift zu ermitteln und mit dem durch die Lageraufnahme herausgestellten Vorrath (auch bei diesem die Fabrikate auf Blätter reduzirt) zu vergleichen. Zeigt sich hierbei, gleichviel ob bei den aus- oder inländischen Tabaken, ein Unterschied, welcher in Fabriken, welche keinen Schnupftabak bereiten, 2½ Prozent, in Fabriken aber, welche sich auch mit der Bereitung von Schnupftabak beschäftigen, 3 Prozent des seit der letzten Bestandesaufnahme

auf Lager gewesenen (einschließlich des aus der früheren Zeit übernommenen Vorraths nicht übersteigt, so bewendet es bei der Berichtigung des Kontos. Entgegengesetzten Falles sind über die Ursachen des Unterschiedes genaue und möglichst erschöpfende Erörterungen zu pflegen und deren Ergebniß ist der Zolldirektivbehörde anzuzeigen. Bei der von dieser Behörde zu fassenden Entschließung ist insonderheit in Erwägung zu ziehen, ob Umstände ermittelt worden sind, welche es nöthig machen, dem Fabrikanten die Begünstigung, nach diesem Regulativ behandelt zu werden, zu entziehen, sowie ob und wie weit derselbe wegen eines zu hohen Bestandes an ausländischem Tabak zur Rückzahlung bezogener Ausfuhrvergütung anzuhalten sei.

7. Für die formelle Behandlung der Darstellung des Lagerbestandes, sowie für die Aufstellung der Rückvergütungs-Berechnung ist der Mustereintrag in Beilage II maßgebend.

§ 16. Die Fabrikanten müssen über den Ankauf, die Versendung und den ganzen Fabrikbetrieb richtige Bücher führen, welche sie auf Erfordern einem von der Zolldirektivbehörde beauftragten Beamten vorzulegen haben. Auch sind sie verpflichtet, dem Letzteren auf Verlangen jede auf das Fabrikgeschäft sich beziehende Auskunft zu ertheilen.

§ 17. Die Fabrikanten sind verbunden, ihre Komtoirbediensteten und Fabrikarbeiter, sowie die Veränderungen, welche hinsichtlich derselben eintreten, der Zoll- oder Steuerstelle anzuzeigen.

Die Zolldirektivbehörde bestimmt, welche der bezeichneten Personen auf Erfüllung der gegebenen Vorschriften verpflichtet werden, ingleichen, welche von denselben die in Gemäßheit der übrigen Bestimmungen abzugebenden Deklarationen mit unterzeichnen und die Richtigkeit der Buchführung mit bescheinigen sollen.

§ 18. Die vorstehend in den §§ 10 bis 17 angeordneten Kontrolebestimmungen finden keine Anwendung:

1. wenn der Fabrikant ein von seinen übrigen Fabrikräumen ganz getrenntes Lokal nach den Vorschriften der Steuerbehörde einrichtet, in welches nur ausländische Blätter unter Beachtung der Bestimmungen der §§ 4 und 5 gelangen, und darin unter steuerlichem Mitverschluß gelagert und fabrizirt werden, so daß Zugang und Abgang behufs der Verpackung im Amtslokal stets unter steuerlicher Aufsicht erfolgt;

wenn außerdem der Fabrikant sich verpflichtet:

2. die Kosten der Beaufsichtigung und des Verschlusses zu tragen;

3. den Oberbeamten den Besuch aller ihrer Betriebsräume und die Einsicht aller ihrer Fabrik- und Handelsbücher zu gestatten.

§ 19. Die Vergünstigung einer Zollrückvergütung kann zu jeder Zeit zurückgenommen oder an veränderte Bedingungen geknüpft werden. Die Zurücknahme soll dann immer erfolgen, wenn ein Fabrikant wegen wirklicher Defraudation die gesetzliche Strafe erlitten hat, ingleichen, wenn ein Buchführer oder Arbeiter der Fabrik in der Art wegen Vergehungen, die er im Interesse des Fabrikanten verübt hat, bestraft worden ist.

§ 20. Jeder Tabakspflanzer, Händler oder Fabrikant, welcher Rohtabak (mit Ausnahme von sogenanntem Geiz, von grünen Tabaksblättern, Tabaksstengeln und Tabaksabfällen) oder Fabrikate aus inländischen oder ausländischen Blättern nach dem Zollvereinsauslande in Mengen von mindestens 50 Pfund ausführt, kann, ohne irgend einer der vorstehend gedachten Kontrolen unterworfen zu sein, die auf Grund der Anordnung im § 8 des eingangsgenannten Gesetzes für den Zentner Nettogewicht auf 17 Sgr. 6 Pf. (2 Fr. 18 Cts.) für den Rohtabak, Schnupftabak und Kautabak, auf 22 Sgr. 6 Pf. (2 Fr. 81 Cts.) für entrippte Blätter und Tabaksfabrikate festgesetzte Ausfuhrvergütung in Anspruch nehmen. Derselbe fertigt zu diesem Ende die Deklaration nach dem unter III beiliegenden Muster in zwei Exemplaren an, stellt den auszuführenden Tabak unter Vorlage der Deklaration nach den Bestimmungen in § 7 zur amtlichen Revision und erhält die Rückvergütung nach Zurückkunft der mit dem Ausgangs-Atteste versehenen Deklaration.

Von dem Amte des Versendungsortes sind über die Abfertigungen von inländischem Tabak und von Tabaksfabrikaten zur Steuervergütung besondere Register nach dem unter IV anliegenden Muster zu führen, wogegen die Erledigungsämter die Begleitscheinempfangsregister auch für diesen Verkehr zu benutzen haben. Die Duplikate der abgegebenen Deklarationen bilden die Beläge des erstgedachten Registers. ([1])

(Folgen 4 Beilagen als Muster ([2])

## II. ([3])

([1]) Z. vgl. die Bundesrathsbeschlüsse vom 20. Dezember 1869 (§ 158, Nr. 4 der Prot.); 29. Juni 1871 (§ 345 d. Prot.); 26. Juni 1871 (§ 370 d. Prot.); 2. Dezember 1871 (§ 625 d. Prot.); 12. November 1874 (§ 474 d. Prot.); 10. Februar 1875 (§ 115 d. Prot.); 2. Februar 1876 (§ 54 d. Prot.)

([2]) Die Beilagen sind abgedruckt im Amtsbl. d. Verw. der ind. Steuern und Zölle S. 617—643.

([3]) Unter II A—C sind die Bundesrathsbeschlüsse vom 20. Dezember 1869 und vom 19. und 26. Juni 1871 abgedruckt s. dies.

**2. Dezember 1871.** B. R. B. betr. Zollvergütung für in's Ausland versendeten Tabak. (§ 625 d. Prot.) (¹)

Es wurde beschlossen:

1. daß die nach § 20 des Regulativs betr. die Gewährung der Zoll- und Steuervergütung für in das Ausland versandten Tabak auf Grund der Bescheinigung des wirklich erfolgten Ausgangs zulässige Steuervergütung auch geleistet werden dürfe, wenn der Tabak in eine unter Verschluß der Zollverwaltung stehende Niederlage aufgenommen und die erfolgte Aufnahme in die Niederlage amtlich bescheinigt ist;
2. daß der Vordruck der dem fraglichen Regulativ unter Nr. III und IV anliegenden Muster dem Vorstehenden gemäß ergänzt werde.

---

**12. November 1874.** — B. R. B. betr. Steuervergütung für exportirte Tabaksfabrikate. (§ 474 d. Prot.) (²)

1. (³)
2. Die unter Ziffer 2, 3 und 4 des Beschlusses vom 19. Juni 1871 (§ 345 der Protokolle) getroffenen Bestimmungen finden auch bei der Ausgangsabfertigung der vorstehend verzeichneten Tabakfabrikate Anwendung. Die Befugniß, Nettoverwiegung zu verlangen, steht auch dem Exportanten zu.
3. Die unter Ziffer 5 des erwähnten Beschlusses getroffenen Bestimmungen wegen der Zulässigkeit von Probeverwiegungen können, wo ein Bedürfniß dazu vorliegt, von den Direktivbehörden dahin ausgedehnt werden, daß
   a) bei der Verpackung von Cigarren in kleinen Kisten, von Rauchtabak in Papierpacketen und von Schnupftabak in Packeten mit Blei- und Papierumhüllungen, sofern diese innere Umschließungen augenscheinlich von gleicher Größe und gleicher Beschaffenheit sind, das Gesammtgewicht der inneren Umschließung durch probeweise Verwiegung einzelner Kistchen beziehungsweise Packete ermittelt werden darf;
   b) daß bei einer Verpackung der Fabrikate ohne innere Umschließung die Nettoverwiegung auf den zehnten Theil der zu einer Post gehörigen, gleichartigen Kolli beschränkt werden darf. (⁴)

---

(¹) V. vom 23. Januar 1873, I. 808 (A. Bl., S. 72).

(²) Z. vgl. § 20 des Regulativs. — Bek. vom 3. Dezember 1874 (A. Bl. S. 366).

(³) Modificirt durch Nr. 2 des B. R. B. vom 2. Februar 1876 (§ 54 d. Prot).

(⁴) Z. vgl. Nr. 5 des B. R. B. vom 2. Februar 1876.

4. Zum Zweck der Feststellung des Inhalts der zur Abfertigung gestellten Kolli (Ziffer 6 des unter 2 erwähnten Beschlusses) kann ausnahmsweise die spezielle Revision auf den vierten Theil einer Post beschränkt werden.

---

**10. Februar 1875.** — B. R. B. betr. Steuervergütung für ausgeführten Tabak. (§ 115 d. Prot).(¹)

Es wurde beschlossen, die Bestimmungen in § 20 des Regulativs, betreffend die Gewährung der Zoll- und Steuerrückvergütung für in das Ausland versandten Tabak dahin zu erläutern, daß:

1. Unter Tabakabfällen, welche von Gewährung einer Ausfuhrvergütung ausgeschlossen sind, nicht nur die Abfälle von Rohtabak, sondern auch diejenigen von Tabakfabrikaten zu verstehen seien;
2. Daß hiernach Tabakmehl, insofern dasselbe aus Abfällen von Rohtabak oder von Tabakfabrikaten bestehe, keine Rückvergütung, dagegen wenn dasselbe als Halbfabrikat für die Darstellung von Schnupftabak, bestehend aus feingemahlenen Blättern und Stengeln, erkannt wird, die Ausfuhrvergütung für Rohtabak anzusprechen habe;
3. Daß gebeizten Tabakblättern die Ausfuhrvergütung für Rohtabak zu gewähren sei.

---

**2. Februar 1876.** — B. R. B. betr. Zollrückvergütung für wiederausgeführte Tabaksfabrikate. (§ 54 d. Prot).(²)

Es wurde beschlossen unter Abänderung der §§ 7 und 20 des Regulativs betr. die Gewährung der Zoll- und Steuerrückvergütung für in das Ausland versendeten Tabak und unter Aufhebung beziehungsweise Ergänzung der Bundesrathsbeschlüsse vom 19. Juni 1871 und 12. November 1874 nachstehende Bestimmungen zu treffen:

1. In den Anmeldungen zur Ausfuhr von Rohtabaken und Tabaksfabrikaten, für welche Zoll- oder Steuervergütung in Anspruch genommen wird, ist von den Deklaranten außer dem Brutto- und Nettogewicht der einzelnen Kolli, auch die Art der äußeren und etwaigen inneren Umschließungen anzugeben.
2. Bei der Abfertigung darf das Nettogewicht, statt durch Nettoverwiegung festgestellt werden, durch Abrechnung eines Tarasatzes von:

---

(¹) Bek. vom 26. Februar 1875 (A. Bl. S. 63).
(²) Bek. vom 21. Februar 1876. (A. Bl. S. 31.

| | | |
|---|---|---|
| a) bei unbearbeiteten Tabaksblättern und bei entrippten Blättern in Ballen von einfacher Leinwand | 2 | pCt. des Bruttogewichts, |
| b) bei dergleichen in Ballen von doppelter Leinwand | 4 | " " " |
| c) bei dergleichen in Kisten | 22 | " " " |
| d) bei Rauchtabak in Papierpacketen und Kisten | 25 | " " " |
| e) bei Cigarren, lose in großen Holzkisten | 28 | " " " |
| f) bei dergleichen in Papierpacketen und großen Holzkisten | 34 | " " " |
| g) bei dergleichen in kleinen Kistchen und großen Holzkisten | 47 | " " " |
| h) bei Schnupftabak, lose in Fässern | 10 | " " " |
| i) bei dergleichen in Blei- und Papierumhüllung und Holzkisten | 20 | " " " |
| k) bei Carotten und Stangen zu Schnupftabak in Fässern | 8 | " " " |
| l) bei dergleichen in Kisten | 12 | " " " |

3. Das durch Abrechnung der vorgedachten Tarasätze berechnete Nettogewicht wird jedoch nur dann der Feststellung der Zoll-, beziehungsweise Steuervergütung zu Grunde gelegt, wenn es nicht mehr beträgt, als das von dem Versender in der Anmeldung angegebene; das letztere wird zu Grunde gelegt, wenn es geringer ist, als das durch Berechnung ermittelte.

4. Der Abfertigungsstelle steht in jedem Falle die Befugniß zu, statt der Berechnung des Nettogewichtes nach den obigen Tarasätzen die Ermittelung des Nettogewichtes durch wirkliche Verwiegung eintreten zu lassen. Die Befugniß, Nettoverwiegung zu verlangen, steht auch dem Exportanten zu.

5. Wo das Nettogewicht durch Verwiegung ermittelt wird, kann Probeverwiegung eintreten, wenn Kolli von nahezu gleichem Gewichte, gleicher Beschaffenheit und gleichem Inhalt vorliegen und sonst keine Bedenken bestehen. Abweichungen von nicht mehr als 5 pCt. des Bruttogewichtes sollen dabei die Probeverwiegungen nicht ausschließen.

Beim Vorhandensein innerer Umschließungen, z. B. bei der Verpackung von Cigarren in Kistchen, von Rauchtabak in Papierpacketen, von Schnupftabak in Packeten, in Blei-

und Papierumhüllungen u. s. w. darf, sofern die inneren Umschließungen augenscheinlich von gleicher Größe und gleicher Beschaffenheit sind, das Gesammtgewicht der inneren Umschließung durch probeweise Verwiegung einzelner Kistchen, Packete u. s. w. ermittelt werden.

6. In dem Revisionsbefunde ist auch die Art der äußeren und etwaigen inneren Umschließungen, sowie die Art der Ermittelung des Nettogewichtes (ob durch Abzug eines Tarasatzes oder vollständige oder probeweise Verwiegung) anzugeben.

## XI.

# Die Salzsteuer.

Inhaltsübersicht.



## Vorbemerkungen.

Während noch im Art. 10 des Zollvereinsvertrags vom 10. Mai 1865 eingehende Verabredungen bezüglich des in den einzelnen Bundesstaaten bestehenden Salzmonopols getroffen sind, wurde bereits am 8. Mai 1867, also unmittelbar nach Gründung des Norddeutschen Bundes eine Uebereinkunft abgeschlossen, durch welche eine gemeinschaftliche Abgabe vom Salz von 2 Thalern für den Zentner eingeführt, der freie Verkehr mit Salz im ganzen Zollgebiete hergestellt und das Salzmonopol aufgehoben wurde. Die Erhebung einer weiteren Abgabe für privative Rechnung der einzelnen Staaten wurde mit Ausnahme einer Kontrolegebühr von dem abgabefrei zu belassenden Salz ausdrücklich ausgeschlossen. Auf der gedachten Uebereinkunft beruht das Gesetz vom 12. Oktober 1867, betr. die Erhebung einer Abgabe von Salz.

In Elsaß-Lothringen war bei Eintritt der deutschen Verwaltung durch die Bekanntmachung d. d. Nanzig, 26. August 1870 (s. Bd. I. S. 43) bestimmt worden, daß aus den Vorräthen der Salinen Salz nur nach Erlegung der gesetzlichen (französischen) Steuer in den freien Verkehr treten dürfe. Durch Ges. vom 17. Juli 1871 wurde alsdann die deutsche Salzsteuergesetzgebung eingeführt und hiermit die einschlägige französische Gesetzgebung (s. Bd. I. S. 50) beseitigt.

---

**12. Oktober 1867.** — Ges. betr. die Erhebung einer Abgabe von Salz. (B. G. S. 41.) (1)

### Aufhebung des Salzmonopols.

§ 1. Das ausschließliche Recht des Staates, den Handel mit Salz zu betreiben, soweit solches zur Zeit besteht, wird aufgehoben.

### Einführung einer Salzabgabe.

§ 2. Das zum inländischen Verbrauche bestimmte Salz unterliegt einer Abgabe von zwei Thalern für den Zentner Nettogewicht, welche, insoweit das Salz im Inlande gewonnen wird, von den Produzenten oder Steinsalz-Bergwerksbesitzern, insoweit solches aus anderen als den zum Zollvereine gehörigen Ländern eingeführt wird, von den Einbringern zu entrichten ist. (2)

Unter Salz (Kochsalz) sind zwar außer dem Siede-, Stein- und Seesalz alle Stoffe begriffen, aus welchen Salz ausgeschieden zu werden pflegt, die oberste Finanz-

---

(1) Eingeführt in E. L. durch Ges. vom 17. Juli 1871, die Einführung der deutschen Zoll- und Steuergesetzgebung betr. Der Wortlaut des Gesetzes ist zwischen den einzelnen Zollvereinsstaaten vereinbart und bildet eine Anlage des Schlußprotokolls zu der Uebereinkunft (Bd. V d. V., S. 275).

(2) Z. vgl. § 1 der Vollzugsverordnung.

behörde jedes Bundesstaates ist jedoch ermächtigt, solche Stoffe von der Abgabe frei zu lassen, wenn ein Mißbrauch nicht zu befürchten steht.

## I. Abgabe (Steuer) von inländischem Salze.

### 1. Anmeldung.

§ 3. Die Gewinnung oder Raffinirung von Salz ist nur in den gegenwärtig im Betriebe befindlichen, sowie in denjenigen Salzwerken (Salinen, Salzbergwerken, Salzraffinerien) gestattet, deren Benutzung zu einem solchen Betriebe mindestens sechs Wochen vor Eröffnung desselben dem Haupt-Zoll- oder Hauptsteueramte, in dessen Bezirk die Anstalt sich befindet, angemeldet worden ist. (1)

Zu einer gleichen Anmeldung sind auch die Besitzer von Fabriken verpflichtet, in welchen Salz in reinem oder unreinem Zustande als Nebenprodukt gewonnen wird.

§ 4. Jeder Besitzer eines bereits im Betriebe befindlichen Salzwerkes oder einer Fabrik, welche Salz als Nebenprodukt gewinnt, hat binnen einer von der Steuerbehörde zu bestimmenden Frist bei dem Hauptamte des Bezirks in doppelter Ausfertigung eine Beschreibung und Nachweisung des Salzwerkes oder der Fabrik nebst Zubehör nach näherer Bestimmung der Steuerbehörde einzureichen. Jede Veränderung in den Betriebsräumen, sowie jeder Zu- und Abgang und jede Veränderung an den in der Nachweisung verzeichneten Geräthen und Vorrichtungen, ist dem gedachten Hauptamte vor der Ausführung anzuzeigen. (2)

Eine gleiche Verpflichtung liegt demjenigen ob, welcher eine neue Saline oder sonstige Anstalt, in welcher Salz gefördert, gesotten, raffinirt oder als Nebenprodukt gewonnen wird, anlegen, oder eine außer Betrieb gesetzte Saline oder sonstige Anstalt der gedachten Art wieder in Betrieb setzen will. Bei Anlage neuer Salinen, Salzbergwerken oder Salzraffinerien sind die Anordnungen der Steuerbe-

---

(1) Z. vgl. § 2, Abs. 3 der Vollzugsverordnung, sowie die Instruktion betr. die Erhebung und Sicherung der Salzabgabe auf den Privatsalinen.

(2) Z. vgl. § 2 der Vollzugsverordnung.

hörde wegen Einfriedigung des Salzwerkshofes zu befolgen, auch für die zur Beaufsichtigung zu bestimmenden Beamten Geschäfts- und Wohnungsräume zu gewähren.

Wo nach bestehenden Reglements den Beamten Miethsabzüge gemacht werden, hat der Salzwerksbesitzer dieselben zu beziehen.

§ 5. Jeder Besitzer eines neuen oder wieder in Betrieb gesetzten Salzwerkes ist die Kosten der steuerlichen Ueberwachung desselben zu tragen verpflichtet, wenn die Menge des auf demselben jährlich zur Verabgabung gelangenden Salzes nicht mindestens zwölftausend Zentner beträgt.

## 2. Kontrole.

§ 6. Die im § 3 bezeichneten Anstalten unterliegen zur Ermittelung des von dem bereiteten Salze zu entrichtenden Abgabenbetrages, sowie zur Verhütung von Defraudationen hinsichtlich ihres Betriebes und geschäftlichen Verkehrs der Kontrole der Steuer- (Zoll-) Verwaltung, welche durch eine von dieser zu erlassende, jedem Besitzer solcher Anstalten mitzutheilende und von diesem zu befolgende Anweisung geregelt wird.

Diese Kontrole wird für jedes Salzwerk durch ein besonders zu errichtendes oder zu bestimmendes Salzsteueramt geübt. Die im § 3, Absatz 2 erwähnten Fabriken unterliegen der Kontrole des nächstgelegenen Steuer- (Zoll-) Amts. (¹)

§ 7. Durch die im § 6 gedachte Anweisung kann jeder Salzwerksbesitzer nach näherer Anordnung der Steuerverwaltung verpflichtet werden:

1. dafür Sorge zu tragen, daß der Zugang zu den Siedegebäuden und den Trockenräumen, sowie zu den Räumen, in welchen Steinsalz ausgeschieden oder zerkleinert wird, leicht beaufsichtigt und durch sicheren Verschluß behindert werden kann;
2. die Salzmagazine so einzurichten, daß sie vor gewaltsamer oder heimlicher Entfernung des Salzes genügend gesichert sind, und die zur Anlegung des steuerlichen Mitverschlusses erforderlichen Einrichtungen zu treffen;

(¹) Z. vgl. § 3 der Vollzugsverordnung.

3. das Salz nur in den dazu angemeldeten Gefäßen, Vorrichtungen und Räumen aufzubewahren;
4. über den Betrieb des Salzwerkes und das gewonnene und verabfolgte Salz genau Buch zu führen und die betreffenden Bücher den Steuerbeamten auf Verlangen jederzeit vorzulegen;
5. Personen, welche Salzhandel betreiben oder durch ihre Angehörigen betreiben lassen, auf dem Salzwerke keine Beschäftigung zu gewähren, und den Eintritt in das Salzwerk unbefugten Personen zu untersagen;
6. in den Wohnungen, welche sich innerhalb der Salzwerkslokalitäten und der zugehörigen Höfe oder in baulicher Verbindung mit den Salzwerken befinden, Salz irgend welcher Art nicht in größerer als der von der Steuerbehörde gestatteten Menge aufzubewahren;
7. die nöthigen Vorrichtungen zum Verwiegen und zur Denaturirung des Salzes (Unbrauchbarmachung zum Genuß für Menschen), sowie die Stoffe zur Denaturirung zu beschaffen und das dazu erforderliche Personal zu stellen;
8. der Steuerverwaltung auf Verlangen, gegen eine in Ermangelung einer gütlichen Vereinbarung durch die der Ortsbehörde vorgesetzte Verwaltungsbehörde festzustellende Entschädigung, ein angemessenes Lokal Behufs der Geschäftsführung, des Aufenthalts und der Uebernachtung der Beamten zu stellen;
9. den Salzwerkshof auf Verlangen der Steuerbehörde mit einer angemessenen Unfriedigung — deren Kosten die Staatskasse bei der ersten Einrichtung zur Hälfte trägt — zu umgeben und während der Nacht verschlossen zu halten;

zu 8 und 9 vorbehaltlich der am Schlusse des § 4 hinsichtlich neuer Werke ausgesprochenen Verpflichtung.

Die Verpflichtungen zu 2 bis 7 können auch den Besitzern von Fabriken, in denen Salz als Nebenprodukt gewonnen wird, auferlegt werden.

Wird die Erfüllung einer der vorbezeichneten Verpflichtungen verzögert oder verweigert, so kann nach vorheriger Androhung der Betrieb der Saline, des Salzbergwerks oder der Fabrik von der obersten Finanzbehörde des Bundesstaates nach Anhörung der Bergpolizeibehörde so lange untersagt werden, bis der zu stellenden Anforderung genügt ist. (¹)

§ 8. Gewerkschaften, Korporationen oder Gesellschaften, welche Salzwerke besitzen, und Alleinbesitzer, welche den Betrieb ihrer Salzwerke nicht unmittelbar leiten, sind verbunden, zur Erfüllung der ihnen der Steuerverwaltung gegenüber obliegenden Verpflichtungen einen auf dem Salzwerke regelmäßig anwesenden Vertreter zu bestellen, für dessen Handlungen und Unterlassungen sie haften.

§ 9. Alles auf einem Salzwerke oder in einer Fabrik gewonnene Salz, so bald es zur Lagerung reif ist, desgleichen das Schmutz- und Fegesalz, muß von dem Besitzer in sichere, unter steuerlichem Mitverschluß stehende Räume (Salzmagazine) gebracht werden, und darf in der Regel erst aus diesen in den Verkehr oder zum Gebrauch des Besitzers gelangen. Mit der, nur nach zuvoriger Anmeldung und Abfertigung zulässigen Entnahme des Salzes aus diesen Magazinen tritt die Verpflichtung ein, die Steuer zu erlegen, sofern nicht Abfertigung auf Begleitschein, namentlich Behufs Versendung in andere (Packhofs-) Magazine, stattfindet. Hinsichtlich der Begleitscheine und der aus der Unterzeichnung und Empfangnahme derselben erwachsenden Verpflichtungen finden die dieserhalb in dem Zollgesetz und der Zollordnung (²) enthaltenen Vorschriften und die zu deren Ausführung getroffenen Anordnungen auch auf inländisches Salz Anwendung. (³)

Für Begleitscheine und Bleie werden keine Gebühren erhoben.

Von allen Salzwerken darf Salz nur in Mengen von mindestens einem halben Zentner verabfolgt werden.

§ 10. Der Verkehr mit versteuertem oder in denaturirtem Zustande steuerfrei abgelassenen Salze unterliegt, vorbehaltlich der nachstehenden Bestimmungen, keiner steuerlichen Kontrole.

1. Für den Bereich der Salzwerke und Fabriken (§ 3 am Schluß), sowie auf Personen, welche solche ver-

---

(¹) Z. vgl. § 2, Abs. 2, und § 4 der Vollzugsverordnung.
(²) Vereinszollgesetz.
(³) Z. vgl. § 8 der Vollzugsverordnung und den B. R. B. vom 20. Dezember 1869 (§ 158, Nr. 3 d. Prot.).

lassen, finden die Bestimmungen in den §§ 37 und 39 des Zollgesetzes und in den §§ 83, 84, 87, 91, 96, 106, 107 und 113 der Zollordnung Anwendung.([1]) Dieselben Bestimmungen können für den viertelmeiligen Umkreis derjenigen Salzwerke, welche als gehörig umfriedigt nicht anerkannt werden, durch eine von der obersten Finanzbehörde des Bundesstaates zu erlassende Bekanntmachung in Anwendung gebracht werden.

2. Die mit außervereinsländischen Nachbarstaaten bezüglich des Salzverkehrs bestehenden Uebereinkünfte bleiben in Kraft.

3. Salzhaltige Quellen, deren Soole zur Versiedung nicht benutzt wird, sowie Mutterlauge kann die Steuerbehörde unter Aufsicht stellen (unter Verschluß nehmen), um mißbräuchliche Verwendung zu verhüten.

### 3. Strafbestimmungen.

§ 11. Wer es unternimmt, dem Staate die Abgabe von inländischem Salze zu entziehen, ist der Salzabgabendefraudation schuldig und soll mit der Konfiskation der Gegenstände, in Bezug auf welche die Defraudation verübt ist, und mit einer Geldbuße, welche dem vierfachen Betrage der vorenthaltenen Abgabe gleichkommt, mindestens aber zehn Thaler — fünfzehn Gulden — beträgt, bestraft werden. Kann die Konfiskation selbst nicht vollzogen werden, so ist auf Erlegung des Werthes der Gegenstände zu erkennen. Daneben ist die Abgabe mit zwei Thalern für den Zentner zu entrichten. Ist die Defraudation durch unerlaubte Gewinnung oder Raffinirung von Salz verübt (§ 3), so verfallen auch die dazu benutzten Geräthe (Siedepfannen, Kessel u. s. w.) der Konfiskation.

Mißbräuchliche Verwendung des steuerfrei oder gegen Erlegung der im § 20 erwähnten Kontrolegebühr empfangenen Salzes (§ 13 Nr. 6) zieht außerdem den Verlust des Anspruchs auf steuerfreien Salzbezug nach sich.

§ 12. Im ersten Wiederholungsfalle, nach vorangegangener rechtskräftiger Verurtheilung, wird die nach

---

([1]) Die fraglichen Bestimmungen sind in die §§ 119, 122, 124, 126, 127, 129 u. 130 d. V. Z. G. vom 1. Juli 1869 übergegangen. S. Abschn. IX A.

Vgl. übrigens § 10, Abs. 1 der Vollzugsverordnung.

§ 11 außer der Konfiskation eintretende Strafe verdoppelt, in jedem ferneren Rückfalle vervierfacht.

In denjenigen Staaten, nach deren Zollstrafgesetzen die freiwillige Unterwerfung unter die Strafe der rechtskräftigen Verurtheilung gleichsteht, ist diese Bestimmung auch für den vorstehenden Fall maßgebend.

§ 13. Die Defraudation wird als vollbracht angenommen:

1. wenn Salz, den Bestimmungen des § 3 zuwider, oder in Anstalten, deren Betrieb auf Grund des § 7 untersagt ist, gefördert, hergestellt oder raffinirt wird;
2. wenn das in den zugelassenen Betriebsanstalten gewonnene Salz vor der Einbringung in die unter steuerlichem Mitverschluß stehenden Magazine ohne ausdrückliche Erlaubniß der Steuerbehörde aus den Siederäumen entfernt oder verbraucht wird;
3. wenn Salz aus solchen Magazinen ohne zuvorige Anmeldung oder ohne Buchung in den dazu bestimmten Registern weggeführt wird;
4. wenn auf Salzwerken oder deren Zubehörungen, sowie in Fabriken (§ 3 am Schlusse), Salz in anderer als der nach § 7 gestatteten Weise und Menge aufbewahrt wird;
5. wenn Salz von Salzwerken oder von Fabriken (§ 3 am Schlusse) zu einer anderen als der von der Steuerbehörde vorgeschriebenen Zeit oder auf anderen als den von derselben vorgeschriebenen Wegen entfernt wird;
6. wenn über das unter Steuerkontrole oder unter Kontrole der Verwendung befindliche Salz eigenmächtig verfügt oder das steuerfrei oder gegen Kontrolegebühr abgelassene Salz zu anderen als den gestatteten Zwecken verwendet wird;
7. wenn Personen, welche sich nach § 10 Nr. 1 über den Bezug des von ihnen transportirten Salzes auszuweisen haben, ohne Ausweis betroffen werden;
8. wenn Soole oder Mutterlauge ohne Erlaubniß der Steuerbehörde zu anderen Zwecken als denen der Versiedung in deklarirten Salzwerken oder Fabriken aus Soolquellen, Gradirwerken, oder Soolbehältern

(Mutterlaugebehältern) entnommen oder verabfolgt wird; [1]

Das Dasein der Defraudation und die Anwendung der Strafe derselben wird in den vorstehend aufgeführten Fällen lediglich durch die bezeichneten Thatsachen begründet. Kann jedoch der Angeschuldigte vollständig nachweisen, daß er eine Defraudation nicht habe verüben können oder wollen, so findet nur eine Ordnungsstrafe nach § 15 statt.

§ 14. Ein Salzwerksbesitzer, welcher zum zweiten Male wegen einer von ihm selbst verübten Salzabgaben-Defraudation rechtskräftig verurtheilt wird, verliert mit der Rechtskraft der Entscheidung die Befugniß zur eigenen Verwaltung seines Salzwerkes.

Dieser Verlust hat die Wirkung des im § 7 gedachten Verbotes.

In denjenigen Staaten, nach deren Zollstrafgesetzen die freiwillige Unterwerfung unter die Strafe der rechtskräftigen Verurtheilung gleichsteht, ist diese Bestimmung auch für den vorliegenden Fall maßgebend.

§ 15. Die Verletzung des amtlichen Verschlusses von Salz ohne Beabsichtigung einer Gefällehinterziehung, ferner die Uebertretung der Vorschriften der gegenwärtigen Verordnung, sowie der in Folge derselben erlassenen und öffentlich oder den Salzwerksbesitzern und Fabrikanten, welche Salz als Nebenprodukt gewinnen, oder solches steuerfrei oder gegen Kontrolegebühr beziehen, besonders bekannt gemachten Ausführungsvorschriften, für welche keine besondere Strafe angedroht ist, wird mit einer Ordnungsstrafe von Einem bis zu zehn Thalern — Einem bis fünfzehn Gulden — geahndet.

§ 16. Kann das Gewicht der Gegenstände, in Bezug auf welche eine Salzabgabendefraudation verübt ist, nicht ermittelt und demgemäß der Betrag der vorenthaltenen Abgabe, sowie die danach zu bemessende Geldstrafe nicht berechnet werden, so ist statt der Konfiskation und der Geldstrafe auf Zahlung einer Geldsumme von zwanzig bis zweitausend Thalern — dreißig bis dreitausend fünfhundert Gulden — zu erkennen.

---

[1] Z. vgl. V. vom 14. Oktober 1871, Nr. 20016 (A. Bl., S. 595).

§ 17. Hinsichtlich der Verwandlung der Geld- in Freiheitsstrafen und der subsidiären Haftung dritter Personen, sowie der Bestrafung der Theilnehmer finden die Bestimmungen der Zollstrafgesetze Anwendung. Hinsichtlich der Anerbietungen von Geschenken an die mit Kontrolirung der Salzabgabe betrauten Beamten und deren Angehörige, sowie auf Widersetzlichkeiten gegen Erstere, finden die Bestimmungen der Zollstrafgesetze ebenfalls Anwendung, soweit nicht nach den allgemeinen Strafgesetzen eine härtere Strafe Platz greift.

§ 18. Die Feststellung, Untersuchung und Entscheidung der Salzabgabendefraudation erfolgt nach den Bestimmungen über Zuwiderhandlungen gegen die Zollgesetze.

Die Vorschriften für den Fall der Uebertretung der Zollgesetze durch einen Unbekannten finden auch auf Fälle der Umgehung der Steuer von inländischem Salze durch einen Unbekannten Anwendung.

## II. Abgabe (Zoll) von ausländischem Salze.

§ 19. Auf die Einfuhr von Salz und salzhaltigen Stoffen aus dem Auslande, sowie auf deren Durchfuhr und Ausfuhr finden die Bestimmungen des Zollgesetzes, der Zollordnung und der Zollstrafgesetze ([1]), nebst den solche abändernden, erläuternden oder ergänzenden Bestimmungen Anwendung. ([2])

Von der Bestimmung der obersten Finanzbehörde ([3]) jedes Bundesstaates hängt es ab, inwieweit eine steuerfreie Lagerung fremden Salzes im Inlande zu gestatten sei.

## III. Befreiungen von der Salzabgabe.

§ 20. Befreit von der Salzabgabe (§ 2) ist: ([4])

---

([1]) Vereinszollgesetz.

([2]) Z. vgl. die Anleitung zur Erhebung der Salzabgabe bei den Zoll- und Steuerstellen, welche sich nicht an Salzwerksorten befinden.

([3]) Vgl. B. R. B. vom 17. April 1871 (§ 139 d. Prot.).

([4]) Z. vgl. die „Bestimmungen über die Befreiung des zu landwirthschaftlichen und gewerblichen Zwecken bestimmten Salzes von der Abgabe", ferner den B. R. B. vom 1. Dezember 1873 (§ 580 d. Prot.), betr. die abgabenfreie Verabfolgung von Salz an Darmhändler und die V. vom 14. Oktober 1871, Nr. 20016 (A. Bl., S. 595), betr. die Verabfolgung von Soole und Mutterlauge zu steuerfreien Zwecken.

1. das zur Ausfuhr nach dem Zollvereinsauslande und das zur Natronsulphat- und Sodafabrikation bestimmte Salz;
2. das zu landwirthschaftlichen Zwecken, d. h. zur Fütterung des Viehes und zur Düngung bestimmte Salz;
3. das zum Einsalzen von Häringen und ähnlichen Fischen, sowie das zum Einsalzen, Einpökeln u. s. w. von Gegenständen, die zur Ausfuhr bestimmt sind und ausgeführt werden, erforderliche und verwendete Salz;
4. das zu allen sonstigen gewerblichen Zwecken bestimmte Salz, jedoch mit Ausnahme des Salzes für solche Gewerbe, welche Nahrungs- und Genußmittel für Menschen bereiten, namentlich auch mit Ausnahme des Salzes für die Herstellung von Tabaksfabrikaten, Mineralwassern und Bädern;
5. das von der Staatsregierung oder mit deren Genehmigung zur Unterstützung bei Nothständen, sowie an Wohlthätigkeitsanstalten verabfolgte Salz;

Ueberall ist die abgabenfreie Verabfolgung abhängig von der Beobachtung der von der Steuerverwaltung angeordneten Kontrolemaßregeln. (1)

Die durch die Kontrole erwachsenden Kosten können in den Befreiungsfällen unter Nr. 2, 3 und 4 mit einem Maximalbetrage von 2 Sgr. — 7 Kreuzern — für den Zentner von den Salzempfängern erhoben werden.

§ 21. Dieses Gesetz tritt am 1. Januar 1868 in Wirksamkeit.

## Uebereinkunft

### wegen Erhebung einer Abgabe von Salz vom 8. Mai 1867. (2)

Die Regierungen von Preußen, Bayern, Sachsen, Württemberg, Baden, Hessen, die bei dem Thüringischen Zoll- und Handelsvereine betheiligten Staaten, Braunschweig und Oldenburg, von dem Wunsche geleitet, die Beschränkungen, denen der Verkehr mit Salz im Gebiete

(1) Z. vgl. die Bek. vom 1. August, betr. den Handel mit Vieh- und Gewerbesalz.

(2) Z. vgl. Art. 40 der R. V. und Art. 3 § 7 d. Z. V. V. vom 8. Juli 1867.

des Deutschen Zoll- und Handelsvereins zur Zeit noch unterliegt, zu beseitigen, haben zu diesem Zwecke Verhandlungen eröffnen lassen, wozu als Bevollmächtigte ernannt haben (folgen die Namen), ..... von welchen Bevollmächtigten, unter dem Vorbehalte der Ratifikation, folgende Uebereinkunft abgeschlossen worden ist.

Art. 1. Der Art. 10 des Vertrages vom 16. Mai 1865, die Fortdauer des Zoll- und Handelsvereins betreffend, wird aufgehoben und im ganzen Umfang des Zollvereins freier Verkehr mit Salz hergestellt.

Art. 2. Das im Zollvereinsgebiet gewonnene, sowie das aus dem Auslande eingeführte Salz unterliegt einer Abgabe von zwei Thalern (drei Gulden dreißig Kreuzern) für den Zollzentner Nettogewicht.

Neben dieser Abgabe darf in keinem Falle eine weitere Abgabe von dem Salz, weder für Rechnung des Staates, noch für Rechnung von Kommunen oder Korporationen erhoben werden.

Unter Salz (Kochsalz) sind außer dem Siede-, Stein- und Seesalz alle Stoffe begriffen, aus welchen Salz ausgeschieden zu werden pflegt.

Art. 3. Der Ertrag der Abgabe ist gemeinschaftlich. Derselbe wird nach Abzug derjenigen Kosten der Erhebung und Kontrolirung der Abgabe, welche zur Besoldung der damit auf den Salzwerken (Salinen, Salzbergwerken, Raffinerien) beauftragten Beamten aufgewendet werden, sowie nach Abzug der Rückerstattungen für unrichtige Erhebungen, zwischen sämmtlichen Vereinsmitgliedern nach dem Verhältnisse der Bevölkerung, mit welcher sie in dem Gesammtverein sich befinden, vertheilt. Im Uebrigen findet die Abrechnung über den Ertrag dieser Abgabe nach den für die Zolleinnahmen verabredeten Grundsätzen statt. (1)

Art. 4. Die Erhebung und Kontrolirung der Abgabe von dem im Zollvereinsgebiete gewonnenen Salz erfolgt nach Maßgabe der hierüber zwischen den vertragenden Regierungen verabredeten besonderen Bestimmungen, die Erhebung und Kontrolirung der Abgabe von dem aus dem Auslande eingeführten Salz nach der Zollgesetzgebung. (2)

---

(1) Vgl. Art. 38 der R. V. Bd. I. S. 83.

(2) Z. vgl. die Anleitung zur Erhebung der Salzabgabe bei d. Zoll- u. Steuerstellen, welche sich nicht an Salzwerksorten befinden.

Art. 5. (¹) Abgabenfrei kann Salz, vorbehaltlich der Sicherungsmaßregeln gegen Mißbrauch, verabfolgt werden:

A. auf Vereinsrechnung

1) zur Ausfuhr nach dem Zollvereinsauslande,
2) zu landwirthschaftlichen Zwecken, d. h. zur Fütterung des Viehes, sowie zur Düngung,
3) zum Einsalzen, Einpökeln u. s. w. von Gegenständen, die zur Ausfuhr bestimmt sind und ausgeführt werden,
4) zu allen sonstigen gewerblichen Zwecken, jedoch mit Ausnahme des Salzes für solche Gewerbe, welche Nahrungs- und Genußmittel für Menschen bereiten, namentlich auch mit Ausnahme des Salzes für die Herstellung von Tabaksfabrikaten, Mineralwassern und Bädern.

Salz, welches zu den unter 2. und 4. bezeichneten Zwecken verwendet werden soll, muß vor der abgabenfreien Verabfolgung unter amtlicher Aufsicht denaturirt, d. h. zum menschlichen Genusse unbrauchbar gemacht werden. In den Fällen zu 3. muß die Menge des verbrauchten Salzes unter stehender steuerlicher Kontrole vollständig nachgewiesen werden. Läßt sich ein solcher Nachweis nicht vollständig führen, so kann die abgabenfreie Verabfolgung von Salz, bezw. die Erstattung der erlegten Steuer nur auf privative Rechnung stattfinden.

B. Auf privative Rechnung kann außer dem vorstehend gedachten Falle Salz abgabenfrei verabfolgt werden:

1) zu Unterstützungen bei Nothständen, sowie an Wohlthätigkeitsanstalten,
2) zu Deputaten (Salznaturalabgaben), auf deren abgabenfreie Verabfolgung die Berechtigten Anspruch haben,
3) zur Nachpökelung von Häringen.

C. Zur Hälfte auf Vereinsrechnung und zur anderen Hälfte auf privative Rechnung kann Salz zur Pökelung von Häringen und ähnlichen Fischen gleichfalls abgabenfrei abgelassen werden.

---

(¹) Z. vgl. § 20 des Gesetzes.

Art. 6. Jedem Staate bleibt vorbehalten, von dem abgabenfrei verabfolgten Salze — mit Ausnahme des zur Ausfuhr nach dem Zollvereinsauslande, sowie des zur Natronsulphat- und Sodafabrikation bestimmten Salzes — eine Kontrolegebühr von höchstens zwei Silbergroschen (sieben Kreuzer) vom Zollzentner für eigene Rechnung zu erheben. (¹)

Art. 7. Die Funktionen der Zollvereinsbevollmächtigten und Stationskontroleure erstrecken sich auch auf die Abgabe von dem im Zollvereinsgebiete gewonnenen Salze. Ebenso findet das Zollkartel vom 11. Mai 1833 auf diese Abgabe Anwendung.

Art. 8. Gegenwärtige Uebereinkunft tritt mit dem 1. Januar 1868 in Wirksamkeit.

Dieselbe soll alsbald zur Ratifikation der vertragenden Regierungen vorgelegt und die Auswechselung der Ratifikationsurkunden spätestens binnen sechs Wochen in Berlin bewirkt werden. (²)

---

**28. Mai 1868.** — B. R. B. betr. die Kreditfrist für die Salzsteuer. (§ 140 d. Prot.)

Es wurde beschlossen:

Nachdem bereits die Mehrzahl der Zollvereinsregierungen sich veranlaßt gesehen hat, die im § 12 der zwischen den Zollvereinsregierungen vereinbarten Bekanntmachung über die Ausführung des Salzabgabengesetzes bestimmte Frist des Abgabenkredits für Salzproduzenten und Salzhändler auf drei Monate zu beschränken, so erklärt der Bundesrath es für wünschenswerth, daß sämmtliche Zollvereinsstaaten den Kredit für die Abgaben sowohl von inländischem als von ausländischem Salze allgemein auf einen dreimonatlichen Zeitraum beschränken, wo nicht besondere Umstände oder bereits bestehende Kontrakte eine Ausdehnung bis zu dem vereinbarten längsten Termine von 6 Monaten rechtfertigen. (³).

---

(¹) Z. vgl. § 12 der Vollzugsverordnung.

(²) Das Schlußprotokoll zu der vorstehenden Uebereinkunft wurde nicht publizirt; dasselbe ist abgedruckt: Bd. V d. V., S. 270 ff.

(³) Z. vgl. § 12 der Vollzugsverordnung zum Salzsteuergesetz.

**2. Juli 1869.** — B. R. B. betr. die Errichtung von Privatsalzlagern. (§ 132 d. Prot.)

Es wurde beschlossen, daß bei Gestattung von Privatsalzlagern die Deklaration des monatlichen Salzabsatzes gleich nach Ablauf jeden Monats und die monatliche Einzahlung der Salzabgabe (oder deren Anschreibung auf Kredit) gleich nach Feststellung des Sollbestandes stets zur Bedingung des Zugeständnisses zu machen sei. (1)

---

**20. Dezember 1869.** — B. R. B. betr. den Entwurf eines Begleitscheinregulativs. (§ 158 d. Prot.)

Es wurde beschlossen,

. . . . .

3) daß bei dem Verkehr mit vereinsländischem unter Steuerkontrole befindlichen Salz die Vorschriften des Begleitscheinregulativs analog in Anwendung zu bringen sind. (2)

. . . . .

---

**17. April 1871.** — B. R. B. betr. des Regulativ für Privatläger. (§ 139 d. Prot.)

Es wurde beschlossen,

. . . . .

III. Die Zuständigkeit für die Bewilligung von Privatlägern ausländischen oder vereinsländischen Salzes in Abänderung des § 5 der Anleitung zur Erhebung der Salzabgabe bei den Zoll- oder Steuerstellen, welche sich nicht an Salzwerksorten befinden, der Direktivbehörde zuzuweisen. (3)

---

**1. August 1871.** — Vollzugsverordnung zu dem Gesetz vom 12. Oktober 1867, betr. die Erhebung einer Abgabe von Salz. (Str. Z. Nr. 182, A. R. Nr. 629.) (4)

---

(1) Wegen der übrigen Bedingungen, unter welchen Privatsalzlager (Kreditlager) zulässig sein sollen, vgl. die B. vom 14. Oktober 1871. Nr. 20015. (A. Bl., S. 594.)

(2) Z. vgl. § 9, Abs. 1 des Ges. vom 12. Oktober 1867.

(3) Z. vgl. B. R. B. vom 2. Juli 1869. (§ 132 d. Prot.)

(4) A. Bl., S. 249. — Der Wortlaut der Vollzugsverordnung ist zwischen den Zollvereinsstaaten vereinbart und bildet Anlage I. des Vollzugsprotokolls zu der Uebereinkunft vom 8. Mai 1867. (S. Bd. V d. B., S. 283.)

## I. Berechnung der Abgabe.

§ 1. Die Salzabgabe, welche nach § 2 des Gesetzes vom 12. Oktober 1867 7 Fr. 50 Cts. (2 Rthlr.) für den Zollzentner (50 Kilogrammes) beträgt, wird nach dem Nettogewicht erhoben. Es ist zulässig, das Nettogewicht bei Salz in Säcken durch Abzug einer Normal-Tara von einem Prozent vom Bruttogewicht festzustellen. Dieses darf jedoch nicht geschehen, wenn das Gewicht der Säcke augenscheinlich unter diesem Tarasatze bleibt, oder wenn der Steuerpflichtige ausdrücklich Nettoverwiegung oder Verwiegung der Tara beantragt. (1)

Bei der Erhebung ist die Bestimmung unter Nr. V. der dritten Abtheilung des Zolltarifs auch auf inländisches Salz anzuwenden. Gefällbeträge unter 5 Centimes bleiben unerhoben.

## II. Kontrole und Abfertigung.

### A. Inländisches Salz.

§ 2. Die im § 4 des Gesetzes gedachte Nachweisung muß namentlich enthalten:

1) Angabe der vorhandenen Salzquellen oder Bohrlöcher, der zugehörigen Schächte, Stollen, Brunnen ꝛc., auch des Salzgehalts der einzelnen Soolquellen, beziehungsweise der zu versiedenden Soole nach Prozenten;
2) die Aufführung sämmtlicher zu dem Werke gehörigen feststehenden Geräthe und Vorrichtungen, als: Soole-Reservoirs, Siedepfannen, Soole-Pumpen, Gradirwerke ꝛc.;
3) die Bezeichnung des kubischen Inhalts der einzelnen Siedepfannen;
4) die Angabe der in den Sieberäumen vorhandenen, zur Aufnahme des aus den Pfannen gezogenen Salzes vor dem Transport nach den Trockenräumen dienenden Vorrichtungen und Gefäße.

Zugleich ist in der Nachweisung darzulegen, in welcher Weise den Vorschriften des § 7 des Gesetzes entsprochen ist. Dieser Nachweisung, welche für die Salzwerke mit der im § 3 des Gesetzes vorgeschriebenen Anmeldung verbunden werden kann, muß ein Grundriß des Salzwerkes, welcher die sämmtlichen Baulichkeiten, die Lage der vorstehend unter Nr. 2 genannten Geräthe und Vorrichtungen, der Trockenräume und der Lagerungsmagazine ergiebt, in zweifacher Ausfertigung hinzugefügt werden.

Die im § 4 des Gesetzes gedachte Anzeige wegen Veränderungen ist dem Salzsteueramte zur weiteren Veranlassung, und zwar früher als mit der Veränderung begonnen wird, zu übergeben.

§ 3. Die im § 6 des Gesetzes gedachte Kontrole wird für jedes Salzwerk durch ein Salzsteueramt geübt, dessen Funk-

(1) Z. vgl. B. R. B. vom 2. November 1876 (§ 333 d. Prot.).

tionen auf Staats- oder unter Staatsverwaltung stehenden Salzwerken theilweise auch durch Salzwerksbeamte ausgeübt werden können.

§ 4. Bis auf weiteres hat jeder Salzwerksbesitzer die im § 7 des Gesetzes unter Nr. 1 bis 8 ausgesprochenen Verpflichtungen zu erfüllen. Derselbe ist überdies verpflichtet:

1) Das Salz aus den Siederäumen unmittelbar in die Magazine oder in die Trockenräume und ebenso aus diesen unmittelbar in die Magazine zu bringen, mithin die Niederlegung des Salzes in keinem anderen Raume zu gestatten;
2) die Kontrolebeamten von dem Zeitpunkt des Beginns des Transports des Salzes aus dem Trockenraume in das Magazin vorher benachrichtigen zu lassen;
3) die über den Betrieb der Saline (des Salzbergwerks) und das gewonnene Salz zu führenden Bücher dem Salzsteueramte zur Siegelung und Foliirung vorzulegen;
4) die Betriebsgebäude, soweit es die Arbeiten gestatten, verschlossen zu halten, den Eintritt in dieselben aber außer den Steuerbeamten, den Bergwerksbeamten und solchen Personen, welche das Salzwerk aus technischen, wissenschaftlichen oder ähnlichen Gründen besuchen, nur den auf dem Salzwerke beschäftigten Personen zu gestatten. (¹)

§ 5. Den mit der Kontrole beauftragten Beamten, sowie deren Vorgesetzten steht zu allen innerhalb der Betriebsanstalt belegenen Lokalitäten und Gebäuden, soweit solche nicht lediglich als Wohnräume benutzt werden, der Zutritt jederzeit, also auch außerhalb der Dienststunden frei.

§ 6. In den Wohnungen, welche sich innerhalb der Salzwerkslokalitäten und zugehörigen Höfe oder in baulicher Verbindung mit den Salzwerken befinden, darf Salz irgend welcher Art nicht in größeren Mengen als zehn Pfund auf den Kopf der Bewohner aufbewahrt werden.

§ 7. Die Dienststunden der Salzsteuerämter sind mit thunlichster Rücksicht auf den Salzwerksbetrieb für jedes Salzwerk von der Zolldirektivbehörde besonders festzustellen.

§ 8. Die im § 9 des Gesetzes gedachte Anmeldung der Entnahme von Salz aus den Magazinen muß enthalten:

1) die Menge des zu entnehmenden Salzes nach Gewicht, sowie dessen Gattung;
2) die Bezeichnung sowie die Zahl der Kolli, desgleichen das Einzelgewicht der letzteren, sofern dasselbe ein verschiedenes ist;
3) den Namen des Transportanten;

---

(¹) Z. vgl. § 3 der Instruktion, betr. die Erhebung der Salzabgabe auf den Privatsalinen.

4) den Bestimmungsort und den Namen des Empfängers;
5) die begehrte Abfertigungsweise;
6) etwaige sonstige Anträge.

Es ist zu dieser Anmeldung das unter I. anliegende Muster zu verwenden; für Salzabfälle (§ 11 und 13) genügt mündliche Anmeldung.

Wird ausnahmsweise die Entnahme von Salz unmittelbar aus den Siede- oder Trockenräumen gewünscht, so bleibt wegen der anzuordnenden Vorsichtsmaßregeln besondere Bestimmung vorbehalten.

§ 9. Der Hausbedarf der Salzwerksbesitzer, Beamten und Arbeiter an Salz darf nur in längeren, mindestens vierteljährigen Zeitabschnitten auf besondere schriftliche Anmeldung nach zuvoriger Versteuerung entnommen werden.

§ 10. Das zu entnehmende Salz wird in Gemäßheit der Anträge des Salzwerksbesitzers im Falle der sofortigen Versteuerung des Salzes oder der Empfangnahme unter Anschreibung auf Steuerkredit, sowie im Falle der Versendung denaturirten Salzes in den freien Verkehr gesetzt und für jeden Transport ein Versendungsschein nach dem anliegenden Muster II. ausgestellt, welcher zur Legitimation bei der Abfuhr des Salzes von dem Salzwerke, sowie in dem Salzwerksbezirk (§ 10 Nr. 1 des Gesetzes) und im Grenzzollbezirk dient.

Auf Begleitschein I. nach dem anliegenden Muster III. wird — unter Kollo-, Wagen- oder Schiffsverschluß — das Salz abgefertigt, welches ausgeführt oder zur Niederlage deklarirt, oder unter der Bedingung demnächstiger Denaturirung beziehungsweise der Verwendung unter steuerlicher Aufsicht ohne Erhebung der Salzabgabe abgelassen werden soll.

Auf Begleitschein II. nach anliegendem Muster IV. wird dasjenige Salz abgefertigt, für welches lediglich die Erhebung der festgestellten Abgabe auf ein anderes, dazu befugtes, Amt überwiesen werden soll.

Zur Erledigung von Begleitscheinen über Salz sind die Aemter befugt, denen die Erledigung von Begleitscheinen I. bezw. II. über zollpflichtige Waaren zusteht; andere Aemter bedürfen hierzu der Genehmigung der obersten Landesfinanzbehörde. Im Uebrigen greifen für diese Begleitscheine dieselben Bestimmungen Platz, welche für die im Zollverkehr ausgestellten Begleitscheine ertheilt worden sind.

Nachdem die Abfertigung erfolgt ist, muß das Salz sofort von dem Salzwerke und dessen Hofraum entfernt werden. Ausnahmsweise kann gestattet werden, daß versteuertes oder denaturirtes Salz in Lagerräumen, welche unter Mitverschluß der Steuerverwaltung stehen, getrennt von dem übrigen Salze auf den Salzwerken aufbewahrt wird.

Die Verabfolgung von Soole und Mutterlauge ist schriftlich anzumelden und nach Maßgabe der diesfälligen besonderen Anweisung zu behandeln. (¹)

§ 11. Die Wegführung des Salzes von dem Salzwerke ist nur statthaft:

1) innerhalb der Dienststunden des Salzsteueramts;
2) aus den Thoren und auf den Wegen, welche als Ausgangsstraßen durch Tafeln mit geeigneten Inschriften bezeichnet sind.

Ein Gleiches gilt für den Transport von Salzabfällen (Schmutz und Fegesalz, Pfannenstein, Dornstein, Salzschlamm u. dergl.), sowie von Soole und Mutterlauge.

Ausnahmsweise dürfen die Salzsteuerämter das Arbeiten in den Magazinen und die Wegführung des nach entfernten Orten bestimmten Salzes auch außerhalb der Dienststunden gestatten. (²)

§ 12. Der von den Produzenten zu entrichtende Steuerbetrag wird mit dem Schlusse eines jeden Kalendermonats dem Salzwerksinhaber bekannt gemacht und ist von diesem binnen drei Tagen nach Empfang der, nach dem anliegenden Muster V aufzustellenden, amtlichen Berechnung bei dem Hauptamte des Bezirks einzuzahlen.

Wird Salz auf Begleitscheine, welche von Fabrikanten oder Salzhändlern oder deren Bevollmächtigten extrahirt werden, verabfolgt, so wird hierdurch der Produzent von der Verpflichtung, die Abgabe zu zahlen, entbunden.

Gegen genügende Sicherheit kann nach dem Ermessen der Zolldirektivbehörde ein Kredit von drei Monaten denjenigen Produzenten und Salzhändlern gewährt werden, welche an Salzabgabe jährlich mindestens 3000 Frcs. entrichten. Auch bleibt dem Ermessen dieser Behörde überlassen, die Einzahlung der Abgabe bei einer andern Kasse zu gestatten oder anzuordnen. (³)

Von der Erhebung einer Kontrolgebühr für das von den

---

(¹) Z. vgl. V. vom 14. Oktober 1871. Nr. 20016. (A. Bl., S. 595.)

(²) Z. vgl. die §§ 5 und 16 der Instruktion für die Erhebung der Salzabgabe auf den Privatsalinen.

(³) Diese Fassung entspricht dem B. R. B. vom 28. Mai 1868 (§ 140 d. Prot.). Ursprünglich war ein Kredit von 3—6 Monaten zulässig. Die Minimalsumme an entrichteten Abgaben beträgt nach der Vereinbarung 1000 Thaler.

Salinen abgabenfrei für landwirthschaftliche oder gewerbliche Zwecke verabfolgte Salz wird bis auf Weiteres abgesehen. (1)

§ 13. Salzabfälle (§ 11) bedürfen zur steuerfreien Abfertigung der vorgeschriebenen Denaturirung nicht, wenn sie sich unzweifelhaft bereits in einem Zustande befinden, in welchem sie in gleichem Grade, wie besonders denaturirtes Salz, für Menschen ungenießbar sind. Uebrigens darf Pfannenstein nur in fein gemahlenem Zustande und nach Maßgabe der für Steinsalz gegebenen Vorschrift denaturirt steuerfrei abgegeben werden, ferner muß auch Schmutz- und Fegesalz je nach seiner Gattung entweder wie Siede- oder wie Steinsalz vor der abgabenfreien Verabfolgung denaturirt werden, wobei ein Gemisch dieser Salze aus Stein- und Siedesalz wie Steinsalz zu behandeln ist, endlich muß auch Salzschlamm und Abfallsalz in chemischen Fabriken, namentlich in Salpeterfabriken, wie Schmutzsalz von Siedereien behandelt werden.

§ 14. Die Ausführung der Verordnung wird hinsichtlich der Fabriken, in welchen Salz als Nebenprodukt gewonnen wird, für jede Fabrik durch eine besondere Anweisung regulirt.

B. Ausländisches Salz.

§ 15. Die Abfertigung des vom Auslande eingehenden Salzes erfolgt nach den für zollpflichtige Gegenstände überhaupt geltenden Bestimmungen. (2)

(Folgen die Muster I—V.) (3)

---

(1) Z. vgl. V. vom 6. Dezember 1871. Nr. 24804. (A. Bl., S. 657), wonach das R. K. A. im Einverständniß mit dem Ausschuß des B. R. für Zoll- und Steuerwesen genehmigt hat, daß von Erhebung einer Kontrolgebühr für das von den Salinen in E. L. abgabefrei für landwirthschaftliche und gewerbliche Zwecke verabfolgte Salz abgesehen, dagegen von dem auf Begleitschein abgefertigten, zur Denaturirung bei einer Zoll- oder Steuerstelle oder im Fabriklokale bestimmten Salz die Kontrolegebühr vom 20 Pf. unter Umgangnahme von dem Ersatz der durch die Denaturirung im Fabriklokale etwa entstehenden besonderen Kosten erhoben werde.

Nach V. vom 23. März 1874, I. 5228, findet vorstehende Bestimmung sowohl auf das zu denaturirende inländische als auf das ausländische Salz Anwendung. In derselben V. sind außerdem Vorschriften wegen des Modus der Berechnung der Kontrolgebühr ertheilt.

(2) Z. vgl. die Anleitung zur Erhebung der Salzabgabe bei den Zoll- und Steuerstellen, welche sich nicht an Salzwerksorten befinden.

(3) A. Bl. 1871, S. 254 ff.

**1. August 1871. — Bek. d. K. betr. die mit der Erhebung und Kontrolirung der Abgabe von Salz betrauten Stellen.** (Str. Z. Nr. 183, A. N. Nr. 631.) (¹)

[Betrifft die Errichtung der Salzsteuerämter.] Z. vgl. Anm. 3 auf S. 55, Bd. I.

---

**1. August 1871. — Bek. d. K. betr. den Handel mit steuerfreiem Vieh- und Gewerbesalz.** (Str. Z. Nr. 183. A. N. Nr. 632.) (²)

Unter Beziehung auf § 20 des Ges. vom 12. Oktober 1867, die Erhebung einer Abgabe von Salz betreffend, werden bezüglich der Kontrole des abgabenfrei verabfolgten denaturirten Salzes folgende Vorschriften zur Beachtung von Seiten der Gewerbetreibenden bekannt gemacht:

1) Wer mit abgabenfrei verabfolgtem Salze (Viehsalz, Gewerbesalz) Handel treibt, oder einen solchen Handel zu beginnen beabsichtigt, ist verpflichtet, hievon dem betreffenden Steuereinnehmer schriftliche Anzeige zu machen, wofür er Bescheinigung erhält.

2) Jeder Salzhändler hat über den Bezug denaturirten Salzes, sowie über den Absatz an solchem ein Buch zu führen.

Händler mit denaturirtem Salz, welche ihren Bedarf durch einfache Bestellung bei der Saline, beziehungsweise bei andern Händlern beziehen, haben

a) den Ankauf und den Verkauf von zu landwirthschaftlichen Zwecken bestimmtem Salz (Viehsalz) in ihre gewöhnlichen Geschäftsbücher unter Bezeichnung der Käufer nach Namen und Wohnort einzutragen, die Bücher auf Verlangen den Beamten der Steuerverwaltung vorzulegen, auch die von diesen geforderte Auskunft bereitwillig zu ertheilen.

b) Die Bezüge und Verkäufe von Gewerbesalz in einem besonderen, nach dem anliegenden Muster anzulegenden Kontroleregister anzuschreiben und darin für jede Sorte Gewerbesalz eine besondere Abtheilung anzulegen.

3) Die Abgabe von Gewerbesalz von Seiten der Händler darf nur auf schriftliche Bestellung (gegen Bestellzettel) unter Angabe des Wohnorts des Käufers und des gewerblichen Zwecks erfolgen und müssen die Bestellzettel mindestens

---

(¹) A. Bl., S. 261.
(²) A. Bl., S. 261.

neun Monate aufbewahrt werden. Endlich sind die Händler verpflichtet, die genannten Kontroleregister und die Bestellzettel jeder Zeit auf Verlangen den Steueraufsichtsbeamten vorzulegen und jede geforderte Auskunft zu ertheilen.

4) Großhändler, d. h. solche, welche zu landwirthschaftlichen oder gewerblichen Zwecken bestimmtes Salz auf ihren Antrag zum Verkaufe bereiten lassen, haben die Anordnungen der Zoll- und Steuerbehörden über die Art der Buchführung zu befolgen.

(Folgt das Muster zu dem Kontroleregister.) (1)

---

**1. August 1871.** — Bek. d. K. betr. die Verwendung und Kontrole des abgabenfrei verabfolgten denaturirten Salzes. (Str. Z. Nr. 183. A. N. Nr. 633.) (2)

Nach dem Salzsteuergesetz, welches demnächst in Elsaß-Lothringen in Kraft treten wird und den hierzu erlassenen Vorzugsvorschriften, unterliegt das zum menschlichen Genuß oder zur Bereitung menschlicher Nahrungs- und Genußmittel bestimmte Salz einer Abgabe von 7 Frs. 50 Cts. (2 Thaler) für den Centner (50 Kilogrammes). Das zu landwirthschaftlichen (Viehfütterung, Düngung) oder zu gewerblichen Zwecken bestimmte und demgemäß zum menschlichen Genuß unbrauchbar gemachte (denaturirte) Salz ist von der Steuer befreit.

Die Verwendung solchen steuerfrei abgelassenen Salzes zu andern als den gestattenen Zwecken ist bei den in den §§ 11 bis 18 des Salzsteuergesetzes angedrohten Strafen verboten.

Es darf also das abgabenfrei verabfolgte Salz nicht verwendet werden zum menschlichen Genuß, sowie Bereitung von menschlichen Nahrungs- und Genußmitteln, z. B. durch Bäcker, Metzger, Käser, Konditoren, ferner bei Herstellung von Tabaksfabrikaten, Mineralwasser, Bädern 2c. bei Vermeidung der Konfiskation der Gegenstände, in Bezug auf welche die Defraudation verübt ist und einer Geldstrafe von 30 Frs. für den Centner neben der Abgabenachholung.

Ferner darf das zu landwirthschaftlichen Zwecken bestellte Salz nicht zu gewerblichen, und das zu gewerblichen Zwecken bezogene nicht zu landwirthschaftlichen, vielmehr das Letztere stets nur zu demjenigen gewerblichen Zwecke verwendet werden, welcher von dem Gewerbetreibenden im Bestellzettel vermerkt ist.

---

(1) A. Bl., S. 263.
(2) A. Bl., S. 264.

Wer zu gewerblichen Zwecken denaturirtes Salz beziehen will, hat dasselbe unter Angabe seines Wohnorts und des gewerblichen Zwecks, zu welchem das Salz dienen soll, zu bestellen.

Gewerbetreibende, welche die Denaturirung des für ihre Gewerbe erforderlichen Salzes in ihren Gewerbsräumen wünschen, haben dieß in dem Bestellzettel zu bemerken. Es darf der Bezug des zu denaturirenden Salzes nur von Salzwerken oder Niederlagen, in welchen unversteuertes Salz lagert, oder aus dem Ausland stattfinden und es sind sowohl die anzuwendenden Denaturirungsmittel in der von der Steuerbehörde vorzuschreibenden Beschaffenheit und Menge, als auch die Verwiegungsapparate und die sonst nöthigen Vorrichtungen von dem betreffenden Gewerbetreibenden auf eigene Kosten bereit zu stellen.

Viehsalz, sowie das nicht auf den Antrag einzelner Gewerbetreibenden, sondern auf Vorrath zum Verkauf bestimmte (gewöhnliche) Gewerbesalz darf nur auf Salzwerken oder an solchen von der Zolldirektivbehörde zu bestimmenden Orten bereitet werden, an welchen sich unversteuerte Salzniederlagen befinden. (1)

. . . . . (2)

---

**13. Oktober 1871.** — V. d. K. betr. den Vollzug des Salzsteuergesetzes. (A. Bl., S. 535.)

Nachstehend wird die unter den Zollvereinsregierungen im Jahre 1867 vereinbarte „Instruktion, die Erhebung und Sicherung der Salzabgabe auf den Privatsalinen betreffend“ und die „Anleitung zur Erhebung der Salzabgabe bei den Zoll- und Steuerstellen, welche sich nicht an Salzwerksorten befinden“, den Hauptzollämtern auch auf diesem Wege mit der Weisung zur Kenntniß gebracht, sich nach dem Inhalte derselben, soweit er nicht durch später erlassene gesetzliche und reglementäre Vorschriften abgeändert worden ist, sorgfältig zu achten.

---

(1) Z. vgl. d. B. R. B. vom 2. Juli 1869 (§ 132 d. Prot.) und vom 17. April 1871 (§ 139 d. Prot.)

(2) Der Schluß der Bek., die Denaturirungsmittel betr., ist durch die neueren bezüglichen Bestimmungen (z. vgl. B. R. B. vom 21. Juni 1872 — § 392 d. Prot.) aufgehoben.

## Instruktion
### die Erhebung und Sicherung der Salzabgabe auf den Privatsalinen betreffend. (¹)

Mit Bezugnahme auf das Gesetz vom 12. Oktober 1867, die Erhebung einer Abgabe von Salz betreffend, sowie im Anschluß an die Vollzugsverordnung zu diesem Gesetz, wird wegen Erhebung und Sicherung der Salzabgabe auf den nicht unter Staatsverwaltung stehenden Salinen noch folgende nähere Anweisung ertheilt.

§ 1. Die nach § 4 des Gesetzes in doppelter Ausfertigung einzureichende Nachweisung wird von einem Mitgliede des betreffenden Hauptzoll- oder Hauptsteueramts durch Besichtigung an Ort und Stelle einer Prüfung unterzogen und nach Erledigung der sich dabei ergebenden Anstände festgestellt.

Hierauf ist das eine Exemplar, mit dem Visa des Hauptamts versehen, dem Salinenbesitzer zum etwaigen demnächstigen Ausweise der geschehenen Anmeldung zurückzugeben, das andere Exemplar verbleibt dagegen im Besitze der Steuerverwaltung.

Hinsichtlich der ebendaselbst vorgeschriebenen Anzeigen über Veränderungen ist in gleicher Weise, jedoch mit der Maßgabe zu verfahren, daß die Prüfung durch den Bezirksoberkontroleur erfolgen kann.

§ 2. Die zweite Ausfertigung der von dem Salineninhaber abzugebenden Nachweisung der Betriebslokalitäten und Geräthe ist zum Behuf der Ueberwachung des nachgewiesenen Bestandes, sowie zur Nachtragung etwaiger Veränderungen bei dem Salzsteueramte niederzulegen.

§ 3. Die nach § 4 Nr. 2 der Vollzugsverordnung abzugebende Benachrichtigung kann mündlich, und sofern die Beförderung des Salzes aus den Trockenräumen in die Magazine zu bestimmten Zeiten sich wiederholt, für einen längeren Zeitraum im Voraus geschehen.

---

(¹) Der Wortlaut dieser Instruktion ist von den Vereinsregierungen vereinbart; dieselbe bildet die Anlage 2 des Vollzugsprotokolls zur Uebereinkunft vom 8. Mai 1865. (s. Bd. V d. B. S. 294.)

Nach Nr. 5 des gedachten Vollzugsprotokolls (S. 281 a. a. O.) ist von der Vereinbarung einer Instruktion bezüglich der Erhebung und Sicherung der Abgabe auf den Staatssalinen Abstand genommen worden, dagegen hat man sich über gewisse Grundsätze geeinigt, welche hierbei allgemein Anwendung finden sollen. In E. L. sind Staatssalinen nicht vorhanden, es ist daher auch eine bezügliche Instruktion nicht erlassen worden.

§ 4. Die Salzsteuerämter, soweit nicht ausnahmsweise ein Hauptamt mit den Funktionen des Salzsteueramts beauftragt wird, sind dem Hauptzoll- oder Hauptsteueramte, in dessen Bezirke sie belegen sind, sowie dem betreffenden Oberkontroleur untergeordnet.

§ 5. Die jedem Salzsteueramte durch besondere Verfügung vorzuschreibenden Dienststunden sind pünklichst abzuhalten. Auch ist Anträgen des Salineninhabers auf temporäre Ausdehnung der Arbeits- und Dienststunden in Fällen zu entsprechen, wo es sich um größere Transporte von Salz handelt, welches auf Begleitschein abgefertigt, oder für Verkaufsstellen bestimmt ist, welche mindestens 3 Meilen vom Produktionsorte entfernt liegen. (§ 11 der Vollzugsverordnung.)

§ 6. An den mit mehreren Beamten besetzten Salzsteuerämtern ist der Einnehmer für die gesammte Kassen- und Registerführung allein verantwortlich. Es liegt ihm die Leitung des ganzen Dienstes ob, und das übrige Personal ist verpflichtet, seinen Anordnungen über die Form des Geschäftsganges, sowie über die Handhabung der Kontrole und des Abfertigungswesens Folge zu leisten. ([1])

Derselbe ist vorzugsweise mit dem Empfange und der ordnungsmäßigen Berechnung der Steuer, sowie mit der Ertheilung der erforderlichen Legitimationen (Versendungsscheine, Begleitscheine) beauftragt, weshalb alle Anmeldungen auch bei ihm abgegeben werden müssen.

Gleichwohl hat derselbe an allen vorkommenden Kontrolegeschäften, soweit der übrige Dienst dies zuläßt, thätigen Antheil zu nehmen.

Wo ein Kassengehülfe (Assistent) angestellt ist, hat dieser nach den Anweisungen des vorgesetzten Hauptamtes vorzugsweise an der Registerführung und dem Abfertigungswesen sich zu betheiligen, außerdem aber auch sich den Kontrolegeschäften soweit als thunlich zu widmen.

In Fällen der Verhinderung des Steuereinnehmers ist der Kassengehülfe denselben zu vertreten befugt und verpflichtet, sofern nicht ein Anderes angeordnet werden sollte. Der Einnehmer bleibt jedoch für die Kassenführung mit verantwortlich.

Die Aufsichtsbeamten dürfen sich mit dem Erhebungsgeschäfte und der Legitimationsertheilung nur in dem Theile befassen, wenn sie mit der Abfertigung der Steuerpflichtigen entweder ausdrücklich beauftragt sind, oder ihre Theilnahme an diesen Geschäften bei ungewöhnlichem Andrange von Steuer-

([1]) Z. vgl. B. R. B. vom 14. Dezember 1872 (§ 518 d. Prot.) betr. die Minimalgehalte und Durchschnittsgehalte der Salzsteuerbeamten.

pflichtigen zur Förderung der raschen Expedition derselben erforderlich und von dem Einnehmer oder dessen Vertreter angeordnet wird.

Dieselben sind verantwortlich für die Richtigkeit der unter ihrer Mitwirkung ausgeführten Salzverwiegungen, Denaturirungen und Salzentnehmungen, sowie für die Anlegung des amtlichen Verschlusses, wo ein solcher bei den Versendungen erforderlich ist. Die ordnungsmäßige Ausführung dieser Amtshandlungen hat der betreffende Beamte dadurch zu bekunden, daß er die ausgefertigte Legitimation an zweiter Stelle mit unterzeichnet. Die Unterzeichnung darf nicht eher geschehen, als bis der Abgang der abgefertigten Salzladungen erfolgt. Dieselben haben über diese Amtsgeschäfte ein Notizbuch zu führen.

§ 7. An den nur mit einem Beamten besetzten Aemtern hat selbstverständlich derselbe die sämmtlichen Erhebungs-, Abfertigungs- und Kontrolegeschäfte allein zu besorgen. Auch hier darf sich derselbe nicht auf die Angaben oder Gewichtsermittelungen eines Salinenangestellten verlassen.

§ 8. Für den Aufsichtsdienst läßt sich zwar eine, alle Einzelheiten umfassende Anweisung nicht wohl ertheilen, weshalb von den damit beauftragten Beamten erwartet wird, daß sie eine strenge Pflichterfüllung als die wesentlichste Aufgabe ihrer Thätigkeit erkennen und sich mit den Verhältnissen des Betriebes, sowie mit den Oertlichkeiten der Saline vertraut machen und auf Grund der sich daraus ergebenden Erfahrungen das Nöthige zur gehörigen Sicherung der steuerlichen Interessen wahrnehmen werden.

Im Allgemeinen wird jedoch auf folgende Punkte aufmerksam gemacht:

1. Die Aufsicht ist nicht nur auf die schon im § 10 der Vollzugsverordnung vorgeschriebene sofortige Entfernung der abgefertigten Salzladungen, sondern zugleich auch darauf zu erstrecken, daß alle auf den Salinenhöfen verkehrende Fuhrwerke, welche etwa Salzabfälle laden oder auch unbefrachtet abgehen, nicht zur Verschleppung von unversteuertem Salze benutzt werden. Zu dem Zwecke sind dieselben bei der Abfahrt, soweit es den Umständen nach erforderlich erscheint, einer Revision zu unterziehen.

Das gleiche gilt bezüglich solcher Personen, welche die Saline mit Tragbehältern verlassen, indem die letzteren regelmäßig zu revidiren sind.

2. Es ist ferner darauf zu achten, daß Fenster, Luken und sonstige nach außen führende Oeffnungen in den Siede-, Trocken-, und Lagerräumen in guter Versicherung erhalten werden.

3. Die unter Mitverschluß der Steuerverwaltung stehenden

Räume müssen unter Verschluß gesetzt werden, sobald der Beamte sich daraus entfernt.

4. Von Zeit zu Zeit ist nachzusehen, ob der Salinenhof der Vorschrift unter Nr. 9 des § 7 des Gesetzes gemäß verschlossen gehalten wird.

5. Es ist nicht erforderlich, daß bei dem Ausziehen des Salzes aus den Pfannen oder beim Transporte desselben aus dem Siede- in den Trockenraum ein Beamter gegenwärtig ist; jedoch sind auch diese Arbeiten ab und zu unter besondere Aufsicht zu nehmen.

Die Beförderung des Salzes aus den Trockenräumen in die Magazine muß dagegen in Gegenwart eines Beamten geschehen.

6. Zum Zwecke einer Vergleichung der Produktion mit dem Absatze der Saline sind in Form eines Registers Notizen anzulegen:

a) über die Zeit des jedesmaligen Ausziehens des Salzes aus den Pfannen.

b) wann dasselbe in die Trockenkammer und Magazine geschafft worden, und

c) welches Gewicht annähernd für jede Siedung anzunehmen ist.

Die Resultate der Produktion sind etwa monatlich mit den Ergebnissen der Register über die Versendungen und mit Berücksichtigung der Bestände zu vergleichen. Ergeben sich dabei erhebliche, auch aus den Büchern der Salineninhaber nicht aufzuklärende Differenzen, so ist davon sofort Anzeige zu machen.

Mit ganz besonderer Vorsicht ist das Verwiegungsgeschäft zu besorgen; beim jedesmaligen Beginn desselben muß vom richtigen Zustand der Waage Ueberzeugung genommen werden.

Dasselbe muß eingestellt werden, wenn es wegen ungenügenden Lichts nicht mit völliger Sicherheit verrichtet werden kann.

Probeverwiegungen sind durchaus unzulässig; auch wird untersagt, daß Personen, welche bei den Verwiegungen Handdienste zu leisten haben, das Gewicht ansagen und daß hiernach die Anschreibungen geschehen. Ein sogenanntes Gutgewicht für Feuchtigkeit etc. darf nicht zugestanden werden.

Die Verwiegungen sind in der Weise auszuführen, daß, soweit nicht die nach § 1 der Vollzugsverordnung zulässige Normaltara Anwendung findet, zunächst das Gewicht der zur Verpackung dienenden leeren Säcke, Fässer etc. ermittelt und dieses (Tara) von dem durch die Verwiegung der gefüllten Kolli sich ergebenden Bruttogewichte abgesetzt, beziehungsweise durch entsprechende Gewichtsstücke ausgeglichen wird.

Dabei ist statthaft, mehrere Salzsäcke von gleicher Größe

und aus gleichen Stoffen zusammen zu verwiegen und hiernach eine durchschnittliche Tara zu berechnen.

An den Salinen, wo Verpackungen und Verwiegungen größerer Salzmengen im Voraus stattzufinden pflegen, ist darauf zu halten, daß die Kolli sofort nach ihrer Verwiegung gehörig verschlossen und, wo solches gebräuchlich, mit der Gewichtsplombe belegt, sonst aber äußerlich mit der Angabe des Nettogewichts versehen und je nach der Verschiedenheit ihres Gewichts getrennt aufgestellt oder gelagert werden.

8. Soweit behufs der Salzversendung ein amtlicher Verschluß nöthig wird, ist in der Regel die Anlegung von Bleien zu wählen.

Eine besondere Plombenschnur soll für jetzt nicht geliefert werden, vielmehr hat die Verpackungsschnur gleichzeitig zur Anbringung der amtlichen Bleie zu dienen.

An Säcken wird der sog. Kropf mit der Schnur einigemal durchzogen, fest umwunden, verbleiet und sodann die Plombe so nahe angelegt, daß eine Lockerung der Verschnürung nicht möglich ist. Die Nähte der Säcke müssen nach Innen fallen, was auch für Flicken gilt, welche sich etwa an den Säcken befinden.

An Fässern und Tonnen werden die sämmtlichen Dauben dicht über jedem der beiden Böden mit der Verpackungsschnur dergestalt kreuzweise durchzogen, daß die Enden der Schnur im Mittelpunkte jedes Bodens zusammenlaufen. An dieser Stelle wird die Schnur verknotet und mit der Plombe versehen.

In ähnlicher Weise ist für den Fall zu verfahren, daß andere Verpackungsarten vorkommen sollten.

9. Bei den vorzunehmenden Denaturirungen (§ 13) ist darauf zu halten, daß das Salz gehörig auseinander gebreitet und mit dem zu verwendenden Zusatze dergestalt durcheinander gearbeitet wird, daß alle Theile betroffen werden.

§ 9. Bei den Salzsteuerämtern wird über die Versteuerungen und Versendungen von Kochsalz ein Register nach Muster A, und über die Versendungen von Kochsalz unter Begleitschein außerdem ein Begleitscheinausfertigungsregister nach Muster B geführt. Diese Muster sind beispielsweise ausgefüllt und ist demnach weitere Anleitung nicht erforderlich.

In das Register Muster A sind auch diejenigen Salzquantitäten einzutragen, welche vorläufig auf versteuertes Lager an der Saline gelangen. Da hierüber die Legitimationen erst bei der Versendung aus der Niederlage zu ertheilen sind, so hat der Salineninhaber ein Duplikat der Anmeldung abzugeben, welches demselben mit dem Vermerk der Steuerberechnung wieder zuzustellen, bei jeder vorzunehmenden Versendung aber behufs der Abschreibung wieder vorzulegen ist.

Jede Eintragung in das betreffende Register muß vollständig bewirkt sein, wenn der Steuerpflichtige das Steueramt verläßt.

Das auf privative Rechnung einzelner Zollvereinsstaaten steuerfrei abgefertigte Kochsalz ist zwar in Kolonne 13 des Registers A zu buchen, doch ist die Ermächtigung zur Freischreibung der Steuer und die Verwendung des Salzes in einem nach Muster C zu führenden Register näher nachzuweisen. In letzterem kommt zugleich die auf privative Rechnung einzelner Staaten herauszuzahlende Salzsteuer zur Anschreibung.

§ 10. Eines besonderen Begleitscheinempfangsregisters bedarf es nicht, vielmehr haben die Zoll- und Steuerämter, bei welchen Begleitscheine der hier fraglichen Art abgegeben werden, solche in das Register mit zu übernehmen, welches wegen der abgegebenen Begleitscheine über zollpflichtige Gegenstände zu führen ist.

Die Abgabe von inländischem Salz ist bei denjenigen Aemtern, bei welchen eine solche Abgabe, sei es auf Begleitscheinauszug, Abmeldung von der Niederlage, oder Begleitschein II. zur Erhebung kommt, in einem nach Muster D besonders zu führenden Salzsteuerheberegister zu buchen. (¹)

§ 11. Die Vorschrift im § 46 des allgemeinen Begleitscheinregulativs bezüglich der Nachweisnngen über die ausgefertigten Begleitscheine findet auch auf die hier in Rede stehenden Begleitscheine Anwendung. (²)

§ 12. Bei der Ausfertigung der Begleitscheine ist eine Sicherheit nicht zu verlangen, wenn die Extrahirung derselben durch den Salineninhaber oder durch eine, dem Amte als völlig sicher bekannte Person geschieht. Insoweit eine Sicherheit bestellt wird, ist solches und wie dieselbe ihre Erledigung gefunden, in der Kolonne 11 des Registers anzugeben.

§ 13. Soweit eine Denaturirung des Salzes erforderlich ist, hat solche mit den bisher vorgeschriebenen Mitteln zu geschehen.

Andere zweckentsprechende Beimischungen können nur mit Genehmigung des Finanzministeriums gestattet werden.

§ 14. Ueber die auf den Salinen auf schriftliche Anmeldung der Besitzer vorzunehmenden Denaturirungen von Salz und die Versendungen von denaturirtem Salz ist ein Register nach Muster E zu führen.

In der Abtheilung I. dieses Registers (Zugang) wird die Denaturirung des Salzes und in der Abtheilung II. (Abgang)

---

(¹) Z. vgl. die §§ 2—4 der nachstehenden „Anleitung."

(²) Z. vgl. § 53 des neuen Begleitscheinregulativs. An die Stelle der Nachweisungen sind die Erledigungsscheine getreten.

die Versendung desselben, sowie die Erhebung der Kontrolegebühr nachgewiesen.

Jede Eintragung muß sofort nach der Vermischung resp. gleichzeitig mit der Abfertigung des zu versendenden Salzes erfolgen.

Ergiebt sich beim vierteljährlichen Abschlusse des Registers ein Bestand, so ist solcher im Register für das folgende Quartal vorzutragen.

§ 15. Wird Salz mit Begleitschein auf ein Zoll- oder Steueramt unter der Bedingung der Denaturirung am Bestimmungsorte abgefertigt, so hat dieses Amt über die Ausführung der Denaturirung zwar ein Register nicht zu führen, in dem zurückgehenden Begleitscheine aber zu bescheinigen, daß, in welcher Art und mit welchem Zusatze die Denaturirung geschehen ist.

§ 16. Ueber die von der Saline versandten Salzabfälle (§ 11 der Vollzugsverordnung) sowie über die verabfolgte Soole und Mutterlauge ist ein mit der Feder anzulegendes Register, jedoch ohne Innehaltung eines bestimmten Zeitabschnitts, zu führen, aus welchem die Gattung und Menge, letztere so weit als thunlich nach Gewicht, sonst nach Wagenladungen, sowie der Bestimmungsort der Abfälle hervorgehen muß.

§ 17. Die Siegel, Stempel und Plombirapparate sind unter besonderer Aufsicht zu halten und zur Zeit des Nichtgebrauchs sorgfältig zu verschließen, damit jeder Mißbrauch vermieden werde. Auch die übrigen Utensilien und Drucksachen, welche nach Bedürfniß von den Hauptämtern zu verschreiben sind, müssen sorgfältig aufbewahrt werden. Ueber den Verbrauch der Versendungsscheine und Salzbegleitscheine — welche als geldwerthe Papiere anzusehen sind — hat das Salzsteueramt auf der letzten Seite des Versteuerungsregisters einen vierteljährlichen Nachweis zu liefern.

§ 18. Die Register A, B, D und E werden in vierteljährlichen Zeitabschnitten geführt und nach Ablauf eines jeden Quartals unter Beifügung der Beläge zur Kalkulaturrevision eingesandt. Das Register C ist zwar vierteljährlich abzuschließen, jedoch erst mit dem Versteuerungs- und Versendungsregister über Kochsalz für das vierte Quartal unter Beifügung der Beläge zur Kalkulaturrevision einzusenden. Das im § 16 vorgeschriebene Register wird nach dem Schlusse des Kalenderjahres mit der im § 19 gedachten Hauptübersicht dem Hauptamte zur Prüfung vorgelegt.

§ 19. Am Schlusse eines jeden Vierteljahrs ist ein Registerabschluß nach Muster F und am Schlusse eines jeden Jahres eine Hauptübersicht der gesammten Salzproduktion der Saline, der Versendungen, Versteuerungen und der dafür aufgekommenen Salzsteuer, sowie der steuerfrei abgefertigten Salzquantitäten nach Muster G aufzustellen und dem vorgesetzten Hauptamte in doppelter Ausfertigung einzuliefern. Ein Exemplar des Registerabschlusses erhält das Salzsteueramt nach erfolgter Prüfung zurück.

§ 20. Hinsichtlich der Kassenführung und Ablieferung der erhobenen Steuer sind die für die Untersteuerämter ertheilten Vorschriften zu beachten.

Dabei wird darauf aufmerksam gemacht, daß in den Lieferzetteln nicht allein die baar erhobene, sondern auch die von dem Salineninhaber unmittelbar an das Hauptamt einzuzahlende Steuer — der Betrag der letzteren jedoch vor der Linie, — angegeben werden muß.

Unter dem dem Salzsteueramte quittirt zurückzugebenden Duplikate des Lieferzettels ist von den Kassenbeamten des Hauptamts zu vermerken, wo der von dem Salineninhaber einzuzahlende Steuerbetrag bei dem Hauptamte zur Verrechnung gelangt ist.

(Folgen die Muster.)

## II. Anleitung

zur Erhebung der Salzabgabe bei den Zoll- und Steuerstellen, welche sich nicht an Salzwerksorten befinden.

Nach Artikel 4 der Uebereinkunft vom 8. Mai 1867 soll die Erhebung und Kontrolirung der Abgabe von dem im Zollvereinsgebiete gewonnenen Salze nach Maßgabe der hierüber zwischen den Zollvereinsregierungen verabredeten besonderen Bestimmungen, die Erhebung und Kontrolirung der Abgabe von dem aus dem Auslande eingeführten Salz dagegen nach der Zollgesetzgebung erfolgen. Dem entprechend ist im § 19 des Gesetzes vom 12. Oktober 1867 und in § 15 der Vollzugsverordnung zu diesem Gesetz bezüglich der Abfertigung des ausländischen Salzes im Allgemeinen auf die zollgesetzlichen Bestimmungen hingewiesen. Da jedoch die letztgedachten Bestimmungen zum Theil auch auf die Abfertigung des inländischen Salzes Anwendung finden, andererseits aber behufs der Abrechnung zwischen den Zollvereinsstaaten und der Aufstellung der Kommerzialnachweisungen und Statistiken die Abgabe für inländisches Salz rechnungsmäßig getrennt gehalten werden muß, so wird wegen der Führung der Salzabgaberegister und der Erhebung dieser Abgabe bei den Zoll- und Steuerstellen, welche sich nicht an Salzwerksorten befinden, folgende nähere Anweisung ertheilt.

§ 1. Arten von Abfertigung. Bei den vorgenannten Zoll- und Steuerstellen kann Salz

a. entweder auf Grund von Zolldeklarationen (bei dem unmittelbaren Eingange über die Grenze und im Ansageverfahren),
b. oder auf Begleitschein,
c. oder, wenn sich im Amtsbezirke Fabriken befinden, in welchen Salz als Nebenprodukt gewonnen wird, auf Anmeldung der Besitzer oder Verwalter dieser Fabriken

zur Abfertigung gelangen.

Das auf Grund von Zolldeklarationen und Begleitscheinen abzufertigende ausländische Salz ist, soweit die gegenwärtige Anleitung nicht ausdrücklich ein Anderes bestimmt, in den für zollpflichtige Gegenstände bestimmten Registern zu buchen und ebenso wie andere ausländische Waaren zu behandeln.

§ 2. Begleitscheinempfangsregister. Hinsichtlich der Begleitscheine über inländisches Salz bestimmt § 10 der zwischen den Zollvereinsstaaten vereinbarten Instruktion, die Erhebung und Sicherung der Salzabgabe auf den Privatsalinen betreffend, daß dieselben in das Register mit zu übernehmen seien, welches wegen der abgegebenen Begleitscheine über zollpflichtige Gegenstände geführt wird. Es ist demnach bei jedem zur Erledigung von Begleitscheinen ermächtigten Amte nur ein Begleitscheinempfangsregister nach dem im § 73 des Begleitscheinregulativs vorgeschriebenen Muster zu führen. Dieses Register haben aber auch solche Aemter zu führen, welchen auf Grund der Vollzugsverordnung zu dem Salzsteuergesetze nur die Befugniß zur Erledigung von Begleitscheinen über inländisches Salz ertheilt ist.

Zu den Begleitscheinauszügen über inländisches Salz werden, wie zu den Begleitscheinauszügen über ausländisches Salz, die für den Zollverkehr vorgeschriebenen Formulare verwendet. Inländisches Salz ist in denselben unter Angabe des Salzwerks oder der Fabrik, woher es rührt, als solches besonders zu bezeichnen.

§ 3. Erledigung der Begleitscheine. Die Erledigung der Begleitscheine, sowohl über ausländisches als über inländisches Salz, erfolgt nach den Vorschriften des Begleitscheinregulativs und den zur Abänderung und Erläuterung desselben später ergangenen Bestimmungen.

In den Begleitscheinen I. über inländisches Salz ist die Erledigungsbescheinigung 3 (Nachweis des Ausgangs, der Denaturirung 2c.) hauptsächlich mit der Feder anzugeben, es ist demnach

a) bei dem Ausgange des Salzes über die Zollvereinsgrenze der Vordruck auf dem Begleitscheine nach Maßgabe der Bestimmung im § 65 zu 4 des Begleitscheinregulativs zu ergänzen.

b) bei der Denaturirung von Salz behufs der steuerfreien Ablassung, nach der Bestimmung im § 15 der Instruktion, die Erhebung und Sicherung der Salzabgabe auf den Privatsalinen betreffend, zu bescheinigen, in welcher Art und mit welchem Zusatze die Denaturirung geschehen ist.

Geschieht die Denaturirung nicht an Amtsstelle, so haben die Revisionsbeamten in dem auf dem Begleitscheinauszuge niederzuschreibenden Revisionsatteste, auf Grund dessen die Steuerstelle das Salz abgabenfrei abfertigt, auch anzugeben, wo und wann die Vermischung stattgefunden hat. Jeder Denaturirung muß selbstverständlich eine genaue Verwiegung des Salzes vorangehen.

Ergiebt sich bei der Verwiegung des mit Begleischein I. eingetroffenen Salzes ein Gewichtsunterschied von zwei Prozent und darunter, so wird nach der Bestimmung im § 45 der Zollordnung und den dieselbe erläuternden und ergänzenden Anordnungen verfahren und für den Fall, daß das Salz zur Niederlage deklarirt wird, das im Begleitschein notirte Gewicht im Niederlageregister angeschrieben, das beim Niederlegen ermittelte Gewicht aber unter dem Begleitscheingewicht nachrichtlich vermerkt.

Findet sich bei der Verwiegung des Salzes eine zwei Prozent übersteigende Gewichtsdifferenz, so muß der Entstehung derselben nachgeforscht und die Ermittelung insbesondere dahin gerichtet werden, ob etwa eine der im § 13 Nr. 1, 3 und 6 des Gesetzes vom 12. Oktober 1867 bezeichneten Defrauden vorliegt.

Die Abgabe wird bei einem zwei Prozent übersteigenden Mehrgewicht nach dem Revisionsbefunde erhoben, sofern nicht die ganze Post zur Denaturation gelangt. Bei einem zwei Prozent übersteigenden Mindergewichte wird die Abgabe nach dem im Begleitscheine vermerkten Gewichte, in dem Falle aber, daß das vorgefundene Salz zur Denaturation oder zur Niederlage gelangt, von dem ermittelten Mindergewicht und zwar, ehe das Salz zur Niederlage gelangt, erhoben.

Bei der Ermittelung des Gewichts Seitens des Empfangsamtes wird davon ausgegangen, daß jede Differenz gegen das im Begleitschein angegebene Gewicht nicht auf die Tara, sondern auf das Salznettogewicht Bezug hat. Sind mithin z. B. im Begleitschein 157 Ctr. brutto und 155 $^1/_5$ Ctr. netto vermerkt, es werden aber 153 Ctr. brutto ermittelt, so wird das ermittelte Nettogewicht zu 151 $^1/_5$ Ctr. angenommen; es wird also die Abgabe von 4 Ctr. sofort erhoben und es werden im Niederlageregister 153 Ctr. brutto und 151 $^1/_5$ Ctr. netto angeschrieben.

Erst nach vollständiger Erledigung aller Anstände darf der Begleitschein von dem Empfangsamte mit der Schlußbescheinigung versehen und dem Ausfertigungsamte zurückgegeben werden.

§ 4. Begleitscheinausfertigung. Auf die auszufertigenden Begleitscheine greifen die für den Zollverkehr ertheilten Bestimmungen mit der Maßgabe Platz, daß zu den Begleitscheinen I und II über inländisches Salz die im § 10 der Vollzugsverordnung zu dem Salzsteuergesetz vorgeschriebenen Muster III und IV zu verwenden sind. Ueber diese Begleitscheine ist auch ein besonderes Begleitscheinausfertigungsregister nach dem anliegenden Muster A zu führen, während die Begleitscheine über ausländisches Salz — zu welchen die gewöhnlichen Begleitscheinformulare zur Verwendung kommen — in das für die übrigen zollpflichtigen Waaren zu führende Begleitscheinausfertigungsregister mit einzutragen sind.

Ueber die für inländisches Salz ausgefertigten Begleitscheine hat das Ausfertigungsamt besondere Salzbegleitscheinnachweisungen nach dem im § 46 des Begleitscheinregulativs vorgeschriebenen Muster aufzustellen. (1)

§ 5. Niederlageregister. Zoll- und Steuerstellen, bei welchen sich zur Aufnahme von Salz eingerichtete Packhöfe oder Seitens der Zolldirektivbehörde genehmigte Privatsalzläger, oder in deren Bezirk sich Fabriken befinden, die als Nebenprodukt zum Verkauf bestimmtes Kochsalz gewinnen, haben über den Zu- und Abgang des undenaturirten Salzes bei diesen Niederlagen und Fabriken ein Register nach dem anliegenden Muster B zu führen. In dem Register erhält jeder Niederleger bezw. jeder Fabrikbesitzer sein eigenes Konto.

Die Anschreibungen bei den einzelnen Konten erfolgen

in der Abtheilung A „Ausländisches Salz" auf Grund der von dem Niederleger abzugebenden Auszüge aus den Zolldeklarationen oder Begleitscheinen,

in der Abtheilung B Inländisches Salz" auf Grund der anzufertigenden Begleitscheinauszüge bezw. der von den Fabrikbesitzern abzugebenden Anmeldungen.

Nach erfolgter Anschreibung und Magazinirung des Salzes wird dem Kontoinhaber ein hinsichtlich der Eintragung in das Niederlageregister bescheinigtes Exemplar des Auszuges bezw. der Anmeldung ausgehändigt, welches ihm als Niederlageschein dient.

Ueber die Behandlung des Salzes während der Lagerung sprechen die für jede einzelne Niederlage erlassenen Regulative 2c. und die für jede Fabrik auf Grund des § 14 der Vollzugs-

---

(1) Z. vgl. Anm. 2 auf S. 342.

verordnung zu dem Salzsteuergesetz ertheilten Anweisungen. Ist danach eine Bearbeitung, Verpackung oder Umpackung des Salzes in der Niederlage zulässig, so hat der Kontoinhaber die mit dem Salze vorzunehmende Veränderung unter Benutzung des für die Packhofsniederlagen vorgeschriebenen Musters schriftlich anzumelden. Nach erfolgter Bearbeitung, Umpackung oder Verpackung — welche stets unter amtlicher Aufsicht erfolgen muß — wird die angemeldete Salzmenge im Niederlageregister ab- und auf Grund der neuen Feststellung wieder angeschrieben, auch der Niederlageschein berichtigt oder ein neuer ausgestellt. Eine bloße Abänderung der äußeren Bezeichnung der Kolli macht die Ab- und Wiederanschreibung derselben im Niederlageregister nicht erforderlich, doch muß auch diese von dem Kontoinhaber schriftlich angemeldet und nach erfolgter anderweiter Bezeichnung der Kolli das Niederlageregister, sowie der Niederlageschein berichtigt werden.

Ueber jede aus der Niederlage zu entnehmende Salzmenge hat der Kontoinhaber eine Anmeldung nach dem für die Packhofsniederlagen vorgeschriebenen Muster C abzugeben, auf Grund deren die weitere Abfertigung des Salzes nach Maßgabe der bestehenden Bestimmungen bewirkt wird. In dieser Anmeldung ist zur Vermeidung von Irrungen das Salz ausdrücklich als ausländisches oder inländisches zu bezeichnen.

Denaturirtes Salz und unreines Abfallsalz der Fabriken, d. h. Salz, welches gleich bei der Gewinnung sich in einer zum menschlichen Genusse nicht geeigneten Beschaffenheit befindet, sowie das in den Fabriken gewonnene reine (zum menschlichen Genuß geeignete) Salz, welches nicht zum Verkauf bestimmt, sondern in der Fabrik wieder zur Verwendung gelangt, kommt im Niederlageregister niemals zur Anschreibung.

§ 6. Magazine der Salinenverwaltung. Die von der Salinenverwaltung zum Vertriebe des Salzes der Staatssalzwerke an geeigneten Orten zu errichtenden Verkaufs- und Speditionsmagazine werden im Allgemeinen wie öffentliche Niederlagen unverzollter Waaren behandelt. Die Verwalter derselben haben die eingehenden Salzbegleitscheine der für das Magazin bestimmten Steuer- (Zoll-) Stelle zur Erledigung vorzulegen und die oben im § 5 erwähnten Anmeldungen über Veränderungen, welche mit dem Salze vorgenommen werden sollen (Bearbeitung, Umpackung oder Verpackung), sowie die Abmeldungen über das auf Begleitschein zu versendende oder behufs der steuerfreien Abfertigung zu denaturirende Salz an die Steuerstelle zur weiteren Veranlassung abzugeben.

Eine Abweichung von den Bestimmungen im § 5 tritt bei denselben jedoch in sofern ein, als sie

1) die zur Abfertigung des eingetroffenen Salzes erforderlichen Begleitscheinauszüge (Niederlageanmeldungen) nur einfach abzugeben,
2) das zur Versteuerung gelangende oder auf privative Rechnung ohne weitere Verwendungskontrole steuerfrei zu verabfolgende Salz nicht besonders abzumelden,
3) die Bezeichnung der Kolli nur in dem Falle der Steuerstelle anzugeben haben, daß das Salz auf Begleitschein weitergesandt werden soll.

Statt des Duplikats der Begleitscheinauszüge haben die Magazinverwalter der Steuerstelle das von ihnen zu führende Salzempfangs- und Ausgabebuch, sowie eine neu eingetroffene Salzmenge darin eingetragen ist, zur Bescheinigung der Uebereinstimmung mit dem Niederlageregister vorzulegen. Wo die örtlichen Verhältnisse oder der Geschäftsumfang dies nicht thunlich machen, kann auch ausnahmsweise bei den Magazinen ein Begleitscheinabgabebuch nach dem anliegenden Muster C a geführt und dieses bei der jedesmaligen Abgabe eines Begleitscheins der Steuerstelle zur Ausfüllung beziehungsweise Bescheinigung mit vorgelegt werden. Das Begleitscheinabgabebuch dient dann dem Magazinverwalter als Niederlageschein, auf Grund dessen von den Revisoren die Uebereinstimmung der Eintragungen im Salzempfangs- und Ausgabebuche des Magazins mit dem Niederlageregister der Steuerstelle geprüft wird.

Für das zur Versteuerung oder nach erfolgter Denaturirung zur steuerfreien Abfertigung gelangende Salz erhebt die Salinenverwaltung zugleich mit dem Salzpreise die Steuer beziehungsweise Kontrolegebühr und führt solche an die Steuerstelle oder für Rechnung derselben an das Hauptamt ab. Bezüglich der abzuliefernden Beträge findet zwischen dem Magazin und der Steuerstelle eine monatliche Abrechnung auf Grund eines von dem Niederlageverwalter aus dem Verkaufsregister des Magazins zu fertigenden, von dem Bezirksoberkontroleur oder in dessen Vertretung von einem andern geeigneten Beamten zu prüfenden und zu bescheinigenden Auszugs statt. Die Resultate dieses nach dem anliegenden Muster C b doppelt zu fertigenden Auszugs (Abschlusses) übernimmt die Steuerstelle in das von ihr zu führende Salzsteuerheberegister (§ 7), bei dem ein Exemplar des Auszugs als Belag verbleibt, während das zweite Exemplar dem Magazinsverwalter mit dem Buchungsvermerk versehen zurückgegeben wird. Diese monatlichen Auszüge müssen bei kleineren Magazinen an dem für die Steuerstelle vorgeschriebenen Abschlußtage aufgestellt und sofort nach Beendigung der für das Magazin bestimmten Dienststunden der Steuerstelle übersandt werden, welche letztere ihre Bücher erst abschließt, nachdem von ihr die nach dem Auszuge der Magazinverwaltung nöthigen Buchungen bewirkt sind. Größere Magazine schließen ihre Bücher in den ersten 11 Monaten des Jahres einen Tag früher als die Steuerstelle ab, um der letzteren den Auszug aus dem Verkaufsregister schon am Vormittage des für dieselbe bestimmten Abschlußtages zustellen zu können. Im Dezember dagegen ist der Auszug aus dem Verkaufsregister bei allen Magazinen erst am Abend des 31. zu fertigen, da das Salzsteuerheberegister der Steuerstelle für das 4. Quartal noch in den ersten Tagen des Monats Januar offen gehalten wird und es hiernach genügt, wenn der Steuerstelle der Abschluß des Magazins am 2. Januar zugeht.

Auf Grund der vorgedachten Abschlüsse der Verkaufsmagazine bewirkt die Steuerstelle auch die Anschreibungen im Freiregister und die Abschreibung des versteuerten resp. steuerfrei verabfolgten Salzes im Niederlageregister.

Steuerbeträge, welche der Magazinverwalter im Laufe des Monats auf Abschlag liefert, werden von der Steuerstelle sofort im Heberegister gebucht und mit dem Lieferzettel belegt. Die Spalten 3, 4 und 7 des Heberegisters bleiben dabei unausgefüllt.

Bezüglich der Kontrolegebühr wird bemerkt, daß solche von dem Magazinverwalter nur für das auf Grund besonderer Niederlageabmeldungen steuerfrei abgefertigte, in undenaturirtem Zustande in das Magazin gelangte Salz zu erheben ist, indem diese Gebühr für alles Salz, welches von den Salzwerken in denaturirtem Zustande bezogen wird, schon bei dem Salzsteueramte auf dem Salzwerke zur Verrechnung gelangt.

Die Niederlageabmeldungen, auf Grund deren Salz nach vorangegangener Denaturirung steuerfrei verabfolgt wird, können bis zum Monatsschluß bei dem Magazin verbleiben und der Steuerstelle mit dem obengedachten Auszuge wieder zugestellt werden.

Schmutz- und Fegesalz, welches sich in den Magazinen ansammelt, darf als solches erst verkauft werden, sobald der Bezirksoberkontroleur die Menge desselben festgestellt und das Hauptsteuer- (Zoll-) Amt die steuerfreie Ablassung genehmigt hat.

Es bleibt vorbehalten, für diejenigen Magazine der Salinenverwaltung, deren Verwaltung bisherigen Salzfaktoren übertragen wird, besondere Anordnungen zu treffen.

§ 7. **Heberegister, Salzkontroleregister und Freiregister.** Die Eingangsabgabe und Kontrolegebühr für ausländisches Salz wird im Zolleinnahmejournal, die Steuer und Kontrolegebühr für inländisches Salz dagegen in einem nach dem anliegenden Muster D zu führenden Salzsteuerheberegister gebucht.

Zur Ergänzung des Zolleinnahmejournals hat jedes Amt, bei welchem ausländisches Salz zur Abfertigung gelangt, ein Salzkontroleregister nach dem anliegenden Muster E zu führen, welches zugleich als Annotationsregister für dergleichen Salz dient. Sollte bei einzelnen Aemtern Eingangsabgabe nur für Salz, sonst aber für keine andere fremde Waare zur Erhebung kommen, so kann bei denselben das Zolleinnahmejournal nach dem für das Salzsteuerheberegister vorgeschriebenen Muster geführt werden und in diesem Falle die Führung des besonderen Salzkontroleregisters unterbleiben. Die Buchung des Zolles für ausländisches Salz und der Steuer für inländisches Salz in einem und demselben Register ist jedoch unzulässig.

In dem Kontroleregister über ausländisches Salz und dem Salzsteuerheberegister über inländisches Salz ist nicht nur das zur Versteuerung gelangende, sondern auch alles Salz, welches entweder auf privative oder Vereinsrechnung oder nach erfolgter Denaturirung steuerfrei gelassen wird, sowie das in den Niederlagen, Fabriken oder auf dem Transporte entstandene Schmutz-, Fege und sonstige, zum menschlichen Genusse nicht geeignete Salz, sobald solches behufs Verwendung zu steuerfreien Zwecken in freien Verkehr gesetzt wird, anzuschreiben. Der Führung eines besonderen Denaturirungsregisters, wie solches für die Salzsteuerämter auf den Salinen vorgeschrieben ist, bedarf es demnach nicht.

Das unter steuerlicher Aufsicht zum Einsalzen, Einpöckeln ꝛc. von zur Ausfuhr bestimmten Gegenständen verwendete Salz, welches nach Art. 5 Nr. 3 der Uebereinkunft vom 8. Mai 1867 auf Vereinsrechnung abgabenfrei verabfolgt wird, ist in Kolonne 6 des Kontroleregisters und Kolonne 13 des Salzsteuerheberegisters bei dem denaturirten Salze mit nachzuweisen.

Hinsichtlich der Kontrolegebühr für abgabenfrei verabfolgtes Salz wird hier bemerkt, daß die für ausländisches und inländisches Salz aufkommenden bezüglichen Beträge weder in den Verwaltungsabschlüssen der Hauptämter noch in den Schlußlieferzetteln der Unterämter getrennt angegeben zu werden brauchen, da nach Art. 6 der Uebereinkunft vom 8. Mai 1867 diese Gebühr keine Einnahme ist, an welcher die übrigen Zollvereinsstaaten Antheil haben.

Das auf privative Rechnung einzelner Vereinsstaaten zollfrei abgefertigte ausländische Salz wird zwar in Kolonne 5 des Salzkontroleregisters und das auf privative Rechnung einzelner Staaten steuerfrei abgefertigte inländische Salz in Kolonne 12 des Salzsteuerheberegisters gebucht, doch ist die Ermächtigung zur Freischreibung der Salzabgabe, sowie die Verwendung des Salzes noch in besonderen Freiregistern näher nachzuweisen. Dieser Nachweis erfolgt bezüglich des ausländischen

Salzes in dem Zollfreiregister und bezüglich des inländischen Salzes in einem nach dem anliegenden Muster F zu führenden Register.

Von der Abgabe für Salz, welches unter steuerlicher Aufsicht zur Pöckelung von Häringen und ähnlichen Fischen verwendet wird, ist nach Art. 5 C der Uebereinkunft vom 8. Mai 1867 nur die Hälfte der erlassenen Abgabe im Freiregister anzuschreiben.

In den Freiregistern der Hauptämter kommt zugleich die auf privative Rechnung einzelner Staaten etwa herauszuzahlende Steuer zur Anschreibung. Sollte übrigens bei einzelnen Hauptämtern Steuer für inländisches Salz niemals zur Erhebung gelangen, also ein Salzsteuerheberegister und ein Freiregister über inländisches Salz nicht zu führen sein, so kann die herauszuzahlende Steuer ausnahmsweise in dem Freiregister des betreffenden Unteramtes angeschrieben werden.

§ 8. Buchung der kreditirten Salzabgabe. Das bei der Kreditirung der Salzabgabe zu beobachtende Verfahren wird durch eine besondere Anweisung geregelt.

In den Kreditbüchern ist der Kredit für ausländisches Salz getrennt von den übrigen Zollkrediten anzuschreiben, in der Weise, daß derselbe im Kreditjournal in einer besonderen Spalte mit der Ueberschrift „Eingangsabgabe für Salz" und im Kreditmanual unter einer besonderen Abtheilung des Abschnitts A „Zollgefälle" erscheint.

Die kreditirte Abgabe für inländisches Salz kommt in den Kreditbüchern ebenfalls in einer besonderen Spalte als Salzsteuer zur Anschreibung, sie tritt in die Stelle des bisherigen Einnahmekredits für verkauftes Salz.

§ 9. Verwiegung des Salzes. Die zur Verwiegung des Salzes in den Privatniederlagen erforderlichen Waagen und Gewichte haben die Besitzer der Niederlagen herzugeben und jährlich mindestens einmal aichen zu lassen. Es wird sich empfehlen, die Gewichte zu ihrer besseren Konservirung mit Firniß und Oelfarbe anzustreichen. Beim jedesmaligen Beginn der Verwiegungen muß von dem richtigen Zustand der Waage Ueberzeugung genommen werden.

In den von der Salinenverwaltung zu errichtenden Niederlagen werden die Waagen und Gewichte von dieser Verwaltung beschafft und unterhalten, vorbehaltlich der unentgeltlichen Ueberweisung der zur Zeit vorhandenen, der Salzverkaufsverwaltung entbehrlichen Geräthschaften dieser Art.

Probeverwiegungen sind durchaus unzulässig; auch wird untersagt, daß Personen, welche bei den Verwiegungen Handdienste leisten, das Gewicht ansagen und hiernach die Anschreibungen geschehen. Ein sogenanntes Gutgewicht für Feuchtigkeit ꝛc. darf nicht steuerfrei gelassen werden.

Es ist darauf zu halten, daß der Verkauf und die Versendung des Salzes aus den Niederlagen in der Regel in ganzen Kolli erfolge. Loses Salz darf in der Regel nur in Mengen abgelassen werden, welche sich auf halbe Zentner abrunden.

Die Verwiegungen sind in der Weise auszuführen, daß, soweit nicht die nach § 1 der Vollzugsverordnung zum Salzsteuergesetz zulässige Normaltara Anwendung findet, das Gewicht der zur Verpackung dienenden Säcke, Fässer ꝛc. ermittelt und dieses von dem durch die Verwiegung der gefüllten Kolli sich ergebenden Bruttogewichte abgesetzt wird. Dabei ist es statthaft, mehrere Salzsäcke von gleicher Größe und gleichem Stoffe zusammen zu verwiegen und hiernach eine durchschnittliche Tara zu berechnen.

§ 10. Denaturirung. Zur Denaturirung von Salz dürfen nur Mittel angewendet werden, welche vom Finanzministerium als zweckentsprechend anerkannt sind. Die Beschaffenheit der beizumischenden Ingredienzien ist in jedem Falle genau zu prüfen und das Gewicht (die Menge) derselben amtlich festzustellen. Bei der Vermischung muß unausgesetzt ein Steuerbeamter zugegen sein, welcher darauf zu halten hat, daß das Salz mit den Denaturationsmitteln gehörig durchgearbeitet wird.

Ueber die erfolgte Denaturirung haben die Revisionsbeamten auf den Niederlageabmeldungen eine Bescheinigung abzugeben, wie solche im § 3 für die Erledigung der Begleitscheine vorgeschrieben ist.

Werden in den Verkaufsmagazinen größere Mengen Salz behufs des späteren Verkaufs im Voraus denaturirt, so können dieselben nach Erhebung der Kontrolegebühr dafür in freien Verkehr gesetzt, beziehungsweise in Räume, welche nicht unter Steuerverschluß stehen, gebracht werden.

§ 11. Utensilien und Drucksachen. Auf die Verbleiung des mit Begleitschein I zu versendenden undenaturirten Salzes finden die für die Verbleiung zollpflichtiger Güter ertheilten Bestimmungen Anwendung. Die Plombirapparate sind unter besonderer Aufsicht zu halten und zur Zeit des Nichtgebrauchs sorgfältig zu verschließen, damit jeder Mißbrauch vermieden werde.

Die Begleitscheine über inländisches Salz werden, wie die Zollbegleitscheine, als geldwerthe Papiere angesehen, über deren Verbrauch Rechnung zu legen ist.

§ 12. Einreichung der Register zur Kalkulatur-Revision. Die Register A, D und E sind in vierteljährlichen Zeitabschnitten zu führen und nach Ablauf eines jeden Quartals unter Beifügung der Belege zur Kalkulaturrevision einzureichen. Das Register F ist zwar vierteljährlich abzuschließen, jedoch erst mit dem Salzsteuerheberegister für das 4. Quartal zur Kalkulaturrevision einzusenden.

Das Niederlageregister (B) wird jahrgangsweise geführt und am 31. Dezember in Anschreibung und Abschreibung abgeschlossen. Nur für die Abschreibung des in den Magazinen der Salinenverwaltung verkauften Salzes (§ 6) ist das Register ausnahmsweise im neuen Jahre noch einige Tage offen zu halten. Sich ergebende Bestände sind in das Register für das neue Jahr zu übertragen. Daß dies geschehen, hat bei Hauptämtern der Oberinspektor und bei Unterämtern der Bezirksoberkontroleur zu bescheinigen.

Behufs der Revision des Niederlageregisters, welches mit den Registern für das 4. Quartal an die Zolldirektivbehörde einzureichen ist, hat die Kalkulatur, die ihr mit den Registern für die ersten 3 Quartale zugegangenen Belege, soweit sie zugleich Belege des Niederlageregisters sind, bis zum Eintreffen dieses Registers zurückzubehalten und aufzubewahren. Die Revision des Niederlageregisters muß in dem auf den Abschluß des Registers folgenden Jahre rechnungsmäßig nachgewiesen werden.

§ 13. Vierteljährliche Abschlüsse. Am Schlusse der 3 ersten Quartale eines jeden Jahres ist von den Unterämtern, bei welchen Salzabgabe zur Erhebung kommt, oder Salzbegleitscheine erledigt oder ausgefertigt werden, ein Registerabschluß nach dem anliegenden Muster G aufzustellen und dem Hauptamte in doppelter Ausfertigung mit dem Schlußlieferzettel einzuliefern. Ein Exemplar desselben erhält das Unteramt nach erfolgter Prüfung zurück.

Am Jahresschlusse haben die vorgedachten Unterämter dem Hauptamte eine Hauptübersicht der

a) im Niederlageregister an- und abgeschriebenen,
b) auf Begleitschein abgefertigten und in freien Verkehr gesetzten,
c) auf privative Rechnung abgabenfrei verabfolgten

Salzmengen, sowie der erhobenen Salzabgabe und Kontrolgebühr nach dem anliegenden Muster H in doppelter Ausfertigung zu überreichen.

Wegen der von den Hauptämtern zu fertigenden vierteljährlichen und Jahresabschlüsse ergeht besondere Verfügung.

§ 14. Aufbewahrung der Register. Die nach dieser Anleitung zu führenden Register A, B, D und E sind mindestens 6 Jahre, die Freiregister (F) mindestens 10 Jahre aufzubewahren. Nach Ablauf dieser Zeit sind sie, sofern nicht eine weitere Aufbewahrung wünschenswerth erscheint, mit den übrigen alten Registern, nebst den Belegen, zu verkaufen.

(Folgen die Muster.)

**14. Oktober 1871.** — V. d. K. betr. die Errichtung von Privatsalzlagern. Nr. 20015. (A. Bl., S. 594.) (¹)

An Orten, für welche ein Bedürfniß anzuerkennen ist, und an welchen sich Zoll- oder Steuerämter befinden, die zur Abfertigung auf Begleitschein I allgemein befugt oder zu einer solchen besonders ermächtigt worden sind, kann den Salzhändlern gegen genügende Sicherheit gestattet werden, Privatsalzlager (Kreditlager) unter nachstehenden Bedingungen zu halten. (²)

1) Das auf Begleitschein I in stets gleichmäßigen Gebinden für jede einzelne Begleitscheinpost zu beziehende Salz wird vom Händler in einem für diesen Zweck deklarirten, unter seinem alleinigen Verschluß stehenden Raum gebracht, ohne daß das Salz dem Empfangsamte vorgeführt zu werden braucht.

2) Der Händler hat auf die Abfertigung zur Durchfuhr, sowie auf Denaturation zu verzichten. Das Salz lagert in der Niederlage auf Gefahr des Händlers, so daß er weder für Schwindung noch für Vernichtung durch Feuer, Wasser oder sonstige Ereignisse Abgabenerlaß verlangen kann.

3) Der Begleitschein ist rechtzeitig dem Empfangsamte vorzulegen, welches die darin verzeichnete Salzmenge in das Niederlageregister einträgt und den Begleitschein durch die Bescheinigung dieser Eintragung erledigt.

4) Der Niederleger hat über den Verkauf Buch zu führen, gleich nach Ablauf jeden Monats den Absatz zu deklariren und sofort nach Feststellung des Sollbestandes die Salzabgabe zu entrichten, oder es wird ihm dieselbe, soferne er Salzabgabenkredit genießt, als kreditirt angeschrieben. (³)

5) Unrichtige Buchführung oder Deklaration hat Ordnungsstrafe, nach Umständen Widerruf des Zugeständnisses zur Folge.

Vorstehende Bestimmungen werden den k. Hauptzollämtern zur Bekanntgabe an die betheiligten Salzhändler unter dem Bemerken mitgetheilt, daß die Errichtung solcher Kreditlager meiner Genehmigung bedarf.

---

(¹) Z. vgl. Bek. vom 22. November 1871. (Str. Z. Nr. 283. A. N. Nr. 845.)

(²) Z. vgl. die B. R. Druckſ. Nr. 78 von 1869 und § 5 der Anleitung zur Erhebung der Salzabgabe bei den Zoll- und Steuerstellen an Orten, welche sich nicht an Salzwerksorten befinden; sodann den B. R. B. vom 17. April 1871 (§ 139 d. Prot.)

(³) Z. vgl. B. R. B. vom 2. Juli 1869. (§ 132 d. Prot.)

**21. Juni 1872.** — B. R. B. betr. die abgabenfreie Verabfolgung des Vieh-, Dung- und Gewerbesalzes. (§ 392 d. Prot.) ([1])

**2. August 1872.** — Bek. d. Dir., die Befreiung des zu landwirthschaftlichen und gewerblichen Zwecken bestimmten Salzes von der Salzabgabe betr. (Str. Ztg., Nr. 189. A. Bl., S. 309).

Zufolge Beschlusses des Bundesraths des Deutschen Reichs vom 21. Juni d. J. treten mit dem 1. September d. J. die nachfolgenden „Bestimmungen, betreffend die Befreiung des zu landwirthschaftlichen und gewerblichen Zwecken bestimmten Salzes von der Salzabgabe an Stelle der seitherigen bezüglichen Vorschriften (Str. Ztg. von 1871, Nr. 183) ([2]) mit folgenden weiteren Anordnungen in Wirksamkeit:

1. Für den Verkauf der noch vorhandenen Bestände von dem nach den seitherigen Vorschriften denaturirten, auf Vorrath bereiteten Vieh- und Gewerbesalz wird bis zum 1. Januar 1873 Frist gegeben.
2. Für Bestellsalz können neben den unter Ziffer 2 B der „Bestimmungen" aufgeführten Denaturirungsmitteln im Bedürfnißfalle und namentlich in Rücksicht auf bereits bestehende Bewilligungen als weitere Denaturirungsmittel durch die Zolldirektivbehörde zugelassen werden:
   $^1/_2$ Prozent Mineralöl (Braunkohlenöl ꝛc.),
   $^1/_4$ Prozent Eisenoxyd in Verbindung mit 0,05 Prozent Thieröl,
   2 Prozent Schwefelsäure (von 66° B mit 3 bis 4 Theilen Wasser verdünnt), ([3])
   2 Prozent starke rauchende Salzsäure,
   2 Prozent Pinksalz,
   1$^1/_2$ Prozent Zinnchlorür.
3. Unzerkleinerter Pfannenstein darf undenaturirt an einzelne Fabrikanten und Landwirthe unter den nachstehend bezeichneten Kontrolen abgegeben werden:
   a) die Verabfolgung des unzerkleinerten Pfannensteins an Fabrikanten bedarf der Genehmigung der Zolldirektivbehörde. Der Pfannenstein darf nur an solche

([1]) Vgl. Bek. d. Dir. vom 2. August 1872.

([2]) Dieselben beruhten auf den B. R. B. vom 20. Dezember 1869 (§ 161 d. Prot.) und vom 23. Mai 1873 (§ 93 d. Prot.).

([3]) Laut B. R. B. vom 13. November 1875 (§ 438 d. Prot.): 1 Prozent Schwefelsäure und 1 Prozent Wasser.

Fabrikanten abgegeben werden, welche in steuerlicher Hinsicht einen guten Ruf genießen. Jeder Bezug von Pfannenstein ist schriftlich anzumelden. Der Pfannenstein ist mit amtlicher Transportbezettelung zur Fabrik zu befördern und dort unter sicheren Verschluß des Fabrikbesitzers oder eines geeigneten Vertreters desselben zu nehmen. Der Zugang von Pfannenstein zum Lager und der Abgang von Pfannenstein von demselben zur Verwendung in der Fabrik ist in einem Kontrolregister nachzuweisen. Der Fabrikbesitzer hat sich der Revision seiner Vorräthe an Pfannenstein und der Vergleichung derselben mit dem Kontrolregister, sowie der Kontrolirung der Verwendung des Pfannensteins bei der Fabrikation durch die hiermit beauftragten Beamten der Steuerverwaltung zu unterwerfen und diesen Beamten die etwa gewünschte weitere Auskunft zu ertheilen. Die Zurücknahme der Begünstigung bei etwaigen Mißbräuchen bleibt vorbehalten.

b) Diejenigen Landwirthe, welche Pfannenstein zur Verwendung als Viehsalzlecksteine beziehen wollen, haben ihren Viehstand nach Gattung und Stückzahl und ihren Bedarf an Pfannenstein von Jahr zu Jahr bei dem Salzsteueramte anzumelden. Letzterer darf die von der Steuerverwaltung festgesetzte, nach der Stärke des Viehstandes bemessene höchste Bezugsmenge nicht übersteigen.

Im Uebrigen finden bezüglich des zu Viehsalzlecksteinen bestimmten Pfannensteins die vorstehend hinsichtlich des für Fabriken bestimmten Pfannensteins getroffenen Bestimmungen analoge Anwendung.

4. Die nach Nr. 15 der „Bestimmungen“ erforderlichen Bescheinigungen über die Berechtigung zum Salzbezug werden an Orten, in welchen Kaiserliche Hauptzollämter ihren Sitz haben, von diesen, im Uebrigen jedoch von den Kaiserlichen Steuereinnehmereien ertheilt.

---

## Bestimmungen,

die Befreiung des zu landwirthschaftlichen und gewerblichen Zwecken bestimmten Salzes von der Salzabgabe betreffend.

Nach § 20, Absatz 1, Nr. 2 u. 4 und Absatz 2 des Gesetzes vom 12. Oktober 1867, die Erhebung einer Abgabe von Salz betreffend (Str. Z. von 1871, Nr. 181), kann Salz unter Beobachtung der von der Steuerverwaltung angeordneten Kontrolmaßregeln abgabenfrei verabfolgt werden:

I. zu landwirthschaftlichen Zwecken, d. h. zur Fütterung des Viehs, sowie zur Düngung;

II. zu gewerblichen Zwecken, mit Ausnahme des Salzes für solche Gewerbe, welche Nahrungs- und Genußmittel für Menschen bereiten, namentlich auch mit Ausnahme des Salzes für die Herstellung von Tabacksfabrikaten, Mineralwassern und Bädern. (¹)

Hinsichtlich der abgabenfreien Verabfolgung von Salz für die gedachten Zwecke sind folgende Bestimmungen zu beobachten:

1. Das zu landwirthschaftlichen und gewerblichen Zwecken bestimmte Salz kann sowohl von inländischen Salzwerken und aus Fabriken, in welchen Salz als Nebenprodukt gewonnen wird, als auch unter Zollkontrole aus dem Auslande und aus Niederlagen für unverzolltes oder unversteuertes Salz bezogen werden (Nr. 6).

   Das Salz ist vor der abgabenfreien Verabfolgung durch Vermischung mit geeigneten Stoffen zur Verwendung als Nahrungs- und Genußmittel für Menschen untauglich zu machen (zu denaturiren).

2. Als Denaturirungsmittel sind anzuwenden:

   A. für dasjenige Salz, welches zu landwirthschaftlichen oder gewerblichen Zwecken von den Salzwerksbesitzern auf Vorrath bereitet oder das an Salzhändler zum weiteren Vertrieb überlassen werden soll (das sogen. Handelssalz) und zwar:

      a) bei dem zur Viehfütterung bestimmten Salze
         aa) aus Siedesalz: ¼ Prozent Eisenoxyd und ⅛ Prozent Pulver aus Wermuthskraut;
         bb) aus Steinsalz: ⅜ Prozent Eisenoxyd und ⅛ Prozent Pulver aus Wermuthskraut; (²)

      b) bei den sogenannten Viehsalzlecksteinen
         aa) aus Siedesalz: ¼ Prozent Eisenoxyd und ¼ Prozent Holzkohlenpulver,
         bb) aus Steinsalz: ⅜ Prozent Eisenoxyd und ¼ Prozent Holzkohlenpulver;

      c) bei dem Düngesalz: 1 Prozent Ruß;

---

(¹) Z. vgl. B. R. B. vom 1. Dezember 1873 (§ 580 d. Prot.), betr. den Ausschluß der Darmhändler vom Bezug steuerfreien Gewerbesalzes.

(²) Z. vgl. B. R. B. vom 13. November 1875 (§ 439, Nr. 2 d. Prot.).

d) bei dem für gewerbliche Zwecke bestimmten Salz
aa) aus Siedesalz: entweder 1/8 Prozent Thran und 1/4 Prozent Eisenoxyd, oder 1/8 Prozent Thran und 1/4 Prozent Kienruß;
bb) aus Steinsalz: entweder 1/8 Prozent Thran und 3/8 Prozent Eisenoxyd, oder 1/8 Prozent Thran und 3/8 Prozent Kienruß;

B. für dasjenige, zu gewerblichen Zwecken oder zur Düngung bestimmte Salz, welches nach vorheriger Denaturirung auf einem inländischen Salzwerke oder bei einem Zoll- oder Steueramte auf Bestellung zur eigenen Verwendung unmittelbar bezogen, oder das in Gewerbsräumen des Empfängers unter amtlicher Aufsicht denaturirt werden soll (dem sogenannten Bestellsalz), nach Wahl der Betheiligten eines der vorstehend unter A c und d angegebenen Denaturirungsmittel, oder, wenn diese Mittel in Rücksicht auf die beabsichtigte Verwendung des Salzes für die Denaturirung desselben nicht geeignet sind, eines der nachstehend angegebenen Denaturirungsmittel:

a) 1 Prozent Braunstein,
b) 1 „ Schmalte,
c) 3/4 „ Mennige,
d) 2 „ feines Holzkohlen-, Torf-, Braunkohlen- oder Steinkohlenmehl,
e) 1/8 „ Kienruß,
f) 1 „ Ruß,
g) 5 „ Palmöl, Kokosöl oder Thran,
h) 1 „ feines, trockenes Seifenpulver,
i) 1/4 „ Kienöl, (1)
k) 1/4 „ Petroleum (Erdöl), (2)
l) 1/4 „ reine wasserhelle Karbolsäure,
m) 4 „ Eisen- oder Kupfervitriol,
n) 6 „ Alaun mit 1/8 Prozent Kienöl. (3)

C. Wenn die Denaturirung des Salzes in den Gewerberäumen des Empfängers unter amtlicher Aufsicht stattfindet, können ausnahmsweise auch andere, von den Betheiligten vorgeschlagene Mittel, sofern solche von der Zolldirektivbehörde für völlig ausreichend erachtet werden und die Betheiligten sich den von der Zoll-

---

(1) Z. vgl. die B. R. B. vom 13. November 1875 (§ 440 d. Prot.) und vom 18. Oktober 1876 (§ 285 d. Prot.).

(2) Z. vgl. die B. R. B. vom 12. November 1874 (§ 476 d. Prot.) und vom 18. Oktober 1876 (§ 285 d. Prot.).

(3) Wie zu Anm. 1.

direktivbehörde angeordneten besonderen Kontrolen unterwerfen, in Anwendung gebracht werden.

3. Salzabfälle dürfen, vorbehaltlich der nach Nr. 4 gestatteten Ausnahmen, nur dann zu landwirthschaftlichen oder gewerblichen Zwecken abgabenfrei verabfolgt werden, wenn sie zuvor nach Maßgabe der Bestimmungen unter Nr. 2 denaturirt worden sind.

Aus festen Stücken bestehende Salzabfälle wie Pfannenstein, sind nach dem für Steinsalz vorgeschriebenen Verfahren zu denaturiren.

Schmutzsalz oder Fegesalz ist je nach seiner Gattung entweder wie Siedesalz oder wie Steinsalz zu behandeln. Gemische dieser Salze aus Siedesalz und Steinsalz sind wie Steinsalz—Salzschlamm und Abfallsalz in chemischen Fabriken wie Schmutzsalz von Siedereien zu denaturiren.

4. Den Zolldirektivbehörden bleibt es überlassen, bei dem aus den Siedepfannen gewonnenen Pfannenstein, sowie bei anderen Salzabfällen, welche einen Salzgehalt von weniger als 75 Prozent ihres Gewichts besitzen, unter Anordnung der erforderlichen Kontrolen von der Denaturirung Umgang nehmen zu lassen.

5. Düngesalz und anderes mit fremden Bestandtheilen vermischtes Salz, welches für landwirthschaftliche oder gewerbliche Zwecke aus dem Auslande bezogen wird, ingleichen das in chemischen Fabriken als Nebenprodukt gewonnene, für die gedachten Zwecke bestimmte Salz ist nach den hinsichtlich der Salzabfälle getroffenen Bestimmungen (Nr. 3 und 4) zu behandeln.

6. Die Denaturirung des Handelssalzes (Nr. 2 A) soll in der Regel auf inländischen Salzwerken unter Aufsicht der Salzsteuerämter und der auf den Salzwerken stationirten Aufsichtsbeamten stattfinden. Im Falle des Bedürfnisses kann die Zolldirektivbehörde die Denaturirung des gedachten Salzes auch bei Grenzzollämtern und an Orten im Innern, wo sich Niederlagen für unverzolltes oder unversteuertes Salz befinden, unter Aufsicht der daselbst befindlichen Zoll- oder Steuerämter zulassen.

Die Denaturirung des Bestellsalzes (Nr. 2 B) soll, soweit thunlich und namentlich dann in den Gewerberäumen des Empfängers vorgenommen werden, wenn:

a. derselbe an einem Ort wohnt, an welchem oder in dessen Nähe ein zur Erledigung von Begleitscheinen I über unverzolltes oder unversteuertes Salz befugtes Amt seinen Sitz hat;
b. das erforderliche Dienstpersonal zur Beaufsichtigung der Denaturirung verfügbar ist;

c. die Menge des zu denaturirenden Salzes mindestens 5 Zentner beträgt oder dem sechsmonatlichen Bedarf des Empfängers entspricht.

Die näheren Anordnungen wegen des in Fällen dieser Art bei der Ablassung des Salzes einzuhaltenden Verfahrens werden unter Berücksichtigung der örtlichen Verhältnisse von der Zolldirektivbehörde getroffen.

7. Bei den auf den Salzwerken stattfindenden Denaturirungen haben die Salzwerksbesitzer, in anderen Fällen die Personen, auf deren Antrag die Denaturirung des Salzes vorgenommen wird, für die Beschaffung der erforderlichen Denaturirungsmittel, sowie für die Bereitstellung der Verwiegungsapparate und sonst nöthigen Vorrichtungen nach Anleitung der Steuerbehörde Sorge zu tragen.

8. Das zur Bereitung von Vieh- oder Gewerbesalz bestimmte Siedesalz darf nur in luftfeuchtem Zustande mit den Denaturirungsmitteln vermengt werden. Soweit thunlich ist zur Denaturirung feinkörniges Siedesalz zu verwenden.

Insoweit die Vermischung der Denaturirungsmittel mit dem Siedesalz nicht mit Hülfe von zur Herstellung einer gleichartigen Beschaffenheit geeigneten Mischapparaten (rotirenden Trommeln, Fässern u. s. w,), deren Anwendung die Steuerbehörde genehmigt hat, bewirkt werden kann, ist das Salz, nachdem dasselbe mittelst Handschaufeln mit den Denaturirungsmitteln gemengt worden ist, behufs Herstellung einer möglichst gleichartigen Vertheilung der Denaturirungsmittel, durch Siebe von einer der Körnung des Salzes entsprechenden Weite zu schlagen.

9. Steinsalz, aus welchem Vieh- oder Gewerbesalz hergestellt werden soll, muß zu diesem Behufe fein gemahlen werden. Die Denaturirungsmittel sind entweder mit dem zu denaturirenden Steinsalz zu vermahlen oder, wenn dies die Beschaffenheit der Denaturirungsmittel nicht gestattet, dem gemahlenen Steinsalze nach den Bestimmungen unter Nr. 8 beizumengen.

10. Die Denaturirungsmittel dürfen nur in reiner Beschaffenheit und, nachdem dieselben von den kontrolirenden Beamten geprüft und als geeignet erkannt worden sind, zur Denaturirung verwendet werden. (1)

11. Bei denjenigen Denaturirungsmitteln, welche, wie Alaun u. s. w. in zerkleinertem Zustande äußerlich dem Salze ähnlich sind, ist auf Verlangen der kontrolirenden Beamten die zum Zweck der Denaturirung erforderliche Zerkleinerung in deren Gegenwart vorzunehmen.

---

(1) Z. vgl. B. R. B. vom 13. November 1875 (§ 439, Nr. 1 d. Prot.).

Die Steuerverwaltung ist befugt, die Herstellung und den Bezug der Denaturirungsmittel unter amtliche Kontrole zu stellen oder solche auf Kosten der Betheiligten selbst anzuschaffen.

12. Die Oberbeamten der Steuerverwaltung haben thunlichst oft an den Salzdenaturirungen Theil zu nehmen und dabei die Güte und Unverfälschtheit der Denaturirungsmittel zu prüfen.

Die Steueraufsichtsbeamten haben von Zeit zu Zeit von den in Anwendung kommenden Denaturirungsmitteln und dem in den Salzmagazinen der Salzwerksbesitzer und Salzhändler, sowie im freien Verkehr befindlichen denaturirten Salze, letzteren Falls gegen Ersatz des Ankaufspreises, Proben zu entnehmen. Diese Proben sind in Gegenwart der Betheiligten einzusiegeln und an die Zolldirektivbehörde, welche deren Prüfung durch Sachverständige veranlassen wird, einzusenden.

13. Das für landwirthschaftliche und gewerbliche Zwecke denaturirte Handelssalz (Nr. 2 A) darf sowohl zur Viehfütterung und zur Düngung, als auch in allen Gewerben, denen nach den oben angeführten gesetzlichen Bestimmungen überhaupt der abgabenfreie Bezug von Salz gestattet ist, verwendet werden.

Dagegen darf das mit den nach (Nr. 2 B) gestatteten Mitteln denaturirte Bestellsalz nur für den speziellen Zweck, für welchen die Denaturirung zugelassen worden ist, Verwendung finden.

14. Sowohl das für landwirthschaftliche als auch das für gewerbliche Zwecke denaturirte Handelssalz mit Einschluß der Viehsalzlecksteine (Nr. 2 A) kann an Salzhändler abgelassen und von diesen an andere Salzhändler und an sonstige Personen, welche zum Bezuge berechtigt sind, weiter verkauft werden (Nr. 17).

Die Empfänger von denaturirtem Bestellsalz (Nr. 2 B) dürfen dasselbe an andere Personen nicht abgeben.

15. Gewerbetreibende, welche denaturirtes Bestellsalz zu gewerblichen Zwecken, ingleichen Salzhändler, welche zu landwirthschaftlichen oder gewerblichen Zwecken bestimmtes denaturirtes Handelssalz beziehen wollen, haben das Salz bei dem Lieferanten (Salzwerksbesitzer oder Salzhändler) unter Uebergabe einer, ihre Berechtigung zum Salzbezug nachweisenden Bescheinigung der Steuerbehörde ihres Wohnorts, woraus das Gewerbe, welches sie betreiben, hervorgeht, schriftlich zu bestellen. (1)

(1) Z. vgl. B. R. B. vom 19. April 1876 (§ 226 d. Prot.).

An Stelle der bei jeder Salzbestellung einzuholenden Bescheinigung über die Berechtigung zum Salzbezug kann nach dem Ermessen der Steuerbehörde den Salzhändlern und den Besitzern größerer Gewerbeanstalten eine einmalige, für die Dauer eines Kalenderjahres auszustellende Bescheinigung für alle während desselben von einem und demselben Salzwerk oder Salzhändler stattfindenden Salzbezuge, welche dem Bestellzettel über die erste in dem betreffenden Jahre stattfindende Salzbestellung beizufügen ist, ertheilt werden.

In den Bestellzetteln ist der Name, der Wohnort und das Gewerbe oder Geschäft des Empfängers, die Menge des Salzes und der gewerbliche Zweck, für welchen dasselbe dienen soll, beziehungsweise bei den Bezügen der Salzhändler, die Art des zu bestellenden Salzes (ob Vieh-, Düng- oder Gewerbesalz) anzugeben. Auch ist darin der Ort der Ausstellung und die laufende Nummer der Bescheinigung über die Berechtigung zum Salzbezug (vgl. Nr. 16, Abs. 2) ersichtlich zu machen. Die fraglichen Bescheinigungen können auch in die Bestellzettel selbst aufgenommen werden.

Der schriftlichen Bestellung und der Uebergabe einer Bescheinigung über die Berechtigung zum Salzbezug bedarf es nicht, wenn Landwirthe denaturirtes Handelssalz für landwirthschaftliche Zwecke unmittelbar von Salzwerken oder von Salzhändlern zur eigenen Verwendung beziehen wollen.

16. Die Steuerbehörden haben über die von ihnen nach Nr. 15 ausgestellten Bescheinigungen Verzeichnisse in Jahresabschnitten zu führen, aus welchen in Beziehung auf jede ertheilte Bescheinigung, der Tag der Ausstellung, der Name, das Gewerbe und der Wohnort des Empfängers und des Versenders des Salzes zu entnehmen sind. Die einzelnen Bescheinigungen werden in den gedachten Verzeichnissen unter fortlaufenden, auf den Bescheinigungen anzumerkenden Nummern eingetragen.

17. Die Salzwerksbesitzer und Salzhändler dürfen denaturirtes Salz nur an solche Personen abgeben, welche nach den oben erwähnten gesetzlichen Bestimmungen, beziehungsweise nach Nr. 13 und 14 zum Bezuge desselben berechtigt sind und den Vorschriften unter Nr. 15 Genüge geleistet haben.

18. An Personen, welche nach § 14 des Salzsteuergesetzes vom 12. Oktober 1867 den Anspruch auf abgabenfreien Salzbezug verloren haben und als solche von der Steuerbehörde einem Salzwerksbesitzer oder einem Salzhändler speziell bezeichnet worden sind, darf derselbe denaturirtes Salz nicht verabfolgen.

19. Die Salzhändler sind verpflichtet, auf Verlangen der mit der Kontrolirung des Salzverkaufs beauftragten Beamten, denselben ihre Bücher und auf den Salzverkauf Bezug habende Papiere vorzulegen, die Bestände an denaturirtem Salz vorzuzeigen, und die in dieser Hinsicht etwa noch weiter gewünschte Auskunft zu ertheilen.

20. Die Bestellzettel oder Auszüge aus denselben und die zugehörigen Bescheinigungen über die Berechtigung zum Salzbezug (Nr. 15, Abs. 1 und 3) sind von den damit beauftragten Beamten monatlich, nach vorheriger Vergleichung mit den betreffenden Registern, in Empfang zu nehmen und den Hauptämtern, in deren Bezirken die Empfänger des Salzes wohnen, zu übersenden. In gleicher Weise ist nach Ablauf eines jeden Kalenderjahres mit den nach Nr. 15, Abs. 2 ausgestellten, für die Dauer eines Kalenderjahres gültigen Bescheinigungen zu verfahren.

21. Die Hauptämter haben auf Grund der ihnen nach der Bestimmung unter Nr. 20 zugehenden Bestellzettel bezw. Auszüge aus den Bestellzetteln und Bescheinigungen zu prüfen, ob die Entnehmer des denaturirten Salzes zum abgabenfreien Bezuge desselben berechtigt waren, und ob sie das angegebene Gewerbe überhaupt und in einem der Entnahme entsprechenden Umfange betrieben haben. Nach Umständen sind von Seiten der gedachten Aemter weitere Ermittelungen vorzunehmen, um eine mißbräuchliche Verwendung des über den Bedarf bezogenen denaturirten Salzes zu verhüten und etwaige Zuwiderhandlungen gegen die bestehenden Vorschriften zur Bestrafung zu bringen.

22. Von dem für landwirthschaftliche oder gewerbliche Zwecke abgabenfrei verabfolgten Salze, mit Ausnahme des zur Natronsulphat- und Sodafabrikation bestimmten, kann als Ersatz für die durch die Kontrole erwachsenden Kosten eine Kontrolgebühr von zwei Sgr. (sieben Kreuzern) für den Zentner erhoben werden. (¹)

23. Wird die Denaturirung des Salzes an anderen Orten als an der gewöhnlichen Amtsstelle z. B. in einem Privatlager für Salz oder in den Gewerbsräumen des Empfängers vorgenommen, so kann von Seiten der Steuerverwaltung der Ersatz der Kosten für den dadurch bedingten Mehraufwand an Beamtenkräften, soweit diese Kosten nicht durch die Erhebung der unter Nr. 22 erwähnten Kontrolgebühr von dem betreffenden Salz Deckung finden, in Anspruch genommen werden.

---

(¹) S. § 12 der Vollzugsverordnung.

24. Hinsichtlich der Bereitung und des Verkaufs des denaturirten Salzes auf den Salzwerken finden, außer den vorstehenden Bestimmungen, die bezüglichen Vorschriften der Instruktionen in Betreff der Erhebung und Kontrolirung der Salzabgabe auf den Staatssalzwerken und beziehungsweise auf den Privatsalinen Anwendung. Die Besitzer chemischer Fabriken, in welchen Salz als Nebenprodukt gewonnen wird, haben in fraglicher Hinsicht, außer den vorstehenden Bestimmungen, die wegen Kontrolirung dieser Fabriken ertheilten besonderen Vorschriften zu beobachten.

---

**1. Dezember 1873.** — B. R. B. betr. die abgabenfreie Verabfolgung von Salz an Darmhändler. (§ 580 d. Prot.) (¹)

Es wurde beschlossen, daß im Hinblick auf die Bestimmungen des § 20 Nr. 4 des Ges.; betr. die Erhebung einer Abgabe vom Salz vom 12. Oktober 1867 (B. G. S. 41), die abgabenfreie Verabfolgung von Salz, welches Darmhändler zur Reinigung und Konservirung der zur Wurstfabrikation dienenden Därme verwenden, auch für den Fall der Denaturirung unstatthaft sei.

---

**19. April 1874.** — B. R. B. betr. die Denaturirung von Salz. (§ 226 d. Prot.) (²)

Es wurde beschlossen:

Die obersten Landesfinanzbehörden sind befugt, die Ausstellung der Bescheinigungen über die Berechtigung zum Bezug denaturirten Handelssalzes von Seite der Salzhändler (Z. vgl. Drucks. d. B. R. von 1872. Nr. 42 Anl. 3, Nr. 15 Abs. 1 der Prot. § 392) (³) durch die Ortspolizeibehörden an Stelle der Steuerbehörden in den Fällen für statthaft zu erklären, in welchen die Gültigkeit der Bescheinigung nur für einzelne Bestellungen, nicht aber für ein Jahr nachgesucht wird.

---

**12. November 1874.** — B. R. B. betr. die Denaturirung von Salz mit Petroleum. (§ 476 d. Prot.) (⁴)

Es wurde beschlossen, daß künftighin die Anwendung von

(¹) Z. vgl. B. vom 22. Dezember 1873. I. 33069. (A. Bl. 1874, S. 27.)

(²) Z. vgl. B. vom 17. Juni 1874. I. 7725. (A. Bl., S. 168.)

(³) Z. vgl. A. Bl. 1872, S. 314, Nr. 15, Abs. 1.

(⁴) Z. vgl. Bek. vom 5. Dezember 1874. I. 16817. (Str. Z. Nr. 290, A. Bl., S. 385.)

Petroleum nur bei der Herstellung desjenigen sogenannten Gewerbebestellsalzes (Ziffer 2 B der Bestimmungen, betr. die Befreiung des zu landwirthschaftlichen und gewerblichen Zwecken bestimmten Salzes von der Salzabgabe — § 392 d. Prot. von 1872) (¹) gestattet sein solle, welches in den Gewerbsräumen des Empfängers unter amtlicher Aufsicht denaturirt wird. (²)

---

**13. November 1875.** — B. R. B. betr. die Denaturirung des Salzes mit Schwefelsäure. (§ 438 d. Prot.) (³)

Es wurde beschlossen, zuzulassen, daß das Bestellsalz für zuverlässige Gewerbtreibende mit Genehmigung der Zolldirektivbehörde auf den Salzwerken mit nur 1 Prozent Schwefelsäure und 1 Prozent Wasser denaturirt werde, wenn ein anderes Denaturirungsmittel als Schwefelsäure für das betreffende Gewerbe nicht anwendbar ist.

---

**13. November 1875.** — B. R. B. betr. Denaturirung des Salzes mit Wermuthkrautpulver. (§ 439 d. Prot.)

Es wurde beschlossen:

1. den hohen Regierungen zu empfehlen, darauf Bedacht zu nehmen, daß die mit B. R. B. § 392 d. Prot. für 1872, genehmigten Vorschriften unter Ziffer 10, 11 und 12 der Bestimmungen, betr. die Befreiung des zu landwirthschaftlichen und gewerblichen Zwecken bestimmten Salzes von der Salzabgabe (⁴) — strenge in Anwendung kommen;
2. dieselben zu ersuchen, sich über allenfallsige Maßregeln zur Herstellung eines Verfahrens, durch welches die Verwendung eines gleichmäßig reinen Wermuthkrautpulvers überall gesichert werde, gutachtlich zu äußern.

---

**13. November 1875.** — B. R. B. die Denaturirung des Salzes mit Kienöl betr. (§ 440 d. Prot.) (⁵)

Es wurde beschlossen, daß künftig die Anwendung von

---

(¹) Z. vgl. S. 357.

(²) Z. vgl. B. R. B. vom 18. Oktober 1876. (§ 285 d. Prot.)

(³) Z. vgl. Bek. vom 29. November 1875. (Str. Z. Nr. 283. A. Bl., S. 179.)

(⁴) Z. vgl. S. 357.

(⁵) Z. vgl. Bek. vom 29. Nov. 1875. (Str. Z., Nr. 283. A. Bl., S. 179.)

Kienöl nur bei Herstellung desjenigen sogenannten Gewerbebestellsalzes (Ziffer 2, B der Bestimmungen, betr. die Befreiung des zu landwirthschaftlichen und gewerblichen Zwecken bestimmten Salzes von der Salzabgabe, § 392 d. Prot. von 1872) (¹) gestattet sein solle, welches in den Gewerbsräumen des Empfängers denaturirt wird. (²)

**5. Oktober 1876.** — B. R. B. betr. Salzabgabevergütung für Proviant deutscher Kriegsschiffe. (§ 260 d. Prot.)

[Es wurde beschlossen, die Salzabgabe für eingesalzene, gepökelte u. s. w. Gegenstände, welche auf deutschen Kriegsschiffen als Proviant ausgeführt worden sind, aus der Reichskasse zu erstatten.]

**18. Oktober 1876.** — B. R. B. betr. die Denaturirung von Gewerbesalz durch Petroleum, Kienöl &c. (§ 285 d. Prot.) (³)

Es wurde beschlossen, in Erweiterung des Beschlusses des Bundesraths, § 476 der Protokolle von 1874 und § 440 von 1875, zu genehmigen, daß die Denaturirung von Gewerbebestellsalz mit Petroleum, Kienöl oder mit jenen Denaturirungsmitteln, deren Anwendung nach den Bestimmungen vom Jahre 1872 (§ 392 der Protokolle, Drucksache Nr. 42) über die Befreiung des Vieh- und Gewerbesalzes von der Salzabgabe Ziffer 2 c. (⁴) ausnahmsweise mit Genehmigung der Direktivbehörden erfolgen kann, unter der Bedingung in den Salinen zugelassen werde, daß das auf die angegebene Weise denaturirte Gewerbebestellsalz schon auf der Saline amtlich verschlossen und mit einem von dem betreffenden Salzsteueramte auszufertigenden Transportscheine, in welchem Anzahl, Verpackungsart, Gewicht der Kolli und thunlichst kurze Gestellfrist anzugeben ist, versehen und daß am Bestimmungsorte die Prüfung und Abnahme des Verschlusses durch einen Steuerbeamten bewirkt werde, unter dessen Aufsicht das Salz in den Gewerberäumen des Empfängers ausgeschüttet werden muß.

(¹) Z. vgl. S. 357.

(²) Z. vgl. auch B. R. B. vom 18. Oktober 1876 (§ 285 d. Prot.)

(³) Z. vgl. Bek. vom 16. November 1876. I. 13431. (Str. Z. Nr. 272. A. Bl., S. 169), sowie die Ausführungsbestimmungen hierzu vom 2. Januar 1877. I. 14198. (A. Bl., S. 4.)

(⁴) Z. vgl. S. 357.

**18. Oktober 1876.** — B. R. B. betr. den Steuererlaß für zu Grunde gegangenes Salz. (§ 286 d. Prot.)

[Ein Gesuch um Erlaß der Abgabe für Salz, welches durch Hochwasser zu Grunde gegangen ist, wurde abgelehnt, da sich das Salz bei der behaupteten Vernichtung durch Ueberschwemmung bereits im freien Verkehr befunden hat.]

---

**2. November 1876.** — B. R. B. betr. die Salzeinfuhr aus Frankreich. (§ 333 d. Prot.) (1)

---

(1) Z. vgl. Abschn. IX. B. S. 108.

# XII.

# Die Zuckersteuer.

## Inhaltsübersicht.



## Vorbemerkungen.(¹)

Nachdem im Jahre 1841 gelegentlich der Erneuerung der Zollvereinsverträge durch eine besondere Uebereinkunft vom 8. Mai 1841 (Bd. III d. V. S. 9) die Besteuerung des Rübenzuckers im gesammten Gebiete des Zollvereins für nothwendig erklärt worden war, wurden auf der VII. G. K. durch das besondere Protokoll vom 23. Oktober 1845 übereinstimmende gesetzliche Vorschriften, sowie eine Vollzugsinstruktion für die Besteuerung des aus inländischen Rüben gewonnenen Zuckers vereinbart, die in denjenigen Staaten, woselbst sich Zuckerfabriken befanden, publizirt worden und noch jetzt in den meisten Beziehungen maßgebend sind (²). Abänderungen an den im Jahr 1841 vereinbarten Grundsätzen der Besteuerung erfolgten durch die Vereinbarungen vom 4. April 1853 (Bd. IV. d. V., S. 17), vom 16. Februar 1858 (Bd. IV. d. V., S. 517) und

(¹) Näheres über die historische Entwickelung der Rübenzuckersteuer s. v. Aufseß „die Zölle und Verbrauchssteuern" S. 66 ff. — Wegen der französischen Zuckerbesteuerung vgl. die Anm. auf S. 51, Bd. I.

(²) Z. vgl. Preuß. Centralblatt von 1846. S. 252 ff.

vom 16. Mai 1865 (Bd. V. d. B., S. 68), jedoch wurden die früheren Festsetzungen soweit sie nicht Abänderungen erlitten hatten, jeweils ausdrücklich aufrecht erhalten. Durch das mit dem Zollparlament vereinbarte Ges. vom 26. Juni 1869 wurde der Steuersatz auf 8 Sgr. (80 Pf.) für den Zentner roher Rüben erhöht, außerdem aber hinsichtlich der Feststellung der Ausfuhrvergütung ein von dem bisherigen abweichendes Prinzip (Ermittelung durch das Polarisationsinstrument) eingeführt.

In Elsaß-Lothringen ist die im Jahre 1845 vereinbarte Verordnung und die Vollzugsinstruktion, sowie das auf die erstere bezügliche Bundesgesetz vom 2. Mai 1870 (B. G., S. 311) nicht veröffentlicht worden, weil sich Rübenzuckerfabriken daselbst nicht befinden. Eine Aufnahme in die vorliegende Sammlung hat daher gleichfalls nicht stattgefunden.

---

**26. Juni 1869.** — Gesetz, die Besteuerung des Zuckers betr. (B. G. Bl. S. 282). (¹)

§ 1. Vom 1. September d. J. ab wird die Steuer vom inländischen Rübenzucker mit acht Silbergroschen oder acht und zwanzig Kreuzern vom Zollzentner der zur Zuckerbereitung bestimmten rohen Rüben erhoben.

§ 2. Vom 1. September d. J. ist an Eingangszoll vom Zentner ausländischem Zucker und Syrup zu erheben, und zwar von

1) Zucker: raffinirter Zucker aller Art, sowie Rohzucker, wenn letzterer den auf Anordnung des Bundesrathes bei den nach Bedürfniß öffentlich zu bezeichnenden Zollstellen niederzulegenden, nach Anleitung des Holländischen Standart Nr. 19 und darüber zu bestimmenden Mustern entspricht . . . 5 Rthlr. — Sgr.
2) Rohzucker, soweit solcher nicht zu dem unter 1 gedachten gehört . 4 Rthlr. — Sgr.
3) Syrup . . . . . . . . . . 2 Rthlr. 15 Sgr.
   Auflösungen von Zucker, welche als solche bei der Revision bestimmt erkannt werden, unterliegen dem vorstehend unter 2. aufgeführten Eingangszolle.
4) Melasse unter Kontrole der Verwendung zur Branntweinbereitung . . . . frei.

---

(¹) Eingeführt in Elsaß-Lothringen durch Gesetz vom 17. Juli 1871, die Einführung der deutschen Zoll- und Steuergesetzgebung betreffend.

Für Tara werden vom Zentner Bruttogewicht vergütet:

beim Eingang von Brod- (Hut-) Zucker, Kandis-, Bruch- oder Lumpenzucker:

14 Pfund in Fässern mit Dauben von Eichen- und anderem harten Holze,
10 Pfund in anderen Fässern,
13 „ in Kisten,
7 „ in Körben;

beim Eingange von Rohzucker und Farin (Zuckermehl), sowie gestoßenem Zucker:

13 Pfund in Fässern mit Dauben von Eichen- oder anderem harten Holz,
10 Pfund in anderen Fässern,
13 „ in Kisten,
8 „ in außereuropäischen Rohrgeflechten (Kanassers, Kranjans),
7 „ in anderen Körben,
4 „ in Ballen;

beim Eingange von Syrup:

11 Pfund in Fässern. (1)

§ 3. Bei der Ausfuhr von inländischem wie von ausländischem Zucker über die Zollvereinsgrenze oder bei dessen Niederlegung in öffentlichen Niederlagen (2) wird, wenn die auszuführende Menge mindestens zehn Zentner beträgt, eine Vergütung für den Zentner gewährt:

a) für Rohzucker von mindestens 88 Prozent Polarisation (3). . . . . 3 Rthlr. 4 Sgr.
b) für Kandis und für Zucker in weißen, vollen, harten Broten bis zu 25 Pfund Nettogewicht oder in Gegenwart der Steuerbehörde zerkleinert . . . . . . . . . . . 3 Rthlr. 25 Sgr.

(1) Z. vgl. Nr. I der Bek. und der Anw. vom 27. Dez. 1871.

(2) Z. vgl. Nr. 1 des B. R. B. vom 19. Februar 1877 (§ 66 d. Prot.), wonach auch die Lagerung in Privattransitlager unter amtlichem Mitverschluß für statthaft erklärt worden ist.

(3) Z. vgl. B. R. B. vom 28. Februar 1873 (§ 74 d. Prot).

c) für allen übrigen harten Zucker, sowie für alle weiße trockenen (nicht über 1 Prozent Wasser enthaltende) Zucker, in Krystall-, Krümel- und Mehlform von mindestens 98 Prozent Polarisation . . . . . . 3 Rthlr. 18 Sgr.

Der Bundesrath des Zollvereins hat die Zollämter zu bestimmen, über welche die Ausfuhr bewirkt werden kann. Derselbe ist auch befugt, zu bestimmen, daß die bei der Ausfuhr von Zucker gegen Vergütung abzugebende Deklaration auf den Zuckergehalt nach dem Grade der Polarisation gerichtet werde. (¹)

§ 4. Wird bei der Ausfuhr von Zucker durch unrichtige Angabe des Zuckergehalts oder der sonstigen Beschaffenheit (handelsüblichen Bezeichnung) des Zuckers, Steuer- oder Zollvergütung für Zucker bei dessen Ausfuhr eine Vergütung überhaupt nicht gewährt wird, in Anspruch genommen, so hat der Deklarant den Betrag des vierten Theils der in Anspruch genommenen Vergütung als Strafe verwirkt. Wird durch die unrichtige Angabe des Zuckergehalts eine höhere Steuer- oder Zollvergütung, als die für die Klasse, zu welcher der auszuführende Zucker gehört festgesetzte Vergütung in Anspruch genommen, so hat der Deklarant das Doppelte der Differenz zwischen der zuständigen und der beanspruchten Vergütung als Strafe verwirkt.

Außer den vorstehend gedachten Strafen tritt die Konfiskation des unrichtig deklarirten Zuckers ein, wenn solcher in der Absicht, die Staatskasse zu verkürzen, zwischen Zucker verpackt worden ist, für welchen eine Vergütung, beziehungsweise eine höhere Vergütung gewährt wird.

Uebersteigt die Angabe des Zuckergehalts den bei der Revision ermittelten Zuckergehalt um nicht mehr als ein Drittel Prozent, so findet eine Bestrafung nicht statt. Ist zwar dieser Prozentbetrag überschritten, aber der Beweis geführt, daß die Absicht, die Staatskasse zu verkürzen, nicht vorgelegen habe, so ist nur eine Ordnungsstrafe von

---

(¹) Z. vgl. Nr. II der Bek. und der Anw. vom 27. Dezember 1871.

fünf bis fünfzig Thalern (fünf bis fünf und siebenzig Gulden verwirkt. (¹)

§ 5. Die zur Ausführung dieses Gesetzes erforderlichen Anordnungen werden vom Bundesrathe des Zollvereins festgestellt.

---

**3. März 1871.** — B. R. B. betr. die Kontrole über die Verwendung von Melasse zur Branntweinbereitung.

[Dieser B. R. B. ist bei Erlaß der Bek. vom 27. Dezember 1871, insbesondere bei der Redaktion der Vorschriften unter Nr. 2 und 5 der Anlage zu derselben berücksichtigt worden.]

---

**19. November 1871.** — B. R. B. betr. die Verwiegung des mit dem Anspruch auf Abgabenvergütung ausgehenden Rohzuckers. (§ 586 d. Prot.) (²)

---

(¹) Z. vgl. Nr. III der Anweisung vom 27. Dezember 1871.

(²) A. Bl. 1877, S. 110. Dieser B. R. B., sowie die übrigen an der erwähnten Stelle abgedruckten, auf die Ausfuhrabfertigung von Zucker mit dem Anspruch auf Steuervergütung bezüglichen Beschlüsse des Bundesraths vom 4. Mai 1873 und 19. Februar 1877 und die betreffenden älteren Vereinbarungen können für jetzt in E. L. keine Anwendung finden, da innerhalb desselben keine Zollstellen zur Ausgangsabfertigung von Zucker ermächtigt sind.

Die gedachten älteren Vereinbarungen sind folgende:

Nach der Verabredung unter I. A. d. 2. des Schlußprotokolls zu der Uebereinkunft wegen Vergütung der Steuer für ausgeführten Rübenzucker ꝛc. vom 25. April 1861 ist bei der Abfertigung des mit dem Anspruch auf Abgabenvergütung zur Ausfuhr angemeldeten Zuckers das Brutto- und Nettogewicht jedes zu der betreffenden Sendung gehörigen Kollo amtlich zu ermitteln.

Durch eine im Jahre 1862 im Korrespondenzwege getroffene Verabredung wurde nachgelassen, daß das Nettogewicht des ausgehenden Zuckers, mit Ausnahme des gestoßenen (gemahlenen) Brod- und Hutzuckers, für welchen das bisherige Verfahren bestehen blieb, auch probeweise durch wirkliche Verwiegung des Inhalts eines Theiles der zur Abfertigung gestellten Kolli erfolgen könne, und dabei folgendes bestimmt:

1. Die Probeverwiegungen müssen immer unter Leitung eines höhern Beamten vorgenommen werden.

Es wurde beschlossen:

1. daß die Anmeldung und die amtliche Verwiegung des mit dem Anspruch auf Abgabenvergütung nach dem Auslande zu versendenden Rohzuckers in Säcken bei größeren, aus gleichartigen Kolli bestehenden Sendungen partienweise nach sogenannten Schalgängen erfolgen könne;

---

2. Wenn sich bei der Probeverwiegung Abweichungen von der Deklaration ergeben, so muß stets die durchgreifende Nettogewichtsermittelung der ganzen zur Ausfuhr angemeldeten Sendung eintreten.
3. Zum Zwecke der Feststellung des Inhalts muß, wenn auch die Nettoverwiegung nur probeweise vor sich geht, die innere Besichtigung und Prüfung jedes Kollo mit aller Genauigkeit gehandhabt werden.
4. Für das Gewicht der unmittelbaren Umschließung von Zucker in Broden an Papier und Bindfaden ist von dem Gewichte des Zuckers in dieser Umhüllung ein Tarasatz von $2^1/_2$ Prozent dieses Gewichts in Abzug zu bringen, soweit der Betheiligte nicht auf vollständige Nettoverwiegung anträgt oder solche von Seiten der Abfertigungsstelle für nothwendig erachtet wird.
5. Das Ergebniß der Probeverwiegung darf nur für Kolli von nahezu gleichem Gewichte, gleicher Beschaffenheit, gleicher Verpackungsart und gleichem Inhalte maßgebend sein. Abweichungen von nicht mehr als 5 % des Bruttogewichts sollen dabei die Probeverwiegung nicht ausschließen.
6. Von jeder Waarenpost, bei welcher die Probeverwiegung zur Anwendung kommt, ist wenigstens der vierte Theil der dazu gehörigen Kolli der Ermittelung des Nettogewichts durch wirkliche Verwiegung zu unterwerfen.

Im Jahre 1865 wurden in gleicher Weise folgende weitere Verabredungen getroffen:

1. Bei der Abfertigung des mit dem Anspruche auf Abgabenvergütung ausgehenden Zuckers kann das Nettogewicht durch Abrechnung eines Tarasatzes von dem Bruttogewichte festgestellt werden, wenn Brod- und Rohzucker in Fässer von weichem Holze und Rohzucker in einfache Säcke verpackt ist.

   Für andere Arten des Zuckers bewendet es bei den bisherigen Vorschriften.
2. Der Tarasatz beträgt
   a. für Zucker in Fässern von weichem Holze
      bei Brodzucker, dessen einzelnen Brode eine besondere Umgebung von Papier und Bindfaden haben . . 17%
      bei Brodzucker ohne solche Umgebung . . . . . . 11%
      bei Rohzucker . . . . . . . . . . . . . . . . . 8%

2. daß auch bei der Verwiegung des Zuckers in Partien die Feststellung des Nettogewichts in geeigneten Fällen durch probeweise Verwiegung des Inhalts, beziehungsweise der Umschließungen eines Theils der zur Abfertigung gestellten Kolli und durch Abzug des nach dem Ergebniß dieser Verwiegung festzustellenden durchschnittlichen Tarasatzes von dem Bruttogewichte der ganzen Waarenpost stattfinden könne;

---

b. für Rohzucker in einfachen Säcken . . . . . . . 2%

3. Das nach den vorgedachten Sätzen berechnete Nettogewicht wird nur dann der Feststellung der Abgabenvergütung zum Grunde gelegt, wenn es nicht mehr beträgt, als das von dem Versender in der Anmeldung angegebene, das letztere wird dagegen zu Grunde gelegt, wenn es geringer ist, als das durch Berechnung ermittelte.

4. Dem Versender und der Abfertigungsstelle steht in jedem Falle die Befugniß zu, statt der Berechnung des Nettogewichts nach dem Tarasatze, die Ermittelung des Nettogewichts durch wirkliche Verwiegung eintreten zu lassen. Von Seiten der Abfertigungsstellen ist von dieser Befugniß Gebrauch zu machen, wenn anzunehmen ist, daß das wirkliche Nettogewicht erheblich geringer ist, als das aus der Berechnung hervorgehende. Zum Anhalte für die Beurtheilung können nach Befinden der Abfertigungsstellen einzelne Kolli der Nettoverwiegung unterworfen werden. Kommt diese statt der Feststellung des Nettogewichts mittelst Abzuges der Tara zur Anwendung, so kann, soweit dies bisher zugelassen gewesen ist, die Verwiegung auch probeweise erfolgen.

Dabei wurde bemerkt, daß die Tarasätze für Fässer sich auf Ermittelungen stützten, denen Fässer im Bruttogewicht von etwa 9—11 Zentnern bei Brodzucker und von etwa 11 Zentnern bei Rohzucker zum Grunde gelegen, und daß deshalb bei Fässern von erheblich geringerem, als dem ebengedachten Bruttogewichte Veranlassung gegeben sei, zu prüfen, ob die vorgeschriebenen Tarasätze ausreichen.

Endlich verständigte man sich im Jahre 1867 dahin, daß in den Fällen, in welchen das Nettogewicht des mit dem Anspruch auf Abgabenvergütung ausgehenden Zuckers durch Verwiegung zu ermitteln sei, die Zollbehörden befugt sein sollen, die wirkliche Verwiegung auf den achten Theil der betreffenden Waarenpost zu beschränken, eine Bestimmung, welche durch den B. R. B. vom 4. Mai 1873 für Rohzucker in Säcken eine weitere Erleichterung erfahren hat.

3. daß bei Abweichungen zwischem dem deklarirten und dem ermittelten Nettogewicht des zur Abfertigung gestellten Rohzuckers in Säcken nur dann die Nettoverwiegung der ganzen betreffenden Waarenpost einzutreten habe, wenn das ermittelte Gewicht der einzelnen netto verwogenen Partien oder Kolli um mehr als zwei Prozent hinter dem deklarirten Gewicht zurückbleibt und
4. daß die probeweisen Verwiegungen zur Feststellung des Nettogewichts auch ferner auf mindestens den achten Theil der Waarenpost zu erstrecken seien. (1)

**27. Dezember 1871.** — Bek. d. K. betr. die Ausführung des Gesetzes über die Besteuerung des Zuckers vom 26. Juni 1869. (A. N. Nr. 4, Str. Z. Nr. 3 von 1872.) (2)

Zur Ausführung des Gesetzes, die Besteuerung des Zuckers betreffend, vom 26. Juni 1869 (Str. Z. Nr. 180 von 1871) werden im Auftrag des Herrn Reichskanzlers auf Grund Beschlusses des Bundesrathes folgende Vorschriften ertheilt: (3)

I. zu § 2 d. Ges.: Rohzucker für welchen der Zollsatz von 5 Thalern (18 Fr. 75 Cts.) für den Zentner durch Zusätze zur Angabe der Waarengattung, wie „Nr. 19 oder darüber“ oder „über Nr. 19“ oder bei geringerer Güte durch besondern Antrag in der Eingangsdeklaration ausdrücklich angeboten wird, darf über alle Zollstellen, nach Maßgabe der denselben allgemein beigelegten Hebebefugniß eingeführt werden.

Wird aber für Rohzucker die Zulassung zu dem niederen Zollsatze von 4 Thalern (15 Francs) für den Zentner beansprucht, so darf seine Einfuhr bis auf weitere Bestimmung des

(1) Vgl. B. R. B. vom 4. Mai 1873 (§ 236 d. Prot.).

(2) A. Bl. 1872, S. 19.

(3) Durch B. R. B. vom 22. Juni 1869 (§ 111 d. Prot.) ist der I. Ausschuß des B. R. ermächtigt worden, vorbehaltlich der Genehmigung des Bundesraths, sowohl die Aemter für die Ein- und Ausfuhr von Zucker zu bestimmen, als auch die Mustertypen, nach denen der eingehende Zucker zu klassifiziren ist und das bei der Ausgangsabfertigung des Zuckers anzuwendende Polarisationsinstrument festzustellen. Vgl. das Prot. vom 19. August 1869 (B. Bd. V. S. 384 ff.) Die Genehmigung des B. R. erfolgte durch Beschluß vom 20. Dezember 1869 (§ 162 d. Prot.). Durch den B. R. B. vom 21. Dezember 1872 (§ 538 d. Prot.) wurden die obersten Finanzbehörden ermächtigt, in Zukunft die Zollstellen, über welche Rohzucker zum Zollsatze von 4 Thalern eingeführt werden darf, ohne Mitwirkung des B. R. zu bestimmen.

Bundesraths nur über die nachstehend bezeichneten Aemter, bei welchen Muster niedergelegt worden sind, erfolgen. ([1])

. . . . .

Geht Rohzucker, für welchen der Zollpflichtige den Zollsatz von 5 Thlr. (18 Fr. 75 Cts.) für den Zentner nicht entrichten will, bei einer anderen Zollstelle als den obenbezeichneten ein, so ist, falls die Abfertigung unter Begleitscheinkontrole auf eine kompetente Zollstelle nicht beantragt wird, oder dem Eingangsamte die Befugniß zur Begleitscheinausfertigung mangelt, der eingeführte Zucker auf dem kürzesten Wege unter Zollkontrole in das Ausland zurückzuschaffen.

Betheiligte Gewerbtreibende können die niedergelegten Muster im Amtslokale besehen.

In Betreff der Kontrole der Verwendung zollfrei einzulassender Melasse zur Branntweinbereitung kommen die in der Anlage enthaltenen Bestimmungen zur Anwendung.

II. Zu § 3 des Ges.: Die Ausfuhr von Zucker mit dem Anspruch auf Zoll- oder Steuervergütung darf, sofern es sich um Zucker handelt, für welche eine Vergütung von 3 Thlr. 4 Sgr. (11 Fr. 75 Cts,) bezw 3 Thlr. 18 Sgr. (13 Fr. 50 Cts.) für den Zentner gewährt wird, bis auf Weiteres nur über nachstehend bezeichneten Aemter stattfinden: ([2])

. . . . .

Der mit dem Anspruch auf Zoll- oder Steuervergütung auszuführende Zucker ist mittelst einer, in einfacher Ausfertigung abzugebenden Deklaration, wozu das Schema bei den vorbezeichneten Amtsstellen eingesehen werden kann, anzumelden. Es ist darin in Betreff des nicht als Kandis oder in weißen, harten, vollen Broden zur Versendung kommenden Zuckers der Gehalt an reinem Zucker in Prozenten anzugeben oder es muß doch daraus mit Sicherheit zu entnehmen sein, für welche Klasse die Vergütung in Anspruch genommen wird, also z. B.

„weißer Stampfmelis über 98 Prozent Zuckergehalt"

---

([1]) Von Abdruck des Verzeichnisses der betr. Aemter ist abgesehen worden, weil dasselbe bei allen inländischen Steuerstellen eingesehen werden kann (s. A. Bl. 1872 S. 6 und 1873 S. 420). Innerhalb E. L. sind die Hauptsteuerämter Straßburg, Mülhausen und Colmar und die Nebenzollämter I. Cl. Avricourt und Novéant ermächtigt (s. A. Bl. 1872 S. 5, 1873 S. 94 und 121, 1875 S. 61).

([2]) Wegen des Verzeichnisses der Aemter, wie zu Anm. 1. In E. L. ist keiner Zollstelle die Befugniß zur Abfertigung von Zucker zur Ausfuhr mit Anspruch auf Zoll- oder Steuervergütung beigelegt worden.

oder

„blonder Rohzucker über 88 Prozent"

oder

„Rohzucker unter 98 Prozent und über 88 Prozent Zuckergehalt".

Alle Ausfuhranmeldungen, welche über den in Anspruch genommenen Vergütungssatz (3 Thlr. 25 Sgr., 3 Thlr. 18 Sgr. oder 3 Thlr. 4 Sgr. = 14 Fr. 37 ½ Cts., 13 Fr. 50 Cts. oder 11 Fr. 75 Cts.) Zweifel lassen, werden zur Vervollständigung oder Umschreibung zurückgegeben.

. . . . .

Anlage.

## Bestimmungen

### über die Kontrole, unter welcher Melasse zur Branntweinbereitung zollfrei zuzulassen ist.

1) Wer Melasse zur Branntweinbereitung zollfrei einführen will, hat, unter Angabe der zu beziehenden Menge, bei der Zolldirektivbehörde die Ertheilung eines Erlaubnißscheins zu beantragen. Der Erlaubnißschein wird für die Dauer eines Kalenderjahres ausgestellt.

2) Die zollfreie Ablassung der zur Branntweinbereitung eingehenden Melasse erfolgt nach vorheriger Denaturirung Seitens des Abfertigungsamtes durch einen Zusatz von 1 Prozent englischer Schwefelsäure, welche mit der drei- bis vierfachen Menge von Wasser verdünnt worden ist.

Die zur Denaturirung erforderliche Schwefelsäure haben die Betheiligten zu liefern.

3) Die Abfertigung kann bei dem Grenzzollamte oder bei einem Amte im Innern stattfinden, wohin auf den Antrag der Betheiligten die Melasse im Ansageverfahren oder mit Begleitschein I abzulassen ist.

4) Der ertheilte Erlaubnißschein ist dem Abfertigungsamte vorzulegen. Dasselbe hat die abgefertigte Menge auf dem Erlaubnißschein zu vermerken.

5) Der Zollverwaltung bleibt vorbehalten, von der wirklichen Verwendung der Melasse zur Branntweinbereitung auch in anderer Weise, namentlich durch spezielle Ueberwachung des Brennereibetriebes, Ueberzeugung zu nehmen, und kann in solchen Fällen, in denen die Kontrole über die Verwendung in anderer Weise zuverlässig ausgeübt werden kann, von der Denaturirung der Melasse Abstand genommen werden. (¹)

---

(¹) Die ursprüngliche Fassung der Nrn. 2. und 5. ist gemäß B. R. B. vom 3. März 1871 (§ 58 d. Prot.) berichtigt.

**27. Dezember 1871.** — Anweisung d. K. zur Ausführung des Gesetzes, die Besteuerung des Zuckers betr. (A. B. 1872 S. 5).

[Diese Anweisung enthält außer den durch die vorstehende Bekanntmachung veröffentlichten, noch die folgenden Bestimmungen:]

I. zu § 2 d. Ges.: Für die Anwendung der Muster, welche für jetzt nur aus Java- und französischem Rübenzucker gebildet worden sind, erfolgt in der Anlage A besondere Anweisung.

II. zu § 3 d. Ges.: In Betreff der Zucker, welche mit einem Zuckergehalte unter 98 Prozent zur Ausfuhr angemeldet werden, ist die Feststellung desselben durch Polarisation bei hellen Rohzuckern nur dann, wenn sie sehr feucht sind, dagegen stets bei allen dunkeln, bräunlichen, besonders bei denjenigen Rohzuckern (Nachprodukten) erforderlich, welche syrupiren, wenig scharfe Krystalle zeigen und stark nach Salzen schmecken.

Die Proben für die Polarisation sind mit äußerster Sorgfalt und nach denselben Regeln zu entnehmen, welche in der Anlage A für die Typirung aufgestellt sind.

Nur Kandis und bis in die Spitze ausgedeckter Hutzucker in weißen, harten, vollständigen Broten, welche aber kein höheres Gewicht, als 25 Pfund Netto haben dürfen, ist zur Ausfuhr als solcher oder nach vorheriger Zerkleinerung unter amtlicher Aufsicht gegen den Vergütungssatz von 3 Thlr. 25 Sgr. für den Zentner zu verstatten. Die in den meisten Raffinerieen gebräuchliche geringe Abdrehung der Spitze rechtfertigt nicht die Zurückweisung der sonst zuzulassenden Brote.

Aller andere harte Zucker — also auch Melisbrode mit abgeschlagenen oder angedrehten Spitzen, gelblich scheinender oder fleckiger, nicht ganz weißer Meliszucker, Stücke von Broten, sowie aller weiße Zucker in Krystall-, Krümel- oder Mehlform, mithin die ganz weißen, sogenannten Krystallzucker, ferner weißer Stampfmelis (Crushed) und die gemahlenen, scharf getrockneten ganz weißen Farine — erhält eine Vergütung von 3 Thlr. 18 Sgr. für den Zentner, wenn kein Zweifel darüber besteht, daß er trocken ist und mindestens 98 Prozent reinen Zucker enthält.

Die Trockenheit wird in der Regel durch das Gefühl festzustellen sein; nur wo begründete Zweifel darüber bestehen, daß der auszuführende Zucker mehr als 1 Prozent Wasser enthalte, ist zu näherer Ermittelung zu schreiten. Hierbei ist zunächst der Gehalt an reinem Zucker durch Polarisirung sicher festzustellen und, wenn sich dabei ein solcher von mehr als 98 Prozent ergibt, weiter kein Anstand zu erheben. Ist jedoch der Zuckergehalt von 98 Prozent nur eben erreicht, und muß der Zucker bei leisem Druck zwischen den Fingerspitzen als feucht bezeichnet werden, so ist eine Durchschnittsprobe vorsichtig zu entnehmen und in einer fest schließenden Schachtel von verzinntem Eisenblech, in Menge von mindestens einem halben Pfund, unter möglichster Beschleunigung und unter Mitbetheiligung des Exporteurs oder seines Bevollmächtigten, von diesem und den Abfertigungsbeamten wohl versiegelt, der Direktivbehörde zur Herbeiführung der Feststellung der Feuchtigkeit nach wissenschaftlichen Grundsätzen einzureichen.

Dabei wird darauf aufmerksam gemacht, daß, wie bei der Zuckereinfuhr, auch bei der Zuckerausfuhr der Inhalt eines jeden Kollo für sich betrachtet, dahin beurtheilt werden muß, ob die Ausfuhranmeldung eine richtige ist, daß mithin das Verfahren des Handelsstandes, welcher aus sämmtlichen, eine Partie bildenden Kolli eine Durchschnittsprobe zu bilden pflegt, weder für die Eingangs-, noch für die Ausgangsabfertigung zur Anwendung kommen darf. Nur bei dem Inhalte der nach Gesicht, Gefühl und Geschmack übereinstimmend befundenen Kolli genügt die Entnahme und Einsendung einer einzigen Probe für alle, während die in einer ganzen Post in den angedeuteten Beziehungen hervortretenden Unterschiede auch durch die entnommenen Proben ausgedrückt sein müssen, selbstverständlich stets unter genauer Bezeichnung der Kolli nach Marke und Nummer, auf welche sich die Proben beziehen.

Eine ängstliche und jedesmalige Feststellung des Zuckergehalts der zur Ausfuhr angemeldeten Krystallzucker ist nicht erforderlich, wenn dieselben vollständig weiß und trocken sind, noch weniger aber ist eine solche bei denjenigen ganz trockenen und weißen Zuckern nothwendig, welche im Handel als Stampfmelis bezeichnet werden. Die Revisionsbeamten haben sich nur davor zu hüten, helle Rohzucker mit den angeführten Zuckern zu verwechseln und die Anwendung des Polarisationsinstruments niemals auszusetzen, wenn irgend Anlaß zu Zweifeln über den Gehalt an reinem Zucker vorliegt.

Im Uebrigen hat an der Feststellung der Waarengattung ein Oberbeamter, bei Unterämtern der Amtsvorstand Theil zu nehmen. Die Vorschriften, welche für die Abfertigung von Zucker zum Ausgange mit dem Anspruche auf Steuervergütung in Ausführung des Schlußprotokolles zur Uebereinkunft wegen Vergütung der Steuer für ausgeführten Rübenzucker ꝛc. vom 25. April 1861 erlassen sind (1), bleiben, soweit sie nicht durch das Gesetz und durch diese Bestimmungen abgeändert sind, in Kraft.

III. zu § 4 d. Ges.: Wird bei der Abfertigung des zur Ausfuhr mit dem Anspruch auf Zoll- oder Steuervergütung

---

(1) Vgl. Anm. 2 auf S. 373.

angemeldeten Zuckers eine anscheinend straffällige Angabe ermittelt, so ist im Allgemeinen nach den zur Zeit bezüglich der Feststellung, Verfolgung und Bestrafung von Zollvergehen bestehenden Vorschriften zu verfahren. Räumt der Exporteur oder sein Bevollmächtigter nicht sofort die unrichtige Deklaration ein und erkennt er den Revisionsbefund der Abfertigungsbeamten nicht an, bestreitet er vielmehr dessen Richtigkeit, so ist eine unter seiner Betheiligung mit aller Vorsicht zu entnehmende Durchschnittsprobe des auszuführenden Zuckers von mindestens einem halben Pfund in einer fest schließenden Schachtel von verzinntem Eisenblech, welche der Exporteur oder sein Bevollmächtigter mit zu versiegeln hat, von der Abfertigungsstelle schleunig der Direktivbehörde einzureichen, welche die alsbaldige technische Untersuchung herbeizuführen hat.

Bei Differenzen zwischen der Angabe und dem Befunde des Zuckergehalts, auch wenn sie mehr als ein Drittel Prozent betragen, sind keine Weiterungen zu machen, sofern der Anspruch auf Bonifikation überhaupt begründet, durch die unrichtige Angabe aber nicht die Vergütung einer höheren Klasse in Anspruch genommen worden ist. Wären also z. B. 91 Prozent deklarirt, aber nur 89, Prozent ermittelt, so hätte die Differenz ohne Weiteres auf sich zu beruhen.

Anlage A.

## Anleitung
### zur Anwendung der Mustertypen bei der Eingangsverzollung.

Der § 2 des Gesetzes, betreffend die Besteuerung des Zuckers, verordnet, daß Rohzucker, welcher den nach Anleitung des Holländischen Standard Nr. 19 und darüber zu bestimmenden, bei den Zollstellen niederzulegenden Mustern entspricht, mit 5 Thalern für den Zentner, aller andere Rohzucker aber mit 4 Thalern für den Zentner bei der Einfuhr aus dem Auslande zu verzollen sei.

Die den kompetenten Zollstellen zur Ausführung dieser Bestimmung übergebenen Muster bestehen theils in Mustern von Java-Rohzucker, und zwar für die Nummern 16, 17, 18, 19 und 20, also von derjenigen Zuckerart, aus welcher der Holländische Standard gebildet worden ist, theils in Mustern von französischem Rübenrohzucker. Sie befinden sich in vierkantigen Standflaschen von weißem Glase mit der Bezeichnung: Java-Zucker resp. Französischer Rübenrohzucker Nr. 16, beziehentlich 17, 18, 19 und 20, mit der Jahreszahl 1869 darunter, sind zugebunden und am Korke mit dem Abdruck eines Siegels mit der Inschrift „Kommission für Bildung der Zuckertypen“ wohl verschlossen. Alle Muster befinden sich in festen starken Kasten von Eichenholz. In jedem der Kasten ist außerdem ein Kubus enthalten, welcher durch Absprengung des Halses aus einer Standflasche von der Gattung derer, worin sich die Muster befinden, gebildet ist.

Aufbewahrung der Muster.

Wegen Aufbewahrung und Anwendung dieser Muster wird folgende Anweisung ertheilt:

1. Die Kasten mit den Mustern müssen auf das Sorgfältigste aufbewahrt werden, einmal, um erstere zur Aufnahme neu zu bildender Muster benutzen zu können, dann aber auch namentlich zu dem Zwecke, um jede Veränderung des Zuckers in den Flaschen zu verhüten.

   Eine solche Veränderung tritt ein, wenn die Flaschen dem Sonnenlicht ausgesetzt werden; auch dürfen sie nicht an sehr warmen oder sehr feuchten Orten stehen, weil das Austrocknen und das Anziehen von Feuchtigkeit die Farbe des Zuckers verändern.

   Betheiligten Gewerbetreibenden müssen auf Verlangen die Muster im Amtslokale vorgelegt werden.

Anwendung der Muster u. Entnahme von Proben. a) bei farbigen Zuckern.

2. Da der Zucker Nr. 19 ein fast weißer ist, so versteht es sich von selbst, daß ein Zurückgehen auf die Muster bei der Abfertigung solcher Zucker nicht erforderlich ist, welche von Farbe gelb, graugelb oder gar dunkel sind. Solche Zucker können ohne Weiteres, jedoch nur unter Antheilnahme eines Oberbeamten, beziehentlich bei Unterämtern des Amtsvorstandes, bezüglich der Feststellung der Waarengattung abgefertigt werden. Die Angabe der Type, zu welcher der abzufertigende Rohzucker zu klassifiziren ist, unterbleibt bei allen Rohzuckerabfertigungen, und es genügt die Feststellung: „Rohzucker unter Nr. 19" oder „Rohzucker Nr. 19" beziehentlich „Rohzucker über Nr. 19."

b) bei weißen u. weißlichen Zuckern.

   Ist der abzufertigende Rohzucker aber weiß oder auch nur weißlich, so darf die Anwendung der Muster nicht unterbleiben.

   Hierzu kommt es zunächst auf die vorsichtige Entnahme der Probe an, zu welchem Behufe geeignete Sonden, Instrumente nach Art der Kaffeestecher (ein vorn abgerundeter, etwa 1½ Fuß langer Löffel mit etwa ½—¾ Zoll innerem oberem Durchmesser, von starkem Eisenblech, mit hölzernem Griff) zu beschaffen sind.

   Mittelst dieser Sonden ist der Zucker aus dem zu untersuchenden Kollo zu entnehmen, und zwar möglichst aus der Mitte desselben.

   Bei feuchten Zuckern sinkt nämlich bei längerer Lagerung auf einer und derselben Stelle das Wasser zu Boden und es bilden sich im Kollo drei Schichten Zucker, von welchen die oberste die trockenste und die unterste die feuchteste ist, so daß die Mittelschichte als diejenige angesehen werden kann, welche die Durchschnittsfeuchtigkeit des Kollo anzeigt. Aus dieser Mittelschicht muß der Zucker gezogen werden und zwar durch Anbohrung des Kollo an der Stelle, wo sich die Mittelschicht befindet.

Mit Rücksicht auf die Veränderungen durch die Feuchtigkeit muß gleich nach Oeffnung der Schiffsgefäße und Eisenbahnwagen, worin Rohzucker anlangt, durch einen mit Kalkmilch oder dergleichen anzubringenden Strich der Theil jedes Kollo bezeichnet werden, welcher oben liegt. Beim Ausladen müssen die Kolli ohne Veränderung dieser Lage, also mit dem weißen Strich nach oben, auf das Werft, die Ladebühne u. s. w. gelegt werden, und sind auch, falls sie zur Packhofs- oder in eine Privatniederlage gelangen, in derselben in dieser Lage zu erhalten.

Alsbald ist zur Entnahme der Proben zu schreiten, welche nur in Gegenwart und unter Leitung eines Oberbeamten, bei Unterämtern des Amtsvorstandes, möglichst unter Theilnahme des Einbringers oder Disponenten oder ihres Beauftragten auszuführen ist. Aus jedem Kollo ist eine Probe von etwa einem Achtelpfund zu ziehen, welche für sich in eine Tüte, Blase ꝛc., die mit der Bezeichnung des Kollo zu versehen ist, gelegt werden muß. Bevor dies jedoch geschieht, sind die gezogenen Proben auf einer schwarzen Tafel nebeneinander zu legen, und es genügt, wenn die Zucker, welche von vollständig gleicher Farbe hierbei befunden, in eine Probe vereinigt und in einer Tüte ꝛc., welche mit den Marken und Nummern aller dadurch repräsentirten Kolli bezeichnet werden muß, in das für die Prüfung der Zucker bestimmte geeignete Arbeitszimmer geschafft werden.

Dieser Transport und die folgende Vergleichung mit den Mustern muß schnell geschehen, um ein Abtrocknen der Proben, durch welches die Farbe verändert wird, zu verhüten.

3. Die Vergleichung der entnommenen Zuckerproben mit den Mustern darf nur in einem Raume geschehen, welcher einerlei Licht empfängt, das nicht durch den Reflex anderer Körper gefärbt ist. Die Vergleichung darf nicht im Sonnenscheine geschehen und nicht an Fenstern vorgenommen werden, an welchem das Auge durch die grelle Beleuchtung eines von der Sonne hell beschienenen Hauses ꝛc. mit weißem Anstrich geblendet ist. Findet sich keine andere Stelle, als an solchem Fenster, so muß wenigstens die Vergleichung so ausgeführt werden, daß der vergleichende

Vergleichung der entnommenen Proben mit den Mustern.

Beamte sich mit dem Rücken an das Fenster stellt und die zu vergleichenden Gläser mit Zucker in die Höhe hebt, um die Besichtigung auszuführen. Es geschieht dies zweckmäßig, indem die Gläser auf ein schwarz angestrichenes, unten mit einer einen Zoll breit vorstehenden Leiste versehenes Brett gelegt werden, welche deren Hinabrutschen verhütet.

Der zu prüfende Zucker muß frei von Knötchen oder Stücken sein. Kann man es nicht vermeiden, dieselben der Untersuchung mit zu Grunde zu legen, so müssen sie vorher durch leises Drücken zerkleinert werden.

Mit dem zu untersuchenden Zucker wird dann der Kubus derartig gefüllt, daß man ersteren schichtenweise fest eindrückt, so daß sich an der Seitenfläche eine ganz gleichartige, keine Lücken enthaltende Zuckermasse wie in den Typenflaschen zeigt. Hierauf legt man den Kubus mit der geschliffenen — also der, der beklebten entgegengesetzten — Fläche nach oben, auf einen schwarz angestrichenen Tisch oder auf ein schwarzes Brett, oder auch auf einen Bogen schwarzes Papier und legt rechts neben den Kubus die Type Nr. 19, links neben denselben die Type Nr. 18, beide mit der beklebten Seite nach unten und der geschliffenen Seite nach oben.

Nunmehr vergleicht man aufmerksam, ob der zu untersuchende Zucker im Kubus der Type Nr. 19 oder 18 gleich ist, namentlich ob er an Weiße erstere erreicht, oder gar übertrifft.

Erreicht er in weißer Farbe Nr. 19, so ist es nicht zweifelhaft, daß er zur höheren Klasse gehört und mit 5 Thalern für den Zentner zu verzollen ist, erreicht er aber in der Farbe Nr. 19 nicht vollständig, so muß er zur niederen Klasse gezählt und mit 4 Thalern für den Zentner verzollt werden.

Um Zweifel zu beseitigen und namentlich die Einwirkung jedes sogenannten falschen Lichts aufzuheben, empfiehlt es sich, die Typen zu wechseln und nach der ersten Vergleichung Nr. 18 rechts und Nr. 19 links zu legen. Findet sich dann die ursprüngliche Wahrnehmung bestätigt, so ist dieselbe als richtig anzusehen und danach der Revisionsbefund festzustellen.

Liegt die Farbe des zu untersuchenden Zuckers nicht gerade zwischen Nr. 18 und Nr. 19, so kann, wenn tiefer, noch in gleicher Weise die Zusammenhaltung mit den bezüglichen Typen unter Nr. 18 und wenn höher mit Nr. 20 erfolgen. Hierdurch wird den Revisionsbeamten die volle Ueberzeugung werden, ob der ihnen vorliegende Zucker zu Nr. 19 und darüber, oder unter Nr. 19 zu klassifiziren ist.

Welche Type bei der Vergleichung anzuwenden ist, ergiebt die Herkunft des zu untersuchenden Zuckers. Javazucker, welcher in Kanassern oder Kranjans eingeht, muß selbstverständlich mit den Typen aus Javazucker verglichen werden, ebenso Havannazucker, welcher in Kisten von circa 5 Zentner einzugehen pflegt, so lange noch keine besonderen Typen für diese Zuckergattung gebildet sind, und alle anderen exotischen Zucker, endlich vorerst auch Oesterreichischer Rübenzucker, für welchen Typen noch nicht haben gebildet werden können. Dagegen sind die in der Regel in Säcken von 200 Pfund eingehenden Französischen Rübenzucker nur mit den besonders für dieselben zu bildenden Typen zu vergleichen. Fehlt es an den der eingehenden Zuckergattung entsprechenden Typen, oder ist die Herkunft des Zuckers zweifelhaft, so finden die Typen aus Javazucker Anwendung.

Im Uebrigen wird darauf aufmerksam gemacht, daß neuerdings exotisch dunkel gefärbte Zucker mit länglichen, sehr großen, in ihrer größten Dimension über eine Linie ($^1/_{12}$ Preußischen Zoll) messenden Krystallen nach Europa gelangen, welche **nicht** mehr als Rohzucker angesehen werden dürfen. Sie müssen zu den raffinirten (Kandis-) Zuckern gerechnet werden.

4. Erhebt der Einbringer oder Disponent gegen die amtliche Klassifikation Widerspruch, so muß eine Probe von mindestens $^1/_2$ Pfund unter seiner oder seines Bevollmächtigten Betheiligung vorsichtig aufs Neue von dem beanstandeten Zucker entnommen und sofort in einer fest schließenden Schachtel von gut verzinntem Eisenblech, welche amtlich und von dem Betheiligten zu versiegeln ist, mit den Abfertigungspapieren und den etwa bereits erwachsenen Verhandlungen der Direktivbehörde zur Entscheidung eingereicht werden. *Verfahren bei Widerspruch gegen die amtliche Klassifikation.*

Die Ablassung der streitigen Waarenpost gegen Deponirung der Gefälle darf nur unter Zurückhaltung einer gleichen, doppelt versiegelten Probe an der Abfertigungsstelle genehmigt werden.

---

**28. Februar 1873.** — B. R. B. betr. die Ausfuhrvergütung für raffinirten Zucker (§ 74 d. Prot.). (¹)

Es wurde beschlossen, sich damit einverstanden zu erklären, daß die in § 3 des die Besteuerung des Zuckers betreffenden Gesetzes vom 26. Juni 1869 unter a. für Rohzucker von mindestens 88 Prozent Polarisation festgesetzte Ausfuhrvergütung

(¹) Z. vgl. V. vom 18. März 1873, I. 7480 (A. Bl., S. 150).

von 3 Thlr. 4 Sgr. für den Zentner auch in dem Falle zu gewähren ist, wenn raffinirter Zucker von unter 98, aber mindestens 88 Prozent Polarisation ausgeführt wird.

---

**4. Mai 1873.** — B. R. B. betr. probeweise Verwiegung von auszuführendem Rohzucker in Säcken (§ 236 d. Prot).([1])

Es wurde beschlossen, die unter Nr. 4 des B. R. B. vom 19. November 1871 (§ 506 d. Prot.) getroffene Bestimmung dahin abzuändern, daß die probeweisen Verwiegungen zur Feststellung des Nettogewichts für die Zukunft auf mindestens zwei Prozent der Kollizahl der ganzen Waarenpost erstreckt werden sollen.

---

**19. Februar 1877.** — B. R. B. betr. die Ausfuhrabfertigung von Zucker mit dem Anspruch auf Steuervergütung. (§ 66 d. Prot.) ([2])

Dem Antrag des Ausschusses für Zoll- und Steuerwesen entsprechend, wurde beschlossen:

1. Die Lagerung von Zucker mit Anspruch auf Abgabenvergütung in Privattransitlägern, welche unter amtlichem Mitverschlusse der Zollverwaltung stehen, allgemein für statthaft zu erklären;
2. Daß die Vorschrift, wonach bei der Abfertigung des mit dem Anspruch auf Abgabenvergütung ausgehenden Zuckers das durch Abrechnung des Tarasatzes von dem Bruttogewichte ermittelte Nettogewicht nur dann der Abgabenvergütung zum Grunde zu legen sei, wenn es nicht mehr beträgt, als das vom Versender in der Anmeldung angegebene Gewicht, sonst aber das deklarirte Nettogewicht, — auch dann Anwendung finde, wenn die Tara beziehungsweise das Nettogewicht einzelner Kolli durch Probeverwiegung ermittelt und hiernach das Nettogewicht der ganzen Waarenpost ermittelt sei.

---

([1]) A. Bl. 1877, S. 110. Vgl. übrigens die Anm. 2 auf S. 373.

([2]) A. Bl., S. 111.

# XIII.

# Die Branntweinsteuer.

## Inhaltsübersicht.



## Vorbemerkungen (¹).

Unmittelbar nach der Gründung des Zollvereins im Jahre 1833 wurde auf Anregung Preußens zwischen diesem Staate, dem Königreich Sachsen und dem Thüringischen Zoll- und Handelsvereine eine Gemeinschaftlichkeit der Branntweinbesteuerung in der Art beschlossen, daß innerhalb des Gebiets der vertragenden Theile der freie Verkehr mit Branntwein, sowie eine übereinstimmende Gesetzgebung und zwar die preußische eingeführt und der Ertrag an Steuer getheilt werden sollte. Dieser Steuergemeinschaft traten im Jahre 1841 Braunschweig

(¹) S. v. Aufseß „die Zölle und Verbrauchssteuern ꝛc." S. 92 ff.

und das Fürstenthum Lippe, im Jahre 1851 Hannover, 1852 Oldenburg bei. Im Jahre 1867 wurde die in Preußen bestehende Gesetzgebung in den annektirten Provinzen Hannover, Schleswig-Holstein und Hessen-Nassau eingeführt und nachdem im Art. 35 der Verfassung des Norddeutschen Bundes die Gesetzgebung über die Branntweinsteuer als Bundessache bezeichnet worden war, wurde die in den Staaten der Steuergemeinschaft bisher bestehende Besteuerung durch Bundesgesetz vom 8. Juli 1868 auch in dem zum N. B. gehörigen Theile des Großherzogthums Hessen (und in Folge auch in den südlich des Mains gelegenen Theilen desselben), ferner in Mecklenburg-Schwerin und Strelitz, Lauenburg, Lübeck und den von der Zolllinie eingeschlossenen hamburgischen und preußischen Gebietstheilen eingeführt.

Die obengedachte Bestimmung der Verfassung des Norddb. Bundes ist in den Art. 35 der Reichsverfassung mit der Einschränkung übergegangen, daß in Bayern, Württemberg und Baden die Besteuerung des inländischen Branntweins und Biers der Landesgesetzgebung vorbehalten bleibt. Für die hohenzollern'schen Lande ist hinsichtlich der Abgabe von der Branntweinbereitung ein besonderes Bundes-Gesetz vom 4. Mai 1868, sowie ein dasselbe modificirendes Reichsgesetz vom 15. November 1874 erlassen worden. In Elsaß-Lothringen wurde das Bundes-Gesetz vom 8. Juli 1868 mit Ges. vom 16. Mai 1873 eingeführt. Schließlich wurde durch Reichsgesetz vom 16. November 1874 hinsichtlich der Branntweinbesteuerung in denjenigen deutschen Gebietstheilen Bestimmung getroffen, welche zur Zeit außerhalb der gemeinschaftlichen Zollgrenze liegend, demnächst etwa eingeschlossen werden möchten.

Die preußische Branntweinsteuergesetzgebung, welche hiernach die Grundlage für die Besteuerung des Branntweins auf gemeinschaftliche Rechnung des deutschen Reiches bildet, beruht im Wesentlichen auf dem Steuergesetz und der Steuerordnung vom 8. Februar 1819, welche übrigens durch das Regulativ vom 1. Dezember 1820, bezw. die Cabinetsordre vom 20. Juni 1822, ferner die Cabinetsordre vom 10. Januar 1824, das Regulativ vom 21. August 1825 und die Cabinetsordre vom 16. Juni 1838, endlich durch das Gesetz vom 19. August 1854 modifizirt sind.

---

**24. Mai 1834.** — Ges. betr. Festsetzung des Einnahmebudgets. (B. d. L., 9. Serie, Nr. 286.)

. . . . .

Art. 10. (1)

---

(1) Vgl. Abschnitt XIX „Oktroi".

**8. Juli 1868.** — Ges. betr. die Besteuerung des Branntweins in verschiedenen zum Norddeutschen Bunde gehörenden Staaten und Gebietstheilen. (B. G., S. 384.) ([1])

[Der Text des Gesetzes ist im Zusammenhang mit den Dienstvorschriften vom 12. Juni 1873 abgedruckt. S. S. 391.]

---

**31. März 1870.** — B. R. B. betr. das Regulativ über die Vergütung, bezw. den Erlaß der Steuer für Branntwein, welcher zur Gewinnung von Alkaloiden verwendet wird.

[Das durch diesen Beschluß des B. R. des Norddeutschen Bundes festgestellte Regulativ ist den Hauptzoll- und Hauptsteuerämtern in E. L. mit den unterm 23. Juni 1873 erlassenen „Bestimmungen ꝛc." (s. d.) zur Nachachtung mitgetheilt worden.]

---

**2. Dezember 1871.** — B. R. B. betr. Steuervergütung für den zur Darstellung von Santonin verwendeten Branntwein. (§ 630 d. Prot.)

[Der Beschluß ist unter I, 2 der „Bestimmungen ꝛc." vom 23. Juni 1873 enthalten.]

---

**25. März 1872.** — B. R. B. betr. die Denaturirung von Branntwein zur Gewinnung von Alkaloiden oder Santonin. (§ 89 d. Prot.)

[Der Beschluß ist unter I, 3 der „Bestimmungen ꝛc." vom 23. Juni 1873 enthalten.]

---

**9. Mai 1872.** — B. R. B. betr. Erleichterungen für die Preßhefefabrikanten. (§ 236 d. Prot.)

[Die nach diesem Beschlusse zulässigen Erleichterungen sind bei Erlaß der „Bestimmungen ꝛc." vom 30. Juni 1873 aufgenommen worden.]

---

**9. Mai 1873.** — B. R. B. betr. die Ausfuhrvergütung für parfümirten Spiritus. (§ 249 d. Prot.)

[Der Beschluß ist unter II, 1—4 der „Bestimmungen ꝛc." vom 23. Juni 1873 enthalten.]

---

([1]) Eingeführt in E. L. durch Ges. vom 16. Mai 1873.

**16. Mai 1873.** — Ges. betr. die Besteuerung des Branntweins. (G. E. L., S. 67).

§ 1. Die unter den Bezeichnungen Verbrauchsabgabe (droit de consommation) und Eingangsabgabe (droit d'entrée) bisher erhobenen Abgaben vom Branntwein werden aufgehoben. (¹)

Die Wirksamkeit des Reichsgesetzes vom 8. Juli 1868, betreffend die Besteuerung des Branntweins in verschiedenen zum Norddeutschen Bunde gehörenden Staaten und Gebietstheilen, in der Fassung der Beilage, wird auf Elsaß-Lothringen ausgedehnt.

§ 2. Von dem aus dem freien Verkehr des deutschen Zollgebiets eingehenden Branntwein wird eine Abgabe nur erhoben bei der Einfuhr aus Bayern, Württemberg, Baden und den Hohenzollernschen Landen. Diese Abgabe (Uebergangssteuer) beträgt 16 Franken 38 Centimen für 1 Hektoliter bei 50 Prozent Alkoholstärke nach Tralles. (²)

§ 3. Der Ertrag der Abgaben vom Branntwein fließt in die Reichskasse.

Dieser Ertrag besteht aus der gesammten von diesen Abgaben aufgekommenen Einnahme nach Abzug:

1) der auf Gesetzen oder allgemeinen Verwaltungsvorschriften beruhenden Steuervergütungen und Ermäßigungen,
2) der Rückerstattungen für unrichtige Erhebungen und
3) der Erhebungs- und Verwaltungskosten mit fünfzehn Prozent der Gesammteinnahme. (³)

§ 4. Das gegenwärtige Gesetz tritt mit dem 1. Juli 1873 in Kraft.

Von den an diesem Tage vorhandenen unversteuerten Vorräthen der Branntwein-Großhändler und Branntwein-Kleinhändler wird eine Abgabe von dem Betrag der Uebergangssteuer (§ 2) erhoben. (⁴)

---

(¹) Z. vgl. die Anm. 2 auf S. 67 Bd. I.

(²) *M.* 13, 10. Vgl. übrigens wegen der Einfuhr aus Luxemburg die Bek. vom 22. Dezember 1875, Bd. I, S. 254.

(³) Z. vgl. Art. 38 d. R. V.

(⁴) Z. vgl. die Lith. V. vom 12. und 19. Juni 1873, I. 17094 und 17907.

Die zur Ausführung des Gesetzes erforderlichen Anordnungen erläßt der Reichskanzler. (¹)

**12. Juni 1873.** — Dienstvorschriften zur Ausführung des Gesetzes vom 8. Juli 1868, die Besteuerung des Branntweins betr. (A. Bl., S. 247.) (²)

[Der Text des Gesetzes vom 8. Juli 1868 ist in größerer, derjenige der Dienstvorschriften in kleinerer Schrift gedruckt.]

## I. Allgemeine Bestimmungen.

§ 1. Die Steuer von dem im Inlande erzeugten Branntwein soll für $1\,^{145}/_{1000}$ Liter Branntwein zu 50 Prozent Alkoholstärke nach dem Alkoholometer von Tralles $1\,^{9}/_{10}$ Silbergroschen ($19\,^{17}/_{32}$ Centimen) betragen. 1. Höhe der Steuer.

1. Der in § 1 des Gesetzes festgesetzte Steuersatz ist als Normalsatz für die Besteuerung des Produkts aus der Branntweinbereitung anzusehen.

Die Erhebung der Steuer findet lediglich nach den in den §§ 3 und 4 des Gesetzes angegebenen Sätzen statt.

---

(¹) Z. vgl. die Dienstvorschriften vom 12. Juni 1873 zur Ausführung des Gesetzes. Um den kleinen Brennern, hauptsächlich den s. g. Eigenbrennern den Uebergang zu der neuen Steuer und den seither ungekannten Kontrolevorschriften zu erleichtern, sind bis auf Weiteres Ausnahmsbestimmungen getroffen worden, welche jedoch gemäß Erl. d. R. K. vom 18. Juli 1873 R. K. A. 3785 III in die Dienstvorschriften nicht aufgenommen wurden.

(²) Vom R. K. zum Vollzug genehmigt durch Erl. vom 18. Juli 1873 R. K. A. 3785 III. Z. vgl. Lith. V. vom 26. Juli 1873. I. 21869. — Wegen der den Eigenbrennereien bewilligten Erleichterungen vgl. die Anm. 1, sowie den Erl. d. R. K. A. vom 14. Juni 1873 R. K. A. 3206 III. — Die D. V. wurden erstmals mit lith. V. vom 12. Juni 1873, I. 17093 im Entwurf an die Lokalbehörden hinausgegeben. Durch die lith. V. vom 10. September 1874, I. 13296 ist den Beamten anempfohlen, sich mit deren Inhalt gehörig vertraut zu machen. — Für das Steueraufsichtspersonal ist unterm 30. September 1873 eine besondere Dienstanweisung in Bezug auf die Beaufsichtigung der Branntweinbrennereien erlassen worden, die im Amtsblatt nicht abgedruckt ist.

2. Auf welchem Wege dieselbe erhoben wird.

§ 2. Diese Steuer wird erhoben:

a) bei der Bereitung des Branntweins aus Getreide oder anderen mehligen Stoffen nach dem Rauminhalte der zur Einmaischung oder Gährung der Maische benutzten Gefäße (Maischbottichsteuer);

b) bei der Bereitung des Branntweins aus nicht mehligen Stoffen nach der Menge der dazu zu verwendenden Materialien (Branntweinmaterialsteuer).

2. Jede Bereitung von Lutter, auch wenn derselbe z. B. in Essig umgewandelt werden soll, unterliegt den Bestimmungen des Gesetzes vom 8. Juli 1868 und ist demgemäß steuerpflichtig. ([1])

3. Erhebungssätze. a) Maischbottichsteuer.

§ 3. Die Maischbottichsteuer (§ 2a) wird mit 3 Silbergroschen (37½ Cent.) für jede 22⁹⁄₁₀ Liter des Rauminhalts der Maischbottiche und für jede Einmaischung erhoben. ([2])

---

([1]) Wegen der bei der Ausfuhr von Essig zu leistenden Steuerrückvergütung vgl. Art. 5, § 4 d. Z. V. V. vom 8. Juli 1867, sowie lith. V. vom 23. Juni und 26. Juli 1873 l. 18247 u. 21866.

([2]) Bei der Verarbeitung von Melasse (Rübensyrup) soll die Steuer zwar als Materialsteuer verbucht, aber nach dem Rauminhalt der Maischbottiche, bezw. nach den Bestimmungen für die Maischsteuer berechnet werden. (V. vom 14. Dezember 1873. l. 32086.)

Bezüglich der Versteuerung von Enzianwurzeln und Roßkartoffeln, welche auf Branntwein verarbeitet werden hat sich das R. K. A. durch Erl. vom 19. Juni 1874 R. K. A. 3796 III. damit einverstanden erklärt, daß hinsichtlich der Methode der Besteuerung und des Steuersatzes die Vorschriften der §§ 2. lit. a. und 3 des Ges., im Uebrigen aber die für das Abbrennen nicht mehliger Stoffe bestehenden gesetzlichen Bestimmungen, vorbehaltlich jederzeitigen Widerrufs zur Anwendung gebracht werden. (Z. vgl. Lith. V. vom 6. August 1874. I. 11248.)

Der Steuersatz für Runkelrüben ist von dem R. K. A. gemäß Erl. vom 23. September 1874 R. K. A. III. 5597 auf 2 Sgr. für je 22,9 Liter Maischraum festgesetzt worden. Diese Festsetzung bezieht sich übrigens nur auf E. L. und ist jederzeit widerruflich. (Z. vgl. V. vom 27. September 1874. I. 14015.)

Bei der Verarbeitung von aus Rückständen bei der Kartoffelstärkefabrikation gewonnenem Zuckerwasser soll in einem Spezialfalle gemäß Erl. d. R. K. A. vom 22. Juni 1876, R. K. A. 1083 III. eine Steuer von 15 Pfennigen für je

Von landwirthschaftlichen Brennereien, welche nur in dem Zeitraume vom 1. November bis zum 16. Mai, diesen Tag mit eingeschlossen, im Betriebe sind, in dem vorhergegangenen Sommerhalbjahre ganz geruht haben, nur selbst gewonnene Erzeugnisse verwenden und an einem Tage nicht über 1030⅓ Liter Bottichraum bemaischen, sollen jedoch nur zwei Silbergroschen und sechs Pfennige für 22⁹/₁₀ Liter Maischraum erhoben werden. (¹)

3. Besitzer landwirthschaftlicher Brennereien, welche unter den in § 3 des Gesetzes vorgeschriebenen Bedingungen zur Entrichtung des geringeren Steuersatzes zugelassen werden wollen, müssen dies vorher anmelden, und erlegen dann diesen Satz, so lange sich ihr Brennereibetrieb in den vorgeschriebenen Grenzen hält.

Im Falle der Unterlassung der vorherigen Anmeldung ist ein Anspruch auf Rückerstattung der gegen den niederen Satz mehr gezahlten Steuer nicht begründet.

4. Die Betriebsfrist für landwirthschaftliche Brennereien bis zum 16. Mai ist dergestalt zu rechnen, daß an diesem Tage die letzte Einmaischung, das Abbrennen der Maische mithin noch an den folgenden Tagen stattfinden kann.

5. Landwirthschaftliche Maischbrennereien, welche zum geringeren Satze steuern, verlieren nicht den Anspruch auf die Begünstigung für die nächsten Wintermonate, wenn sie in den unmittelbar vorhergegangenen Sommermonaten ihre Brennereigeräthe zur Verarbeitung selbstgewonnener oder nicht selbstgewonnener, nichtmehliger Substanzen auf Branntwein nach Maßgabe des Gesetzes benutzt haben.

6. Wenn die übrigen Bedingungen zur Zulassung einer landwirthschaftlichen Brennerei zum niederen Steuersatze vorhanden sind, macht es keinen Unterschied, ob das Gut, mit welchem die Brennerei verbunden ist, zum platten Lande oder zu einer Stadt gehört.

---

22,9 Liter Maischraum erhoben werden. Die Festsetzung ist widerruflich und unter der durch Kontrole zu sichernden Bedingung ertheilt, daß nicht Kartoffelzucker, Syrup, Melasse u. dergl. dem Zuckerwasser beigemengt werden. Durch Erl. vom 11. Februar 1877 R. K. A. f. E. L. 770 ist dieser Steuersatz auf 12 Pfennige ermäßigt worden.

(¹) Die Besitzer landwirthschaftlicher Brennereien können während der Wintermonate von ihrer eigenen Ernte stammenden Wein, Obstwein, Trester, Hefe, Obst u. dergl. abbrennen und sind in dieser Hinsicht als Eigenbrenner zu betrachten. (Z. vgl. Lith. V. vom 27. Januar 1875. I. 1448.)

7. Es macht ferner keinen Unterschied, ob die auf dem platten Lande oder auf städtischer Feldmark belegenen, unter eigener Kultur stehenden Grundstücke Eigenthum des Inhabers einer landwirthschaftlichen Brennerei oder von demselben erpachtet sind.

8. Bei denjenigen landwirthschaftlichen Brennereien, welche den niederen Steuersatz entrichten, ist zwar in Bezug auf die Bedingung, daß dieselben nur aus selbst gewonnenen Erzeugnissen brennen dürfen, eine ängstliche Kontrole nicht erforderlich; die Aufsichtsbeamten müssen aber doch im Allgemeinen dahin sehen, daß der Brennereibetrieb mit dem Ernteertrage des Besitzers in angemessenem Verhältnisse stehe.

Bei Beurtheilung der Hinlänglichkeit des Materials aus dem eigenen Ernteertrage ist darauf Rücksicht zu nehmen, daß die tägliche Bemaischung nicht das zulässige Maximum von 1030 ⅘ Liter zu erreichen braucht, sondern von 687 Liter ab geschehen kann, auch eine tägliche Bemaischung nicht unumgänglich erforderlich ist.

9. Als Hauptbedingung der Gewährung des geringeren Steuersatzes für landwirthschaftliche Brennereien ist es anzusehen, daß die Inhaber derselben aus eigenen Erzeugnissen brennen, ihre Ackerwirthschaft daher einen solchen Umfang hat, daß der Erntegewinn der dazu gehörenden Ländereien, ohne Zukauf von Früchten, für den Betrieb der Brennerei innerhalb der bestimmten Grenzen ausreicht und letztere hauptsächlich zur Ueberwinterung des für die Landwirthschaft erforderlichen Viehstandes betrieben wurde. Unter diesen Voraussetzungen ist es gleichgültig, ob der Brennereibesitzer außerdem noch Handel, Gastwirthschaft, Brauerei oder Bäckerei als Haupt- oder Nebengewerbe treibt. Wenn er für diese anderen Gewerbe noch Getreide aufkaufen muß, so kann dies allein keinen Grund abgeben, ihm die Begünstigung des niederen Steuersatzes, unter Voraussetzung der übrigen Bedingungen desselben, zu entziehen.

10. Wer an einem Tage über 1030 ⅘ Liter deklarirt und dies dadurch ausgleichen will, daß er an einem anderen Tage ebensoviel unter 1030 ⅘ Liter deklarirt, kann zum niederen Steuersatz nicht zugelassen werden, da die Bedingung, daß nicht über 1030 ⅘ Liter Bottichraum deklarirt werden, für jeden einzelnen Betriebstag gilt.

b) Branntweinmaterialsteuer.

§ 4. An Branntweinmaterialsteuer (§ 2 b) wird entrichtet:

a) für jede 68 7/10 Liter eingestampfte Weintreber, Kernobst oder auch Treber von Kernobst und Beerenfrüchten aller Art vier Silbergroschen (50 Centimen);

b) für jede 68 7/10 Liter Trauben- oder Obstwein, Weinhefen und Steinobst acht Silbergroschen (1 Frank);

c) bei anderen nicht mehligen Stoffen, welche zur Branntweinerzeugung verwendet werden möchten, wird die Steuer durch die oberste Finanzbehörde des betreffenden Staates nach Verhältniß der Ausbeute und nach dem Normalsatze (§ 1) festgesetzt. (¹)

11. Zu den Beerenfrüchten (§ 4 a) gehören auch die Schleedornbeeren. (²)

12. Die Verarbeitung von zur Weinbereitung nicht tauglichen Trauben auf Branntwein kann gegen Entrichtung des niederen Materialsteuersatzes (§ 4 a) nachgelassen werden. Die Kontrolebedingungen werden von dem Direktor der Zölle und indirekten Steuern bestimmt. (³)

13. Bei der Bereitung von Branntwein aus Weinhefe, welche in Folge der Auspressung so fest geworden ist, daß sie in gewöhnlichen Säcken von Packleinwand transportirt werden kann, hat die Steuer nach dem niederen Materialsteuersatze (§ 4 a des Gesetzes) in Erhebung zu kommen.

14. In Beziehung auf die Bereitung der Hefenmittel und die steuerfreie Verwendung von Hefengefäßen sind dieselben Vorschriften anwendbar, welche für die Branntweinbereitung aus mehligen Stoffen gegeben sind.

15. Gemäß § 4 c sind unter Vorbehalt jederzeitigen Widerrufs folgende Steuersätze für die Branntweinbereitung festgesetzt worden:

Für 68 ⁷/₁₀ Liter Hefenbrühe 50 Centimen;
— — Glattwasser, 50 Centimen;
— — Essigbrauabfälle (Rückständen der Essigbereitung aus Malzschrot), 56 ¹/₄ Centimen;
— — umgeschlagenes Bier, 75 Centimen;

---

(¹) Z. vgl. die Anm. 2 auf S. 392.

(²) Die Personen, welche Heidelbeeren, sowie Beeren von Ebereschen und Schleedorn sammeln und zu Branntwein verarbeiten, können als Eigenbrenner angesehen werden und sind ihnen die bezüglichen Erleichterungen (s. Bek. vom 26. Juli 1873) zu gewähren. (Lith. V. vom 14. November 1874, I. 16306.) Diese Beerenfrüchte unterliegen dem niederen Steuersatze und es sind bei der Fixation der Steuer die Normalabtriebsverhältnisse wie für Steinobst zu Grunde zu legen. (Lith. V. vom 5. August 1876, I. 9208 II.)

(³) Verdorbene Rosinen werden nach der im § 4 b festgesetzten höheren Materialsteuer besteuert. Z. vgl. V. R. V. vom 20. November 1874 im Abschn. IX. B (S. 106) und die Anmerkungen hierzu.

Für 68 7/10 Liter Rübensyrup (Melasse), Runkelrüben und andere Rübenarten, 1 Frank 12 ½ Centimen. (1)

4. Vergütung der Steuer bei Versendungen von Branntwein ins Ausland.

§ 5. Bei der Ausfuhr von Branntwein nach dem Auslande wird eine Rückvergütung der Steuer von 11 Silberpfennigen (11,46 Centimen) für 1 145/1000 Liter zu 50 Prozent Alkohol nach Tralles gewährt. (2)

## II. Vorschriften über die Erhebung und Kontrolirung der Steuer.

1. Anmeldung der Geräthe.

§ 6. Wer eine Brennerei einrichten oder einen Destillirapparat anschaffen will, ist gehalten, solches vorher der betreffenden Steuerhebestelle anzuzeigen und derselben mindestens acht Tage vor Anfang des Betriebes eine Nachweisung nach einem besonders vorzuschreibenden Muster einzureichen, worin die Räume zur Aufstellung der Geräthe und zum Betriebe der Brennerei, die Brenn- und Maischgefäße, als: Blasen, Helme, Maischwärmer, Kühlapparate, Maischbottiche, Vormaischbottiche, Kartoffeldämpfer und andere Dampfgefäße, Kühl-, Hefen- und Schlempegefäße, Maisch-, Lutter- und andere Reservoirs u. s. w., ingleichen der in Litern ausgedrückte gesammte Rauminhalt jedes einzelnen dieser Geräthe genau und vollständig angegeben sein müssen. Dieser Nachweisung muß ein einfacher Grundriß desjenigen Raumes, in welchem sich die Brennereigeräthe befinden, und ihrer Stellung in demselben nach einem von der Steuerbehörde vorzuschreibenden Muster beigefügt und die darin bezeichnete Stellung

---

(1) Bezüglich der Melasse, vgl. die Anm. 2 auf S. 392. Vgl. außerdem die Anlage zur Bek. vom 27. Dezember 1871 betr. Ausführung des Zuckersteuergesetzes, enthaltend Bestimmungen über die Kontrolen, unter welchen Melasse zur Branntweinbereitung zollfrei zu lassen ist. S. 378.

Wegen der bei Verarbeitung von Glattwasser in Anwendung zu bringenden Betriebsperioden, vgl. die Anm. zu Nr. 59 der D. V.

(2) Z. vgl. §§ 9—12 der Bek. vom 28. Juli 1873, s. Bd. I, S. 228.

Wegen der Steuerrückvergütung für ausgeführten Essig, vgl. die Anm. 1 auf S. 392.

Wegen der Aufnahme von Branntwein in öffentlichen Niederlagen, vgl. B. R. B. vom 14. Mai 1870 (§ 64 d. Prot.) s. Bd. I, S. 214.

der Geräthe während jeder Betriebszeit so lange unverändert beibehalten werden, als Abänderungen nicht durch Einreichung eines anderweiten Grundrisses angezeigt worden sind.

Ebenso liegt dem Besitzer einer Brennerei oder eines Destillirapparates ob, wenn Geräth angeschafft wird, oder wenn das bereits angemeldete ganz oder zum Theil abgeändert worden ist, binnen drei Tagen nach der Empfangnahme des Gerätheѕ der Steuerhebestelle davon Anzeige zu machen und dasselbe nicht ohne die von letzterer zu ertheilende amtliche Bescheinigung in Gebrauch zu nehmen.

Zur Anzeige binnen drei Tagen ist derselbe auch verpflichtet, wenn das bereits angemeldete Geräth ganz oder zum Theil in ein anderes Lokal gebracht wird.

Diejenigen, welche zur Zeit der Publikation dieses Gesetzes eine Brennerei oder einen Destillirapparat bereits besitzen, sind verpflichtet, den Steuerhebestellen die vorgeschriebene Nachweisung der Betriebsräume und Geräthe, wenn ein Betrieb stattfinden soll, mindestens acht Tage vor Anfang desselben, sonst aber jedenfalls im Laufe desjenigen Monats, welcher der Publikation dieser Verordnung folgen wird, einzureichen, soweit dies nicht bereits auf Grund der bisherigen gesetzlichen Vorschriften geschehen ist. (¹)

16. Die Hefengefäße können im Falle des Bedürfnisses zeitweise auch an andere Plätze gestellt werden, als im Grundrisse angegeben, wenn die Brennereibesitzer in Spalte 9 des Betriebsplans (s. Musteranlage X) vorher angeben, zu welchen Zeiten oder bei welcher Lage des Betriebs die Gefäße von dem angewiesenen Platze entfernt werden, und woselbst sie dann aufzufinden sind.

17. Jede Steuerhebestelle führt über die in ihrem Bezirke vorhandenen Brennereien und Destillіranstalten ein Inventarium nach dem Muster Anlage I.

18. Sobald die alsbald anzulegenden neuen Inventarien der unteren Stellen fertig sind, hat der Oberkontroleur nach vorgängiger Prüfung der Vollständigkeit derselben und ihrer Uebereinstimmung mit dem wirklichen Bestande, auf dem Titelblatte mit Angabe des Tags zu bescheinigen, daß in das neue

(¹) Vgl. § 59 d. Ges. — Wegen der sog. Wanderbrenner, vgl. die lith. V. vom 12. Oktober 1875, I. 13643, und die V. vom 27. Mai 1876, I. 7413, sowie den § 20 der D. V. bezüglich der Lizenzgebühren. S. Abschn. XVII.

Inventarium alle dahin gehörigen Betriebsanstalten mit ihren Geräthen vollständig und richtig übernommen seien.

19. Von jedem Inventarium ist eine ebenso bescheinigte genaue Abschrift, jedoch ohne Beläge und ohne Angabe der Belägenummern, an das vorgesetzte Hauptamt einzusenden.

20. Die (Muster-Anlage I, Vorschrift 8 und 9) vorgeschriebene Nummerordnung für die Geräthe ist alsbald einzuführen. Neu hinzutretende Geräthe müssen die in der Folgeordnung fehlenden Nummern erhalten.

21. Zu vermeiden ist, den Geräthen andere Nummern, als diejenigen zu geben, welche sie in den Verhandlungen über ihre Vermessung führen. Wenn dies geschehen sein möchte, so ist die Nummer des Vermessungsprotokolls (vgl. Nr. 44) an dem betreffenden Geräthe und im Inventarium wiederherzustellen.

22. Die Dampfkessel der Destillirapparate in den Brennereien sind gleich den Helmen, Kühlern, Maisch- und Vorwärmern, als Stücke des Destillirgeräthes zu betrachten und daher in den Spalten 1—6 des Brennerei-Inventariums (Muster Anlage I) nachzuweisen, auch von Seiten der Brennereiinhaber zum Betriebe anzumelden und demgemäß auf der 4. Seite des Betriebsplans mit aufzuführen.

Auch die Wannen, in welchen die für die Einmaischung bestimmten Kartoffeln gewaschen werden, sind anzumelden und in das Brennereiinventar aufzunehmen.

23. Die Nachweisungen der Gewerbetreibenden in Betreff der Räume und Geräthe müssen nach dem beiliegenden Muster II gefertigt werden.

24. Diese Nachweisungen — „Geräthеanmeldungen" — sind bei Anlegung der Inventarien allgemein zu erfordern und von den Besitzern der Betriebsanstalten in zweifacher Ausfertigung zu übergeben. Zu diesem Behuf hat das Steuerpersonal allen bekannten Brennern (auch den seitherigen nicht unter Kontrole stehenden „Eigenbrennern") die nöthigen Formulare unter Hinweisung auf den letzten Absatz des § 6 des Gesetzes vom 8. Juli 1868 einzuhändigen und denselben bei Aufstellung der Nachweisungen soviel als möglich behilflich zu sein.

25. Bei verpachteten Brennereien ist in den Brennereiinventarien (Muster Anl. I) und in den Anmeldungen der Räume und Geräthe (Muster Anl. II) der Pächter als derjenige aufzuführen, der die steuerpflichtige Fabrikation betreibt. Etwaige Veränderungen hinsichtlich der Person des Inhabers sind in dem Inventarium in der Art nachzutragen, daß in der Ueberschrift des betreffenden Kontos der Name des bisherigen Inhabers durchstrichen und der Name des folgenden Inhabers darüber oder daneben geschrieben und gleichzeitig in der zu Bemerkungen bestimmten Spalte der Zeitpunkt einer derartigen Besitzveränderungen angemerkt wird.

26. Die Feststellung der Muster zu einfachen linearischen Grundrissen derjenigen Räume, in welchen sich die Brennereigeräthe befinden, bleibt im Bedürfnißfalle den Hauptämtern überlassen.

27. Ueber jede mit den Räumen und Geräthen vorgehende Veränderung hat der Besitzer der betreffenden Betriebsanstalt der Steuerhebestelle eine schriftliche Anzeige zu machen, wozu das Muster Anlage III anzuwenden ist. Dasselbe dient auch für Kupferschmiede und andere Personen, welche Destillirgeräthe (Pfannen und dergleichen) aus den Händen geben.

28. Jedes Hauptamt hält als solches für die übrigen Hebebezirke seines Bereichs ein Hauptinventarium sämmtlicher Brennereien und Destilliranstalten.

Dieses Hauptinventarium bildet sich aus den nach Nr. 19 von den Unterstellen zu liefernden Abschriften ihrer Inventarien. Der Bezirk jeder Hebestelle bildet darin eine Hauptabtheilung, welche von den folgenden auf leicht erkennbare Art geschieden sein und den nöthigen Raum zu Nachtragungen enthalten muß.

29. Das Hauptinventarium wird in einen oder mehrere Bände gebracht.

30. Beläge für das Hauptinventarium sind allein die von den Hebestellen nach dem Muster Anlage IV vierteljährlich zu liefernden Nachweisungen der stattgefundenen Veränderungen. Diese Nachweisungen werden bei dem Hauptamte für jeden Hebebezirk in ein besonderes Heft gebracht und, nach der Zeitfolge geordnet, mit einer fortlaufenden Nummer versehen.

31. Nach dem Eingange der Nachweisungen werden die darin angezeigten Veränderungen, der Anleitung für die Spezialinventarien (Muster Anlage I, Nr. 17) und den Probeeintragungen gemäß, in den Hauptinventarien bemerkt, wobei als Nummer des Belags für den Zu- und Abgang die Nummer der betreffenden Nachweisung angegeben wird.

2. Abmeldung der Geräthe.

§ 7. Besitzer von Brennereien dürfen keine Brennereigeräthe (§ 6) und andere Personen keine Destillirgeräthe, nämlich Blasen, Helme und Kühler, weder ganz noch theilweise aus ihren Händen geben, bevor sie es der Steuerhebestelle ihres Bezirks angezeigt und von dieser eine Bescheinigung darüber erhalten haben. (¹)

32. Auktions-Kommissarien, welche blos auftragsweise dergleichen Geräthe verkaufen, gehören nicht in die Kategorie der im Gesetze bezeichneten Personen, sind namentlich nicht Be-

(¹) Vgl. § 60 d. Ges.

sitzer im gesetzlichen Sinne und können daher zu der vorgeschriebenen Anzeige nicht angehalten und ebensowenig, wenn solche unterlassen ist, in Strafe genommen werden. In solchen Fällen ist, wenn der Auftrag von einer Privatperson ertheilt worden, auf diese zurückzugehen.

3. Vermessung und Bezeichnung der Geräthe.

§ 8. Die in den Brennereien vorhandenen, die künftig hinzukommenden und die abgeänderten Brennereigeräthe und Gefäße werden nach der Bestimmung der Steuerbehörde nummerirt, auch von derselben nachgemessen und, soweit es thunlich ist, mit einem Stempel versehen. Den ermittelten Rauminhalt und die Nummer muß der Brennereibesitzer an den Geräthen deutlich bezeichnen und diese Bezeichnung gehörig erhalten lassen; wie solche zu bewirken und wo sie anzubringen sei, wird für jedes Geräth von der Steuerbehörde bestimmt.

Bis zur amtlichen Nachvermessung der Maischgefäße, welche lediglich im Interesse der Steuerverwaltung erfolgt, dienen die über den Rauminhalt abzugebenden Anmeldungen zur vorläufigen Berechnung der Steuer. (1)

33. Einer amtlichen Vermessung der Dampfkessel, der Destillirapparate und der Kühler bedarf es nicht, ebensowenig der Schlempebottiche oder Spülichbehälter, wenn solche nicht in dem Brennereilokal, sondern außerhalb desselben aufgestellt sind, welches letztere überhaupt zur Erleichterung der Kontrole um so mehr zu wünschen ist, als diese, zur Aufnahme und weiteren Benutzung des Abgangs bestimmten Gefäße mit dem Brennereibetriebe selbst in keiner nothwendigen Verbindung stehen.

34. Von den in den Brennereien vorhandenen Gefäßen müssen vermessen sein:

a) mit Wasser durch den Oberkontroleur unter Zuziehung eines andern Beamten:
   1. die Maisch- oder Gähr-Bottiche;
   2. die Hefengefäße;
   3. die Branntweinblasen;
   4. die Maisch- und Vorwärmer;

b) auf trockenem Wege, wobei die Conradi'schen Tabellen nebst Anleitung zu benutzen sind, alle übrigen in den Inventarien nachzuweisenden Brennereigefäße. Die Inhaltsermittelung braucht, mit Ausnahme der Maischreservoirs, nicht gerade durch den Oberkontroleur bewirkt zu werden, sondern kann auch durch Einnehmer, Assistenten und Aufseher geschehen.

---

(1) Vgl. Art. 146 d. Ges. vom 28. April 1816 (Bd. I, S. 206).

35. Ueber die dem Vorstehenden gemäß geschehene Vermessung muß für jedes Gefäß eine besondere das beobachtete Verfahren darstellende Verhandlung urschriftlich vorhanden sein. (¹)

36. Eine Nachmessung der betreffenden Gefäße muß baldmöglichst stattfinden, wenn diese im Gebrauch stehen oder sobald sie in Gebrauch kommen sollen. Diese Nachmessung ist zu einer Zeit vorzunehmen, wo sie den beabsichtigten Gebrauch des Gefäßes am wenigsten hindert oder stört.

37. So lange die Maischgefäße nicht amtlich vermessen sind, wird die Maischbottichsteuer, der Bestimmung im § 8 des Gesetzes gemäß, nach dem angemeldeten Rauminhalte der Gefäße berechnet und erhoben. Wird demnächst bei der Vermessung ein größerer als der angemeldete Rauminhalt ermittelt, und beträgt ein solcher Mehrbefund nicht über 5 Prozent des angemeldeten Rauminhalts, so bleibt derselbe für die Vergangenheit außer Betracht, wogegen ein größerer Mehrbefund die Verpflichtung zur Nachzahlung der verkürzten Steuer zur Folge hat. Ein bei der Vermessung sich ergebender Minderbefund gegen die Anmeldung gibt keinen Anspruch auf Erstattung der etwa zu viel entrichteten Steuer.

38. Bei der im Laufe der Zeit aus besonderer Veranlassung etwa nothwendig erachteten Nachmessung früher bereits amtlich vermessener Bottiche ist die Steuer von dem durch die Nachmessung ermittelten Rauminhalte vom ersten Tage des Monats ab zu erheben, welcher zunächst auf den folgt, in welchem vermessen worden.

§ 9. Die vorhandenen Maisch- und Destillirgeräthe werden von der Steuerbehörde für die Zeit, während welcher ein Betrieb nicht angemeldet und gestattet worden, auf angemessene Weise außer Gebrauch gesetzt. (²) 4. Außergebrauchsetzen der Geräthe.

39. Wegen der näheren Vorschriften in dieser Beziehung wird auf die Nrn. 46—56 (zu § 22) verwiesen.

---

(¹) Z. vgl. § 17 d. Ges. und die Nrn. 43 u. 44 d. D. V. Bezüglich des bei der Vermessung zu beobachtenden Verfahrens, s. Anlagen VIII u. IX abgedruckt im A. Bl. 1873, S. 325.

Bei der nassen Vermessung sind gemäß V. vom 2. März 1875, I. 3412 auch die Dimensionen anzugeben.

Die Vermessung der Brennblasen der Eigenbrenner kann bis auf Weiteres durch Steuereinnehmer oder Assistenten unter Zuziehung von Steueraufsehern, oder auch durch zwei Aufseher erfolgen. (V. vom 25. August 1873, I. 24687.)

Wegen der Nacherhebungen in Folge unrichtiger Vermessung der Brennkessel und Maischgefäße vgl. Lith. V. vom 24. Oktober 1874, I. 15295.

(²) Z. vgl. § 22 d. Ges.

5. Vorschriften für die Benutzung der Brennereien und Geräthe.

§ 10. Wer eine Brennerei in Betrieb setzen will, ist verpflichtet, vor dem Beginn desselben den Betriebsplan nach den näheren Bestimmungen der §§ 24 ff. der Steuerhebestelle anzumelden, diesen Betriebsplan in der Brennerei auszuhängen, solchen reinlich aufzubewahren und demselben bei dem Betriebe genau nachzukommen. (¹)

§ 11. Wer Branntwein aus nicht mehligen Stoffen bereiten will, hat zuvor der Steuerhebestelle nach näherer Vorschrift des § 35 ein Verzeichniß seiner sämmtlichen Materialvorräthe, welches zugleich den Ort ihrer Aufbewahrung angeben muß, einzureichen, auch jeden ferneren Zugang zur Nachtragung in das Verzeichniß sogleich anzumelden. Der zur Verarbeitung bestimmte Theil des Materials wird auf den Grund des Betriebsplans, welcher den Aufbewahrungsort während der Betriebszeit angeben muß, in dem Vorrathsverzeichnisse abgeschrieben.

Während des Zeitraums, auf welchen der Betriebsplan lautet, und so lange die Brennerei nicht unter Siegel gelegt worden ist, darf in der Brennerei kein anderer als der in dem Betriebsplan angegebene Vorrath von den im § 4 bezeichneten Stoffen vorhanden sein. (²)

40. Die näheren Vorschriften in Betreff der Betriebsanmeldungen finden sich unter den Nrn. 59—60 und 63—73 (zu § 24 u. ff.), in Betreff der Materialvorrathsverzeichnisse unter Nr. 102 (zu § 35.)

6. Verpflichtung zur Befolgung der Kontrolevorschriften.

§ 12. Die vorstehend zur Kontrolirung der Steuer ertheilten Vorschriften (§§ 6 bis 11) und die zu deren Vervollständigung getroffenen reglementären Bestimmungen ist nicht nur derjenige, welcher die Brennerei betreibt, oder für seine Rechnung betreiben läßt, sondern auch ein Jeder, welcher bei der Brennerei beschäftigt ist, zu beobachten schuldig.

7. Wann die Steuer zu entrichten ist.

§ 13. Die Branntweinsteuer ist, sofern nicht nach den von der obersten Finanzbehörde zu erlassenden Bestimmungen eine Stundung bewilligt wird, spätestens am letzten Tage des Monats, in welchem ein Brennereibetrieb stattgefunden hat, zu entrichten. Wer diesen Zahlungs=

---

(¹) Vgl. § 50 d. Ges.
(²) Vgl. § 58 d. Ges.

termin einmal versäumt, muß die Steuer bei jeder ferneren Anmeldung vorausbezahlen. (¹)

41. In Betreff des Verfahrens und der Registerführung bei der Erhebung und Verrechnung der Branntweinsteuer ergehen folgende Vorschriften: (²)

a) Jeder eingereichte und vollzogene Betriebsplan (§ 10 des Gesetzes) wird in das nach dem Muster Anlage V in vierteljährigen Zeitabschnitten zu führende Anmeldungsregister eingetragen und mit der Ordnungsnummer dieses Registers versehen. Die nach abgelaufener Betriebszeit zurückgelieferten Betriebspläne, Fixationsbewilligungen und anderweiten Betriebserklärungen der Brenner bilden die Beläge zu dem Anmeldungsregister und sind demselben bei der Einsendung zur Revision, nach der Nummerfolge geheftet, beizufügen.

b) Die fällig gewordenen Steuerbeträge werden in dem nach dem Muster, Anlage VI, ebenfalls in vierteljährigen Abschnitten zu führenden Einnahmejournale für die Branntweinsteuer gebucht. Die Eintragungen in dieses Einnahmejournal erfolgen bis zum Schlusse des Quartals fortlaufend unter der Rubrik „Steuerschuld" und gleichzeitig, je nachdem die Steuer baar eingezahlt oder ein Kreditanerkenntniß abgegeben wird, in den Spalten „baar eingezahlt" beziehentlich „kreditirt oder sonst rückständig geblieben". Die am Schlusse jedes Tages in diesen letzteren Spalten mit rother Dinte zu ziehenden Tagessummen sind nach Vorschrift der §§ 2 und 9 der Anweisung zur Kassen- und Buchführung für die Unterhebestellen in das Kassenjournal, beziehentlich das Kreditjournal zu übernehmen. Gleichzeitig erfolgt im Kreditmanuale die Anschreibung unter dem für jeden einzelnen Brenner, welcher Kredit genießt, zu eröffnenden Konto, dessen Seite und Nummer in der Spalte 17 des Einnahmejournals anzugeben ist.

---

(¹) Vgl. Bek. vom 27. Juni 1873, betr. die Kreditirung der Branntweinsteuer.

(²) Z. vgl. die lith. V. vom 5. Dezember 1873, I. 29840, wonach die Ortseinnehmer zum Abschluß von Fixationsverträgen und zur Entgegennahme von Betriebsanmeldungen befugt sind, sowie den durch Nachtrag vom 25. Mai 1874 berichtigten § 39 der Ortseinnehmereiinstruktion, und ferner die gedruckte Verf. vom 10. September 1875, I. 12965 betr. das Verfahren bei der Annahme und Buchung der Brennereibetriebsanmeldungen und die dieselbe abändernden lith. V. vom 1. Dezember 1875, I. 16824, vom 29. Mai 1876, I. 7485 und vom 26. August 1876, I. 9960.

c) Wegen des Nachweises der am Fälligkeitstermine und bis zum Quartalschlusse nicht eingezahlten und also als Resteinnahme zu behandelnden Branntweinsteuer wird auf die Vorschrift im § 6 Absatz 4—6 der Anweisung zur Kassen- und Buchführung für die Unterhebestellen verwiesen.

42. Ueber eingezahlte Branntweinsteuer werden Quittungen nach dem beiliegenden Muster, Anlage VII, ertheilt. (¹)

8. Erlaß der Branntweinsteuer.

§ 14. Ein Erlaß der Steuer kann nur dann erfolgen, wenn durch einen außerordentlichen Zufall

a) eine unvermeidliche Unterbrechung des Betriebes entsteht, oder

b) die Maische eines versteuerten unangebrochenen Bottichs gänzlich unbrauchbar geworden ist. (²)

9. Richtige Berechnung u. Erhebung der Steuer.

§ 15. Zu viel erhobene Gefälle werden zurückgezahlt, wenn binnen Jahresfrist vom Tage der Versteuerung an gerechnet, der Anspruch auf Ersatz angemeldet und begründet wird. Wenn der Anspruch ganz oder theilweise zurückgewiesen wird, so ist dagegen der Rekurs an die vorgesetzte Behörde binnen einer Präklusivfrist von sechs Wochen zulässig. Wendet sich der Reklamant

---

(¹) Das als Anl. VII. im Amtsbl. 1873., S. 319 abgedruckte Formular ist durch die lith. V. vom 1. Dezember 1875, I. 16824 abgeändert worden.

(²) Z. vgl. § 23 des Ges. — Durch Erl. des R. K. A. vom 24. April 1874. R. K. A. 1883, III ist dem D. die Ermächtigung ertheilt, in denjenigen Fällen, in welchen gesetzlich ein Steuererlaß vorgesehen ist, also wenn z. B. durch einen außerordentlichen Zufall eine unvermeidliche Unterbrechung des Betriebs entstanden, oder die Maische eines versteuerten unangebrochenen Bottichs gänzlich unbrauchbar geworden ist, den Erlaß der Abgabe zu bewilligen. Dagegen soll in denjenigen Fällen, in welchen lediglich auf Grund des V. R. B. vom 21. Dezember 1873, § 618 d. Prot. (s. u). ein Abgabenerlaß aus Billigkeitsrücksichten in Frage steht, so z. B. auch bei eintretender Unterbrechung des Betriebs in den Fällen, wo ein Fixationsvertrag abgeschlossen war, die Entscheidung des R. K. A. einzuholen. (V. vom 1. Mai 1874, I. 7214 und V. vom 3. August 1874, I. 11787, (A. Bl. S. 251). Gesuche der letzteren Art sollen vierteljährlich in tabellarischer Form dem R. K. A. vorgelegt werden (V. vom 6. Januar 1875, I. 77), die Hauptämter sollen keine Berichte, sondern die Angaben in tabellarischer Form, jedoch für jeden Fall besonders vorlegen. (Lith. V. 11. Februar 1875, I. 2362).

an eine inkompetente Behörde, so hat diese das Rekursgesuch an die kompetente Behörde abzugeben, ohne daß dem Reklamanten die Zwischenzeit auf die Frist anzurechnen ist.

Zu wenig oder gar nicht erhobene Gefälle können gleichfalls innerhalb Jahresfrist, vom Tage des Eintritts der Zahlungsverpflichtung an gerechnet, nachgefordert werden. Nach Ablauf des Jahres ist jeder Anspruch auf Zurückerstattung oder Nachzahlung der Gefälle beziehungsweise gegen den Staat und den Steuerschuldigen erloschen: dem Staate bleiben jedoch seine Rechte auf Schadenersatz gegen die Beamten, durch deren Schuld die Gefälle gar nicht oder unrichtig erhoben worden, jederzeit vorbehalten, ohne daß die Beamten befugt sind, den Steuerschuldigen wegen Nachzahlung der Gefälle in Anspruch zu nehmen. (1)

## III. Betriebsvorschriften.

### A. Im Allgemeinen.

1. Anmeldung und Beaufsichtigung der Brennereigeräthe. a) Anmeldung der Geräthe.

§ 16. Die Einreichung des nach § 6 der Steuerhebestelle zu übergebenden Grundrisses der Brennereiräume und Geräthe muß in doppelter Ausfertigung geschehen, und ein Exemplar von jener bescheinigt, in derselben Art, wie weiter unten im § 25 wegen des Betriebplanes bestimmt werden wird, in der Brennerei aufgehängt werden. (2)

b) Vermessung der Geräthe.

§ 17. Bei Vermessung der Blasen und der Maischbottiche ist in ihrer waagerechten Stellung derjenige innere Raum, welchen sie vom Boden zum äußersten Rande bis zum Ueberlaufen haben, durch die Steuerbeamten ohne allen Abzug auszumitteln. (3)

43. Die Aufstellung neben einander stehender steinerner oder gemauerter Maischbottiche in der Weise, daß die Bottiche mit ihren Rück- bezw. äußeren Seitenwänden unmittelbar an die Mauer des Gebäudes anlehnen, ist nachgelassen, wenn jede

(1) Wegen der Verjährung defraudirter Gefälle vgl. § 68. sowie V. Z. G. § 164 Abs. 2 und die lith. V. vom 10. Juni 1876, I. 7937.

(2) Für die Eigenbrenner bedarf es der Einreichung eines Grundrisses nicht. Vgl. die Anm. zur Bek. vom 26. Juli 1873.

(3) Z. vgl. § 8 des Ges. und die Anmerkungen zu dems.

Erhöhung über die Bottichränder gegen die Mauer des Gebäudes bezw. gegen die nebenstehenden Bottiche vermieden und wenn in den Bottichrändern sowohl nach der Gebäudemauer hin wie an den Seiten zwischen den Bottichen eine Vertiefung von ausreichender Breite und Neigung angebracht wird, so daß der Abfluß der übergährenden Maische, wie dickflüssig diese auch sein möge, ungehindert stattfinden kann.

Hierauf ist, bevor zur Vermessung solcher Maischbottiche geschritten wird, zu achten.

44. Zu den Verhandlungen über die Vermessung der Maischbottiche sind gedruckte Formulare nach dem Muster, Anlage VIII, und zu denjenigen über Vermessung der Branntweinblasen, Hefengefäße 2c. Formulare nach dem Muster, Anlage IX, anzuwenden.

c) Amtliche Bescheinigung über die Anmeldung der Geräthe.

§ 18. Die Steuerhebestelle ist verpflichtet, über die Anmeldung, die Vermessung und ihr Ergebniß und die Art der Bezeichnung eine Bescheinigung zu ertheilen.

Nur durch diese Bescheinigung, welche nebst den Vermessungsverhandlungen in der Brennerei [1] aufbewahrt werden muß, kann der Nachweis geführt werden, daß die Geräthe vorschriftsmäßig angemeldet worden.

2. Aufsicht auf die Geräthe.

§ 19. Die zu den Brennereien gehörigen Geräthe müssen in den Betriebsräumen zusammen aufbewahrt werden. Dahin nicht gehörige Gefäße dürfen in denselben nicht vorhanden sein.

Destillirgeräthe und Maischgefäße stehen so lange, als sie nicht zum Gewerbebetriebe angemeldet werden, dergestalt unter besonderer Aufsicht der Steuerbehörde, daß ihre Benutzung zu einem außerordentlichen Zwecke, namentlich auch zur Bereitung von Viehfutter, ohne Steuerentrichtung nur auf vorgängige Anmeldung und unter den von der Steuerbehörde anzuordnenden Sicherheitsmaßregeln erfolgen darf. [2]

Bei Personen, welche mit dergleichen Geräthschaften blos handeln, oder sie zum Handeln verfertigen, sind solche dieser Aufsicht nicht unterworfen,

---

[1] Bei Eigenbrennern in der Wohnstube. Vgl. die Anm. zur Bek. vom 26. Juli 1873.

[2] Bei den Eigenbrennern sind die Kessel, während der Zeit, wo ein Betrieb nicht stattfindet, ebenso die Vorrathsgefäße nach erfolgtem Abbrennen von der Kontrole befreit. Vgl. die Anm. zur Bek. vom 26. Juli 1873.

§ 20. Wer Destillirgeräthe besitzt, welche nicht im Gebrauch sind, ist dennoch verbunden, sie dem Steuerbeamten auf Erfordern vorzuzeigen, damit er sich überzeugen könne, daß sie noch in dem Zustande befindlich sind, in welchen sie zur Verhütung ihres Gebrauchs versetzt worden.

Diejenigen, welche Destillirgeräthe bloß verfertigen oder damit handeln, sind hierunter nicht begriffen.

§ 21. Destillirgeräthe, welche ausschließlich zu anderem Gebrauche als zur Branntweinbrennerei gehalten werden, stehen zwar nicht unter der für Branntweinbrennereien angeordneten Kontrole (§ 19), bleiben aber, zur Verhütung von Mißbräuchen, der allgemeinen Aufsicht der Steuerbehörde unterworfen.

45. Ueber die Destillirblasen in den Laboratorien der Apotheker bis zu 20 Liter Rauminhalt findet eine steuerliche Kontrole nicht statt, weshalb deren Aufnahme in die Brennereiinventarien unterbleibt.

§ 22. Um für die Zeit, wo die Maisch- und Destillirgeräthe nicht in Betrieb sein dürfen, ihre unbefugte Benutzung für letzteren zu verhindern, werden entweder

3. Verfahren, um Geräthe außer Gebrauch zu setzen.

a) die Geräthe an Ort und Stelle durch einen Steuerbeamten unter Verschluß gesetzt, in welchem Falle der Brennereibesitzer die Materialien zur Versiegelung oder zum Verschlusse, und zwar in guter brauchbarer Beschaffenheit, zu liefern hat, oder
b) es muß ein Theil des Destillirgeräths am nächsten Wochentage nach Ablauf der Betriebsfrist an die Steuerhebestelle abgeliefert werden. Befindet sich letztere nicht am Orte, so wird für den Transport des Geräths auf jede halbe Meile (3¾ Kilometer) Entfernung eine Stunde gut gerechnet. (¹)

(¹) Für die Eigenbrenner ist an Stelle des Verschlusses die Ablieferung auf dem Gemeindehause zugelassen (s. Anm. zur Bek. v. 26. Juli 1873). Nach der lith. V. vom 25. Juni 1873 I. 17633 kann hierfür auf Verlangen eine angemessene Vergütung gewährt werden. Es soll fortgesetzt dahin gewirkt werden, daß sich die Bürgermeister zur Aufbewahrung der Helme auf dem Gemeindehause bereit erklären. (Lith. V. vom 27. August 1873, I. 24774). An Orten, wo sich Steuerämter

c) Kommt es darauf an, in Brennereien, welche zum Betriebe angemeldet sind, das Destillirgeräth während einzelner betriebsloser Tage und Stunden außer Gebrauch zu setzen, und ist die Hebestelle über eine Viertelmeile (1⅞ Kilometer) entfernt, so kann auch gestattet werden, daß ein von der Steuerbehörde zu bestimmendes Stück des Destillirgeräths entweder bei einer zuverlässigen Person im Orte, oder, in Ermangelung einer solchen, in einem von dem Brennereilokale möglichst entfernten Raume im Gehöft des Brennereibesitzers niedergelegt werde.

Eine zur Aufbewahrung des Destillirgeräths geeignete und willfährige Person zu ermitteln, ist Sache des Brennereibesitzers; sie für den Zweck anzuerkennen oder nicht, hängt von der Steuerbehörde ab.

d) Findet in Maischbrennereien zwischen mehreren Einmaischungen ein Zwischenraum in der Art statt, daß in Maischgefäßen an demselben Tage, wo sie leer geworden, nicht wieder eingemaischt wird, so kann die Steuerbehörde verlangen, daß jene Maischgefäße für den Tag oder die Tage des Nichtgebrauchs schief gestellt werden.

Wenn eine Brennerei ganz ruht, tritt in der Regel Verschluß der Geräthe an Ort und Stelle ein, über dessen Anlegung von dem Steuerbeamten eine Verhandlung aufgenommen wird, welche bis zur Wiederabnahme des Verschlusses in der Brennerei aufbewahrt werden muß. Ob innerhalb der Betriebszeit einzelne Geräthe und welche außer Gebrauch zu setzen, und welches der oben unter a bis d angegebenen Mittel dazu in Anwendung kommen soll, ist nach den Umständen von der Steuerbehörde zu bestimmen. (¹)

46. Die Anlegung des Verschlusses der Maischgeräthe muß in der Regel erfolgen, wenn der Nichtgebrauch derselben

---

befinden, können dieselben zur Aufbewahrung der Helme ermächtigt werden. (V. 8. September 1873, I. 25623). Vgl. ferner die lith. V. vom 29. Mai 1876, I. 7486 und 7487, die Kontroleregistern über Aufbewahrung der Brennkesselhelme betr.

(¹) Z. vgl. § 9 d. Ges.

länger als drei Tage dauert. Bezüglich der Destillirgeräthe ist durch die Hauptämter nach den Umständen zu bestimmen, wann sie unter Verschluß gelegt werden sollen.

47. Die Anlegung und Abnahme des Verschlusses ist eine wichtige Dienstverrichtung der Aufsichtsbeamten, welcher stets, vorzugsweise aber bei verdächtigen Brennereien, besondere Sorgfalt und Aufmerksamkeit zugewendet werden muß.

48. Die Anlegung des Verschlusses erfolgt in nachstehender Art.

Wird die Blase versiegelt, so ist ein fester Bindfaden quer über die obere Oeffnung derselben durch zwei, zu diesem Zwecke einen Zoll vom Rande zu bohrende, Löcher straff durchzuziehen, zusammenzuknüpfen und dessen beide Ende hinter dem Knoten auf ein unterlegtes Papier oder Kartenblatt mit dem in seinem Lack abzudruckenden Dienstsiegel anzusiegeln. Auch kann, um das Einbohren von Löchern in den Blasenhals zu vermeiden, ein völlig sichernder Verschluß auf die in nebenstehender Figur angedeutete Weise angelegt werden.

aa und bb sind zwei Stücke an je zwei Stellen durchbohrter Latten, welche mit einer bei c festgesiegelten Schnur durchzogen und verbunden sind. Das in der Blase befindliche Lattenstück hat die Länge, daß es gerade in die Wölbung paßt.

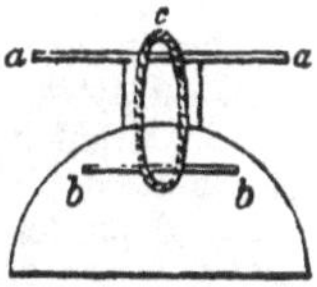


49. Der Verschluß des Helms erfolgt in ähnlicher Art, nämlich dadurch, daß eine Schnur durch denselben und das Ableitungsrohr gezogen, zusammengeknüpft und mit den Enden auf ein Papier oder Kartenblatt fest angesiegelt wird.

50. Der Verschluß des Kühlrohrs (der Schlange) geschieht auf die Weise, daß die obere Oeffnung desselben da, wo der Kolben des Helms eingesteckt wird, mit einem Holzpfropfen, durch den ein Loch gehen muß, verstopft wird; durch diesen Pfropfen wird ein Bindfaden gezogen und dieser mit seinen Enden an das Kühlfaß gesiegelt.

Der Pfropfen muß stets so lang sein, daß derselbe durch Vorrücken oder Zurückstoßen des Rohrs nicht herausgenommen und wieder hineingesteckt werden kann.

Wo ein solcher Mißbrauch zu befürchten sein möchte, da kann der Verschluß auch so angelegt werden daß in dem oberen Ende des Kühlrohrs an der Stelle, wo der Kolben des Helms eingesenkt wird, ein hölzerner Pfropfen, etwa drei oder vier Zoll lang und mit Löchern versehen, eingesteckt, durch diese und die in dem Kühlrohr am Rande in gleicher Richtung ebenfalls angebrachten zwei Löcher ein Bindfaden durchgezogen, dieser auf dem Pfropfen verknüpft und die beiden Enden desselben, nahe am Knoten, ebenfalls mit dem Siegel deutlich angesiegelt werden.

51. Auf den Verschluß des Kühlapparats müssen die revidirenden Beamten ein sehr wachsames Auge haben.

Blasen, zu denen ein Kühlapparat vorhanden ist und welche zum Wasserkochen oder zu anderen Zwecken freigegeben werden, sind bei obwaltendem Verdachte mißbräuchlicher Benutzung oder sonst nach Befinden der Umstände mit einer Vorrichtung zu versehen, daß ein Helm nicht aufgesetzt werden kann.

Der Verschluß wird am zweckmäßigsten in der Art angebracht, daß an der Seite des Kühlapparates der Blasenrand mit zwei Löchern versehen und zwei Brettchen von solcher Stärke, daß das Aufsetzen des Helms dadurch gehindert wird, das eine von außen, das andere von innen, ebenfalls mit Löchern versehen, welche genau zu denen im Blasenhalse passen, daran angelegt, durch die zusammentreffenden Oeffnungen ein starker Bindfaden gezogen, hinter dem äußeren Brettchen ein fester Knoten geknüpft, sodann der Bindfaden durch das mit dem Holzpfropfen versehene Kühlrohr gezogen und daselbst nach gehöriger Verschnürung das Siegel angelegt wird. Der zu einer solchen Blase gehörige Helm wird jederzeit versiegelt.

52. Bezüglich des Verschlusses mehrtheiliger Brennapparate lassen sich wegen deren verschiedenartiger Konstruktion bestimmte Vorschriften nicht geben. Im Allgemeinen ist das vorstehend Gesagte zur Richtschnur zu nehmen; doch haben in jedem einzelnen Falle die Oberbeamten die Verschlußweise der Apparate anzuordnen und die gehörige Ausführung zu kontroliren.

53. Die Maisch- und Hefengefäße werden am zweckmäßigsten inwendig und zwar in der Art versiegelt, daß ein breiter doppelt oder dreifach zusammenzulegender Streifen weißen und starken Papiers mit dem einen Ende an den Boden des Bottichs und mit dem anderen Ende an der Seite desselben gerade da, wo zwei Dauben zusammenstoßen, in feinem Lack fest angesiegelt wird und zwar so, daß der Siegelabdruck ganz deutlich ist und mit zwei Drittel auf dem Papierstreifen, mit einem Drittel aber auf den Stäben des Gefäßes zu stehen kommt.

54. Wünscht ein Brennereibesitzer die auf längere Zeit unbenutzt stehenden Maischgefäße zu deren Dichthaltung mit Wasser zu füllen, so kann diesem Verlangen nachgegeben und der Verschluß in der Art angelegt werden, daß die Bottiche vermittelst eines doppelten Bindfadens verschlossen werden, der im Innern des Gefäßes am Boden und den Dauben angesiegelt wird und dessen beide Enden oben die Reifen erreichen, um

dort durch einen Papierstreifen verbunden zu werden, auf welchen der Siegelungsvermerk gesetzt wird.

55. Werden die Brenn- und Maischgeräthe am Ende einer Brennperiode (z. B. bei den landwirthschaftlichen Brennereien Mitte Mai oder wenn andere Brennereien auf längere Zeit außer Thätigkeit treten) außer Gebrauch gesetzt, so muß in der Regel der ganze, aus Blase, Maischwärmer, Helm und Kühlrohr bestehende Brennapparat verschlossen und über die Verschlußanlegung jederzeit eine Verhandlung aufgenommen werden. Soll die Brennerei zwar nicht so lange, wie vorher gedacht, aber doch über den Monat, wo die Verschlußanlegung stattfindet, hinaus inaktiv sein, so ist ebenfalls der Verschluß des ganzen Brennapparats die Regel; statt der aufzunehmenden Verhandlung genügt es aber, wenn auf dem Papierstreifen oder Kartenblatt, worauf sich die Siegel befinden, der Tag der Versiegelung und der Name des versiegelnden Beamten angemerkt worden.

Erfolgt der Verschluß im Laufe des Betriebsmonats, so kann der schriftliche Vermerk unterbleiben und es genügt in diesem Falle auch, wenn nur der Kühlapparat vorsichtig verschlossen wird, Helm und Blase aber ohne Verschluß bleiben.

56. Durch die Kontrolevorschrift der Schiefstellung (§ 22 d. des Gesetzes) hat die Benutzung gemauerter Maischbottiche (Nr. 43) nicht ausgeschlossen werden sollen.

§ 23. Wenn in den im § 14 erwähnten Fällen der Brennereibetrieb unterbrochen wird, so ist dies mit Beachtung der dieserhalb zu erlassenden näheren Anordnungen sogleich der Steuerbehörde anzuzeigen, welche die Richtigkeit der Angabe an Ort und Stelle untersuchen läßt und die zu entrichtende Steuer festsetzt. (¹) 4. Verfahren bei zufälligen Unterbrechungen des Betriebes.

57. Wenn der angemeldete Betrieb wegen außerordentlicher Zufälle (§§ 14 und 23 des Gesetzes), insbesondere wegen unvorhergesehener, nicht sofort wieder herzustellender Schadhaftigkeit eines Maischgefäßes oder Brenngeräthes, eine Unterbrechung erleidet, so hat der Brennereibesitzer, insofern er daraus einen Anspruch auf Steuererlaß oder eine Abweichung von dem angemeldeten Betriebe begründen will, davon spätestens binnen 24 Stunden Anzeige zu machen. Auf diese Anzeige muß sich der Oberkontroleur oder, wenn dieser nicht zur Stelle ist, der Einnehmer oder Steueraufseher ohne Aufschub in die Brennerei begeben und durch Augenschein, zuverlässige Zeugen oder auf sonst geeignetem Wege die Richtigkeit der Anzeige an Ort und Stelle prüfen, von der eingetretenen Unterbrechung, ihrem Anfangs-

---

(¹) Z. vgl. § 14 d. Ges. und die Anm. zu dems.

termine und ihrer muthmaßlichen Dauer Ueberzeugung nehmen, für das Unbrauchbarmachen der vorhandenen, nicht zur Destillation gelangenden Maische und nach Umständen für den Verschluß der durch die Abweichung außer Gebrauch kommenden angemeldeten Geräthe sorgen, über das Ergebniß eine Verhandlung aufnehmen und den Befund auch in der Betriebsanmeldung bescheinigen. In Abwesenheit des Oberkontroleurs und des Einnehmers ist von dem Steueraufseher der Ortsvorstand oder ein anderer zuverlässiger Zeuge zuzuziehen, welcher die Befundbescheinigung mit zu vollziehen hat. In diesem Falle muß dem Oberkontroleur von dem Ereigniß alsbald Nachricht gegeben werden und dieser muß sich so schleunig als möglich zur Brennerei begeben, die Verhältnisse nachträglich prüfen und den bescheinigten Befund bekräftigen.

Wenn der Betrieb sich nur in der Art ändert, daß für die nächsten Tage die Bemaischung einiger Bottiche ausfällt, oder wenn der Betrieb im laufenden Monate nicht wieder begonnen werden kann, so gelangt die Betriebsnachweisung mit der über den Vorfall aufgenommenen Verhandlung an die Steuerhebestelle, welche, unter Angabe der wegfallenden Einmaischungen, die Betriebsnachweisung anderweit feststellt und vollzieht. In allen andern Fällen muß — und ob dies geschehen soll, bestimmt der Oberkontroleur oder sein Vertreter zur Stelle — der Brennereibesitzer eine Stückdeklaration aufstellen, welche ebenfalls nebst der Nachweisung über den bisherigen Betrieb und der aufgenommenen Verhandlung, zur Feststellung an die Hebestelle gesandt wird. Auf der bisherigen Betriebsnachweisung bemerkt die Hebestelle, von welchem Zeitpunkte an sie außer Kraft tritt und welcher Steuerbetrag daher auf Grund derselben nur zu entrichten bleibt. Ist zu besorgen, daß bis zum Wiederbeginn des Betriebs die abgeänderte Betriebsnachweisung oder die vollzogene Stückdeklaration nicht von der Hebestelle zur Brennerei zurückgelangt sein werde, so bleibt ein vom Oberkontroleur oder seinem Stellvertreter bescheinigter Auszug aus der Betriebsnachweisung in der Brennerei, um inzwischen bei der Brennereirevision zum Anhalte zu dienen.

Erfolgt die Abänderung der Betriebsnachweisung oder die Feststellung der Stückdeklaration nicht beim Hauptamte selbst, so hat die Steuerhebestelle dem Hauptamte das Duplikat der abgeänderten Betriebsnachweisung oder der angenommenen Stückdeklaration, in letzterem Falle unter Beifügung des Hauptexemplars der außer Kraft gesetzten Betriebsnachweisung, sammt der über Prüfung und Konstatirung der Betriebsunterbrechung und der Abänderungsursachen aufgenommenen Verhandlung zur Prüfung einzureichen. Die Entscheidung des Hauptamts, welche jedoch die einmal nachgelassene Abänderung des Betriebs, wenn solche auch nicht für gerechtfertigt erachtet werden sollte, nicht rückgängig machen darf, dient nebst der schriftlichen Anzeige des Brennereibesitzers und den über den Vorfall aufgenommenen Verhandlungen zum Registerbelage und diese Schriftstücke sind daher den betreffenden Betriebsnachweisungen jedesmal beizufügen.

Ist die 24stündige Frist zur Anzeige der Unterbrechung nicht inne gehalten oder ist die im Betriebsplan festgesetzte Steuer im Voraus bezahlt worden, so kann ein durch die Betriebsunterbrechung bedingter Steuererlaß nur im Wege der Erstattung der Steuer mit Genehmigung des Direktors der Zölle und indirekten Steuern herbeigeführt werden.

. . . . . (1)

58. Daß die Maische sauer geworden, wird als ein außerordentlicher Zufall, welcher einen Erlaß an der Steuer begründet, nicht angesehen.

## B. Vorschriften für die Benutzung der Brennereien und Geräthe.

§ 24. Der im § 10 angeordnete Betriebsplan muß nach dem von der Steuerbehörde vorzuschreibenden Muster für einen vollen Kalendermonat, oder wenn der Betrieb erst im Laufe eines Monats beginnen soll, für den noch übrigen Theil des Kalendermonats eingereicht werden, und die Einreichung mindestens drei Tage vor der ersten Einmaischung erfolgen. AA. Maischbrennereien. 1. Anmeldung des Betriebes.

---

(1) An Stelle der ursprünglichen Fassung des Abs. 5 von Nr. 57 der D. V. treten zu Folge V. vom 3. August 1874, I. 11787 (A. Bl., S. 251) folgende Vorschriften:

„Wenn ein Brenner, welcher mit der Steuerverwaltung einen Fixationsvertrag abgeschlossen hat, durch einen außerordentlichen Zufall seinen Betrieb zu unterbrechen genöthigt ist, so kommt nicht der § 14 des Branntweinsteuergesetzes zur Anwendung, sondern es muß, falls der Brenner rechtzeitig d. h. während der Zeit, in welcher eine Konstatirung des Sachverhalts bezw. der Betriebsunterbrechung Seitens des Aufsichtspersonals noch möglich ist, ein Gesuch um Steuererlaß einreicht, von den Kaiserlichen Hauptämtern an den Direktor eingehend motivirter Bericht erstattet werden, damit geeigneten Falls ein Steuererlaß aus Billigkeitsgründen bei dem Kaiserlichen Reichskanzleramte beantragt werden kann."

Wegen der Berechnung des Steuererlasses vgl. die V. vom 4. März 1875, I. 3488.

Außer den im § 14 erwähnten Fällen kann eine Abänderung des angemeldeten Betriebes einmal im Monate dann gestattet werden, wenn der Betrieb dadurch verstärkt wird.

59. Als Ausnahme von der im § 24 des Gesetzes vorgeschriebenen Regel kann zur Erleichterung für solche Brennereien, welche vorzugsweise der Hefenbereitung wegen betrieben werden und bei denen die Hefenbereitung nicht blos nebenher und ohne wesentlichen Einfluß auf den Umfang des Betriebes stattfindet, die Anmeldung des Betriebs für kürzere als Monatsfristen gestattet werden. Die Betriebsanmeldungen dürfen aber nur Tage desselben Monats umfassen und müssen mindestens auf jedesmal fünf Tage lauten. (1)

60. Im Falle einer Aenderung des angemeldeten Betriebs durch Verstärkung ist eine besondere Betriebsdeklaration von dem Tage an, mit welchem die Abänderung eintritt, bis zum Monatsschluß einzureichen, die für den ersten Theil des Monats eingereichte Betriebsnachweisung abzuschließen, der bis dahin fällige Maischsteuerbetrag auf derselben zu berechnen und darin auf die gestattete Stück-Betriebsdeklaration unter Bemerkung der dafür sprechenden Gründe hinzuweisen, wonächst beide Deklarationen zum Registerbelag für den betreffenden Monat gelangen.

2. Anfertigung und Erfordernisse der Betriebspläne und Verfahren mit denselben.

§ 25. Der Betriebsplan, zu dessen Anfertigung nur allein das von der Steuerhebestelle unentgeltlich zu liefernde Formular benutzt werden darf, muß deutlich geschrieben und, ohne daß darin etwas abgeändert oder ausgelöscht ist, zweifach der ersteren übergeben werden.

Mangelhaft gefertigte Betriebspläne giebt dieselbe sofort zur Berichtigung zurück, und es wird in solchen Fällen die Einreichung als nicht geschehen betrachtet.

Findet sich bei der von der Hebestelle vorzunehmenden Prüfung des Betriebsplans nichts zu erinnern, so werden beide Exemplare von derselben genehmigt und vollzogen; das eine bleibt bei der Steuerhebestelle, das andere wird dem Brennereibesitzer zurückgegeben, welcher gehalten ist, noch vor Anfang der ersten Einmaischung dasselbe an

---

(1) Durch Erl. des R. K. A. vom 25. September 1873, R. K. A. 5452, III ist genehmigt, daß denjenigen Branntweinbrennern, welche Bierbrauereiabgänge (Glattwasser) verarbeiten, die Anmeldung von Betriebsperioden bis zu fünf Tagen herab ausnahmsweise gestattet wird. (V. vom 24. August 1873, I. 24686).

einem hellen Orte in der Brennerei, (¹) welchen die Steuerbehörde dazu auswählt, anzuheften und dort in einem Behältnisse, über dessen Beschaffenheit die Steuerbehörde nähere Anleitung geben wird, während der ganzen Dauer des angemeldeten Betriebs unbeschädigt zu erhalten, damit die Aufsichtsbeamten und jeder, der in die Brennerei eintritt, alsbald solches einsehen können.

Wenn die Betriebszeit abgelaufen ist, muß dieses Exemplar von dem Brennereibesitzer binnen drei Tagen an die Hebestelle zurückgeliefert und kann alsdann gegen das bei der Steuerhebestelle zurückgebliebene Exemplar ausgetauscht werden.

61. Da das Anmeldungsregister über Branntweinbrennerei (vgl. oben Nr. 40 a.) für vierteljährliche Zeitabschnitte geführt wird und mit den Betriebsplänen der Branntweinbrenner belegt sein muß, so ist es nicht zulässig, in das Register des laufenden Vierteljahres solche Meldungen einzutragen, welche zwar noch vor Ablauf des betreffenden Vierteljahrs eingehen, aber eine Betriebshandlung zum Gegenstande haben, welche in das nächstfolgende Vierteljahr fällt. Es muß vielmehr bereits in den letzten Tagen eines jeden Vierteljahrs das Anmeldungsregister für das folgende Vierteljahr eröffnet und darin jede Meldung, welche sich auf einen Betrieb im nächsten Monate bezieht, eingetragen werden.

62. Nach Ablauf des Vierteljahrs werden die Betriebspläne, Fixationsbewilligungen und anderweiten Betriebserklärungen der Brenner dem Anmeldungsregister als Beläge beigefügt (vgl. Nr. 41).

63. Zu den Betriebsplänen ist für Maischbrennereien das Muster Anlage X anzuwenden.

64. Die Formulare zu den Betriebsplänen werden den Brennereibesitzern unentgeltlich von den Hebestellen geliefert, welche darüber eine Verbrauchsnotiz zu führen haben. Vor der Aushändigung jedes Doppelexemplars an einen Steuerpflichtigen ist solches auf der Titelseite oben links durch die Buchstaben A und B zu bezeichnen.

65. Sobald ein Betriebsplan bei der Hebestelle eingeht, ist solcher von derselben nach den über den Brennereibetrieb bestehenden Vorschriften zu prüfen und in Bezug auf den Gerätbebestand mit dem Inventarium zu vergleichen, dessen Nummer auf dem Titelblatte an der dafür offenen Stelle des Vordrucks eingerückt wird.

---

(¹) Bei Eigenbrennern in der Wohnstube, vgl. die Anm. zur Bek. vom 26. Juli 1873.

66. Die Aufführung der Kühler auf der 4. Seite des Betriebsplans kann unterbleiben, da dieselben nothwendiges Zubehör der zum Betriebe anzumeldenden Blasen sind.

67. Da die Betriebsanmeldungen drei Tage vor Anfang des Betriebs eingereicht werden müssen, so haben die Hebestellen hinreichende Zeit, die ihnen obliegende Prüfung, Berichtigung und Vollziehung der Anmeldungen mit derjenigen Sorgfalt und Gründlichkeit zu verrichten, welche die Wichtigkeit des Gegenstandes erfordert. Gehen gleichzeitig mehrere und so viel Betriebsanmeldungen ein, daß die Ausfertigung derselben und die Rückgabe des für den Brennereibesitzer bestimmten Exemplars nicht zur Stelle möglich ist, dann muß die Hebestelle den Tag und die Stunde bestimmen, wo die ausgefertigte Anmeldung von dem Brennereibesitzer abgeholt werden kann. Diese Frist ist Seitens der Hebestelle mit der größten Pünktlichkeit inne zu halten, damit die Brennereibesitzer, namentlich die außerhalb wohnenden, nicht zu vergeblichen Gängen oder Sendungen veranlaßt werden.

68. Es hat keinen Anstand, daß, obgleich die Eingabe der Brennerei-Betriebspläne bei den Steuerstellen, nach Vorschrift des § 24 des Gesetzes, mindestens drei Tagen vor der ersten Einmaischung als Regel festgehalten werden muß, diese doch für die nächste Zeit auch zwei oder sogar einen Tag vor der ersten Einmaischung noch dergleichen Deklarationen annehmen, namentlich wo triftige Gründe vorhanden sind, welche eine frühere Eingabe nicht gut thunlich gemacht haben oder wo überhaupt der Andrang oder die Entfernung so gering ist, daß die Deklarationen bis zur Zeit der ersten Einmaischung zurückgegeben und in der Brennerei aufgehängt sein können.

69. Findet sich bei der Prüfung des Betriebsplans (Nr. 65) nichts zu erinnern, so wird (für Maischbrennereien) der zu versteuernde Maischraum festgestellt, auf der 4. Seite in der Spalte „Bemerkungen" dasjenige bemerkt, was wegen etwaiger Verlängerung der Brennfrist, wegen des Gerätheverschlusses oder sonst zu beachten ist, demnächst der Betriebsplan in das Anmeldungsregister eingetragen, auf der 4. Seite am Schlusse durch Ausfüllung des Vordrucks vollzogen und ein Exemplar dem Brennereibesitzer zurückgegeben.

70. Sollte in der ersten Zeit, nachdem das Branntweinsteuergesetz in Kraft getreten, die Aufstellung richtiger Betriebsanmeldungen hin und wieder Schwierigkeiten finden, so müssen die Steuerbeamten bei der Anfertigung und Berichtigung der Anmeldungen auf alle Weise und mit Willfährigkeit helfend und belehrend an die Hand gehen, auch für ungeübte Steuerpflichtige vorerst auf Begehren die Anfertigung nach mündlicher Information übernehmen, wobei jedoch die gehörige Vollziehung

der Anmeldung durch den Brennereibesitzer nicht außer Acht gelassen werden darf.

71. Bei Berechnung der Maischbottichsteuer bleibt der überschießende Rauminhalt, welcher nicht volle 22 $^{9}/_{10}$ Liter erreicht, außer Betracht.

Auch bleiben bei der Steuerberechnung der Betriebsanmeldungen Beträge unter 5 Centimen (¹) außer Ansatz.

72. Sobald das in der Brennerei ausgehangene Exemplar des Betriebsplans zurückgeliefert wird, ist dasselbe, nachdem auf der Titelseite die Nummer des Anmeldungsregisters eingerückt worden, sorgfältig aufzubewahren und dem Anmeldungsregister als Belag beizufügen.

73. Verlangt der Brennereibesitzer, daß ihm gegen das zurückgelieferte Exemplar des Betriebsplans das bei der Hebestelle verbliebene ausgehändigt werde, so ist vor der Aushändigung des letztern auf der Titelseite desselben zu bemerken:

„Nach verstrichener Betriebszeit zurückgegeben."
(Datum.)
(Unterschrift des Hebebeamten.)

§ 26. Für jeden zur Einmaischung bestimmten Tag darf nicht unter 687 Liter Maischraum angemeldet werden, auch sind kleinere Maischbottiche als von 343 $^{1}/_{2}$ Liter Inhalt nicht zulässig. (²)

3. Allgemeine Regeln für den Betrieb. a) Beschränkung der Maischbereitung in Bezug auf Raum und Zeit.

Die Einmaischungen dürfen nur geschehen:

in den Monaten Oktober bis einschließlich März von Morgens 6 Uhr bis Abends 10 Uhr,

in den übrigen Monaten aber von Morgens 4 bis Abends 10 Uhr.

74. Den Branntweinbrennereibesitzern ist es unbenommen, schon vor Eintritt der Stunde, zu welcher die Einmaischungen beginnen dürfen, die dazu erforderlichen Vorbereitungen, als: Bereitung des nöthigen heißen Wassers, Dämpfen der Kartoffeln u. s. w. zu treffen.

---

(¹) 5 Pfennige. Vgl. Bd. I, S. 210.

(²) Bis auf Weiteres sind die Hauptämter ermächtigt, den Betrieb einer Maischbrennerei im Bedürfnißfalle auch dann zu gestatten, wenn die vorhandenen, beziehungsweise vor Inkrafttreten des Gesetzes angeschafften Bottiche einen geringeren Inhalt haben, als 343 $^{1}/_{2}$ Liter und wenn eine geringere Menge Maischraum, als gesetzlich bestimmt ist, für jeden zum Einmaischen bestimmten Tag angemeldet wird. Von jeder solcher Bewilligung ist jedoch Anzeige zu erstatten. (V. vom 13. Dezember 1873, I. 32272).

75. Von dem Direktor der Zölle und indirekten Steuern kann zuverlässigen Brennereibesitzern ausnahmsweise auf Nachsuchen mit Rücksicht auf die Heilighaltung des Sonntags unter Vorbehalt jederzeitigen Widerrufs die Ausführung des für den Sonntag bestimmten Betriebs bereits in der Nacht vom Sonnabend auf den Sonntag gestattet, auch in solchen Brennereien, in welchen an Sonntagen wie an Wochentagen zwei Bottiche bemaischt und zwei abgebrannt werden, der Betrieb in der Nacht vom Sonn- auf den Montag nachgegeben werden. Die Brennereibesitzer sind jedoch in allen diesen Fällen verpflichtet, den nachgelassenen nächtlichen Betrieb in Spalte 9 der Betriebspläne hinsichtlich der Bottiche und der Zeit des Beginns und Endes des Betriebs genau zu deklariren, die Brennerei während des nächtlichen Betriebs stets unverschlossen und den Revisionsbeamten in allen ihren Räumen geöffnet zu halten und für genügende Beleuchtung der Räume Sorge zu tragen.

Im Uebrigen kann, gleichfalls von dem Direktor der Zölle und indirekten Steuern, eine Erweiterung der im § 26 des Gesetzes bestimmten Frist für die Einmaischungen nur in einzelnen Fällen, in welchen sich ein besonderes Bedürfniß hierzu herausgestellt hat, ausnahmsweise gestattet werden.

b) Regelmäßigkeit im Gebrauch der Maischbottiche.

§ 27. Dem Brennereibesitzer bleibt zwar freigestellt, wie oft und wann er während des Monats, für welchen er den Betrieb angemeldet hat, die angemeldeten Maischbottiche benutzen will; die Benutzung derselben muß jedoch in einer regelmäßigen Reihenfolge dergestalt geschehen, daß in dem zuerst geleerten Maischbottiche auch mit der Einmaischung zuerst wieder begonnen wird.

c) Benutzung steuerfreier Nebengefäße.

§ 28. Wenn die Bereitung und Aufbewahrung der Maische bis zum Abbrennen derselben nicht in den versteuerten Maischbottichen allein geschehen soll, sondern dazu, oder zu einer mit der Branntweinfabrikation zu verbindenden Hefenbereitung aus Maische, die steuerfreie Benutzung noch anderer Gefäße oder Geräthe gewünscht wird, so muß dazu die besondere Erlaubniß der Steuerbehörde nachgesucht werden.

76. Auf die in der Brennerei befindlichen Nebengefäße, als: Vormaischbottiche, Hefengefäße, Maischreservoirs u. s. w., finden die allgemeinen Bedingungen des Branntweinsteuergesetzes über die Anmeldung, Bezeichnung, Vermessung, Beaufsichtigung und Benutzung der Hauptgeräthe Anwendung.

77. Die unversteuerte Benutzung von Gefäßen der vorbezeichneten Art unterliegt in Ermangelung einer ertheilten (§ 28 des Gesetzes) Erlaubniß der gesetzlichen Strafe. Eine solche

Erlaubniß kann, nach Befinden unter Festsetzung geeigneter Bedingungen, von den Hauptämtern ertheilt werden. Ueber etwaige Bedenken, welche dabei oder bei der Benutzung aus der Beschaffenheit und Verwendung hervorgehen möchten, haben diese Behörden die höhere Entscheidung einzuholen.

78. Maischreservoirs dürfen, da die Maische aus den Maischbottichen mit einem Male und nicht theilweise nach und nach in das Reservoir abzulassen ist, nicht einen geringeren Rauminhalt haben, als irgend ein Bottich in der Brennerei, zu der das Reservoir gehört; ferner dürfen die Maischreservoirs nur reife Maische, dagegen Vormaisch- und Kühlgefäße niemals gährende oder reife Maische enthalten, auch während der angemeldeten Dauer des Gebrauchs nur insoweit mit Maischgut gefüllt sein, als die deklarirten und zu versteuernden Hauptbottiche selbst leer sind.

79. Eine Verdünnung der Maische durch Wasser oder Hefe in dem Maischreservoir ist nicht zulässig.

80. Die Genehmigung der steuerfreien Benutzung der Maischreservoirs wird insbesondere dann zu versagen sein, wenn die Maischreservoirs entweder den revidirenden Beamten unzugänglich sind oder ihre Stellung zum Destillirapparat oder dem geringen Umfange des Betriebs nach ihrem Zweck nicht entsprechen können und daher die Vermuthung erwecken müssen, daß sie nur zur Verdeckung beabsichtigter Defraudationen dienen sollen.

81. Es sind auch größere Vormaischgefäße, als von dem Inhalt der Maischbottiche, welche an einem Tage zusammen bemaischt werden, zuzulassen, und es kann, da die Vormaischgefäße meist von regelmäßiger, der Ausmittelung des Inhalts für jede Höhe durch lineariſche Ausmessung und Berechnung günstiger Gestalt sind, da wo Mißbrauch zu besorgen ist, die Höhe, bis zu welcher der Inhalt des Vormaischgefäßes dem Inhalte der zusammen bemaischten Maischbottiche entspricht, amtlich in dem Vormaischgefäße bezeichnet und verlangt werden, daß es in der zur Benutzung erlaubten Zeit, so lange der Maischbetrieb sich nicht deklarationsmäßig verstärkt, nicht höher angefüllt gefunden werden darf.

82. Wird die Zusetzung der Hefe zu der auf den Kühlschiffen befindlichen Maische gestattet, so muß dies unter der Bedingung geschehen, daß die Maische vor dem Eintritte der Gährung in die Maischbottiche geleitet werde.

83. Die in den Branntweinbrennereien vorhandenen Röhrenleitungen und Pumpen, welche zur Beförderung der Maische aus den Maischbottichen in die Maischbehälter und Brenngeräthe dienen, sind als eigentliche Geräthe, deren Anmeldung, Vermessung und Inventarisirung nach Maßgabe der bestehenden Vorschriften erfolgen müßte, nicht zu behandeln. Es unterliegt

indessen keinem Zweifel, daß jene Röhrenleitungen die mißbräuchliche Benutzung der Maischbottiche zu unangemeldeten Einmaischungen mittelst Ueberschöpfens erleichtern und deshalb bei den Revisionen der Brennereien einer sorgfältigen Beachtung bedürfen. In dieser Beziehung kommt insbesondere in Betracht, daß nach erfolgter Ueberführung der reifen Maische eines Bottichs in den Maischbehälter oder in das Brenngeräth durch das zum Nachspülen des Bottichs benutzte Wasser die in der Röhrenleitung zurückgebliebene Maische entfernt zu werden pflegt und das Vorhandensein von Maische in der Röhrenleitung nach erfolgter Ueberführung der reifen Maische somit zu näherer Erörterung des Sachverhältnisses Anlaß geben kann. Wenn es nöthig erscheint, zu diesem Zwecke von dem Inhalte der Röhrenleitungen Kenntniß zu nehmen, so liegt den Brennereibesitzern, von denen gefordert werden kann, daß sie diejenigen Hülfsdienste leisten, welche erforderlich sind, um die Revision in den vorgeschriebenen Grenzen zu vollziehen, die Verpflichtung ob, die Möglichkeit jener Kenntnißnahme herbeizuführen. Wie sie dieser Verpflichtung genügen wollen, muß denselben zwar zunächst überlassen werden, es wird aber dies erleichtert, wenn geeignete Abzugshähne angebracht werden.

84. Gefäße zur Bereitung künstlicher Gährmittel können zur steuerfreien Benutzung nachgelassen werden, sofern deren Rauminhalt den 12. Theil des täglich zur Versteuerung angemeldeten — und zwar wenn hinsichtlich der täglich zu bereitenden Maischmenge Verschiedenheiten obwalten, des geringsten Maischraums nicht übersteigt. Diesen höchsten Rauminhalt darf, wenn nur ein einziges Gefäß erforderlich ist, dieses fassen, während zwei bis drei Hefengefäße in dem Falle zusammen nicht mehr Inhalt haben dürfen, wenn sie an die Stelle des einen Hefengefäßes treten, wogegen sie jedes einzeln die bezeichnete Größe erreichen dürfen, wenn sie nicht nebeneinander zur Bereitung des Gährmittels in Gebrauch stehen, und wenn daher nicht der ganze Inhalt derselben an einem Tage zum Stellen des deklarirten Maischguts verwendet wird, sondern immer nur ein Hefengefäß an jedem, zur Einmaischung deklarirten Betriebstage geleert wird und die anderen Hefengefäße bis zur gehörigen Reife des Ferments stehen bleiben. Statt der drei innerhalb der deklarirten Maischgährungsfrist nach einander zum Stellen des Maischgutes zu verwendenden Hefengefäße, welche jedes einzeln den 12. Theil des täglich zur Versteuerung angemeldeten Maischraums erreichen dürfen, können auch so viele Hefengefäße bewilligt werden, als Maischbottiche innerhalb der gedachten Frist in Betrieb kommen, mit anderen Worten, es kann, wenn die Bereitungsart des Gährmittels, wie z. B. bei der Bereitung desselben aus Maische und Malzschrot,

es erfordert, d. h. wenn dieses selbst beinahe eine dreitägige Entwickelung bedarf, bis es zum Gebrauche reif ist, für jeden der täglich zur Bemaischung kommenden Bottiche die dreifache Anzahl von Hefengefäßen gestattet werden, so daß sich in einer Brennerei drei, sechs, neun, zwölf u. s. w. Hefengefäße befinden können. Der Inhalt eines jeden dieser Hefengefäße darf den 12. Theil des Maischbottichs, zu dessen Anstellung dasselbe bestimmt ist, nicht übersteigen.

85. Brennereien, in welchen die bewilligten zwei bis drei Hefengefäße an demselben zur Einmaischung deklarirten Betriebstage geleert werden, kann von dem Direktor der Zölle und indirekten Steuern dann, wenn hinsichtlich der täglich zu bereitenden Maischmenge erhebliche Verschiedenheiten stattfinden und ein Mißbrauch nicht zu besorgen ist, ausnahmsweise und widerruflich nachgelassen werden, daß die zu benutzenden zwei oder drei Hefengefäße einen Rauminhalt bis zu dem 12. Theile des durchschnittlich auf jeden Tag fallenden Maischraums haben dürfen.

86. Da es hinsichtlich der Hefengefäße in den Brennereien nur darauf ankommt, die steuerfreie Benutzung derselben auf ein gewisses Maß zu beschränken, so kann den Inhabern solcher Brennereien, deren Betriebsumfang sich nicht das ganze Jahr hindurch gleich bleibt, sondern periodisch wechselt, oder die in der Anwendung verschiedener Gährmittel zeitweise wechseln, das Halten einer, über das Maß der gleichzeitigen Benutzung hinausgehenden größeren Anzahl von Hefengefäßen unter der Maßgabe gestattet werden, daß davon stets nur so viel in Gebrauch genommen werden dürfen, wie den allgemeinen Vorschriften, mit Rücksicht auf den Inhalt der zu bemaischenden Bottiche, entsprechend ist, und die übrigen während der Zeit unter amtlichem Verschlusse gehalten und im Betriebsplane als außer Betrieb deklarirt werden.

Würde, wegen zeitweise eintretender Beschränkung des Betriebs, nicht sowohl die Zahl, als die Größe der Hefengefäße zu verringern sein, so kann von der Forderung dieser Verkleinerung abgestanden werden, wenn eine solche Betriebsverminderung nicht öfter als zweimal im Jahre vorkommt und nicht über zwei Kalendermonate dauert.

Die Entscheidung über die beiden vorstehenden Bewilligungen bleibt dem Direktor der Zölle und indirekten Steuern vorbehalten.

87. Macht die Zubereitung des Gährmittels ein besonderes Gefäß zur Aufbewahrung der sogenannten Mutterhefe (Mutterbärme) nöthig, so kann bei nachgewiesenem, von dem Oberkontroleur bescheinigten Bedürfnisse, neben den eigentlichen Hefengefäßen, die steuerfreie Benutzung eines Mutterhefegefäßes

(Bärme-Eimers) gestattet werden zu höchstens $^1/_{10}$ des Gesammtrauminhalts derjenigen Hefengefäße, zu welchen es gehört. Jedenfalls darf jedoch das Mutterhefengefäß 22 $^8/_{10}$ Liter halten.

88. In Brennereien, in welchen immer nur ein Hefengefäß an jedem zur Einmaischung deklarirten Betriebstage geleert wird und die anderen beiden Hefengefäße bis zur gehörigen Reife des Ferments stehen bleiben sollen, kann dann, wenn die Hefe nicht in 3, sondern in 2 Tagen bereitet wird und daher von den vorhandenen 3 Hefengefäßen nur 2 in Gebrauch bleiben, ein Mutterhefengefäß in der Größe bis zu $^1/_{10}$ des Gesammtrauminhalts dreier Hefengefäße von der durchschnittliche Größe der beiden benutzten bewilligt werden.

d) Beschränkung des Abbrennens der Maische auf aa) bestimmte Tage.

§ 29. Dem Brennereibesitzer ist gestattet, die Maische entweder am dritten oder vierten Tage nach der Einmaischung, den Tag derselben mitgerechnet, abzubrennen und darnach den Betriebsplan einzurichten. Die an einem Tage bereitete Maische muß auch an einem Brenntage vollständig abgeluttert werden.

Ein früheres oder späteres Abbrennen der Maische ist in der Regel nicht gestattet; wird in außerordentlichen Fällen eine Ausnahme nöthig, so muß zuvor der Steuerhebestelle davon Anzeige gemacht und deren schriftliche Genehmigung, welche jedoch bei Anträgen auf späteres Abbrennen nicht über den vierten Tag hinaus gegeben wird, dem Betriebsplan beigeheftet werden.

bb) auf Stunden.

§ 30. An den Tagen, wo Branntweinblasen zum Betriebe angemeldet sind, darf in der Regel von 7 Uhr Abends bis 5 Uhr Morgens nicht gebrannt werden. Ist wegen der Stärke des Betriebs, oder nach der Eigenthümlichkeit des Brenngeräths, oder in anderen besonderen Fällen eine Ausnahme nöthig, so ist darauf bei der Steuerbehörde anzutragen, welche nach Prüfung der für den Antrag geltend gemachten Gründe die Genehmigung, den Umständen nach, nicht versagen wird. (1)

89. Von der vorgeschriebenen Regel, wonach die Zeit für den Betrieb der Blasen in den Brennereien an den Brenntagen von 5 Uhr Morgens bis 7 Uhr Abends bestimmt ist, sind unter Umständen Ausnahmen zulässig, in welcher Beziehung die folgenden Bestimmungen ergehen:

---

(1) Z. vgl. die lith. V. vom 13. November 1873, I. 30411, wonach das Nachtbrennen nicht erschwert werden soll.

1) Die Bewilligung einer Verlängerung der gesetzlichen Brennfrist ist bei den Hauptämtern besonders nachzusuchen. Bei derselben sind folgende Vorschriften zu beobachten:

a) Eine Verlängerung der gesetzlichen Brennfrist kann nur dann, und höchstens bis 9 Uhr Abends, zugestanden werden, wenn nachgewiesen wird, daß das Brenngeräth von einer Beschaffenheit und Konstruktion ist, welche die Ablutterung der Maische aus den für den Maischtag angemeldeten Bottichen in 14 Stunden nicht zuläßt.

b) Behauptet ein Brenner, auch mit der bis 9 Uhr Abends verlängerten Brennfrist zum bloßen Abluttern nicht fertig werden zu können, so muß ihm überlassen bleiben, seine Einmaischungen, soweit nöthig, jedoch nicht unter das gesetzliche Minimum von 687 Liter Maischraum für den Tag, zu vermindern oder sein Brenngeräth dergestalt zu verbessern, daß er der Vorschrift genügen kann. Lassen die Brenngeräthe wegen ihrer eigenthümlichen Beschaffenheit oder wegen räumlicher Beschränktheit der Brennerei oder aus sonstigen örtlichen Ursachen eine Verbesserung durchaus nicht zu und sollte auch selbst dann, wenn nicht viel mehr als 687 Liter Maischraum für einen Maischtag angemeldet sind, die Maische dennoch bis 9 Uhr Abends nicht abgeluttert werden können, so kann eine weitere Verlängerung der Brennfrist, jedoch in diesem Falle nicht über 11 Uhr Nachts hinaus, zugestanden werden.

c) Brennereien, in denen ganz neue oder Behufs des schnellen Maischabtriebs in der Konstruktion wesentlich veränderte Destillirgeräthe aufgestellt werden, haben auf Verlängerung der 14stündigen Brennfrist zum Abluttern keinen Anspruch.

d) Brennereien, welche auf einen fabrikmäßigen, Tag und Nacht fortgehenden, Betrieb eingerichtet sind und mit der Verarbeitung der täglich bereiteten Maische für ihre Destillirgeräthe auf 24 Stunden volle Beschäftigung haben, können, wenn nicht besondere Gründe entgegenstehen, die Erlaubniß zum Nachtbrennen erhalten.

e) Allgemeine Bedingung einer jeden Verlängerung der Brennfrist bis 9 Uhr Abends (a) oder darüber (b) ist, daß den Steuerbeamten die Befugniß eingeräumt werde, noch innerhalb einer Stunde nach Ablauf der verlängerten Brennfrist die Brennerei revidiren zu können.

f) Bis wohin eine Erweiterung der Brennfrist in den zulässigen Fällen bewilligt worden, muß von der Hebestelle in der Betriebsanmeldung bemerkt werden.

2) Es ist nicht notwendig, daß innerhalb der 14stündigen Frist eines gewöhnlichen Brenntags, außer der Ablutterung der Maische, auch noch das Uebertreiben des Lutters (die Weinbereitung) mittelst einer zweiten oder ferneren Destillation vorgenommen, mithin die völlige Verarbeitung der Maische zu Branntwein beendigt werde, vielmehr bleibt es jedem Brenner, der nach der Einrichtung seines Brenngeräths nicht gleich beim ersten Blasenzuge fertigen Branntwein gewinnt, verstattet, die Weinbereitung oder die fernere Verarbeitung des Lutters zu Branntwein an einem auf den gewöhnlichen Brenntag (Luttertag) folgenden Tag (Weintag) vorzunehmen, ohne daß er an letzterem auf eine gewisse Anzahl von Blasenabtrieben oder Stunden beschränkt wird, sondern er ist nur an die allgemeine Beschränkung des Blasenbetriebs auf die Zeit von 5 Uhr Morgens bis 7 Uhr Abends gebunden.

Es muß jedoch:

a) In der Betriebsanmeldung von dem Gewerbetreibenden bestimmt angegeben werden, welche Blasen und an welchem Tage jede zur Destillation von Lutter oder Branntwein oder auch zum Maischabbrennen, in Betrieb gesetzt wird.

b) Auf jeden Luttertag kann nur ein Tag zur Weinbereitung gestattet werden. Wer den von mehreren Luttertagen gesammelten Lutter zusammen übertreiben will, darf dazu gleichfalls nur einen Tag bestimmen, der, nach einer im Laufe des Betriebsmonats sich möglichst gleichbleibenden Ordnung, beliebig auf den jedesmaligen zweiten, dritten oder vierten Luttertag folgen kann.

c) In Brennereien, wo nur mit einer Blase gearbeitet wird, kann an den gewöhnlichen Brenn- oder Luttertagen die Blase sowohl zum Luttern als zur Weinbereitung benutzt werden.

d) In Brennereien, wo mit zwei oder mehreren Blasen gearbeitet wird, kann ein Luttertag zugleich zum Uebertreiben des an demselben oder an einem früheren Luttertage gewonnenen Lutters benutzt werden, es dürfen jedoch an solchen Tagen nur gewisse bestimmte Blasen zum Maischabtrieb und andere zum Lutterabtrieb angemeldet und gebraucht, nicht aber auf einerlei Blasen beiderlei Verrichtungen vorgenommen werden.

e) Der zur Weinbereitung bestimmte Tag muß jedesmal ein solcher sein, an welchem die Brennerei, in Bezug auf Maischbereitung oder Destillation, an sich schon in Betrieb steht und nicht, ohne den Gebrauch der Weinblase, ganz ruhen würde.

Nur in dem Fall, wenn auf einen Luttertag eine solche Anzahl betriebsloser Tage folgt, daß der Lutter bis zur nächsten Einmaischung oder bis zum nächsten Brenntage nicht aufgehoben werden kann, darf der auf den Luttertag folgende Tag zum Weintag bestimmt werden, auch wenn an demselben die Brennerei sonst hätte unter Verschluß gesetzt werden können.

f) Wo in Maischbrennereien der fertige Branntwein durch fernere Destillation zu Spiritus rektifizirt oder über Ingredienzen abgezogen wird, kann solches an allen Tagen in der gewöhnlichen Brennzeit geschehen, wo nach dem Obigen der Blasenbetrieb zum Luttern und zur Weinbereitung zulässig ist. Es muß jedoch in der Betriebsanmeldung von dem Brenner angegeben werden, an welchen Tagen und mit welchen dann ausschließlich nur zu diesem und nicht auch zu anderm Behufe zu benutzenden Blasen rektifizirt oder destillirt werden soll.

3) Brennereibesitzer, welche die Strafe der Steuerdefraudation verwirken, haben auf Verlängerung der Brennfrist (1) und auf besondere Weintage (2) keinen Anspruch, sondern werden auf die 14stündige Brennfrist und die gewöhnlichen Brenntage beschränkt.

4) Insoweit sich die mit Rücksicht auf die Heilighaltung des Sonntags unter Nr. 75 getroffene Bestimmung auch auf den Blasenbetrieb bezieht, wird hier auf dieselbe hingewiesen.

§ 31. Wenn unter amtlichen Verschluß gesetzte Maisch- und Destillirgeräthe in Betrieb kommen sollen, so bestimmt die Hebestelle, wann sich ein Beamter zur Abnahme des Verschlusses in der Brennerei einfinden soll. 4. Freimachung der Geräthe.

Der Brenner ist nicht gehalten, auf den Beamten länger als eine Stunde über die bestimmte Zeit zu warten, und kann nach deren Ablauf, wenn ein bekannter und glaubwürdiger Mann gegenwärtig ist, und dieser den Verschluß als unversehrt anerkannt hat, denselben abnehmen. (¹)

90. Die Entsiegelung darf, besonders bei verdächtigen Brennereien, den Brennern so wenig als möglich selbst überlassen werden.

---

(¹) Auch für fixirten Betrieb gültig. (V. 27. November 1875, I. 1633 an d. H. St. A. Colmar.)

Wann die Entsiegelung erfolgen muß, lehrt der Betriebsplan, und die dazu bestimmten Beamten müssen sich so einrichten, daß sie rechtzeitig in der Brennerei eintreffen.

5. Vorschriften für den gleichzeitigen Betrieb der Brauerei und Brennerei.

§ 32. Da, wo die Braumalzsteuer besteht, darf bei dem gleichzeitigen Betriebe der Brauerei und Brennerei für die letztere, falls nicht die von der Brauerei zu entrichtende Steuer fixirt ist, reines Malzschrot nicht verwendet, das zur Brennerei bestimmte Malz muß vielmehr vor dem Schroten auf der Mühle wenigstens zum vierten Theile mit ungemalztem Roggen vermischt werden. Wird an Orten, wo die Braumalzsteuer besteht, neben der Brauerei Branntwein aus Kartoffeln gebrannt, so ist zu letzterem Behufe der Gebrauch von reinem Malzschrot zwar gestattet, dasselbe muß jedoch besonders angemeldet und aufbewahrt werden und steht unter der Aufsicht und Kontrole der Steuerbehörde. (¹)

(Zu den §§ 24—32 des Gesetzes)

6. Erleichterungen im Betrieb.

91. Die Verdünnung der reifen Maische in dem Vorwärmer oder der Blase durch Wasser ist nachgelassen, indem hierdurch der wichtigste Theil der Kontrole, die Kontrolirung der Maischgefäße selbst, nicht geschwächt wird.

92. Die Verdünnung der in abnehmender Gährung begriffenen Maische in den Maischbottichen, das sogenannte Anfrischen, durch Wasser oder Hefe, ist unter folgenden Bedingungen zugelassen:

a) Die Erlaubniß hierzu ist schriftlich bei dem betreffenden Hauptamte nachzusuchen und von diesem schriftlich zu ertheilen.
b) Dem desfallsigen Gesuche ist von dem Brennereiinhaber eine genaue Beschreibung des anzuwendenden Verfahrens beizufügen, aus welcher zu ersehen sein muß, bis zu welcher Höhe beim ersten Stellen der Maische die Maischbütte nur gefüllt und welche Quantitäten Wasser oder Hefe der Maische, auch in welchen Perioden und zu welcher Zeit zugesetzt werden sollen.
c) Wegen des in Rede stehenden Verfahrens dürfen weder mehr noch größere Hefengefäße bewilligt und angewendet werden, als ohne jenes Verfahren zugelassen sind.
d) Eine Vermehrung der Maische durch einen Zusatz von Maische, mag diese aus einer anderen deklarirten Bütte entnommen oder in einem Nebengefäße besonders bereitet

---

(¹) Findet für E. L. keine Anwendung.

sein, ist unstatthaft und im Endeckungsfalle nach den bestehenden gesetzlichen Bestimmungen zu bestrafen.

e) Wird die Erlaubniß nach a ertheilt, so hat das Hauptamt hiervon der betreffenden Hebestelle unter Mittheilung des nach b angezeigten Verfahrens Kenntniß zu geben, worauf diese sowohl in dem Brennereiinventarium, als auch bei Ausfertigung der Betriebspläne auf der 4. Seite derselben in Spalte 6 mit Berücksichtigung der unter b erwähnten Umstände in der Art das Erforderliche zu bemerken hat, daß den Beamten ein sicherer Anhalt bei den Revisionen der Brennereien gegeben ist.

93. Dagegen ist die Verdünnung der reifen Maische in der Maischbütte oder den Maischreservoirs (vgl. oben Nr. 79) untersagt, weil diese als ein neuer Maischungsakt in einem nicht disponiblen oder nicht zur Einmaischung bestimmten und nicht dazu angemeldeten Gefäße anzusehen ist.

94. Es findet kein Bedenken, das bloße Nachspülen der geleerten Maischbottiche zur Entfernung der zurückgebliebenen Maischtheile zu gestatten.

95. Seitens der Hauptämter kann Brennereibesitzern die Erlaubniß ertheilt werden, nach Beendigung des Brennereibetriebs Schlempe während der Nacht in der Blase stehen zu lassen, um dieselbe Behufs der Verwendung als Viehfutter am nächstfolgenden Tage warm zu halten. Diese Erlaubniß wird überall nur widerruflich und unter der Bedingung ertheilt, daß sich der Brennereibesitzer zu jeder Zeit der nächtlichen Revision der Brennerei durch die Beamten unterwerfe.

96. Zuverlässigen Besitzern von Brennereien, in welchen Destillirapparate der Art zur Anwendung kommen, daß dieselben aus drei, in unzertrennlicher Verbindung mit einander stehenden, zur succesiven Aufnahme der in bestimmter Stufenfolge durch die einzelnen Theile des Apparats geleiteten Maische dienenden, Behältnissen oder Abtheilungen — Blasen, Maischwärmer, Vorwärmer — bestehen, kann auf deren Antrag von den Hauptämtern widerruflich gestattet werden, dergleichen Apparate, so lange sie täglich ohne betriebslose Zwischentage gebraucht werden, über Nacht dergestalt gefüllt stehen zu lassen, daß

a) die eigentliche Blase Schlempe oder halb abgetriebene Maische und

b) der mittelbare Theil (zweite Blase oder Maischwärmer genannt) Maische enthalte,

c) das dritte Behältniß (Maisch- oder Vorwärmer) aber mit Wasser gefüllt oder leer stehen bleibe.

Die Erlaubniß wird nur nach Maßgabe des Bedürfnisses ertheilt. Die betreffenden Brennereibesitzer haben ihre Brennapparate genau in der vorstehend angegebenen Weise zu füllen und es kann ihnen nicht gestattet werden, Blase und Maischwärmer über Nacht mit Schlempe zu füllen, oder nur die unterste Blase mit Schlempe zu füllen und die übrigen Theile mit Wasser gefüllt oder leer zu lassen. Ebensowenig ist es zulässig, daß ein Brennereibesitzer, welchem jene Erlaubniß ertheilt worden, hiervon nur zeitweise Gebrauch macht, d. h. seinen Brennapparat bald über Nacht gefüllt, bald leer läßt. Es ist vielmehr in solchen Fällen die Erlaubniß sofort zurückzuziehen und das Erforderliche in dieser Beziehung im Betriebsplane zu vermerken.

An das vorerwähnte Zugeständniß sind jedoch, außer den obigen Voraussetzungen, noch folgende Bedingungen zu knüpfen:

1) Diejenigen Brennereibesitzer, welche die in Rede stehende Vergünstigung in Anspruch nehmen, müssen sich verbindlich machen, dafür zu sorgen, daß das Brennereilokal für die revidirenden Beamten" über Nacht zu jeder Zeit leicht zugänglich sei, mithin entweder unverschlossen bleibe oder den Beamten, sobald sie ihre Anwesenheit kundgeben, zur Stelle ohne den mindesten Zeitverlust geöffnet werden.

2) Das oben unter c erwähnte Behältniß (der Maisch- oder Vorwärmer) muß mit einem Auszugshahne versehen sein, damit die revidirenden Beamten sich vom Inhalte desselben mit Leichtigkeit überzeugen können;

Soll bei einem sonst regelmäßigen täglichen Betriebe nur zum Zwecke der Reinigung der Apparate an Sonn- und Festtagen oder an einem bestimmten Wochentage nicht gebrannt werden, so muß am Vorabend des Ruhetags die gesammte vorhandene Maische vollständig abgebrannt werden.

Aehnliche Erleichterung kann für minder komplizirte Destillirapparate, welche nur aus zwei Stücken — entweder aus zwei Blasen oder aus Blase und Maischwärmer — bestehen, jedoch auf einen Zug fertigen Branntwein von 50—60 Prozent ziehen, dahin gewährt werden, daß die Maische, welche sich während der letzten Destillation des Tagsbetriebs in der zweiten Blase (dem Maischwärmer) befunden hat, über Nacht in der ersten oder eigentlichen Blase aufbewahrt werden darf, wogegen aber die zweite Blase oder der Maischwärmer mit Wasser gefüllt oder leer stehen zu lassen ist.

Im Uebrigen müssen auch hier die bei den oben erwähnten dreitheiligen Destillirapparaten erwähnten Voraussetzungen und Bedingungen zutreffen.

BB. Brennereien zur Bereitung von Branntwein aus nicht mehligen Stoffen.

§ 33. Bezüglich der Anmeldung des Betriebs kommen die Bestimmungen der §§ 24 und 25 auch bei der Bereitung von Branntwein aus nicht mehligen Stoffen zur Anwendung. Der Betriebsplan darf für die Periode, auf welche er lautet, in der Regel nur auf Stoffe von einem und demselben Steuersatze gerichtet sein; wer für die ganze angemeldete Betriebszeit den höheren Steuersatz (§ 4 Litt. b) entrichtet, ist in der Wahl der nicht mehligen Stoffe und deren Abwechselung keiner Beschränkung unterworfen. 1. Anmeldung des Betriebs.

Wer in einem Jahre nicht mehr als 1030 ⅘ Liter Stoffe der ersten (§ 4 Litt. a) oder 480 $^{9}/_{10}$ Liter der zweiten Art (§ 4 Litt. b) zu Branntwein verwenden kann oder will, muß diesen Vorrath innerhalb eines Kalendermonats abbrennen, auch darf überhaupt nicht weniger als beziehungsweise 1030 ⅘ und 480 $^{9}/_{10}$ Liter für einen Monat angemeldet werden. (¹)

97. Zu den Betriebsplänen für die Branntweinbereitung aus Obst, Beerenfrüchten, Wein u. s. w. (§ 4 des Gesetzes) ist das Muster Anlage XI anzuwenden.

98. Die obigen Bestimmungen unter Nr. 61—73 sind auch auf die Betriebsanmeldungen für die Branntweinbereitung aus nichtmehligen Stoffen anzuwenden.

99. Für Brennereien aus Obst, Beerenfrüchten, Wein u. s. w., wird der zu entrichtende Steuerbetrag nicht bei Uebergabe des Betriebsplans, sondern erst nach erfolgter Zurücklieferung des in der Brennerei ausgehangenen Exemplars desselben, auf den Grund der darin abgegebenen Revisionsbescheinigungen, festgestellt. Es bleibt daher dasjenige, was sich auf die Steuerentrichtung bezieht, bei der Vollziehung des Betriebsplans in dem Vordruck offen und wird erst nach Ablauf der Betriebszeit ausgefüllt.

Bezüglich der Berechnung der Steuer findet die Bestimmung des letzten Absatzes der Anmerkung Nr. 71 Anwendung.

§ 34. In Ansehung der Brennzeit greifen zwar die Bestimmungen des § 30 ebenfalls Platz, jedoch kann dieselbe, wenn die Anzahl der angemeldeten Blasenfüllungen, welche nicht unter zwei an einem Tage sein darf, der Produktionsfähigkeit der Blase innerhalb der vierzehn- 2. Bestimmung der Brennzeit.

---

(¹) Wegen der den Eigenbrennern gewährten Erleichterungen vgl. die Anm. zu der Bek. vom 26. Juli 1873;

Betriebsanmeldungen über umgeschlagenes Bier und Essigbrauabfälle können angenommen werden, wenn sie auf wenigstens 480 $^{9}/_{10}$ Liter lauten. (V. vom 20. Juli 1875, I. 20881).

Wegen des Abbrennens von Brauereiabgängen (Glattwasser) vgl. die Anm. zu Nr. 59 der D. V.

stündigen Brennzeit nicht entspricht, durch die Steuerbehörde auf das wirkliche Bedürfniß vermindert werden.

100. Die oben unter Nr. 89 enthaltenen Vorschriften finden auch auf Brennereien, welche Branntwein aus nichtmehligen Stoffen bereiten, Anwendung.

101. Wenn in Brennereien, welche Branntwein aus nichtmehligen Stoffen bereiten, die Anzahl der angemeldeten Blasenfüllungen der Produktionsfähigkeit der Blase innerhalb der 14stündigen Frist nicht entspricht und deshalb nach § 34 des Gesetzes eine Verminderung der Brennzeit auf das wirkliche Bedürfniß eintreten muß, so ist die Brennzeit durch das Hauptamt festzusetzen und in der Anmeldung demgemäß anzugeben. Zur Beurtheilung der Leistungsfähigkeit der Blasen ist dabei, der Erfahrung entsprechend, anzunehmen: (1)

1. daß jede Füllung der Blasen für einen Abtrieb mindestens
   a) an gestampften Weintrebern oder an gestampftem Kernobst und gestampften Trebern von Kernobst zwei Drittheile,
   b) an gepreßter Weinhefe ein Drittheil,
   c) an flüssiger Weinhefe die Hälfte, und
   d) an Steinobst oder Beeren oder Wein drei Viertheile des vollen Rauminhalts der Blase erfordert;
2. daß zu einer Destillation
   a) auf Weinhefen sechs Stunden,
   b) auf die übrigen § 4 a und b des Gesetzes genannten Stoffe vier Stunden,
   c) auf Lutter sechs Stunden

   höchstens bei ganz schlechter Einrichtung der Destillirgeräthe nöthig sind, und daß
3. sechs Destillationen auf gestampfte Weintreber oder Kernobst oder Abfälle von Kernobst, sowie
4. fünf Destillationen auf jeden andern der § 4 a und b genannten Stoffe wenigstens so viel Lutter liefern, als erforderlich ist zu einer Füllung derselben Blase.

Eine stärkere Blasenfüllung, weniger Zeit für jeden Abtrieb und mehr Abtriebe zum Gewinne eines Lutteraufgusses sind zulässig; entgegengesetzte Ausnahmen jedoch nur mit Bewilligung des Hauptamts.

3. Materialkontrole. a) Abgabe von Materialvorrathsverzeichnissen

§ 35. Die im § 11 vorgeschriebenen Materialvorrathsverzeichnisse müssen in doppelter Ausfertigung übergeben werden, und die Art und Menge des in jedem Gefäße befindlichen Materials, sowie den Aufbewahrungsort enthalten.

(1) Vgl. die Anm. zu Nr. 106 d. D. B.

Auf dieses Verzeichniß findet dasjenige ebenfalls Anwendung, was im § 25 wegen der Betriebspläne vorgeschrieben ist. (1)

102. Das Verzeichniß der Materialvorräthe, welches diejenigen, welche Branntwein aus Obst, Beerenfrüchten, Wein oder den Abfällen davon bereiten wollen, der Steuerhebestelle einzureichen haben, ist nach dem beiliegenden Muster Anlage XII anzufertigen.

b) Revision der Materialvorräthe.

§ 36. Bei Revision der Vorräthe an Material werden alle dergleichen Vorräthe enthaltende Gefäße für voll angenommen; bei eingestampften Weintrestern, Kernobst und Trestern von demselben jedoch für die obere unbrauchbare Schicht zehn Prozent von dem Inhalt des Gefäßes in Abzug gebracht.

§ 37. Der Revision wird das nach § 35 abzugebende Verzeichniß zum Grunde gelegt und unter demselben der Befund von dem revidirenden Beamten bescheinigt. Ergiebt sich hierbei nach dem im vorigen Paragraphen gedachten Abzuge gegen den angezeigten Gesammtvorrath ein Mehrbetrag und beläuft sich dieser nicht auf ein Zehntheil, so tritt, wie bei einem Minderbefund, nur eine Berichtigung des Verzeichnisses ein; wegen eines größeren Mehrbetrages muß jederzeit das Strafverfahren eingeleitet werden. Das eine Exemplar des mit der Revisionsbescheinigung versehenen Verzeichnisses wird bei der Steuerhebestelle zurückbehalten, das andere Exemplar aber dem Brennereibesitzer zurückgegeben, der solches anfbewahrt und bei Aufstellung der Betriebspläne benutzt.

§ 38. Werden neue Vorräthe angeschafft, so müssen solche der Hebestelle angemeldet und unter gehöriger Revision in dem Verzeichnisse (§ 35) in Zugang gebracht werden. Ebenso muß jede Verwendung des in diesen Verzeichnissen enthaltenen Materials zu anderen Zwecken, als unter gehöriger Anmeldung zum Branntweinbrennen, der Hebestelle angezeigt und nachgewiesen werden, es müßte denn auf ferneren Brennereibetrieb bis zum nächsten Septembermonat ganz verzichtet werden, in welchem Falle die Materialkontrole, von der Verzichtung ab, bis dahin aufhört.

---

(1) Vgl. die Anm. zu § 25.

§ 39. Der zum Brennen angemeldete und von dem Vorrathsverzeichnisse zu diesem Zwecke abgeschriebene Theil der Materialien wird auf den Grund des Betriebsplans besonders revidirt und unter demselben der Befund von der Hebestelle bescheinigt. Bei Abweichungen des Befundes von dem angemeldeten Betrage findet die dieserhalb in dem § 37 gegebene Vorschrift Anwendung.

Die Steuerzeichen an den Gefäßen müssen, bis deren Inhalt ganz abgebrannt ist, unverletzt erhalten werden.

103. Bei Revision der Materialvorräthe (§§ 36—39 des Gesetzes) wird der Inhalt der Gefäße, worin sich erstere befinden, wenn die Gefäße geeicht sind, nach dem Eichzeichen, sonst aber durch vorzunehmende Vermessung oder, wenn eine solche schon einmal stattgefunden hat, nach dem an den Gefäßen angebrachten Steuerzeichen, so lange dieses als unverfälscht anerkannt wird, bestimmt. Jedes in der angegebenen Art revidirte Gefäß versieht der Steuerbeamte mit einer dem Verderben durch Feuchtigkeit nicht leicht ausgesetzten Marke, am besten von Holz, auf welcher Name und Wohnort des Deklaranten, die Nummer des Gefäßes und dessen Rauminhalt bemerkt wird. In dem oberen Rande des Gefäßes muß ein Loch gebohrt und durch dasselbe ein Bindfaden gezogen werden, dessen beide Enden mit dem Siegel des Steuerbeamten auf jene Marke anzusiegeln sind. Der Brennereibesitzer besorgt Vorrichtungen und Material zu dieser Bezeichnung.

104. Der bei der Revision der Materialvorräthe festgestellte Rauminhalt der Gefäße ist ohne Rücksicht auf deren wirkliche Anfüllung mit Material, abgesehen von dem nachgelassenen Abzug von 10 Prozent für die obere Schicht bei eingestampften Weintrestern u. s. w. der Versteuerung zu Grund zu legen. Diese Vorschrift hat in Ermangelung anderweiter Bestimmungen auch bei eingemauerten und cementirten Gruben Anwendung zu finden. Die betreffenden Brennereibesitzer sind durch das Steuerpersonal hierauf mit dem Anfügen besonders aufmerksam zu machen, daß es in ihrem eigenen Interesse liege, rechtzeitig solche Einrichtungen zu treffen, welche sie vor der Versteuerung von nicht mit Material befüllten Theilen des Rauminhalts der Gefäße oder Gruben zu bewahren geeignet sind.

4. Verfahren, wenn Material verdorben ist.

§ 40. Material, welches bei der Revision verdorben und untauglich zur Verwendung auf Branntwein gefunden werden möchte, ist von dem revidirenden Steuerbeamten, wenn es mehr als die oben nach § 36 zu vergütende Schicht begreift, entweder mit Zustimmung des Brennereibesitzers aus dem Aufbewahrungsgefäß sogleich auszusondern und von dem Vorrathsverzeichnisse oder dem Betriebsplane abzusetzen, oder aber, wenn der Brennereibesitzer dieses nicht will, oder nicht zugegen ist, das ganze Gefäß, worin sich dieses verdorbene Material befindet, aus der Vorrathserklärung auszuscheiden.

Außerdem kann auf angebliches Verdorbensein von Material keine Rücksicht genommen werden.

§ 41. Für Brennereibetrieb, der ununterbrochen wenigstens sieben (¹) Tage fortgehen soll, kann auch und zwar auf diese oder längere Zeit innerhalb jeden Kalendermonats (²), Fixation der Steuer eintreten. Diese wird dann berechnet nach Maßgabe der zu verwendenden Materialgattung und derjenigen Menge dieses Materials, welche während der erklärten Betriebszeit ohne Unterbrechung mit den zum Gebrauch bestimmten Destillirgeräthen nach ihrer Betriebsfähigkeit (§ 34) in Branntwein umgewandelt werden kann. 5. Fixation der Brennereien.

Die Steuerkontrole beschränkt sich alsdann allein darauf, die Geräthe nur während der Betriebszeit außer Verschluß zu lassen und dahin zu sehen, daß keine höher besteuerten Materialgattungen zur Verwendung auf Branntwein kommen.

Die oben vorgeschriebene Materialkontrole ruht für so fixirte Brennereien und sie sind nicht gehalten, besondere Betriebspläne abzugeben, oder ihre Materialbestände nachzuweisen. Eine solche Steuerfixation hängt übrigens von dem freien Uebereinkommen der Verwaltung mit dem Steuerpflichtigen ab, und es sind zu dem Ende die Bedingungen in der Fixationsbewilligung bestimmt auszudrücken.

(¹) Für Eigenbrenner einen Tag. Vgl. die Anm. zu der Bek. vom 26. Juli 1873.

(²) Bis auf Weiteres ist nichts dagegen zu erinnern, wenn Fixationsverträge über den Schluß des Kalendermonats hinaus abgeschlossen werden, jedoch nur innerhalb des Abrechnungsmonats der Ortseinnehmerei. (Lith. V. vom 13. November 1875, I. 15698). Wegen des Abschlusses mehrerer Fixationsverträge innerhalb eines und desselben Kalendermonats mit einem und demselben Brenner vgl. die V. vom 19. und 27. November 1874, I. 16399 und 16524.

Die Steuerbehörde kann zu jeder Zeit die Fixationsbewilligung zurücknehmen, wenn die Geräthe verändert und die festgesetzten Bedingungen nicht erfüllt werden. (¹)

105. Wenn Besitzer von Brennereien aus nichtmehligen Stoffen auf Fixation der Steuer antragen und der Antrag zulässig befunden wird, ist dabei in folgender Art zu verfahren. (²)

Bei der Berechnung des Betriebs sind, mit Rücksicht auf die nothwendige Zeit zur Ruhe und Reinigung der Geräthe, auf nächtliche Störung und sonstige Erschwerungen des möglichst schnellen Ganges,

a) auf jede volle Woche nur sechsmal 21 Betriebsstunden,
b) auf jeden vollen Kalendermonat nur vierundzwanzigmal 21 Betriebsstunden und
c) für jeden Tag über eine volle Woche nur 21 Betriebsstunden, also beispielsweise für eine volle Woche und drei Tage, oder überhaupt für zehn Tage, nur neunmal 21 Betriebsstunden in Anschlag zu bringen. (³)

Es wird von der Hebestelle mit dem Brennereibesitzer ein Fixationsvertrag abgeschlossen, worin zu bedingen ist, daß

1. die Dauer des festgestellten Brennereibetriebs nicht überschritten werden darf; (⁴)

---

(¹) Wegen Abänderung der Fixationsverträge vgl. die lith. V. vom 17. November 1874, I. 16393 und vom 2. September 1875, I. 12396.

Wegen der Annullirung abgeschlossener Fixationsverträge vgl. die lith. V. vom 5. und 25. November 1875, I. 15312 und 16374.

(²) Z. vgl. die in den lith. V. vom 2. September 1873, I. 25380, vom 31. Oktober 1874, I. 15613, vom 22. Juli 1875, I. 9925 und vom 28. März 1876, I. 4208 enthaltenen, zur Herbeiführung eines gleichmäßigen Verfahrens beim Abschluß der Fixationsverträge ertheilten Vorschriften.

(³) Bei der Berechnung der Abgabe für einen auf 3, 4, 5 oder 6 Tage zur Fixirung angemeldeten Betrieb sind 3, 4, 5 oder 6 mal 21 Betriebsstunden in Ansatz zu bringen. (V. 30. August 1873, I. 25176) Gilt nun auch für einen oder zwei Tage.

(⁴) Z. vgl. die V. vom 11. November 1875, I. 15685, wonach bei Ueberschreitung der Brennzeit, für welche Fixation der Steuer vereinbart ist, die Strafe für nicht angemeldeten Brennereibetrieb, beziehungsweise für heimliches Abbrennen von unangemeldetem Material eintreten soll.

2. während dieser Betriebszeit:
   a) keine anderen Destillirgeräthe, als die dazu namentlich bestimmten, benutzt;
   b) diese Geräthe auf keine Weise in ihrer Beschaffenheit und Einrichtung verändert, auch
   c) keine anderen, als die dazu erklärten Stoffe von einerlei Steuersatz verwendet werden dürfen, und
3. die Steuer am Schlusse des Betriebsmonats nach dem Satze der verwendeten Materialgattung für diejenige Menge, welche den obigen Grundsätze gemäß, für die bestimmte Betriebszeit und die zum Betriebe erklärten Geräthe, als erforderlich sich berechnet, entrichtet werden muß. ([1])

106. Zu den über Fixation der Steuer abzuschließenden Verträgen sind Formulare zu verwenden, welche nach anliegendem Muster XIII gedruckt sind. Die Verträge werden in zwei Exemplaren ausgefertigt, von welchen das eine während der Betriebszeit in dem Brennereilokale ausliegt. Zum Abschluß der Fixationsverträge sind die Steuerämter befugt. Die Oberkontroleure beziehungsweise die Oberinspektoren haben auf ihren Bereisungen zu prüfen, ob die Geräthegrößen und die Betriebsfähigkeit richtig angenommen und der Materialbedarf und der Steuerbetrag richtig festgestellt ist, und eine entsprechende Bescheinigung auf dem Fixationsvertrag beizusetzen. ([2])

Bei Feststellung der Produktionsfähigkeit der Blasen (Spalten 7, 9 und 12 des Formulars) kommen die in Nr. 101 angenommenen Blasenfüllungen und Abtriebszeiten in Betracht, jedoch nur insoweit, als nicht eine stärkere Blasenfüllung und weniger Zeit für einen Abtrieb als der Erfahrung entsprechend mit hinreichender Sicherheit angenommen werden kann. Was die Zahl der Materialabtriebe zur Gewinnung eines Lutteraufgusses betrifft, so kommt dieselbe nur in Frage, wenn nicht gleich beim ersten Blasenzuge fertiger Branntwein gewonnen wird und wenn der Lutter auf derselben Blase abdestillirt werden soll, auf welcher das Material abgetrieben wird. In diesem Fall wird auf je 5 bezw. 6 Materialabtriebe ein steuerfreier Lutterabtrieb gerechnet. Mehr Materialabtriebe, um eine Füllung derselben Blase mit Lutter — einen Lutteraufguß — zu gewinnen, sind ohne Weiteres zuläßig, da hierdurch die

---

([1]) Bezüglich der Tabellen, welche bei Berechnung der fixirten Steuer verwendet werden sollen, vgl. die lith. V. vom 14. September 1873, I. 26282 und 19. November 1873, I. 30687, sowie die V. vom 15. Juli 1874, I. 9714.

([2]) Vgl. übrigens lith. V. vom 13. November 1875, I. 15690, betr. die von der Rechnungskontrole zu bewirkende Prüfung der gedachten Angaben.

Zeit, während welcher steuerpflichtiges Material abgetrieben wird, vermehrt und eine entsprechend größere Sicherheit für das steuerliche Interesse gewonnen wird. (¹)

107. Werden Brennereien, welche nichtmehlige Stoffe verarbeiten, zeitweise gegen Entrichtung eines Steuerfixums betrieben, so ist darauf zu wachen, daß die Bedingungen des Fixationsabkommens von Seiten des Brennereibesitzers pünktlich beobachtet werden. Nehmen die Aufsichtsbeamten Veränderungen in der Anlage oder eine Erweiterung des Betriebs wahr, so müssen sie davon dem Oberkontroleur sogleich Anzeige erstatten.

6. Gleichzeitiger Betrieb der Brennerei aus Getreide oder Kartoffeln.

§ 42. Brennereien, welche außer den § 4 genannten Stoffen auch Getreide, Kartoffeln u. s. w. auf Branntwein verarbeiten, sind in dieser Hinsicht ganz nach den für die Branntweinbereitung aus solchen Materialien bestehenden Vorschriften zu behandeln.

108. Im Laufe eines Monats darf zweierlei verschieden besteuertes Material, also entweder Getreide oder Kartoffeln, gegen Maischbottichsteuer, und Wein und Weinhefe oder Steinobst gegen 1 Frank für 68 ⁷/₁₀ Liter, oder Getreide, wie vorher, und Weintrester, Kernobst oder Treber von Kernobst oder Beerenfrüchten, gegen 50 Centimen für 68 ⁷/₁₀ Liter, oder je zwei andere dieser Gattungen dergestalt nacheinander auf Branntwein verarbeitet werden, daß

1. für jede verschieden besteuerte Substanz eine besondere Deklaration ausgestellt wird,
2. beide Deklarationen nicht durcheinanderlaufen, sondern die eine von Anfang bis zu einem gewisse Tage im Monat und die andere von da ab bis zu dessen Ende läuft.

---

(¹) In Bezug auf die Anwendung der unter Nr. 106 ertheilten Dienstvorschriften sind folgende V. ergangen:

Lith. V. vom 13. November 1873, I. 30302, die Materialabtriebszeiten betr.;

Lith. V. vom 8. Juni 1874, I. 9115 betr. die Fixation der Steuer beim Abbrennen von umgeschlagenem Bier und von Glattwasser;

V. vom 15. Juli 1874, I. 9714, die Zulässigkeit einer 6stündigen, statt 4stündigen Abtriebszeit beim Abschluß von Fixationsverträgen über Steinobst und Beeren;

Lith. V. vom 29. Dezember 1874, I. 17866 und vom 3. Juni 1875, I. 7517, die Bewilligung steuerfreier Lutterabtriebe betr.;

Lith. V. vom 4. Januar 1876, I. 59, betr. die Fixation der Branntweinsteuer bei gleichzeitigem Betrieb mehrerer Blasen;

Lith. V. vom 5. August 1876, I. 9208 II, betr. die Normalabtriebszeiten beim Abschluß von Fixationsverträgen zum Abbrennen von Heidelbeeren, Himbeeren, Brombeeren u. s. w.

3. beide Deklarationen drei Tage vor dem ersten Anfang des Betriebs im Monat gleich miteinander oder auch nur eine, und erst drei Tage, bevor der Betrieb mit der anders besteuerten Substanz beginnen soll, die andere übergeben werden kann;
4. der Betrieb auf eine anders besteuerte Substanz nicht eher beginnen darf, als bis der zum Verbrauch zuerst deklarirte Vorrath von anderem Material vollständig zum Abtrieb gelangt ist. Wer also auf Getreide oder Kartoffeln und nichtmehlige Substanzen nacheinander im Laufe eines Monats deklarirt, darf den Betrieb auf letzere nicht eher beginnen, bis die Maische oder das Brennschrot vollständig abgearbeitet ist; auch darf während der Dauer des letzteren Betriebs weder Brennschrot noch Getreide oder Kartoffelmaische bei ihm vorgefunden werden;
5. der Brenner für jede Substanz, in Ansehung der Deklaration und des Betriebs, den eigenthümlichen Steuer- und Kontrolvorschriften nachkommt.

109. Ob von umgeschlagenem Bier oder Brauereiabgängen, welche der aus mehligen Stoffen hergestellten Branntweinmaische bei der Einmaischung zugesetzt werden, eine besondere Abgabe zu fordern ist, hängt von der Entscheidung des Direktors der Zölle und indirekten Steuern ab.

## IV. Rechte und Pflichten der Steuerbeamten bei Ausübung des Dienstes.

1. Revisionsbefugniß der Steuerbeamten.
a) Besuch der Gewerbsräume.

§ 43. Das Gebäude, in welchem eine Brennerei betrieben wird, wohin auch die Räume, in welchen die Gefäße zum Einmaischen, Abkühlen, Kochen und Dämpfen des Materials aufgestellt sind, sowie die Gefäße, in welchen nicht mehlige Stoffe, und die Räume, in denen außer Gebrauch gesetzte Theile des Destillirgeräths aufbewahrt werden, gehören, kann, sobald die Brennerei zum Betriebe angemeldet ist, zu jeder Zeit, sonst aber nur von Morgens 6 bis Abends 9 Uhr von den Steuerbeamten behufs der Revision besucht, und muß ihnen zu dem Behufe sogleich geöffnet werden.

So lange in der Brennerei gearbeitet wird, muß der Zugang derselben stets unverschlossen sein.

§ 44. In derselben erstreckt sich die Revisionsbefugniß der Beamten darauf, nachzusehen, daß

a) überhaupt die Brennereigeräthe unverändert, so wie sie angegeben und bezeichnet worden, auch keine unangemeldeten Geräthe vorhanden sind, und außer Gebrauch gesetzte Geräthe sich noch in diesem Zustande befinden;

b) der abgegebene Betriebsplan in allen Theilen pünktlich befolgt werde, auch, insofern aus nicht mehligen Stoffen gebrannt wird, keine unangemeldeten Gefäße mit dergleichen Stoffen vorhanden sind.

aa. Revisionen bei Brennereien im Betrieb. α. Bei Maischbrennereien.

110. Um bei Maischbrennereien heimlicher Maischbereitung und unrichtigen Betriebsanmeldungen zu begegnen und solche zu entdecken, müssen diejenigen Brennereien, welche im Betriebe sind, von den Aufsehern mindestens zehn Mal im Monate und zwar dergestalt besucht werden, daß keine länger als höchstens fünf Tage ohne Revision durch den Aufseher bleibt und jede Brennerei drei bis vier Mal monatlich von dem Oberkontroleur besucht wird. Der Besuch verdächtiger Brennereien muß öfter erfolgen.

Diese Revisionen dürfen nicht in einer beständig gleichen Reihenfolge, sondern müssen, den Umständen nach, oftmals rasch nach einander und unvermuthet, auch zu ungewöhnlichen Tageszeiten, stattfinden. Nächtliche Beobachtungen dürfen bei keiner Brennerei ganz verabsäumt und müssen da, wo sich ein Verdacht vorgehender Unterschleife ergibt, so oft wie möglich vorgenommen werden.

111. Die Formulare zu den Betriebsplänen sind auf der 3. Seite, welche die Ueberschrift „Revisionsbefund" führt, durch die Spalten 10—23 mit Horizontallinien durchzogen, welche sich in gleicher Entfernung von einander befinden, in der Spalte 10 mit fortlaufender Nummer versehen.

Nach der Folgeordnung dieser Nummern haben die revidirenden Beamten alsdann, ohne dabei eine Nummer offen zu lassen, den Revisionsbefund unverzüglich nach der Revision einzutragen oder, sofern die Zeit der vorgedruckten Nummern bereits erschöpft sein sollte, einen Bogen anzuheften und anzusiegeln, ihn sogleich mit den erforderlichen Linien, sowie mit weiteren fortlaufenden Nummern in der 10. Spalte zu versehen und unter der nächsten Nummer den Befund darauf niederzuschreiben.

Mehrere Beamte, welche zu gleicher Zeit eine Revision vornehmen, haben jeder den Befund unter einer besonderen Nummer einzutragen; dergleichen zu gleicher Zeit bewirkte Eintragungen sind aber demnächst in der 10. Spalte durch eine vorgesetzte Klammer zu verbinden, welche die verschiedenen benutzten Nummern zusammenfaßt.

Der Raum zwischen zwei Querlinien wird in der Regel in jeder Spalte genügen, um die dahin gehörige Eintragung aufzunehmen; weitläufigere Bemerkungen, welche ausnahmsweise nöthig werden möchten, können zwischen zwei Querlinien durch die Spalten 13—23 durchgeschrieben werden.

112. Um die Befolgung der Betriebsanmeldung mit Sicherheit kontroliren zu können, haben die Aufsichtsbeamten durch umsichtige Beobachtung sich mit dem technischen Verfahren bei dem Brennereibetriebe möglichst genau bekannt zu machen. Namentlich müssen dieselben, um den Zustand der Maische mit Zuverlässigkeit prüfen zu können, sich nicht nur mit den unterscheidenden Kennzeichen des Alters der Maische überhaupt vertraut machen, sondern auch den Einfluß genau kennen lernen, welchen in jeder, ihrer Kontrole anvertrauten, Brennerei die Qualität und Mischung des eingemaischten Materials, die zur Anwendung kommenden Gährungsmittel, das eigenthümliche Verfahren und andere besondere Umstände auf die Beschaffenheit der Maische in ihren verschiedenen Altersstufen haben. Zu dem Ende müssen sie in den einzelnen Brennereien nicht nur oftmals den Einmaischungen beiwohnen, sondern auch demnächst die eingemaischte Masse während des Gährungsprozesses von Zeit zu Zeit wiederholt mit Aufmersamkeit beobachten, dabei von der Art, Mischung und Menge des zur Einmaischung kommenden Materials, von der Menge und Temperatur der dazu und zum Abkühlen verwandten Flüssigkeit, von der Quantität und Beschaffenheit des zugesetzten Gährmittels u. s. w. Kenntniß nehmen, und sich nicht nur die Beschaffenheit der Maische, wie sich solche dem Auge darstellt, sondern auch ihren Geruch und Geschmack wohl merken.

Auch auf das quantitative Verhältniß der Flüssigkeit zur trocknen Substanz, welches bei der Maischbereitung in den Brennereien ihres Bezirks stattfindet, sowie auf das Verhältniß des Branntweingewinns zu den eingemaischten Mengen, haben die Aufsichtsbeamten ihr besonderes Augenmerk zu richten, ihre diesfälligen Beobachtungen sorgfältig zu notiren und solche von Zeit zu Zeit ihren Vorgesetzten mitzutheilen.

Endlich müssen die Aufsichtsbeamten bei den Revisionen zugleich Gelegenheit nehmen, sich von der Betriebsfähigkeit der Blasen zu unterrichten und die besondern Umstände kennen zu lernen, welche in den einzelnen Brennereien auf den mehr oder weniger raschen Gang des Destillationsgeschäfts von Einfluß sind. Ihre diesfälligen Wahrnehmungen haben sie ihren Vorgesetzten mitzutheilen, damit solche bei etwaigen Anträgen auf Verlängerung der gesetzlichen Brennfrist mit zur Erwägung gezogen werden können.

113. Wenn ein Revisionsbeamter in eine in Betrieb stehende Brennerei tritt, so muß er zuvörderst die Betriebsanmeldung zur Hand nehmen und sich überzeugen, ob dieselbe

mit dem Stande der Geräthe übereinstimmt. Er darf sich nicht darauf beschränken, blos die zum Betrieb angemeldeten Maischbottiche zu revidiren, sondern er muß die Prüfung auf alle Theile der Brennerei und auf alle in derselben befindlichen Geräthschaften erstrecken, um sich die Ueberzeugung zu verschaffen, daß die in der Betriebsanmeldung bezeichneten Geräthschaften wirklich und daß keine andere als diese Geräthschaften in der Brennerei vorhanden sind.

Bei jeder Brennereirevision muß der revidirende Beamte den Grundriß einsehen und solchen mit der Betriebsanmeldung und mit dem Stande sämmtlicher Brenn- und Maischgefäße vergleichen und entdeckte Abweichungen zur Sprache bringen.

Damit der Inhalt der Maischbottiche nicht durch irgend eine Vorrichtung heimlich vergrößert werde, müssen die Aufsichtsbeamten von Zeit zu Zeit, bei Gelegenheit ihrer Brennereirevisionen, auf Grund der in den Vermessungsverhandlungen enthaltenen Angaben der Dimensionsverhältnisse, Probevermessungen vornehmen und jede sich dabei ergebende Differenz anzeigen.

Nicht minder haben die Beamten darauf zu achten, daß die Blasenhelme und Kühlfässer mit Nummern und die Maischbottiche und Maischwärmer außer der Nummer mit dem Literinhalte bezeichnet seien und daß diese Bezeichnung stets deutlich erhalten werde.

Endlich sind auch zur Verhütung einer Vertauschung oder Verfälschung die an die Geräthe angebrachten Stempel bei den Brennereirevisionen sorgfältig zu prüfen.

114. Nachdem die Brennereigeräthe an und für sich und nach ihrer äußeren Beschaffenheit nachgesehen worden, kommt es zunächst und hauptsächlich darauf an, ob der Betriebszustand, sowohl der Maischgefäße, als der Brennapparate, mit der Betriebsanmeldung übereinstimme.

Der revidirende Beamte muß demnach auf den Grund der Betriebsanmeldung jeden Maischbottich nachsehen und prüfen, ob derselbe leer oder gefüllt, und letzterenfalls, ob die Maische, welche er enthält, frisch, in steigender, voller, abnehmender Gährung oder reif sein muß und sich durch den Augenschein darüber vergewissern, daß der wirkliche Befund hiermit übereinstimmt. Wenn er hierüber nicht zu einer festen Ueberzeugung, vielmehr zur Vermuthung einer Defraudation gelangt, so muß er, besonders in solchen Brennereien, wo die Maische erst am vierten Tage abgebrannt wird, die Aufmerksamkeit verdoppeln, damit die gehegte Vermuthung entweder begründet oder vollständig widerlegt befunden wird.

In Betreff der Maischreservoirs haben die Aufsichtsbeamten dahin zu sehen, daß solche keine andere, als reife Maische, und auch diese nur während der Zeit, wo die Blasen in Betrieb sind, enthalten. Zugleich muß geprüft werden, ob die Maischreservoirs nicht eine größere Menge Maische enthalten, als nach der Betriebsnachweisung möglich ist, und ob nicht etwa zu der versteuerten Maische auch noch heimlich bereitete zugelassen worden sei. Um dies zu ermitteln, muß die Menge der in dem Reservoir vorhandenen Maische mit der in den verschiedenen Geräthe befindlichen zusammengerechnet werden.

Solche vergleichende Berechnung der in Betrieb stehenden Maische muß in verdächtigen Brennereien an einem und demselben Betriebstage wiederholt und darf nirgends ganz verabsäumt werden.

Auf verbotene Veränderungen des Maischraums durch irgend welche Erhöhung der Bottichränder oder durch Holzdeckel und dergleichen, sowie auf verbotene Benutzung des Maischraums oder unangemeldeter Geräthe mittelst Ueberschöpfung oder Abschöpfung von Maische aus den Bottichen in andere deklarirte Bottiche oder unangemeldete Geräthe oder Zurückschöpfung übergelaufener Maische haben die Aufsichtsbeamten aufmerksam ihr Augenmerk zu richten, nicht minder auf Verdünnung der Maische durch Wasser außerhalb der Einmaischungszeit, soweit eine solche Verdünnung nicht ausnahmsweise gestattet worden ist.

Wo der Gebrauch besonderer Gefäße zur Hefebereitung gestattet ist, muß darauf gesehen werden, daß keine Verletzung der der Erlaubniß zu Grunde gelegten Bedingungen stattfinde. Etwaige Zuwiderhandlungen sind sofort zur Anzeige zu bringen.

115. Destillirgeräthe dürfen mit Maische, Lutter oder Schlempe nur an den Tagen und in den Stunden und zu dem Zwecke in Betrieb sein, wie dies mit der angegebenen Betriebsanmeldung und etwaigen Bewilligungen der Steuerhebestelle übereinstimmt.

In dieser Beziehung müssen die Aufsichtsbeamten daher bei ihren Brennereirevisionen den Betrieb der Geräthe und deren Inhalt prüfen und Ueberzeugung nehmen, daß die Füllung der Betriebsanmeldung oder den besonderen Bewilligungen entspricht.

116. Ist ein Theil der Brenn- und Maischgeräthe durch Verschluß außer Gebrauch gesetzt worden, so muß bei jeder Brennereirevision der unverletzte Zustand der Siegel geprüft werden. Außerdem haben die Oberkontroleure ihr Augenmerk auch dahin zu richten, daß der Verschluß zweckmäßig und sichernd angelegt werde.

β. Bei Brennereien für nicht mehlige Stoffen.

117. Die vorstehenden Anweisungen (Nr. 110—116) beziehen sich zwar zunächst auf Maischbrennereien, sind jedoch mit den sich aus der Verschiedenheit der Sache ergebenden Abänderungen auch auf diejenigen Brennereien anwendbar, in welchen nichtmehlige Stoffe zu Branntwein verarbeitet werden.

bb. Bei Brennereien außer Betrieb.

118. Die nicht in Betrieb stehenden Brennereien müssen von den Aufsichtsbeamten ebenfalls von Zeit zu Zeit — von den Aufsehern mindestens einmal monatlich, von den Oberkontroleuren einmal vierteljährlich — zu dem Zwecke besucht werden, um Ueberzeugung zu nehmen, daß kein unangemeldeter Betrieb darin stattfinde oder stattgefunden habe. (¹)

Bei diesen Revisionen, welche in keiner Brennerei verabsäumt werden dürfen, ist dahin zu sehen, daß die Geräthe mit der Geräthenachweisung und den Vermessungsverhandlungen übereinstimmen, daß die Bezeichnung der Geräthe vorschriftsmäßig und deutlich sei, und daß der an dieselbe gelegte Verschluß sich in unverletztem Zustande befinde.

In jeder außer Betrieb stehenden Brennerei wird, und zwar an derjenigen Stelle, wo während des Betriebs die Betriebsanmeldung aushängen muß, ein Revisionsbogen von weißem Papier gehalten, auf welchen die Aufsichtsbeamten, so lange der Betrieb ausgesetzt bleibt, ihre Revisionen und die etwa vorkommenden Ent- und Versiegelungen zu vermerken haben.

b) Haussuchungen.

§ 45. Ist gegründeter Verdacht vorhanden, daß Unterschleife, um dem Staat die schuldigen Gefälle zu verkürzen, begangen worden, und deßhalb eine förmliche Haussuchung erforderlich, es sei bei Personen, welche Brennerei betreiben, oder bei anderen, so darf sie nur unter Beachtung der für Haussuchungen im Allgemeinen vorgeschriebenen Formen und an solchen Orten stattfinden, die zur Begehung des Unterschleifs oder Verheimlichung von Beständen steuerpflichtiger Gegenstände geeignet sind.

119. Bei Haussuchungen, welche durch die Steuerbeamten vorgenommen werden, sind die im Art. 237 des Gesetzes vom 28. April 1816, sowie in Art. 35—39 des Code d'instruction criminelle vorgeschriebenen Formen zu beachten. Hienach können die Steuerbeamten nur unter Zuziehung des Friedensrichters, des Bürgermeisters oder seines Stellvertreters oder des Polizeikommissärs und zwar nur auf Anordnung eines Oberbeamten mindestens vom Range eines Oberkontroleurs Haussuchungen vornehmen. Die Steuerbeamten haben sich der auf die Zuwiderhandlung sich beziehenden Gegenstände, welche bei der Haussuchung vorgefunden werden, durch Beschlagnahme zu versichern. Die Haussuchung, Beschlagnahme u. s. w. hat in Gegenwart des Beschuldigten oder eines von ihm ernannten Bevollmächtigten stattzufinden, über sämmtliche Handlungen ist ein Protokoll aufzunehmen, welches der Beschuldigte oder dessen Vertreter zu

(¹) Z. vgl. V. vom 29. November 1873, I. 31528, betr. die bei den Eigenbrennern vorzunehmenden Revisionen.

unterzeichnen hat. Bei Verweigerung der Unterzeichnung geschieht im Protokoll davon Erwähnung.

120. Die Haussuchungen dürfen nur zur Tageszeit vorgenommen werden (Art. 76 der Constitution vom 22 frimaire VIII, Art. 1037 des Code proc., Dekret vom 4. August 1806).

c) Verhalten derjenigen, bei welchen revidirt wird.

§ 46. Diejenigen, bei welchen revidirt wird, und deren Gewerbsgehülfen sind verbunden, den revidirenden Beamten diejenigen Hülfsdienste zu leisten oder leisten zu lassen, welche erforderlich sind, um die ihnen obliegenden Geschäfte, es mögen solche in Revision des Betriebs, Nachmessung der Geräthe, Anlegung des Verschlusses oder Feststellung des Thatbestandes bei vorgefundenen Unrichtigkeiten bestehen, in den vorgeschriebenen Grenzen zu vollziehen.

2. Dienststunden und bereite Abfertigung.

§ 47. Die Dienststunden, in welchen die Erhebungsbeamten an den Wochentagen zur Abfertigung der Steuerpflichtigen bereit sein müssen, bestimmt die Verwaltung. Als Regel wird festgesetzt, daß, wo die Hebestellen mit zwei oder mehreren Beamten besetzt sind, die Dienststunden folgende sein sollen:

in den Wintermonaten Oktober bis Februar einschließlich Vormittags von 8 bis 12 Uhr und Nachmittags von 1 bis 5 Uhr,

in den übrigen Monaten von 7 bis 12 Uhr und von 2 bis 5 Uhr. — An anderen Orten sind die Dienststunden auf die Vormittagszeit von 9 bis 12 Uhr eingeschränkt.

Wenn es nöthig ist, muß auch außer dieser Zeit die Abfertigung der Steuerpflichtigen möglichst bewirkt werden. Abweichungen von vorstehenden Bestimmungen sollen an den Orten, wo dergleichen stattfinden, besonders bekannt gemacht werden.

121. Bis auf Weiteres werden die Dienststunden zur steuerlichen Abfertigung der Brenner für sämmtliche Steuerhebestellen auf 8—12 Uhr Vormittags und 1—5 Uhr Nachmittags in den Wintermonaten, in den übrigen Monaten dagegen auf 7—12 Uhr und 2—5 Uhr festgesetzt. Daneben bleiben die Bestimmungen des Art. 234 des Gesetzes vom 28. April 1816 für diejenigen Steuerhebestellen, welchen zugleich die Besorgung von Ortseinnehmereigeschäften obliegt, in Kraft.

3. Ablehnen von Geschenken.

§ 48. Von den Steuerschuldigen dürfen die Steuerbeamten unter keinen Umständen für irgend ein Dienstgeschäft ein Entgelt oder Geschenk, es sei an Geld, Sachen oder Dienstleistung, es habe Namen, wie es wolle, verlangen oder annehmen. Andererseits dürfen die Steuerpflichtigen dergleichen unter keinen Umständen und unter keinerlei Vorwand geben oder nur antragen, ohne sich straffällig zu machen.

4. Unzulässigkeit von Nebenerhebungen.

§ 49. Außer den bestimmten Steuersätzen wird nichts erhoben; Quittungen und Bescheinigungen der Steuerbehörden werden gebührenfrei ertheilt.

## V. Von den Strafen und dem Strafverfahren.

A. Allgemeine Strafbestimmungen. (1) 1. Strafe der Defraudation.

§ 50. Wer eine Gewerbshandlung, von deren Ausübung die Entrichtung der Branntweinsteuer abhängig ist, vornimmt, hat, wenn solche entweder in einem von der Steuerhebestelle vollzogenen Betriebsplane gar nicht angegeben ist, oder von der hierin angegebenen dergestalt abweicht, daß daraus eine Verkürzung der Steuer folgt, die Strafe der Defraudation verwirkt.

a) Im ersten Falle.

§ 51. Die Strafe der Defraudation besteht in einer Geldbuße, welche dem vierfachen Betrage der vorenthaltenen Steuer gleichkommt. Die Steuer ist überdem von der Strafe unabhängig zu entrichten.

122. Der § 51 des Gesetzes bestimmt, daß bei Defraudation der Branntweinsteuer der vierfache Betrag der vorenthaltenen Steuer gegen den Schuldigen als Strafe verhängt werden soll, so daß es bei Festsetzung der Strafe darauf ankommt, zu bestimmen, welche Gefälle vorenthalten sind oder mit andern Worten zu entrichten gewesen wären, wenn die Anmeldung der steuerpflichtigen Handlung vorschriftsmäßig bewirkt worden wäre. Würde daher bei vorschriftsmäßiger Anmeldung der höhere Maischsteuersatz zu entrichten gewesen sein, so ist auch dieser bei Bemessung der Strafe zu Grund zu legen.

b) Im ersten Rückfalle.

§ 52. Im Falle der Wiederholung nach vorhergegangener Bestrafung wird die Strafe auf den achtfachen Betrag der vorenthaltenen Steuer bestimmt. Außerdem darf der Schuldige, wenn er Brenner ist, das Recht zu

---

(1) Z. vgl. V. vom 12. November 1874, I. 15840. (A. Bl., S. 350). Die Strafe der Defraudation oder Kontravention trifft den Brennereibesitzer, falls nicht ermittelt werden kann, daß das Verschulden einen Anderen trifft.

brennen in einem Zeitraume von drei Monaten weder selbst ausüben, noch durch einen Anderen zu seinem Vortheile ausüben lassen.

§ 53. Im dritten Falle der Uebertretung nach vorhergegangener zweimaliger Bestrafung ist der sechszehnfache Betrag der nicht erlegten Steuer als Strafe verwirkt. Ist der Schuldige ein Brenner, so darf er das Gewerbe des Brennens nie und zu keinen Zeiten weder selbst ausüben, noch durch einen Anderen zu seinem Vortheile ausüben lassen.

c) Bei ferneren Rückfällen.

123. Die Gewerbsuntersagung findet nur auf selbstständige Gewerbtreibende Anwendung, indem für Gewerbsgehülfen der Betrieb des Gewerbes durch Andere für ihre Rechnung nicht wohl wird geschehen können.

§ 54. Wenn Maischgefäße, welche von der Steuerbehörde außer Gebrauch gesetzt worden, unbefugter Weise zum Einmaischen benutzt worden sind, so soll die Berechnung der Steuer und der Defraudationsstrafe in der Art geschehen, daß auf jeden dritten Tag von der Stunde ab, wo die Maischgefäße zuletzt amtlich unter Verschluß gefunden worden sind, bis zur Zeit der Entdeckung eine Einmaischung angenommen wird.

2. Anwendung der Defraudationsstrafe, wenn außer Gebrauch gesetzte Maisch- oder Destillirgeräthe unbefugter Weise benutzt werden.

§ 55. Sind in Brennereien, wo Branntwein aus nicht mehligen Stoffen bereitet wird, Destillirgeräthe, welche von der Steuerbehörde außer Gebrauch gesetzt worden, unbefugter Weise wieder in Betrieb gebracht, so werden die verkürzte Steuer und der Betrag der Defraudationsstrafe nach derjenigen Materialmenge zum höchsten Steuersatze berechnet, welche seit der Stunde, wo das unbefugter Weise gebrauchte Destillirgeräth zuletzt amtlich unter Verschluß gefunden worden ist, bis zur Zeit der Entdeckung auf diesem Geräth hat zu Branntwein verarbeitet werden können.

§ 56. Wird den bei Fixationsbewilligungen festgesetzten Bedingungen zur Verkürzung der Steuer entgegen gehandelt, so tritt die Strafe der Defraudation ein. (1)

3. Anwendung der Defraudationsstrafe bei der Verletzung von Fixationsbewilligungen.

(1) Die Defraudationsstrafe tritt z. B. ein, wenn höher besteuertes Material, als das angemeldete abgebrannt wird. Als vorenthaltene Steuer ist die Differenz zwischen der im Fixationsvertrage festgesetzten und der bis zum Augenblick der Entdeckung

B. Besondere Strafbestimmungen. 1. Strafe der heimlichen oder anmeldungswidrigen Zubereitung und Aufbewahrung von Maische.

§ 57. Die Einmaischung oder Zubereitung von Maische, die dem Steuerbeamten gar nicht angesagt, oder die an anderen Tagen, in anderen Räumen oder in anderen Gefäßen, als den in dem amtlich bestätigten Betriebsplane dazu angemeldeten, vorgenommen wird, soll an und für sich mit einer Geldbuße von Einhundert Thalern (375 Frs.) und mit der Konfiskation der gebrauchten Gefäße bestraft werden, die gesetzliche Defraudationsstrafe daneben aber nur alsdann eintreten, wenn die Absicht einer Verkürzung der Steuer nachgewiesen wird.

124. Da die Branntweinsteuer von dem Rauminhalte derjenigen Gefäße, welche zum Einmaischen benützt werden, festgesetzt und bei Bestimmung dieser Steuer schon überall auf den zum Ansteigen des gemaischten Guts bei der Gährung erforderlichen leer zu lassenden Raum Rücksicht genommen worden ist, so folgt daraus, daß jede Vorrichtung, vermöge welcher für die Gährung ein größerer, als der deklarirte und versteuerte Raum benutzt wird, als da sind: das Aufsetzen beweglicher Kränze von Holz, Stroh, Binsen u. s. w., oder von Holzscheiten auf die Maischbottiche, auf eine Umgehung der vorgeschriebenen Abgabe hinwirkt, und die Anwendung von dergleichen Vorrichtungen mit den in den Gesetzen angedrohten Strafen für die Zubereitung von Maische in nicht deklarirten Räumen geahndet werden muß.

125. Das Vorhandensein übergegohrener Maische auf dem Fußboden des Gährungslokals ist an sich nicht straffällig;

---

sich berechnenden Steuer nach dem höheren Satze anzusehen. Die im § 58 angedrohte Strafe kann im gedachten Falle nicht angewendet werden, weil die Materialkontrole für fixirten Betrieb ruht. (V. vom 19. Nov. 1875, I. 16267).

Eine Ordnungsstrafe ist anwendbar, wenn beim Abschluß des F. V. angeordnet worden war, daß nach Ablauf der Brennzeit der Kesselhelm abgeliefert werden solle, in dieser Hinsicht aber eine Verzögerung oder Unterlassung eintritt und durch die Untersuchung keine Defraude konstatirt wird. (V. vom 31. Oktober 1874, III. 8830).

Bei Ueberschreitung der im Fixationsvertrage vereinbarten Brennzeit, ist dieselbe Strafe, wie für nicht angemeldeten Betrieb beziehungsweise für heimliches Abbrennen undeklarirten Materials in Anwendung zu bringen. (V. 11. November 1875, I. 15685). Vgl. auch V. vom 15. Februar 1876, I. 1188.

dagegen liegt eine strafbare Kontravention vor, wenn in dem zum Bereiten der Maische bestimmten Lokale außerhalb der deklarirten Bottiche Maische angesammelt oder am Abfluß gehindert vorgefunden wird, mag die Maische in besonderen Gefäßen im eigentlichen Sinne sich vorfinden oder in anderen Vorrichtungen, die zum Anhalten derselben dienen, oder durch irgend welche Veranstaltung (z. B. Zustopfen der zum Abflusse der Maische bestimmten Oeffnung der Abzugsrinne), angesammelt und festgehalten werden.

Damit übrigens in Lokalen, wo der übergohrenen Maische ein natürlicher Abfluß nicht verschafft werden kann, die Ansammlung dieser Maische vermieden werde, ist darauf hinzuwirken, daß die Betheiligten für eine entsprechende Pumpe sorgen, um mittelst derselben die übergegohrene Maische ungesäumt aus dem Gährungslokale zu entfernen.

126. Das Ueberschöpfen von Maische aus einem Bottich in einen anderen, früher bemaischten, Bottich oder in ein anderes Gefäß ist als Defraudation zu erachten und die auf dem ganzen mißbrauchten Bottich oder Gefäß ruhende Steuer bei Bemessung der Strafe zu Grund zu legen.

127. Wer einen Maischbottich schief stellt und während der Maischbereitung den niedriger stehenden Rand durch Auflegen von Holzstücken erhöhet, begeht eine Kontravention, indem er zur Maischbereitung sich eines anderen Raums bedient, als solcher für diesen Zweck angegeben ist.

Ob mit einem solchen Unternehmen zugleich eine Defraudation verübt worden, kommt auf die jedesmaligen Umstände an; ist der veränderte Raum geringer, als der Raum des Bottichs in seinem unveränderten Zustande, so läßt sich eine Defraudation nicht annehmen.

§ 58. Wenn der Vorschrift des § 11 entgegen steuerpflichtige Materialien entweder gar nicht angezeigt, oder in größerer Menge, als solche nach den Bestimmungen der §§ 36 und 37 straffrei ist, oder an anderen Orten, als das Vorrathsverzeichniß und der Betriebsplan ergeben, vorgefunden werden, so findet eine Geldbuße von Einhundert Thalern (375 Frs.) statt. Wird bei Zuwiderhandlungen obiger Art zugleich die Absicht der Steuerverkürzung nachgewiesen, so tritt außerdem noch die Defraudationsstrafe hinzu.

2. Strafe der unterlassenen oder unrichtigen Anmeldung steuerpflichtiger Stoffe.

§ 59. Wenn die Brennereigeräthe oder die damit vorzunehmenden oder vorgenommenen Veränderungen nicht, wie im § 6 vorgeschrieben ist, angezeigt worden, so tritt die Konfiskation der verschwiegenen, veränderten oder

3. Strafe der unterlassenen oder unrichtigen Anzeige der Geräthe.

anderswohin gebrachten Stücke und eine Geldstrafe von fünfundzwanzig bis Einhundert Thalern (93 Fr. 75 Ct. — 375 Frs.) ein. (¹)

4. Strafe der unterlassenen Anzeige beim Uebergange von Geräthen in andere Hand.

§ 60. Wer der Vorschrift im § 7 zuwider Brennerei- oder Destillirgeräthe, ohne Anzeige bei der Steuerhebestelle und darüber erhaltene Bescheinigung, einem Anderen übergiebt, verfällt in eine Strafe von fünf bis zwanzig Thalern (18 Frs. 75 Ct. — 75 Frs.), welche bei Wiederholungen auf zwanzig bis fünfzig Thalern (75 Frs. — 187 Frs. 50 Ct.) erhöht wird.

128. In den Fällen, in welchen eine bloße Veränderung in dem Besitz einer übrigens unverändert an der bisherigen Stelle verbleibenden Brennerei oder eines Destillirgeräths eintritt, sind zwar auch die in den §§ 59 und 60 des Gesetzes angedrohten Strafen verwirkt; es kann aber in den fraglichen Fällen von Einleitung der Untersuchung Abstand genommen werden, weil die Unterlassung der Anzeigen die Kontrole nicht wesentlich erschwert.

5. Strafe der unterlassenen Geräthebezeichnung.

§ 61. Werden die im § 8 vorgeschriebenen Bezeichnungen der Geräthe unterlassen, so kommen die Strafbestimmungen des § 59 zur Anwendung.

6. Strafe der Abweichung von der Maisch- und Brennzeit.

§ 62. Abweichungen von den Tageszeiten, in welchen eingemaischt werden soll, sowie Abweichungen von den deklarirten Tagen des Blasenbetriebs, oder von der an diesen Tagen gestatteten Brennfrist werden mit zwei Thalern (7 Frs. 50 Ct.) und bei Wiederholungen mit fünf bis zwanzig Thalern (18 Frs. 75 Ct. — 75 Frs.) bestraft.

7. Strafe des ordnungswidrigen Verfahrens mit den Betriebsplänen und Material-Vorrathsverzeichnissen.

§ 63. Eigenmächtige Veränderungen in dem von der Steuerhebestelle vollzogenen Betriebsplane (§ 10), insofern dadurch nicht eine härtere Strafe verwirkt ist, werden mit zwei bis fünfzig Thalern (7 Frs. 50 Ct. — 187 Frs. 50 Ct.) bestraft. Im Widerholungsfalle tritt Verdoppelung der Strafe, und im dritten Uebertretungsfalle überdem der Verlust der Befugniß zur Betreibung der Brennerei ein. Auch derjenige, welcher seinen Betriebsplan nicht reinlich aufbewahrt oder nicht bereit hält, solchen jederzeit dem Revisionsbeamten gleich vorlegen zu können, wird schon

---

(¹) Lith. V. v. 20. November 1873, I. 30423 betr. die mildere Handhabung obiger Bestimmung während der ersten Zeit nach der Einführung des Gesetzes.

deshalb um ein bis fünf Thaler (3 Frs. 75 Ct. — 18 Frs. 75 Ct.) bestraft, wenn auch nicht erweislich ist, daß derselbe, um eine Kontravention zu verbergen, weggeschafft oder beschädigt worden.

Was vorstehend in Betreff der Betriebspläne angeordnet worden, gilt auch für die Materialvorrathsverzeichnisse (§ 11).

8. Verletzung des Verschlusses oder der Bezeichnung der Geräthe.

§ 64. Wer den amtlichen Verschluß, durch welchen Maisch-, Destillir- und andere Geräthe außer Gebrauch gesetzt worden, abnimmt, verletzt oder sonst unbrauchbar macht, die vorgeschriebene Bezeichnung der Geräthe (§ 8) zerstört, verändert oder nachmacht, wird, wenn auch eine Steuerverkürzung nicht beabsichtigt worden, bei einer Veränderung oder Zerstörung der vorgeschriebenen Bezeichnungen mit der im § 59 bestimmten Strafe und bei Verletzung des amtlichen Verschlusses der Maisch- und Destillirgeräthe mit einer Geldbuße von zwei bis zwanzig Thalern (7 Frs. 50 Ct. — 75 Frs.) belegt, falls nicht glaubwürdig dargethan wird, daß die Zerstörung der Bezeichnung oder die Verletzung des Verschlusses durch einen vom Steuerpflichtigen nicht verschuldeten Zufall entstanden, und davon gleich, nachdem solche wahrgenommen worden, Anzeige geschehen ist.

9. Bestrafung sonstiger Gesetzübertretungen.

§ 65. Die Uebertretung anderer in diesem Gesetz enthaltenen Vorschriften und der in Gemäßheit derselben erlassenen und gehörig bekannt gemachten Verwaltungsvorschriften, auf welche keine besondere Strafe gesetzt worden, soll mit einer Geldbuße von ein bis 10 Thalern (3 Frs. 75 Ct. — 37 Frs 50 Ct.) geahndet werden.

C. Vertretungsverbindlichkeit für verwirkte Geldstrafen.

§ 66. I. Wer Brennerei treibt, haftet, was die im § 51 bis einschließlich § 65 verhängten Geldstrafen betrifft, mit seinem Vermögen für seine Verwalter, Gewerbsgehülfen, sowie für diejenigen Hausgenossen, welche in der Lage sind, auf den Gewerbebetrieb Einfluß zu üben, (¹) wenn

(¹) Z. vgl. § 12 d. Ges., sowie die V. vom 12. November 1874, I. 15840. (A. Bl., S. 350).

Das Gesetz vom 8. Juli 1868 über die subsidiarische Haftbarkeit der Brennereiunternehmer für Zuwiderhandlungen durch Verwalter, Gewerbsgehülfen und Hausgenossen (B. G., S. 404) ist in E. L. nicht publizirt worden.

1) diese Geldstrafen von dem eigentlich Schuldigen wegen Unvermögens nicht beigetrieben werden können, und zugleich

2) der Nachweis erbracht wird, daß der Brennereitreibende bei Auswahl und Anstellung der Verwalter und Gewerbsgehülfen, oder bei der Beaufsichtigung derselben, sowie der Eingangs bezeichneten Hausgenossen fahrlässig, das heißt, nicht mit der Sorgfalt eines ordentlichen Geschäftsmannes zu Werke gegangen ist.

Als solche Fahrlässigkeit gilt insbesondere die wissentliche Anstellung beziehungsweise Beibehaltung eines wegen Branntweinsteuerdefraudation bereits bestraften Verwalters oder Gewerbsgehülfen, falls nicht die oberste Finanzbehörde die Anstellung beziehungsweise Beibehaltung eines solchen genehmigt hat.

Ist ein Brennereitreibender, welcher nach den Bestimmungen dieses Gesetzes subsidiarisch in Anspruch genommen wird, bereits wegen einer von ihm selbst in der nachgewiesenen Absicht der Steuerverkürzung begangenen Branntweinsteuerdefraudation bestraft, so hat derselbe die Vermuthung fahrlässigen Verhaltens so lange gegen sich, als er nicht nachweist, daß er bei Auswahl und Anstellung, beziehungsweise Beaufsichtigung seines Eingangs bezeichneten Hülfspersonals die Sorgfalt eines ordentlichen Geschäftsmannes angewendet hat.

II. Hinsichtlich der in Folge einer Zuwiderhandlung gegen die Vorschriften dieses Gesetzes vorenthaltenen Steuer haftet der Brennereitreibende für die unter I bezeichneten Personen mit seinem Vermögen, wenn die Steuer von dem eigentlich Schuldigen wegen Unvermögens nicht beigetrieben werden kann.

In denjenigen Fällen jedoch, in welchen die Berechnung der vorenthaltenen Steuer lediglich auf Grund der in diesem Gesetze vorgeschriebenen Vermuthungen erfolgt (§§ 54, 55), tritt die subsidiarische Haftbarkeit des Brennereitreibenden nur unter der zu I. 2 bestimmten Voraussetzung ein.

III. Zur Erlegung von Geldstrafen auf Grund subsidiarischer Haftung in Gemäßheit der Vorschriften zu I kann der Brennereitreibende nur durch richterliches Erkenntniß verurtheilt werden.

Dasselbe gilt für die Erlegnng der vorenthaltenen Steuer, welche auf Grund der in diesem Gesetze vorgeschriebenen Vermuthungen berechnet wird.

IV. Die Befugniß der Steuerverwaltung, statt der Einziehung der Geldbuße von dem subsidiarisch Verhafteten und unter Verzicht hierauf, die im Unvermögensfalle an die Stelle der Geldbuße zu verhängende Freiheitsstrafe sogleich an dem eigentlich Schuldigen vollstrecken zu lassen, wird durch die vorstehenden Bestimmungen nicht berührt.

129. Gleich bei der Anklage und der ersten Einleitung der Untersuchung durch die Steuerbehörde, sowie demnächst bei der Fortführung der Untersuchung sind alle Thatsachen und Umstände ins Auge zu fassen, nach Umständen weiter zu verfolgen und festzustellen, welche geeignet sind, über das Vorhandensein derjenigen Voraussetzungen Aufklärung zu geben, von denen gesetzlich das Eintreten der subsidiarischen Haftbarkeit abhängig ist.

130. Im Uebrigen gelten bezüglich der subsidiarischen Verhaftung die Bestimmungen des § 22 des Gesetzes vom 5. Juli 1872, betreffend das Verfahren bei Zuwiderhandlungen gegen die Zollgesetze und die Gesetze über die indirekten Steuern. Soweit jedoch, in Gemäßheit des § 66, III der subsidiarisch Verhaftete in Anspruch genommen werden soll, muß die Untersuchung stets an die Gerichte zur Entscheidung abgegeben werden. Hierbei bleiben die zu §§ 21 und 22 des Gesetzes vom 5. Juli 1872 erlassenen Vollzugsvorschriften zu beachten.

§ 67. Treten der Zuwiderhandlung gegen die Bestimmungen dieses Gesetzes andere Vergehen oder Verbrechen hinzu, so kommen die allgemeinen Strafgesetze zur Anwendung.

D. Zusammentreffen mehrerer Zuwiderhandlungen gegen die Gesetze.

Ist mit einer Defraudation zugleich eine Verletzung besonderer Vorschriften dieses Gesetzes verbunden, so tritt die darauf gesetzte Strafe in der Regel der Strafe der Defraudation hinzu.

Im Falle mehrerer oder wiederholter Zuwiderhandlungen gegen dieses Gesetz, welche nicht in Defraudationen bestehen, soll, wenn die Kontraventionen derselben Art sind und gleichzeitig entdeckt werden, die Kontraventionsstrafe, insbesondere die durch die §§ 57 und 58 verhängte Strafe von einhundert Thalern (375 Fr.) gegen den subsidiarisch Verpflichteten (§ 66), gleichwie gegen die eigentlichen Thäter und Theilnehmer, nur in einmaligem Betrage festgesetzt werden.

E. Strafe der Bestechung der Beamten und der Widersetzlichkeit gegen Beamte, Umwandlung der Geldstrafen, Verfahren bei Zuwiderhandlungen und Verjährung.

§ 68. In Ansehung der Bestrafung wegen Bestechung der Beamten und wegen Widersetzlichkeit gegen Beamte, zu welcher auch die Versagung der im § 46 den Gewerbetreibenden zur Pflicht gemachten Hülfsleistung gerechnet wird, ferner in Ansehung der Verwandlung der Geld- in Freiheitsstrafen, sowie des Verfahrens bei Verfolgung von Zuwiderhandlungen gegen die Bestimmungen dieses Gesetzes und der Verjährung der Strafen kommen die entsprechenden Anordnungen des Zollstrafgesetzes und, wenn solche darin nicht enthalten sind, die betreffenden allgemeinen gesetzlichen Bestimmungen in Anwendung. (¹)

131. An Stelle des „Zollstrafgesetzes" ist das Vereinszollgesetz vom 1. Juli 1869 getreten. Es kommen daher die entsprechenden Anordnungen des letzteren zur Anwendung. Bezüglich des Strafverfahrens sind die Bestimmungen der §§ 1—26 des Gesetzes vom 5. Juli 1872 maßgebend.

§ 69. Der obersten Finanzbehörde des betreffenden Staats, welche für Ausführung dieses Gesetzes zu sorgen hat, bleibt die Bestimmung der Hebestellen und Beamten, welchen die Erhebung der Branntweinsteuer und die Kontrole übertragen wird, sowie der Erlaß der erforderlichen Kontrolvorschriften und Instruktionen überlassen. Auch ist dieselbe ermächtigt, soweit nach den örtlichen Verhältnissen das Bedürfniß von Erleichterungen bezüglich der in den §§ 16 bis 42 dieses Gesetzes ertheilten Betriebsvorschriften sich ergiebt, solche Erleichterungen für die von dem Bundesrathe zu bemessende Uebergangsperiode anzuordnen. (²)

Soweit die Vorschriften dieses Gesetzes auf preußische Währung und preußisches Gemäß sich beziehen, hat die betreffende Finanzbehörde, nach Bedürfniß, diese Vorschriften in ihrer Anwendung auf die in dem betreffenden

(¹) Z. vgl. lith. V. vom 10. Juni 1876, I. 7937, wonach unter „Verjährung der Strafen" die Verjährung der „Strafverfolgung" zu verstehen ist und auch die Verjährung der defraudirten Gefälle erst nach 3 Jahren eintritt.

(²) Z. vgl. Bek. vom 26. Juli 1873, die den Eigenbrennern zu gewährenden Erleichterungen betr., sowie die Anm. zu § 26 d. Ges.

Landestheile gesetzlich bestehende Währung und das bestehende Gemäß näher zu bestimmen.

132. Die Erhebung und Verrechnung der Branntweinsteuer hat durch die Steuerämter, beziehungsweise durch die mit steueramtlichen Funktionen beauftragten Hauptzoll- oder Hauptsteuerämter, Nebenzollämter u. s. w. zu geschehen. Die Kontrole der Brennereien und des Brennereibetriebs liegt dem Zoll- und Steueraufsichtspersonal ob ([1]). Die Steuerämter haben deßhalb bei Eröffnung, beziehungsweise Wiedereröffnung des Betriebs in Branntweinbrennereien, den Bezirksoberkontroleuren alsbald schriftliche Anzeige zu machen.

§ 70. . . . . ([2])

[Folgen die zum Theil mit Vorschriften für den Gebrauch versehenen Muster I—XIII, abgedruckt A. Bl. 1873, S. 297 ff. Bezüglich dieser Muster sind noch folgende Verfügungen ergangen:

1. Zu I. V. vom 13. und 27. November 1875. I. 15690 und 16627, betr. die Führung von Verzeichnissen sämmtlicher Brenner;

2. Zu V. Lith. V. vom 28. Mai 1876. I. 5933, betr. die Bescheinigung hinsichtlich des Eintrags der im Betrieb gewesenen Brennereien in das Anmeldungsregister;

3. Zu VII. Lith. V. vom 1. Dezember 1875. I. 16824, betr. die Formularien zu Branntweinsteuerquittungen;

4. Zu IX. V. vom 2. März 1875. I. 3412, die Feststellung der Dimensionen der Gefäße bei nasser Vermessung betr.;

5. Zu X. Lith. V. vom 3. März 1875. I. 3430, betr. die vom Oberkontroleur abzugebende Bescheinigung in Bezug auf die Uebereinstimmung mit dem Inventarium; sodann lith. V. vom 6. April 1877, I. 3304 betr. die Neuanlegung der Brennereiinventarien.

6. Zu XIII. Lith. V. vom 13. November 1875. I. 15690, betr. die von der Rechnungskontrole zu bewirkende Prüfung der Richtigkeit des in Fixationsverträgen angegebenen Kesselinhalts und Lith. V. vom 29. Dezember 1874. I. 17866, steuerfreie Lutterabtriebe betr.]

---

**23. Juni 1873.** — Bestimmungen über die Gewährung einer Rückvergütung der Branntweinsteuer. (A. Bl., S. 346). ([3])

---

([1]) Für das Steueraufsichtspersonal ist unterm 30. September 1873 eine besondere Instruktion erlassen worden.

([2]) Der § 70 hat für E. L. keine Bedeutung.

([3]) (Vom R. K. A. zum Vollzug genehmigt durch Erlaß vom 18. Juli 1873. R. K. A. 3803, III).

I. Bei der Herstellung von Alkaloiden und Santonin.

1. Die Vorschriften bezüglich der Gewährung einer Steuerrückvergütung für den zur Herstellung von Alkaloiden zu verwendenden Branntwein sind in dem anliegenden, im Jahr 1870 von dem Bundesrath des Norddeutschen Bundes festgestellten Regulativ enthalten. (1)
2. Eine Steuerrückvergütung darf unter denselben Maßgaben, unter welchen die Vergütung der Steuer für Branntwein, der zu Alkaloiden verwendet wird, stattfinden kann, auch für den zur Darstellung von Santonin verwendeten Branntwein gewährt werden. (2)
3. Als Denaturirungsmittel des zur Gewinnung von Alkaloiden oder von Santonin zu verwendenden Branntweins kann statt des nach Ziffer 7 des Regulativs zugelassenen Holzgeistes auch Terpentinöl und zwar in der Menge von ½ Prozent des Gewichts des Branntweins Anwendung finden. (3)
4. Es bleibt vorbehalten, besondere Vorschriften im einzelnen Falle, wenn ein bezüglicher Antrag (vgl. Z. 3 u. 4 d. Regulativs) an die Kaiserlichen Hauptämter gerichtet und mir vorgelegt wird, dem Bedürfniß entsprechend festzusetzen.

II. Bei der Ausfuhr von parfümirtem Spiritus. (4)

1. Bei der Ausfuhr von inländischem Branntwein nach dem Zollauslande oder nicht der Branntweinsteuergemeinschaft angehörigen deutschen Bundesstaaten wird auch dann, wenn der Branntwein parfümirt ist (eau de Cologne, u. s. w.), eine Steuervergütung gewährt.
2. Die Ausfuhrvergütung wird nur Parfümeriefabrikanten, welche lediglich inländischen Branntwein verarbeiten, und zwar widerruflich, zugestanden.
3. Bei der Ausfuhr des parfümirten Branntweins in Gebinden behält es im Uebrigen bei den rücksichtlich der Steuervergütung für ausgeführten Branntwein bestehenden allgemeinen Vorschriften das Bewenden.
4. Erfolgt die Ausfuhr von parfümirtem Branntwein in Flaschen oder Gläsern, so ist in der Anmeldung die ausdrückliche Versicherung abzugeben, daß die zu exportirenden

---

(1) Z. vgl. B. R. B. vom 31. März 1870 (§ 139 d. Prot. N. B).

(2) Z. vgl. B. R. B. vom 2. Dezember 1871. (§ 360 d. Prot).

(3) Z. vgl. B. R. B. vom 25. März 1872 (§ 89 d. Prot).

(4) Z. vgl. B. R. B. vom 9. Mai 1873 (§ 249 d. Prot).

Parfümerien keinen andern, als innerhalb der Steuergemeinschaft erzeugten Spiritus enthalten.

Die Steuervergütung wird nur gewährt, wenn mindestens 68⁷/₁₀ Liter auf einmal und zwar in Flaschen oder Gläsern von einerlei Größe ausgeführt werden. Die Größe der Flaschen und Gläser ist probeweise zu ermitteln. Die Ausfuhrvergütung wird unter Annahme eines Alkoholgehalts von 50 Prozent bewilligt, wenn bei der Anmeldung versichert wird, daß der Spiritus (eau de Cologne, u. s. w.) mindestens diese Alkoholstärke besitze und eine der Steuerverwaltung freistehende Probeermittelung kein geringeres Ergebniß liefert.

Will der Fabrikant die Ausfuhrvergütung nach dem wirklichen Alkoholgehalte in Anspruch nehmen, so ist bei der Anmeldung hierauf besonders anzutragen und findet dann stets eine probeweise Feststellung der Alkoholstärke statt.

Nach vorstehenden Bestimmungen wollen sich die Kaiserlichen Hauptämter achten und die Unterstellen mit Anweisung versehen.

## Regulativ,

betreffend die Vergütung, beziehungsweise den Erlaß der Steuer für Branntwein, welcher zur Gewinnung von Alkaloiden verwendet wird.

1. Es kann eine Vergütung, beziehungsweise ein Erlaß der Steuer für Branntwein gewährt werden, welcher zur Gewinnung organischer Basen (Alkaloiden) verwendet wird. (¹) Ist der Branntwein zum dem gedachten Zwecke aus dem Zollvereinsausland eingeführt, so findet Vergütung oder Erlaß des Eingangszolles nicht statt.

2. Der Steuervergütung wird der Bonifikationssatz für den in das Ausland ausgeführten Branntwein, und dem Steuererlaß der Uebergangssteuerbetrag zum Grunde gelegt, welcher bei der Einfuhr des Branntweins in das Steuergebiet des Norddeutschen Bundes zu entrichten ist.

3. Der Gewerbetreibende, welcher die Vergütung oder den Erlaß der Branntweinsteuer in Anspruch nehmen will, hat dieserhalb einen schriftlichen Antrag bei dem Hauptsteuer- oder Hauptzollamte, in dessen Bezirk sich der Sitz seines Gewerbebetriebes befindet, zu stellen.

---

(¹) Wegen der Steuervergütung bei der Anilinfabrikation s. die B. R. B. vom 15. Juni 1875 (§ 247 d. Prot.) und 26. Oktober 1876 (§ 305 d. Prot.); bei der Fabrikation von Bleizucker und Bleiweiß s. B. R. B. vom 20. Dezember 1875 (§ 534 d. Prot.)

In diesem Antrage muß er eine genaue Darstellung der Art der Verwendung des Branntweins liefern und die jährlich von ihm zu verwendenden Mengen desselben angeben.

4. Den Antrag des Gewerbetreibenden hat das Hauptsteuer-(Zoll-) Amt mit gutachtlicher Aeußerung der Provinzialsteuerbehörde([1]) vorzulegen, welche in den dazu geeigneten Fällen einen Zusageschein ertheilt, und darin auf Grund vorhergegangener Prüfung des Bedarfs Bestimmung darüber trifft, für welche jährliche Maximalmengen von Branntwein überhaupt dem Antragsteller eine Vergütung, beziehungsweise ein Erlaß der Steuer gewährt werden kann.

Innerhalb der Genzen dieser Maximalmengen findet die Vergütung oder der Erlaß der Steuer für diejenigen Branntweinquantitäten statt, deren Verwendung zur Gewinnung von Alkaloiden nachgewiesen wird.

5. Zum Zwecke Erbringung dieser Nachweise hat der Gewerbetreibende nach Anleitung der Steuerbehörde ein Materialienkonto zu führen, welches am Ende eines jeden Jahres abzuschließen ist und aus welchem ersichtlich sein muß:

a) die Menge und Stärke des verwendeten Branntweins;
b) die Menge und Bezeichnung des verarbeiteten Rohmaterials;
c) die Menge und Bezeichnung des gewonnenen Produktes.

Die Oberbeamten der Steuerverwaltung sind berechtigt, jederzeit Einsicht dieses Kontos, sowie des Betriebs, der Fabrik- und Handelsbücher, der Fakturen rc., überhaupt aller zur Prüfung der Richtigkeit des Kontos erforderlichen Aufzeichnungen und gewerblichen Handlungen, endlich jede zu diesem Zwecke nöthige Auskunft zu verlangen.

6. Der Gewerbetreibende muß sich sofort nach Behändigung des Zusagescheins (Nr. 4) protokollarisch verpflichten, den Branntwein, welchen er bezieht, lediglich zur Darstellung von Alkaloiden zu verwenden und an andere Personen weder abzugeben, noch abgeben zu lassen, in allen diesen Beziehungen auch unbedingt für sein Dienstpersonal zu haften und im Falle der Nichtbeobachtung der übernommenen Verpflichtungen eine der Strafe der Branntweinsteuerdefraudation gleichkommende mindestens aber auf 10 Thlr. für jeden Kontraventionsfall festzusetzende Konventionalstrafe auf Grund der Festsetzung der Provinzialsteuerbehörde zu entrichten.

7. Die Vergütung oder der Erlaß der Steuer werden außerdem nur in dem Falle gewährt, daß der Gewerbetreibende jedesmal mindestens einen preußischen Eimer (60 Quart=68 7/10 Liter)

---

([1]) Generaldirektor der Z. u. i. St.

zu 50 Prozent Alkohol nach Tralles zur amtlichen Abfertigung stellt und den Branntwein denaturirt.

Die steuerliche Abfertigung zum Zwecke der Steuervergütung geschieht, ebenso wie die Liquidirung und Realisirung der Bonifikationsbeträge und die Registerführung nach den einschlagenden Normen des Branntweinexports nach dem Auslande.

Bei der Einfuhr von Branntwein, welcher zur Alkaloidengewinnung bestimmt ist, aus den zum Norddeutschen Steuerverbande nicht gehörigen Zollvereinsstaaten bleibt nach vorhergegangener vorschriftsmäßiger Eingangsabfertigung und Denaturirung des Branntweins die Uebergangsabgabe unerhoben.

Die Denaturirung muß in Gegenwart zweier Abfertigungsbeamten erfolgen. Als Denaturationsmittel werden vorläufig, nach dem Bruttogewicht der Fässer berechnet, fünf Prozent Holzgeist zugelassen. (¹) Die Gewerbetreibenden haben die Denaturationsmittel zu beschaffen, die zur Vornahme der Vermischung erforderlichen Räume und Gefäße zu stellen und für die nothwendigen Hülfsleistungen zu sorgen.

8. Die Vergünstigung wird nur widerruflich ertheilt, insonderheit soll Gewerbetreibenden, welche den Bestimmungen dieses Regulativs nicht nachkommen, von der Provinzialsteuerbehörde die fernere Gewährung der Vergütung oder des Erlasses der Steuer versagt werden. Auch bleibt vorbehalten, die nach Vorstehendem vorgeschriebenen Kontrolmaßregeln nach Bedürfniß zu ergänzen und zu ändern.

---

**27. Juni 1873.** — Bek. d. R. K. betr. die Kreditirung der Branntweinsteuer. (Str. Z. Nr. 156. A. Bl., S. 198.) (²)

In Beziehung auf die Kreditirung der Branntweinsteuer werden nachstehende Vorschriften zur öffentlichen Kenntniß gebracht:

§ 1. Jedem Brennereibesitzer kann gestattet werden, die Maischbottich- oder Branntweinmaterialsteuer statt am Ende des Monats, an welchem sie fällig ist, erst zwei Monate später zu zahlen.

§ 2. Brennereibesitzern, die jährlich wenigstens 2000 Frs. in Maischbottich- oder Branntweinmaterialsteuer entrichten,

---

(¹) Wegen der Denaturirung bei der Fabrikation von Bleizucker und Bleiweiß s. B. R. B. vom 20. Dezember 1875 (§ 534 d. Prot.); wegen der D. bei der Anilinfabrikation s. B. R. B. vom 5. Oktober 1876 (§ 256 d. Prot.)

(²) Hierzu ist die V. vom 3. Juli 1873. l. 19288 A. Bl., S. 199) ergangen.

kann ein Kredit auf die zu entrichtende Steuer für längstens sechs Monate gewährt werden, dergestalt, daß die Kreditfrist für die einzelnen Steuerbeträge mit dem Anfang desjenigen Monats beginnt, welcher auf den Monat folgt, für welchen jeder einzelne Steuerbetrag nach dem Gesetze fällig geworden ist, und die Abtragung nach Ablauf der bewilligten Frist von Monat zu Monat zu erfolgen hat.

Bei neu entstehenden Brennereien kann dieser Kredit bewilligt werden, wenn nach der Einrichtung der Brennerei und den Mitteln des Besitzers anzunehmen ist, daß die Bedingung der Entrichtung von wenigstens 2000 Frs. Steuer im Jahre werde erfüllt werden.

§ 3. Zur Bewilligung des Kredits nach § 1 genügt die Stellung eines zahlungsfähigen Bürgen.

Für den nach § 2 verwilligten Kredit muß volle Sicherheit geleistet werden. Die Steuer kann nur bis zum Betrag der bestellten Sicherheit gestundet werden.

§ 4. Die Bestimmungen der Anweisung vom 25. November 1871, betreffend die Kreditirung der Ein- und Ausgangsabgaben (Straßburger Zeitung 1871, Nr. 304) finden im Uebrigen auch auf die Kreditirung der Branntweinsteuer Anwendung.

---

**30. Juni 1873.** — Bestimmungen, betr. den mit Hefefabrikation verbundenen Brennereibetrieb (A. Bl. S. 349). (1)

I. Die Besitzer von Destillirgeräthen, beziehungsweise die Inhaber von Brennereien, welche neben dem Brennereibetrieb die Hefefabrikation betreiben, jedoch die zum Zweck der Hefefabrikation bereitete Maische lediglich hiezu und nicht zugleich zu Branntwein verarbeiten, können die Hefefabrikation nur unter folgenden Bedingungen steuerfrei betreiben:

a) Vor dem Beginne des Betriebs ist eine Betriebsdeklaration nach dem Muster Anlage I. abzugeben, welche während der Dauer des deklarirten Betriebs im Fabrikationslokale aufzubewahren ist;
b) Der Fabrikant hat sich protokollarisch zu verpflichten, den Steuerbeamten den Zutritt in das zur Fabrikation bestimmte Lokal in gleicher Weise wie zu seinem Brennereilokale zu gestatten;
c) Während der Hefefabrikation dürfen die Brenngeräthe nicht im Betriebe sein und müssen sich insbesondere während

---

(1) Vom R. K. A. zum Vollzug genehmigt, durch Erl. vom 18. Juli 1873. R. K. A. 1803. III.

dieser Zeit der Blasenhelm und das Kühlrohr unter amtlichem Verschluß befinden;

d) Die Genehmigung wird nur auf Widerruf ertheilt.

II. Wenn dagegen die bereitete Maische zugleich zur Hefe- und Branntweinfabrikation verwendet werden soll, so versteht sich die Versteuerung des gesammten Rauminhalts der hierzu benutzten Maischbottiche von selbst.

Für Brennereien, welche vorzugsweise der Hefenbereitung wegen betrieben werden, ist allgemein gestattet (vgl. Nr. 59 der „Dienstvorschriften zur Ausführung des Gesetzes vom 8. Juli 1868 die Besteuerung des Branntweins betreffend"), den Betrieb schon für einen Zeitraum von mindestens fünf Tagen anzumelden. Die weiteren Bedingungen für die Fabrikation der Hefe sind verschieden, je nach deren Bereitungsart.

In dieser Hinsicht ist zu unterscheiden:

1) Von dem zugekühlten Maischgut wird vor der Gährung die oberste klare Flüssigkeit abgeschöpft und in kleineren Gefäßen besonders der Gährung ausgesetzt, in welchem Falle man die Hefe gleich rein von Trebern gewinnt. Bei dieser Fabrikation müssen die Nebenbottiche zwar als zum Brennereiinventarium, und namentlich zu den Maischgefäßen gehörig, angegeben, vermessen und mit der Nummer des Hauptbottichs versehen sein, deren jeder nur einen nicht über ein Sechstheil seines Inhalts großen Nebenbottich haben darf, es sind jedoch die Nebenbottiche nicht zur Besteuerung zu ziehen:

a) Wenn sie zum Betrieb nur auf dem Hauptbottich, vermittelst einer Unterlage, stehend benutzt werden;

b) Und nur so lange, als der Hauptbottich darunter, und gleicherweise nur mit gährender Maische gefüllt ist, und endlich

c) Der Hauptbottich so viel weniger Maische enthält, als in dem Nebenbottich befindlich ist. Was dieser enthält, muß in jenem fehlen, denn es muß vorausgesetzt werden, daß es aus jenem geschöpft ist und, wenn die Gährung in dem Nebenbottich beendigt ist, die ausgegohrene Flüssigkeit nach Absonderung der Hefe in den Hauptbottich wider zurückgeht. Der Branntweinbrenner kann zwar hierbei an Gährungsraum in dem Hauptbottich ersparen und letztern auch wohl ganz vollfüllen, indem durch das Abfüllen behufs der Hefenbereitung hinlänglicher Steigeraum für das übrige Maischgut gewonnen wird; da er aber nicht daran gebunden ist, allemal 1/8 des Maischbottichs leer zu lassen, und es praktisch möglich ist, mit einem bei weitem geringeren Gährungsraum auszureichen, so kann dies übersehen werden.

2) Von der in steigender Gährung befindlichen Maische

wird der die Hefe enthaltende Schaum abgeschöpft und in besonderen Gefäßen (Klärgefäßen, Abwässerungsgefäßen) durch aufgegossenes Wasser gereinigt. Die Hefe kommt dann entweder in flüssigem oder in getrocknetem Zustande (Preßhefe) in den Handel.

An Nebengefäßen bedarf es hierzu, außer den Schöpfgefäßen, nur einer Wanne, in der das Ausdrücken und Absondern der Hefe vermittelst kalten Wassers geschieht, und diese kann unter solchen Umständen unbedenklich nachgegeben werden, da bei einer einigermaßen aufmerksamen Kontrole kein anderer leicht sich unterscheidender Gebrauch davon, zum Nachtheil der Steuer, gemacht werden kann. Obgleich nun der Gebrauch der Wanne zum Auskneten und Absondern der abgeschöpften Hefe für sich allein insofern die Steuer zu benachtheiligen scheint, als in dem Maischbottich zur Zeit des höchsten Standes der Gährung durch Abschöpfen der Hefe Raum gewonnen und dieser, wenn die Gährung gefallen, durch Zurückgießen der nach der Absonderung der Hefe in dem Nebengefäß verbleibenden Hülsen und Flüssigkeit wieder ausgefüllt wird, so kann solches doch um so eher übersehen werden, als durch das der Maische zugesetzte außergewöhnliche Ferment meist ein größerer Steigeraum, als bei der bloßen Branntweinfabrikation, nöthig gemacht worden ist.

Im Falle des Bedürfnisses können denjenigen gewerbsmäßigen Preßhefe- und Branntweinfabrikanten, gegen deren Zuverlässigkeit in steuerlicher Beziehung Bedenken nicht vorliegen, durch die Hauptämter unter Vorbehalt des jederzeitigen Widerrufs nachstehende weitere Erleichterungen bewilligt werden:(1)

a) Der Rand der Bottiche darf, während die Maische hierin in aufsteigender Gährung steht, mit einzelnen Stücken Scheit- oder Brennholz in dem Zustande, wie es gewöhnlich zur Feuerung gebraucht wird, und ohne unter- oder miteinander in Verbindung gesetzt zu sein, belegt werden, um den etwa übersteigenden Schaum zusammen zu halten. Der Zeitraum, während dessen die Auflegung dieser Holzstücke stattfinden darf, ist nach dem erfahrungsmäßigen Bedürfnisse der einzelnen Brennereien abzumessen, dergestalt, daß er mit der aufsteigenden Gährung beginnt und sich höchstens 24 Stunden nach der Bemaischung des betreffenden Bottichs erstrecken darf. Dabei ist zu beachten, daß zur Zurückhaltung des etwa übersteigenden Schaums nur einzelne Stücke Scheit- oder Brennholz in dem Zustande, wie

(1) Z. vgl. B. R. B. vom 9. Mai 1872 (§ 236 d. Prot.), dessen Bestimmungen unter a—e gehörigen Orts aufgenommen worden sind.

es gewöhnlich zur Feuerung gebraucht wird, sollen benutzt werden dürfen, und daß Holzstücke, welche eine weitere Bearbeitung als das zur Feuerung bestimmte Scheitholz, das durch einfaches Zersägen, Zerhauen oder Zerspalten von Holzkloben gewonnen wird, erfahren haben (etwa dergestalt, daß sie dem Rande des betreffenden Bottichs angepaßt und geeignet sind, eine förmliche Erhöhung des Maischraums herbeizuführen und die übergährende Maische aufzuhalten), oder welche aus der Zerkleinerung von regelmäßig bearbeiteten Holzstücken (z. B. Latten oder Bohlen) gewonnen sind, nicht zu dem in Rede stehenden Zwecke verwendet werden dürfen.

In Betracht der gewöhnlichen Beschaffenheit des Scheitholzes ist der Gebrauch solcher Holzstücke zu untersagen, welche den Bottichrand um mehr als 35 Centimeter überragen oder kürzer als 25 Centimeter sind. Wenn die Beschaffenheit der Maischbottichränder insbesondere deren geringe Stärke, das Auflegen von Holzstücken bis zu der vorbezeichneten Höhe nicht gestattet, kann der obere Bottichrand durch Ansetzen eines Ringes verstärkt werden. Derselbe muß jedoch in eine feste, der Veränderung nicht unterliegende Verbindung mit dem Bottiche gebracht und so hergestellt werden, daß er über dessen Rand nicht hervorragt, auch — einschließlich der Stärke des Bottichrandes selbst — für die aufzulegenden Holzstücke eine höchstens 10 Centimeter breite Unterlage gewährt. Daß zwischen den auf den Bottichrand gelegten Hölzern ein bestimmter Abstand verbleibe, ist zwar nicht vorzuschreiben; jedoch dürfen mehrere Holzstücke auf keine Weise unter- oder miteinander in Verbindung gesetzt werden, weder durch eigentliche Bindemittel von Thon, Lehm u. s. w., noch durch nasse Tücher und dergleichen, noch endlich durch Auflegung einer zweiten oder ferneren Reihe von Holzstücken.

b) Statt des Auflegens von Holzstücken kann das Anbringen loser Aufsatzkränze von Blech auf den Maischbottichen gestattet werden.

Bezüglich des Zeitraums der Benutzung gilt dasselbe, was vorstehend über das Auflegen von Scheitholz bestimmt ist.

Was die Blechkränze selbst betrifft, so dürfen sie nur aus solchem Bleche verfertigt sein, welches die Stärke des gewöhnlichen Weißblechs nicht übersteigt. Sie dürfen nicht an den Bottich durch Einlassen in einen in dem Bottichrand angebrachten Falz oder durch eine ähnliche Vorrichtung befestigt werden, sondern können nur lose aufgesetzt oder in einer solchen Weise mit dem Bottiche verbunden werden, daß der Abfluß der über den Bottich steigenden Maische dadurch nicht gehindert wird.

Auch müssen in den Aufsätzen unmittelbar über dem Bottichrande Röhren, Thürchen oder Krahnen angebracht sein, welche geöffnet den Abfluß des Inhalts des Kranzes gestatten, damit jederzeit davon Ueberzeugung genommen werden kann, daß über dem Bottichrande sich keine Maische befindet.

Die Höhe der Blechkränze über dem Bottichrande darf höchstens 35 Centimeter betragen. Die Maische darf jedoch unmittelbar nach erfolgter Anstellung in dem Bottiche nicht höher stehen, als dieses der beim regelmäßigen Betriebe für die eigentliche Maische selbst erforderliche Steigraum gestattet, da der Blechkranz lediglich zur Zurückhaltung des Hefeschaums dienen soll. Die hiernach zu beachtende Minimalhöhe des bei der Bemaischung freizulassenden Steigraums kann von der Steuerbehörde erforderlichen Falles für einzelne Gefäße festgesetzt und an denselben bezeichnet werden.

Für die genaue Beobachtung der unter a) und b) bezeichneten Bestimmungen ist durch fleißige Beaufsichtigung der Brennereien Sorge zu tragen, und es ist den betheiligten Brennereibesitzern bei Einräumung des Zugeständnisses als eine Bedingung des letzteren jedes Mal die Verpflichtung aufzulegen, die Revision ihrer Gewerbsanstalten zu jeder Zeit, auch während der Nacht, den Steuerbeamten zu gestatten.

c) Das bei der Preßhefenfabrikation entstehende Hefenwasser darf ohne Beschränkung auf die in die abgeschöpften Maischbottiche zurückfüllbare Menge steuerfrei abgebrannt werden.

Es ist jedoch das Hefenwasser aus den Sammelgefäßen entweder auf die abgeschöpften Maischbottiche aufzufüllen oder unmittelbar auf den Destillirapparat zu bringen, — dessen Abtrieb auch in den Betriebsplänen im Voraus anzumelden; diese Erleichterung kann jedoch nur ertheilt werden, wenn Einrichtungen vorhanden sind, welche den Mißbrauch verhindern und dem Aufsichtsbeamten gestatten, davon Ueberzeugung zu nehmen, daß unter dem Namen von Hefenwasser nicht andere Stoffe zum Abtriebe gelangen.

d) Der Betrieb der Preßhefenfabriken darf jederzeit verstärkt oder vermindert werden, sofern nur die beabsichtigte Verstärkung oder Verminderung an dem derselben zunächst vorhergehenden Tage deklarirt wird. Es ist jedoch in jedem einzelnen Fall die Einreichung einer neuen Stückdeklaration erforderlich.

e) Bei den Betriebsplänen der Preßhefefabriken, welche auf einen geringeren Zeitraum als einen vollen Monat sich erstrecken, kann von der speziellen Aufführung sämmtlicher in der betreffenden Preßhefefabrik vorhandener Betriebsgeräthe und der Angabe des Rauminhalts derselben unter den von dem kompetenten Hauptamte festzusetzenden Bedingungen abgesehen werden.

Auf die wegen der Steuerberechnung nach wie vor nöthig bleibende Angabe der Maischbottiche und des Rauminhalts derselben kann sich diese Erleichterung nicht erstrecken. Außerdem haben die Preßhefenfabrikanten, welche von der in Rede stehenden Vergünstigung Gebrauch machen wollen, zuvor dem Hauptamt eine Nachweisung sämmtlicher in der Preßhefenfabrik vorhandener Betriebsgeräthe, ihrer Bezeichnung und ihres Rauminhalts, und zwar in doppelter Ausfertigung, einzureichen, und ist von diesen amtlicherseits zu prüfenden Nachweisungen ein Exemplar unter Beidruckung des Amtssiegels von dem Hauptamt dahin zu bescheinigen, daß die darin enthaltenen Abgaben mit dem Brennereiinventarium genau übereinstimmen. Bei Ertheilung der Erlaubniß ist dem Preßhefenfabrikanten dies so bescheinigte Exemplar mit dem Bemerken zuzufertigen, daß er dasselbe an dem für die Aufhebung der Betriebspläne bestimmten Orte in seiner Brennerei behufs Einsichtnahme der Revisionsbeamten mit zu verwahren habe, und daß dieses Verzeichniß bei eintretender Geräthеveränderung in der vorgeschriebenen Weise erneuert werden müsse.

3) Zur Herstellung der Hefe wird bei der Bierbereitung eine Würze aus Malz hergestellt und in Gährung gesetzt; während der Gährung wird die sich bildende Schaumhefe abgenommen, ebenso diejenige, welche sich in der Flüssigkeit niederschlägt, gesammelt, endlich die von Trebern völlig freie, bierähnliche dünne Flüssigkeit — die sogenannte Hefenbrühe — zu Branntwein verarbeitet. Die Verwendung dieser Hefenbrühe zur Branntweinfabrikation zu dem Steuersatze von 50 Centimen für 68$^{7}/_{10}$ Liter (vergleiche Nr. 15 der Dienstvorschriften zu dem Gesetz vom 8. Juli 1868) ist bis auf Weiteres unter nachstehenden Bedingungen gestattet:

a) Bei der Anmeldung der vereinigten Hefen- und Branntweinfabrikation ist eine Beschreibung des Hefenbereitungsverfahrens abzugeben und die Menge und Art des zu jedem Hefengebräu zu verwendenden Materials, dessen Aufbewahrungsort, Tag und Stunde der Einmaischung und die Menge der daraus zu gewinnenden zur Branntweinbereitung bestimmten Hefenbrühe zu deklariren.

Wünscht der Brennereibesitzer mit Rücksicht auf den

wechselnden Umfang der Hefenbestellungen eine kürzere als fünftägige Deklaration für die Hefebereitung, so kann auch diese bis herab auf einen Tag nachgegeben werden. Geschieht letzteres, so sind die Hefenbereitungsdeklarationen in der aus der Anlage II. ersichtlichen Form aufzustellen und als Beilage zu dem Brennereibetriebsplan zu behandeln, der diesen Falls nach Anlage III. aufzustellen ist.

Wird der kombinirte Hefen- und Brennereibetrieb auf wenigstens fünf Tage deklarirt, so unterbleibt die besondere Hefenbereitungsdeklaration und es genügt die Betriebsanmeldung nach Anlage IV.

Die Einmaischungen zur Hefebereitung sind nicht auf die für den Brennereibetrieb vorgeschriebenen Tagesstunden beschränkt, sondern — die gehörige Anmeldung der Stunde vorausgesetzt — auch außerhalb jener Tageszeit gestattet.

b) Der Brennereiinhaber hat für die Tage, an welchen er Hefe, beziehungsweise aus der Hefenbrühe Branntwein bereitet, auf jeden anderweitigen Brennereibetrieb aus mehligen oder nicht mehligen Substanzen, sowie auf Preßhefenbereitung zu verzichten.

c) Der Brennapparat bleibt vom Beginn der Hefenbereitung bis zur Stunde des deklarirten Abbrandes unter amtlichem Verschlusse.

d) Die zum Abbrennen bestimmte Hefenbrühe ist in besondere Bottiche (Reservoirs) aufzusammeln. Die Bottiche werden amtlich vermessen und die Steuer ist vom Rauminhalte derselben zu erheben.

Letzteres erscheint mit Rücksicht darauf angemessen, daß jeder Hefenfabrikant weiß, wie viel verschwelbare Hefenbrühe aus einer bestimmten Menge Gerstenmalz zu gewinnen ist, daß er daher die Reservoirs in entsprechender Größe anschaffen und vor dem Abbrennen völlig mit Hefenbrühe anfüllen kann. — In anderen als diesen Reservoirs Hefenbrühe aufzubewahren, ist untersagt.

e) Den Steuerbeamten ist vom Brennereiinhaber und dessen Leuten jede Hilfe, deren dieselben zur Ausführung der Revision der Hefenfabrik und Brennerei bedürfen, unweigerlich zu leisten.

f) Geht der Brennereiinhaber zu einem anderen Hefenbereitungsverfahren über oder verletzt er sonst eine der nach Vorstehendem zu übernehmenden Verpflichtungen, so trifft der sofortige Verlust der in Betreff der Abgabenentrichtung hierdurch ertheilten Zugeständnisse ein, die überdies nur als eine provisorische Anordnung zu betrachten sind.

(Folgen die Muster, s. A. Bl. 1873, S. 355 ff.)

**26. Juli 1873.** — Bek. betr. die den sog. Eigenbrennern zu gewährenden Erleichterungen. (A. Bl., S. 369.) (¹)

Im Auftrag des Kaiserlichen Reichskanzleramts wird hierdurch zur öffentlichen Kenntniß gebracht, daß in Ausführung des Branntweinsteuergesetzes vom 16. Mai 1873 (Gesetzblatt für Elsaß-Lothringen Nr. 10) auf Grund der, der obersten Landesfinanzbehörde in § 69 des Reichsgesetzes vom 8. Juli 1868 eingeräumten Ermächtigung den sogenannten Eigenbrennern in Elsaß-Lothringen, d. h. denjenigen Grundbesitzern oder Pächtern, welche ausschließlich von ihrer eigenen Ernte stammenden Wein, Obstwein oder dergleichen Trester, Hefe, Obst und ähnliche nicht mehlhaltige Stoffe brennen, folgende Erleichterungen und zwar zunächst mit Beschränkung auf die Brennperiode 1873/74 bewilligt worden sind: (²)

1) Befreiung der Brenner von jeder Kontrole bezüglich ihrer Kessel während der Zeit, in welcher ein Brennereibetrieb nicht stattfindet;
2) Erlaubniß zur Aufbewahrung der zu den Brennapparaten gehörigen Helme auf dem Gemeindehaus an Stelle der Verschlußanlegung bezw. der Ablieferung an die Steuerbehörde;
3) Zulässigkeit des Abschlusses von Fixationsverträgen bei einem ununterbrochenen Brennereibetrieb von wenigstens drei Tagen; (³)
4) Zulässigkeit einer nur auf 600 bezw. 300 Liter nicht mehlhaltiger Stoffe lautenden Betriebsanmeldung (an Stelle der durch den letzten Absatz des § 33 des Gesetzes festgesetzten Minimalgrenze.) (⁴)

(⁵)

---

(¹) Z. vgl. lith. V. vom 25. Juni 1873 I. 17633.

(²) Durch Erlaß vom 19. Juni 1874. R. K. A. 3696, III. sind diese, sowie die später bewilligten Erleichterungen (s. Anm. 3 und 4) auch für die Brennperiode 1874/75 genehmigt worden. (vgl. lith. V. vom 8 Juli 1874, I. 9792).

(³) Der für den Abschluß von Fixationsverträgen zulässige Zeitraum ist durch Erl. d. R. K. A. vom 9. November 1873, R. K. A. 6384, III. auf einen Tag herabgesetzt worden. (Z. vgl. d. V. vom 14. November 1873, I. 30423 und die unterm 10. November 1873 in Plakatform erlassene Bekanntmachung des Dir.

(⁴) Durch den in Anm. 3 erwähnten Erlaß sind die Minimalgrenzen auf 200, beziehungsweise 100 Liter herabgesetzt.

(⁵) Nach der V. vom 25. Oktober 1875, I. 14981 sind bis auf Weiteres folgende Erleichterungen zulässig:

1. Befreiung der Eigenbrenner von jeder Kontrole bezüglich

**21. Dezember 1873.** — B. R. B. betr. Bier- und Branntweinsteuernachlässe. (§ 618 d. Prot.)

Es wurde beschlossen, die obersten Landesfinanzbehörden zu ermächtigen, in Fällen, in welchen überwiegende Gründe der Billigkeit für den Nachlaß einer nach dem Wortlaut ...... der bestehenden Branntweinsteuergesetze geschuldeten Abgabe sprechen, den Erlaß oder die Erstattung der Steuerbeträge auf gemeinschaftliche Rechnung zu bewilligen; in Betreff des hierbei einzuhaltenden Verfahrens aber zu bestimmen, daß

a) in dem von der Direktivbehörde an die oberste Finanzbehörde über die Bewilligung eines solchen Steuernachlasses zu erstattenden Bericht jedesmal anzugeben ist, ob der bei derselben fungirende Vereinsbevollmächtigte sich mit dem Erlaß auf gemeinschaftliche Rechnung einverstanden erklärt hat, und daß

---

ihrer Kessel während der Zeit, in welcher ein Betrieb nicht stattfindet. (§ 19 des Ges.)

2. Erlaubniß zur Aufbewahrung der zu den Brennapparaten gehörigen Helme in dem Gemeindehause an Stelle der steueramtlichen Verschlußanlage. (§ 22 des Ges.)

3. Genehmigung zum Abschluß von Fixationsverträgen bei einem ununterbrochenen Betrieb von einem Tage. (§ 41 des Ges.)

4. Herabsetzung der für die Menge der zu verwendenden nicht mehligen Stoffe festgesetzten Minimalgrenzen auf 200 beziehungsweise 100 Liter. (§ 33 des Ges.)

5. Verzicht auf die Einreichung eines Grundrisses der Brennereiräume, wenn ein besonderes Brennlokal nicht vorhanden ist, und Erlaubniß zur Aufbewahrung der Geräthevermessungsbescheinigungen, Materialvorrathsverzeichnisse und Betriebspläne in der Wohnstube des Brenners anstatt im Brennereilokal. (§§ 16. 18. 25 und 35 des Ges.) (Z. vgl. lith. V. vom 25. Juni 1873, I. 17633.)

6. Zulassung mehrerer Fixationsverträge mit einem und demselben Brenner innerhalb eines Kalendermonats. (§ 41 des Ges.; vgl. V. vom 27. November 1874, I. 16524.)

7. Zulassung der Verarbeitung selbstgewonnener nicht mehliger Stoffe während der Wintermonate durch die Besitzer landwirthschaftlicher Maischbrennereien, ohne Verlust des Anspruchs auf den niedrigeren Maischbottichsteuersatz, jedoch mit der Beschränkung, daß in der Zeit, während welcher die nicht mehligen Stoffe abgebrannt werden, nicht zugleich auch mehlige Stoffe verarbeitet werden dürfen. (§ 3 Abs. 2 d. Ges. Zu vgl. lith. V. vom 27. Januar 1875. I. 1448.)

b) alljährlich ein bei der Direktivbehörde aufzustellendes, von dem Vereinsbevollmächtigten mit zu beurkundendes Verzeichniß über sämmtliche im abgelaufenen Kalenderjahre bewilligten Nachläſſe der bezeichneten Art durch Vermittelung der oberſten Landesfinanzbehörde dem Reichskanzleramt behufs Vorlage an den Bundesrath mitgetheilt werde;

. . . . .

**16. November 1874.** — Geſ. betr. die Beſteuerung des Branntweins in Gebietstheilen, welche in die Zollgrenze eingeſchloſſen werden. (R. G., S. 134.)

Werden Gebietstheile, welche zur Zeit außerhalb der gemeinſchaftlichen Zollgrenze liegen, in dieſelbe eingeſchloſſen,

---

8. Gefäße, in welchen die Eigenbrenner das Material aufbewahren, ſind nach erfolgtem Abbrennen von der Kontrole befreit, da ſie nur vorübergehend als Brennereigeräthe und in der Regel als Wirthſchaftsgeräthe dienen. (Lith. V. vom 7. Nov. 1873. I. 29953.)

Außerdem ſind bezüglich der Eigenbrenner noch folgende Beſtimmungen getroffen worden:

Es wird nicht verlangt, daß die Eigenbrenner ausſchließlich Material eigener Ernte abbrennen, vielmehr kann daſſelbe durch Zukauf auf die Minimalmenge von 200 beziehungsweiſe 100 Liter, oder auf diejenige Menge ergänzt werden, die erforderlich iſt, um einen Tag ununterbrochen brennen zu können. (Lith. V. vom 6. Juni 1873, l. 25665.)

Auch kann das Material eigener Ernte durch Zukauf über die Minimalmenge ergänzt werden, nur muß dann das geſammte Material auf Grund eines Betriebsplans oder Fixationsvertrags abgebrannt werden. (V. vom 14. November 1874, l. 16191.)

Die Minimalquantitäten müſſen nur angemeldet und verſteuert werden, dagegen hat die Steuerverwaltung kein Intereſſe, darüber zu wachen, daß ſie auch wirklich abgebrannt werden. (Lith. V. von 20. September 1873, l. 26500).

Die Eigenbrenner, welche zu ihrem Material eigener Erndte noch Material zukaufen, ſollen von der Entrichtung der Licenzgebühr befreit bleiben, wenn ſie nur zum eigenen Bedarf brennen. (Lith. V. vom 31. Dezember 1874, l. 16738.

Nach der lith. V. vom 14. November 1874, l. 16306, können Perſonen, welche Heidelbeeren, ſowie Beeren von Schleedorn oder Ebereſchen ſammeln und zu Branntwein verarbeiten, als Eigenbrenner angeſehen werden.

so tritt mit dem Tage ihrer Einschließung in diese Grenze das Gesetz, betreffend die Besteuerung des Branntweins in verschiedenen zum Norddeutschen Bunde gehörenden Staaten und Gebietstheilen, vom 8. Juli 1868 (Bundes-Gesetzbl. S. 384) in Kraft, sofern nicht daselbst die Besteuerung des inländischen Branntweins verfassungsmäßig der Landesgesetzgebung vorbehalten ist.

---

**15. Juni 1875.** — B. R. B. betr. die Steuerfreiheit des Branntweins für die Anilinfarbenfabrikation. (§ 247 d. Prot.) (¹)

Es wurde beschlossen, unter denselben Maßgaben, unter welchen nach dem B. R. B. vom 31. März 1870 (²) die steuerfreie Verwendung des Branntweins zur Gewinnung von Alkoloiden zulässig erklärt ist, auch den zur Herstellung von Anilinfarben verwendeten Spiritus freizulassen. (³)

---

**20. Dezember 1875.** — B. R. B. betr. die Steuerbefreiung von Spiritus. (§ 534 d. Prot.) (⁴)

Es wurde beschlossen, vom 1. Januar 1876 ab die Steuer für den zur Fabrikation von Bleizucker und Bleiweiß verwendeten Branntwein unter denselben Maßgaben und Kontrolen zu vergüten, bezw. zu erlassen, unter welchen nach dem B. R. B. vom 31. März 1870 (⁵) die steuerfreie Verwendung des Branntweins zur Alkoloidenfabrikation zugelassen ist, jedoch zu bestimmen, daß die zuvorige Denaturirung des Branntweins mit 1 Kilo Kampfer auf je 1000 Liter Spiritus zu 50 pCt. Tralles zu erfolgen habe.

---

(¹) Z. vgl. B. vom 27. Juni 1875. I. 9244. (A. Bl. S. 138.

(²) Vgl. das im Anschluß an die „Bestimmungen“ vom 23. Juni 1873 abgedruckte Regulativ.

(³) Vgl. übrigens den B. R. B. vom 26. Oktober 1876. (§ 305 d. Prot.) und wegen der anzuwendenden Denaturirungsmittel, B. R. B. vom 5. Oktober 1876. (§ 256 d. Prot.)

(⁴) Z. vgl. B. vom 31. Dez. 1875. I. 18293. (A. Bl. 1876. S. 1.)

(⁵) Vgl. das im Anschluß an die „Bestimmungen“ vom 23. Juni 1873 abgedruckte Regulativ.

**5. Oktober 1876.** — B. R. B. betr. die Denaturirung von Branntwein. (§ 256 d. Prot.) (¹)

Es wurde beschlossen, daß für die Denaturirung (²) des zur Anilinfarbenfabrikation zu verwendenden Branntweins auch Benzylchlorid, und zwar in der Menge von 1 Prozent des Gewichts an Branntwein zugelassen werden darf.

---

**26. Oktober 1876.** — B. R. B. betr. die Steuerbefreiung von Spiritus zur Anilinfarbenfabrikation. (§ 305 d. Prot.) (³)

Es wurde beschlossen:

1. Dem Gesuche, die für die Herstellung der Anilinfarben zugestandene Steuerbegünstigung (Beschl. vom 15. Juni 1875. § 247) auch für den zur Auflösung der fertigen Anilinfarben zu verwendenden Spiritus zu gewähren, keine Folge zu geben;
2. Die Rückvergütung bezw. den Erlaß der Branntweinsteuer für den zur Herstellung der Anilinfarben verwendeten Branntwein in dem Falle für unzulässig zu erklären, wenn mit der Fabrikation derselben zugleich eine Lösung der fertigen Farben mittelst Branntweins verbunden wird.

---

(¹) Vgl. B. vom 25. Oktober 1876. I. 12915. (A. Bl. S. 163.)

(²) S. Nr. 7 des Regulativs auf S. 455.

(³) Vgl. B. vom 14. Nov. 1876. I. 13673. (A. Bl. S. 169.)

# XIV.

# Die Wechselstempelsteuer.

---

## Inhaltsübersicht.



---

**10. Juni 1869.** — Ges. betr. die Wechselstempelsteuer im Norddeutschen Bunde. (B. G., S. 193.) (¹)

§ 1. Gezogene und eigene Wechsel (²) unterliegen im Gebiete des Norddeutschen Bundes mit Ausschluß der Hohenzollernschen Lande (³) einer nach Vorschrift dieses Gesetzes zu erhebenden, zur Bundeskasse fließenden Abgabe.

---

(¹) Eingeführt in E. L. durch Ges. vom 14. Juli 1871. (G. E. L., S. 175.)

(²) Die allgemeine deutsche Wechselordnung ist in E. L. eingeführt durch Ges. vom 19. Juni 1872. (G. E. L., S. 213.)

(³) Das Gesetz gilt im ganzen Gebiete des Deutschen Reichs. Vgl. R. G. 1871, S. 17, und Art. 1 des Einführungsgesetzes für E. L. vom 14. Juli 1871.

Von der Stempelabgabe befreit bleiben:

1) die vom Auslande auf das Ausland gezogenen, nur im Auslande zahlbaren Wechsel;
2) die vom Inlande auf das Ausland gezogenen, nur im Auslande und zwar auf Sicht oder spätestens innerhalb zehn Tagen nach dem Tage der Ausstellung zahlbaren Wechsel, sofern sie vom Aussteller direkt in das Ausland remittirt werden. (¹)

§ 2. Die Stempelabgabe wird in folgenden, im Dreißigthalerfuße unter Eintheilung des Thalers in dreißig Groschen berechneten und nach der Summe, auf welche der Wechsel lautet, abgestuften Steuersätzen erhoben, nämlich:

| | | | | | | |
|---|---|---|---|---|---|---|
| von einer Summe von | | 50 Rthlrn. | oder weniger | | 1 | Sgr., |
| „ „ „ | über | 50 „ | bis | 100 Rthlr. | 1½ | „ |
| „ „ „ | „ | 100 „ | „ | 200 „ | 3 | „ |
| „ „ „ | „ | 200 „ | „ | 300 „ | 4½ | „ |

und so fort von jedem ferneren 100 Rthlr. der Summe 1½ Sgr. mehr, dergestalt, daß jedes angefangene Hundert für voll gerechnet wird. (²)

§ 3. Die zum Zweck der Berechnung der Abgabe vorzunehmende Umrechnung der in einer anderen als der Thalerwährung (§ 2) ausgedrückten Summen erfolgt, soweit der Bundesrath nicht für gewisse Währungen allgemein zum Grunde zu legende Mittelwerthe festsetzt und bekannt macht, nach Maßgabe des laufenden Kurses. (³)

§ 4. Für die Entrichtung der Abgabe sind der Bundeskasse sämmtliche Personen, welche an dem Umlaufe des Wechsels im Bundesgebiete Theil genommen haben, solidarisch verhaftet.

§ 5. Als Theilnehmer an dem Umlaufe eines Wechsels wird hinsichtlich der Steuerpflichtigkeit angesehen: der Aussteller, jeder Unterzeichner oder Mitunterzeichner eines Acceptes, eines Indossaments oder einer anderen Wechselerklärung, und Jeder, der für eigene oder fremde Rechnung

---

(¹) Die Bestimmung unter Nr. 2 ist durch die lith. Bek. vom 21. April 1873, I. 1684 in Erinnerung gebracht worden.

(²) Z. vgl. die Bek. vom 13. Dezember 1874, betr. die Ausgabe neuer Reichsstempelmarken 2c.

(³) Vgl. I. der Bek. vom 27. Juli 1871.

den Wechsel erwirbt, veräußert, verpfändet oder als Sicherheit annimmt, zur Zahlung präsentirt, Zahlung darauf empfängt oder leistet, oder Mangels Zahlung Protest erheben läßt, ohne Unterschied, ob der Name oder die Firma auf den Wechsel gesetzt wird oder nicht. (¹)

§ 6. Die Entrichtung der Stempelabgabe muß erfolgen, ehe ein inländischer Wechsel von dem Aussteller, ein ausländischer Wechsel von dem ersten inländischen Inhaber (§ 5) aus den Händen gegeben wird. (²)

§ 7. Dem Aussteller eines inländischen Wechsels und dem ersten inländischen Inhaber eines ausländischen Wechsels ist gestattet, den mit einem inländischen Indossament noch nicht versehenen Wechsel vor Entrichtung der Stempelabgabe lediglich zum Zwecke der Annahme zu versenden und zur Annahme zu präsentiren. Der Acceptant eines unversteuerten Wechsels ist verpflichtet, vor der Rückgabe oder jeder anderweiten Aushändigung des Wechsels die Versteuerung desselben zu bewirken.

Wird jedoch ein nicht zum Umlauf im Bundesgebiet bestimmtes Exemplar eines in mehreren Exemplaren ausgefertigten Wechsels zur Einholung des Acceptes benutzt, so bleibt der Acceptant von der Verpflichtung zur Versteuerung befreit, wenn die Rückseite des acceptirten Exemplars vor der Rückgabe dergestalt durchkreuzt wird, daß dadurch die weitere Benutzung desselben zum Indossiren ausgeschlossen wird. (³)

§ 8. Wird derselbe Wechsel in mehreren, im Kontexte als Prima, Sekunda, Tertia u. s. w. bezeichneten Exemplaren ausgefertigt, so ist unter diesen dasjenige zu versteuern, welches zum Umlaufe bestimmt ist.

§ 9. Außerdem unterliegt der Versteuerung jedes Exemplar, auf welches eine Wechselerklärung — mit Ausnahme des Acceptes und der Nothadressen — gesetzt ist, die nicht auf einem nach Vorschrift dieses Gesetzes

(¹) Z. vgl. die V. vom 4. August 1876, I. 10025. (A. Bl., S. 127), wonach Postbeamte, welche in Ausübung ihrer amtlichen Pflicht einen Wechsel dem Acceptanten vorzulegen haben, nicht als Theilnehmer am Umlauf des Wechsels angesehen werden können.

(²) Z. vgl. Anm. zn § 14.

(³) Z. vgl. die Bek. vom 19. November 1875.

versteuerten Exemplare sich befindet. Die Versteuerung muß erfolgen, ehe das betreffende Exemplar von dem Aussteller der die Stempelpflichtigkeit begründenden Wechselerklärung, oder, wenn letztere im Auslande abgegeben ist, von dem ersten inländischen Inhaber aus den Händen gegeben wird.

Soll ein unversteuertes Wechselduplikat ohne Auslieferung eines versteuerten Exemplars desselben Wechsels bezahlt oder Mangels Zahlung protestirt werden, so ist die Versteuerung desselben zu bewirken, ehe die Zahlung oder Protestaufnahme stattfindet.

Der Beweis des Vorhandenseins eines versteuerten Wechselduplikates oder des Einwandes, daß die auf ein unversteuertes Exemplar gesetzte Wechselerklärung auf einem versteuerten Duplikate abgegeben sei, oder daß bei Bezahlung eines unversteuerten Duplikates auch ein versteuertes Exemplar ausgeliefert sei, liegt demjenigen ob, welcher wegen unterlassener Versteuerung eines Wechselexemplars in Anspruch genommen wird.

§ 10. Die Bestimmungen im § 9 finden gleichmäßig auf Wechselabschriften Anwendung, welche mit einem Originalindossamente oder mit einer anderen urschriftlichen Wechselerklärung versehen sind. Jede solche Abschrift wird hinsichtlich der Besteuerung einem Duplikate desselben Wechsels gleichgeachtet.

§ 11. Ist die in den §§ 6 bis 10 vorgeschriebene Versteuerung eines Wechsels, eines Wechselduplikates oder einer Wechselabschrift unterlassen, so ist der nächste, und, so lange die Versteuerung nicht bewirkt ist, auch jeder fernere inländische Inhaber verpflichtet, den Wechsel zu versteuern, ehe er denselben auf der Vorder- oder Rückseite unterzeichnet, veräußert, verpfändet, zur Zahlung präsentirt, Zahlung darauf empfängt oder leistet, eine Quittung darauf setzt, Mangels Zahlung Protest erheben läßt oder den Wechsel aus den Händen gibt. Auf die von den Vordermännern verwirkten Strafen hat die Entrichtung der Abgabe durch einen späteren Inhaber keinen Einfluß.

§ 12. Der Verwahrer eines zum Accepte versandten unversteuerten Wechselexemplars wird, wenn er dasselbe gegen Vorlegung eines nicht versteuerten Exemplars (oder einer nicht versteuerten Kopie) desselben Wechsels ausliefert, für die Stempelabgabe verhaftet und verfällt, wenn dieselbe nicht entrichtet wird, in die im § 15 bestimmte Strafe.

§ 13. Die Verpflichtung zur Entrichtung der Stempelabgabe wird erfüllt:

1) durch Ausstellung des Wechsels auf einem mit dem erforderlichen Bundesstempel versehenen Blanket,

oder

2) durch Verwendung der erforderlichen Bundesstempelmarke auf dem Wechsel, wenn hierbei die von dem Bundesrathe erlassenen und bekannt gemachten Vorschriften über die Art und Weise der Verwendung beobachtet worden sind. (¹)

§ 14. Stempelmarken, welche nicht in der vorgeschriebenen Weise verwendet worden sind, werden als nicht verwendet angesehen.

§ 15. Die Nichterfüllung der Verpflichtung zur Entrichtung der Stempelabgabe wird mit einer Geldbuße bestraft, welche dem fünfzigfachen Betrage der hinterzogenen Abgabe gleichkommt.

Diese Strafe ist besonders und ganz zu entrichten von Jedem, welcher der nach den §§ 4—12 ihm obliegenden Verpflichtung zur Entrichtung der Stempelabgabe nicht rechtzeitig genügt hat, ingleichen von inländischen Maklern und Unterhändlern, welche wissentlich unversteuerte Wechsel verhandelt haben.

Die Verwandlung einer Geldbuße, zu deren Zahlung der Verpflichtete unvermögend ist, in eine Freiheitsstrafe findet nicht statt. Auch darf zur Beitreibung von Geldbußen ohne Zustimmung des Verurtheilten, insofern dieser ein Inländer ist, kein Grundstück subhastirt werden.

§ 16. Der Acceptant eines gezogenen und der Aussteller eines trockenen Wechsels können daraus, daß der Wechsel zur Zeit der Annahmeerklärung, beziehungsweise der Aushändigung, mangelhaft gewesen sei, keinen Einwand gegen die gesetzlichen Folgen der Nichtversteuerung desselben entnehmen.

§ 17. Wechselstempelhinterziehungen (§ 15) verjähren in fünf Jahren, von dem Tage der Ausstellung des

(¹) Z. vgl. Nr. II der Bek. vom 27. Juli 1871.

Wechsels an gerechnet. Die Verjährung wird durch jede auf Verfolgung der Hinterziehung gegen den Angeschuldigten gerichtete amtliche Handlung unterbrochen.

§ 18. In Betreff der Feststellung, Untersuchung und Entscheidung der Wechselstempelhinterziehung und der Vollstreckung der Strafe, sowie in Betreff der Strafmilderung und des Erlasses der Strafe im Gnadenwege kommen die Vorschriften zur Anwendung, nach welchen sich das Verfahren wegen Vergehen gegen die Zollgesetze — in den von der gemeinschaftlichen Zollgrenze ausgeschlossenen Bezirken aber das Verfahren wegen Vergehen gegen die Stempelgesetze — bestimmt. (¹)

Die im § 15 vorgeschriebenen Geldbußen fallen dem Fiskus desjenigen Staates zu, von dessen Behörden die Strafentscheidung erlassen ist.

§ 19. Jede von einer nach § 18 zuständigen Behörde wegen Wechselstempelhinterziehung einzuleitende Untersuchung und zu erlassende Strafentscheidung kann auch auf diejenigen Inhaber des Wechsels, welche anderen Bundesstaaten angehören, ausgedehnt werden. Die Strafvollstreckung ist nöthigenfalls durch Requisition der zuständigen Behörden und Beamten des Staates zu bewirken, in dessen Gebiete die Vollstreckungsmaßregel zur Ausführung kommen soll.

Die Behörden und Beamten der Bundesstaaten sollen sich gegenseitig thätig und ohne Verzug den verlangten Beistand in allen gesetzlichen Maßregeln leisten, welche zur Entdeckung oder Bestrafung der Wechselstempelhinterziehungen dienlich sind. (²)

§ 20. Die in den einzelnen Staaten des Bundes mit der Beaufsichtigung des Stempelwesens beauftragten Behörden und Beamten haben die ihnen obliegenden Verpflichtungen mit gleichen Befugnissen, wie sie ihnen hinsichtlich der nach den Landesgesetzen zu entrichtenden

(¹) Z. vgl. Anweisung d. O. Pr. vom 31. Oktober 1871. Das Strafverfahren richtet sich nach dem Ges. vom 5. Juli 1872 (S. 188). — Vgl. auch die lith. V. vom 29. Februar 1876, I. 2130, die Behandlung der Wechselstempelsteuerstraffälle betreffend.

(²) Z. vgl. Ges. über die Rechtshülfe vom 21. Juni 1869 (G. E. L. 1871, S. 376.)

Stempelabgaben zustehen, auch hinsichtlich der Bundesstempelabgabe wahrzunehmen. (1)

§ 21. Außer den Steuerbehörden haben alle diejenigen Staats- oder Kommunalbehörden und Beamten, denen eine richterliche oder Polizeigewalt anvertraut ist, sowie die Notare und andere Beamte, welche Wechselproteste ausfertigen, die Verpflichtung, die Besteuerung der bei ihnen vorkommenden Wechsel und Anweisungen von Amtswegen zu prüfen und die zu ihrer Kenntniß kommenden Zuwiderhandlungen gegen dieses Gesetz bei der nach § 18 zuständigen Behörde zur Anzeige zu bringen. Notare, Gerichtspersonen und andere Beamte, welche Wechselproteste ausfertigen, sind verbunden, sowohl in dem Proteste, als in dem über die Protestation etwa aufzunehmenden Protokolle ausdrücklich zu bemerken, mit welchem Stempel die protestirte Urkunde versehen, oder daß sie mit einem Bundesstempel nicht versehen ist. (2)

§ 22. Das Bundespräsidium ist ermächtigt, wegen der Anfertigung und des Debits der Bundesstempelmarken und gestempelten Blankets, sowie wegen der Bedingungen, unter welchen für verdorbene Stempelmarken und Blankets Erstattung zulässig ist, die erforderlichen Anordnungen zu erlassen.

§ 23. Wer unechte Bundesstempelmarken anfertigt oder echte verfälscht, imgleichen wer wissentlich von falschen oder gefälschten Stempelmarken Gebrauch macht oder sich einer dieser Handlungen in Bezug auf gestempelte Blankets (§ 13, Nr. 1) schuldig macht, hat die in den Landesgesetzen bestimmte Strafe der Fälschung des Stempelpapiers und, in Ermangelung besonderer Strafvorschriften über diesen Gegenstand, die Strafe der Fälschung öffentlicher Urkunden verwirkt.

Wer wissentlich eine schon einmal verwendete Stempelmarke, oder ein schon einmal verwendetes Blanket, oder ein von einer Urkunde abgetrenntes Bundesstempelzeichen

---

(1) Z. vgl. die lith. V. vom 29. Februar 1876, I. 2130.

(2) Z. vgl. die V. des Gen. Prokur. vom 25. Oktober 1872, betr. die Aufnahme der Wechselproteste und die Ausführung des Ges. vom 10. Juni 1869 (I. 721. A. Bl. 1873, S. 63).

zu einer stempelpflichtigen Urkunde verwendet, hat, außer der Strafe der Steuerhinterziehung, eine Geldbuße von zehn bis zweihundert Thalern oder verhältnißmäßige Freiheitsstrafe verwirkt. Wer wissentlich eine schon einmal verwendete Stempelmarke oder ein verwendetes Blanket, von welchem die darauf gesetzte Schrift wieder entfernt ist, veräußert, wird, insofern er nicht als Urheber des im vorhergehenden Satze vorgesehenen Vergehens oder als Theilnehmer an demselben anzusehen ist, mit Geldbuße von einem bis zwanzig Thalern oder verhältnißmäßiger Gefängnißstrafe belegt.

§ 24. Die Vorschriften dieses Gesetzes kommen gleichmäßig zur Anwendung auf die an Ordre lautenden Zahlungsversprechen (Billets à ordre) und die von Kaufleuten oder auf Kaufleute ausgestellten Anweisungen (Assignationen) jeder Art auf Geldauszahlungen, Akkreditive und Zahlungsaufträge, gegen deren Vorzeigung oder Auslieferung die Zahlung geleistet werden soll, ohne Unterschied, ob dieselben in Form von Briefen oder in anderer Form ausgestellt werden.

Befreit von der Stempelabgabe sind:

1) die statt der Baarzahlung dienenden, auf Sicht zahlbaren Platzanweisungen und Checks (1) (d. i. Anweisungen auf das Guthaben des Ausstellers bei dem die Zahlungen desselben besorgenden Bankhause oder Geldinstitute), wenn sie ohne Accept bleiben; andernfalls muß die Versteuerung erfolgen, ehe der Acceptant die Platzanweisung oder den Check aus den Händen gibt. (2)

In welchen Fällen auch Anweisungen, die an einem Nachbarorte des Ausstellungsortes zahlbar sind, den Platzanweisungen gleichgeachtet werden sollen,

(1) Z. vgl. Ges. vom 14. Juni 1865, betr. die Checks (B. d. L., 11. Serie, Nr. 1296); sodann das Urtheil des Reichsoberhandelsgerichts betr. die Befreiung der auf Ordre gestellten, indossirten Checks von der Wechselstempelsteuer (A. Bl. 1876, S. 181).

(2) Die Bestimmungen unter 1) sind durch die lith. Bek. vom 21. April 1873, I. 1684 in Erinnerung gebracht.

bestimmt der Bundesrath nach Maßgabe der örtlichen Verhältnisse; (1)

2) Akkreditive, durch welche lediglich einer bestimmten Person ein nur im Maximalbetrage begrenzter oder unbeschränkter, nach Belieben zu benutzender Kredit zur Verfügung gestellt wird;

3) Banknoten und andere auf den Inhaber lautende, auf Sicht zahlbare Anweisungen, welche der Aussteller auf sich selbst ausstellt.

§ 25. Die in den Staaten des Norddeutschen Bundes bestehenden Stempelabgaben von Wechseln, Anweisungen und diesen gleichgestellten Papieren (§ 24) werden aufgehoben.

Auch von den auf Wechsel oder Anweisungen und diesen gleichgestellte Papiere gesetzten Indossamenten, Giro's und anderen Wechselerklärungen, Quittungen und sonstigen auf die Leistungen aus dem Wechsel bezüglichen Vermerken dürfen landesgesetzliche Stempelabgaben nicht weiter erhoben werden.

§ 26. Subjektive Befreiungen von der Bundesstempelabgabe finden nicht statt.

Für die Aufhebung der in den einzelnen Staaten des Bundes bestehenden subjektiven Befreiungen von der Wechselstempelsteuer, welche auf lästigen Privatrechtstiteln beruhen, wird, insoweit dieselben nach den Landesgesetzen nicht ohne Entschädigung aufgehoben werden können, aus der Bundeskasse Entschädigung geleistet. Sind in den der Befreiung zum Grunde liegenden Verträgen, Spezialprivilegien und sonstigen Rechtstiteln Bestimmungen über die Art und Höhe der Entschädigung enthalten, so behält es dabei sein Bewenden. (2)

Anderenfalls wird bis zum Erlöschen der Befreiung dem Berechtigten der Stempelbetrag, welchen er nach Vorschrift dieses Gesetzes entrichtet hat, auf Grund periodischer Nachweisung aus der Bundeskasse erstattet. Die Aufstellung und Prüfung der periodischen Nachweisungen erfolgt nach den von dem Bundesrathe hierüber zu erlassenden näheren Anordnungen.

---

(1) Z. vgl. III der Bek. vom 27. Juli 1871.
(2) Z. vgl. IV. derselben Bek.

Für Stempelbeträge, deren Erstattung der Berechtigte von anderen Theilnehmern am Umlaufe des Wechsels oder von seinen Kommittenten zu fordern hat, wird in keinem Falle aus der Bundeskasse Entschädigung gewährt.

§ 27. Jedem Bundesstaate wird von der jährlichen Einnahme für die in seinem Gebiete debitirten Wechselstempelmarken und gestempelten Blankets bis zum Schlusse des Jahres 1871 der Betrag von 36 Prozent, bis zum Schlusse des Jahres 1873 der Betrag von 24 Prozent, bis zum Schlusse des Jahres 1875 der Betrag von 12 Prozent und von da ab dauernd der Betrag von 2 Prozent aus der Bundeskasse gewährt. (1)

§ 28. Die zur Ausführung dieses Gesetzes nöthigen Bestimmungen werden vom Bundesrathe getroffen. (2)

§ 29. Dies Gesetz tritt mit dem 1. Januar 1870 in Kraft. (3)

In Betreff aller vor diesem Tage ausgestellten inländischen oder von dem ersten inländischen Inhaber aus den Händen gegebenen ausländischen Wechsel kommen noch die bisherigen landesgesetzlichen Vorschriften zur Anwendung.

---

**13. Dezember 1869.** — Bek. betr. den Debit der Bundesstempelmarken und gestempelten Blankets zur Entrichtung der Wechselstempelsteuer, sowie das Verfahren bei Erstattung verdorbener Stempelmarken und Blankets. (B. G., S. 695.) (4)

Zur Ausführung der Bestimmung im § 22 des Gesetzes vom 10. Juni d. J., die Wechselstempelsteuer im Norddeutschen Bunde betreffend (B. G. Bl., S. 193), wird hierdurch bekannt gemacht, daß vom 30. d. M. ab die zur Entrichtung der Wechselstempelsteuer (nach § 13 des Gesetzes vom 10. Juni d. J.) erforderlichen Bundesstempelmarken und gestempelten Blankets zu dem Preise des Stempelbetrages, auf welchen dieselben lauten, bei den Postanstalten . . . . ., werden verkauft werden.

---

(1) Vgl. Bd. I, S. 172.

(2) Vgl. die Bek. vom 27. Juli 1871 und vom 30. Juli 1873.

(3) In E. L. am 15. August 1871 (Art. 1 des Einf. Ges. vom 14. Juli 1871).

(4) Z. vgl. Abs. 5 der Bek. vom 13. Dezember 1874.

. . . . . (1)

Stempelmarken und Blankets zum Werthe von 1, 1 1/2 und 3 Groschen (2) werden bei allen Postanstalten, auch den Postexpeditionen zweiter Klasse, verkauft. Die Debitsstellen für Marken und Blankets, welche auf höhere Stempelbeträge lauten, werden nach den örtlichen Verhältnissen, dem Bedürfniß entsprechend, bestimmt. Die bezüglichen Anordnungen sollen durch Aushang an Amtsstelle der Postanstalten und, soweit erforderlich, durch amtliche Bekanntmachung zur öffentlichen Kenntniß gebracht werden.

Für die bei den Postanstalten angekauften, demnächst aber verdorbenen Stempelmarken und Blankets kann nur dann Erstattung beansprucht werden, wenn

1) der Schaden mindestens einen Thaler beträgt und wenn
2) vollständig erwiesen wird, daß der Schaden lediglich durch Zufall oder Versehen veranlaßt und von den betreffenden Stempelmaterialien, beziehungsweise von den Schriftstücken, zu welchen sie verwendet sind, noch kein oder doch kein solcher Gebrauch gemacht ist, wodurch das steuerliche Interesse gefährdet werden kann;

wenn endlich

3) der Erstattungsanspruch innerhalb 14 Tagen, nachdem der Schaden dem Berechtigten bekannt geworden, bei der Oberpostdirektion des Bezirks, in Lübeck, Bremen und Hamburg bei dem zuständigen Oberpostamte, angemeldet wird.

Die Erstattung erfolgt durch Umtausch der verdorbenen gegen andere Stempelmaterialien bei der zu bestimmenden Debitsstelle.

Hinsichtlich der Art und Weise der Verwendung der Bundesstempelmarken wird auf die am heutigen Tage erlassene Bekanntmachung zur Ausführung des Gesetzes, betr. die Wechselstempelsteuer im Norddeutschen Bunde, unter Nr. II verwiesen. (3)

---

**11. Mai 1871.** — B. R. B. betr. die Auslegung des Wechselstempelsteuergesetzes. (§ 220 d. Prot.) (4)

Es wurde beschlossen, daß der § 96 der Instruktion für

---

(1) Abs. 2 ist durch die Bek. vom 13. Dezember 1874 abgeändert worden.

(2) 10, 15 und 30 Pfennige.

(3) Vgl. Nr. II der Bek. vom 27. Juli 1871, bezw. die Bek. vom 30. Juli 1873.

(4) Z. vgl. B. vom 31. Juli 1872, I. 15000 (A. Bl., S. 307).

die Hauptämter (¹) auf Wechselstempelsteuerstrafsachen keine Anwendung findet und auch nicht im Wege der Landesgesetzgebung für dieselben in Geltung gesetzt werden kann. (²)

**14. Juni 1871.** — B. R. B. betr. Stempelfreiheit von Platzanweisungen. (§ 328 d. Prot.)

**23. Juni 1871.** — B. R. B. betr. die Stempelfreiheit von Platzanweisungen. (§ 362 d. Prot.)

[Die vorgenannten beiden B. R. B. sind bei Erlaß der Bek. vom 27. Juli 1871 unter Nr. III berücksichtigt worden.]

**14. Juli 1871.** — Ges. betr. die Einführung des deutschen Reichsgesetzes über die Wechselstempelsteuer vom 10. Juni 1869. (G. E. L., S. 175).

Art. 1. Das anliegende Gesetz, betr. die Wechselstempelsteuer, vom 10. Juni 1869 tritt am 15. August d. J. in Kraft.

Art. 2. In Kraft bleiben die Bestimmungen der jetzt geltenden Gesetzgebung insoweit, als sie sich auf die Stempelpflicht solcher Papiere beziehen, welche nicht nach dem anliegenden Gesetze zu beurtheilen sind.

Art. 3. Der Reichskanzler erläßt die zur Ausführung dieses Gesetzes erforderlichen Anordnungen.

[Das Ges. vom 10. Juni 1869, s. S. 470]

**27. Juli 1871.** — Bek. zur Ausführung des Gesetzes vom 14. Juli 1871, betr. die Einführung des deutschen Reichsgesetzes über die Wechselstempelsteuer vom 10. Juni 1869. (G. E. L., S. 183.)

Nachdem durch Ges. vom 14. Juli 1871 (G. E. L. 1871, S. 175 ff.) bestimmt ist, daß das Deutsche Reichsgesetz vom 10. Juni 1869 (B. G. Bl., S. 193), betr. die Wechselstempelsteuer, mit dem 15. August d. J. in E. L. in Kraft tritt,

(¹) Die Befugniß, von der Einleitung des Strafverfahrens Abstand zu nehmen, falls mildernde Umstände vorliegen und der Betrag der Strafe fünf Thaler oder der Betrag der hinterzogenen Gefälle einen Thaler nicht übersteigt. (§ 9, Abs. 2 d. Ges. vom 5. Juli 1872, Bd. I, S. 188.)

(²) Z. vgl. B. R. B. vom 2. Juni 1873.

werden die nachstehenden, vom Bundesrathe zur Ausführung des erwähnten Reichsgesetzes getroffenen Bestimmungen Anwendung zu finden haben.

I. Zu § 3 des Reichsgesetzes vom 10. Juni 1869. Behufs der Umrechnung der in einer anderen als der Thalerwährung ausgedrückten Summen zum Zwecke der Berechnung der Wechselstempelabgabe sind für die nachstehend bezeichneten Währungen die dabei bemerkten Mittelwerthe bis auf Weiteres festgesetzt und allgemein im ganzen Bundesgebiete bei der Berechnung des Wechselstempels zum Grunde zu legen:

| | | | | | | |
|---|---|---|---|---|---|---|
| Süddeutsche u. Niederländische Währung . . . | 7 Gulden | = | 4 | Rthlr. | — | Gr. |
| Bremer Louisd'or Thaler . . | 10 Thaler Gold | = | 11 | „ | — | „ |
| Hamburger M. Banko . . . . . | 2 Mark | = | 1 | „ | — | „ |
| Pfund Sterlg. | 100 Pfund | = | 675 | „ | — | „ |
| Franks od. Lire | 300 Frks. oder Lire | = | 80 | „ | — | „ |
| Oesterreichische Währung . . . | 150 Gulden | = | 85 | „ | — | „ |
| desgleichen . | 1 Gulden (effektiv) | = | 2/3 | „ | — | „ |
| Russische Währung. . . . . . | 100 Rubel Silber | = | 85 | „ | — | „ |
| desgleichen . | 1 Rub. Silb. (effektiv) | = | 1 | „ | 2 | „ |
| Nordamerikanische Währung . | 1 Dollar | = | 1 | „ | — | „ |
| desgleichen . | 1 Dollar (effektiv) | = | 1 | „ | 12½ | „ |
| Dänische Währung. . . . . . | 100 Thaler R. M. | = | 75 | „ | — | „ |
| Schwedische Währung . . . | 1000 Thaler R. M. | = | 375 | „ | — | „ |
| Finnische Währung. . . . . . | 1000 Mark | = | 269 | „ | — | „ |
| Spanische Währung. . . . . . | 8 Pesos fuertes de 20 reales de Vellon | = | 11 | „ | — | „ |
| Portugiesische Währung . . . | 1 Milrëis | = | 1½ | „ | — | „ |

II. (¹)

III. Zu § 24 Nr. 1 desselben Gesetzes. Die nachstehend je unter einer Nummer aufgeführten Plätze werden insofern als Ein Platz betrachtet, daß die an dem einen ausgestellten und

(¹) Die Vorschriften unter II. sind laut Bek. vom 30. Juli 1873 (s. d.) abgeändert.

an dem anderen zahlbaren Anweisungen in Bezug auf die Wechselstempelabgabe als Platzanweisungen zu betrachten sind: ([1])

1) Hamburg und Altona,
2) Magdeburg, Sudenburg, Buckau und Neustadt,
3) Elberfeld und Barmen,
4) Aachen und Burtscheid,
5) Frankfurt a. M. und Bockenheim,
6) Saarbrücken und St. Johann,
7) Ernstthal und Hohenstein,
8) Annaberg und Buchholz,
9) Bremerhaven und Geestemünde,
10) Stuttgart und Cannstadt,
11) Ulm und Neu-Ulm,
12) Mannheim und Ludwigshafen,
13) Regensburg und Stadtamhof,
14) Nürnberg und Fürth,
15) Mainz und Castel.

IV. Zu § 26 desselben Gesetzes. Diejenigen, welche in Elsaß-Lothringen von der Wechselstempelsteuer auf Grund lästiger Privatrechtstitel befreit und nach Maßgabe der Bestimmungen im § 26 des Gesetzes Erstattung der von ihnen fortan entrichteten Wechselstempelbeträge aus der Bundeskasse in Anspruch zu nehmen berechtigt sind, haben zuerst bis zum 15. Oktober d. J. eine Nachweisung der seit dem 15. August d. J. und ferner für jedes Vierteljahr bis zur Mitte des darauf folgenden Monats eine Nachweisung der in den verflossenen drei Monaten von ihnen entrichteten Wechselstempelbeträge, deren Erstattung begehrt wird, dem Reichskanzleramte einzureichen. Die Nachweisung muß ein spezielles Verzeichniß der zu erstattenden Abgabenbeträge, eine genaue Bezeichnung der Wechsel, wofür dieselben entrichtet sind, und die Angabe der Eigenschaft, in welcher der Antragsteller an dem Umlaufe derselben im Bundesgebiete Theil genommen hat, sowie die Versicherung enthalten, daß der Antragsteller die Erstattung des Stempelbetrages von anderen Theilnehmern am Umlaufe des Wechsels oder von Kommittenten nicht zu fordern habe.

Es wird vorbehalten, nach Bewandniß der Umstände andere Fristen zur Vorlegung der periodischen Nachweisungen zu bestimmen.

---

([1]) Die Bundesrathsbeschlüsse vom 14. u. 23. Juni 1871 (§§ 328 u. 362 d. Prot.) sind bei der Redaktion von III. berücksichtigt worden. Für selbstverständlich wurde erachtet, daß Aschaffenburg mit Damm, Ottensen-Neumünster mit Hamburg-Altona, Mainz-Cassel mit Zahlbach und Darmstadt mit Bessungen als Ein Platz anzusehen sei.

Der Antragsteller bleibt verpflichtet, jede weitere zur Prüfung und Justifizirung der in die Nachweisung aufgenommenen Beträge erforderliche Auskunft dem Bundesrathe oder den von demselben beauftragten Behörden oder Beamten zu ertheilen.

Bei Einreichung der ersten Nachweisung ist zugleich der Anspruch auf Entschädigung selbst durch Angabe des lästigen Privatrechtstitels, worauf die bisherige subjektive Befreiung von der Wechselstempelsteuer beruht, unter Vorlegung der Beweismittel zu begründen.

---

**31. Oktober 1871.** — Anweisung d. O. Pr. betr. das Strafverfahren wegen Wechselstempelhinterziehung nach dem Reichsgesetz vom 10. Juni 1869. (Str. Ztg., Nr. 262. A. Bl., S. 304).

1) Das Strafverfahren wegen Wechselstempelhinterziehung ist einzuleiten, wenn ein steuerpflichtiger Wechsel oder eine steuerpflichtige Anweisung
   a) überhaupt nicht oder
   b) mit einem geringeren als dem gesetzlich erforderlichen Abgabenbetrage, oder
   c) nicht rechtzeitig

   versteuert ist.

2) Welche Wechsel und Anweisungen steuerfrei sind, ist im § 1 unter Nr. 1 und 2 und im § 24 des Gesetzes bestimmt.

   Zur Erläuterung wird darauf hingewiesen, daß nach dem Sprachgebrauch des Gesetzes das ganze Gebiet des Deutschen Reiches, einschließlich von Elsaß-Lothringen, als Inland und im Gegensatze hierzu alle Orte außerhalb des Reichsgebietes als Ausland bezeichnet werden.

   In Betreff der Gebiete der einzelnen Bundesstaaten findet hiernach bezüglich des Wechselstempels kein Unterschied statt. Es ist also z. B. ein von Leipzig auf Bremen gezogener Wechsel im ganzen Reichsgebiet als ein inländischer zu behandeln und die etwa hinsichtlich desselben entdeckte Wechselstempelhinterziehung eintretenden Falles von den dazu berufenen elsaß-lothringischen Behörden ebenso zu verfolgen, als wenn dieselbe bei einem Wechsel vorgekommen wäre, der von einem Orte auf einen andern Ort Elsaß-Lothringens gezogen worden. Die im § 1 unter Nr. 1 ausgesprochene Stempelfreiheit der vom Auslande auf das Ausland gezogenen Wechsel (der sogenannten Transito-Wechsel) findet also nur auf Wechsel Anwendung, die von Orten außerhalb des Reichsgebietes gezogen und nur außerhalb des Reichsgebiets zahlbar sind.

3) Die Stempelfreiheit ist ferner unter gewissen Beschränkungen und Bedingungen auch auf Wechsel, welche vom Inlande auf das Ausland gezogen sind, ausgedehnt. Hinsichtlich derselben ist insbesondere Folgendes zu beachten:

a) Die Befreiung bezieht sich überhaupt nur auf Wechsel, die auf Sicht, oder spätestens innerhalb 10 Tagen nach dem Tage der Ausstellung zahlbar sind. Hiedurch sind alle Wechsel, deren Zahlungszeit auf eine beliebig bestimmte Frist nach Sicht oder sonst auf einen irgend wie bestimmten späteren als den zehnten Tag nach der Ausstellung festgesetzt ist, von der Befreiung ausgeschlossen.

b) Auch jene unter a bezeichneten Wechsel, auf welche sich die Befreiung bezieht, sind nur unter der Bedingung steuerfrei, daß sie vom Aussteller direkt in das Ausland remittirt werden. Jede vorgängige Betheiligung einer anderen inländischen Person oder Firma hebt den Anspruch auf Befreiung von der Steuer auf und stellt den betreffenden Wechsel allen anderen stempelpflichtigen Wechseln gleich.

4) Der gesetzlich erforderliche Betrag der Stempelabgabe ist nach den Vorschriften in den §§ 2 und 3 des Gesetzes und den vom Bundesrathe erlassenen Ausführungsanordnungen zu berechnen.

Ist von einem Wechsel ein geringerer als der erforderliche Stempelbetrag entrichtet, so ist die Wechselstempelhinterziehung nur hinsichtlich des noch fehlenden Betrages zu verfolgen (§ 15 des Gesetzes.) Jedem späteren Inhaber eines nicht vollständig versteuerten Wechsels ist gestattet, die von seinen Vordermännern zu wenig entrichtete Steuer durch Kassirung der den fehlenden Betrag darstellenden Bundesstempelmarken nachzuentrichten, und dadurch sich und etwaige spätere Hintermänner vor den Folgen der Hinterziehung zu schützen. Auf die von den Vordermännern verwirkte Strafe hat dies jedoch keinen Einfluß. (§ 11 a. E.)

5) der Zeitpunkt, bis zu welchem die Versteuerung erfolgen muß, um dem Erforderniß der Rechtzeitigkeit zu genügen (§ 15, zweiter Absatz), ist in den §§ 6 bis 11 des Gesetzes näher bestimmt. Danach müssen:

a) inländische Wechsel von dem Aussteller, ausländische Wechsel von dem ersten inländischen Inhaber versteuert werden und zwar vor jeder weiteren Aushändigung.

Eine Ausnahme hievon tritt nur rücksichtlich der Versendung zum Accept ein. Will der Aussteller des inländischen oder der erste inländische Inhaber des ausländischen Wechsels sich über dessen Annahme vergewissern, so kann er vor der Versteuerung, aber nur bevor irgend ein inländisches Indossament auf den Wechsel gesetzt wird, die Versendung zum Accept vornehmen (§ 7, erster Absatz). Jede andere und jede den vorstehenden Erfordernissen nicht entsprechende Disposition, bei welcher der unversteuerte Wechsel von dem Aussteller beziehungsweise dem ersten inländischen Inhaber aus den Händen gegeben wird, zieht die Strafe der Wechselstempelhinterziehung nach sich.

b) Der inländische Acceptant eines noch nicht versteuerten Wechsels muß dessen Versteuerung bewirken, ehe er seinerseits denselben zurückgibt oder anderweit aushändigt.

Der Einwand, daß das mit der Annahmeerklärung versehene Exemplar nicht zum Umlaufe im Bundesgebiete bestimmt sei, kommt dem Acceptanten nur dann zu Statten, wenn die Rückseite des acceptirten Exemplares vor der Rückgabe dergestalt durchkreuzt wird, daß dadurch die weitere Benutzung desselben zum Indossiren ausgeschlossen ist (§ 7, Absatz 2). Der etwaige Einwand, daß ein Wechsel zur Zeit des Acceptes noch nicht vollständig ausgefüllt gewesen oder noch nicht vom Aussteller vollzogen oder sonst mangelhaft gewesen sei, ist durch § 16 des Gesetzes ausgeschlossen.

6) Haben die in erster Linie zur Versteuerung des Wechsels Verpflichteten (vorstehend unter Nr. 5 a und b) dieser Verpflichtung nicht genügt, so geht dieselbe nach § 11 des Gesetzes auf den nächsten und jeden ferneren inländischen Inhaber des Wechsels über, so lange die Versteuerung nicht nachgeholt ist.

Aus der Verbindung der Vorschriften in den §§ 4, 5 und 11 des Gesetzes ergibt sich, daß auch die späteren Inhaber für die Entrichtung des Wechselstempels ohne Weiteres solidarisch haften, daß mithin der der Reichskasse entzogene Abgabenbetrag jederzeit von dem letzten oder einem früheren Inhaber erfordert und derselbe zur Versteuerung des Wechsels angehalten werden kann, so lange diese nicht bewirkt ist.

Die Strafe der Wechselstempelhinterziehung trifft aber den späteren Inhaber nicht, wenn er die Versteuerung bewirkt, ehe er eine der in § 11 bezeichneten Handlungen mit demselben vornimmt (Unterzeichnung, Indossirung, Veräußerung, Verpfändung, Aushändigung u. s. w.)

Wegen der näheren Bestimmung des Ausdruckes „Inhaber des Wechsels" wird auf den § 5 des Gesetzes verwiesen. Einerseits ist über den Kreis der aus dem Wechsel selbst ersichtlichen Theilnehmer am Umlaufe hinausgegriffen, indem die Verantwortlichkeit für den Stempel und die eventuelle Strafbarkeit auf diejenigen ausgedehnt worden, welche den Wechsel erwerben, veräußern, verpfänden, als Sicherheit annehmen u. s. w., ohne daß ihr Name oder ihre Firma auf den Wechsel gesetzt wird (z. B. im Falle eines Blanko-Indossaments), andrerseits macht fortan die Präsentation zur Annahme allein, wenn der Präsentant nicht in andrer Weise oder in andrer Eigenschaft noch betheiligt ist, denselben nicht für den Stempel verantwortlich.

Wer dagegen das acceptirte Exemplar in Verwahrung genommen hat (zur Disposition des Umlaufsexemplars oder der umlaufenden Kopie) unterliegt der Verantwortlichkeit für die Versteuerung des Wechsels nach dem § 12 des Gesetzes.

7) Nach den Vorschriften in den §§ 8 bis 10 des Gesetzes bewendet es bei der Regel, daß die Stempelabgabe von den in mehreren Exemplaren ausgefertigten Wechseln nur einmal und zwar von demjenigen Exemplar zu entrichten ist, welches zum Umlaufe bestimmt ist. Die Steuerfreiheit der Duplikata und der Wechselkopien ist jedoch ausgeschlossen:

a) wenn sich auf denselben eine Wechselerklärung — mit Ausnahme des Acceptes und der Nothadressen — befindet, die nicht auch auf ein nach Vorschrift des Gesetzes versteuertes Exemplar gesetzt ist. Unter dem Ausdrucke „Wechselerklärung" ist jede Erklärung zu verstehen, welche wechselmäßig verpflichtet, z. B. Indossament, Bürgschaft; die Annahmeerklärung ist hiervon ausgenommen, weil hinsichtlich derselben im § 7 (zweiter Absatz) die erforderliche besondere Bestimmung enthalten ist. Zugleich sind auch Nothadressen als Ausnahme genannt, um jeden Zweifel hierüber auszuschließen, obwohl diese streng genommen überhaupt nicht als Wechselerklärung zu bezeichnen sind. Hiernach ist z. B., wenn der Originalwechsel zum Accept versandt und eine Kopie desselben zum Indossiren benutzt wird, die letztere zu versteuern, auch wenn von dem Originalwechsel die Steuer bereits entrichtet war. Desgleichen ist, falls mehrere Exemplare desselben Wechsels an verschiedene Personen indossirt werden sollten, jedes dieser Exemplare steuerpflichtig. Ferner muß ein nicht zum Umlauf bestimmtes Exemplar, wenn auf demselben eine nicht auf das Umlaufsexemplar gesetzte Bürgschaftserklärung abgegeben werden sollte, versteuert werden und dasselbe gilt, falls ein Duplikat des Wechsels, nachdem das ursprünglich zum Umlauf bestimmte Exemplar verloren oder in unrechte Hände gekommen sein sollte, zur weiteren Uebertragung benutzt wird u. s. w. Der Zeitpunkt, bis zu welchem die Versteuerung in Fällen der vorerwähnten Art bewirkt werden muß, um dem Erforderniß der Rechtzeitigkeit zu genügen, ist im § 9 im ersten Absatz bestimmt.

b) Die Steuerpflichtigkeit eines Duplikats tritt außerdem dann ein, wenn dasselbe ohne Auslieferung eines versteuerten Exemplars — letzteres mag verloren oder in unrechte Hände gegangen sein, u. s. w. — bezahlt oder Mangels Zahlung protestirt wird (§ 9, zweiter Absatz).

8) In Betreff des Strafverfahrens und in allen übrigen Beziehungen wird auf die Bestimmungen des Gesetzes selbst verwiesen. Die festzusetzenden Geldbußen sind bis auf weiteres ebenso zu verrechnen, wie die auf Grund der bisherigen Stempelgesetze eingezogenen Wechselstempelstrafgelder.

---

**25. Oktober 1872.** — V. des Gen. Prok. betr. die Aufnahme der Wechselproteste und die Ausführung des Gesetzes über die Wechselstempelsteuer vom 10. Juni 1869.

[Von wörtlicher Aufnahme dieser nur zur Instruktion der Notare und Gerichtsvollzieher bestimmten Verfügung wird abgesehen. Dieselbe ist den H. Z. u. H. St. Aemt. durch V. d. G. D. vom 11. Januar 1873, I. 721 (A. Bl., S. 63) zur Kenntnißnahme mitgetheilt.]

---

**2. Juni 1873.** — V. R. V. betr. Niederschlagungsbefugnisse der Oberinspektoren bei Zuwiderhandlungen gegen das Wechselstempelsteuergesetz. (¹)

Es wurde beschlossen, daß in Abänderung des Beschlusses vom 11. Mai 1871 (§ 220 d. Prot.) bezüglich der Anklageverhandlungen wegen Wechselstempelhinterziehungen die Dirigenten der Hauptämter für befugt zu erachten sind, falls offenbar

---

(¹) Z. vgl. V. vom 15. August 1873, I. 24112. (A. Bl., S. 243.)

nur Versehen vorliegen und die Absicht der Steuerhinterziehung ausgeschlossen ist, von der den Dirigenten der Hauptämter ertheilten Niederschlagungsbefugniß ([1]) Gebrauch zu machen. ([2])

---

**30. Juli 1873.** — Bek. betr. die Abänderung der Vorschriften über die Verwendung der Wechselstempelmarken. (G. E. L., S. 184.)

Der Bundesrath hat beschlossen, die in der Bekanntmachung zur Ausführung des Gesetzes, betreffend die Wechselstempelsteuer, vom 23. Juni 1871 (für E. L. in Kraft gesetzt durch Bekanntmachung vom 27. Juli 1871, Gesetzbl., S. 183) unter II. zu § 13 Nr. 2 des Gesetzes enthaltenen Vorschriften durch folgende Bestimmungen zu ersetzen:

In Bezug auf die Art und Weise der Verwendung der Bundesstempelmarken zu Wechseln und den dem Wechselstempel unterworfenen Anweisungen u. s. w. (§ 24 des Gesetzes) sind nachfolgende Vorschriften zu beobachten:

1) Die den erforderlichen Steuerbetrag darstellenden Marken sind auf der Rückseite der Urkunde, und zwar, wenn die Rückseite noch unbeschrieben ist, am oberen Rande derselben, anderenfalls unmittelbar unter dem letzten Vermerke (Indossament u. s. w.), der sich auf der Rückseite befindet, auf einer leeren Stelle dergestalt aufzukleben, daß oberhalb der Marke kein zur Niederschreibung eines Vermerkes (Indossamentes, Blankoindossamentes u. s. w.) hinreichender Raum übrig bleibt.

   Der inländische Inhaber, welcher die Marke aufklebt, hat sein Indossament oder seinen sonstigen Vermerk unterhalb derselben niederzuschreiben.

2) In jeder einzelnen der aufgeklebten Marken müssen mindestens die Anfangsbuchstaben des Namens, beziehungsweise der Firma desjenigen, der die Marke verwendet, und das Datum der Verwendung (in arabischen Ziffern), mittelst deutlicher Schriftzeichen (Buchstaben und Ziffern) ohne jede Rasur, Durchstreichung oder Ueberschrift niedergeschrieben sein (z. B.

   7/1 70, statt 7. Januar 1870, E. F. M. statt: Ernst Friedrich Moldenhauer, oder N. V. B. statt: Norddeutsche Vereinsbank).

---

([1]) Z. vgl. Anm. zu § 9 des Ges. vom 5. Juli 1872. Bd. I, S. 192.

([2]) Nach V. vom 14. November 1873, I. 30126 ist über die niedergeschlagenen Straffälle ein Verzeichniß zu führen und vierteljährlich in Vorlage zu bringen.

Es ist jedoch auch zulässig, den Kassationsvermerk ganz oder einzelne Theile desselben (z. B. die Bezeichnung der Firma) durch schwarzen oder farbigen Stempelabdruck herzustellen.

Enthält der Kassationsvermerk mehr als nach dem Vorstehenden erforderlich ist (z. B. den ausgeschriebenen Namen statt der Anfangsbuchstaben, das Datum in Buchstaben statt in Ziffern u. s. w.), so ist derselbe dennoch gültig, wenn nur die vorgeschriebenen Stücke (Anfangsbuchstaben des Namens, beziehungsweise der Firma und Datum) auf der Marke sich befinden.

Jede Durchkreuzung der Marke, auch wenn sie die Schriftzeichen nicht berührt, ist unstatthaft, ebenso die Bezeichnung der Monate September, Oktober, November und Dezember durch 7ber, 8ber, 9ber und 10ber.

3) Bei Ausstellung des Wechsels auf einem gestempelten Blanket kann der an dem vollen gesetzlichen Betrage der Steuer etwa noch fehlende Theil durch vorschriftsmäßig zu verwendende Stempelmarken ergänzt werden.

Stempelmarken, welche nicht in der vorgeschriebenen Weise verwendet worden sind, werden als nicht verwendet angesehen (§ 14 des Gesetzes).

---

**13. Dezember 1874.** — Bek. betr. die Ausgabe neuer Reichsstempelmarken und gestempelter Blankets zur Entrichtung der Wechselstempelsteuer. (R. G., S. 148.)

Mit Rücksicht auf die für den größten Theil des Reichsgebietes bevorstehende Einführung der Reichsmarkrechnung ist die Anfertigung neuer, (¹) auf Mark lautender Reichsstempelmarken und mit dem Reichsstempel versehener Blankets zur Entrichtung der Wechselstempelsteuer bewirkt worden.

Die neuen Reichsstempelmarken enthalten die Umschrift „Deutscher Wechselstempel, Mark, Mark", sowie die Angabe des Steuerbetrages, für welchen sie gelten, in Mark und lauten auf Steuerbeträge von 0,10; 0,15; 0,30; 0,45; 0,60; 0,75; 0,90; 1,20; 1,50; 2,25; 3,00; 4,50; 6,00; 9,00; 15,00 und 30,00 Mark. Die mit dem Reichsstempel versehenen neuen Wechselblankets enthalten im Stempel die Umschrift „Deutscher Wechselstempel", sowie gleichfalls die Angabe des Steuerbetrages, für welchen sie gelten, in Mark und lauten auf Steuerbeträge

(¹) Z. vgl. Bek. vom 21. Februar 1870. B. G., S. 36.

von 0,10; 0,15; 0,30; 0,45; 0,60; 0,75; 0,90; 1,20; 1,50; 2,25 und 3,00 Mark.

Vom 1. Januar künftigen Jahres ab werden die neuen Reichsstempelmarken und mit dem Reichsstempel versehenen Blankets allmälig in den Debit übergehen.

Ein Umtausch der in die Hände des Publikums übergegangenen älteren Reichsstempelmarken und gestempelten Blankets findet nicht statt, vielmehr können dieselben bis auf Weiteres auch ferner zur Entrichtung der Wechselstempelabgabe verwendet werden.

Die in der Bekanntmachung vom 13. Dezember 1869 (B. G. Bl., S. 695) über den Debit der Bundesstempelmarken und gestempelten Blankets, sowie über das Verfahren bei Erstattung verdorbener Stempelmarken und Blankets getroffenen Anordnungen, sowie die hinsichtlich der Art und Weise der Verwendung der Wechselstempelmarken in der Bekanntmachung vom 11. Juli 1873 (R. G. Bl., S. 295) enthaltenen Bestimmungen finden auf die neuen Reichsstempelmarken und mit dem Reichsstempel versehenen Blankets ebenmäßig Anwendung.

---

**2. Juli 1875.** — B. R. B. betr. die Wechselstempelsteuer. (§ 333 d. Prot.)

[Vgl. die Bek. d. G. D. vom 19. November 1875.]

---

**19. November 1875.** — Bek. betr. die Wechselstempelsteuer. (A. Bl., S. 174.)

Die Frage, ob ein zur Einholung des Accepts bestimmtes Exemplar eines in mehreren Exemplaren ausgefertigten, vom Ausland auf das Inland gezogenen, im Ausland domizilirten Wechsels, welches dem Bezogenen durch einen Korrespondenten (nicht durch einen inländischen Indossatar) vorgelegt, von dem Bezogenen acceptirt und dann, ohne daß ein Umlauf desselben im Inlande stattgefunden hat, wieder zurückgegeben wird, nach § 7 Absatz 2 des Gesetzes vom 10. Juni 1869 unter der daselbst angegebenen Bedingung steuerfrei sei oder nicht, wurde vom Bundesrathe in der XXIV. Sitzung der Session von 1875, § 333 der Protokolle, jedoch ohne Präjudiz für etwaige Sprüche der Gerichte, dahin entschieden, daß allerdings die Steuerpflicht bestehe und daß nach den §§ 4 und 5 des Wechselstempelsteuergesetzes der Bezogene (Acceptant) derselben zu genügen habe.

Maßgebend für die Entscheidung bezüglich der Steuerpflichtigkeit war die Erwägung, daß durch die Domizilirung im Ausland der von dem Ausland auf das Inland gezogene

Wechsel zu keinem sog. Transitowechsel werde, der nach § 1 des Wechselstempelsteuergesetzes steuerfrei wäre, und daß in Ermangelung eines ersten inländischen Inhabers (der Korrespondent ist nicht Indossatar und Wechselinteressent) der sich unmittelbar an § 6 anlehnende § 7 des Gesetzes nicht Anwendung finde, demgemäß auch aus diesem eine Steuerfreiheit nicht abgeleitet werden könne.

Nach Vorstehendem ist sich für die Folge zu bemessen.

## Vierter Theil.

# Die inneren indirekten Abgaben.

# XV.

# Die Weinsteuer.

## Inhaltsübersicht.



## Vorbemerkungen.

Was die Aufhebung der französischen Weinbesteuerung anbelangt, so ist hierüber im I. Abschnitt Bd. I. (S. 67) das Nöthige gesagt worden. Das Gesetz vom 20. März 1873, welches gegenwärtig die Grundlage der Besteuerung bildet, hat unter Aufhebung der Eingangssteuer, der «taxe unique» und der besonderen Abgabe vom Kleinverkauf der Wirthe, eine einheitliche Abgabe von *M.* 3 vom Hektoliter Traubenwein und von 80 Pfennigen vom Hektoliter Obstwein eingeführt, lehnt sich jedoch im Uebrigen in vielfacher Beziehung an die französische Gesetzgebung an. Verschiedene Abänderungen sind durch die Gesetzesnovelle vom 23. Mai 1877 erfolgt.

Die in den Zollvereinsverträgen bedungene Befreiung des ausländischen verzollten Weins von inneren Abgaben ist bereits zu Folge des Gesetzes vom 15. Juli 1872 eingetreten.

**15. Juli 1872.** — Ges. betr. die Steuerfreiheit des verzollten ausländischen Weins und Obstweins in Elsaß-Lothringen. (G. E. L. S. 562).

§ 1. Wein jeden Stärkegrades und Obstwein, von

welchem auf die in dem Vereinszollgesetz vom 1. Juli 1869 (Gesetzbl. 1871 S. 39 ff.) vorgeschriebene Weise dargethan wird, daß er als ausländisches Eingangsgut die zollamtliche Behandlung bei einer Erhebungsbehörde des Zollgebiets des Deutschen Reichs bestanden hat, ist bei der ersten Einlage von jeder inneren Steuer, sei es für Rechnung des Staats oder für Rechnung von Kommunen und Korporationen, befreit.

Unter „erster Einlage" ist diejenige zu verstehen, welche dem direkten Bezuge aus dem Auslande oder dem Bezuge aus einer unter Verschluß der Zollverwaltung stehenden Niederlage unmittelbar folgt. (¹)

§ 2. Auf dem Transport innerhalb Elsaß-Lothringens muß das verzollte Getränk, für welches auf Grund dieses Gesetzes Steuerfreiheit in Anspruch genommen wird, bis zur Steuerbehörde des Orts der ersten Einlage mit Zollquittung und einem nach den landesgesetzlichen Vorschriften ausgestellten steueramtlichen Begleitschein (Acquit-à-Caution) bezettelt sein. (²)

§ 3. Vom Tage der Wirksamkeit des gegenwärtigen Gesetzes ab sind alle demselben zuwiderlaufenden Bestimmungen aufgehoben.

Die zur Ausführung dieses Gesetzes erforderlichen Anordnungen erläßt der Reichskanzler. (³)

---

**20. März 1873.** — Ges. die Weinsteuer betr. (G. E. L. S. 51.) (⁴)

---

(¹) Z. vgl. Art. 5. I. Abs. 3 des Z. V. V. vom 8. Juli 1867. (Bd. I. S. 16.)

(²) Vgl. die §§ 9 und 13 des Weinsteuergesetzes vom 20. März 1873; sowie § 6 der Novelle vom 23. Mai 1877.

(³) Zu vgl. die §§ 23—28 der im Auftrag des R. K. erlassenen Bek. vom 28. Juli 1873, betr. den Verkehr mit steuerpflichtigen Gegenständen. (Bd. I. S. 228), sowie die V. vom 31. Juli 1872. II. 10280 (A. Bl. S. 282); ferner die §§ 7, 42 und 102 der D. V. vom 9. August 1874 und die V. vom 21. Februar 1877. I. 2216. (A. Bl., S. 25).

(⁴) Vgl. die unterm 9. August 1874 (A. Bl., S. 255) zur Ausführung des Gesetzes erlassenen Dienstvorschriften.

§ 1. Die unter den Bezeichnungen Umlaufsteuer (droit de circulation), Kleinverkaufssteuer (droit de détail), Eingangssteuer (droit d'entrée) und vereinigte Steuer (droit de taxe unique) vom Traubenwein und Obstwein bisher erhobenen Abgaben, sowie die Abgaben vom Meth werden aufgehoben. (1)

Der Wein, sowohl Trauben= als Obstwein, unterliegt fortan einer Weinsteuer, welche für einen Hektoliter Traubenwein drei Franken fünfundsiebzig Centimen und für einen Hektoliter Obstwein einen Frank beträgt. (2)

§ 2. Die Weinsteuer wird erhoben, so oft Wein versendet wird. (3)

§ 3. Von der Weinsteuer ist befreit: (4)

1) Wein, welchen ein Weinbauer gekeltert hat und von der Kelter nach seinen Kellern oder Weinlagern befördert; (5)
2) Wein, welchen ein Pächter vertragsmäßig dem Eigenthümer liefert oder von letzterem empfängt;
3) Wein, welchen Weingroßhändler zum Zweck des Verkaufs im Großen einlegen (§ 19);
4) Wein, welcher aus einem Keller in einen anderen Keller desselben Besitzers übergeführt wird;
5) bereits versteuerter Wein, welcher in Mengen von fünf Liter oder weniger in Flaschen oder Krügen versendet wird;
6) Wein, welcher aus Elsaß=Lothringen ausgeführt wird.

---

(1) Vgl. Bd. I., S. 67.

(2) Wegen des Abzugs für den mit den Beeren oder Kämmen vermischten Wein, vgl. § 1 des Ges. vom 23. Mai 1877.

(3) Vgl. indessen § 7 wegen der Erhebung der Weinsteuer bei der Kelterung von Wein.

(4) Z. vgl. auch Ges. vom 15. Juli 1872 wegen der Steuerfreiheit des verzollten, ausländischen, und § 2 des Ges. vom 23. Mai 1877 wegen des zur Essig= oder Branntweinfabrikation verwendeten Weins, ferner § 8 desselben Ges. wegen des von Weinbauern aus gekauften Trauben mit der Bestimmung zum Verkauf im Großen gekelterten Weins.

(5) Vgl. §§ 7 und 9 des Ges. vom 23. Mai 1877.

§ 4. Zur Entrichtung der Weinsteuer ist bei Versendungen an Kleinverkäufer von Wein der Empfänger, bei Versendungen an andere Personen der Versender des Weins verpflichtet.

§ 5. Die Weinsteuer ist, wenn der Versender zur Entrichtung derselben verpflichtet ist (§ 4), vor der Entnahme des Weins von seinem Aufbewahrungsort und bevor mit dem Transport des Weins begonnen wird, an die Steuerbehörde des Ortes der Versendung einzuzahlen.

Liegt die Verpflichtung zur Entrichtung dem Empfänger ob, so hat letzterer, sofern ihm für die Bezahlung eine längere Frist nicht ausdrücklich bewilligt worden, die Weinsteuer in den ersten drei Tagen nach der Einlage des Weins an die Steuerbehörde des Einlageortes, unter Uebergabe des ausgestellten Begleitscheins (§ 13), einzuzahlen.

Die Steuerverwaltung ist ermächtigt, in oktroipflichtigen Städten die Entrichtung der Weinsteuer von den steuerpflichtigen Bezügen der Kleinverkäufer von Wein bei dem Eingange in die betreffenden Städte, zusammen mit dem Oktroi zu gestatten. In diesem Falle ertheilt die Hebestelle anstatt des bei ihr zurückbleibenden Begleitscheins einen Transportschein, welcher den Wein vom Ort der Steuerzahlung bis zum Ort der Einlage begleiten muß.

§ 6. Bei der Berechnung der Weinsteuer von Wein in Flaschen wird der Inhalt der Flaschen, welche weniger als ½ Liter enthalten, mit ½ Liter und der Inhalt der Flaschen von über ½ Liter bis zu 1 Liter mit 1 Liter in Ansatz gebracht und wird danach die Steuer erhoben.

§ 7. Die Weinbauer, welche den Weingroßhandel oder den Kleinverkauf von Wein betreiben, oder deren Weinvorräthe der Kontrole der Steuerverwaltung unterliegen (§ 29), ingleichen alle anderen Personen, welche Trauben, Obst oder rauhen Most für ihre Rechnung keltern, ohne gesetzlich zur steuerfreien Einlage des Weins berechtigt zu sein, sind verpflichtet, bevor sie zu keltern anfangen, der Steuerbehörde ihres Wohnorts von dem Tage des Beginns und des Schlusses der Kelterung Anzeige zu machen. Ueber diese Anzeige wird eine Bescheinigung (Kelterschein) ertheilt. Die Kelterung darf nur innerhalb der im Kelterschein angegebenen Frist erfolgen.

Binnen vierundzwanzig Stunden nach Beendigung der Kelterung ist der Steuerbehörde die Menge des gewonnenen Weins anzumelden.

Die Steuerbeamten sind befugt, die Richtigkeit dieser Anmeldung zu prüfen und zu diesem Behufe sowohl vor dem Beginn der Kelterung die Vorräthe an altem Wein, als auch während und nach der Kelterung die Menge des gewonnenen neuen Weins aufzunehmen.

Von letzterem ist die Weinsteuer, insofern nicht nach § 3 Nr. 1—3 Steuerbefreiung eintritt, innerhalb acht Tagen nach erfolgter Anforderung des Steuerbetrags an die Steuerbehörde zu entrichten.

§ 8. Jede Versendung von Wein ist, mit Ausnahme der in § 15 bezeichneten Fälle durch den Versender der Steuerbehörde des Versendungsortes anzumelden. (1) Auf Grund dieser Anmeldung und in Uebereinstimmung mit derselben wird eine zur Legitimation der Sendung dienende Urkunde (Steuerschein) ausgefertigt. (2)

§ 9. Es kommen folgende Steuerscheine in Anwendung:

1) Transportscheine bei der Versendung von Wein in Fällen, in welchen der Versender die Weinsteuer zu entrichten hat (§ 4);
2) Begleitscheine bei der Versendung von Wein innerhalb Elsaß-Lothringens in denjenigen Fällen, in welchen der Empfänger die Weinsteuer zu entrichten hat, oder die Versendung von der Steuer frei zu lassen ist; oder

(1) Vgl. § 5 des Ges. vom 23. Mai 1877.

(2) Nach Art. 12 der Maaß- und Gewichtsordnung (G. E. L. 1875, S. 1) darf der in Fässern zum Verkauf kommende Wein dem Käufer nur in solchen Fässern, auf welchen die den Raumgehalt bildende Zahl der Liter durch Stempelung beglaubigt ist, überliefert werden. Eine Ausnahme findet nur bezüglich desjenigen ausländischen Weins statt, welcher in Originalgebinden wieder verkauft wird. Vgl. V. vom 15. Mai 1875, I. 6593 (A. Bl., S. 123). Vgl. ferner die V. vom 20. November 1875, I 15710 (A. Bl., S. 177) betr. die Legitimation von Weintransporten im Grenzbezirk.

3) Ausfuhrscheine bei der Versendung von Wein nach anderen Theilen des deutschen Zollgebiets oder nach dem Zollausland.

§ 10. Die Anmeldungen zur Versendung von Wein sind in dem Dienstlokal der Steuerbehörde mündlich oder schriftlich zu bewirken. Sie müssen folgende Angaben enthalten:

1) Menge und Gattung des Weins (ob Traubenwein oder Obstwein);
2) Zahl, Art und Bezeichnung der Kolli;
3) den Namen, Vornamen, Stand, Wohnort des Versenders und Empfängers;
4) den Grund der Steuerbefreiung, wenn eine solche in Anspruch genommen wird;
5) Bezeichnung des Frachtführers;
6) Ort der Verladung und Einlage und, bei Versendungen innerhalb desselben Orts, den seitherigen und künftigen Aufbewahrungsort des Weins nach Straße und Hausnummer.

§ 11. Weinbauer und Weinhändler, welche den Kleinverkauf von Wein nicht betreiben, können von der Steuerbehörde ermächtigt werden, unter Beobachtung der deshalb zu ertheilenden Vorschriften, Begleitscheine und Ausfuhrscheine für Wein, welchen sie versenden, selbst auszufertigen.

§ 12. In Fällen, in welchen nach § 9 ein Begleitschein oder Ausfuhrschein ausgestellt wird, ist der Versender des Weins verpflichtet, auf Verlangen der Steuerbehörde innerhalb der von dieser bestimmten Frist nachzuweisen, daß der Wein am angemeldeten Bestimmungsorte angekommen, beziehungsweise aus Elsaß-Lothringen ausgeführt ist.

Wird dieser Nachweis nicht erbracht, so hat der Versender von dem Wein die Weinsteuer zu zahlen.

Die Steuerbehörde kann die vorherige Sicherstellung der Zahlung verlangen.

§ 13. Die Begleitscheine über Weinsendungen sind von den Empfängern der letzteren in den ersten drei Tagen nach der Einlage des Weins an die Steuerbehörde des Einlageorts abzuliefern (vgl. § 5 Absatz 2). (1)

---

(1) Vgl. § 6 des Ges. vom 23. Mai 1877 wegen der Begleitscheine über steuerfreie Sendungen.

§ 14. Weingroßhändler, welche steuerfreie Lager besitzen, und Kleinverkäufer von Wein sind verpflichtet, von Weinsendungen, welche ohne den vorgeschriebenen Steuerschein an sie gelangen, der Steuerbehörde binnen vierundzwanzig Stunden nach dem Empfang Anzeige zu machen. (¹)

§ 15. Bei den nach § 3 Nr. 5 steuerfreien Transporten bedarf es der Anmeldung der Versendung und eines Steuerscheins nicht.

§ 16. Für jeden Steuerschein ist von dem Versender eine Stempelgebühr von fünfzehn Centimen zu entrichten. (²)

§ 17. Der mit Steuerschein abgefertigte Wein muß innerhalb der Frist, welche die Steuerbehörde in dem Steuerschein vermerkt hat, von dem Frachtführer auf dem gewöhnlichen Wege dem angemeldeten Empfänger zugeführt werden.

Der Frachtführer ist verpflichtet, den Steuerschein von Beginn der Versendung und während der ganzen Dauer derselben als Ausweis bei sich zu führen und auf Verlangen der Beamten der Verwaltung der indirekten Steuern, der Zölle und des Oktrois sofort vorzuzeigen.

Die Versendung beginnt mit dem Zeitpunkt, wo der Wein von seinem Aufbewahrungsort entfernt wird.

Wenn der Steuerschein mit der Ladung hinsichtlich der Menge oder Gattung des Weins oder der Zahl, Art oder Bezeichnung der Kolli nicht übereinstimmt, oder wenn der Transport vor Beginn oder nach Ablauf der Transportfrist oder nicht auf dem gewöhnlichen Wege zum Bestimmungsort stattfindet, so wird angenommen, daß der Wein ohne Steuerschein transportirt werde.

§ 18. Der Führer einer Ladung, deren Transport unterbrochen wird, hat dies innerhalb vierundzwanzig Stunden und vor der Abladung des Weins der nächsten Steuerbehörde anzumelden.

Die Steuerscheine werden bis zur Fortsetzung des Transports von der Steuerbehörde verwahrt und bei dem Abgang des Transports, nach erfolgter Visirung und nach

---

(¹) Vgl. § 10 des Ges. vom 23. Mai 1877.

(²) Nach der VO. vom 5. März 1875 (Bd. I. S. 209) beträgt die Stempelgebühr 10 Pfennige.

Revision des Weins, welcher den Steuerbeamten auf Verlangen vorgeführt werden muß, zurückgegeben.

Die Transportfrist wird um die Dauer der Transportunterbrechung verlängert und die Verlängerung auf dem Steuerschein vermerkt.

Wird in Folge eines Unfalls die unverzügliche Abladung oder die Umfüllung des Weins erforderlich, so können diese Arbeiten ohne vorherige Anmeldung stattfinden; jedoch hat der Frachtführer die Obliegenheit, den Unfall durch die Steuerbeamten oder in deren Ermangelung durch den Bürgermeister oder den Beigeordneten der nächsten Gemeinde feststellen zu lassen.

§ 19. Weingroßhändler, welche von der im § 3 Ziffer 3 bezeichneten Steuerbefreiung Gebrauch machen wollen, haben mit dem Antrage auf Bewilligung eines steuerfreien Weinlagers die gesetzlich vorgeschriebene Lizenz zum Weingroßhandel vorzulegen. Gleichzeitig ist die Menge und Gattung des auf Lager befindlichen Weins anzumelden, und der Raum für die steuerfreie Lagerung zu bezeichnen.

§ 20. Ueber die steuerfreien Weinlager der Weingroßhändler wird von der Steuerbehörde ein Konto geführt, worin der Zugang nach den Steuerscheinen über die stattgehabten Einlagen angeschrieben und der Abgang nach den Steuerscheinen über die Versendungen abgeschrieben wird.

§ 21. Die Steuerbeamten sind befugt, bei den Weingroßhändlern, welche steuerfreie Weinlager besitzen, Revisionen vorzunehmen, um die Menge des vorhandenen Weins zu ermitteln.

Diese Revisionen finden nur in den Weinlagern, Kellern und sonstigen Vorrathsräumen und nur in der Zeit vom Aufgange bis zum Untergange der Sonne statt. Aller daselbst vorgefundene Wein wird bei dem Abschluß des Konto als unversteuert behandelt.

§ 22. Nach jeder Revision ist dem Lagerinhaber von dem Ergebniß der Aufnahme Mittheilung zu machen. Bestreitet derselbe die Richtigkeit, so wird die Aufnahme unter Zuziehung von Sachverständigen wiederholt. (¹)

(¹) Vgl. § 146 d. Ges. vom 28. April 1816. Bd. I., S. 206.

§ 23. Für Auslaufen, Verdunsten und sonstigen Verlust wird den Weingroßhändlern, welche steuerfreie Lager besitzen, ein Rabatt von 7 Prozent für das Jahr gewährt. Haben Verluste in Folge außerordentlicher Unfälle nachweislich stattgefunden, so kann die Steuerbehörde die Abschreibung des verloren gegangenen Quantums vom Konto auch über den Satz von 7 Prozent hinaus gestatten.

§ 24. Von den Weinmengen, welche bei dem Abschluß der Konten nach Abzug des Rabatts (§ 23) als versendet nicht nachgewiesen sind, ist die Weinsteuer zu entrichten.

Der definitive Abschluß des Kontos erfolgt im Dezember jeden Jahres.

Die danach sich ergebenden Steuerbeträge sind am Jahresschluß fällig.

§ 25. Ein Weingroßhändler, welcher sein steuerfreies Weinlager aufgibt, hat von seinen unversteuerten Weinvorräthen die Weinsteuer zu zahlen. (¹)

§ 26. Personen, welche den Kleinverkauf von Wein betreiben wollen, haben dies zuvor bei der Steuerbehörde unter Angabe des Verkaufsortes anzuzeigen und dabei nachzuweisen, daß sie die im Gesetz vorgeschriebene Lizenz für den Kleinverkauf besitzen.

Unter Kleinverkauf von Wein wird die Verabfolgung von Wein in Mengen von weniger als 25 Liter verstanden.

§ 27. Wollen Weinbauer oder Weingroßhändler den Weinverkauf im Kleinen betreiben, so müssen sie zuvor den steuerfrei eingelagerten Wein versteuern. Andernfalls dürfen sie den Kleinverkauf nur aus abgesonderten, von ihren steuerfreien Weinlagern in der Art getrennten Kellern betreiben, daß der Weintransport aus den Weinlagern in diese Keller oder in die Räume, woselbst der Kleinverkauf stattfinden soll, nicht anders als auf offener Straße möglich ist.

Die für den Kleinverkauf von Wein bestimmten Keller oder Vorrathsräume sind der Steuerbehörde zu bezeichnen und dürfen erst in Gebrauch genommen werden, nachdem sie von der Steuerbehörde als zulässig erachtet worden sind.

---

(¹) Vgl. § 3. b des Ges. vom 23. Mai 1877.

Die darin befindlichen unversteuerten Weinvorräthe müssen zuvor versteuert werden.

Ausnahmsweise kann Weinbauern, welche nur zeitweise selbstgewonnenen Wein ausschenken wollen, aber Keller von der in Absatz 1 dieses Paragraphen vorgeschriebenen Art nicht besitzen, die vorgängige Versteuerung ihres gesammten Weinvorrathes erlassen und die Versteuerung nur derjenigen Menge zugestanden werden, welche zum Kleinverkauf bestimmt ist. Solche Weinbauer haben sich jedoch den Vorschriften der §§ 20—23, § 24 Abs. 1 und § 26 des Gesetzes, sowie den von der Steuerverwaltung hinsichtlich der Dauer des Ausschanks und zum Schutze der Steuerinteressen zu treffenden Anordnungen zu unterwerfen. (1)

§ 28. Die Steuerbeamten sind befugt, die Weinvorräthe der Personen, welche den Kleinverkauf von Wein betreiben, zu revidiren und den Nachweis der Versteuerung dieser Vorräthe durch Vorlegung der Steuerquittungen zu verlangen.

§ 29. Werden unversteuerte Weinvorräthe von Weinbauern in solcher Nähe von steuerfreien Weinlagern der Weingroßhändler oder der Vorrathsräume der Kleinverkäufer aufbewahrt, daß die Ueberführung von Wein der Kontrole leicht entzogen werden kann, so können jene Vorräthe auf Anordnung des Direktors der Zölle und indirekten Steuern der regelmäßigen Revision und Kontrolirung mit der Wirkung unterstellt werden, daß von den nicht nachgewiesenen Abgängen an den unversteuerten Weinvorräthen, nach Abzug einer von der Steuerverwaltung festzusetzenden Vergütung für Haustrunk und Lagerabgänge, die Weinsteuer zu entrichten ist.

§ 30. Die Besitzer von Weinlagern, welche der Revision der Steuerbehörde unterliegen, dürfen die damit beauftragten Beamten an der Vornahme der Revision nicht verhindern. Sie sind verbunden, die erforderlichen Handleistungen nach Anweisung der Beamten auf eigene Gefahr und Kosten zu verrichten oder verrichten zu lassen.

---

(1) Vgl. § 4 des Ges. vom 23. Mai 1877.

§ 31. Der Weinsteuerdefraudation macht sich schuldig:

1) wer der Bestimmung des § 7 Abs. 2 entgegen innerhalb der vorgeschriebenen Frist nach Beendigung der Kelterung die Menge des gewonnenen Weines der Steuerbehörde gar nicht oder zu gering anmeldet;
2) wer der Bestimmung des § 8 entgegen Weine ohne vorgängige Anmeldung versendet;
3) wer bei der Anmeldung von Wein zur Versendung unrichtige Angaben macht, durch welche eine geringere als die gesetzliche Steuer oder Steuerbefreiung eintreten würde;
4) wer Wein transportirt, ohne einen gültigen Steuerschein über die Ladung (§ 17) mit sich zu führen;
5) wer entgegen der Bestimmung in § 13 einen Begleitschein an die Steuerbehörde rechtzeitig nicht abliefert;
6) wer die im § 14 vorgeschriebene Anzeige unterläßt.

§ 32. Die Weinsteuerdefraudation wird mit einer Geldstrafe, welche dem zehnfachen Betrag der hinterzogenen Weinsteuer gleichkommt, mindestens aber drei Franken fünf und siebzig Centimen beträgt, bestraft. Außerdem ist die Weinsteuer nachzuzahlen.

Konfiskation als Strafe findet nicht statt.

Kann der Beschuldigte nachweisen, daß er eine Defraudation nicht habe verüben können oder wollen, so findet nur eine Ordnungsstrafe nach § 35 Anwendung.

§ 33. Wer wegen Weinsteuerdefraudation durch die Gerichte oder Verwaltungsbehörden verurtheilt worden ist und abermals eine Weinsteuerdefraudation begangen hat, wird mit dem doppelten Betrage der im § 32 angeordneten Geldstrafe bestraft.

§ 34. Der Wein, in Bezug auf welchen eine Weinsteuerdefraudation verübt worden ist, unterliegt einschließlich der Gefäße und Transportmittel, wenn es zur Sicherung des Beweises für die Untersuchung oder zur Sicherstellung der Abgaben, Strafen oder Untersuchungskosten erforderlich ist, der Beschlagnahme durch die Steuerbeamten.

§ 35. Mit einer Ordnungsstrafe bis zu dem Betrage von Einhundert und fünfzig Franken wird außer den im Schlußsatze des § 32 bezeichneten Fällen bestraft:

1) wer der Vorschrift des § 7 Abs. 1 entgegen unterläßt, vor Beginn der Kelterung den Tag des Beginns und

des Schlusses derselben der Steuerbehörde anzuzeigen, oder wer zu einer anderen Zeit, als der hiernach angezeigten, Wein keltert;

2) wer den Kleinverkauf von Wein betreibt, ohne den aus den §§ 26 und 27 sich ergebenden Verpflichtungen Genüge geleistet zu haben;

3) wer bei der Revision seiner Weinvorräthe (§§ 21, 22, 28, 29) einen vorhandenen Ueberschuß nicht zu rechtfertigen vermag;

4) wer die von zuständigen Beamten geforderte Vorzeigung des Steuerscheins (§ 17) verweigert;

5) wer den Vorschriften des § 30 zuwiderhandelt, sofern die Handlung nicht nach den allgemeinen Strafgesetzen mit Strafe bedroht ist.

§ 36. Hinsichtlich der Umwandlung der Geld- in Freiheitsstrafen, der subsidiären Haftung dritter Personen, der Strafe der Theilnahme, der Verjährung der Defraudationen und der Ordnungswidrigkeiten, sowie hinsichtlich der Frage, ob die Straferhöhung wegen Rückfalles (§ 33) einzutreten hat, finden die analogen Bestimmungen Anwendung, welche bei Zuwiderhandlungen gegen das Vereinszollgesetz vom 1. Juli 1869 (G. E. L. 1871, S. 39) maßgebend sind.

Der Anspruch auf Nachzahlung defraudirter Weinsteuer verjährt in drei Jahren.

§ 37. Bezüglich des Verfahrens bei Zuwiderhandlungen gegen die Vorschriften dieses Gesetzes wird die Bestimmung des § 27 des Gesetzes vom 5. Juli 1872, das Verfahren bei Zuwiderhandlungen gegen die Zollgesetze und die Gesetze über die indirekten Steuern betreffend ((G. E. L., S. 465), außer Kraft gesetzt.

§ 38. Die zur Ausführung dieses Gesetzes erforderlichen Anordnungen erläßt der Reichskanzler.

Derselbe ist ermächtigt, Uebertretungen der in Gemäßheit dieser Bestimmung erlassenen Vollzugsvorschriften mit Ordnungsstrafen bis zu dem Betrage von dreißig Franken zu belegen.

§ 39. Das Gesetz tritt mit dem 1. April 1873 in Wirksamkeit.

Von den an diesem Tage vorhandenen steuerpflichtigen Weinvorräthen der Kleinverkäufer ist die Weinsteuer alsbald nach erfolgter Feststellung durch die Steuerbeamten an die Steuerbehörde zu entrichten.

---

**9. August 1874.** — Dienstvorschriften zur Ausführung des Gesetzes vom 20. März 1873, die Weinsteuer betr. (A. Bl. S. 255).

[Mit Rücksicht auf die Aenderungen, welche diese auf Grund des § 38 des Gesetzes im Auftrage des Reichskanzlers von dem G. D. erlassenen Ausführungsbestimmungen durch die Gesetzesnovelle vom 23. Mai 1877 erleiden werden, muß der Abdruck derselben, um Verzögerungen bei der Drucklegung zu vermeiden, für die Supplemente vorbehalten bleiben.]

---

**9. August 1874.** — V. d. D. betr. die Feststellung des Inhalts von Fässern bei der Aufnahme von Weinvorräthen. (A. Bl., S. 295).

[Diese Verfügung gibt eine technische Anleitung zur Vermessung des Inhalts der Fässer und ist ausschließlich für die Beamten bestimmt, weßhalb von einem Abdruck derselben abgesehen wird.]

---

**9. September 1874.** — Bek., betr. die Weinsteuer. (Str. Z. Nr. 217). (1)

[Durch diese Bek. sind die von den Steuerpflichtigen zu beachtenden Bestimmungen der D. V. vom 9. August dess. Jahres zur öffentlichen Kenntniß gebracht werden.]

---

**9. September 1874.** — D. A. für das Steueraufsichtspersonal in Bezug auf die Kontrolirung der Weinsteuer. (2)

[Diese Dienstanweisung enthält die wesentlichsten Bestimmungen der D. V. vom 9. August dess. Jahres, insoweit dieselben von den Aufsichtsbeamten zu beachten sind.]

---

**23. Mai 1877.** — Ges. betr. Abänderungen des Gesetzes über die Weinsteuer. (G. E. L. S. 23.)

§ 1. Die im § 1 des die Weinsteuer betreffenden Gesetzes vom 20. März 1873 (Gesetzbl. für Elsaß-Lothringen

---

(1) Vgl. A. Bl. S. 341.
(2) Separat ausgegeben und im Amtsbl. nicht enthalten.

S. 51) festgesetzte Abgabe ist nicht von der Gesammtmenge des versendeten Weins zu erheben, sondern nur

a) von sieben Zehnteln derselben, wenn der Wein noch mit den Beeren und Kämmen (Trestern) vermischt ist, und

b) von neun Zehnteln derselben, wenn der Wein noch mit den Beeren, aber nicht mit den Kämmen vermischt ist.

§ 2. Wein, welcher zur Herstellung von Essig oder Branntwein bestimmt ist, bleibt von der Steuer befreit, sofern er vor der Versendung in der von der Steuerverwaltung vorgeschriebenen Weise für den Genuß als Wein untauglich gemacht worden ist.

Eine Rückvergütung der bereits entrichteten Steuer für den zur Essig- oder Branntweinbereitung bestimmten oder verwendeten Wein findet nicht statt.

§ 3. Der Direktor der Zölle und indirekten Steuern ist ermächtigt:

a) Kleinverkäufern von Wein die für das nachweislich eigene Erzeugniß entrichtete Steuer zurückvergüten zu lassen, wenn dasselbe im Großen verkauft oder wenn der Kleinverkauf eingestellt wird;

b) Weingroßhändlern, welche ihr steuerfreies Weinlager aufgeben, die in § 26 des Gesetzes vom 20. März 1873 vorgeschriebene Abgabe bezüglich derjenigen Weinmengen zu erlassen, welche nachweislich eigenes Erzeugniß sind.

§ 4. Denjenigen Weinbauern und Weingroßhändlern, welche einen im Verhältniß zu ihrem Absatz im Großen unerheblichen Kleinverkauf von Wein betreiben, kann der Direktor der Zölle und indirekten Steuern die Versteuerung des im Kleinen verkauften Weins nach Maßgabe der Vorschriften im letzten Absatz des § 27 des Gesetzes vom 20. März 1873 oder mittelst Zahlung einer Abfindungssumme (Steuerabkommen) gestatten.

§ 5. Wird Wein mit den Beeren und Kämmen (Trestern) von der Stelle, wo die Trauben gezogen worden sind, zur Kelter, oder gekelterter Wein innerhalb des Ortes, wo die Kelterung stattgefunden hat, von der Kelter nach dem Aufbewahrungsorte verbracht, so bedarf es der Anmeldung dieses Transports und der Lösung eines Steuerscheins nicht, insofern der Kelterer mit einem Kelterschein versehen oder als Weinbauer zur unkontrolirten Einlage des Weins berechtigt ist und vorausgesetzt, daß der Kelterer den Wein selbst einlegt und nicht an eine andere Person versendet. (¹)

§ 6. Die Vorschrift im § 13 des Gesetzes vom 20. März 1873 wegen der Ablieferung der Begleitscheine findet auf die Begleitscheine, welche über steuerfreie Sendungen von Wein ausgestellt worden sind, keine Anwendung, wenn der Empfänger des Weins weder den Kleinverkauf von Wein, noch den Weingroßhandel betreibt, noch auch nach § 29 des obengenannten Gesetzes hinsichtlich seiner Weinvorräthe unter die Kontrole der Verwaltung gestellt ist.

§ 7. Die Steuerbefreiung des von Weinbauern gekelterten Weins nach § 3 Nr. 1 des Gesetzes vom 20. März 1873 ist auf denjenigen Wein beschränkt, welchen der Kelterer aus Trauben gewonnen hat, die von ihm auf eigenen oder gepachteten inländischen Grundstücken gezogen worden sind. Den im Inland gezogenen Trauben werden hinsichtlich der Steuerbefreiung des daraus gewonnenen Weins die in einer an die Gemarkung des Wohnorts des Kelterers angrenzenden nicht inländischen Gemarkung gezogenen Trauben gleich geachtet.

§ 8. Wenn ein Weinbauer Wein aus gekauften inländischen oder aus anderen Theilen des Zollgebietes stammenden Trauben gekeltert und bei der Versteuerung desselben (§ 7) die Bestimmung zur Versendung im Großen ausdrücklich angemeldet hat, so ist er berechtigt, den Wein bis zum 1. September des auf das Erntejahr folgenden Jahres im Großen steuerfrei zu versenden.

§ 9. Wer die Befugniß zur unangemeldeten Kelterung und Einlage von Wein auf Grund des § 7 und die Steuerbefreiung nach § 3 Nr. 1 des Gesetzes vom 20. März 1873 in Anspruch nimmt, ist verpflichtet, auf Verlangen der Steuerbehörde den Nachweis zu liefern, daß das zur Kelterung verwendete Material — Trauben oder Obst — im Inlande von ihm gezogen sei (§ 7), widrigenfalls angenommen wird, daß er zur unkontrolirten Kelterung des Weins nicht berechtigt gewesen sei.

(¹) Vgl. § 8 des Ges. vom 20. März 1873.

§ 10. Von allem Wein, welcher bei einem Weingroßhändler oder einem Kleinverkäufer von Wein vorgefunden wird, gilt, bis zum Beweise des Gegentheils, die gesetzliche Vermuthung, daß der Wein sich länger als 24 Stunden (§ 14 des Gesetzes vom 20. März 1873) im Besitz des Inhabers befinde.

§ 11. Dieses Gesetz tritt am 1. Juli 1877 in Kraft. Die zur Ausführung erforderlichen Anordnungen erläßt der Reichskanzler.

# XVI.

# Die Biersteuer.

## Inhaltsübersicht.



### Vorbemerkungen. (1)

Die Erhebung einer Abgabe vom Bier geht in Frankreich bis zum Jahre 1625 zurück, von welchem Zeitpunkt an eine sog. Kontrolegebühr erhoben wurde, deren Ertrag man den gleichzeitig geschaffenen, mit der polizeilichen Ueberwachung der Brauereien beauftragten Kontrolebeamten zubilligte. Diese Gebühr betrug anfänglich sechs Sous für die Tonne (2) fertigen Biers und kam nach Aufhebung der gedachten Kontroleurstellen wieder in Wegfall. Zehn Jahre später wurde jedoch eine erneute Gebühr eingeführt und zwar von 22 Sous für die Tonne in allen der Accise (Aides) unterworfenen Gebietstheilen und von 28 Sous in der Stadt Paris.

Diese Gebühren wurden später Gegenstand eines besonderen Abschnitts der Accisordnung, durch welche sie zugleich auf 30 Sous, beziehungsweise für Paris auf 37 Sous 7 Pfennig erhöht wurden.

---

(1) Nach Olibo, Code des Contributions indirectes.

(2) Die Tonne (muid) ist das alte französische Hohlmaaß, welches durch den Kiloliter ersetzt ist.

Die gedachte Abgabe vom Bier wurde ohne Gewährung eines steuerfreien Haustrunks und ohne Unterschied, ob dasselbe von gewerbsmäßigen Brauern, von Privatpersonen, religiösen Korporationen oder öffentlichen Anstalten gebraut war, erhoben und es wurden die bezüglichen Vorschriften durch die Königliche Deklaration vom 12. Juni 1708 bestätigt.

Unabhängig von diesen Gebühren wurde in der Folge das Bier nach und nach auch einer Eingangssteuer (in oktroipflichtigen Städten), einer Meß- und Verkaufsgebühr, sowie einer Abgabe für den Großhandel und den Kleinverkauf, außerdem der Handel mit Bier allen Formalitäten unterworfen, welche bezüglich der übrigen Getränke bestanden.

Die Abgabe vom Groß- und Kleinverkauf des Biers war durch Gesetz vom 24. April 1806 eingeführt worden, da aber der Erhebungsmodus namentlich im Norden Frankreichs Schwierigkeiten verursachte, weil dort das Bier schon damals das gewöhnliche Getränke der Bevölkerung war, so entschloß sich die Regierung die verschiedenen Abgaben und Gebühreu mittelst Gesetzes vom 25. November 1808 durch eine einzige Fabrikationssteuer von 2 Franken für den Hektoliter zu ersetzen.

Dieser Steuersatz wurde indessen noch mehrfach geändert und zwar zunächst durch das Ges. vom 8. Dezember 1814 auf 1 Franken 50 Centimen für den Hektoliter starken Biers und 75 Centimen für den Hektoliter Dünnbier. Sodann wurde durch das Ges. vom 28. April 1816 der Satz für starkes Bier auf 2 Franken erhöht, derjenige für Dünnbier auf 50 Centimen ermäßigt, wobei jedoch der Verkaufspreis des letzteren nicht über 5 Franken betragen durfte, andernfalls war die frühere Abgabe von 75 Centimen zu erheben. Durch Ges. vom 25. März 1817 trat wieder eine Erhöhung der Abgabe für starkes Bier auf 3 Franken ein und durch Ges. vom 1. Mai 1822 wurde die Steuer für Dünnbier allgemein auf 75 Centimen festgesetzt. Die gegenwärtig zur Erhebung kommende Abgabe beruht auf dem Ges. vom 12. Dezember 1830 (s. u.)

Die Fortschritte, welche die Bierbrauerei seit dem Jahre 1816 in technischer Hinsicht gemacht hat, nöthigten die französische Steuerverwaltung, denjenigen Brauern, welche neuere Braumethoden zur Anwendung brachten, gewisse Zugeständnisse zu gewähren, und Abweichungen von den allgemeinen Vorschriften zuzulassen, die im Gesetze vom 28. April 1816 nicht vorgesehen waren und auch in der Folge nicht auf dem Wege der Gesetzgebung bestätigt worden sind. Die deutsche Verwaltung hat Angesichts der Thatsache die bezügliche Praxis der französischen Steuerbehörden einstweilen adoptirt, die fraglichen Anordnungeu sind in den §§ 54—60 der Dienstvorschriften vom 10. März 1875 enthalten.

**28. April 1816.** — Ges. betr. die Finanzen. (B. d. L. 7. Serie Nr. 623.)

. . . . .

Art. 107. Von der Bierfabrikation wird eine Steuer von . . . (1) für den Hektoliter starkes Bier und . . . (2) für den Hektoliter Dünnbier erhoben.

Art. 108. . . . . . (3)

Art. 109. . . . . . (4)

Art. 110. Die steuerpflichtige Bierquantität wird ohne Rücksicht auf Gattung und Beschaffenheit des Biers für jeden Brauakt durch Berechnung des Inhalts des Braukessels, selbst wenn derselbe nicht vollständig gefüllt ist, festgestellt. Von diesem Inhalt werden nur 20% als Ersatz für alle Verluste der Fabrikation, des Auffüllens, Auslaufens und anderer Zufälle abgezogen. (5)

Art. 111. Die Steuerbeamten sind befugt, das Produkt eines jeden Brauaktes auf den Kühlschiffen und Bottichen oder beim Einfüllen in das Faß zu revidiren.

Jeder Ueberschuß über den Bruttoinhalt des Braukessels wird mit Beschlag belegt. Ist der Ueberschuß größer als ein Zehntel, so wird außerdem die Herstellung eines undeklarirten Gebräues angenommen und demgemäß neben der verwirkten Strafe die Steuer erhoben.

Jeder Ueberschuß über die durch Art. 110 für steuerpflichtig erklärte Quantität unterliegt, wenn er ein Zehntheil dieser Menge übersteigt, der Steuer, mag er auf den Kühlschiffen oder beim Füllen des Biers in die Fässer konstatirt sein. (6)

---

(1) u. (2) Der Steuersatz beträgt nach Art. 3 des Gesetzes vom 12. Dezember 1830 für starkes Bier 2 Fr. 40 Cent., für Dünnbier 60 Cent. Hierzu kommt nach den Gesetzen vom 14. Juni 1835 und vom 10. Juni 1872 (s. Bd. I. S. 208 u. 209) das doppelte Zuschlagszehntel. Nach § 1 der D. V. beträgt die Abgabe mit dem Zuschlag ℳ 2,30 resp. 58 ₰ für den Hektoliter.

(3) Aufgehoben durch Art. 8 des Ges. vom 1. Mai 1822.

(4) Ersetzt durch Art. 23 der VO. vom 17. März 1852.

(5) §§ 12 und 13 der Dienstvorschriften.

(6) §§ 70—74 d. D. V.

Art. 112. Das Einfüllen des Biers in Fässer darf nur bei Tage geschehen. (¹)

Art. 113. Bei einem Brauakte darf nur eine Biergattung hergestellt werden. Das Bier muß ohne Unterbrechung vom Braukessel auf die Kühlschiffe gebracht werden und ist es folglich verboten, die Braukessel nach und nach zu entleeren. (²)

Art. 114. Das ohne Auffieden nur aus den bereits zur Fabrikation aller deklarirten Gebräue verwendeten Trebern erzeugte Dünnbier ist steuerfrei, vorausgesetzt, daß es nur das Produkt des Aufgusses von kaltem Wasser auf diese Treber im Maischbottich ist, nur bei Tage fabrizirt wird, an Menge höchstens ein Achtel des bei einem der vorhergehenden Gebräue versteuerten Biers ausmacht und beim Ablassen vom Maischbottich sofort zum Verbrauch gelangt, ohne mit einer andern Biergattung vermischt zu werden.

Bei dem Mangel einer dieser Bedingungen unterliegt das gesammte fabrizirte Dünnbier, unabhängig von den eventuell durch falsche Deklaration verwirkten Strafen, der Steuer. (³)

Art. 115. Das zur Verwandlung in Essig bestimmte Bier unterliegt derselben Steuer, wie anderes Bier. (⁴)

Die steuerpflichtige Quantität wird, wenn das Bier durch Aufguß hergestellt wird, in der Weise festgestellt, daß für jedes Gebräu der Inhalt des Gährbottichs, in welchem das Produkt der Aufgüsse vereinigt werden muß, gerechnet wird, selbst wenn der Bottich nicht ganz gefüllt ist.

Von dem Inhalt des Braukessels oder Gährbottichs wird ohne Rücksicht auf die fabrizirte Menge, vorausgesetzt, daß sie den Raumgehalt der Gefäße nicht übersteige, 20% als Ersatz für alle Verluste der Fabrikation, des

---

(¹) § 54 d. D. V. — Wegen der Tageszeiten vgl. Anm. 2 auf S. 104 (Art. 26 des Ges. vom 28. April 1816.) — Vgl. Juristische Zeitschrift von Puchelt u. Meurer, I. 9. S. 407.

(²) § 53 d. D. V.

(³) §§ 8—11 d. D. V.

(⁴) § 3 d. D. V.

Umfüllens, Auslaufens, Verdunstens und anderer Zufälle abgerechnet. (1)

Im Falle eines Ueberschusses über den Inhalt des Kessels oder Bottichs finden die für die übrigen Biersorten im Art. 111 festgesetzten Strafen Anwendung. (2)

Art. 116. Zur Bierfabrikation dürfen nur Braukessel von mindestens 6 Hektoliter Rauminhalt verwendet werden.

Braukessel, welche nicht an ihrer Stelle befestigt und vermauert sind, dürfen nicht gebraucht werden.

Bewegliche Brauereien sind verboten, doch kann die Steuerverwaltung sie je nach der Oertlichkeit zulassen. (3)

Art. 117. Die Brauer haben der Steuerstelle ihr Gewerbe und den Ort, wo sich ihre Betriebsanstalten befinden, zu deklariren. (4)

Sie sind ferner gehalten, die Größe ihrer Braukessel, Bottiche und Kühlschiffe vor deren Gebrauche schriftlich anzumelden. Sie haben zur nassen Vermessung des deklarirten Inhalts dieser Gefäße das erforderliche Wasser und die Arbeiter zu stellen.

Diese Vermessung wird in ihrer Gegenwart durch Steuerbeamte ausgeführt, und wird ein Protokoll darüber aufgenommen.

Jedes Gefäß muß mit einer Nummer und der Angabe seines Inhalts nach Hektolitern versehen werden. (5)

Art. 118. Es ist verboten, den Rauminhalt der Braukessel, Bottiche und Kühlschiffe in irgend einer Weise zu verändern oder neue derartige Gefäße aufzustellen, ohne daß mindestens 24 Stunden vorher eine schriftliche Anmeldung abgegeben ist. In dieser Anmeldung hat sich der Brauer zu verpflichten, die gedachten Geräthe nicht eher in Gebrauch zu nehmen, als bis deren Inhalt gemäß dem vorhergehenden Artikel amtlich vermessen ist. (6)

---

(1) § 14 d. D. V.

(2) §§ 75 u. 76 d. D. V.

(3) §§ 27 u. 28 d. D. V.

(4) § 15 d. D. V.

(5) §§ 16—21 und 78 d. D. V. — Vgl. auch Gesetz vom 23. April 1836 und den Art. 146 d. Ges. vom 28. April 1816. (Bd. I. S. 206.)

(6) §§ 22—26 d. D. V.

Art. 119. Nur zum Zwecke der Bierfabrikation darf in den Brauereien Feuer unter dem Braukessel angelegt werden. ([1])

Art. 120. Jeder Brauer ist gehalten, in den Städten mindestens 4 Stunden und auf dem Lande mindestens 12 Stunden vor Anzündung des Feuers unter dem Braukessel eine Deklaration abzugeben, enthaltend:

1) Nummer und Inhalt der zu verwendenden Braukessel und die Zeit der Heizung eines jeden.
2) Zahl und Art der Gebräue, welche er mit demselben Malz herstellen will.
3) Die Zeit, wann er jedes Gebräu auf Fässer ziehen will.
4) Den Zeitpunkt, wo das Wasser auf die Treber gegossen werden soll, um ohne Aufsieden steuerfreies Dünnbier zu bereiten, und den Zeitpunkt, wo letzteres aus der Brauerei fortgebracht werden soll. ([2])

Diejenigen Brauer, welche Behufs der Essigbereitung ein oder mehrere Gebräue vermittelst Aufgusses machen wollen, haben ferner den Inhalt des Gährbottichs, worin die sämmtlichen Aufgüsse vereinigt werden müssen, zu deklariren. ([3])

Der Beamte, bei welchem die Deklaration gemacht wird, händigt dem Brauer ein von ihm unterzeichnetes Duplikat derselben aus, welches letzterer während der Dauer der Fabrikation den Steuerbeamten auf Verlangen vorzuzeigen hat. ([4])

Art. 121. Es kann gestattet werden, daß ohne Steuerentrichtung noch ein Hülfskessel geheizt wird, vorausgesetzt, daß er nur dazu dient, das zur Fertigung des Biers und zum Abwaschen der Braugeräthe erforderliche Wasser zu erwärmen. Sobald das zum letzten Aufguß bestimmte Wasser daraus entnommen ist, muß der Hülfskessel geleert und das Feuer unter demselben ausgelöscht werden. ([5])

---

([1]) §§ 34 und 35 d. D. V.

([2]) §§ 40—43 und 45 d. D. V. — Vgl. auch wegen Nr. 3 den Art. 112 (s. o.) und wegen Nr. 4 den Art. 8 Abs. 3 des Ges. vom 1. Mai 1822.

([3]) § 44 d. D. V.

([4]) §§ 46—48 d. D. V.

([5]) §§ 36—39 d. D. V.

Art. 122. Die Brauer dürfen sich beweglicher, bei der Vermessung der Kessel nicht in Anschlag zu bringender Auffsatzkränze bedienen, vorausgesetzt, daß dieselben nicht mehr als einen Decimeter Höhe haben, daß sie nur im Augenblick des Auffiedens des Bieres auf den Kessel gesetzt und nicht mittelst Kitts oder anderer Substanzen befestigt oder erhöht werden. (1)

Art. 123. Jede hölzerne, steinerne oder sonstige Anlage, welche bleibend auf dem Kessel befestigt ist und sich auf mehr als den halben Umfang desselben erstreckt, wird bei der Vermessung mit in Anschlag gebracht. Die Brauer müssen sie demnach entweder zerstören, oder die nöthigen Einrichtungen treffen, damit sie vermessen werden können. (2)

Art. 124. Jede in Gebrauch befindliche Brauerei muß ein Schild mit der Inschrift „Brauerei" tragen.

Die gewerbsmäßigen Brauer müssen auf ihren Fässern eine besondere Marke anbringen, wovon sie bei Abgabe der durch Art. 117 vorgeschriebenen Deklaration einen Abdruck bei der Steuerstelle niederzulegen haben. (3)

Art. 125. Die Brauer sind den Kontrolen und Revisionen der Beamten unterworfen und haben ihnen auf Verlangen ihre Häuser, Brauereien, Werkstätten, Magazine und Keller zu öffnen, sowie das in ihrem Besitz befindliche Bier vorzuzeigen. Diese Revisionen dürfen auf die mit den Brauereien nicht zusammenhängenden oder nicht in derselben Hofraithe belegenen Gebäude nicht ausgedehnt werden.

Die Brauer sind ferner verbunden, jede Verbindung der Brauerei mit andern Nachbarhäusern, als ihrem Wohnhause, versiegeln zu lassen. (4)

Art. 126. Die Brauer können ein vom Friedensrichter gezeichnetes und mit Seitenzahlen versehenes Register führen, in welches die Steuerbeamten das Ergebniß der in ihren Kellerregistern eingeschriebenen Eintragungen anzugeben haben. (5)

---

(1) § 29 d. D. V.
(2) § 30 d. D. V.
(3) §§ 31 und 32 d. D. V.
(4) §§ 61—69 und 78 d. D. V.
(5) § 77 d. D. V.

Art. 127. Die Brauer haben bei der Verwaltung der indirekten Steuern über die ihnen zur Last fallenden Steuern ein Konto, welches am Schluß eines jeden Monats abgeschlossen und durch Bezahlung ausgeglichen wird. (1)

Die schuldigen Summen können mittelst gehörig verbürgter Schuldanerkenntnisse mit einem Ziel von 3, 6, oder 9 Monaten entrichtet werden, vorausgesetzt, daß jedes Anerkenntniß über mindestens 300 Franken lautet. (2)

Art. 128. Die nur für ihren eigenen Bedarf brauenden Privatleute, die Schulen, Unterrichtsanstalten oder andere öffentliche Anstalten haben, abgesehen von der Lizenzgebühr, dieselbe Steuer, wie die gewerbsmäßigen Brauer zu entrichten und dieselben Obliegenheiten zu erfüllen.

Indessen haben die Spitäler nur eine der Qualität des für ihren Hausverbrauch fabrizirten Bieres entsprechende Abgabe zu entrichten. Diese Abgabe wird durch zwei Sachverständige, von denen der eine durch die Steuerverwaltung, der andere durch die Hospitalverwaltung ernannt wird, festgestellt. Bei Meinungsverschiedenheiten ernennt der Präfekt einen Obmann. (3)

Art, 129. Jede Uebertretung der Vorschriften dieses Kapitels wird mit einer Geldbuße von 200 bis 600 Fr. geahndet.

Das Bier, wofür die Steuer hinterzogen ist, sowie die nicht bleibend befestigten und vermauerten Braukessel werden mit Beschlag belegt und konfiszirt. (4)

Art. 130. Die Steuerverwaltung kann nach Uebereinkunft mit den Brauern . . . der Städte von mehr als 30,000 Einwohnern ein allgemeines Steuerabkommen in Höhe des voraussichtlich fällig werdenden Fabrikationssteuerbetrages zugestehen. Dieses Abkommen wird zwischen dem Steuerdirektor und den durch die Brauer zu ernennenden Syndiken abgeschlossen. Dasselbe darf für 1816 nur dann bewilligt werden, wenn es dem Durchschnittsertrage eines Jahres gleichkommt. . . . Es erlangt erst durch Genehmigung

(1) §§ 80 und 81 d. D. B.

(2) Aufgehoben durch VO. d. G. G. vom 27. Nov. 1870, s. §§ 82—84 der D. B.; vgl. übrigens §§ 85—86 wegen der Kreditbewilligung in besondern Fällen.

(3) § 33 d. D. B.

(4) §§ 109—114 d. D. B.

des Finanzministers auf den Bericht des Generaldirektors der indirekten Steuern Gültigkeit.

Art. 131. Im Falle des durch den vorhergehenden Artikel gestatteteten Abkommens schreiten die Syndiken der Brauer vierteljährlich in Gegenwart des Präfekten oder eines von ihm bevollmächtigten Mitgliedes des Gemeinderaths zur Vertheilung der von allen Brauern zu zahlenden Summe auf die Einzelnen nach Maßgabe der Ausdehnung des Geschäfts eines Jeden. Die durch die Syndiken aufgestellten und durch den Präfekten oder seinen Vertreter mit Vollzugskraft versehenen Zahlrollen werden dem Steuerdirektor behufs Einziehung der Beträge übergeben.

Art. 132. Die Brauer . . . der Städte mit mehr als 30,000 Einwohnern haften solidarisch für die Zahlung der in den Zahlrollen eingetragenen Summen. In Folge dessen kann sich ein neuer Brauer nur dann niederlassen, wenn er an die Stelle eines anderen, an dem Abkommen theilnehmenden tritt.

Art. 133. Während der Dauer des Abkommens darf kein Brauer seine Fabrikationsmittel durch Vermehrung der Zahl oder Vergrößerung des Inhalts der Braukessel oder in irgend einer andern Weise verstärken.

Art. 134. Die in den Zahlrollen eingetragenen Summen sind in 12 Monatsraten prænumerando zahlbar und exekutorisch einziehbar. Wird eine fällige Rate nicht gezahlt und sind die Schuldigen vorschriftsmäßig gemahnt, oder wurde gegen den vorhergehenden Artikel gefehlt, so ist der Finanzminister auf den Bericht des Generaldirektors der indirekten Steuern befugt, das Steuerabkommen aufzuheben und sofort die durch dieses Gesetz eingeführte Art und Weise der Steuererhebung in Kraft zu setzen, unbeschadet der Einziehung der bereits fälligen Summen.

Art. 135. Vermittelst des nach Art. 130 gestatteten Abkommens sind die Brauer von der durch Art. 120 dieses Gesetzes eingeführten Verpflichtung, jedes Gebräu vorher der Steuerstelle zu deklariren, entbunden, doch haben dieselben, um den Syndiken die Grundlage für die Vertheilung der Abfindungssumme und der Verwaltung die Mittel zur Bemessung der Abfindung für das nächste Jahr zu gewähren, in dem von ihnen geführten, gezeichneten und mit Seitenzahlen versehenen Register jede Feueranlegung im Augenblicke der Ausführung einzutragen. Die Steuerbeamten stellen bei ihren Revisionen die fabrizirte Menge nach dem Inhalt des Braukessels und unter dem durch Art. 110 festgesetzten Abzuge in ihren Kellerregistern fest und versichern sich lediglich durch Revision der in den Brauereien vorhandenen Biermengen, daß kein Gebräu, welches in dem Register des Brauers nicht eingetragen ist, stattgefunden hat.

Art. 136. Das Steuerabkommen wird nur auf ein Jahr bewilligt. Im Falle der Erneuerung schreiten die Brauer zunächst zur Ernennung eines Drittels der Syndikatsmitglieder. Welche Syndiken im ersten und zweiten Jahre auszuscheiden haben, wird durch das Loos bestimmt. Sie können in keinem Falle vor Ablauf mindestens eines Jahres wieder gewählt werden.

Art. 137. Das in .... einer Stadt, wo den Brauern ein Steuerabkommen zugestanden ist, fabrizirte Bier unterliegt bei der Ausfuhr aus der Stadt der durch Art. 107 dieses Gesetzes eingeführten Fabrikationssteuer.

.....

---

**23. Juli 1820.** — Ges. betr. die Feststellung des Einnahmebudgets für 1820. (B. d. L. 7. Serie, Nr. 9043.)

.....

Art. 4. Für das nach dem Auslande ... ausgeführte Bier wird die Fabrikationssteuer zurückgezahlt. (1)

.....

---

**1. Mai 1822.** — Ges. enthaltend das Budget für das Jahr 1822. (B. d. L. 7. Serie, Nr. 12637.)

.....

Art. 8. Der für Dünnbier festgestellte Steuersatz kann nur dann Anwendung finden, wenn vorher mit demselben Malz bereits ein Gebräu starken Bieres fabrizirt ist, für das erste Gebräu mindestens zwei Aufgüsse auf das Malz stattgefunden haben, ferner zu dem zweiten

---

(1) §§ 97—118 d. D. B. und § 7 der Bek. vom 28. Juli 1873.

Gebräu kein Theil der durch die Aufgüsse des ersten Gebräues gewonnenen Würze zugesetzt ist, weder eine Vermehrung noch eine Vertauschung des Malzes stattgefunden hat und die Menge des zweiten Gebräues die des starken Biers nicht überschreitet.

Wenn mehr als zwei Gebräue mit demselben Malz hergestellt sind, so wird nur das letzte als Dünnbier behandelt. (¹)

Unabhängig von den durch Art. 120 des Gesetzes vom 28. April 1816 ihnen auferlegten Verpflichtungen haben die Brauer in ihrer Deklaration anzugeben, wann für jedes Gebräu die Aufgüsse stattfinden. (²)

Bei Nichterfüllung der obigen Bedingungen wird jedes Gebräu als starkes Bier behandelt und besteuert.

Nach den vorhergehenden Bestimmungen sind die Art. 107 u. 108 des Gesetzes vom 28. April 1816 und Art. 86 des Gesetzes vom 25. März 1817 aufgehoben.

. . . . .

---

**12. Dezember 1830.** — Ges. betr. die Eröffnung eines vorläufigen Kredits für die Budgetperiode 1831. — (B. d. L. 9. Serie, Nr. 79.)

. . . . .

Art. 3. Vom 1. Januar des nächsten Jahres ab . . . wird die Bierfabrikationssteuer nach Maßgabe des folgenden Tarifs herabgesetzt: (³) .

. . . . .

Tarif

. . . . .

| | | |
|---|---|---|
| Vom Hektoliter starken Biers . . . . | 2 Fr. | 40 Ct. |
| " " Dünnbier . . . . . . . | — " | 60 " |

---

**23. April 1836.** — Ges. betr. den Artikel 117 des Gesetzes vom 28. April 1816. (B. d. L. 9. Serie Nr. 414.)

Einziger Artikel. Der Ausübung des durch Art. 117

---

(¹) §§ 4—7 d. D. V.

(²) § 43 d. D. V.

(³) Vgl. die Ges. vom 14. Juni 1855 und 10. Juni 1872, betr. die Erhebung eines Zuschlags.

des Gesetzes vom 28. April 1816 den Steuerbeamten eingeräumten Rechts, den Inhalt der von den Brauern angemeldeten Braukessel, Bottiche und Kühlschiffe durch nasse Vermessung festzustellen, darf durch die Brauer kein Hinderniß in den Weg gelegt werden. Dieselben müssen stets in eigener Person oder durch ihre Angestellten bereit sein, das nöthige Wasser und die Arbeiter zu stellen und den Anforderungen der Beamten nachzukommen. (1)

---

**17. März 1852.** — VO. betr. die Festsetzung des allgemeinen Budgets der Einnahmen und Ausgaben für das Jahr 1852. (B. d. L. 10. Serie, Nr. 3773.)

. . . . .

Art. 23. Das Produkt der für ein Gebräu gemachten Aufgüsse darf 20 % des für die Herstellung des Gebräus deklarirten Braukessels nicht übersteigen.

Die Verwaltung der indirekten Steuern ist befugt, nach Maßgabe des Fabrikationsverfahrens und der Dauer oder Heftigkeit des Aufkochens den Zeitpunkt festzustellen, wenn das Produkt der Aufgüsse in dem Braukessel vereinigt sein muß. (2)

---

**27. November 1870.** — VO. d. G. G. die Biersteuer betr. (Str. Z. Nr. 46. A. N. Nr. 135.)

Art. 1. Vom Erscheinen gegenwärtiger Verordnung an unterliegt das in den Bezirk des General-Gouvernements Elsaß von auswärts eingehende Bier der Entrichtung einer Uebergangssteuer, (3) welche für den Hektoliter starken Biers 2 Franken 88 Centimes, für den Hektoliter Dünnbier 72 Cent. beträgt. (4)

Art. 2. Die Steuer ist bei der Einfuhr über die Grenzen des Gouvernementsbezirkes unter Vorführung des Transports an den Steuereinnehmer oder Buralisten des nächstgelegenen Ortes, in welchem sich ein solcher Beamter befindet, zu entrichten.

---

(1) §§ 18—21 d. D. B.

(2) §§ 49—52 d. D. B.

(3) Z. vgl. den Abschnitt VIII, insbesondere das Ges. vom 14. Dezember 1872 und § 14 der Bek. vom 28. Juli 1873 (Bd. I. S. 240), sowie die Anmerkungen hierzu.

(4) Zu Folge Bek. vom 15. Januar 1877 (Bd. I. S. 257) beträgt der Uebergangssteuersatz für Starkbier ℳ 2,30, für Dünnbier 58 Pfg.

Art. 3. Sobald an einem Theil der Grenzen des Gouvernementsbezirkes eine Zolllinie errichtet wird, (¹) tritt bezüglich des über diese Grenzstrecke eingehenden Bieres der Zoll an Stelle der Uebergangssteuer.

Frei von der Uebergangssteuer bleibt ferner auch dasjenige Bier, welches nachgewiesener Maßen aus dem Zollvereins-Ausland durch das Gebiet des deutschen Zollvereins nach dem Elsaß durchgeführt und dabei nach den zur Zeit im Zollverein bestehenden Bestimmungen dort der Verzollung unterworfen wurde.

Art. 4. Bei Zuwiderhandlungen gegen diese Verordnung, sowie gegen die zum Vollzug derselben ergehenden Vorschriften kommen die bezüglich der unverzollten Einfuhr fremder Biere seither bestandenen (²) Strafbestimmungen zur Anwendung.

Art. 5. Mit dem Vollzug dieser Verordnung ist der Kommissar für die Verwaltung der indirekten Steuern im Elsaß beauftragt. (³)

---

**27. November 1870.** — VO. d. G. G. die Biersteuer betr. (Str. Z. Nr. 46, A. N. Nr. 136.)

Die Bierbrauer haben ihre jeweils am Ende eines Monats fälligen Biersteuerschuldigkeiten bis auf Weiteres stets baar zu entrichten. Dabei wird übrigens in der gleichen Weise, wie dies seither im Falle baarer Zahlung geschah, ein Rabatt von 3 % fürs Jahr zugestanden. (⁴)

---

**25. Juni 1873.** — Ges. betr. die Einführung der Verfassung des deutschen Reichs in Elsaß-Lothringen. (G. E. L. S. 131.)

. . . . .

§ 4. Die in Artikel 35 der Verfassung erwähnte Besteuerung des inländischen Biers bleibt der inneren Gesetzgebung bis auf Weiteres vorbehalten.

---

(¹) Z. vgl. VO. vom 3. Mai 1871, die Errichtung der Zolllinie an der Grenze gegen die Schweiz (Bd. I. S. 47) und die Bek. vom 2. Aug. 1871, betr. die Bestimmung des Tages, an welchem die deutsche Zollgesetzgebung in Kraft tritt. (Bd. I. S. 54.)

(²) Tit. III. Art. 4 des Ges. vom 4. germinal an II. — Diese Bestimmung ist ersetzt durch das Gesetz vom 30. Juni 1873. (Bd. I. S. 227.)

(³) Die von dem Kommissar ꝛc. unterm 30. November 1870 erlassene Bekanntmachung (Str. Z. Nr. 49. A. N. Nr. 142) ist durch die einschlägigen Vorschriften der Bek. vom 28. Juli 1873 (Bd. I. S. 228) ersetzt.

(⁴) Z. vgl. die §§ 82—86 der D. V.

An dem in die Reichskasse fließenden Ertrage der Steuer von Bier und an dem diesem Ertrage entsprechenden Theile des in Artikel 38 Absatz 3 erwähnten Aversums hat Elsaß-Lothringen keinen Antheil. (1)

. . . . .

---

**10. März 1875.** — Dienstvorschriften zur Ausführung der gesetzlichen Bestimmungen über die Biersteuer. — (A. Bl. S. 65.)

Nachstehend sind sämmtliche, die Biersteuer betreffenden gesetzlichen Bestimmungen sammt den Vollzugsvorschriften zusammengestellt. Hiernach haben sich alle diejenigen Steuerstellen und Aufsichtsbeamten, welchen die Erhebung, Verrechnung und Kontrolirung der Biersteuer übertragen ist, zu achten.

Der Text, welcher dem Wortlaut der gesetzlichen Bestimmungen entspricht, ist in größerer Schrift, die Vollzugsvorschriften dagegen sind in kleinerer Schrift gedruckt.

Wenn es sich um eine Gesetzesinterpretation handelt, ist nicht die nachstehende Deutsche Uebersetzung, sondern der Wortlaut der gesetzlichen Bestimmungeu in der Französischen Sprache maßgebend. (2)

## I. Allgemeine Bestimmungen.

1. Steuersätze. § 1. Von der Bierfabrikation wird eine Steuer von zwei Franken 88 Centimen (2 Mark 30 Pfennig) für den Hektoliter starkes Bier und von 72 Centimen (58 Pfennig) für den Hektoliter Dünnbier — die Zuschlagszehntel miteingerechnet — erhoben.

(Art. 107 und 232 des Gesetzes vom 28. April 1816, Art. 3 des Gesetzes vom 12. Dezember 1830, Art. 5 des Gesetzes vom 14. Juni 1855 und § 2 (Ziffer 3) des Gesetzes vom 10. Juni 1872, betreffend die Feststellung des Landeshaushalts-Etats von Elsaß-Lothringen ꝛc.)

§ 2. Als gewöhnliches Bier (Starkbier) wird auch dasjenige angesehen und zur Versteuerung gezogen, zu dessen Her-

---

(1) Die Besteuerung des Biers in denjenigen deutschen Staaten, welche an der Gemeinschaft Theil nehmen (vgl. Art. 35 der Reichsverfassung) beruht auf dem Gesetz wegen Erhebung der Brausteuer vom 31. Mai 1872 (R. G. Bl. S. 153) u. Ges. vom 26. Dezember 1875, betr. Abänderung des §§ 44 jenes Gesetzes. (R. G. Bl. S. 377.)

(2) Der Uebersichtlichkeit halber sind die Gesetzesbestimmungen hier gleichfalls nochmals abgedruckt.

stellung keine mehligen Stoffe verwendet werden. Ueberhaupt ist jede Vermischung, durch welche ein Getränke in der Art des Biers und mit dessen Eigenschaften hergestellt wird, der Bierfabrikationssteuer unterworfen.

§ 3. Das zur Verwandlung in Essig bestimmte Bier unterliegt derselben Steuer, wie anderes Bier.

(Art. 115 des Gesetzes vom 28. April 1816.)

§ 4. Der für Dünnbier festgestellte Steuersatz kann nur dann Anwendung finden, wenn vorher mit demselben Malz bereits ein Gebräu starken Biers fabrizirt ist, für das erste Gebräu mindestens zwei Aufgüsse auf das Malz stattgefunden haben, ferner zu dem zweiten Gebräu kein Theil der durch die Aufgüsse des ersten Gebräues gewonnenen Würze zugesetzt ist, weder eine Vermehrung noch eine Vertauschung des Malzes stattgefunden hat und die Menge des zweiten Gebräues die des starken Biers nicht übersteigt. Bei Nichterfüllung dieser Bedingungen wird jedes Gebräu als starkes Bier behandelt und besteuert.

(Art. 8 des Gesetzes vom 1. Mai 1822.)

Die Aufsichtsbeamten haben im letzteren Falle behufs Erhebung der Steuer nach dem höheren Steuersatze eine Verhandlung aufzunehmen und dieselbe durch den Brauer unterschriftlich anerkennen zu lassen.

§ 5. Wenn mehr als zwei Gebräue mit demselben Malz hergestellt werden, so wird nur das letzte als Dünnbier behandelt.

(Art. 8 des Gesetzes vom 1. Mai 1822.)

§ 6. Der Steuersatz für Dünnbier muß — das Zutreffen der übrigen Bedingungen vorausgesetzt — nach den Bestimmungen in den vorstehenden § 4 dann zur Anwendung gebracht werden, wenn das betreffende zweite Gebräu den Inhalt des zur Starkbierfabrikation dienenden Kessels nach seinem Bruttogehalt nicht übersteigt. Die Menge des ersten Gebräues, d. h. des wirklich fabrizirten Starkbiers, kommt hierbei nicht in Betracht.

Wenn sich ein Brauer zu gleicher Zeit dreier Kessel bedient, wovon der eine zur Fabrikation des Dünnbiers gebraucht wird, so genügt es, daß dieser letztere Kessel den Inhalt der beiden anderen zusammen nicht übersteigt.

§ 7. Das Zusetzen von Glykose oder von sonstigen Ingredienzien bei einem Dünnbiersud bildet zwar nicht den Thatbestand einer Zuwiderhandlung, begründet jedoch die Erhebung der Steuer nach dem Satze für Starkbier.

Dagegen ist das Zusetzen von frischem, d. h. noch nicht abgekochtem Hopfen bei der Dünnbierfabrikation gestattet.

2. Steuerfreiheit des ohne Aufkochen hergestellten Dünnbiers.

§ 8. Das ohne Auffieden nur aus den bereits zur Fabrikation aller deklarirten Gebräue verwendeten Trebern erzeugte Dünnbier ist steuerfrei, vorausgesetzt, daß es nur das Produkt des Aufgusses von kaltem Wasser auf diese Treber im Maischbottich ist, nur bei Tage fabrizirt wird, an Menge höchstens ein Achtel des bei einem der vorhergehenden Gebräue versteuerten Biers ausmacht und beim Ablassen vom Maischbottich sofort zum Verbrauch gelangt, ohne mit einer andern Biergattung vermischt zu werden.

Bei dem Mangel einer dieser Bedingungen unterliegt das gesammte fabrizirte Dünnbier, unabhängig von der eventuell durch falsche Deklaration verwirkten Strafe, der Steuer.

(Art. 114 des Gesetzes vom 28. April 1816.)

§ 9. Die Tageszeit, während welcher in Gemäßheit des § 8 Dünnbier fabrizirt werden darf, ist in den einzelnen Monaten folgende:

In den Monaten Januar, Februar, November und Dezember von 7 Uhr Morgens bis 6 Uhr Abends,

in den Monaten März, April, September und Oktober von 6 Uhr Morgens bis 7 Uhr Abends,

in den Monaten Mai, Juni, Juli und August von 5 Uhr Morgens bis 8 Uhr Abends.

§ 10. Wenn in einer Brauerei mehrere Kessel im Gebrauch sind, darf Dünnbier mit Anspruch auf Steuerfreiheit in solcher Menge fabrizirt werden, daß dieselbe dem achten Theil eines mit dem größten Kessel hergestellten Gebräues gleichkommt.

3. Steuerfreiheit bei der Fabrikation von Hefe.

§ 11. Die Fabrikation der Hefe unterliegt keiner Abgabe und es sind nur diejenigen Fabrikanten von Bierhefe, welche zu gleicher Zeit das Brauereigewerbe ausüben, den Kontrolen der Steuerbeamten unterworfen und zu den für die Brauer vorgeschriebenen Deklarationen verpflichtet.

4. Feststellung der steuerpflichtigen Biermenge.

§ 12. Die steuerpflichtige Bierquantität wird ohne Rücksicht auf Gattung und Beschaffenheit des Bieres für jeden Brauakt durch Berechnung des Inhalts des Braukessels, selbst wenn derselbe nicht vollständig gefüllt ist, festgestellt. Von diesem Inhalt werden nur 20 % als Ersatz für alle Verluste der Fabrikation, des Auffüllens, Auslaufens und andere Zufälle abgezogen.

(Art. 110 des Gesetzes vom 28. April 1816.)

§ 13. Wenn durch einen besonderen Unfall während der Dauer der Fabrikation ein größerer Verlust entsteht oder ein Gebräu ganz zu Grunde geht, so kann, falls der Unfall erwiesen ist und das Aufsichtspersonal in der Lage war, sich davon zu überzeugen, von Feststellung der Steuer für die zu Grunde gegangene Menge abgesehen, bezw. die Steuer erlassen werden. Es ist jedoch hierzu in jedem einzelnen Falle die Genehmigung des Generaldirektors einzuholen.

Sobald der Brauakt beendigt ist, findet ein etwaiger Unfall, dem zu Folge ein Gebräu oder ein Theil desselben zu Grunde geht, seitens der Steuerverwaltung keine Berücksichtigung mehr.

§ 14. Bei der Fabrikation von Bier, welches zur Verwandlung in Essig bestimmt ist, wird die steuerpflichtige Quantität, falls das Bier durch Aufguß hergestellt wird, in der Weise festgestellt, daß für jedes Gebräu der Inhalt des Gährbottichs, in welchem das Produkt der Aufgüsse vereinigt werden muß, gerechnet wird, selbst wenn der Bottich nicht ganz gefüllt ist.

Von dem Inhalt des Braukessels oder Gährbottichs wird ohne Rücksicht auf die fabrizirte Menge, vorausgesetzt, daß sie den Raumgehalt der Gefäße nicht übersteigt, 20 % als Ersatz für alle Verluste der Fabrikation, des Umfüllens, Auslaufens, Verdunstens und anderer Zufälle abgerechnet

(Art. 115 des Gesetzes vom 28. April 1816.)

## II. Vorschriften für die Benutzung der Brauereien und Geräthe.

§ 15. Die Brauer haben der Steuerstelle ihr Gewerbe und den Ort, wo sich ihre Betriebsanstalten befinden, zu deklariren. 1. Anmeldung des Gewerbebetriebs.

(Art. 117 des Gesetzes vom 28. April 1816.)

Sie dürfen mit ihrem Gewerbebetrieb nicht eher beginnen, als bis sie die gesetzlich vorgeschriebene Lizenz bei dem Steueramt des Bezirks gelöst haben (vergl. Art. 171 des Gesetzes vom 28. April 1816.)

Die Lizenzgebühr ist so lange geschuldet, als der Brauereibetrieb nicht abgemeldet wird.

§ 16. Die Brauer sind ferner gehalten, die Größe ihrer Braukessel, Bottiche und Kühlschiffe vor deren Gebrauche schriftlich anzumelden. Sie haben zur nassen Vermessung des deklarirten Inhalts dieser Gefäße das erforderliche Wasser und die Arbeiter zu stellen. Diese Vermessung wird in ihrer Gegenwart durch Steuerbeamte ausgeführt und wird ein Protokoll darüber aufgenommen. 2. Anmeldung, Vermessung und Bezeichnung der Geräthe. a. Obliegenheiten des Brauers.

Jedes Gefäß muß mit einer Nummer und der Angabe seines Inhalts nach Hektolitern versehen werden.

(Art. 117 des Gesetzes vom 28. April 1816.)

Letzteres hat in der Weise zu geschehen, daß ein Verwischen nicht möglich ist. Die Anmeldung der Gefäße muß bei dem Steueramt abgegeben werden.

§ 17. Der Ausübung des durch Art. 117 des Gesetzes vom 28. April 1816 den Steuerbeamten eingeräumten Rechts, den Inhalt der von den Brauern angemeldeten Braukessel, Bottiche und Kühlschiffe durch nasse Vermessung festzustellen, darf durch die Brauer kein Hinderniß in den Weg gelegt werden. Dieselben müssen stets in eigener Person oder durch ihre Angestellten bereit sein, das nöthige Wasser und die Arbeiter zu stellen und den Anforderungen der Beamten nachzukommen.

(Gesetz vom 23. April 1836.)

b. Vornahme der Vermessungen im Allgemeinen.

§ 18. Die Vermessung der Brauereigeräthe hat durch den Bezirksoberkontrolör, unter Zuziehung eines Aufsehers, mittelst der amtlich gelieferten Meßgefäße stattzufinden, wobei für jedes vermessene Geräthe eine besondere, das Verfahren darstellende Verhandlung in doppelter Ausfertigung aufgenommen werden muß.

Bei der Vermessung sind, soweit thunlich, die Vorschriften, wie sie für die nasse Vermessung der Brennereigeräthe bestehen, in Anwendung zu bringen. Im Einzelnen ist hierbei folgendes zu beachten.

c. Vermessung der Braukessel.

§ 19. Bei Vermessung der Braukessel muß in die Verhandlung die Nummer des Kessels, die innere Höhe und der größte obere Durchmesser desselben, sowie der durch nasse Vermessung festgestellte Gesammtinhalt (Bruttoinhalt) und der steuerpflichtige Nettoinhalt aufgenommen werden.

Etwaige Literbruchtheile sind dabei außer Betracht zu lassen. Die Höhe wird in der Weise gemessen, daß die beiden — mit einem besonderen Zeichen (Marke ꝛc.) zu versehenden — Endpunkte des oberen Durchmessers vom Kesselrand aus mit einer Schnur verbunden werden und von der Mitte derselben aus der Meterstab senkrecht auf den Boden des Kessels hinabgelassen wird.

Falls der Kessel einen festen Aufsatz hat, wie dies in Berücksichtigung des bei der fortgeschrittenen Entwicklung des Brauereigewerbes hervorgetretenen Bedürfnisses nachgelassen worden ist (vergl. unten Abschnitt IV.), muß nicht nur der Bruttoinhalt des Kessels vermessen werden, sondern es ist auch der Inhalt des Aufsatzes oder des als Aufsatz geltenden Theils des Kessels von Centimeter zu Centimeter festzustellen.(1)

(1) Vgl. V. vom. 2. Juni 1877. I. 4277.

Durch Vermessung der Kühlschiffe, welche in der Regel die Form eines länglichen Vierecks haben, soll nicht nur der Gesammtinhalt derselben ermittelt, sondern es soll dadurch auch erreicht werden, daß die Aufsichtsbeamten in jedem Augenblicke die auf denselben befindliche Biermenge, ob sie vollständig gefüllt sind oder nicht, ohne Schwierigkeit feststellen können. Die Vermessungsverhandlung muß deshalb, außer der Nummer, der inneren Höhe in jeder der vier Ecken und der Länge jeder einzelnen Seite des Vierecks, den Gesammtinhalt und den Inhalt, welcher auf den einzelnen Centimeter Höhe kommt, enthalten. d. Vermessung der Kühlschiffe.

Die Feststellung des letzteren hat in der Weise zu geschehen, daß, wie bei Feststellung des Gesammtinhalts, mittelst eines geaichten Gefäßes Wasser eingegossen wird, bis dasselbe vom Boden aus zehn Centimeter hoch steht. Sodann wird die Menge des bis dahin eingegossenen Wassers zusammengerechnet und in die Verhandlung eingetragen.

Die sich ergebende Zahl wird vom Gesammtinhalt abgezogen und der Rest durch die 10 übersteigende Centimeterzahl dividirt.

Beispiel:

| | |
|---|---|
| Gesammtinhalt des Kühlschiffs . . . . . . | 1925 Liter. |
| Der für die ersten zehn Centimeter Höhe gefundene Inhalt . . . . . . . . . . . . | 815 „ |
| Rest . . . . | 1110 Liter. |

Die gesammte innere Höhe beträgt 23 Centimeter, die ersten zehn davon abgezogen bleiben 13 Centimeter. Folglich wird 1110 durch 13 dividirt; man erhält. . . . . . . . . . . . . . . . . . $85\frac{5}{13}$ oder, da der Bruchtheil $\frac{5}{13}$ fallen gelassen wird, 85 Liter Inhalt auf je einen Centimeter.

Zugleich ist in der Vermessungsverhandlung festzustellen, ob das Kühlschiff vollständig waagerecht steht, oder wie viel Centimeter die Stellung desselben von der waagerechten Stellung abweicht.

Die Vermessung der Bottiche ist nothwendig, damit die Aufsichtsbeamten die Flüssigkeitsmenge, welche sie enthalten, in jedem Augenblick bestimmen können. e. Vermessung der Bottiche.

Zu diesem Behuf ist der Gesammtinhalt, sowie der Inhalt von zehn zu zehn Centimetern Höhe und zwar jeweils durch Zugießen von Wasser mittelst des geaichten Meßgefäßes festzustellen; überdies ist in die Vermessungsverhandlung die gesammte innere Höhe des Bottichs, der obere Durchmesser und die Nummer desselben aufzunehmen.

§ 20. Von den doppelt ausgefertigten Vermessungsverhandlungen ist das eine Exemplar durch den Bezirksoberkontroleur mit einer Abschrift der Anmeldung des Brauers dem f. Einsendung der Vermessungsverhandlungen.

Hauptamte einzureichen, während das andere sammt dem Original der Anmeldung von dem Steueramt aufbewahrt wird.

g. Brauerei-inventarium.

§ 21. Jedes Steueramt führt über die in seinem Bezirk vorhandenen Brauereien ein mit der Feder angelegtes Inventarium. Die Prüfung der Vollständigkeit desselben und seiner Uebereinstimmung mit dem wirklichen Bestande liegt dem Bezirks-oberkontrolör ob. Derselbe hat auf dem Titelblatte unter Angabe des Tags zu bescheinigen, daß in das Inventarium alle dahin gehörigen Brauereien mit ihren Kesseln, Bottichen und Kühlschiffen richtig übernommen sind.

Jedes Hauptamt führt als solches ein Hauptinventarium sämmtlicher Brauereien seines Bezirks.

Beläge zu den Inventarien bilden die Anmeldungen der Brauer und die Vermessungsverhandlungen.

Die Inventarien sind, soweit dies nicht schon geschehen ist, sowohl bei den Steuerämtern, als bei den Hauptämtern binnen sechs Monaten fertig zu stellen.

3. Veränderungen an den Geräthen.

§ 22. Es ist verboten, den Rauminhalt der Braukessel, Bottiche und Kühlschiffe in irgend einer Weise zu verändern oder neue derartige Gefäße aufzustellen, ohne daß mindestens 24 Stunden vorher eine schriftliche Anmeldung abgegeben ist.

In dieser Anmeldung hat sich der Brauer zu verpflichten die gedachten Geräthe nicht eher in Gebrauch zu nehmen, als bis deren Inhalt gemäß dem vorhergehenden Artikel amtlich vermessen ist.

(Art. 118 des Gesetzes vom 28. April 1816.)

§ 23. Wenn es sich nnr um eine einfache Reparatur des Kessels handelt und dadurch der Rauminhalt des Kessels nicht verändert wird, ist eine Anmeldung nicht nothwendig.

§ 24. Die vorgekommenen Veränderungen im Inhalte oder im Bestande der Braukessel, Bottiche und Kühlschiffe, sowie die Resultate der in Folge dessen vorgekommenen Neuvermessungen sind in den Inventarien unter Beifügung der Beläge nachzutragen. Die Veränderungen bezüglich der Braukessel sind überdies von den Hauptämtern in eine quartalweise zu führende Veränderungsnachweisung aufzunehmen. In dieselbe ist für jeden Braukessel das Datum der bewirkten Neuvermessung einzutragen. Bis zum 15. der ersten Quartalmonate ist eine durch den Hauptamts-dirigenten beglaubigte Abschrift der Nachweisung für das Vorquartal behufs Benutzung bei der Registerrevision an die Generaldirektion einzusenden, oder eventuell Fehlanzeige zu erstatten.

4. Neuvermessung der Braukessel.

§ 25. Eine Neuvermessung der Braukessel hat von Amtswegen dann stattzufinden, wenn anzunehmen ist, daß der Rauminhalt der Kessel vergrößert worden ist. Da bei der nach Maßgabe der Bestimmungen in § 19 stattfindenden ersten Vermessung die Höhe des Kessels vom Boden bis zum äußersten oberen Rande und ebenso der größte obere Durchmesser desselben genau festgestellt wird, so ist eine Veränderung des Kesselinhalts bei Anwendung des Meterstabes leicht wahrzunehmen. Im Falle einer derartigen Wahrnehmung ist durch den Bezirksoberkontroleur sofort zur nassen Nachvermessung zu schreiten. Hiezu ist die Steuerverwaltung jeder Zeit berechtigt. Es muß jedoch mit größter Schonung von diesem Rechte Gebrauch gemacht werden. Hauptsächlich ist darauf zu achten, daß die Nachmessung zu einer Zeit geschieht, welche den beabsichtigten Gebrauch des Kessels am wenigsten hindert oder stört.

§ 26. Das Resultat der Neuvermessung wird der künftigen Steuerhebung zu Grunde gelegt. Es hat weder der Brauer das Recht, falls die Nachmessung einen geringeren Rauminhalt des Braukessels ergibt, einen Steuerrückersatz zu fordern, noch ist die Steuerverwaltung befugt, für den Fall, daß der Kesselinhalt größer befunden wird, als derselbe bis dahin der Steuerberechnung zu Grunde gelegt worden ist, eine Steuernachforderung geltend zu machen.

Dagegen ist im letztgedachten Fall das Strafverfahren wegen Zuwiderhandlung gegen die Bestimmung des Art. 118 des Gesetzes vom 28. April 1816 einzuleiten. (Vgl. oben § 22.)

5. Beschränkungen hinsichtlich der Beschaffenheit der Braukessel.

§ 27. Zur Bierfabrikation dürfen nur Braukessel von mindestens 6 Hektoliter Rauminhalt verwendet werden.

Braukessel, welche nicht an ihrer Stelle befestigt und vermauert sind, dürfen nicht gebraucht werden.

Bewegliche Brauereien sind verboten, doch kann die Steuerverwaltung sie je nach der Oertlichkeit zulassen.

(Art. 116 des Gesetzes vom 28. April 1816.)

Die Ertheilung dieser Erlaubniß bleibt dem Generaldirektor vorbehalten.

§ 28. Mit Genehmigung des Generaldirektors kann im Bedürfnißfalle, insbesondere den Privatleuten 2c., welche nur für den eigenen Bedarf brauen, die Benutzung von Braukesseln mit einem geringeren Rauminhalt als sechs Hektoliter gestattet werden.

6. Anwendung von Auffätzen.

§ 29. Die Brauer dürfen sich beweglicher, bei der Vermessung der Kessel nicht in Anschlag zu bringender Auffatzkränze bedienen, vorausgesetzt, daß dieselben nicht mehr als einen Decimeter Höhe haben, daß sie nur im Augenblick des Aufsiedens des Biers auf den Kessel gesetzt und nicht mittelst Kitts oder anderer Substanzen befestigt oder erhöht werden.

(Art. 122 des Gesetzes vom 28. April 1816.)

§ 30. Jede hölzerne, steinere oder sonstige Anlage, welche bleibend auf dem Kessel befestigt ist und sich auf mehr als den halben Umfang desselben erstreckt, wird bei der Vermessung mit in Anschlag gebracht. Die Brauer müssen sie demnach entweder zerstören, oder die nöthigen Einrichtungen treffen, daß sie vermessen werden kann.

(Art. 123 des Gesetzes vom 28. April 1816.)

7. Bezeichnung der Brauerei.

§ 31. Jede im Gebrauch befindliche Brauerei muß ein Schild mit der Inschrift „Brauerei" tragen.

(Art. 124 des Gesetzes vom 28. April 1816.)

Die Französische Bezeichnung «Brasserie» ist bis auf Weiteres seitens der Steuerbeamten nicht zu beanstanden.

8. Bezeichnung der Fässer.

§ 32. Die gewerbsmäßigen Brauer müssen auf ihren Fässern eine besondere Marke anbringen lassen, wovon sie bei Abgabe der durch Art. 117 vorgeschriebenen Deklaration einen Abdruck bei der Steuerstelle niederzulegen haben.

(Art. 124 des Gesetzes vom 28. April 1816.)

Der Gebrauch von Fässern, welche mit einer Marke nicht versehen sind, ist zwar streng genommen strafbar. Doch hat schon die Französische Steuerverwaltung in der Praxis nicht auf Einhaltung der vorstehenden Bestimmung gehalten. Daher ist zunächst von einer Verfolgung etwaiger Zuwiderhandlungen gegen dieselbe abzusehen.

9. Nicht gewerbsmäßig betriebene Brauereien.

§ 33. Die nur für ihren eigenen Bedarf brauenden Privatleute, wie Schulen, Unterrichtsanstalten, oder andere öffentliche Anstalten, haben, abgesehen von der Lizenzgebühr, dieselbe Steuer, wie die gewerbsmäßigen Brauer zu entrichten und dieselben Obliegenheiten zu erfüllen. Indessen haben die Spitäler nur eine der Qualität des für ihren Hausverbrauch fabrizirten Bieres entsprechende Abgabe zu entrichten. Diese Abgabe wird durch zwei Sachverständige, von denen der eine durch die Steuerverwaltung, der andere durch die Hospitalverwaltung ernannt wird, festgestellt.

Bei Meinungsverschiedenheit ernennt der Präfekt (jetzt Bezirkspräsident) einen Obmann.

(Art. 128 des Gesetzes vom 28. April 1868.)

## III. Betriebsvorschriften für das Aufguß- oder Infusionsverfahren.

Anmerkung: Bei dem Infusionsverfahren (Aufgußverfahren) wird das mit Wasser eingeteigte Malzschrot dadurch auf die Maischtemperatur gebracht, daß ein Guß Wasser in siedendem oder heißem Zustande in den Maischbottich gelangt. Die hiedurch gewonnene Würze wird abgelassen und in der Regel sofort behufs Einkochens in den Braukessel gebracht. Der Antheil derselben, welcher aufgesogen zurückgehalten wird, wird durch wiederholte Güsse gewonnen und in den Braukessel nachgefüllt.

§ 34. Nur zum Zwecke der Bierfabrikation darf in den Brauereien Feuer unter dem Braukessel angelegt werden. 1. Feueranlegung unter dem Braukessel.

(Art. 119 des Gesetzes vom 28. April 1816.)

Die Feueranlegung zu anderen Zwecken, z. B. zum Erwärmen von Wasser behufs Reinigung der Brauereigeräthe oder der Bierfässer, kann im Bedürfnißfalle durch die Steuerämter gestattet und muß alsdann seitens des Aufsichtspersonals sorgfältig überwacht werden. Die Erlaubniß ist für jeden einzelnen Fall schriftlich zu ertheilen.

§ 35. Das Feuer darf unter dem Braukessel nicht länger unterhalten werden, als bis das Einkochen des Gebraües bezw. die Operation, für welche die Erlaubniß zur Feueranlegung gegeben wurde, vollendet ist.

§ 36. Es kann gestattet werden, daß ohne Steuerentrichtung noch ein Hülfskessel geheizt wird, vorausgesetzt, daß er nur dazu dient, das zur Fertigung des Biers und zum Abwaschen der Braugeräthe erforderliche Wasser zu erwärmen. Sobald das zum letzten Aufguß bestimmte Wasser daraus entnommen ist, muß der Hülfskessel geleert und das Feuer unter demselben ausgelöscht werden. 2. Benutzun eines Hülfskessels.

(Art. 121 des Gesetzes vom 28. April 1816.)

§ 37. Die Erlaubniß zur Benutzung eines Hülfskessels nach Maßgabe des vorstehenden Paragraphen wird von den Hauptämtern ertheilt. Hierbei ist darauf zu achten, daß der Rauminhalt des Hülfskessels den des Braukessels nicht übersteigt, widrigenfalls die Erlaubniß zur Benutzung verweigert werden müßte.

§ 38. Die Feueranlegung unter dem Hülfskessel muß ebenso angemeldet werden, wie dies für den eigentlichen Braukessel vorgeschrieben ist.

§ 39. Wenn nach einem Gebräu Starkbier noch ein Gebräu Dünnbier fabrizirt wird, und der eigentliche Braukessel zur Herstellung beider Biersorten dient, muß der Hülfskessel nach dem letzten Aufguß auf das Starkbier geleert sein. Zu dem gleichen Zeitpunkt muß der Hülfskessel bei der Herstellung von Dünnbier durch Aufgießen von kaltem Wasser geleert sein. Wird dagegen der Hülfskessel zur Fabrikation des Dünnbiers verwendet, so muß das Feuer unter dem Braukessel nach Beendigung des Starkbiersuds und vor dem Ablassen des Starkbiers auf die Kühlschiffe gelöscht sein.

3. Anmelduug der einzelnen Brauakte.

§ 40. Jeder Brauer ist gehalten, in den Städten mindestens vier Stunden und auf dem Lande mindestens 12 Stunden vor Anzündung des Feuers unter dem Braukessel eine Anmeldung (Deklaration) abzugeben, enthaltend:

1. Nummer und Inhalt der zu verwendenden Braukessel und die Zeit der Heizung eines jeden;
2. Zahl und Art der Gebräue, welche er mit demselben Malz herstellen will;
3. die Zeit, wann er jedes Gebräu auf Fässer ziehen will;
4. den Zeitpunkt, wo das Wasser auf die Treber gegossen werden soll, um ohne Aufsieden steuerfreies Dünnbier zu bereiten, und den Zeitpunkt, wo letzteres aus der Brauerei fortgebracht werden soll.

(Art. 120 des Gesetzes vom 28. April 1816.)

§ 41. Unter „Städten“ im Sinne des § 40 sind diejenigen Gemeinden verstanden, in welchen Steuerämter ihren Sitz haben.

§ 42. Die Bestimmung im § 40 unter Nr. 3, wonach der Brauer die Zeit, wann er jedes Gebräu auf Fässer ziehen will, anzumelden hat, gründet sich auf die früher auch in Elsaß-Lothringen allgemein übliche Fabrikation von obergährigem Bier. Nachdem aber von einer großen Anzahl Brauer dazu übergegangen wurde, das Bier behufs größerer Haltbarkeit mittelst Untergährung herzustellen, wie allgemein bei der Bayerischen Braumethode geschieht (z. v. unter Abschnitt IV), ist in Berücksichtigung des langdauernden, von den verschiedensten Verhältnissen abhängigen Gährungsprozesses nachgegeben worden, daß an Stelle des Einfüllens des Biers in die Fässer der Zeitpunkt angemeldet wird, zu welchem dasselbe von dem Kühlschiff oder dem Zusammenlaufbottich aus in die Gährgefäße abgelassen wird.

§ 43. Wenn nicht bloß Starkbier, sondern auch Dünnbier zu dem niedrigen Steuersatz hergestellt werden soll, so haben die Brauer, unabhängig von den durch Art. 120 des Gesetzes vom 28. April 1816 ihnen auferlegten Verpflichtungen, in ihrer Anmeldung auch anzugeben, wann für jedes Gebräu die Aufgüsse stattfinden.

(Art. 8 des Gesetzes vom 1. Mai 1822.)

Hierdurch soll es dem Aufsichtspersonal erleichtert werden, die Herstellung der einzelnen Gebräue zu überwachen und das Vermischen der für beide Gebräue gewonnenen Würze zu verhindern.

§ 44. Diejenigen Brauer, welche behufs der Essigbereitung ein oder mehrere Gebräue vermittelst Aufgusses machen wollen, haben ferner den Inhalt des Gährbottichs, worin die sämmtlichen Aufgüsse vereinigt werden müssen, anzumelden.

(Art. 120 des Gesetzes vom 28. April 1816.)

§ 45. Die Anmeldungen der Brauer sind in dem Dienstlokale des Steueramts beziehungsweise der Ortseinnehmerei mündlich oder schriftlich abzugeben (§ 47). Es kann dies an den Werktagen von Sonnenaufgang bis Sonnenuntergang geschehen.

(Zu vgl. Art. 234 des Gesetzes vom 28. April 1816.)

§ 46. Der Beamte, bei welchem die Anmeldung gemacht wird, händigt dem Brauer ein von ihm unterzeichnetes Duplikat derselben (Brauschein) aus, welches Letzterer während der Dauer der Fabrikation den Steuerbeamten auf Verlangen vorzuzeigen hat.

(Art. 120 des Gesetzes vom 28. April 1816.)

§ 47. Die Ausstellung der Brauscheine erfolgt auf Grund der abgegebenen mündlichen oder schriftlichen Anmeldungen nach Maßgabe der Dienstanweisung für die Ortseinnehmereien in zwei Theilen. Bei mündlicher Anmeldung hat der Brauer den ersten Theil des Scheines, nachdem derselbe auf Grund der Anmeldung dem Vordruck entsprechend von dem Einnehmer ausgefüllt worden ist, zu unterschreiben. Es ist dem Brauer jedoch gestattet, eine dritte Person zur Unterschrift des Scheins zu bevollmächtigen. Diese Bevollmächtigung kann durch ein einfaches Schreiben an das Steueramt des Bezirks, welches eventuell den Ortseinnehmer davon zu verständigen, das Original des Schreibens sorgfältig aufzubewahren und eine Abschrift davon demnächst den zur Revision vorzulegenden Registern beizuschließen hat, oder durch Ausstellung einer speziellen Vollmacht in der gehörigen Form erfolgen. Wenn eine die erforderlichen Angaben enthaltende schriftliche Anmeldung übergeben wird, kann von der Ausfüllung des ersten Theils des Scheines und der Unterschrift desselben durch den Brauer abgesehen werden.

Der zweite Theil des Scheines ist von dem Einnehmer stets in genauer Uebereinstimmung mit dem ersten Theile auszufüllen und von ihm selbst zu unterschreiben.

Die schriftlichen Anmeldungen sind mit den Nummern der ausgefertigten Scheine zu versehen und, nach der Folge dieser Nummern geordnet, den ersten Theilen der Scheine als Beläge beizufügen.

4. Verfahren, wenn ein angemeldeter Brauakt nicht zur Ausführung gelangt oder unterbrochen wird.

§ 48. Wenn ein angemeldeter Brauakt wegen Schadhaftigkeit des Braukessels rc. nicht zur Ausführung kommen kann, so genügt es, daß der Brauschein vor dem zum Beginn des Brauakts festgesetzten Zeitpunkt dem Steueramt oder der Ortseinnehmerei, welche denselben ausgefertigt hat, zurückgebracht wird, und daß der Brauer zugleich eine bezügliche schriftliche Deklaration abgibt, worauf der Brauschein mit einem Vermerk über den Zeitpunkt der Zurückgabe desselben versehen und sammt dieser Deklaration dem ersten Theile wieder angeheftet wird. Soweit möglich hat das Steueraufsichtspersonal in jedem einzelnen Fall von der Schadhaftigkeit des Braukessels rc. Ueberzeugung zu nehmen und den Befund unter der betreffenden Deklaration des Brauers zu vermerken. In derartigen Fällen ist eine Steuer seitens des Brauers nicht geschuldet, beziehungsweise ein Steuerforderungsrecht seitens der Verwaltung nicht begründet. Wird jedoch der Brauschein erst zu einem späteren Zeitpunkt, sei es zu Folge eines Versehens, sei es, weil der Brauakt schon begonnen hatte und unterbrochen werden mußte, zurückgebracht, so muß die Steuer in Ansatz gebracht werden, und es ist dem Generaldirektor, falls ein Steuernachlaß beansprucht wird, auf Grund sorgfältiger Ermittelungen in jedem einzelnen Falle Bericht zu erstatten. Falls es sich nur um eine Verzögerung der einzelnen Operationen bei einem schon angefangenen Brauakt handelt, muß darüber in gleicher Weise eine schriftliche Deklaration unter Zurückgabe des Brauscheins gemacht werden. Es wird sodann auf Grund dieser Deklaration ein neuer Brauschein ausgefertigt.

5. Besondere Bestimmungen bezüglich der Aufgüsse.

§ 49. Das Produkt der für ein Gebräue gemachten Aufgüsse darf 20 % des für die Herstellung des Gebräues deklarirten Braukessels nicht übersteigen.

(Art. 23 der Verordnung vom 17. März 1852.)

Demnach darf in keinem Moment des Fabrikationsaktes ein größerer Ueberschuß an Würze, d. h. an der aus den Maischbottichen abgezogenen Flüssigkeitsmenge, in der Brauerei vorhanden sein.

§ 50. Die Verwaltung der indirekten Steuern ist befugt, nach Maßgabe des Fabrikationsverfahrens und der Dauer oder Heftigkeit des Aufkochens den Zeitpunkt festzustellen, wann das Produkt der Aufgüsse in dem Braukessel vereinigt sein muß.

(Art. 23 der Verordnung vom 17. März 1852.)

§ 51. Der Zeitpunkt der Vereinigung der Würze im Braukessel ist allgemein in folgender Weise bestimmt:

1. In Brauereien, in welchen mit dem Kochen der Würze erst nach der Vereinigung mit einem Theil des durch den letzten Aufguß gewonnenen Produkts begonnen wird und in denen das Aufkochen höchstens 12 Stunden dauert, muß die Würze vor Ablauf der Hälfte der zum Aufkochen nothwendigen Zeit vereinigt sein; dauert das Aufkochen länger als 12 Stunden, so muß die Vereinigung längstens bis zum Ablauf von $^3/_8$ der dafür nothwendigen Zeit stattfinden.
2. Wenn mit dem Kochen der Würze schon vor dem letzten Aufguß, beziehungsweise vor der Vereinigung mit einem Theile des dadurch gewonnenen Produkts begonnen wird, und das Aufkochen nicht länger als 12 Stunden dauert, muß die ganze Würze vor Ablauf des dritten Theils der dazu nöthigen Zeit im Kessel vereinigt sein; bis zur Hälfte der zum Aufkochen bestimmten Zeit muß die Vereinigung stattgefunden haben, wenn diese Zeit 12 Stunden übersteigt.

6. Erleichterungen für das Auffrischen von schlecht gewordenem Bier.

§ 52. Die Steuerämter sind ermächtigt, Brauer, welche das Vertrauen der Verwaltung genießen, auf Ansuchen zu ermächtigen, schlecht gewordenes Bier nochmals zu hopfen. Es ist hierbei darauf zu achten, daß dies nur mit selbstgebrautem Bier geschieht. Falls das Zusetzen von Hopfen zur Verbesserung des Biers nicht genügt, kann auch nachgegeben werden, daß dasselbe nochmals in den Braukessel verbracht und daß dort Hopfen und Malz, welches schon zur Herstellung eines Gebräues gedient hat, beigefügt wird.

Derartige besonders und schriftlich zu genehmigende Manipulationen müssen jeweils durch einen Aufseher überwacht werden.

7. Verbringen des Gebräues auf die Kühlschiffe.

§ 53. Bei einem Brauakte darf nur eine Biergattung hergestellt werden. Das Bier muß ohne Unterbrechung vom Braukessel auf die Kühlschiffe gebracht werden und ist es folglich verboten, die Braukessel nach und nach zu entleeren.

(Art. 113 des Gesetzes vom 28. April 1816.)

8. Einfüllen des Gebräues.

§ 54. Das Einfüllen des Bieres in Fässer (Gährgefäße) darf nur bei Tag geschehen.

(Art. 112 des Gesetzes vom 28. April 1816, vgl. die §§ 9 und 42 oben.)

## IV. Besondere Bestimmungen für die Bayerischen Braumethoden.

### Anmerkungen.

1. Die für die Bayerischen Braumethoden getroffenen besonderen Bestimmungen gelten nicht allein für diejenigen Brauer, welche das Dekoktionsverfahren anwenden, sondern auch für diejenigen, welche das Aufgußverfahren beibehalten haben, sofern dieselben auf die sogenannte Reservewürze verzichten, d. h. die gesammte Würze in dem Braukessel im Augenblicke des Einbringens eines Theils des letzten Aufgusses vereinigen und nicht einen Theil der Würze zum Nachfüllen nach begonnenem Einkochen zurückbehalten. Diese Art des Aufgußverfahrens wurde von der Französischen Verwaltung unter den „Bayerischen Braumethoden" mitinbegriffen.

2. Bei der eigentlichen Bayerischen Braumethode, dem Koch-(Dekoktions-) Verfahren, wird das mit vielem Wasser eingeteigte Malzschrot dadurch auf die Maischtemperatur gebracht, daß wiederholt Theile der Maische in den Braukessel — oder in einen Hülfskessel — gebracht, dort erhitzt und gekocht (Dickmaischkochen) und dann in den Maischbottich zurückgebracht werden. Eine besondere Art des Kochverfahrens ist das „Lautermaischkochen." Hierbei wird das eingeteigte Malzschrot durch einen Guß heißen Wassers auf die Maischtemperatur erhoben, die erste Würze in den Braukessel gebracht, gekocht und zurück auf das Malzschrot gegeben, wodurch man die zweite und beziehungsweise letzte Würze erhält.

3. Bei Bieren, welche mittelst des Kochverfahrens hergestellt werden, wird beinahe ausschließlich die Untergährung angewandt.

§ 55. Die „Bayerischen Braumethoden" haben folgende, der Eigenthümlichkeit derselben angepaßte Bestimmungen veranlaßt:

1. Allgemeine Bestimmungen.

a. Die Brauer sind ermächtigt, bei der allgemeinen, schließlichen Vereinigung der Aufgüsse in dem zu diesem Zweck mit einem Aufsatz versehenen Braukessel eine den Bruttogehalt des Kessels um 35% übersteigende Menge Würze zu bringen, jedoch unter der Bedingung, daß der Ueberschuß an Würze stets nach Beendigung des Aufkochens absorbirt ist.

Es ist gestattet, dem Aufsatz eine solche Dimension zu geben, daß außer der 35 Prozent des Kesselinhalts repräsentirenden Höhe noch ein Raum von 5 Centimetern für das Aufwallen beim Kochen bleibt.

Statt daß ein solcher fester Aufsatz verwendet wird, kann auch der obere Theil des Kessels selbst mit einem Rauminhalte bis zu $^{35}/_{135}$ des Kesselinhaltes (abgesehen von dem überhaupt freibleibenden obersten Kranze von 5 Centimetern Höhe) als Aufsatz betrachtet werden, wobei dann nur die restlichen $^{100}/_{135}$ des Kesselinhalts als steuerpflichtiger Bruttogehalt des Kessels gelten.

b. Aufsätze von geringerer Größe als unter a. bestimmt, sind nicht nur gestattet, sondern es ist auch Seitens des Steueraufsichtspersonals zur Sicherung der fiskalischen Interessen darauf hinzuwirken, daß die Größe der Aufsätze nicht über das wirkliche Bedürfniß im einzelnen Falle hinausgeht.

Bei den technischen Fortschritten im Brauereibetrieb werden in vielen rationell eingerichteten Brauereien Aufsätze von geringerer Größe, als 35 Prozent des Kesselinhalts, genügen. In derartigen Fällen kann deßhalb — den Antrag oder die Zustimmung des Brauers vorausgesetzt — ein Theil des Aufsatzes noch als zum Kessel gehörig angesehen, oder ein entsprechend geringerer Rauminhalt, als $^{35}/_{135}$ des Kesselinhalts, als Aufsatz betrachtet werden.

c. Die Größe beziehungsweise der Rauminhalt des Aufsatzes oder des als Aufsatz geltenden Theils des Kessels muß in den einzelnen Vermessungsprotokollen genau festgestellt sein.

d. An dem Punkte des Kessels, von welchem an aufwärts der Kessel als Auffatz gelten soll, ist ein deutlich erkennbares Zeichen (eine Marke) anzubringen.

e. Zu dem Aufkochen der Dickmaische darf der Hülfskessel (vgl. § 36) verwendet werden. Das Feuer unter demselben muß gelöscht werden, sobald das Dickmaischkochen darin beendigt ist und die zuletzt aufgekochte Maische in den Maischbottich zurückgebracht wird. Soll jedoch nach Ablassen der Würze aus dem Maischbottich noch ein Nachguß auf die Malztreber zur Gewinnung des darin zurückgebliebenen Zuckerstoffes stattfinden, so kann das hierzu bestimmte Wasser gleichfalls in dem Hülfskessel, ohne daß die Heizung zuvor unterbrochen wird, erwärmt werden. Daß mit der

Heizung des eigentlichen Braukessels erst begonnen wird, nachdem das Feuer unter dem Hülfskessel gelöscht ist, kann deshalb nicht verlangt werden, weil in der Regel der Braukessel vorher zum Erwärmen des nothwendigen Wassers dient.

2. Verpflichtungen der Brauer.

§ 56. An die Gestattung der im vorhergehenden Paragraphen aufgeführten Abweichungen von den allgemeinen gesetzlichen Vorschriften sind folgende Verpflichtungen für die Brauer geknüpft:

a. Verpflichtung, den Kranz oder das Mauerwerk, welches auf jeder Seite des Kessels dem Aufsatz als Stützpunkt dient, auf die Höhe des Aufsatzes zu erniedrigen.

b. Verpflichtung des Brauers, die gesammte Würze in den Braukessel im Augenblicke des Einbringens irgend eines Theiles des zweiten beziehungsweise letzten Aufgusses, oder, wenn das Dekoktionsverfahren angewandt wird, nach beendigtem Aufkochen der Maische sofort beim Ablassen aus dem Maischbottich überzuführen. Findet bei dem letztgedachten Brauverfahren noch ein Nachguß auf die Malztreber statt, so muß die gesammte Würze im Augenblicke des Einbringens irgend eines Theiles dieses Aufgusses in dem Braukessel vereinigt werden.

Demgemäß ist es verboten, Würze zur weiteren Speisung des Kessels nach begonnenem wirklichen Einkochen in Reserve zu halten.

c. Verpflichtung in den Brauanmeldungen:
   1. die Zeit der Aufgüsse und
   2. die Zeit des Beginnes der Vereinigung der Aufgüsse, mit dem Vorbehalt indessen, daß im Falle einer zufolge unvorhergesehener Umstände eintretenden Beschleunigung oder Verzögerung die Vormerkung dieser Umstände auf dem Brauschein genügt,

anzumelden.

d. Verbot, einen Theil der Würze vor dem Beginn der allgemeinen schließlichen Vereinigung derselben in dem Braukessel zum wirklichen völligen Kochen zu bringen.

3. Einbringen des Hopfens in den Braukessel.

§ 57. Das Einbringen des Hopfens in den Braukessel ist den Brauern in jedem Augenblick nach Vereinigung der Würze und nach Beginn des Kochens gestattet.

4. Gleichzeitige Fabrikation von Starkbier und Dünnbier.

§ 58. Die in Bezug auf die Bayerischen Braumethoden getroffenen Bestimmungen finden auf die Fabrikation von Dünnbier keine Anwendung.

Seitens der Steuerverwaltung ist zwar nichts dagegen zu erinnern, wenn die mit einem Aufsatz von 35% des Bruttoinhalts versehenen Braukessel gleichzeitig zur Dünnbierfabrikation verwendet werden. Das Produkt der Aufgüsse für den Dünnbiersud darf jedoch 20% des Bruttoinhalts des wirklichen

Braukessels — abgesehen von dem außer Betracht bleibenden Aufsatz oder dem als Aufsatz geltenden obersten Theil des Kessels — nicht übersteigen; ferner darf die Flüssigkeit in keinem Augenblick des Kochens über die Marke, von welcher an der Aufsatz beginnt, beziehungsweise der Kessel als Aufsatz gilt (vgl. § 55 d), hinausgehen. Endlich ist es dem Brauer erst dann gestattet, mit den Aufgüssen auf die Malztreber behufs Herstellung des Dünnbieres zu beginnen, wenn der Ueberschuß der Würze bei dem Starkbiersud auf den Bruttoinhalt des Braukessels eingekocht ist.

5. Zulassung zu den für die Bayerischen Braumethoden nachgegebenen Erleichterungen.

§ 59. Die Brauer, welche seither nach der Infusionsmethode, auf welche das Gesetz vom 28. April 1816 basirt ist, gebraut haben, jedoch zu einer anderen Braumethode übergehen und deshalb die für die Bayerischen Braumethoden getroffenen Bestimmungen auf sich angewandt wissen wollen, haben ein bezügliches Gesuch auf Stempelpapier an das Hauptamt des Bezirks einzureichen, worin sie ausdrücklich auf die Reservewürze, wie sie durch Art. 23 der Verordnug vom 17. März 1852 (vgl. § 49) bewilligt ist, für die Zukunft Verzicht leisten. Seitens des Hauptamts ist alsdann die Neuvermessung der Braukessel unverzüglich zu veranlassen.

6. Entziehung der Erleichterungen.

§ 60. Die im § 55 aufgeführten Erleichterungen können einem Brauer, wenn derselbe die daran geknüpften Verpflichtungen (vgl. §§ 55 d, 56 und 58) nicht einhält, abgesehen von der etwaigen strafrechtlichen Verfolgung, auf Antrag des betreffenden Hauptamtes durch den Generaldirektor entzogen werden.

## V. Kontrolirung der Brauereien.

1. Gesetzliche Verpflichtungen der Brauer behufs Ermöglichung einer ausreichenden Kontrolirung.

§ 61. Die Brauer sind den Kontrolen und Revisionen der Beamten unterworfen und haben ihnen auf Verlangen ihre Häuser, Brauereien, Werkstätten, Magazine und Keller zu öffnen, sowie das in ihrem Besitze befindliche Bier vorzuzeigen.

Diese Revisionen dürfen auf die mit den Brauereien nicht zusammenhängenden oder nicht in derselben Hofraithe belegenen Gebäude nicht ausgedehnt werden.

Die Brauer sind ferner verbunden, jede Verbindung der Brauerei mit andern Nachbarhäusern, als ihrem Wohnhause versiegeln zu lassen.

(Art. 125 des Gesetzes vom 28. April 1816.)

2. Beamte, welchen die Kontrolirung der Brauereien obliegt.

§ 62. Die Kontrolen in den Brauereien werden durch die Obersteuer- und Obergrenzkontroleure, sowie durch die Steuer- und Grenzaufseher nach Anleitung und unter Ueberwachung seitens der Oberinspektoren ausgeübt.

Die Aufsichtsbeamten haben sich behufs Revision der Brauereien und der einzelnen Brauakte Auszüge aus den Protokollen über die Vermessung der Kessel, Kühlschiffe und Bottiche zu fertigen und zu den Revisionen bei sich zu führen. Die Fertigung dieser Auszüge hat nach Anordnung der Oberinspektoren, beziehungsweise Oberkontrolöre zu geschehen.

3. Befugniß der Aufsichtsbeamten zur Kontrolirung der Brauereien.

§ 63. Die Beamten sind befugt, zu jeder Stunde des Tages Kontrolen und Revisionen in den Brauereien vorzunehmen, während der Nacht jedoch nur, wenn ein Betrieb angemeldet ist beziehungsweise stattfindet. In diesem Falle muß auch während der Nachtzeit den Beamten auf die erste Aufforderung hin ohne allen Verzug geöffnet werden (vgl. Art. 235 des Gesetzes vom 28. April 1816).

4. Obliegenheiten der Aufsichtsbeamten.

§ 64. Die Kontrolen der Beamten haben sich über den ganzen Gewerbebetrieb des Brauers zu erstrecken und dürfen nicht auf die angemeldete Betriebszeit allein beschränkt, sondern müssen, auch während ein Betrieb nicht angemeldet ist, vorgenommen werden.

Da wo sich ein Verdacht der Steuerhinterziehung zeigt, müssen über dessen Grund oder Ungrund unbemerkt und mit möglichster Behutsamkeit weitere Nachforschungen angestellt werden.

§ 65. Die Revisionen der Brauereien und geeigneten Falles auch der damit zusammenhängenden Gewerberäume müssen stets unvermuthet und so stattfinden, daß der Brauer nie vor einer Revision sicher ist. Es ist daher möglichst Alles zu vermeiden, wodurch derselbe vorher Nachricht von der bei ihm vorzunehmenden Revision erhält, oder woraus er mit einiger Sicherheit schließen könnte, daß in einer gewissen Zeit kein Beamter zur Revision eintreffen werde.

Am zweckmäßigsten finden die Kontrolen in dem Augenblicke statt, in welchem während des einzelnen Brauaktes die für die Beaufsichtigung besonders wichtigen Verrichtungen, wie die Vereinigung der Würze im Braukessel, das Ablassen des Biers auf die Kühlschiffe, das Ablassen von den Kühlschiffen in die Fässer oder Gährbottiche, die Aufgüsse auf die Malztreber behufs Herstellung von Dünnbier ꝛc. vorgenommen werden.

§ 66. Brauereien, welche im Betriebe sind, müssen, sofern sie sich an Orten befinden, wo mehrere Aufseher stationirt sind, wenn möglich täglich, mindestens aber fünfzehn Male im Monat, und zwar dergestalt besucht werden, daß keine Brauerei länger als drei Tage ohne Revision durch den Aufseher bleibt. Sind keine Aufseher an den Orten, wo sich Brauereien befinden, stationirt, so müssen diese Betriebsanstalten doch mindestens zehn Male im Monate besucht werden und dürfen nicht länger als fünf Tage ohne Revision gelassen werden. Von den Oberkontrolören müssen die im Betriebe befindlichen Brauereien, insofern Ausnahmen nicht besonders zugelassen sind, mindestens vier Male monatlich revidirt werden.

Häufiger und zwar in ganz kurzen Zwischenräumen haben die Revisionen immer dann stattzufinden, wenn der Betrieb einer Brauerei in irgend einer Beziehung verdächtig ist.

§ 67. Die außer Betrieb befindlichen Gewerbeanstalten unterliegen insolange als die zu einer Brauerei gehörigen Geräthschaften, wie Kessel, Kühlschiffe, Bottiche rc. zusammen in denselben vorhanden sind, der Kontrole der Steuerverwaltung und müssen von den Aufsichtsbeamten ebenfalls von Zeit zu Zeit — von den Aufsehern mindestens einmal monatlich, von den Oberkontrolören einmal vierteljährlich — zu dem Zwecke besucht werden, um Ueberzeugung zu nehmen, daß kein unangemeldeter Betrieb darin stattfinde oder stattgefunden habe.

§ 68. Um die Uebereinstimmung des Betriebs mit den Brauanmeldungen mit Sicherheit kontroliren zu können, haben sich die Aufsichtsbeamten durch umsichtige Beobachtung mit dem technischen Verfahren bei dem Brauereibetriebe im Allgemeinen, sowie auch mit dem besonderen in den einzelnen Brauereien angewandten Brauverfahren möglichst genau bekannt zu machen.

§ 69. Wenn ein Aufsichtsbeamter in eine Brauerei tritt, so darf er nie unterlassen, sich zu überzeugen, ob Feuer unter den Kesseln ist und das ganze Braulokal, insbesondere die Maischbottiche, Kühlschiffe und dergl., eventuell auch die übrigen damit zusammenhängenden Gewerbsräume, zu revidiren. Hierdurch erhält er Gelegenheit, schon im Voraus wahrzunehmen, ob und wann ungefähr gebraut werden soll und ob nur ein oder mehrere Gebräue hergestellt werden sollen. Findet die Revision während eines Brauakts statt, so muß er zunächst den Brauschein, zu dessen Vorzeigung der Brauer verpflichtet ist, zur Hand nehmen und sich überzeugen, ob der Stand des Brauakts mit dem Inhalt des Brauscheins übereinstimmt, und ob der Brauer sämmtlichen ihm obliegenden Verpflichtungen nachkommt. Auf der Rückseite des Brauscheins hat der Beamte zu bescheinigen, in welchem Stand er den Brauakt gefunden; zugleich hat er dort den Tag und die Stunde der Revision einzutragen. Wenn in der Brauerei ein Revisionsbogen ausgelegt ist, so sind die bezüglichen Eintragungen nicht auf dem Brauschein, sondern in dem Revisionsbogen zu machen. Ein entsprechender Eintrag ist in dem etwa ausgelegten Revisionsbogen auch dann zu machen, wenn die revidirte Brauerei außer Betrieb ist.

Gleichzeitig mit dem Eintrag auf dem Brauschein oder in dem Revisionsbogen haben die Aufseher einen weiteren Eintrag in die stets mitzuführende Nachweisnng der eingesehenen Bezettelungen zu machen.

5. Kontrolirung und Vermessung der einzelnen Gebräue.

§ 70. Die Steuerbeamten sind befugt, das Produkt eines jeden Brauaktes auf den Kühlschiffen und Bottichen oder beim Einfüllen in das Faß zu revidiren.

Jeder Ueberschuß über den Bruttoinhalt des Braukessels wird mit Beschlag belegt. Ist der Ueberschuß größer als ein Zehntel, so wird außerdem die Herstellung eines undeklarirten Gebräus angenommen und demgemäß neben der verwirkten Strafe die Steuer erhoben. Jeder Ueberschuß über die durch Art. 110 (vgl. oben § 12) für steuerpflichtig erklärte Quantität unterliegt, wenn er ein Zehntel dieser Menge übersteigt, der Steuer, mag er auf den Kühlschiffen oder beim Füllen des Bieres in die Fässer konstatirt sein.

(Art. 111 des Gesetzes vom 28. April 1816.)

§ 71. Zur Uebersicht über die in den verschiedenen Fällen des vorhergehenden Paragraphen steuerpflichtigen Quantitäten dient folgende Tabelle:

## Tabelle

der für einen Braukessel von 100 Hektolitern in den verschiedenen Fällen des Art. 111 des Gesetzes vom 28. April 1816 steuerpflichtigen Bierquantitäten.

| Quantität, welche auf den Kühlschiffen, in den Bottichen, oder bei dem Einfüllen in die Fässer konstatirt ist. | Quantität, welche der Fabrikationssteuer unterliegt. | | | | | | Bemerkungen. |
|---|---|---|---|---|---|---|---|
| | Nach der Braudeklaration. (Art. 110 d. Ges. vom 28. April 1816. | | Als Ueberschuß über den Netto- resp. Bruttoinhalt. | | Zusammen. | | |
| | Hektol. | Lit. | Hektol. | Lit. | Hektol. | Lit. | |
| 88 Hektoliter und weniger | 80 | — | — | — | 80 | — | |
| 88 bis einschließl. 100 Hektol., hier 100 Hektol. | 80 | — | 20 | — | 100 | — | Keine Beschlagnahme. Der Ueberschuß (20 Hektoliter) über den Nettoinhalt wird einfach besteuert. |

| Quantität, welche auf den Kühlschiffen, in den Bottichen, oder bei dem Einfüllen in die Fässer konstatirt ist. | Quantität, welche der Fabrikationssteuer unterliegt. | | | | | | Bemerkungen. |
|---|---|---|---|---|---|---|---|
| | Nach der Braudeklaration. (Art. 110 d. Ges. vom 28. April 1816. | | Als Ueberschuß über den Netto- resp. Bruttoinhalt. | | Zusammen. | | |
| | Hektol. | Lit. | Hektol. | Lit. | Hektol. | Lit. | |
| 100 bis einschließl. 110 Hektol., hier 110 Hektol. | 80 | -- | 30 | — | 110 | — | Beschlagnahme des Ueberschusses (10 Hektoliter) über den Bruttoinhalt. Im Falle der Aufhebung der Beschlagnahme Anschreibung von 30 Hektol. (unabhängig von dem Gebräu), andernfalls Anschreibung von 20 Hektol. u. Abzug der Steuer für die übrig bleibenden 10 Hektoliter von der Strafvergleichsumme. |
| 110 bis einschließl. 160 Hektol., hier 130 Hektol. | 80 | — | 80 | — | 160 | — | Beschlagnahme des Ueberschusses (30 Hektoliter) über den Bruttoinhalt. Im Fall der Aufhebung der Beschlagnahme Anschreibung von 50 Hektolitern (unabhängig von dem Gebräu) andernfalls Anschreibung von 20 Hektolitern (der Differenz zwischen Brutto- und Nettoinhalt.) |

§ 72. Der Steuerverwaltung ist durch die gesetzliche Befugniß, das Bier auf den Kühlschiffen vermessen zu lassen, ein Mittel in die Hand gegeben, ohne Schwierigkeit einen Ueberschuß über den Bruttoinhalt des Braukessels in jedem Augenblick vor der Einfüllung des Biers in die Fässer oder Gährbottiche festzustellen. Ein solcher Ueberschuß bildet den Thatbestand einer Zuwiderhandlung, und ist die betreffende Biermenge der Beschlagnahme verfallen, mag das Bier in heißem oder abgekühltem Zustande sein.

§ 73. Wenn es sich um einen nur steuerpflichtigen Ueberschuß, d. h. um eine Biermenge zwischen 88 und 100 Prozent des Bruttoinhalts des Braukessels (§ 70, 3. Absatz) handelt, so kommt die wirkliche Biermenge, wie sie als Schlußresultat des Brauakts festgestellt wird, allein in Betracht und es genügt nicht, die vorhandene Flüssigkeitsmenge, so lange dieselbe noch in heißem Zustande ist, zu vermessen. Denn eine derartige Vermessung könnte ein genaues Resultat für die Besteuerung nicht liefern, da sich das Volumen des Biers bis zur vollständigen Abkühlung nicht unerheblich verringert. Die Aufsichtsbeamten haben deßhalb, sofern die überschießende Menge, um welche es sich handelt, nicht so unbedeutend ist, daß das Verschwinden derselben bis zur vollständigen Abkühlung mit Sicherheit vorausgesetzt werden kann, die Abkühlung des Biers und beziehungsweise die Einfüllung desselben in die Fässer oder Gährbottiche abzuwarten, um die wirkliche Biermenge zum Zwecke der Besteuerung festzustellen. Ist in der That ein steuerpflichtiger Ueberschuß vorhanden, so hat der betreffende Aufsichtsbeamte an Ort und Stelle eine den Sachverhalt darstellende und von dem Brauer oder dessen Vertreter in der Brauerei unterschriftlich anzuerkennende Verhandlung (Protokoll) aufzunehmen. Falls ein Brauer oder sein Vertreter sich weigern würde, die Verhandlung zu unterzeichnen, so ist dies auf derselben unter Angabe der Gründe der Weigerung zu vermerken.

Die Verhandlung ist alsbald durch den Bezirksoberkontrolör an das Steueramt abzugeben, welches das Weitere wegen des Steuereinzuges veranlaßt.

6. Besondere Bestimmung bezüglich des Dünnbiers.

§ 74. Bei der Herstellung von Dünnbier wird ein Ueberschuß von mehr als einem Zehntel des Bruttoinhalts des Braukessels, welcher beim Einfüllen des Gebräues in die Fässer oder Gährbottiche festgestellt wird, trotz der Bestimmung im Art. 8 des Gesetzes vom 1. Mai 1822 (vgl. oben § 5) als zweiter Dünnbiersud angesehen und zur Versteuerung gezogen, da es nicht zweifelhaft ist, daß diese gesetzliche Bestimmung den im zweiten Absatz des Art. 111 des Gesetzes vom 28. April 1816 (§ 70) vorgesehenen Fall nicht im Auge hatte.

7. Ueberschüsse bei Fabrikation von zur Verwandlung in Essig bestimmtem Bier.

§ 75. Bei der Herstellung von zur Verwandlung in Essig bestimmtem Bier finden im Falle eines Ueberschusses über den Inhalt des Kessels oder Bottichs die für die übrigen Biersorten im Art. 111 (vgl. § 71) festgesetzten Strafen Anwendung.

(Art. 115 des Ges. vom 28. April 1816.)

8. Getrennthalten der einzelnen Gebräue.

§ 76. Das Einfüllen des Bieres in die Fässer oder Gährbottiche bildet den letzten Akt, bei welchem die Steuerverwaltung berechtigt ist, jedes einzelne Gebräu zu kontroliren und zu vermessen und bis zu welchem deshalb die einzelnen Gebräue getrennt gehalten werden müssen. Nach dem Einfüllen kann ein Vermischen der verschiedenen Gebräue, und auch des Dünnbieres mit dem Starkbier nicht mehr verboten und verhindert werden.

§ 77. Die Brauer können ein vom Friedensrichter gezeichnetes und mit Seitenzahlen versehenes Register führen, in welches die Steuerbeamten das Ergebniß der in ihren Registern eingeschriebenen Eintragungen anzugeben haben. 9. Gegenkontrole seitens der Brauer hinsichtlich der wirklich fabrizirten Biermengen.

(Art. 126 des Ges. vom 28. April 1816.

§ 78. Von Zeit zu Zeit haben die Aufsichtsbeamten bei Gelegenheit der Brauereirevisionen, auf Grund der in die Auszüge aus den Vermessungsverhandlungen aufgenommen Angaben der Dimensionsverhältnisse, Probevermessungen der Kessel, Kühlschiffe und Bottiche vorzunehmen. Jede sich dabei ergebende Differenz haben die Aufseher dem vorgesetzten Oberkontrolör anzuzeigen, damit derselbe alsbald eine Nachprüfung und nöthigen Falles eine Neuvermessung auf nassem Wege vornehmen kann. 10. Allgemeine Bestimmungen über die Kontrolirung der Brauereigeräthe.

## VI. Erhebung und Buchung der Biersteuer.

§ 79. Die Erhebung und Buchung der Biersteuer liegt den Hauptzoll- und Hauptsteuerämtern innerhalb ihrer Spezialhebebezirke, im Uebrigen den Steuerämtern und den mit steueramtlichen Funktionen beauftragten Nebenzollämtern ob. Im Bedürfnißfalle kann den Ortseinnehmern von den vorgesetzten Hauptämtern die Erhebung der Steuer nach Maßgabe der deshalb erlassenen besonderen Vorschriften übertragen werden. 1. Amtsstellen, welchen die Erhebung und Buchung der Steuer obliegt.

§ 80. Die Brauer haben bei der Verwaltung der indirekten Steuern über die ihnen zur Last fallenden Steuern ein Konto, welches am Schluß eines jeden Monats abgeschlossen und durch Bezahlung ausgeglichen wird. 2. Kontoführung.

(Art. 127 des Ges. vom 28. April 1816.)

§ 81. Demgemäß wird in dem „Register zur Abrechnung mit den Bierbrauern" für jeden Brauer ein besonderes Konto eröffnet. Die Eintragungen in den einzelnen Konten werden von den Steuerämtern und den sonstigen mit steueramtlichen Funktionen betrauten Hebestellen, welche die Abrechnungsregister zu führen haben, am Schlusse eines jeden Monats auf Grund der von ihnen selbst ausgestellten und der von den Ortseinnehmern eingesandten ersten Theile der Brauscheine bewirkt. Ueberdies werden zu jedem Brauschein in die betreffenden Spalten dieses Registers die etwa konstatirten Ueberschüsse, d. h. die den Nettogehalt des Braukessels um mehr als 10 Prozent übersteigenden Biermengen, auf Grund der von den Aufsichtsbeamten aufgenommenen Verhandlungen (vgl. § 73) eingetragen. In der Bemerkungsspalte ist auf diese Verhandlungen unter Angabe des Datums derselben Bezug zu nehmen.

3. Entrichtung der Steuer.

§ 82. Die Bierbrauer haben ihre jeweils am Ende eines Monats fälligen Biersteuerschuldigkeiten bis auf Weiteres stets baar zu entrichten. Dabei wird übrigens in der gleichen Weise, wie dies seither im Falle baarer Zahlung geschah, ein Rabatt von 3 Prozent für's Jahr zugestanden.

(Verordnung des Generalgouverneurs im Elsaß vom 27. November 1870).

§ 83. Die Steuerämter haben die am Ende eines Monats fällige Biersteuer längstens in den ersten sechs Tagen des folgenden Monats, unter Benutzung des amtlichen Formulars für Steueranforderungen, den Brauern anzufordern und dabei eine Frist von acht Tagen zur Einzahlung der Steuer zu bewilligen.

Daß und unter welchem Datum die Steuer angefordert wurde, ist jedesmal in dem Abrechnungsregister unter dem monatlichen Kontoabschluß zu vermerken. Bei Nichteinhaltung der in dem Anforderungszettel festgesetzten Frist kann die Bewilligung des Rabatts nicht eintreten.

4. Rabattbewilligung bei Baarzahlung der Steuer.

§ 84. Bei rechtzeitiger Einzahlung wird ein Rabatt von 3 Prozent für's Jahr nach Maßgabe der folgenden Bestimmungen bewilligt:

1. Die Einzahlung muß mindestens die Summe von 240 Mark erreichen. Für Beträge unter 240 Mark wird somit kein Rabatt gewährt.
2. Beträgt die Zahlung zwar 240 Mark oder mehr, aber unter 480 Mark, so ist ein im Jahr 3% betragender Rabatt für 3 Monate, somit also $^3/_4$ % des einzuzahlenden Betrags an diesem in Abzug zu bringen und nur die Restsumme zu erheben.
3. Beträgt die Einzahlung 480 Mark oder mehr, aber noch unter 720 Mark, so ist von der einen Hälfte ein 3prozentiger Rabatt für drei Monate, d. i. $^3/_4$ %, von der anderen Hälfte ein solcher für 6 Monate, d. i. $1^1/_2$ % zu bewilligen.
4. Bei Beträgen von 720 Mark und mehr ist der 3prozentige Rabatt von einem Drittel für 3 Monate,
   also mit $^3/_4$ %,
   von einem Drittel für 6 Monate,
   also mit $1^1/_2$ %,
   von einem Drittel füe 9 Monate,
   also mit $2^1/_4$ % zu berechnen.

5. Bei Beträgen, welche außer in Mark noch in Pfennigen bestehen oder bei der Theilung in 2 oder 3 Theile solche ergeben, wird der Rabatt nur von der Summe der ganzen Mark berechnet.

Zur Verdeutlichung, wie der Rabatt zu berechnen ist, folgt hier ein Beispiel:

Bei Einzahlung von ℳ 754,08 Biersteuer berechnet sich der Rabatt unter Wegfall der im Einzelnen sich ergebenden Bruchpfennige

| | | |
|---|---|---|
| aus 251 zu $^3/_4$ % | auf ℳ | 1,88 |
| aus 251 zu $1^1/_2$ % | auf ℳ | 3,76 |
| aus 251 zu $2^1/_4$ % | auf ℳ | 5,64 |
| zusammen | auf ℳ | 11,28 |
| Es ist daher baar zu bezahlen | ℳ | 742,80 |

Auf der dem Zahlenden auszustellenden Quittung, wie in dem Abrechnungsregister, ist zunächst der Steuerbetrag, wie er sich ohne den Rabatt berechnet, aufzuführen, dann der Rabatt zu berechnen und abzuziehen und nur der hiernach verbleibende baar zu zahlende Rest zu quittiren. In das Einnahmejournal für die Biersteuer ist nur der wirklich zur Einzahlung gelangte Betrag einzutragen.

§ 85. In einzelnen, besonders begründeten Fällen kann den Brauern, soferne die schuldige Summe mindestens 240 Mark beträgt, eine Zahlungsfrist bis zu drei Monaten unter der Bedingung gewährt werden, daß Sicherstellung der geschuldeten Beträge erfolgt. Die Gesuche um Befristung von Biersteuerschuldigkeiten sind an die Kaiserlichen Hauptzoll- und Hauptsteuerämter zu richten und von letzteren, sofern Brauer um Kredit nachsuchen, welche solchen bisher nicht genossen haben, dem Generaldirektor vorzulegen. Wird hierauf die Ermächtigung zur Kreditbewilligung nach Maßgabe der darüber getroffenen Bestimmungen ertheilt, so kann den betreffenden Brauern der Kredit in Zukunft von den Hauptämtern selbstständig fortbewilligt werden. 5. Kreditirung der Steuer.

§ 86. Die Sicherstellung der durch die Kreditbücher festzuhaltenden Beträge kann entweder in derselben Weise erfolgen, wie dies für die Kreditirung der Eingangsabgaben in der Anweisung vom 25. November 1871 Nr. 880 (Amtsblatt, S. 677) vorgesehen ist, oder es muß für die richtige Einzahlung des kreditirten Betrages durch eine von dem betreffenden Bürgermeister als zahlungsfähig bestätigte Person Bürgschaft geleistet werden. In letzterem Falle hat der Schuldner ein Schuldanerkenntniß in nachstehender Form auf gestempeltem Papier auszustellen. Auf demselben Blatt hat sich der Bürge für die richtige Einhaltung der Termine zu verpflichten und der Bürgermeister die Zahlungsfähigkeit des Bürgen zu bestätigen.

## Anerkenntniß.

Unterzeichneter erkennt hiermit an, daß er an seiner Biersteuerschuldigkeit auf den 1. dieses Monats noch den Betrag von Mark (mit Worten) schuldet und macht sich verbindlich, von dieser Summe den Betrag von Mark längstens bis ten und den Restbetrag mit Mark längstens bis ten baar an das Steueramt zu zu bezahlen.

N. den ten

N.
(Eigenhändige Unterschrift des Schuldners.)

Gut für Mark.
(Diese Worte sind vom Schuldner unter Beifügung der Gesammtsumme der Schuld eigenhändig beizusetzen.)

Für die richtige und rechtzeitige Zahlung vorstehender Schuld verbürge ich mich als Selbstschuldner.

N. den ten 187

N.
(Eigenhändige Unterschrift des Bürgen.)

Gut für Mark.
(Vom Bürgen eigenhändig beizusetzen.)

Die Zahlungsfähigkeit des Bürgen N. bestätigt:

N. den ten

Der Bürgermeister,
N.

(Siegel des Bürgermeisters.) (Eigenhändige Unterschrift des Bürgermeisters.)

Wenn es sich um Schuldanerkenntnisse über Beträge von über 800 Mark handelt, muß die Unterschrift des Bürgen jeweils notariell beglaubigt sein, es sei denn, daß der Bürge bei dem Hauptamte in Gegenwart eines der drei Hauptamtsmitglieder, oder bei einem Unteramte in Gegenwart des Amtsvorstandes unterschreibt und dem betreffenden Beamten persönlich bekannt ist. Der Beamte hat in diesem Falle auf dem Anerkenntniß zu bestätigen, daß der ihm persönlich bekannte Bürge in seiner Gegenwart unterschrieben hat.

Zur Erleichterung für die Brauer und deren Bürgen wird übrigens gestattet, daß der Bürge, statt auf jedem einzelnen Schuldanerkenntniß mit zu unterzeichnen, eine generelle Bürgschaftsurkunde ausstellt, in welcher er sich für die kreditirten Biersteuerschuldigkeiten des betreffenden Brauers bis zu einem gewissen in Zahlen und Worten auszudrückenden Geldbetrag als Selbstschuldner für verhaftet erklärt.

So lange dieser Betrag dann durch die von dem betreffenden Brauer eingelegten und noch nicht wieder eingelösten Anerkenntnisse nicht erreicht ist, kann auf den einzelnen Anerkenntnissen die Bürgschaftsleistung in Wegfall kommen.

Auf den fraglichen generellen Bürgschaftsurkunden muß jedoch die Echtheit der Unterschrift des Bürgen unter allen Umständen durch einen Notar beglaubigt sein. Auch muß dieselbe die Bestätigung der Zahlungsfähigkeit des Bürgen seitens des betreffenden Bürgermeisters enthalten.

Die einzelnen Schuldanerkenntnisse und ebenso die etwa ausgestellten generellen Bürgschaftsurkunden sind in allen Fällen bei dem Hauptamte vorschriftsmäßig aufzubewahren und seiner Zeit, wenn der ganze Schuldbetrag getilgt ist, beziehungsweise fernerhin Kredit seitens des Brauers nicht mehr beansprucht oder seitens der Steuerverwaltung nicht mehr bewilligt wird, dem Aussteller zurückzugeben.

6. Allgemeine Bestimmungen.

§ 87. Bezüglich der Ablieferung der Brauscheine und der dazu gehörigen Verzeichnisse seitens der Ortseinnehmer an die Steuerämter gelten die Bestimmungen der Dienstanweisung für die Ortseinnehmereien. Hinsichtlich der Prüfung dieser Papiere, sowie der Einsendung 2c. der Biersteuereinnahmejournale, Verzeichnisse und Register nebst den dazu gehörigen Belägen seitens der Steuerämter an die Hauptämter, und seitens der letzteren an die Generaldirektion wird auf die allgemeine Verfügung vom 25. Juni 1874. Nr. I. 9938, betreffend die Erhebung und Buchung der indirekten Steuern für privative Rechnung von Elsaß-Lothringen (A. Bl., S. 205) und auf die weiteren bezüglichen Bestimmungen verwiesen.

§ 88. Was insbesondere die in den Brauereien ausgelegten Revisionsbogen (§ 69) anlangt, so sind dieselben am Ende jeden Quartals — oder nach besonderer Anordnung der Oberinspektoren auch früher — durch die Bezirksoberkontrolöre einzuziehen und den Oberinspektoren zur Prüfung vorzulegen. Demnächst verbleiben sie bis auf Weiteres und insolange nicht im einzelnen Falle eine Vorlage derselben zur Revision bei der Generaldirektion angeordnet worden ist, bei den Hauptämtern.

7. Besondere Art d. Steuererhebung.

§ 89. Die Steuerverwaltung kann nach Uebereinkunft mit den Brauern . . . . . der Städte von mehr als 30,000 Einwohnern ein allgemeines Steuerabkommen in Höhe des voraussichtlich fällig werdenden Fabrikationssteuerbetrags zugestehen. Dieses Abkommen wird zwischen dem Steuerdirektor und den durch die Brauer zu ernennenden Syndiken abgeschlossen. Es erlangt erst durch Genehmigung des Finanzministers auf den Bericht des Generaldirektors der indirekten Steuern Gültigkeit.

(Art. 130 des Gesetzes vom 28. April 1816.)

Die Befugnisse des Finanzministers für Elsaß-Lothringen sind, soweit sie die Verwaltung der Zölle und indirekten Steuern betreffen, auf den Reichskanzler, und die Befugnisse der Steuerdirektoren und des Generaldirektors der indirekten Steuern auf den Generaldirektor der Zölle und indirekten Steuern in Elsaß-Lothringen übergegangen.

§§ 90—96. . . . (¹)

## VII. Rückvergütung der Biersteuer bei der Ausfuhr.

1. Allgemeine Bestimmung.

§ 97. Für das nach dem Auslande ausgeführte Bier wird die Fabrikationssteuer zurückgezahlt.

(Art. 4 des Gesetzes vom 23. Juni 1820.)

2. Bedingungen, an welche die Bewilligung der Steuerrückvergütung geknüpft ist.

§ 98. Die Rückvergütung der Biersteuer wird nur Brauern geleistet, welche selbstgebrautes und versteuertes Bier ausführen und den Nachweis der vorschriftsmäßig auf einer Uebergangsstraße erfolgten Ausfuhr, beziehungsweise der Einfuhr und Versteuerung am Bestimmungsorte (vgl. die Anlage zu dem Gesetze vom 14. Dezember 1872, insbesondere §§ 10 u. 15 derselben, Amtsblatt für das Jahr 1873 Seite 1) liefern.

3. Anmeldung und Abfertigung des zur Ausfuhr bestimmten Biers.

§ 99. Der Brauer, für dessen Rechnung Bier mit Anspruch auf Steuerrückvergütung ausgeführt werden soll, hat solches dem Steueramt des Bezirks, in welchem seine Brauerei gelegen ist, mittelst einer in doppelter Ausfertigung zu übergebenden schriftlichen Anmeldung anzuzeigen. Einer Vorführung des auszuführenden Biers bedarf es nicht. Zu den Anmeldungen sind Begleitscheinformulare (Unikate und Duplikate) zu verwenden. Dieselben werden den Brauern von dem Steueramte gegen Entrichtung von 8 Pfennig (10 Centimes)(²) für den Stempel auf dem Begleitscheinunikat geliefert. Ueber die Abgabe dieser Begleitscheine ist ein besonderes, mit der Feder anzulegendes Notizregister (³) zu führen. Die Anmeldung ist in dem Anmelderegister zu buchen. Sodann wird die amtliche Abfertigung dem Vordruck der Scheine gemäß sowohl auf dem Unikat als auf dem Duplikat ertheilt. Soweit der Vordruck

---

(¹) In den §§ 90—96 der D. B. ist nur der Wortlaut der Art. 131—137 des Ges. vom 28. April 1816 (s. S. 519) enthalten, von deren nochmaligen Abdruck hier abgesehen wird.]

(²) Jetzt 10 Pfennig. Vgl. Bd. I, S. 209.

(³) Z. vgl. Lith. V. vom 6. April 1875. I. 5265, betr. die Führung des Notizregisters.

im einzelnen Falle keine Anwendung findet, ist derselbe zu durchstreichen. Das Unikat erhält der Anmelder zur weiteren Benutzung bei der Ausfuhr zurück, während das Duplikat als Belag des Anmelderegisters bei der Steuerstelle zurückbleibt. Für die auf den Begleitscheinen zu ertheilende amtliche Abfertigung wird eine Ausfertigungsgebühr nicht erhoben.

Im Bedürfnißfalle können zur Ausfertigung der in Rede stehenden Begleitscheine auch geeignete Ortseinnehmer ermächtigt werden. Jedoch ist hiezu stets Genehmigung des Generaldirektors einzuholen.

§ 100. . . . . (¹)

4. Revision des Biers.

§ 101. Bei der Revision des Biers, welche vor der Verladung zur Ausfuhr auf Eisenbahnen durch einen Steuerbeamten beziehungsweise beim Ausgange auf Landwegen oder Wasserstraßen durch die betreffende diesseitige Uebergangssteuerstelle vorzunehmen ist, haben sich die Revisionsbeamten davon Ueberzeugung zu verschaffen, daß die vorgeführten Fässer nur unverdorbenes Bier enthalten und gehörig gefüllt sind. Wie viele Fässer zu diesem Behufe zu öffnen sind, ist nach den Umständen zu bemessen. Außerdem ist zu prüfen, ob der angemeldete mit dem wirklichen Inhalt der Gebinde übereinstimmt. Das Ergebniß der Revision ist gleichzeitig mit der Ertheilung der Ausgangs- oder Verladebescheinigung auf dem Begleitscheine zu vermerken. In der Regel wird nur Starkbier zur Ausfuhr kommen, es hat sich jedoch die Revision auch auf eine Prüfung der Richtigkeit der Anmeldungen in dieser Richtung zu erstrecken.

5. Rücksendung der Begleitscheine.

§ 102 Die Begleitscheine über Bier werden durch diejenige Stelle, welche die Erledigungsbescheinigung ertheilt, im Dienstwege an das Steueramt, welches die Begleitscheine ausgefertigt hat, oder in dessen Bezirk die Ausfertigungsstelle gelegen ist, zurückgesendet.

6. Abfertigung des Biers mit Uebergangsschein.

§ 103. An Stelle der Begleitscheine können auf Antrag des Versenders auch Uebergangsscheine nach Maßgabe des Gesetzes vom 14. Dezember 1872 (Amtsblatt von 1873 Seite 1) und der allgemeinen Verfügung vom 28. Mai 1874 Nr. I. 8657 (Amtsblatt Seite 143) ertheilt werden, wozu es jedoch gleichfalls der Abgabe einer schriftlichen Anmeldung bedarf. Die Extrahirung eines Uebergangsscheins empfiehlt sich für den Versender in allen denjenigen Fällen, in welchen Bier aus Elsaß-Lothringen nach den übrigen Theilen des Deutschen Zollgebiets, mit Ausnahme der Baierischen Rheinpfalz und Baden,

---

(¹) In diesem § sind nur die in § 7 der Bekanntmachung vom 28. Juli 1873 unter 3 a und b (s. Bd. I, S. 232) enthaltenen Vorschriften wiedergegeben, von deren nochmaligem Abdruck daher abgesehen werden darf.

ausgeführt und die Erhebung der Uebergangsabgaben auf ein Amt im Innern überwiesen werden soll, oder wenn das Bier durch das Gebiet eines Staates, in welchem es einer Uebergangsabgabe unterliegt, in das Zollausland ausgeführt werden soll.

§ 104. Wenn Bier zur Ausfuhr aus Elsaß-Lothringen bestimmt ist, ohne daß eine Steuerrückvergütung in Anspruch genommen wird, so bedarf es einer Anmeldung nur dann, wenn die Versendung unter Uebergangsscheinkontrole erfolgen soll (§ 103).

7. Aufstellung der Biersteuerrückvergütungsliquidationen.

§ 105. Ueber die zu leistenden Ausfuhrvergütungen sind von den Steuerämtern **monatlich** für sämmtliche Brauer des Steueramtsbezirks, soweit die Begleitscheine vorschriftsmäßig erledigt, oder falls Bier unter Uebergangsscheinkontrole ausgeführt wurde, die betreffenden Erledigungsscheine eingegangen sind, mit Benutzung des vorgeschriebenen Formulars Liquidationen aufzustellen und innerhalb der ersten sechs Tage eines jeden Monats an das vorgesetzte Hauptamt einzusenden. Letzteres stellt für sämmtliche Brauer des Hauptamtsbezirks eine gemeinsame Liquidation, worin die von den einzelnen Brauern ausgeführten Biermengen nacheinander eingetragen werden, in doppelter Ausfertigung auf und legt dieselbe mit den erledigten Begleitscheinen, oder bei der Ausfuhr unter Uebergangsscheinkontrole mit den Duplikaten der bezüglichen Anmeldungen, in welchen der Revisionsbefund sorgfältig eingetragen sein muß, sammt den Erledigungsscheinen, unverzüglich der Generaldirektion vor.

8. Ausbezahlung der zur Rückvergütung angewiesenen Beträge.

§ 106. Die zur Rückvergütung angewiesenen Beträge dürfen nur insoweit baar ausbezahlt werden, als der Brauer nicht Biersteuerbeträge schuldet, welche bereits verfallen und deshalb rückständig oder demselben kreditirt worden sind.

Sind derartige Beträge geschuldet, so müssen sie an der Rückvergütung in Abzug gebracht werden. Dies geschieht in der Weise, daß der volle Betrag derselben vom Empfänger quittirt, dagegen über die auf Reste oder Kredite einbehaltene Summe von der Amtsstelle besondere Quittung ertheilt wird.

9. Vergleichung der ausgeführten mit den versteuerten Biermengen.

§ 107. Die Steuerämter, sowie die Oberkontrolöre haben sich durch Vergleichung der ausgeführten Mengen mit den Eintragungen im Abrechnungsregister (vgl. § 81) fortlaufend, und die ersteren insbesondere gelegentlich der Aufstellung der Liquidationen davon Ueberzeugung zu verschaffen, daß nicht etwa mehr Steuerrückvergütung beansprucht wird, als sich für die von dem betreffenden Brauer zur Versteuerung angemeldeten Biermengen überhaupt an Steuer berechnet. Sollten sich hiebei Anstände ergeben, so sind dieselben in dem Begleitungsbericht, mit welchem die Liquidationen den Hauptämtern eingereicht werden, kurz zu erwähnen, worauf von letzteren die weiter erforderlichen Erhebungen eingeleitet werden und eventuell an den Generaldirektor Bericht erstattet wird.

Der Führung besonderer Konten, in welchen die gebrauten und die ausgeführten Biermengen einander gegenüber gestellt werden, bedarf es in Zukunft nicht mehr.

§ 108. Die Anmelderegister über Bier, welches mit Anspruch auf Steuerrückvergütung ausgeführt wird (vgl. § 99), sind in Jahresabschnitten, beginnend am 1. September und endigend am 31. August, zu führen und von den Hauptämtern aus dem ganzen Hauptamtsbezirk zusammen, nach Erledigung aller Eintragungen, sammt den Begleitscheinduplikaten zur Revision einzusenden. 10. Führung der Anmelderegister.

## VIII. Strafbestimmungen.

§ 109. Die Uebertretung der Vorschriften dieses Kapitels ist mit einer Geldbuße von 200 bis 600 Franken (160 bis 480 ℳ) bedroht. 1. Allgemeine Bestimmung.

Das Bier, wofür die Steuer hinterzogen ist, sowie die nicht bleibend befestigten und vermauerten Braukessel unterliegen der Beschlagnahme und Konfiskation.

(Art. 129 des Gesetzes vom 28. April 1816.)

Das in Bezug genommene Kapitel umfaßt die Art. 107—137 des Gesetzes vom 28. April 1816.

§ 110. Die Zuwiderhandlungen der Brauer, welche mit Beschlagnahme und Konfiskation des den Gegenstand einer Defraude bildenden Bieres, sowie mit einer Geldbuße von 160—480 ℳ, und eventuell noch mit Konfiskation der nicht bleibend befestigten und vermauerten Braukessel durch das Gesetz bedroht werden, sind hauptsächlich folgende: 2. Verschiedene Arten von Zuwiderhandlungen.

1. Betrieb einer Brauerei ohne Anmeldung (Art. 117 des Gesetzes vom 28. April 1816);
2. Fortsetzung des Brauereibetriebs nach der Abmeldung welche bei dem Steueramt des Bezirks zu geschehen hat (ders. Art.);
3. Bierfabrikation an einem nicht angemeldeten oder an einem andern Orte, als dem angemeldeten (ders. Art.);
4. Nichtangemeldete Fabrikation von Bierhefe, selbst wenn dieselbe nur zur Brodbereitung dienen soll (Art. 117 u. 120, vgl. oben § 11);
5. Gebrauch von Braukesseln, Kühlschiffen und Bottichen, deren Inhalt durch das Steueraufsichtspersonal nicht vermessen und festgestellt ist (Art. 177 u. 118);
6. Veränderung des Inhalts der unter 5 aufgeführten Gefäße, ohne daß mindestens 24 Stunden vorher eine schriftliche Anmeldung abgegeben ist (Art. 118);

7. Gebrauch von Braukesseln oder anderen Gefäßen, deren Inhalt verändert worden ist, vor der amtlichen Vermessung durch die Steuerbeamten (ders. Art.);
8. Aufstellung oder Ersetzung von Braukesseln, Kühlschiffen und Bottichen, ohne daß 24 Stunden zuvor eine schriftliche Anmeldung abgegeben ist (ders. Art.);
9. Gebrauch von Braukesseln mit einem geringeren Inhalte als sechs Hektoliter, ohne besondere Ermächtigung Seitens der Steuerverwaltung (Art. 116);
10. Gebrauch von nicht bleibend befestigten und vermauerten Braukesseln (ders. Art.);
11. Feueranlegung unter den Kesseln ohne Anmeldung (Art. 120);
12. Feueranlegung unter einem Kessel vor der in der Anmeldung angezeigten Stunde (ders. Art.);
13. Feueranlegung unter einem anderen Kessel, als in der Anmeldung angezeigt worden ist (Art. 119);
14. Weigerung oder Unterlassung, den Brauschein während der Dauer der Fabrikation den Beamten auf ihre Aufforderung hin vorzuzeigen (Art. 120);
15. Herstellung einer anderen als der angemeldeten Art von Bier (ders. Art.);
16. Fabrikation einer größeren als der in der Brauanmeldung angezeigten Anzahl Gebräue (vgl. Art. 8 des Gesetzes vom 1. Mai 1822);
17. Unangemeldete Fabrikation von steuerfreiem Dünnbier (Art. 114 u. 120);
18. Herstellung mehrerer Biergattungen bei einem und demselben Brauakte (Art. 113);
19. Theilweise Entleerung der Braukessel während der Fabrikation, beziehungsweise allmählige Verbringung des Bieres auf die Kühlschiffe (ders. Art.);
20. Vermischen zweier Gebräue vor dem Einfüllen in die Fässer oder — bei der Untergährung — in die Gährbottiche (Art. 111);
21. Einfüllen des Bieres während der Nacht (Art. 112);
22. Einfüllen zu einer anderen als der in der Brauanmeldung angezeigten Stunde (Art. 120);
23. Verheimlichung von Bier seitens eines Brauers (Art. 125);
24. Betrieb einer beweglichen Brauerei ohne Ermächtigung seitens der Steuerverwaltung (Art. 116);
25. Vermehrung der Fabrikationsmittel seitens eines Brauers während der Dauer eines Steuerabkommens, ohne daß derselbe besondere Ermächtigung dazu erhalten hat. Art. 133);

26. Feueranlegung seitens eines abonnirten Brauers, ohne daß derselbe hierüber einen Eintrag in sein Register gemacht hat (Art. 135).

§ 111. In gleicher Weise strafbar, wie dies im Eingang des vorhergehenden Paragraphen angeführt ist, sind die Brauer dann, wenn

1. die für jedes Gebräu bestimmten Aufgüsse vor den in der Brauanmeldung festgesetzten Stunden stattfinden (vgl. Art. 8 des Gesetzes vom 1. Mai 1822);
2. das Produkt der für ein Gebräu gemachten Aufgüsse den Bruttogehalt des Braukessels um mehr als 20 % (bei dem Bayerischen Brauverfahren um mehr als event. 35 %) übersteigt (Art. 109 des Gesetzes vom 28. April 1816 und Art. 23 des Dekrets vom 17. März 1852), und
3. das Produkt eines jeden Brauakts, d. h. die wirklich gewonnene Biermenge den Bruttoinhalt des Braukessels übersteigt (Art. 111).

§ 112. Mit einer Geldbuße von 160—480 ℳ werden ferner diejenigen Brauer bestraft, welche

1. die Nummern und Marken, welche von den Steuerbeamten an den Kesseln angebracht worden sind, entfernen oder verändern (Art. 117);
2. zu einem anderen Zwecke als zur Bierfabrikation Feuer unter den Kesseln anlegen (Art. 119);
3. sich weigern, das Produkt eines jeden Brauakts revidiren zu lassen (Art. 111);
4. den Steuerbeamten verweigern, Kontrolen und Revisionen vornehmen zu dürfen und ihnen, falls es verlangt wird, die Häuser, Brauereien, Werkstätten, Magazine und Keller zu öffnen (Art. 125);
5. sich weigern, jede Verbindung der Brauerei mit andern Nachbarhäusern, als dem Wohnhause versiegeln zu lassen (ders. Art.);
6. eine im Gebrauche befindliche Brauerei ohne Schild zu lassen (Art. 124).

**3. Verfahren bei Zuwiderhandlungen.**

§ 113. Hinsichtlich des Verfahrens bei Zuwiderhandlungen sind das Gesetz vom 5. Juli 1872 (§ 27) und die dazu erlassenen Ausführungsbestimmungen (Amtsblatt für 1872 Seite 221) maßgebend.

**4. Verjährung der Zuwiderhandlungen.**

§ 114. Die Verfolgung der Zuwiderhandlungen gegen das Biersteuergesetz ist nach Ablauf von drei Monaten, vom Tage der Begehung an gerechnet, nicht mehr zulässig (Gesetz vom 15. Juni 1835). Die Kaiserlichen Hauptämter haben deshalb dafür Sorge zu tragen, daß wegen einer Zuwiderhandlung vor Ablauf von drei Monaten eine Transaktion zu Stande kommt, oder die Untersuchungsakten an das Gericht abgegeben werden können.

# XVII.

# Die Lizenzgebühren.

## Inhaltsübersicht.



## Vorbemerkungen. (¹)

Unter der Bezeichnung «licence» versteht die französische Finanzverwaltung die von Seiten des Staats ertheilte Erlaubniß zum Betrieb gewisser Gewerbe, welche in irgend einer Beziehung durch die indirekte Besteuerung betroffen werden. Die Lizenzgebühr unterscheidet sich daher von der Patentabgabe, indem die letztern allgemein für die Ausübung von Gewerben zu entrichten ist und unmittelbar finanzielle Bedeutung hat, während der Zweck der Lizenzgebühr in erster Linie darin besteht, eine Kontrole hinsichtlich der Ausübung solcher Gewerbe zu erlangen, mit welchen sich die Verwaltung der indirekten Steuern zu befassen hat. Eine Aehnlichkeit zwischen beiden Abgaben besteht nur insofern, als ihre Entrichtung zur Erlangung der Befugniß zum Gewerbebetrieb erforderlich ist.

Die Erhebung der Lizenzgebühr kommt schon in dem 17. Jahrhundert vor, wo sie unter dem Namen » Annuel » bekannt war. Eine Ordonnanz Ludwigs XIV. vom 21. Juni 1680, betreffend die Eingangssteuern (entrées), Accisen (aydes) und damit zusammenhängenden Abgaben bestimmt hierüber folgendes:

« Sera payé le droit annuel par les marchands de vin « en gros, hôteliers, taverniers, cabaretiers, même par les « Suisses et marchands privilégiés, suivant notre Cour, « ceux qui logent en chambres garnies, aubergistes, trai-

(¹) Nach « Olibo, Code des contributions indirectes. »

« teurs, maîtres de jeu de paulme, vivandiers, buvetiers « qui vendent du vin en détail, gargotiers, concierges des « châteaux, prisons et foires, et autres de pareille qua- « lité . . ., à raison de 8 livres chacun par an dans les « villes et de 6 livres 10 sols dans les autres lieux, à « quoi nous avons réglé le droit annuel . . . »

Beim Eintritt der deutschen Verwaltung wurde in E. L. die Lizenzgebühr nach den französischen Gesetzesbestimmungen forterhoben.

---

## 28. April 1816. — Ges. betr. die Finanzen. (B. d. L., 7. Serie, Nr. 623.)

. . . . .

Art. 47. Von dem Verkauf des Weins, Apfelweins, Birnweins . . . soll eine Abgabe . . . . . erhoben werden. ([1])

. . . . .

Art. 50. Die Schenkwirthe, Gastwirthe, Speisewirthe, Restaurateure, Besitzer von eingerichteten Miethwohnungen, Kaffeewirthe, Besitzer von Liqueur- und Schenkstuben, die Kleinverkäufer von Branntwein, die Hausverwalter und andere Personen, welche tage-, monats- oder jahrweise Speisen verabreichen, sowie alle Andern, welche sich mit dem Verkaufe der im Art. 47 genannten Getränke befassen, haben binnen drei Tagen nach dem Inkrafttreten dieses Gesetzes und in Zukunft vor Beginn ihres Geschäftes sich bei der Steuerbehörde anzumelden . . . . . ([2])

Art. 51. Die Marketender unterliegen ebenfalls den Bestimmungen des vorhergehenden Artikels, mit Ausnahme derer, die in Lagern, Festungen und Citadellen ihr Geschäft betreiben, insofern dieselben nur Militärpersonen empfangen und einen Erlaubnißschein Seitens des Kriegsministers besitzen. ([3])

. . . . .

Art. 97. Die Kaufleute, Großhändler, Makler, Bestätter, Kommissionäre, Rollfuhrwerk- und Lagerunternehmer, Destillateure, gewerbsmäßige Brenner und andere Personen, welche den Großhandel betreiben wollen (und zwar, falls sie in einem eingangssteuerpflichtigen Orte wohnen, ohne Rücksicht darauf, ob sie das Niederlagerecht haben oder nicht), sind gehalten, die Menge, Gattung und Art der Getränke, welche sie in ihrem Wohnorte oder anderswo besitzen, anzumelden. ([4])

. . . . .

Art. 138. Die Destillateure und gewerbsmäßigen Branntweinbrenner sind gehalten vor dem Beginn des Brennaktes schriftlich alles das zu deklariren, was für die Steuerbeamten zur Ueberwachung der Fabrikation zur Feststellung der Resultate und deren Anschreibung im Kellerregister erforderlich ist. . . . . ([5])

. . . . .

---

([1]—[5]) Diese Art. sind durch die Ges. vom 20. März 1873, die Weinsteuer betr. bezw. vom 16. Mai 1873, die Branntweinsteuer betr., aufgehoben (vgl. Bd. I, S. 68) und behalten nur im Zusammenhang mit dem Art. 144, bezw. der Art. 50 auch im Zusammenhang mit dem Gesetz vom 23. April 1836 Gültigkeit.

Art. 144. Jeder, welcher nach dem gegenwärtigen Gesetz wegen irgend eines Handels mit Getränken zu einer vorgängigen Deklaration verpflichtet ist, hat bei Abgabe der gedachten Deklaration und bei Vermeidung derselben Strafen eine Lizenz zu lösen, deren jährlicher Betrag durch den beigefügten Tarif bestimmt wird.

. . . . .

Art. 171. Alle in dem nachstehenden Tarif aufgeführten Gewerbtreibende dürfen die Fabrikation oder den Verkauf nicht beginnen, bevor sie eine Lizenz gelöst haben. Dieselbe gilt nur für ein einziges Gewerbslokal und nur für das Jahr, für welches sie ausgestellt worden ist.

Als Lizenz ist ohne Rücksicht auf den Tag, an welchem die Deklaration abgegeben worden ist, die in dem Tarife angegebene Summe baar zu entrichten.

Jede Kontravention in Bezug auf die Lizenzgebühr wird mit einer Geldstrafe von 300 Fr. bestraft, welche im Falle der Defraudation um den vierfachen Betrag der hinterzogenen Gebühr erhöht wird. (¹)

## Tarif

der nach Artikel 171 des gegenwärtigen Gesetzes zu erhebenden Lizenzgebühr. (²)

| Gewerbe. | Bezeichnung der Orte. | Betrag der Lizenzgebühr. Fr. | |
|---|---|---|---|
| Kleinverkäufer von Getränken. | In Gemeinden mit weniger als 4000 Seelen | 6 | — |
| | " " " 4 bis 6,000 Seelen | 8 | — |
| | " " " 6 " 10,000 " | 10 | — |
| | " " " 10 " 15,000 " | 12 | — |
| | " " " 15 " 20,000 " | 14 | — |
| | " " " 20 " 30,000 " | 16 | — |
| | " " " 30 " 50,000 " | 18 | — |
| | " " " 50,000 Seelen u. dar. | 20 | — |

(¹) Z. vgl. die Dienstvorschriften bezüglich der Lizenzgebühr vom 4. Oktober 1876, s. S. 564.

(²) Die Lizenzgebühr unterliegt nach Art. 5 d. Ges. v. 14. Juli 1855 dem doppelten Zuschlagszehntel. (Z. vgl. Bd. I, S. 206 u. 207.)

| Gewerbe. | Bezeichnung der Orte. | Betrag der Lizenzgebühr. | |
|---|---|---|---|
| Brauer. | In dem Departement des Niederrheins ([1]) | 50 | — |
| | In den Departements des Oberrheins, der Meurthe, der Mosel und der Vogesen ([2]) | 30 | — |
| Brenner und Destillateure | In allen Orten | 10 | — |
| Großhändler mit Getränken. | " " " | 50 | — |

**24. Juni 1824.** — Ges. betr. die Ausübung der Liqueurfabrikation (B. d. L. 7. Serie Nr. 17247.)

Art. 1. Niemand darf das Gewerbe der Liqueurfabrikation ohne vorherige Deklaration bei der Steuerbehörde betreiben.

Die Liqueurfabrikanten haben entweder die Lizenz für Kleinverkäufer, oder die für Großhändler zu lösen, je nachdem sie es vorziehen, sich den Obliegenheiten der einen oder anderen Kategorie zu unterwerfen. ([3])

. . . . .

**21. April 1832.** — Ges. betr. die Feststellung des Einnahmebudgets für 1832. (B. d. L. 9. Serie Nr. 169.)

. . . . .

Art. 44. Die Lizenzgebühren . . . . . sind künftig

([1]) u. ([2]) Durch Allerh. Erlaß vom 7. November 1870 sind die früher zum Departement der Vogesen gehörigen, im Quellengebiet der Breusch liegenden Theile der Kantone Schirmeck und Saales dem Departement des Niederrheins zugelegt worden, s. Bek. des Präfekten des Niederrheins vom 7. Dezember 1870 (A. N., Nr. 159). Z. vgl. auch § 1 des Ges. vom 30. Dezember 1871, die Einrichtung der Verwaltung betr. Hiernach ist die Gebühr von 50 Fr. im Bezirk Unterelsaß, die von 30 Fr. in den Bezirken Oberelsaß und Lothringen zu erheben.

([3]) Z. vgl. § 21 der Dienstvorschriften.

vierteljährlich zu entrichten. Die Gebühr ist stets für das volle Vierteljahr zu entrichten, ohne Rücksicht auf den Zeitpunkt, mit welchem das Gewerbe anfängt oder aufhört. (¹)

**23. April 1836.** — Ges. betr. den Artikel 50 des Gesetzes vom 28. April 1816 u. s. w. (B. d. L. 9. Serie Nr. 414.)

Einziger Art. Die Personen, welche eines der in Art. 50 des Gesetzes vom 28. April 1816 bezeichneten Gewerbe betreiben, sind allein wegen ihres Gewerbes der Anmeldung ..... unterworfen.

Der Feststellung, daß sie thatsächlich Getränke im Kleinen verkaufen, bedarf es nicht. (²)

**20. Juli 1837.** — Ges. betr. die Feststellung des Einnahmebudgets für 1838. (B. d. L. 9. Serie, Nr. 6961.)

Art. 8. Als Eigenbrenner sollen allein die Grundbesitzer oder Pächter, welche ausschließlich von ihrer eigenen Erndte herrührenden Wein, Apfelwein, Birnwein, Trestern oder Hefe brennen, betrachtet werden, und dieserhalb von Zahlung der Lizenzgebühr ..... auch ferner befreit sein. (³)

.....

**10. August 1839.** — Ges. betr. die Feststellung des Einnahmebudgets für 1840. (B. d. L. 9. Serie Nr. 8122.)

.....

Art. 15. Von der Verkündigung dieses Gesetzes an sollen die Grundbesitzer, welche lediglich Kirschen und Zwetschen eigener Erndte brennen, zu den im Art. 8 des Ges. vom 20. Juli 1837 benannten Eigenbrennern gezählt werden und gleich diesen von der Lizenzpflicht ..... befreit sein.

---

(¹) Z. vgl. die §§ 5 und 6 der D. V.

(²) Z. vgl. § 11 der D. V.

(³) Z. vgl. Ges. vom 10. August 1839, Art. 15, sowie § 19 der D. V.

**25. Juni 1841.** — Ges. betr. Feststellung des Einnahmebudgets für 1842. (B. d. L. 9. Serie, Nr. 9412.)

[Durch Art. 18. dieses Gesetzes wird die Erhebung der Lizenzgebühr von den Kleinverkäufern in den Städten, in welchen die «taxe unique» eingeführt wird, aufrecht erhalten.]

---

**14. Juni 1844.** — VO. betr. die Denaturirung von Branntwein. (B. d. L. 9. Serie, Nr. 11326.)

. . . .

Art. 5. Niemand darf denaturirten Alkohol herstellen oder zubereiten, ohne eine bezügliche Anmeldung bei der Steuerbehörde gemacht zu haben und ohne mit der Lizenz eines Branntweinbrenners — falls er selbst brennt — oder mit derjenigen eines Großhändlers — falls er nur Mischungen herstellt — versehen zu sein.

---

**29. Dezember 1851.** — VO. betr. den Getränkekleinverkauf. (B. d. L., 10. Serie, Nr. 3481).

Art. 1. Kein Kaffeehaus, keine Schenkwirthschaft und keine andere Verkaufsstelle von Getränken zum Verzehren derselben auf dem Platze darf künftig ohne Erlaubniß der Verwaltungsbehörde eröffnet werden. (¹)

Art. 2. Durch Beschluß des Präfekten kann die Schließung der im Artikel 1 genannten Anstalten, welche zur Zeit bestehen oder künftig erlaubt werden, sei es in Folge einer Verurtheilung wegen Uebertretung der diese Gewerbe betreffenden Gesetze und Reglements, sei es aus Gründen der öffentlichen Sicherheit, ausgesprochen werden.

Art. 3. Jeder, welcher ein Kaffeehaus, eine Schenkwirthoder eine Verkaufsstelle von Getränken zum Verzehren derselben auf dem Platze ohne vorherige Erlaubniß oder trotz der in Gemäßheit des vorhergehenden Artikels ausgesprochenen Schließung offen hält, wird bei den Strafgerichten belangt und mit einer Geldbuße von 25 bis 500 Franken, sowie Gefängniß von 6 Tagen bis 6 Monaten bestraft.

Das Geschäft wird sofort geschlossen.

---

(¹) Z. vgl. § 14 der D. B.

**4. Oktober 1876.** — V. d. G. D. Die Lizenzgebühren betreffend. (A. Bl. S. 145. I. 12173.)

Die nachstehenden Dienstvorschriften bezüglich der von den Kleinverkäufern von Getränken, den Großhändlern mit Getränken, den Bierbrauern, Branntweinbrennern, Destillateuren und Liqueurfabrikanten nach den Gesetzen vom 28. April 1816, 24. Juni 1824, 21. April 1832, 23. April 1836, 20. Juli 1837, 10. August 1839 und 14. Juli 1855 zu entrichtenden Lizenzgebühren werden den Kaiserlichen Hauptzoll- und Hauptsteuerämtern zur Kenntnißnahme, Nachachtung und geeigneten Instruirung der untergebenen Amtsstellen und Beamten mitgetheilt.

## Dienstvorschriften
### bezüglich der Lizenzgebühren.

1. Allgemeine Bestimmungen.

§ 1. Die in dem nachstehenden Tarif aufgeführten Gewerbetreibenden sind verpflichtet, vor dem Beginn ihres Geschäftes bei dem Steueramt, in dessen Bezirk das Gewerbslokal sich befindet, eine Lizenz zu lösen und vierteljährlich die aus dem Tarif ersichtliche Lizenzgebühr zu zahlen.

. . . . . (1)

Getränke, deren Verkauf die Lizenzpflicht für den Großhandel oder Kleinverkauf begründet, sind im Sinne des Tarifes Traubenwein, Obstwein, Meth, Branntwein und Liqueur.

Der Verkauf von Bier ist nur dann lizenzpflichtig, wenn derselbe zum Verzehren auf dem Platze stattfindet. Für den Verkauf von Bier über die Straße, mag derselbe von dem Bierbrauer selbst oder von einer anderen Person betrieben werden, bedarf es der Lösung einer Lizenz nicht.

§ 2. Die Ertheilung der Lizenz erfolgt auf Grund einer in dem Dienstlokal des Steueramts zu bewirkenden mündlichen oder schriftlichen Anmeldung durch Ausstellung eines Lizenzscheins nach Muster 1. (§ 14). (2)

Die Anmeldungen und die in Uebereinstimmung mit denselben auszustellenden Lizenzscheine haben folgende Angaben zu enthalten:

1) Name, Vorname und Wohnort des Gewerbtreibenden,
2) Art des Gewerbes,
3) Gemeinde, Wohnplatz (Ortschaft), Straße und Nummer des Hauses, worin das Gewerbe betrieben werden soll,
4) Tag des Beginns des Gewerbsbetriebs,
5) Vorhandene Weinvorräthe.

---

(1) Vgl. S. 560 u. 561.

(2) Z. vgl. lith. V. vom 28. Februar 1877. I. 486 betr. die Aufbewahrung der Lizenzanmeldung.

Hierbei ist noch Folgendes zu beachten:

Die Angaben über die Art des Gewerbes (Nr. 2) haben sich bei dem Getränkekleinverkauf und bei dem Großhandel mit Getränken auf die Gattung der Getränke, mit welchen das Gewerbe betrieben werden soll (§ 1), und bei dem Kleinverkauf auf die besondere Art des Gewerbes (Gastwirthschaft, Restauration, Kleinverkauf über die Straße ꝛc.) zu erstrecken.

Die Angaben zu Nr. 3 müssen die nach den Bestimmungen in den nachfolgenden §§ 7, 12, 13, 17 und 20 für die Beurtheilung der Lizenzpflichtigkeit erforderlichen Einzelheiten hinsichtlich des Orts des Gewerbsbetriebs und der Gewerbslokale entnehmen lassen.

Der Angabe der vorhandenen Weinvorräthe (Nr. 5) bedarf es nur bei der Anmeldung des Kleinverkaufs von Wein oder des Weingroßhandels.

Die Anmeldung und der auf Grund derselben ausgestellte Lizenzschein dürfen sich nicht auf mehrere, je eine besondere Lizenz erfordernde Gewerbsarten erstrecken.

§ 3. Wenn ein lizenzpflichtiger Gewerbsbetrieb eingestellt wird, so ist derselbe bei dem Steueramt, welches den Lizenzschein ertheilt hat, mündlich oder schriftlich abzumelden. Die Abmeldung hat die im § 2 unter Nr. 1 bis 3 bezeichneten Angaben, sowie die Angabe des Tages der Einstellung des Gewerbsbetriebs und bei kontrolirten Kleinverkäufern von Wein oder Weingroßhändlern die Angabe der Menge des an diesem Tage in ihrem Besitz befindlichen unversteuerten Weins zu enthalten.

Ueber die erfolgte Abmeldung wird ein in Uebereinstimmung mit derselben auszustellender Abmeldeschein nach Muster 2 ertheilt.

§ 4. Bei der Ausstellung der Lizenzscheine und der Abmeldescheine ist nach Maßgabe der Vorschriften für die Ausstellung der Steuerscheine (§§ 3 bis 6 der Dienstanweisung für die Ortseinnehmereien vom 25. Mai 1874) zu verfahren.

Für jeden Lizenzschein und Abmeldeschein ist eine Stempelgebühr von 10 Pfennigen zu entrichten.

Ueber die vorhandenen lizenzpflichtigen Gewerbe ist in jedem Steueramtsbezirk zu Anfang eines jeden Quartals ein Verzeichniß nach dem anliegenden Muster 3 in zweifacher Ausfertigung aufzustellen. Beide Exemplare sind durch Wahrung der während des Quartals stattfindenden Ab- und Zugänge auf dem Laufenden zu erhalten. Nach Ablauf des Quartals und Aufstellung des Verzeichnisses für das neu begonnene Quartal ist sodann das eine Exemplar mit den ersten Theilen der ausgestellten Lizenzscheine und Abmeldescheine innerhalb der vorgeschriebenen Frist zur Registerrevision einzusenden, das andere Exemplar jedoch bei dem Amte zu den Akten zu nehmen. (¹)

---

(¹) Z. vgl. lith. V. vom 26. Mai 1877. I. 4299.

§ 5. Die Lizenzgebühr ist stets für ein volles Quartal zu zahlen, bei neu angemeldeten oder abgemeldeten Gewerben also ohne Rücksicht auf den Zeitpunkt, mit welchem innerhalb des betreffenden Quartals der Gewerbsbetrieb begonnen beziehungsweise eingestellt werden soll.

So lange eine Abmeldung nicht erfolgt ist, wird angenommen, daß das Gewerbe der Anmeldung entsprechend fortbetrieben worden sei.

Von der hieraus sich ergebenden Verpflichtung zur Fortentrichtung der Lizenzgebühr bis zum Schlusse des Quartals, in welchem die Abmeldung stattfand, kann dann abgesehen werden, wenn der Nachweis erbracht wird, daß das abgemeldete Gewerbe bereits in einem früheren Quartal eingestellt wurde. Das Hauptamt des Bezirks, in welchem das Gewerbslokal sich befindet, entscheidet, vorbehaltlich der Berufung an den Generaldirektor, darüber, ob dieser Nachweis als erbracht anzusehen ist. (1)

§ 6. Die Einzahlung der Lizenzgebühr hat zu erfolgen:

a) für das Quartal, in welchem der Gewerbsbetrieb begonnen wird, bei der Einholung des Lizenzscheins,
b) für die folgenden Quartale in den ersten acht Tagen des betreffenden Quartals.

Ueber die Entrichtung der Lizenzgebühr für das Quartal, in welchem der Gewerbsbetrieb begonnen wird, ist in dem Lizenzschein Quittung zu ertheilen.

Ueber die nach Ausstellung der Lizenzscheine weiter vierteljährlich zu zahlenden Lizenzgebühren sind Steuerquittungen nach Muster 6 der Dienstanweisung für die Ortseinnehmereien auszustellen.

Die Erhebung der Lizenzgebühren kann nach § 7 der Anweisung zur Erhebung und Buchung der indirekten Steuern vom 25. Juni 1874 (Amtsblatt Seite 205) den Ortseinnehmereien übertragen werden.

Hinsichtlich der Buchung der Lizenzgebühren und der Stempelgebühren für die Lizenzscheine, Abmeldescheine und Quittungen über gezahlte Lizenzgebühren finden die Vorschriften dieser Anweisung ebenfalls Anwendung.

§ 7. Wer gleichzeitig mehrere der im Tarif (§ 1) unter besonderen Nummern aufgeführten Gewerbe oder eines dieser Gewerbe in mehreren Gewerbslokalen betreiben will, hat für jedes dieser Gewerbe, beziehungsweise für jedes Gewerbslokal eine besondere Lizenz zu lösen und die entsprechende Lizenzgebühr zu entrichten.

---

(1) Vgl. Art. 44 d. Ges. vom 21. April 1832.

Mehrere zu einem gemeinschaftlichen Gewerbsbetrieb vereinigte Personen sind hinsichtlich der Verpflichtung zur Lösung der Lizenz und zur Entrichtnng der Lizenzgebühr als eine Person anzusehen.

§ 8. Tritt ein Wechsel in der Person des Geschäftsinhabers durch Todesfall, Verkauf, Konkurs oder aus anderer Veranlassung ein, oder wird das lizenzpflichtige Gewerbe in ein anderes Lokal verlegt, oder soll die im Lizenzschein angegebene Art des Gewerbsbetriebs eine Aenderung erfahren, so ist dem Steueramt, welches den Lizenzschein ausgestellt hat, eine bezügliche Anmeldung (§ 2) zu machen und von letzterem ein neuer, der Stempelgebühr von 10 Pfennigen (§ 4) unterliegender Lizenzschein auszufertigen.

Die Lizenzgebühr ist indessen im Laufe des Vierteljahres nur dann nochmals zu erheben (§ 5), wenn das Geschäft in eine andere Gemeinde verlegt wird oder wenn die Art des Gewerbsbetriebes eine Aenderung erfährt, z. B. ein Weinschenkwirth eine Kaffeewirthschaft eröffnet. Wird der neue Lizenzschein hiernach ohne Erhebung der Lizenzgebühr ausgefertigt, so ist in demselben und in der zugehörigen Anmeldung der Grund der Nichterhebung ersichtlich zu machen.

Will ein mit Lizenzschein versehener Gewerbtreibender, welcher seinen Gewerbsbetrieb abgemeldet hat, letzteren vor dem Quartalsschluß in dem nämlichen Gewerbslokal wieder aufnehmen, so hat er dies zwar dem Steueramt behufs Ertheilung eines neuen Lizenzscheines anzumelden, eine wiederholte Entrichtung der Lizenzgebühr für das betreffende Quartal tritt jedoch nicht ein.

Geräth der Inhaber eines lizenzpflichtigen Gewerbes in Konkurs und wird das Geschäft durch einen Vertreter der Gläubiger bis zur Erschöpfung der Vorräthe fortgesetzt, so ist die Lizenzgebühr fortzuentrichten. Wird dagegen das Gewerbe nicht fortgesetzt, sondern findet nur der gleichzeitige Verkauf der vorhandenen Vorräthe statt, so ist von der weiteren Erhebung der Lizenzgebühr auch dann Abstand zu nehmen, wenn der Verkauf nach Ablauf der gelösten Lizenz erfolgt.

§ 9. Wer Wein, Bier, Meth, Branntwein oder Liqueur zum Verzehren auf dem Platze, sowie wer Wein in Mengen unter 25 Liter oder Branntwein und Liqueur in Mengen unter 1 Liter über die Straße verkauft, bedarf der Lizenz für den Kleinverkauf von Getränken (Nr. 1 des Tarifs), mögen die genannten Getränke eigener Produktion des Verkäufers sein oder nicht. 2. Kleinverkäufer.

Der Kleinverkauf von Bier über die Straße ist nicht lizenzpflichtig (§ 1).

§ 10. Sowohl den Weinhändlern und Weinbauern, als auch sonstigen Personen ist es gestattet, unter Beobachtung der

Vorschriften des Weinsteuergesetzes gelegentlich Wein in Mengen von weniger als 25 Litern an andere Personen gegen Bezahlung abzugeben, ohne daß sie hierzu einer Lizenz bedürfen.

§ 11. Die Schenkwirthe, Gastwirthe, Speisewirthe, Restaurateure, Besitzer von möblirten Logirhäusern, Kaffeewirthe, Besitzer von Liqueur- und Schenkstuben, die Kleinverkäufer von Branntwein, sowie Hausverwalter und andere Personen, welche tage-, monats- oder jahrweise Speisen verabreichen, haben lediglich wegen Ausübung dieser Gewerbe die Lizenz als Getränkekleinverkäufer zu lösen. Der Feststellung, daß sie den Getränkekleinverkauf betreiben, bedarf es nicht. (1)

Die Personen, welche tage-, monats- oder jahrweise Speisen verabreichen, sind indessen nur dann zur Lösung der Lizenz heranzuziehen, wenn sie eine förmliche Speisewirthschaft halten und gewerbsmäßige Kostgeber sind.

Von Garköchen und anderen Personen, welche nur ihren Kunden außer dem Hause Speisen aber keine Getränke liefern, ist die Lösung einer Lizenz nicht zu fordern.

Marketender, welche in Citadellen, Forts und Lagern ihr Geschäft betreiben, sind nicht lizenzpflichtig, insofern nur Militärpersonen bei ihnen verkehren und sie einen Erlaubnißschein desjenigen Kriegsministers besitzen, dem die Citadelle &c. unterstellt ist. (2)

§ 12. Die Klassificirung der Gemeinden nach der Seelenzahl behufs Feststellung des Tarifsatzes für die Lizenzgebühr der Kleinverkäufer (§ 1) erfolgt nach den Einwohnerzahlen für die zusammenwohnende Bevölkerung. Hiernach werden die Kleinverkäufer in den Gemeinden, welche eine zusammenwohnende Bevölkerung von 4000 Seelen nicht besitzen, wenn auch die Gesammtbevölkerung des Gemeindeverbandes diese Zahl übersteigt, bezüglich der Lizenzgebühr der ersten Tarifklasse eingereiht.

Die Kleinverkäufer, welche ihr Gewerbe in von dem Hauptorte der Gemeinde getrennten Wohnplätzen betreiben, haben nur die Lizenzgebühr nach dem niedrigsten Satz zu entrichten, insofern diese Wohnplätze eine zusammenwohnende Bevölkerung von weniger als 4000 Seelen haben.

Wenn ein Kleinverkauf aus einem von dem Hauptort der Gemeinde getrennten Wohnplatz in ersteren verlegt wird und in dem Hauptort ein höherer Satz für die Lizenzgebühr in Anwendung kommt, als in diesem Wohnort, so hat der Kleinver-

---

(1) Ges. vom 23. April 1836.

(2) Fermenbesitzer (Melker), welche ausnahmsweise an Touristen Getränke gegen Bezahlung abgeben, sollen von der Entrichtung der Lizenzgebühr befreit bleiben. (V. 17. Aug. 1874. I. 12283.)

käufer für das Quartal, in welchem die Verlegung stattfindet, die Lizenzgebühr nach dem höheren Satze, abzüglich der bereits bezahlten niedrigeren Lizenzgebühr, nachzuzahlen. In dem für diesen Fall zu ertheilenden neuen Lizenzschein und in der zugehörigen Anmeldung ist auf die frühere Lizenz Bezug zu nehmen.

Marketender, bei denen nur Militärpersonen verkehren, zahlen, insofern sie überhaupt lizenzpflichtig sind (§ 11, letzter Absatz), ohne Rücksicht auf die Einwohnerzahl des Garnisonsortes nur die geringste Lizenzgebühr für Kleinverkäufer und haben auch bei einer in Folge Garnisonswechsels des Regiments eintretenden Verlegung ihres Geschäftes nach einer anderen Gemeinde für das laufende Quartal die Lizenzgebühr nicht nochmals zu entrichten (§ 8).

§ 13. Ein Kleinverkäufer bedarf für ein von dem Kleinverkaufslokal getrenntes Getränkelager, auch wenn letzteres sich in einer anderen Gemeinde befindet, dann keiner zweiten Lizenz (§ 7), wenn dieses Lager nur zur Aufbewahrung von Getränken und nicht zugleich als Verkaufslokal dient.

Wenn ein Kleinverkäufer vorübergehend außerhalb seines gewöhnlichen Gewerbslokals den Kleinverkauf von Getränken betreiben will, so hat er hierfür jedesmal eine besondere Lizenz zu lösen.

§ 14. Anträgen auf Ertheilung der Lizenz für die Eröffnung eines Kaffeehauses, einer Schenkwirthschaft oder einer anderen Verkaufsstelle zum Verzehren von Getränken auf dem Platze, darf nur dann entsprochen werden, wenn der Antragsteller sich durch eine Bescheinigung der zuständigen Verwaltungsbehörde (Kreis- oder Polizeidirektion) über die erhaltene polizeiliche Erlaubniß ausweist. (1)

Geht ein solches Geschäft auf eine andere Person über oder wird es in ein anderes Lokal verlegt, so kann die neue Lizenz, auch wenn sie abgabenfrei bleibt (§ 8), ebenfalls nur nach Beibringung einer neuen polizeilichen Erlaubniß ertheilt werden.

Auch zum Kleinverkauf von Branntwein über die Straße ist der Lizenzschein erst dann auszufertigen, wenn durch Vorlegung einer Bescheinigung der zuständigen Verwaltungsbehörde nachgewiesen ist, daß der Lizenzertheilung ein polizeiliches Hinderniß nicht entgegensteht. Die gleiche Bescheinigung ist zur Erlangung der neuen Lizenz erforderlich, wenn das Geschäft eines Kleinverkäufers von Branntwein über die Straße den Besitzer wechselt und zugleich in ein anderes Lokal verlegt wird.

---

(1) V. O. vom 29. Dezember 1851.

§ 15. Für den Hausirhandel mit Branntwein dürfen, da dieser Handel polizeilich verboten ist, Lizenzscheine nicht ertheilt werden. (¹)

3. Großhändler.

§ 16. Als Getränkegroßhändler (Nr. 2 des Tarifs) ist zu betrachten, wer für eigene oder fremde Rechnung Wein, Branntwein oder Liqueur im Großen (vergl. § 9) empfängt und versendet. Auch Makler, Kommissionäre, Rollfuhrwerk- und Lagerunternehmer sind lizenzpflichtig, wenn sie Getränke der bezeichneten Art auf eigenen Namen empfangen und weiter versenden.

Weinbauer, Branntweinbrenner und Destillateure, welche nur Getränke eigener Produktion im Großen verkaufen oder andere Personen, welche gekaufte Getränke nur *gelegentlich*, z. B. wegen Todesfalles, Wohnungswechsels, Konkurseröffnung u. s. w., an andere Personen im Großen verkaufen oder abgeben, sind zur Lösung einer Lizenz für den Getränkegroßhandel nicht verpflichtet.

Der Großhandel mit Bier ist nicht lizenzpflichtig (§ 1).

§ 17. Ein Großhändler, welcher in einer Gemeinde mehrere Getränkelager besitzt, bedarf für dieselben nur einer Lizenz (§ 7), wenn er den Großhandel in der betreffenden Gemeinde nur von einem einzigen Geschäftslokal aus betreibt.

Jedes in einer anderen Gemeinde befindliche Lager des Großhändlers wird als ein besonderes Gewerbslokal angesehen, für welches eine weitere Lizenz zu lösen ist. (²)

Wer in einer Gemeinde den Weingroßhandel und in einer andern Gemeinde den Weinbau betreibt, bedarf jedoch für seine in der letzteren Gemeinde befindlichen Weinlager, insofern er dieselben nur zur Einlagerung von selbstgewonnenen Wein benutzt, keiner weiteren Lizenz.

4. Bierbrauer.

§ 18. Der Lizenz als Bierbrauer (Nr. 3 des Tarifs) bedürfen alle Personen, welche Bier zum Verkauf brauen.

Unterrichts-, Kranken- und andere öffentliche Anstalten, sowie Privatleute, welche nur für ihren eigenen Bedarf Bier brauen, sind zur Lösung einer Lizenz nicht verpflichtet.

5. Branntweinbrenner, Destillateure und Liqueurfabrikanten.

§ 19. Die Lizenzpflicht nach Nr. 4 des Tarifs erstreckt sich nur auf die gewerbsmäßigen Branntweinbrenner und die Destillateure.

Die sogenannten Eigenbrenner, d. h. die Grundbesitzer und Pächter, welche Weintreber, Weinhefe, Wein, Kernobst, Steinobst oder Obsttreber eigener Ernte abbrennen, bedürfen hierzu keiner Lizenz. (³)

---

(¹) Vgl. § 3 des Ges. vom 14. Mai 1877, S. 572.
(²) Vgl. Lith. V. vom 2. Februar 1877. I. 842.
(³) Vgl. Ges. vom 10. August 1839 (Art. 15) und Ges. vom 20. Juli 1837 (Art. 8).

Die Verpflichtung zur Lösung einer Lizenz tritt auch dann nicht ein, wenn sie außer den vorstehend genannten Materialien eigener Ernte noch andere mehlige Stoffe — jedoch nicht zum Verkauf, sondern lediglich zum eigenen Verbrauch — abbrennen.

Den Eigenbrennern sind hinsichtlich der Lizenzpflicht diejenigen Personen gleichzuachten, welche aus selbstgesammelten wilden Beerenfrüchten Branntwein bereiten.

§ 20. Die Besitzer beweglicher Brennapparate, welche mit letzteren im Umherziehen in vorübergehend etablirten eigenen Lokalen für eigene oder fremde Rechnung brennen (Wanderbrenner) bedürfen für diesen Brennereibetrieb nur einer Lizenz, auch wenn sie den letzteren nach einander in verschiedenen Gemeinden ausüben.

Besitzt ein Wanderbrenner aber außerdem noch eine festetablirte Brennerei, so hat er für letztere eine besondere Lizenz zu lösen.

Besitzer beweglicher Brennapparate, welche mit letzteren bei dem jedesmaligen Besitzer des zu verarbeitenden Materials brennen und deshalb nur als deren Gewerbsgehülfen und Leiher des Destillirgeräthes anzusehen sind, unterliegen der Lizenzpflicht nach Absatz 1 nicht.

§ 21. Die Liqueurfabrikanten haben je nach der Art ihres Geschäftsbetriebs die Lizenz als Kleinverkäufer oder diejenige als Großhändler oder beide Lizenzen einzuholen. (1)

6. Strafbestimmungen.

§ 22. Jede Uebertretung der gesetzlichen Bestimmungen in Bezug auf die Lizenzgebühr wird mit einer Geldstrafe von 240 Mark bestraft, welche im Falle der Defraudation um den vierfachen Betrag der hinterzogenen Gebühr erhöht wird. (2)

Wenn mit der Unterlassung der Anmeldung eines lizenzpflichtigen Gewerbebetriebs gleichzeitig eine Zuwiderhandlung gegen eine Bestimmung anderer Getränkesteuergesetze zusammentrifft, so hat, insofern die mehrfache Gesetzesverletzung durch ein und dieselbe Handlung verübt ist, in Gemäßheit des § 73 des Strafgesetzbuchs für das Deutsche Reich nur dasjenige Strafgesetz in Anwendung zu kommen, welches die schwerere Strafe androht. Ist dagegen die mehrfache Gesetzesübertretung durch verschiedene Handlungen verübt, so tritt in Gemäßheit des § 78 des Strafgesetzbuchs Bestrafung auf Grund der einzelnen übertretenen Gesetze ein.

§ 23. Wenn ein lizenzpflichtiger Gewerbtreibender, welcher sein Gewerbe vorschriftsmäßig angemeldet und die Lizenzgebühr für das betreffende Quartal entrichtet hat, später die Zahlung der Lizenzgebühr unterläßt, so ist nicht Strafverfahren gegen denselben einzuleiten, sondern es ist der geschuldete Betrag anzufordern und nöthigenfalls im Wege des Zwangsverfahrens beizutreiben.

---

(1) Vgl. Art. 1 des Ges. vom 24. Juni 1824.
(2) Art. 171 d. Ges. vom 28. April 1816.

§ 24. Die Unterlassung der Abmeldung eines lizenzpflichtigen Gewerbes, dessen Betrieb eingestellt wird (§ 3), bildet ebenfalls keine strafbare Uebertretung und hat nur die im § 5 angegebenen Folgen hinsichtlich der Entrichtung der Lizenzgebühr.

(Folgen die Muster s. A. Bl. 1876, S. 153—155.)

---

**14. Mai 1877.** — Ges. betr. das Aufsuchen von Waarenbestellungen und den Gewerbebetrieb im Umherziehen. (G. E. L. S. 15.) (¹)

. . . . .

§ 3. Ausgeschlossen vom An- und Verkauf im Umherziehen sind:

1. geistige Getränke aller Art;

. . . . .

Der Bundesrath ist befugt, soweit ein Bedürfniß obwaltet, anzuordnen, daß die Erlaubniß zum Verkauf oder Ankauf der einzelnen ausgeschlossenen Gegenstände ertheilt werde.

. . . . .

§ 11. Mit Geldstrafe bis zu einhundertfünfzig Mark und im Falle des Unvermögens mit Haft bis zu vier Wochen wird bestraft:

. . . . .

2. wer ein Gewerbe im Umherziehen ohne Legitimationsschein betreibt.

Die Strafe bleibt ausgeschlossen, wenn die strafbare Handlung zugleich eine Zuwiderhandlung gegen die Steuergesetze enthält.

. . . . .

§ 13. Die Bestimmungen dieses Gesetzes finden auf den Besuch der Messen, Jahrmärkte und Wochenmärkte, sowie den Kauf und Verkauf auf denselben keine Anwendung.

. . . . . Für den Besuch der Messen und Märkte und den Handelsverkehr auf denselben bleiben die bestehenden Gesetze in Kraft.

. . . . .

---

(¹) Vgl. Nr. II der lith. V. vom 9. Juni 1877. I. 6129

**16. Mai 1877.** — Ges. betr. den Kleinhandel mit Branntwein oder mit Spiritus. (G. E. L. S. 20.) (¹)

§ 1. Wer Kleinhandel mit Branntwein oder mit Spiritus betreiben will, bedarf dazu der Erlaubniß.

Diese Erlaubniß ist von dem Nachweise eines vorhandenen Bedürfnisses abhängig. Ist dieser Nachweis erbracht, so ist die Erlaubniß nur dann zu versagen:

1. wenn gegen den Nachsuchenden Thatsachen vorliegen, welche die Annahme rechtfertigen, daß er das Gewerbe zur Förderung der Völlerei, des verbotenen Spiels, der Hehlerei oder der Unsittlichkeit mißbrauchen werde;
2. wenn das zum Betriebe des Gewerbes bestimmte Lokal wegen seiner Beschaffenheit oder Lage den polizeilichen Anforderungen nicht genügt.

Als Kleinhandel im Sinne dieses Gesetzes gilt der Absatz von Branntwein oder von Spiritus in Mengen von weniger als fünfundzwanzig Liter im lizenzpflichtigen Gewerbebetrieb.

Kaufleute, welche für den Handel mit Branntwein oder mit Spiritus der Lizenz und der Patentsteuer als Großhändler unterworfen sind, bedürfen nur dann der Erlaubniß, wenn sie die bezeichneten Getränke in Mengen von weniger als fünf Liter absetzen.

§ 2. Wer Kleinhandel mit Branntwein oder mit Spiritus beginnt, ohne die vorgeschriebene Erlaubniß erhalten zu haben, kann an der Fortsetzung des Betriebes polizeilich verhindert werden.

§ 3. Die Erlaubniß darf nicht auf Zeit ertheilt werden.

Die ertheilte Erlaubniß darf nur widerrufen werden, wenn die Unrichtigkeit der Nachweise dargethan wird, auf deren Grund sie ertheilt worden ist; oder wenn aus Handlungen oder Unterlassungen des Gewerbebetreibenden der Mangel derjenigen Eigenschaften, welche bei der Ertheilung der Erlaubniß nach der Vorschrift dieses Gesetzes vorausgesetzt werden mußten, klar erhellt. Inwiefern durch die Handlungen oder Unterlassungen eine Strafe verwirkt ist, bleibt der richterlichen Entscheidung vorbehalten.

§ 4. Ueber die Anträge auf Ertheilung der Erlaubniß

(¹) Vgl. Nr. I der lith. V. vom 9. Juni 1877. I. 6129.

(§ 1) entscheidet der zuständige Kreis- oder Polizeidirektor nach Anhörung der Gemeindebehörde in erster Instanz.

Er verfügt nach § 2 die Untersagung des ohne Erlaubniß begonnenen Gewerbebetriebes.

Gegen die Bescheide des Kreis- oder Polizeidirektors ist der Rekurs an den Bezirksrath zulässig. Der Rekurs muß bei Verlust des Rekursrechtes innerhalb einer vierzehntägigen Frist, vom Tage der Eröffnung der Bescheide an gerechnet, erhoben und gerechtfertigt werden. Der Bezirksrath entscheidet nach erfolgter Vorladung und Anhörung des Rekurrenten in öffentlicher Sitzung im gewöhnlichen Verfahren.

§ 5. Ueber die Anträge auf Widerruf einer ertheilten Erlaubniß (§ 3) entscheidet der Bezirksrath unter Beachtung der im § 4 vorgeschriebenen Formen in öffentlicher Sitzung.

Gegen diese Entscheidung des Bezirksraths ist Rekurs an den Kaiserlichen Rath von Elsaß-Lothringen zulässig. Der Rekurs muß bei Verlust des Rekursrechtes binnen vierzehn Tagen, von Eröffnung der Entscheidungen an gerechnet, erhoben und gerechtfertigt werden. Der Kaiserliche Rath entscheidet nach Vorladung und Anhörung der Parteien in öffentlicher Sitzung im gewöhnlichen Verfahren.

§ 6. Die für den Kleinhandel mit Branntwein oder mit Spiritus nach Artikel 171 des Finanzgesetzes vom 28. April 1816 erforderliche steueramtliche Lizenz darf von der Steuerbehörde nur ausgestellt werden, wenn ihr die Ertheilung der polizeilichen Erlaubniß für den Gewerbebetrieb nachgewiesen ist.

§ 7. Wer den Kleinhandel mit Branntwein oder mit Spiritus ohne die erforderliche Erlaubniß beginnt oder fortsetzt, wird mit Geldstrafe bis zu dreihundert Mark und im Unvermögensfalle mit Haft bestraft.

§ 8. Die vorstehenden Bestimmungen finden keine Anwendung auf den Verkauf von Branntwein oder von Spiritus zum Genusse auf der Stelle. In dieser Hinsicht bewendet es bei den Vorschriften des Dekrets vom 29. Dezember 1851 (B. d. L. X. Série No. 3481) und des Gesetzes vom 16. November 1875 (Gesetzbl. für Elsaß-Lothringen S. 187).

§ 9. Dieses Gesetz tritt mit dem Tage seiner Verkündigung in Kraft.

Wer an diesem Tage Kleinhandel mit Branntwein oder mit Spiritus betreibt und die erforderliche steueramtliche Lizenz besitzt, bedarf zur Fortsetzung des Gewerbebetriebes über den 31. Dezember 1877 hinaus einer Erlaubniß nach Maßgabe der vorstehenden Bestimmungen. Ist bei Ablauf der für die Entrichtung der Lizenzgebühren für das erste Quartal 1878 bestimmten Frist der Steuerbehörde gegenüber die Ertheilung der polizeilichen Erlaubniß zur Fortsetzung des Gewerbebetriebes nicht nachgewiesen, so gilt der 31. Dezember 1877 als Tag der Abmeldung des Gewerbebetriebes.

§ 10. Der Reichskanzler ist mit der Ausführung dieses Gesetzes beauftragt.

# XVIII.

# Die Kasernirungskostenbeiträge.

## Inhaltsübersicht.



## Vorbemerkungen.

Nach den noch in Kraft befindlichen Bestimmungen der französischen Gesetzgebung ist in allen denjenigen Gemeinden, welche vom Militär Oktroi für Verzehrungsgegenstände erheben, ein gewisser Beitrag zu den Kosten der Besetzung der Militärbetten (occupation des lits militaires) zu leisten. Hierbei werden unter den Kosten der Besetzung der Militärbetten sowohl diejenigen für Unterhaltung des Bettwerks, als auch die Kosten für Heizung, Beleuchtung und andere hiermit in Verbindung stehende Nebenausgaben, sowie für Unterhaltung bezw. Miethe der Militärgebäude, mit einem Worte die Kosten der Kasernirung verstanden, weshalb die gedachten Beiträge die Bezeichnung «frais de casernement» erhalten haben.

Die fraglichen Gelder, welche in Form von Abonnements gezahlt werden können, werden von den Organen der Verwaltung der Zölle und indirekten Steuern erhoben, um demnächst der Militärverwaltung zugewiesen zu werden. Gemäß Erlaß des R. K. A. vom 11. Juli 1872, R. K. A. 4108. III, werden sie durch Vermittelung der Landeshauptkasse der Zahlstelle des XV. Armeekorps überwiesen. Sie bilden hiernach für den Landeshaushaltsetat von E. L. nur einen sogenannten durchlaufenden Posten und erscheinen in Kapitel II, Titel 3 der Ausgabe und Kapitel IV, Titel 25 der Einnahme des Etats für 1877.

Der Abschluß der Abonnements erfolgt durch die Bezirkspräsidenten.

**7. August 1810.** — VO. betr. die Kasernirungskosten. (¹)

.....

Art. 3. Vom 1. Januar 1811 ab, erfolgt die Ausgabe für die Besetzung der Militärbetten in allen Gemeinden, welche vom Militär Oktroi für Verzehrungsgegenstände erheben, nicht mehr zu Lasten der Militärverwaltung.

Art. 4. Diese Ausgabe wird von den Gemeinden zu Gunsten derjenigen getragen, von welchen das Oktroi erhoben wurde. . .

.....

**15. Mai 1818.** — Ges. betr. die Finanzen. (B. d. L. 7. Serie, Nr. 4101.)

.....

Art. 46. In keinem Falle und unter keinem Vorwande kann zu Gunsten der Staatskasse ein Abzug von den ordentlichen, außerordentlichen oder fakultativen Gemeindeumlagen oder von den sonstigen Einkünften der Gemeinden erhoben werden, ausgenommen: 1) . . . . . 2) für die Kosten der Kasernirung und der Militärbetten, jedoch keinenfalls mehr als 7 Franken für den Mann und 3 Fanken für das Pferd jährlich während der Dauer der Garnisonirung (²); wogegen die Reparaturkosten und und Miethbeträge für die Kasernen und alle anderen militärischen Gebäude oder Anstalten, sowie die Unterhaltung des Bettwerks und die Beschaffung der Militärbetten auf Kosten der Staatsregierung (³) erfolgt.

.....

(¹) Diese VO. ist im B. d. L. von 1810 nicht abgedruckt.

(²) Nach dem Ministerialerlaß vom 7. September 1836 ist das Maximum von 7 Franken für den Mann und 3 Franken für das Pferd nicht unbedingt zu entrichten, die Gemeinden können vielmehr die Abgabe auf dem Wege des Abonnements bezahlen, welches jeweilig auf 5 Jahre abzuschließen ist.

Nach den Ministerialerlassen vom 8. Oktober 1818, 17. Mai 1833 und 15. Juli 1833, darf die Erhebung von Kasernirungskosten für die Gensdarmen, für die bei den Gemeindeangehörigen einquartirten Truppen, für die in Spitälern oder im Gefängniß befindlichen Soldaten und für die außerhalb der Kasernen eingestellten Offizierspferde nicht stattfinden.

(³) Da das Militärwesen nicht mehr zu den Landesangelegenheiten gehört und die gedachten Ausgaben vom Reichsfiskus bestritten werden müssen, so fallen demselben auch die Kasernirungskostenbeiträge zu.

**5. August 1818.** — Kön. VO. betr. die Ausführung des Art. 46 des Gesetzes vom 15. Mai 1818 über die Kasernirungskosten. (B. d. L. 7. Serie, Nr. 4755.)

Art. 1. In den oktroipflichtigen Städten werden die Summen, welche zur Bestreitung der nach Art. 46 des Gesetzes vom 15. Mai d. J. für die Kasernirung und die Besetzung der Militärbetten zu leistenden Durchschnittsbeträge erforderlich sind, jedes Jahr im Gemeindebudget auf Grund der im vorhergehenden Budget hierfür ausgesetzten Beträge aufgenommen. Wenn die wirkliche Ausgabe den ausgesetzten Betrag übersteigt, so wird der Mehrbedarf auf das Budget des folgenden Jahres übertragen.

Art. 2. Die Verwaltung der indirekten Steuern ist beauftragt, die Erhebung der Durchschnittsbeträge nach dem für die Erhebung des Zuschlagszehntels (1) befolgten Modus zu bewirken. (2)

Die Erhebung erstreckt sich indessen monatlich nur auf ein Fünfzehntel der im Budget für den Jahresdurchschnittsbetrag ausgesetzten Summe, vorbehaltlich der im nachstehenden Art. 7 vorgesehenen Beschränkungen und der nach demselben zulässigen Erhebungszuschläge.

Art. 3. Bei Beginn eines jeden Quartals, läßt die Intendantur durch die Unterintendanten für jede der beitragspflichtigen Städte ihres Bezirks, auf Grund des Standes, welchen die Musterungen ergeben, eine Abrechnung über die wirkliche Dauer und Zahl der Besatzung an Mannschaft und an Pferden aufstellen, welche im vorhergehenden Vierteljahr in den militärischen Gebäuden und Niederlassungen untergebracht waren. Bei dieser Abrechnung sind hinsichtlich der wirklichen Zahl der Besatzungstage einbegriffen: 1) die Offiziere und Militärbeamten jeden Grades, welche reglementsmäßig ein Anrecht auf Dienstwohnung haben, sowie die Offiziere der Garnison, einerlei ob sie in Militärgebäuden wohnen oder nicht; 2) die Pferde der Kavallerieoffiziere und diejenigen vom Artillerietrain, vom Genietrain und für die Wagen, sowie alle andern, für welche ein Recht auf Bezug von Fourageratìonen in natura besteht.

Art. 4. Die Unterintendanten übersenden der Divisionsintendantur die von ihnen aufgestellten Ergebnisse der Musterung, um die Zahl der Besatzungstage an Mannschaft und Pferden

---

(1) Die Erhebung des Zuschlags vom Oktroi zu Gunsten des Staats ist durch VO. vom 17. März 1852 aufgehoben.

(2) Nach Erl. d. O. Pr. vom 1. Februar 1373. I. B. 361 erfolgen die Verhandlungen über den Abschluß der nach Anm. 2 auf S. 577 zulässigen fixirten Abonnements durch die Bezirkspräsidenten. Vgl. V. d. G. D. vom 8. Februar 1873. I. 3574.

festzustellen. Die Intendantur hat auf Grund der Abrechnung über die Besatzungstage die vierteljährliche Abrechnung aufzustellen unter Zugrundelegung des Satzes von 7 Franken für 365 Tage was die Mannschaft anbelangt, und von 3 Franken für 365 Tage hinsichtlich den Pferde. Sie hat diese Abrechnungen den Präfekten zu übersenden . . ., welche sie den Bürgermeisterämtern der schuldigen Gemeinden mittheilt, um von diesen anerkannt oder bestritten zu werden. Im ersteren Fall wird die durch den Präfekten ordnungsmäßig visirte Abrechnung durch dessen Vermittelung dem Direktor der indirekten Steuern zugestellt, um als beitreibungsfähiges Heberegister benutzt zu werden.

Art. 5. Eine zweite Ausfertigung der Abrechnung wird durch die Militärintendantur dem Kriegsminister vorgelegt, welcher sie dem Generaldirektor der indirekten Steuern zustellt, damit derselbe im Bedürfnißfalle die Beitreibung der nach den anerkannten Abrechnungen geschuldeten Summen veranlassen kann.

Art. 6. Im Falle Seitens des Bürgermeisteramtes Einsprache erhoben wird, hat sich dasselbe an den Präfekten zu wenden, welcher die Reklamation dem Kriegsminister übersendet, damit darüber entschieden werde, falls es sich um die Zahl der Besatzungstage handelt. — Falls sich die Einsprache auf die Zahlung selbst bezieht, so wird darüber, wie über das Zuschlagszehntel vom Oktroi (1) entschieden. — Wenn die Reklamation durch ministerielle Entscheidung zu Ungunsten der Stadt erledigt ist, so ist die Zahlung der nach der Abrechnung schuldigen Beträge, von der Verwaltung der indirekten Steuern zu betreiben, vorbehaltlich des vorschriftsgemäß zu bewirkenden Rekursrechts an den Staatsrath. (2)

Art. 7. Wenn nach dem Ergebniß der Abrechnungen, das gemäß Art. 2 durch die Steuerverwaltung für jeden Monat des der Abrechnung vorhergehenden Quartals erhobene Fünfzehntel des im Budget ausgesetzten Jahresbetrags geringer ist, als die wirkliche Ausgabe dieses Quartals, so ist die geschuldet bleibende Differenz durch die Verwaltung je zu einem Drittel am Schlusse jeden Monats des folgenden Quartals zu erheben. Wenn aus dem Gesammtbetrag der Abrechnungen für die drei ersten Quartale hervorgeht, daß die im Budget ausgesetzte Jahressumme nicht ausreichend ist, so ist die auf den fraglichen Fonds disponibel bleibende Summe am Ende der drei Monate des letzten Quartals zu je einem Drittel zu erheben.

. . . . .

Art. 10. Wir behalten uns eintretenden Falls vor, auf Grund des Vortrags unseres Ministers des Innern und der

---

(1) S. Anm. zu Art. 2.

(2) Vgl. §§ 8 u. 9 des Ges. vom 30. Dezember 1871 betr. die Einrichtung der Verwaltung.

bezüglichen Berichte unserer Minister des Kriegs und der Finanzen über Gesetzes- oder Verordnungsentwürfe Entscheidung zu treffen, welche behufs Bestätigung von Beschlüssen oder Genehmigung von Ersuchen der Gemeinderäthe vorzulegen sein werden, dahin abzielend:

1) Den mittleren Ertrag der durch die gegenwärtigen Bestimmungen festgesetzten Jahresschuldigkeit in ein fixirtes Abonnement und einen bestimmlen Bruchtheil des Ertrags an Oktroi umzuwandeln; (1)

2) Ausnahmsweise Nachlässe zu erlangen, und zwar entweder wegen des ordnungsmäßig konstatirten Eintritts von Ereignissen höherer Gewalt oder weil die Gemeinde vermöge ihrer Einkünfte und Hülfsquellen nicht im Stande ist, einen Theil des nach den Abrechnungen festgestellten Jahresbetrags, ohne Schädigung zu leisten.

---

(1) Z. vgl. Anm. 2 auf S. 577.

# XIX.

# Das Oktroi. (1)

## Inhaltsübersicht.



---

(1) Die Bearbeitung dieses Abschnitts ist, soweit es sich um die Gesetze und Verordnungen aus der Zeit vor dem Jahre 1863 handelt, unter Anlehnung an die Darstellung bei «Dareste, Manuel des contributions indirectes, etc.» erfolgt.

## Vorbemerkungen. (1)

Das Oktroi wurde in Frankreich bereits unter der Regierung Johanns I. (1350—64), jedoch zuerst nur für Wein, Fleisch und Fische eingeführt, auch wurde es Anfangs in den einzelnen Gemeinden stets nur für eine beschränkte Zeit erhoben. Erst nach und nach wurden die Oktroitarife umfassender und erlangten dauernde Gültigkeit. Da das Königthum die Erhebung des Oktrois in den Gemeinden für zulässig erklärt hatte, so glaubte es sich später auch berechtigt, hiervon Nutzen zu ziehen. Ein Edikt vom Dezember 1663 und eine Verordnung vom 12. Juli 1681 bestimmten, daß die eine Hälfte aller Oktroieinnahmen in die Königliche Kasse zu fließen habe und daß alle Gemeindeschulden und Lasten aus der zweiten Hälfte zu bestreiten seien.

Durch die konstituirende Versammlung wurde das Oktroi in Frankreich allgemein aufgehoben und zwar durch Gesetz vom 19—25 Februar 1791. Allein da die Gemeinden auf diese Weise ihrer Einnahmequellen beraubt waren, so verlangten sie unausgesetzt die Wiedereinführung des Oktrois. Dieselbe erfolgte unter dem Direktorium thatsächlich bereits durch das Gesetz vom 9. germinal an V, welches für den Fall, daß die Zuschläge zu den Personalsteuern für die Gemeindeausgaben nicht ausreichen sollten, die Einführung einer « contribution indirecte et locale » für zulässig erklärte, jedoch von der Zustimmung des gesetzgebenden Körpers abhängig machte. Die Bezeichnung „Oktroi" wurde hier noch vermieden. Dagegen wurde durch Gesetz vom 27. vendémiaire an VII in Ausführung der vorgedachten Befugniß ein „Oktroi" in Paris und durch dasjenige vom 27. frimaire an VIII in Courtray, Reims, Metz, Lille, Calais und einigen anderen Städten wieder eingeführt. Das letztgedachte Gesetz bestimmte zugleich die Erhebungsvorschriften für alle Gemeinden, wo künftighin ein Oktroi würde erhoben werden. Bald nachher, unter dem Konsulat, wurde allen Gemeinden die Befugniß zugestanden, Oktroi zur Bestreitung der Gemeindeausgaben — Anfangs speziell zur Unterhaltung der Spitäler (Ges. vom 5. ventôse an VIII) — zu erheben und es sollte hierzu nicht mehr eines Gesetzes, sondern nur der Zustimmung der Regierung bedürfen. Durch die Verordnung vom 24. frimaire an XI. wurde die Erhebung eines Abzugs von 5% zu Gunsten der Staatskasse von der Nettoeinnahme an Oktroi aller Städte festgesetzt, welche mehr als 20000 Franken jährlich an Oktroi erhoben oder wenigstens 4000 Einwohner hatten. Durch Gesetz vom 24. April 1806

(1) Vgl. « Block, Dictionnaire de l'administration française. »

wurde dieser Abzug auf 10% erhöht und durch Gesetz vom 28. April 1816 bestätigt und zwar bezüglich aller oktroipflichtigen Gemeinden, unabhängig von der Höhe der Einnahme oder der Bevölkerungsziffer. Erst die Verordnung vom 17. März 1852 hob den Abzug wieder auf.

Die oben erwähnten Gesetze hatten zwar das Oktroi wieder eingeführt, allein die bezüglichen Bestimmungen waren sehr unvollständig und die hieraus entstehenden Mißbräuche gaben die Veranlassung zu der Verordnung vom 17. Mai 1809, welche aus 170 Artikeln bestehend, mit großer Sorgfalt redigirt ist. Deren Inhalt ist später zum großen Theil in die Verordnung vom 9. Dezember 1818 übergegangen.

Durch die Verordnung vom Jahre 1809 wurde die unmittelbare Verwaltung des Oktrois den Gemeinden überwiesen, während bereits durch Erlaß vom 28. ventôse an XII die obere Aufsicht der Verwaltung der indirekten Steuern übertragen war. Durch Verordnung vom 8. Februar 1812 wurde diese Behörde auch mit der Erhebung des Oktrois beauftragt, jedoch bereits durch Gesetz vom 8. Dezember 1814 bestimmt, daß die Verwaltung und Erhebung des Oktrois zu den Befugnissen der Bürgermeister gehören solle.

Die Verordnung vom 9. Dezember 1814, in welcher die durch Art. 127 des Gesetzes vom 8. Dezember 1814 aufrecht erhaltenen, älteren gesetzlichen und reglementären Vorschriften wieder aufgenommen wurden, bildet nebst den einschlägigen, in der Folge zum Theil modifizirten Bestimmungen des Gesetzes vom 28. April 1816, sowie der Verordnung vom 12. Februar 1870, die hauptsächlichste gesetzliche Grundlage für das Oktroi. Von den seit Eintritt der deutschen Verwaltung erlassenen Gesetzen sind insbesondere dasjenige vom 15. Juli 1872 über die Steuerfreiheit des verzollten, ausländischen Weins und dasjenige vom 25. Juni 1873, betr. die Einführung der Reichsverfassung von Wichtigkeit. Letzteres setzt bis auf Weiteres für das Oktroi in Elsaß-Lothringen Ausnahmen von den in den Zollvereinigungsverträgen enthaltenen einschlägigen Bestimmungen fest.

In die vorliegende Sammlung sind nur die Grundlagen, nebst den abändernden *allgemeinen* Bestimmungen, nicht aber die *besonderen* Reglements und die Tarife der einzelnen oktroipflichtigen Städte aufgenommen worden. Es sei jedoch bemerkt, daß in E. L. das Oktroi in folgenden 26 Städten erhoben wird:

| | | |
|---|---|---|
| Altkirch, | Busendorf, | Dieuze, |
| Bischweiler, | Château-Salins, | Forbach, |
| Bitsch, | Colmar, | Gebweiler, |
| Bolchen, | Diedenhofen, | Hüningen, |

Lauterburg, Rappoltsweiler, Straßburg,
Metz, Saarburg, Thann,
Mülhausen, Saargemünd, Vic,
Neu-Breisach, Saarunion, Weißenburg.
Pfalzburg, St. Avold.

In Vervollständigung der im ersten Bande dieser Sammlung auf S. 67 enthaltenen Anmerkung zu § 1 des Ges. vom 20. März 1873, beziehungsweise der Anm. zu § 1 des Ges. vom 16. Mai dess. Jahres auf S. 70 bleibt hier noch zu erwähnen, daß von den durch die gedachten Gesetze aufgehobenen französischen Bestimmungen über die Getränkesteuern noch folgende im Zusammenhang mit Bestimmungen über das Oktroi Gültigkeit besitzen:

Ges. vom 28. April 1816. Art. 27 u. 46, 223—225 im Zusammenhang mit Art. 8 u. 9 des Ges. vom 29. März 1832;

Ges. vom 24. Juni 1824 (Nr. II) Art. 1, im Zusammenhang mit Art. 45 der VO. vom 9. Dezember 1814;

Ges. vom 24. Juni 1824 (Nr. IV). Art. 4, soweit sich derselbe auf das Oktroi bezieht;

Der dem Art. 3 des Ges. vom 12. Dezember 1830 beigefügte Eingangssteuertarif, insoweit er sich auf den Branntwein bezieht, im Zusammenhang mit Art. 9 des Ges. vom 11. Juni 1842;

Ges. vom 20. Juli 1837, Art. 6 und VO. vom 21. Dezember 1838 Art. 1 im Zusammenhang mit Art. 45 der VO. vom 9. Dezember 1814;

VO. 17. März 1852, Art. 14 nebst dem beigefügten Tarife im Zusammenhang mit Art. 18 des Ges. vom 22. Juni 1854, Art. 17 im Zusammenhang mit Art. 45 der VO. vom 9. Dezember 1814.

---

**19 frimaire an VIII.** — Ges., welches die Verwaltung der Einnahmen und Ausgaben der Bezirke, Städte und Landgemeinden regelt. (B. d. L., 2. Serie, Nr. 2219.)

. . . . .

Art. 4. Die mit Beschlag belegten Gegenstände . . . sind den Eigenthümern oder Transportanten erst dann zurückzugeben, wenn dieselben als Entschädigung zum Vortheil der Armen (¹) eine dem Werthe der mit Beschlag

---

(¹) Der Betrag der den Kontravenienten auferlegten Geldstrafe mit der Konfiskation wird zu einer Hälfte der Gemeindekasse, zur andern den Oktroibeamten oder dem Pächter überwiesen (Art. 84 der VO. vom 9. Dezember 1814 und Art. 126 des Ges. vom 17. Mai 1809).

belegten Gegenstände gleichkommende Summe bezahlt haben. ([1])

---

**27 frimaire an VIII.** — Ges., betr. die Einführung des städtischen Oktrois in den Gemeinden Courtrai, Reims, Metz, Lille, Calais, Fontenaile-Peuple, Limoges und Epinal. (B. d. L., 2. Serie, Nr. 3475.) ([2])

. . . . .

Art. 3. Die Regierung ist endgültig ermächtigt, . . . . . die allgemeinen und örtlichen Reglements für die Erhebung gedachter Oktrois zu erlassen . . . . . ([3])

Art. 4. ([4])

. . . . .

Art. 7. Bevor sie (die Oktroibeamten) ihr Amt antreten, haben sie vor dem Friedensrichter, in dessen Bezirk die Gemeindeverwaltung ihr Sitzungslokal hat, einen Eid zu leisten. . . . . ([5])

Art. 8. Die von ihnen über entdeckte Defraudationen errichteten Protokolle sind bei Vermeidung der Nichtigkeit vor demselben Friedensrichter innerhalb 24 Stunden nach

---

([1]) Vgl. Art 28 d. VO. v. 9. Dezember 1814. — Die Entrichtung einer Geldsumme in Höhe des Werthes der mit Beschlag belegten Gegenstände war früher die einzige Geldstrafe für Zuwiderhandlungen gegen die Oktroigesetze. Gegenwärtig kommt außer der Konfiskation eine Geldstrafe von 100—200 Franken in Anwendung. — Vgl. auch Art. 9 des Gesetzes v. 24. Mai 1834.

([2]) Obwohl dieses Gesetz ursprünglich nur für die im Betreff genannten Städte erlassen wurde, so sind doch später die Bestimmungen desselben auf alle oktroipflichtigen Städte ausgedehnt worden.

([3]) Der Schluß des Artikels ist durch spätere Gesetze aufgehoben. Vgl. Art. 2 des Ges. v. 5 ventôse an VIII, Art. 5 ff. der VO. v. 9. Dezember 1814, Art. 147 des Ges. v. 28. April 1816 und Art. 8 des Ges. v. 11. Juni 1842.

([4]) Vgl. Art. 56 d. VO. vom 9. Dez. 1814.

([5]) Dieser Art. ist zwar durch Art. 58 der VO. v. 9. Dezember 1814 ersetzt, aber hier zum Verständniß des folgenden abgedruckt.

der Abfassung zu bekräftigen; sie haben bis zur Anstellung der Fälschungsklage vor Gericht Beweiskraft. (¹)

. . . . .

Art. 11. Jeder, der in den Oktroitarif aufgenommene Verbrauchsgegenstände transportirt, ist gehalten seine Anmeldung bei der nächsten Hebestelle zu machen und bevor er dieselben in die Stadt einführt, die Abgaben davon zu entrichten, bei Strafe . . . . . (²)

Dieselbe Strafe wird durch die Fabrikanten und sonstigen Personen, welche das im Innern einer Gemeinde zur Erhebung gelangende Oktroi zu entrichten schuldig sind, verwirkt, falls sie ihre Deklaration nicht in der durch die Reglements . . . . vorgeschriebenen Fristen und an den durch dieselben Terminen abgeben.

Art. 12. In keinem Falle dürfen Personen, welche in die gedachten Ortschaften zu Fuß, zu Pferde oder in Reisewagen eintreten, unter dem Vorwande der Oktroierhebung angehalten, ausgefragt oder der körperlichen Revision bezw. einer Durchsuchung ihres Reisegepäcks unterworfen werden.

Zuwiderhandlungen gegen diese Bestimmung sind als Gewaltthätigkeit anzusehen; die Thäter sind im zuchtpolizeilichen Wege zu verfolgen und zu einer Geldstrafe von 50 Franken und zu Gefängniß von 6 Monaten zu verurtheilen (³)

Art. 13. Die Streitigkeiten, welche sich bezüglich der Anwendung des Tarifs oder hinsichtlich der Höhe der von den Oktroieinnehmern geforderten Abgaben erheben sollten, werden unabhängig von der Höhe der bestrittenen Abgabe vor dem Friedensrichter, in dessen Bezirk die

---

(¹) Wegen der Form der Protokolle vgl. Art. 75 d. VO. vom 9. Dezember 1814.

(²) Vgl. wegen der Strafbestimmungen die Art 8 u. 9 des Ges. vom 29. März 1832 und Art. 9 des Ges. vom 24. Mai 1834.

(³) Wegen der Befugnisse der Oktroibeamten gegen die Reisenden vgl. Art. 30 der VO. vom 9. Dez. 1814, sowie Art. 9 des Ges. vom 24. Mai 1834; der zweite Absatz des obigen Art. 12 ist durch § 339 des allg. Strafgesetzbuchs ersetzt. (Förtsch u. Leoni, Strafgesetze II. 371).

Gemeindeverwaltung ihren Sitz hat, verhandelt, um von demselben summarisch und kostenfrei abgeurtheilt zu werden und zwar, je nach der Höhe der geforderten Abgabe, entweder in letzter Instanz oder vorbehaltlich des Appellationsrechts. (1)

. . . . .

Art. 15. Jeder, der sich der Ausübung des Amtes gedachter Angestellten widersetzt, ist zu einer Geldstrafe von 50 Franken zu verurtheilen. Im Falle von Thätlichkeiten wird ein Protokoll aufgenommen, welches dem Direktor der Jury zu übersenden ist, damit der Thäter verfolgt und ihm die Strafen auferlegt werden, die im Strafgesetzbuche gegen diejenigen angedroht sind, welche der Ausübung eines öffentlichen Amtes mit Gewalt Widerstand leisten. (2)

Art. 16. Jeder Oktroibeamte, welcher Defraudationen begünstigt, sei es durch Annahme von Geschenken oder auf jede andere Weise, ist zu den Strafen zu verurtheilen, die im Strafgesetzbuche (Code pénal) (3) gegen pflichtvergessene Beamte angedroht sind. (4)

---

**5. ventôse an VIII.** — Ges., betr. die Errichtung von städtischen Oktrois. (B. d. L., 3. Serie, Nr 65.)

. . . . .

Art. 2. Der Gemeinderath einer jeden von diesen Städten (in denen Oktrois errichtet werden) ist gehalten . . . . . die Entwürfe der Tarife und der den örtlichen Verhältnissen angepaßten Reglements vorzulegen; dieselben sind der Genehmigung der Regierung unterworfen und werden durch sie geeigneten Falls endgültig festgesetzt. (5)

---

(1) Vgl. Art. 81 der VO. vom 9. Dezember 1814.

(2) Vgl. auch Art. 65 der VO. vom 9. Dezember 1814. Der erste Theil des Artikels ist als Spezialvorschrift neben Art. 209 des «Code pénal», auch neben §§ 113 ff. des Strafgesetzbuchs in Kraft geblieben. Liegt gewaltsamer Widerstand vor, so kommen die gedachten §§ des Strafgesetzbuchs zur Anwendung, ev. unter Beachtung des § 73. (Förtsch u. Leoni, a. a. O. II. S. 371.)

(3) An die Stelle der Bestimmungen des «Code pénal» treten diejenigen des Deutschen Strafgesetzbuchs.

(4) Vgl. Art. 63 der VO. v. 9. Dezember 1814.

(5) Vgl. Art. 3 des Ges. v. 27. frimaire an VIII., Art. 5 der VO. v. 9. Dezember 1814, Art 147 des Ges. v. 28. April 1816 und Art. 8 des Ges. v. 11. Juni 1842.

**28. ventôse an XII. — Erlaß der Regierung.**

. . . . .

Art. 4. Die Ausführung der Gesetze und Erlasse der Regierung über die zu Gunsten der Gemeinde- und Wohlthätigkeitskasse errichteten Oktrois ist in Bezug auf Alles dasjenige, was die Errichtung der Oktrois und die Ueberwachung ihrer Erhebung betrifft, dem Finanzministerium zugetheilt.

Alles was das Budget der Städte, die Verwaltung des Gemeindevermögens und deren Rechnungslegung betrifft, gehört auch fernerhin zum Ressort des Ministeriums des Innern. . . .

**5. germinal an XII. — Erlaß der Regierung.**

Art. 1. Die Einrichtung und die Ueberwachung der städtischen Oktrois . . . . sowie die Erhebung der vereinigten Abgaben (1) gehören zum Ressort des Finanzministers.

. . . . .

Art. 4. Der Direktor der vereinigten Abgaben ist beauftragt, die Gesetze und Reglements über die städtischen Oktrois nach den Anweisungen des Finanzministers auszuführen. (2)

**1 germinal an XIII. — Kais. Verordnung, betr. die vereinigten Abgaben, das Prozeßverfahren ꝛc.** (B. d. L., 4. Serie Nr. 646.)

Art. 53. Alle bei der Erhebung der städtischen Oktrois angestellten Beamten sind nach erfolgter gerichtlicher Vereidigung befugt, Protokolle über die von ihnen entdeckten Defraudationen gegen die indirekten Steuern zu errichten; dasselbe gilt für die Beamten der Verwaltung der indirekten Steuern hinsichtlich der von ihnen entdeckten Oktroidefraudationen. (3)

. . . . .

**24. April 1806. — Ges., betr. das Staatsbudget für das Jahr XIV. und 1806.** (B. d. L., 4. Serie Nr. 1513).

. . . . .

Art. 73. Die Luxus- und Miethssteuern derjenigen Städte, in welchen ein Oktroi erhoben wird, können vom Jahre 1807 an durch eine Abgabe auf Verbrauchsgegenstände ersetzt werden. (4)

---

(1) Droits réunis, jetzt die indirekten Abgaben.
(2) Vgl. Art. 88 ff. der VO. vom 9. Dez. 1814.
(3) Vgl. Art. 92 d. VO. v. 9. Dezember 1814.
(4) Vgl. Art. 153 des Ges. v. 28. April 1816.

**17. Mai 1809.** — Reglement, betr. die zu Gunsten der Stadt- und Armenkassen errichteten Oktrois. (B. d. L., IV. Serie Nr. 4447.)

Titel I. Errichtung der Oktrois.

Art. 3. Die unmittelbare Ueberwachung der Oktroierhebung erfolgt durch die Bürgermeister unter der Aufsicht der oberen Verwaltung. (1)

. . . . .

Art. 10. Befindet sich eine Stadt- oder Landgemeinde in dem Falle des vorhergehenden Artikels (Ausdehnung des Oktrois auf den Bann einer oder mehrerer anderer Gemeinden) so werden die Präfekten (2) die Gemeinderäthe gedachter Gemeinden veranlassen, über die Vereinigung oder ein sonstiges Mittel für die Sicherstellung der Erhebung der bestehenden oder zu errichtenden Oktroiabgaben Beschluß zu fassen. (3)

. . . . .

Titel II. Von den Tarifen.

Art. 19. Die Trauben und Fruchtarten, welche von den Abgaben befreit werden können und das Maß, in welchem diese Befreiung eintreten kann, werden durch die Reglements festgesetzt. (4)

. . . . .

Art. 27. In den Gemeinden, in welchen Vieh gezüchtet wird und in denjenigen, in welchen mit demselben auf öffentlichen Märkten Handel getrieben wird, sind den Eigenthümern und den Händlern durch die Reglements alle mit der Sicherheit der Erhebung verträglichen Erleichterungen zu gewähren.

. . . . .

Titel IV. Von der Durchfuhr. (passe-debout.) (5)

. . . . .

Art. 64. Wenn durch das Ergebniß der Untersuchungen die Anmeldung hinsichtlich der Menge für falsch befunden

---

(1) Durch VO. vom 8. Februar 1812 aufgehoben, aber durch Ges. vom 8. Dezember 1814 wieder hergestellt.

(2) Bezirkspräsidenten.

(3) Vgl. Art. 152 des Ges. v. 28. April 1816.

(4) Vgl. Art. 12, 3. Abs. der VO. v. 9. Dezember 1814.

(5) Nach Art. 60 ist unter «passe-debout» die Durchfuhr oktroipflichtiger Gegenstände durch eine Gemeinde ohne längeren Aufenthalt als höchstens 24 Stunden zu verstehen, welche Anspruch auf Befreiung vom Oktroi gewährt. Vgl. auch Tit. V d. VO. vom 9. Dez. 1814.

worden ist, so ist der nicht angegebene Mehrbetrag mit Beschlag zu belegen. Jede falsche Angabe in Bezug auf die Art, sowie auch in Bezug auf die Menge, wenn der nicht angegebene Mehrbetrag mehr als ein Drittel dieser Menge ausmacht, ist mit Beschlagnahme der Gesammtmenge zu bestrafen. (1)

Art. 65. Jede Hinterziehung oder fraudulöse Abladung während der Dauer der Durchfuhr zieht die Beschlagnahme der abgeladenen Gegenstände oder die Konfiskation des Werthes der hinterzogenen Gegenstände nach sich. (2)

. . . . .

Titel V. Von den Privatniederlagen. (Entrepôt fictif.) (3)

. . . . .

Art. 95. Jede Anmeldung, welche bei der Einfuhr, der Ausfuhr, bei den von den Beamten zu bewirkenden Revisionen, Aufnahmen und Prüfungen, oder bei dem Abschluß der Konten (4) für unrichtig erkannt worden ist, zieht für den Lagerinhaber den Verlust des Niederlagerechts nach sich. (5) Die Abgabe für die noch in den Magazinen lagernden Waaren ist alsdann sofort einziehbar, unbeschadet der Geldstrafe für die hinterzogenen, eingeschmuggelten oder sonst in Ungebühr befundenen Mengen.

. . . . .

Titel IX. Von der Verwaltung des Oktrois.

. . . . .

§ 2. Von der Verwaltung mit gewissem Antheil.

. . . . .

Art. 104. Die Verwaltung mit gewissem Antheil besteht in der Abschließung eines Vertrages mit einem Verwalter, unter Festsetzung eines festen Pachtzinses und eines bestimmten Antheils an dem Ertrag, insoweit derselbe den Pachtzins und die für die Kosten ausbedungene Summe übersteigt.

---

(1) Vgl. Art. 28 u. 29 d. VO. vom 29. Dez. 1814.

(2) Art. 37 der VO. v. 9. Dezember 1814.

(3) Nach Art. 90 ist unter «Entrepôt fictif» das Recht zur unversteuerten Einfuhr von Waaren und Niederlegung derselben in Privaträume zu verstehen; vgl. auch Titel VI. d. VO. vom 9. Dez. 1814.

(4) Vgl. Art. 44 d. VO. vom 9. Dez. 1814.

(5) Die hier ausgesprochene Entziehung des Niederlagerechts ist nach der französischen Praxis keine dauernde und vollständige, sie bedingt vielmehr nur die sofortige Entrichtung der Abgabe für die in den Magazinen des Lagerinhabers zur Zeit vorhandenen Waaren. Z. vgl. Art. 44 d. VO. v. 9. Dez. 1814.

Art. 105. Die für die Kosten ausbedungene Summe soll womöglich 12 Prozent des Pachtzinses nicht übersteigen.

Art. 106. Die Vertheilung des Mehrertrags erfolgt am Ende eines jeden Jahres, jedoch nur vorläufig. Nach Ablauf der Pachtzeit wird der Gesammtmehrertrag behufs der Aufstellung eines Durchschnittsjahres ausgerechnet, nach welchem die Vertheilung gemäß dem durch das Lastenheft festgesetzten Verhältnisse endgültig bestimmt wird. (1)

Art. 107. Im ersten Monate des zweiten Pachtjahres hat der Pächter seine Abrechnung einzureichen, zu deren Prüfung und Abschluß sobald als möglich und spätestens im zweiten Monate dieses zweiten Jahres in Gegenwart des Direktors der vereinigten Abgaben oder eines von ihm hierzu ernannten Beamten jener Verwaltung geschritten wird, so zwar, daß gedachte Rechnung vor dem Ablauf dieses zweiten Monates bereinigt ist. Dasselbe geschieht jedes Jahr für das vorhergehende Jahr.

### § 3. Von der Verpachtung.

Art. 108. Die Verpachtung besteht in der einfachen und unbedingten Ueberlassung des Ertrages vom Oktroi gegen einen vertragsmäßig festgesetzten Pachtzins, ohne Theilung des Mehrerlöses und ohne Anrechnung der Kosten. (2)

Art. 109. Der Pächter darf sein Pachtrecht ohne die ausdrückliche von dem Finanzminister genehmigte Zustimmung der Lokalbehörde weder ganz noch theilweise übertragen; er darf in keinem Falle den Steuerpflichtigen die Abgaben erlassen, oder eine Abfindungssumme mit ihnen vereinbaren.

## Bestimmungen,

### welche bei der Verwaltung mit gewissem Antheil und bei der Verpachtung in Anwendung kommen. (3)

Art. 110. Die Verpachtung des Oktroi derjenigen Städte, welche eine Bevölkerung von 5000 und mehr Seelen haben, wird von dem Bürgermeister auf dem Gemeindehause dieser Städte vorgenommen; in denjenigen mit geringerer Bevölkerung wird sie durch den Unterpräfekten (4) in dessen Amtslokal in Gegenwart des Bürgermeisters vorgenommen.

Art. 111. Keine Verpachtung darf anders als in Gegenwart des Direktors der vereinigten Abgaben oder eines von ihm abgeordneten Beamten, welche das Protokoll zu unterzeichnen haben, vorgenommen werden.

(1) Vgl. Art. 147 des Ges. v. 28. April 1816.
(2) Vgl. Art. 147 des Ges. v. 28. April 1816.
(3) Vgl. Art. 5 der VO. vom 12. Februar 1870.
(4) Kreisdirektor.

Art. 112. Keine Verpachtung darf sich auf mehr als drei Jahre erstrecken, vorbehaltlich der Fälle, wo der Rest eines begonnenen Jahres noch inbegriffen wird, auch muß dieselbe in jedem Falle am 31. Dezember ihr Ende nehmen. (1)

Art. 113. Den Verpachtungen müssen mindestens zwei öffentliche Anschläge mit Zwischenräumen von je vierzehn Tagen vorausgehen; dieselben sind in die im Bezirke erscheinenden Zeitungen einzurücken; der Zuschlag wird im Wege der öffentlichen Versteigerung, bei brennenden Lichtern, demjenigen der das letzte und höchste Gebot thut, ertheilt.

Art. 114. Zu den Versteigerungen werden nur solche Personen zugelassen, deren guter Leumund, Zahlungsfähigkeit und Befähigung dem Bürgermeister bekannt sind, vorbehaltlich der Berufung an den Präfekten.

Art. 115. Zu diesem Zwecke wird mindestens drei Monate vor der Erneuerung des Pachtes in den Zeitungen eine Verkündigung erlassen, mit der Aufforderung an Alle, die sich betheiligen wollen, sich auf dem Sekretariate der Gemeindeverwaltung einzufinden, um den vorerwähnten Bestimmungen zu genügen.

Art. 116. Die Pächter haben bei dem Zuschlage, bevor sie unterzeichnen, die Namen, Vornamen, den Stand und Wohnort ihrer etwaigen Theilnehmer schriftlich anzugeben; sie haben dem Protokolle den Gesellschaftsvertrag, wenn ein solcher vorhanden ist, anzufügen; andernfalls haben die anwesenden Theilnehmer mit dem Pächter das Protokoll zu unterschreiben.

Art. 117. Nach erfolgtem Zuschlage wird kein Nachgebot angenommen, wenn dasselbe nicht binnen vierundzwanzig Stunden gemacht und durch Vermittelung eines Gerichtsvollziehers der Behörde, welche den Zuschlag ertheilt hat, zugestellt worden ist und wenn das Gebot den erreichten Steigpreis nicht um mindestens ein Zwölftel übersteigt. Letzteren Falls findet eine neue Versteigerung statt, bei der auf das letzte Gebot weiter geboten werden kann.

Art. 118. Die Pächter haben sich bei der Erhebung und in Allem, was das Oktroi betrifft, nach den genehmigten Tarifen und Reglements zu achten. Ebenso sind sie bei Strafe des Schadensersatzes und selbst der gerichtlichen Auflösung ihres Pachtvertrages gehalten, diejenigen Gesetze und Reglements zu beobachten, welche die Beziehungen der Oktroiverwaltungen zu der Verwaltung der vereinigten Abgaben betreffen. (2)

(1) Vgl. wegen Verzögerung bei der Einsetzung in den Besitz Art. 135.

(2) Vgl. Art. 137.

Art. 119. Die Pächter sind in der Wahl ihrer Angestellten nicht beschränkt und können dieselben nach Gutdünken entlassen; jedoch sind die Präfekten befugt, auf Antrag der Unterpräfekten, der Bürgermeister oder der Direktoren der vereinigten Abgaben sowie nach vorheriger Anhörung der Pächter, diesen letzteren den Befehl zu ertheilen, diejenigen ihrer Angestellten, welche zu gegründeten Klagen etwa Veranlassung gegeben haben, abzusetzen. (1)

Art. 120. Jedem Angestellten, der ein Jahr lang im Dienste war und von dem Pächter bei Antritt seines Pachtes nicht beibehalten wird, sind auf Kosten des neuen Pächters zwei Monatsraten seines Gehaltes als Entschädigung auszuzahlen.

Art. 121. Jeder Pächter ist gehalten, bevor er in den Besitz gesetzt wird, Bürgschaft zu stellen, deren Betrag und Art in dem Lastenheft bestimmt werden wird.

Art. 122. Die Verwaltung der vereinigten Abgaben kann für jedes Oktroi einen ihrer Beamten mit der Ueberwachung der Erhebung beauftragen. (2)

Art. 123. Der Pachtzins ist monatlich im Voraus zu entrichten; der Pächter kann, falls er mit der Bezahlung des ausbedungenen Pachtzinses in den festgesetzten Fristen im Rückstande bleibt, mit allen Rechtsmitteln und selbst mit Haft (3) verfolgt werden. (4)

Art. 124. Der Pächter ist gehalten, dem Bürgermeister und dem Beamten der Verwaltung der vereinigten Abgaben von jedem Uebertretungsprotokolle Kenntniß zu geben. Er kann ohne Ermächtigung des Bürgermeisters mit dem Zuwiderhandelnden nicht transigiren. Der mit der Ueberwachung des Oktrois beauftragte Beamte der vereinigten Abgaben hat bei allen Transaktionsverhandlungen zugegen zu sein und sein Gutachten abzugeben.

Art. 125. Bei der Verpachtung mit gewissem Antheil hat der Pächter in allen Fällen, wo er ohne Ermächtigung eine gerichtliche Verfolgung beantragt hat, die Kosten zu tragen; anderen Falls fallen sie der Gemeinde zur Last.

Bei einfacher Verpachtung hat der Pächter stets, auch wenn er ermächtigt war, die Kosten, zu denen er verurtheilt wird, zu tragen.

Art. 126. Die Hälfte des Reinertrags der Geldstrafen, sowie des Verkaufs der mit Beschlag belegten oder konfiszirten

(1) Vgl. Art. 156 d. Ges. vom 28. April 1816.
(2) Vgl. Art. 155 des Ges. vom 28. April 1816.
(3) Die «Contrainte par corps» ist in Civilsachen durch das Gesetz vom 22. Juli 1867 aufgehoben worden.
(4) Vgl. Kais. VO. v. 15. November 1810.

Gegenstände, mögen diese Geldstrafen gerichtlich zuerkannt, oder auf dem Transaktionsweg ausgesprochen sein, gehört dem Pächter. (¹)

Art. 127. Niemand, der bei der Verwaltung der vereinigten Abgaben, bei der bürgerlichen Verwaltung oder bei den Gerichten angestellt ist, sofern diese Behörden in irgend einer Weise mit der Ueberwachung oder der Gerichtsbarkeit über das Oktroi betraut sind, kann Pächter oder Theilnehmer eines Pächters sein, bei Strafe der gerichtlichen Auflösung des Pachtes ohne Entschädigung und vollständigen Schadensersatzes.

Art. 128. In das Lastenheft ist der Vorbehalt aufzunehmen, daß in denjenigen Fällen, wo Abänderungen oder Einschränkungen etwa für nöthig erachtet werden, der Pachtzins, nach Maßgabe jener Abänderungen oder Einschränkungen herabgesetzt oder erhöht werden kann; dem Pächter kann es zur Pflicht gemacht werden, eine genaue Abrechnung über Gewinn oder Verlust abzulegen.

Art. 129. Außer diesem Falle darf der Pächter unter keinem Vorwande mit seinem Antrage auf Abrechnung von Gewinn und Verlust oder auf Auflösung des Pachtes oder auf Entschädigung gehört werden.

Es ist sogar den Gemeinderäthen untersagt, über etwa gestellte derartige Anträge zu berathen.

Art. 130. In das Lastenheft ist auch ein Vorbehalt für die Fälle aufzunehmen, daß die Regierung etwa die Auflösung des Pachtes anordnen sollte und es ist die Entschädigung festzusetzen, welche dem Pächter für das, was ihm an der Pachtzeit dadurch entzogen wird, zuzubilligen ist.

Art. 131. Kommt der Pächter den im Lastenhefte enthaltenen Bedingungen nicht nach, so kann die Gemeinde, nach vorhergegangener Mahnung oder Aufforderung, eine neue Verpachtung auf seine Gefahr und Kosten veranlassen.

Art. 132. Den Direktoren der vereinigten Abgaben sind Abschriften des Pachtvertrages, der Tarife und der Reglements zu übersenden. (²)

Art. 133. Alle aus der Verpachtung entstehenden Kosten fallen dem Pächter zur Last.

. . . . .

Art. 135. Die Verpachtung wird erst dann endgültig und der Pächter in den Besitz gesetzt, wenn der Finanzminister seine Genehmigung dazu ertheilt hat.

---

(¹) Derselbe hat die andere Hälfte, nebst einem Zuschlage von einem Zehntel, in den vorgeschriebenen Fristen und in vorgeschriebener Weise einzuzahlen.

(²) Vgl. Art. 5, Abs. 2 der VO. vom 12. Februar 1870.

Art. 136. Die Streitigkeiten, die sich über die Verwaltung oder die Erhebung der Oktrois im Falle der Verwaltung mit gewissem Antheil zwischen den Gemeinden und den Pächtern erheben sollten, werden vor die Präfekten gebracht, welche im Bezirksrathe, nach Anhörung der Parteien zu entscheiden haben, vorbehaltlich der Berufung an den Staatsrath (1), in der Form und innerhalb der Frist, wie es in der Kais. VO. v. 22. Juli 1806 vorgeschrieben ist. Dasselbe hat zu geschehen bei Streitigkeiten, die sich zwischen den Gemeinden und den Oktroipächtern im Falle einfacher Verpachtung über den Sinn der Pachtbedingungen etwa erheben sollten.

Alle übrigen Streitigkeiten, die sich zwischen den Gemeinden und den Oktroipächtern erheben sollten, sind vor die Gerichte zu bringen.

## Titel X. Beziehung der Oktrois zu der Verwaltung der vereinigten Abgaben. (2)

Art. 137. Die Pächter, die Verwalter mit gewissem Antheil und alle übrigen Oktroivorsteher sind gehalten, die Mitwirkung der Angestellten der Verwaltung der vereinigten Abgaben in allen Fällen, wo eine solche stattfinden muß, zu gestatten; sie alle dienstlichen Untersuchungen und Geschäfte vornehmen zu lassen und ihnen alle Aufstellungen, Verzeichnisse und Nachweisungen, deren sie bedürfen, vorzulegen und mitzutheilen.

Sie sind außerdem gehalten, ihre eigenen Angestellten, so oft sie dazu aufgefordert werden, bei dem Dienste der vereinigten Abgaben mitwirken zu lassen, bei Vermeidung der Strafen, welche Rechtens; sie dürfen dieselben jedoch von ihren ständigen Dienstsitzen nicht entfernen. (3)

## Titel XI. Das Personal.

. . . . .

Art. 145. Es ist den Pächtern, den Verwaltern mit gewissem Antheil oder ihren Angestellten untersagt, mit oktroipflichtigen Gegenständen zu handeln.

. . . . .

Art. 147. Es kann auf Ersuchen der Gemeinden eine Pensions- und Unterstützungskasse errichtet werden. Der Grundstock

---

(1) Kaiserlicher Rath, vgl. § 8 des Ges. vom 30. Dezember 1871.

(2) Verwaltung der indirekten Steuern.

(3) Vgl. Art. 88 ff. d. VO. vom 9. Dezember 1814.

dieser Kasse wird durch einen Abzug von den festen Gehältern und Gebühren, sowie dem Ertrage der Geldstrafen gebildet. ([1])

Art. 148. Ein besonderes Reglement setzt die Art und Weise der Verwaltung dieser Kasse und die Austheilung der Pensionen und Unterstützungen fest, für die sie bestimmt ist.

. . . . .

Art. 156. Die Oktroibeamten haben, wenn sie dazu aufgefordert werden, bei der Unterdrückung und Entdeckung der Polizeivergehen mitzuwirken.

. . . . .

Titel XIII. Vom Verfahren bei Streitigkeiten.

. . . . .

Art. 164. Es wird bezüglich des Oktrois gemäß den Gesetzen vom 2. vendémiaire und 27. frimaire des Jahres VIII. verfahren. ([2])

In den Fällen jedoch, wo sich entweder über den Rechtsgrund oder die Anwendung des Tarifs, oder über Zuwiderhandlungen ein Streit erhebt, welcher zu gleicher Zeit das Oktroi und die vereinigten Abgaben zum Gegenstande hat, wird über das Ganze gemäß den Bestimmungen des Kapitels 6 des Gesetzes vom 5. ventôse des Jahres XII., betreffend die vereinigten Abgaben, verfahren. ([3])

---

**7. August 1810.** — VO. betr. die Kasernirungskosten ([4]).

---

**15. November 1810.** — Kais. VO. betr. die Beitreibung der Oktroigefälle von den Verwaltern mit gewissem Antheil, den Pächtern, den Oktroieinnehmern und andern Beamten des Oktrois. (B. d. L., 4. Serie, Nr. 6110).

Art. 1. Die Einziehung der Oktroigefälle hat gegenüber den Verwaltern mit gewissem Antheil, den Pächtern, Einnehmern und sonstigen bei der Erhebung der gedachten Abgaben angestellten

---

([1]) Vgl. Art. 84 der VO. vom 9. Dezember 1814 und die Anmerkungen zu demselben.

([2]) Die Bestimmungen des Gesetzes vom 2. vendémiaire an VIII. (B. d. L., 2. Serie, Nr. 3304) sind in die Art. 78 und 81 der VO. vom 9. Dezember 1814 übergegangen.

([3]) S. Bd. I. S. 138.

([4]) s. Abschn. XVIII. „Kasernirungskostenbeiträge“.

Beamten im Wege des Zwangsverfahrens und mittelst Haft ([1]) zu erfolgen.

Art. 2. Die Zwangsbefehle werden von dem Gemeinderechner aufgestellt, von dem Bürgermeister visirt und von dem Friedensrichter des Kantons, in welchem die Gemeinde liegt, für vollstreckbar erklärt; die Zustellung derselben erfolgt auf den Antrag des Bürgermeisters und die Vollstreckung geschieht gemäß Titel XV des 5. Buches des ersten Theiles der Civilprozeßordnung.

---

**9. Dezember 1814.** — VO. betr. Reglement über das Oktroi. (B. d. L., 5. Serie, Nr. 560.)

### Titel I. Uebergangsbestimmungen.

Art. 1. In Ausführung des Art. 121 des Gesetzes vom 8. Dezember 1814 wird am 1. Januar 1815 der Oktroidienst von der Verwaltung der indirekten Steuern den Bürgermeistern überliefert. Diese Uebergabe sowie diejenige der Häuser, Geräthschaften, Bureau- und andern zur Oktroierhebung dienenden Gegenstände ist durch ein in vierfacher Ausfertigung aufgenommenes Protokoll festzustellen, welches von dem Bürgermeister und dem ersten Beamten der Steuerverwaltung in jedem Amtssitz, oder in den Städten, wo dies für nöthig erachtet wird, von zu diesem Zwecke von beiden Seiten abgeordneten Kommissaren zu unterzeichnen ist. Eines dieser Protokolle wird in der Bürgermeisterei hinterlegt, ein anderes dem Direktor der indirekten Steuern des Bezirks übersendet, das dritte wird dem Präfekten und das vierte der Verwaltung der indirekten Steuern eingereicht. ([2])

Art. 2, 3 u. 4. ([3])

### Titel II. Von der Errichtung der Oktrois.

Art. 5. Die Oktrois werden zur Bestreitung der Ausgaben, welche den Gemeinden zur Last fallen, errichtet; sie müssen von den Gemeinderäthen von Amtswegen beschlossen werden. Dieser Beschluß kann auch von dem Präfekten veranlaßt werden, wenn derselbe bei der Prüfung des Budgets einer Gemeinde findet, daß deren ordentliche Einnahmen, sei es zur Bestreitung der jährlichen Ausgaben, sei es zur Abtragung der rückständigen

---

([1]) Aufgehoben s. S. 12, Anm. 2.

([2]) Dieser Art. ist nur zum Verständniß des Art. 98 abgedruckt.

([3]) Uebergangsbestimmungen.

Schulden oder zur Deckung außerordentlicher Gemeindebedürfnisse, nicht ausreichen. (1)

Art. 6. Die Beschlüsse, betreffend Errichtung eines Oktrois sind durch den Bürgermeister dem Unterpräfekten einzuschicken und durch diesen mit seinen Bemerkungen dem Präfekten zu übersenden, welcher sie gleichermaßen mit seinem Gutachten dem Minister des Innern unterbreitet, der geeigneten Falls die nachgesuchte Errichtung des Oktrois genehmigt und den Gemeinderath ermächtigt, die Tarife und Reglements zu beschließen.

Art. 7. Die von den Gemeinderäthen auf Grund der Ermächtigung des Ministers des Innern beschlossenen Reglements- und Tarifentwürfe gelangen ebenfalls mit dem Gutachten der Bürgermeister und der Unterpräfekten an die Präfekten. Letztere übersenden sie dem General-Direktor der indirekten Steuern, um von diesem dem Finanzminister vorgelegt zu werden, auf dessen Bericht Wir geeigneten Falls unsere Genehmigung ertheilen werden. (2)

Art. 8. Die von den Bürgermeistern oder den Gemeinderäthen vorgeschlagenen, oder von der höheren Behörde für nöthig erachteten Abänderungen an den gültigen Tarifen oder Reglements dürfen nur dann ausgeführt werden, wenn sie in der, in den vorhergehenden Artikeln vorgeschriebenen Weise beschlossen und genehmigt worden sind. (3)

Art. 9. Weigern sich oder versäumen die Gemeinderäthe über die Errichtung eines für nöthig erkannten Oktrois oder über die an den Tarifen oder Reglements vorzunehmenden Abänderungen zu beschließen, so ist darüber, und zwar im ersten Falle durch den Minister des Innern und im zweiten Falle durch den Finanzminister an Uns Bericht zu erstatten, auf welchen von Uns Entscheidung getroffen werden wird.

Art. 10. Die Kosten der ersten Errichtung, der Verwaltung und der Erhebung des Oktrois . . . . . sind von dem Gemeinderathe vorzuschlagen und . . . . . durch die Präfekten festzusetzen. (4) In keinem Falle und unter keinem Vorwande dürfen die Bürgermeister den genehmigten Kostenanschlag überschreiten, bei Strafe der persönlichen Haftbarkeit.

---

(1) Vgl. Art. 3 d. Ges. vom 27. frimaire an VIII., Art. 2 d. Ges. vom 5. ventôse an VIII., Art. 147 d. Ges. vom 28. April 1816.

(2) Gemäß Art. 8 des Ges. v. 11. Juni 1842 werden die Verordnungen über die Genehmigung der Tarife und Reglements erst nach erfolgter Prüfung und Berathung im Staatsrathe erlassen.

(3) Siehe jedoch Ges. vom 24. Juli 1867, Art. 8—10.

(4) Vgl. Art. 6 der VO. vom 12. Februar 1870.

## Titel III. Von den Gegenständen, von welchen eine Oktroiabgabe erhoben werden kann.

Art. 11. Kein Oktroitarif darf andere Gegenstände enthalten als solche, welche für den Verbrauch der Einwohner der oktroipflichtigen Orte bestimmt sind. Diese Gegenstände müssen stets in folgenden fünf Gruppen inbegriffen sein: (¹)

1) Getränke und Flüssigkeiten.
2) Eßwaaren.
3) Brennstoffe.
4) Viehfutter.
5) Baumaterialien.

Art. 12. In der ersten Abtheilung sind inbegriffen: Wein, Essig, Apfelwein, Birnwein, Bier, Meth, Branntwein, Spiritus, Liqueur und sonstige geistige Getränke.

Die Oktroiabgaben von Wein, Apfelwein, Birnwein, Branntwein und Liqueur dürfen nicht höher sein als die Eingangssteuer, welche von denselben Getränken beim Eingang in die Städte für Rechnung der Staatskasse erhoben wird. (²)

Die Trauben oder das Obst für Aepfel- oder Birnwein unterliegen den Abgaben im Verhältnisse von drei Hektoliter Trauben zu zwei Hektoliter Wein und von fünf Hektoliter Aepfeln oder Birnen zu zwei Hektoliter Aepfel- oder Birnwein. (³)

Art. 13. Branntwein und Spritsendungen müssen für die Abgabenerhebung nach dem Stärkengrad geschieden werden, (⁴) gemäß dem Tarife für die Eingangssteuer.

Das sogenannte Kölnische Wasser, das Ungarische Wasser, das Melissenwasser und andere Wässer, deren Grundbestandtheil Alkohol bildet, müssen wie die Liqueure tarifirt werden.

Art. 14. In den Gegenden, in welchen das Bier das gewöhnliche und allgemeine Getränke ist, darf dasselbe, wie auch seine Beschaffenheit sei,

---

(¹) Vgl. Art. 148 d. Ges. vom 28. April 1816, Art 9 d. Ges. vom 24. Juli 1867 und Art. 15 der VO. vom 12. Februar 1870, sowie den dieser VO. beigegebenen Normaltarif. Die obige Gruppirung ist in Spezialfällen vielfach nicht befolgt worden.

(²) Diese durch Art. 9 des Ges. vom 11. Juni 1842 und Art. 18 des Ges. vom 22. Juni 1854 abgeänderte Bestimmung ist mit Wegfall der Eingangssteuer aufgehoben.

(³) Vgl. Art. 19 der Kais. VO. vom 17. Mai 1809.

(⁴) Der erste Absatz dieses Artikels ist durch Art. 9 des Ges. vom 24. Juni 1824. (III.) ersetzt.

wenn es eingeführt wird, nicht höher eingeschätzt werden, als ein Viertel über die Abgabe von dem im Innern gebrauten Biere. (1)

Art. 15. Oel kann gleichfalls, je nach den örtlichen Verhältnissen, besteuert werden; der Steuersatz wird nach der Beschaffenheit oder der Verwendung festgestellt.

Art. 16 u. 17. . . . . . (2)

Art. 18. Lebendes Vieh muß stückweise eingeschätzt werden. Für das auswärts geschlachtete und viertelsweise eingeführte Vieh ist der verhältnißmäßige Theil der Taxe für das Stück zu entrichten. (3) Ausgehauenes, frisches oder gesalzenes Fleisch wird nach dem Gewicht besteuert.

Art. 19. Muschelthiere, frische, getrocknete oder eingesalzene Seefische jeder Art, sowie Süßwasserfische können je nach dem Ortsgebrauche, nach Maßgabe ihres Verkaufspreises oder nach der Stückzahl oder dem Gewicht, oder auch korb-, faß- oder tonnenweise mit dem Oktroi belegt werden.

Art. 20. In der dritten Abtheilung sind inbegriffen:

1) Brennholz jeder Art, Holzkohlen, Steinkohlen, Torf und überhaupt alle zur Heizung tauglichen Stoffe;
2) Talg, Wachs und Brennöl.

Art. 21. Die vierte Abtheilung begreift in sich: Stroh, Heu und alle grünen oder getrockneten Fütterungsstoffe, von welcher Art und Beschaffenheit sie auch sein mögen. Die Abgabe muß nach Bund oder nach Gewicht festgesetzt werden.

Art. 22. In der fünften Abtheilung ist unbehauenes oder behauenes, bearbeitetes oder nicht bearbeitetes Holz inbegriffen, sofern es zu Zimmermannsarbeiten, zum Bauen, für die Schreinerei, Kunsttischlerei, Drechslerei, Böttcherei, Korbmacherei und Stellmacherei geeignet ist.

Daselbst sind ferner einbegriffen: Quadersteine, Hausteine, Pflastersteine, Schiefer, Ziegel jeder Art, Backsteine, Kreide und Gips.

Art. 23. Bei allen in diesem Titel bezeichneten Gegenständen müssen die Abgaben für das Hektoliter, Kilogramm,

---

(1) Die durch diesen Art. ausgesprochene Ausnahme von dem im Art. 24 enthaltenen Grundsatze, nach welchem die im besteuerten Orte erzeugten Gegenstände derselben Abgabe, wie die von Außen eingeführten, unterliegen müssen, ist durch Art. 10 der VO. vom 12. Februar 1870 aufgehoben.

(2) Durch diese Art. wurden eine Reihe von Lebensmitteln vom Oktroi ausgeschlossen, gegenwärtig besteht ein unbedingter Ausschluß nicht mehr, vgl. Art. 147 des Ges. vom 28. April 1816.

(3) Aufgehoben durch Art. 1 ff. des Ges. vom 10. Mai 1846, wonach auch die Abgabe von lebendem Vieh nach dem Gewichte erhoben wird.

Meter, den Kubik- oder Quadratfuß oder das Raummeter oder einen Theil dieser Maße festgesetzt werden. Jedoch kann auch die Abgabe, falls es die örtlichen Verhältnisse oder die Art der Gegenstände erfordern, für das Hundert oder das Tausend, oder für die Wagen- oder die Schiffsladung bestimmt werden.

Art. 24. Die im Innern eines oktroipflichtigen Ortes geerndteten, zubereiteten oder hergestellten Gegenstände, sowie das daselbst geschlachtete Vieh müssen derselben Abgabe, wie die von außen eingeführten, durch den Tarif unterworfen werden. (¹)

## Titel IV. Von der Erhebung.

Art. 25. Die Oktroireglements müssen den Erhebungsumkreis, die Bureaus, wo die Erhebung vorgenommen werden muß und die besonderen Verpflichtungen und Förmlichkeiten bestimmen, welche von den Oktroipflichtigen oder den Beamten nach Maßgabe der örtlichen Verhältnissen zu erfüllen sind, ohne daß jedoch diese besonderen Regeln an den Bestimmungen der gegenwärtigen Verordnung etwas ändern dürfen.

Art. 26. Die Oktroiabgaben müssen stets in den Vorstädten der besteuerten Orte erhoben werden. Dagegen sind die von dem Hauptorte gänzlich getrennten ländlichen Annexe davon befreit. (²)

Die Grenzen des Gebietes, auf welches die Erhebung sich erstreckt, sind durch Pfähle anzuzeigen, auf denen die Worte „Oktroi von . . . . ." geschrieben sind.

Art. 27. Oktroipflichtige Gegenstände dürfen nur bei den dafür bestimmten Schlagbäumen und Bureaux eingeführt werden. Die Tarife und Reglements sind im Inneren und am Aeußeren eines jeden Bureaux, welches durch eine Tafel mit den Worten „Oktroibureau" zu bezeichnen ist, anzuschlagen.

Art. 28. Jeder, der oktroipflichtige Gegenstände transportirt, ist gehalten, dieselben, ehe er sie einführt, am Büreau anzumelden, den Oktroibeamten die Frachtbriefe, Schiffsfrachtbriefe, Befrachtungsverträge, Begleitscheine, Transportscheine, Freischeine, sowie alle übrigen von der Verwaltung der indirekten Steuern ausgefertigten Bezettelungen vorzuweisen und die Abgaben zu entrichten, bei Vermeidung einer dem Werthe der steuerpflichtigen Gegenstände gleichkommenden Geldstrafe. (³)

---

(¹) Vgl. auch Art. 36. — Im Art. 14 war bezüglich des Biers eine Ausnahme enthalten, die jedoch durch die VO. vom 12. Februar 1870 aufgehoben ist.

(²) Aufgehoben durch die Art. 147 und 152 des Gesetzes vom 28. April 1816, wonach die Gemeinderäthe die Oktroigrenzen festzusetzen haben.

(³) Die Strafe richtet sich jetzt nach den Art. 27 u. 46 d. Ges. vom 28. April 1816 und Art. 8 d. Ges. vom 29. März 1832. Vgl. Art. 9 des Ges. vom 24. Mai—1. Juni 1834.

Zu diesem Zwecke dürfen die Angestellten nach vorhergegangener Fragestellung, auf den Schiffen, Wagen und anderen Beförderungsmitteln alle erforderlichen Revisionen, Ermittelungen und Durchsuchungen vornehmen, sowohl um sich zu versichern, daß sich daselbst nichts Steuerpflichtiges befindet, als auch um sich von der Richtigkeit der Anmeldungen zu überzeugen.

Die Waarenführer sind gehalten, alle zu diesen Untersuchungen nöthigen Verrichtungen zu erleichtern.

Die Anmeldung hinsichtlich der zu Wasser ankommenden Gegenstände hat die Bezeichnung des Ortes der Ausladung zu enthalten, welche erst nach Entrichtung der Abgaben oder wenigstens genügender Bürgschaftsleistung für dieselben erfolgen darf.

Art. 29. Jeder oktroipflichtige Gegenstand, welcher trotz der Fragestellung der Beamten, ohne Anmeldung oder unter falscher oder ungenauer Anmeldung eingeführt wird, ist mit Beschlag zu belegen. (1)

Art. 30. Die Reisenden, welche zu Fuß, zu Pferde oder in auf Federn ruhenden Privatwagen (2) reisen, dürfen nicht angehalten, befragt oder der körperlichen Revision beziehungsweise der Durchsuchung ihrer Reisekoffer und Kleidungsstücke unterworfen werden. Jede Zuwiderhandlung gegen diese Bestimmung ist als Gewaltthätigkeit zu betrachten und die Angestellten, welche sich dieselben zu Schulden haben kommen lassen, sind zuchtpolizeilich zu verfolgen und mit den durch die Gesetze angedrohten Strafen zu belegen. (3)

Art. 31. Jede Person, die im Verdachte steht, eine Defraudation unter dem Schutze der durch den vorhergehenden Artikel angeordneten Ausnahme begangen zu haben, kann vor einen Polizeibeamten oder vor den Bürgermeister geführt werden, damit dieselben sie verhören, und im geeigneten Falle zur Durchsuchung ihrer Kleidung die Ermächtigung ertheilen.

Art. 32. (4)

Art. 33. Die Postkuriere dürfen auf ihrer Fahrt unter dem Vorwande der Oktroierhebung nicht angehalten werden, sie sind aber verpflichtet, die Abgaben von den oktroipflichtigen

---

(1) Vgl. die Anm. zu Art. 28.

(2) Die Privatwagen können jetzt nach Art. 7 des Ges. vom 29. März 1852 durchsucht werden.

(3) An die Stelle des für die Bestrafung früher maßgebende Art. 12 des Ges. vom 27. frimaire an VIII ist jetzt § 339 d. D. St. G. B. getreten.

(4) Dieser Artikel, welcher die öffentlichen und die Miethswagen der Durchsuchung unterwarf, ist gegenstandslos, seitdem das Gesetz von 1834 die zu Gunsten der Privatwagen getroffene Ausnahme aufgehoben hat.

Gegenständen zu entrichten, die sie in einen besteuerten Ort einführen. Zu diesem Zwecke sind die Oktroiangestellten ermächtigt, bei dem Auspacken der Felleisen zugegen zu sein.

Jeder Kondukteur, jeder Beamte der Post oder einer jeden anderen öffentlichen Verwaltung, welcher überführt wird, eine Defraudation begangen oder begünstigt zu haben, ist außer den durch die Zuwiderhandlung verwirkten Strafen, von der zuständigen Behörde zu entlassen. (1)

Art. 34. In denjenigen Gemeinden, in welchen die Erhebung nicht bei dem Eingange vorgenommen werden kann, sind im Innern je nach den örtlichen Verhältnissen, ein oder mehrere Bureaux zu errichten. In diesem Falle dürfen die Fuhrleute erst dann die Wagen abladen und die oktroipflichtigen Gegenstände in die Wohnung des Empfängers verbringen, wenn sie bei den gedachten Bureaux die Abgaben entrichtet haben.

Art. 35. Es ist den Beamten, bei Strafe der Absetzung und allen Schadensersatzes, verboten, bei der Durchsuchung der Kisten, Koffer und Ballen, von denen angegeben ist, daß sie beschädigt werden können, die Sonde anzuwenden; in diesem Falle, sowie in allen andern, wo der Inhalt der Kisten oder Ballen unbekannt ist oder nicht unmittelbar festgestellt werden kann, hat die Untersuchung in der Wohnung oder an den dazu bestimmten Plätzen stattzufinden.

Art. 36. Jede Person, welche im Inneren eines oktroipflichtigen Ortes Gegenstände erndtet, zubereitet oder herstellt, die im Oktroitarif aufgeführt sind, ist gehalten, bei Vermeidung der im Artikel 28 angedrohten Geldstrafe, (2) eine entsprechende Anmeldung abzugeben und sofort die Abgabe zu entrichten, wenn er nicht das Niederlagerecht verlangt.

Die Oktroibeamten dürfen in der Behausung die geernteten, zubereiteten oder erzeugten Gegenstände besichtigen und alle zur Verhütung von Defraudationen erforderlichen Untersuchungen vornehmen. Unterbleibt die Entrichtung der Abgabe, so ist gegen die Steuerschuldner ein Zwangsbefehl zu erlassen, welcher ungeachtet etwaigen Einspruchs (opposition), jedoch ohne demselben zu präjudiziren, vollstreckbar ist.

### Titel V. Von der Durchfuhr und der Transportunterbrechung. (3)

Art. 37. Wer oktroipflichtige Gegenstände transportirt und einen besteuerten Ort nur durchfahren oder sich daselbst weniger

(1) Die disciplinäre Bestrafung erfolgt nach Maßgabe der Gesetze über die Rechtsverhältnisse der Beamten vom 31. März beziehungsweise 23. Dezember 1873.

(2) Wegen der Strafe vgl. Anm. zu Art. 28.

(3) Vgl. Anm. 5 auf S. 589.

als vierundzwanzig Stunden aufhalten will, ist gehalten, bei dem Eingangsbureau gemäß den im Artikel 28 vorgeschriebenen Bestimmungen eine entsprechende Anmeldung zu machen und sich mit einem Durchfuhrscheine zu versehen, welcher auf Bürgschaft oder nach erfolgter Hinterlegung der Abgaben ausgefertigt wird. Die Rückerstattung der hinterlegten Summen, sowie die Aufhebung der Bürgschaft erfolgt bei dem Ausgangsbureau.

Wenn es möglich ist, den befrachteten Wagen eine Begleitung mitzugeben, so ist der Fuhrmann von der Hinterlegung der Abgaben und der Bürgschaftsstellung entbunden. (1)

Art. 38. Wenn die mit einem Durchfuhrscheine eingeführten Gegenstände in einem oktroipflichtigen Orte länger als vierundzwanzig Stunden verbleiben, so ist der Fuhrmann gehalten, innerhalb dieser Frist und vor der Abladung eine Anmeldung über die Transportunterbrechung abzugeben, mit Bezeichnung des Ortes, wo gedachte Gegenstände niedergelegt sind. Letztere müssen den Angestellten auf jede Aufforderung hin vorgezeigt werden. (2)

Die Hinterlegung der Abgabe oder die Bürgschaftsleistung für dieselbe bleibt während der ganzen Dauer des Aufenthaltes bestehen.

Art. 39. Durch örtliche Oktroireglements können die Orte bezeichnet werden, an denen die Waarenführer die mit Durchfuhrschein abgefertigten, sowie diejenigen Waaren, deren Transport unterbrochen wird, während der Dauer des Aufenthaltes niederlegen müssen, ebenso die Häfen und Kaie, wo die Schiffe Kähne, Nachen, Barken und Marktschiffe halten müssen.

Art. 40. Die mit oktroipflichtigen Gegenständen beladenen Militärfuhrwerke und Gepäckwagen sind den in den vorhergehenden Artikeln hinsichtlich der Durchfuhr und der Transportunterbrechung vorgeschriebenen Regeln unterworfen.

## Titel VI. Von dem Niederlagerecht.

Art. 41. Unter Niederlagerecht ist die einem Eigenthümer oder einem Kaufmann ertheilte Befugniß zu verstehen, kraft welcher derselbe in einem dem Oktroi unterworfenen Orte steuerpflichtige Waaren, für welche er eine auswärtige Bestimmung vorbehält, empfangen und im Magazin aufbewahren kann, ohne davon die Abgabe entrichten zu müssen.

Die Niederlagen können öffentliche oder private, d. h. in der Behausung befindliche, sein; die Dauer der Lagerung ist

(1) Vgl. Art. 65 d. Reglements vom 17. Mai 1809 wegen des Falls der Oktroihinterziehung bei der Durchfuhr.

(2) Wie Anm. 1.

unbeschränkt. Durch örtliche Reglements müssen die Gegenstände bezeichnet werden, für welche das Niederlagerecht bewilligt wird, sowie die Minimalmengen, unter denen dasselbe nicht verlangt werden kann. (1)

Art. 42. Jeder, der in einen dem Oktroi unterworfenen Ort Gegenstände der im Tarif benannten Art einbringen läßt, um sie daselbst in eine öffentliche oder private Niederlage zu legen, ist, bei Vermeidung der im Art. 28 (2) angedrohten Strafen gehalten, zuvor bei dem Oktroibureau eine bezügliche Anmeldung abzugeben, sich zu verpflichten, von denjenigen Mengen, hinsichtlich deren er die erfolgte Wiederausfuhr aus der Gemeinde nicht nachweisen kann, die Abgabe zu entrichten, sich mit einem Niederlageschein zu versehen und außerdem, falls die Niederlage eine private ist, die Magazine, Bauhöfe, Keller, Gewölbe und und andere Plätze zu bezeichnen, wo er die gedachten Waaren niederlegen will. (3)

Art. 43. Der Niederleger ist gehalten, bei dem Oktroibureau eine Anmeldung derjenigen niedergelegten Gegenstände abzugeben, welche er nach auswärts versenden will und dieselbe den Beamten an den Thoren oder Schlagbäumen vorzuzeigen, welche nach erfolgter Ermittelung der Gattung und Menge eine Ausgangsbescheinigung ausfertigen.

Art. 44. Die Oktroibeamten haben über den Eingang und den Ausgang der niedergelegten Waaren ein Konto zu führen; sie sind befugt, zu diesem Zwecke in den Magazinen, Bauhöfen, Kellern und Gewölben des Inhabers einer Privatniederlage alle die Untersuchungen vorzunehmen, welche nöthig sind, um die niedergelegten Gegenstände in Augenschein zu nehmen, die vorhandenen Mengen zu ermitteln und die geschuldeten Abgaben für diejenigen festzustellen, bezüglich deren keine Ausgangsbescheinigung vorgezeigt worden ist. Diese Abgaben müssen von den Niederlegern sofort entrichtet werden; unterbleibt dies, so ist gegen sie das Zwangsverfahren einzuleiten, welches ungeachtet etwaigen Einspruchs, jedoch ohne demselben präjudiziren, vollstreckbar ist.

---

(1) Wegen der Privatniederlagen für Getränke vgl. Art. 9 des Ges. vom 28. Juni 1833. Wegen der Strafe für unrichtige Anmeldungen vgl. Art. 95 des Reglements vom 17. Mai 1809.

(2) Vgl. Anm. zu Art. 28.

(3) Die Niederleger können nach der französischen Verwaltungspraxis angehalten werden, für das, von den niederzulegenden Waaren sich berechnende Oktroi Sicherheit zu leisten, wie dies durch Art. 38 des Ges. vom 21. April 1832 bezüglich der Eingangssteuer ausdrücklich vorgeschrieben war.

Art. 45. Beim Abschluß der Konten der Niederleger wird denselben ein Abzug für diejenigen niedergelegten Waaren bewilligt, deren Gewicht oder Menge sich vermindern kann. Dieser Abzug ist bei Getränken derselbe, wie der bezüglich der Eingangssteuer festgesetzte. . . . . . (¹)

---

(¹) Die nachstehenden Bestimmungen, welche sich auf die von den Getränken zu erhebenden Staatssteuern beziehen, sind durch die Gesetze vom 20. März und 16. Mai 1873 aufgehoben (vgl. Bd. 1. S. 68 und 69), haben jedoch im Zusammenhang mit der obigen Bestimmung hinsichtlich des für das Oktroi zu gewährenden Abzugs noch Gültigkeit:

Ges. vom 24. Juni 1824. (II.)

Art. 1. Vom 1. Juni 1825 ab, wird den Großhändlern ein Rabatt von . . . . . (vgl. VO. vom 21. Dez. 1838) . . . . . bewilligt.

Dieser Rabatt, welcher alle durch Auslaufen, Verschneiden und Abziehen entstehenden Verluste zu decken bestimmt ist, wird nach wie vor nach der Dauer der Lagerung des Weins berechnet.

. . . . .

Ges. vom 20. Juli 1837.

Art. 6. Der durch die Gesetze vom 24. Juni 1824 für Zehrung, Auslaufen, Abziehen und Verdunsten des Weines und Alkohols zugestandene Rabatt soll mit Berücksichtigung der Orte und der Art der Getränke durch eine in Form eines allgemeinen administrativen Reglements abgefaßte Königliche Verordnung festgestellt werden. Indessen soll der Rabatt nicht unter 4 Prozent betragen.

. . . . .

VO. vom 21. Dezember 1838.

Art. 1. Der jährliche Rabatt für Zehrung, Auslaufen, Abstechen, Verdunsten und sonstigen Verlust an Wein, Apfelwein, Birnwein, Meth, Alkohol und Liqueuren, sowohl in Gebinden als in Flaschen, wird nach der Klasse des Departements, nach der Art des Getränkes und nach der Klasse des Niederlageinhabers in Gemäßheit der hier beigefügten Tabelle I. geregelt.

Zu diesem Zwecke werden die Departements des Königreichs nach Tabelle II. in drei Klassen für den Wein und zwei Klassen für den Alkohol und Liqueur eingetheilt.

Der Verlust ist auch ferner nach der Dauer der Lagerung der Getränke, vorbehaltlich der Ausgleichung im Monat Dezember eines jeden Jahres, zu berechnen.

Bezüglich der übrigen Gegenstände muß derselbe durch die Ortsreglements festgesetzt werden.

Art. 46. In denjenigen Gemeinden, wo die Erhebung der Abgaben von Trauben, Aepfeln oder Birnen nicht bei der Einfuhr stattfinden kann, bewilligt die Oktroiverwaltung allen Eigenbauern das Niederlagerecht und ist ermächtigt, eine allge-

Durch die Festsetzungen des gegenwärtigen Artikels wird die früher der Steuerverwaltung zugestandene Befugniß für die Weinsorten, bei denen es erforderlich ist, insbesondere für die Schaumweine, einen höheren Rabatt zu bewilligen, nicht berührt.

## I. Tabelle

des jährlichen Rabatts auf Wein, Apfelwein, Birnwein, Meth und Alkohol in Gebinden und Flaschen für Zehrung, Auslaufen, Abziehen, Verdunsten und andere Verluste.

| Klasse der Departements nach der folgenden Tabelle. | Prozentsatz des jährlichen Rabatts. | | | | | |
|---|---|---|---|---|---|---|
| | Wein. | | Alkohol und Liqueure. | Apfel- und Birnwein. | | Meth. |
| | Eigenbauer mit Niederlagerecht nur für ihr eigenes Gewächs. | Großhändler und andere Niederlageinhaber. | | Eigenbauer mit Niederlagerecht nur für ihr eigenes Gewächs. | Großhändler und andere Niederlageinhaber. | Großhändler und andere Niederlageinhaber. |
| Wein II. Klasse | 8 | 7 | . | . | . | . |
| Alkohol und Liqueur II. Klasse | . | . | 6 | . | . | . |
| Apfelwein, Birnwein u. Meth, einzige Klasse | . | . | . | 10 | 7 | 7 |

meine Aufnahme bewirken zu lassen, um die Menge des bereiteten Weins, Apfel- oder Birnweins festzustellen. Die Oktroibeamten haben sich jedoch in diesem Falle darauf zu beschränken, bei denjenigen Eigenthümern, welche ausschließlich ihr eigenes Erzeugniß niederlegen, in jedem Jahr zwei Aufnahmen, und zwar die eine vor, die andere nach der Erndte vorzunehmen.

Art. 47. Die Waaren, für welche das Recht der öffentlichen Niederlage beantragt wird, sind in einem öffentlichen Magazine unter Obhut eines Lagerverwalters oder (und) unter Garantie der Oktroiverwaltung niederzulegen, welche letztere für Ver-

---

## II. Tabelle

der Klassifizirung der Departements für die Berechnung des jährlichen Rabatts auf Wein, Alkohol und Liqueur.

| Departements. | Klasse des Departements für die Berechnung des Rabatts auf | |
|---|---|---|
| | Wein. | Alkohol und Liqueur. |
| Oberrhein . . . . . . | 2 | 2 |
| Niederrhein . . . . . | 2 | 2 |
| Vogesen . . . . . . . | 2 | 2 |
| Mosel . . . . . . . , . | 2 | 2 |
| Meurthe . . . . . . . | 2 | 2 |
| ꝛc. | | |

### VO. vom 17. März 1852.

Art. 17. Die Vergütung, welche den Eigenbauern, die für den Wein, Apfel- und Birnwein eigener Erndte in Betreff der Eingangssteuer das Niederlagerecht besitzen, von dem bei der Lageraufnahme ermittelten, nicht nachzuweisenden Abgang abzusetzen ist, wird ohne Rücksicht auf die Dauer der Lagerung des Weins, Apfel- und Birnweins auf zehn Prozent der gesammten in dem Niederlagekonto angeschriebenen Menge festgesetzt.

änderungen oder Beschädigungen, die durch ihre Beamten veranlaßt sind, haftbar bleibt.

Art. 48. Die in eine öffentliche Niederlage aufgenommenen Gegenstände werden nach erfolgter Revision mit Bezeichnung versehen und durch den Niederlageverwalter unter Angabe der Art, Beschaffenheit und Menge der niedergelegten Gegenstände, der Zeichen und Nummern der Fässer oder Kolli, des Namens und Wohnorts des Eigenthümers in ein Stockregister eingetragen; ein von dem Stocktheil abgetrennter Empfangschein, welcher dieselben Angaben enthält und von dem Niederlageverwalter unterzeichnet wird, ist dem Niederleger zu übergeben.

Art. 49. Will der Niederleger die Waaren, welche zur Niederlage zugelassen worden sind, zurücknehmen, so ist er gehalten, den Empfangschein vorzuzeigen, die Gegenstände, welche er wegnehmen will, anzumelden und seine Anmeldung behufs Entlastung des Niederlageverwalters zu unterzeichnen; er ist außerdem gehalten, für diejenigen Gegenstände, welche er in den Verbrauch der Gemeinde übergehen läßt, die Abgaben zu entrichten, für diejenigen, welche nach auswärts bestimmt sind, sich mit einer Bezettelung zu versehen und letztere auf der Rückseite durch die Thorbeamten mit Ausgangsbescheinigung versehen zu lassen.

Art. 50. Die lagernden Waaren können vermittelst einer Erklärung des Verkäufers unter Rückgabe des Empfangsscheins übertragen werden; dem Käufer wird ein anderer Empfangsschein in der im Art. 48 vorgeschriebenen Form ausgefertigt.

Art 51. Die öffentliche Niederlage ist zu jeder Zeit für die Niederleger geöffnet, sowohl um für ihre Waaren Sorge tragen, als auch um Käufer einführen zu können.

Art. 52. Die Fracht- oder anderen Fuhrleute, welche in die öffentliche Niederlage Waaren niederlegen, deren Annahme von dem Empfänger verweigert worden ist, können von der Oktroiverwaltung die Frachtkosten und die gehabten Auslagen, sofern sie dieselben genügend nachweisen, ausbezahlt erhalten.

Art 53. Unterläßt es der Eigenthümer der niedergelegten Gegenstände, für deren Erhaltung zu sorgen, so hat der Niederlageverwalter bei dem Bürgermeister die Ermächtigung zu beantragen, um die erforderlichen Vorkehrungen zu treffen. Die Kosten der Unterhaltung und Aufbewahrung werden der Oktroiverwaltung nach den vom Bürgermeister aufgestellten Rechnungen und Anschlägen ersetzt.

Art. 54. Die Eigenthümer von niedergelegten Gegenständen sind gehalten, monatlich das Lagergeld zu bezahlen, welches durch das allgemeine Oktroireglement oder durch ein besonderes, von dem Finanzminister genehmigtes Reglement festgesetzt werden muß.

Art. 55. Wenn in Folge von Verderben der niedergelegten Gegenstände oder aus irgend welchen sonstigen Ursachen deren Werth nach dem Ausspruche der von der Oktroiverwaltung von Amtswegen zu ernennenden Sachverständigen den Betrag, welcher für Unterhaltungskosten, Transportkosten und Lagergeld geschuldet sein sollte, nicht mindestens um die Hälfte übersteigt, so ist der Eigenthümer oder sein Stellvertreter aufzufordern, die gedachten Gegenstände zurückzunehmen; unterbleibt dies, so werden sie durch Vermittelung eines Gerichtsvollziehers öffentlich versteigert. Der Reinerlös der Versteigerung wird, nach Abzug der geschuldeten Summen nebst Zinsen von 5 Prozent für das Jahr, in der Gemeindekasse hinterlegt und bleibt dem Eigenthümer zur Verfügung gestellt.

## Titel VII. Vom Beamtenpersonal.

Art. 56. Gemäß dem Artikel 4 des Gesetzes vom 27. frimaire an VIII erfolgt die Ernennung der Oktroibeamten auf folgende Weise:

Der Generaldirektor der indirekten Steuern kann, wenn er es für nöthig erachtet, für jedes Oktroi einen obersten Beamten bestellen. (¹)

. . . . . (²) Die übrigen Oktroibeamten werden von den Präfekten ernannt, auf Grund einer von dem Bürgermeister vorgelegten Vorschlagsliste von drei Kandidaten.

Art. 57. (³)

Art. 58. Die Oktroibeamten müssen mindestens 21 Jahre alt sein. Sie sind gehalten, vor dem Civilgerichtshofe (⁴) der Stadt, wo sie ihr Amt ausüben, und in denjenigen Orten, wo sich kein Gerichtshof befindet, vor dem Friedensrichter, einen Eid zu leisten. Die Vereidigungsverhandlung ist bei der Gerichtsschreiberei einzuregistriren, ohne daß die Vermittelung eines Anwalts nöthig ist.

Es ist nur eine fixe Einregistrirungsgebühr von 3 Franken zu entrichten.

Art. 59. Im Falle der Verlegung des Amtsitzes eines Beamten findet eine neue Vereidigung nicht statt; derselbe ist nur verpflichtet, seine Bestallung gebührenfrei durch den Friedensrichter oder den Präsidenten des Civilgerichtshofes desjenigen Ortes, wo er sein Amt ausüben soll, visiren zu lassen.

---

(¹) Vgl. die Art. 155 und 156 des Ges. vom 28. April 1816.

(²) Des zweite Absatz des Art. bezieht sich nur auf das Oktroi der Stadt Paris.

(³) Ersetzt durch Art. 156 des Ges. vom 28. April 1816.

(⁴) Landgericht.

Art. 60. Die Oktroiangestellten müssen ihre Bestallung stets bei sich tragen und sind gehalten, sie vorzuzeigen, wenn sie dazu aufgefordert werden.

Es ist den Oktroibeamten, wie den Angestellten bei den indirekten Steuern, gestattet, bei der Ausübung ihres Amtes Waffen zu tragen.

Art. 61. Die Gläubiger der Oktroibeamten dürfen von dem Gehalte der letzteren nur diejenigen Summen mit Beschlag belegen, welche durch das Gesetz vom 21. ventôse an IX festgesetzt sind.

Art. 62. (1)

Art. 63. Es ist allen Oktroibeamten ohne Unterschied verboten, mit oktroipflichtigen Gegenständen zu handeln.

Jeder Angestellte, welcher Defraudationen durch Annahme von Geschenken oder auf irgend welche andere Weise begünstigt, ist vor Gericht zu ziehen und mit den Strafen zu belegen, welche im Strafgesetzbuche (Code pénal) gegen pflichtvergessene öffentliche Beamte angedroht sind. (2)

Art. 64. Jeder entlassene oder aus dem Dienste ausscheidende Beamte, ist gehalten, bei Vermeidung des Zwangsverfahrens mittelst Haft (3), seine Bestallung, sowie die Register und sonstigen Gegenstände die ihm anvertraut waren, unverzüglich zurückzugeben und falls er Einnehmer ist, Rechnung abzulegen.

Art. 66. Die Oktroibeamten sind unter den Schutz der Staatsgewalt gestellt. Es ist bei Vermeidung der gesetzlichen Strafen (4) verboten, sie bei Ausübung ihres Amtes zu beleidigen, zu mißhandeln, und selbst nur zu stören. Die bewaffnete Macht ist gehalten, ihnen Hilfe und Beistand zu leisten, jedesmal, wenn sie dazu aufgefordert wird. (5)

## Titel VIII. Von der Buch- und Rechnungsführung bei dem Oktroi.

Art. 66. Alle zu Zwecken der Erhebung oder Kontrolirung des Oktrois verwendeten Register müssen Stockregister sein. Die Einnahmen oder Anmeldungen sind in dieselben ohne Unterbrechung oder Lücke einzutragen. Die Quittungen oder Ausfertigungen, die von den Stocktheilen abgetrennt werden, sind auch künftighin nur mit dem Stempel der Verwaltung der in-

(1) Ersetzt durch Art. 159 des Ges. vom 28. April 1816.

(2) An die Stelle der Bestimmungen des «Code pénal» treten diejenigen des Deutschen St. G. B. Vgl. Art. 16 d. Ges. vom 27. frimaire an VIII.

(3) Vgl. Bd. I, S. 120, Anm. 2.

(4) Strafgesetzbuch §§ 113 ff. 185. 196.

(5) Vgl. Bd. I. S. 103 u. 110.

direkten Steuern zu versehen. Die Stempelgebühr, durch das Gesetz auf .....(1)..... festgesetzt, ist von den Steuerpflichtigen zu entrichten und ihr Ertrag in die Kasse der Verwaltung überzuführen. (2)

Art. 67. Die Oktroieinnahmen sind mindestens alle fünf Tage in die Gemeindekasse überzuführen, und selbst öfters in denjenigen Städten, wo die Erhebungen beträchtlich sind. (3)

Art. 68. Die Verwaltung der indirekten Steuern bestimmt die Art und Weise der Rechnungsführung bei den Oktrois, sowie die Form und die Muster für die Register, Bezettelungen, Verzeichnisse, Rechnungen und anderen den Oktroidienst betreffenden Schriftstücke; sie besorgt, auf Ersuchen der Bürgermeister, die Anschaffung sämmtlicher nöthigen Drucksachen. (4)

Art. 69. Alle zur Erhebung der Eingangssteuer von Wein, Aepfelwein, Birnwein, Branntwein und Liqueur, zu den Anmeldungen für die Durchfuhr, die Transportunterbrechung, die Niederlage und die Ausfuhr jener Getränke dienenden Register, ferner diejenigen, welche für die Brau- und Brennanmeldungen der Bierbrauer und Branntweinbrenner verwendet werden, endlich die Kellerregister, welche für die Lagerrevisionen bei denjenigen Steuerpflichtigen gehalten werden, welche sowohl den Oktroiabgaben, als auch den für die Staatskasse erhobenen Abgaben unterworfen sind, sind für die beiden Verwaltungen gemeinschaftlich. Die Hälfte der Kosten dieser Register ist von der Oktroiverwaltung zu tragen und auf Grund der von der Verwaltung der indirekten Steuern aufgestellten und vom Finanzminister genehmigten Rechnungen auszuzahlen. (5)

Art. 70. Diejenigen Register, welche nicht für das Oktroi und die Eingangssteuer gemeinschaftlich verwendet werden, sind von dem Bürgermeister mit Seitenzahlen und dem Namenszuge zu versehen; sie sind von demselben am letzten Tage eines jeden Jahres abzuschließen, bei der Gemeindeverwaltung aufzubewahren und alle Jahre zu erneuern. Was die anderen Register betrifft, so dürfen die Bürgermeister Einsicht von ihnen nehmen, und soweit die Oktroieinnahmen dabei in Betracht kommen, aus denselben Auszüge fertigen lassen, ohne sie jedoch von Ort und Stelle zu bringen.

Art. 71. Die Uebersichten und Verzeichnisse der Einnahmen und Ausgaben an Oktroi sind zu den von der Verwaltung der indirekten Steuern festgesetzten Zeitpunkten aufzustellen. Duplikate

---

(1) 10 Pfennige vgl. VO. vom 5. März 1875.

(2) Vgl. V. vom 7. Nov. 1871. Nr. 20886 (A. Bl. S. 649), betr. die Erhebung der Stempelgebühren von den Oktroiquittungen.

(3) Im Falle der Verpachtung des Oktrois ist der Pachtzins monatlich im Voraus zu entrichten.

(4) Vgl. V. vom 22. März 1872. II. 4634 (A. Bl. S. 113) betr. die Vergütung für die von der Steuerverwaltung gelieferten Oktroiregister.

(5) Dieser Artikel kommt in Wegfall, indem gemeinschaftliche Register nach erfolgter Aufhebung der Eingangssteuer nicht mehr gedruckt werden.

derselben sind mit der Unterschrift des Bürgermeisters versehen, dem von der genannten Verwaltung eingesetzten Oberbeamten ([1]) einzureichen, von diesem dem Direktor des Bezirkes und von letzterem der Generaldirektion zu übersenden.

Art. 72. ([2])

Art. 73 und 74. ([3])

## Titel IX. Von dem Verfahren bei Zuwiderhandlungen. ([4])

Art. 75. Alle Zuwiderhandlungen gegen das Oktroi sind durch Protokolle festzustellen, welche von einem einzigen Beamten ([5]) aufgenommen werden können und vor Gericht Beweiskraft haben. Dieselben müssen enthalten: das Datum des Tages, an dem sie aufgenommen werden, die Art der Zuwiderhandlung, und, bei einer Beschlagnahme, die Eröffnung, welche dem Beschuldigten darüber gemacht worden ist; die Namen, den Dienstrang und Amtssitz des protokollirenden Beamten und der mit der Verfolgung beauftragten Person; die Art, das Gewicht oder das Maaß der mit Beschlag belegten Gegenstände; ihren ungefähren Werth; die Gegenwart der Partei bei der Aufnahme oder die an sie ergangene Aufforderung, sich dazu einzufinden; den Namen, den Dienstrang und die Annahme des Hüters der beschlagnahmten Gegenstände; den Ort der Aufnahme des Protokolls und die Stunde seines Abschlusses. ([6])

Art. 76. Wenn die Beschlagnahme wegen einer Fälschung oder einer Abänderung der Bezettelungen erfolgt, so hat das

---

([1]) Vgl. Art. 155 des Ges. vom 28. April 1816.

([2]) Aufgehoben durch VO. vom 23. Juli 1826.

([3]) Diese Art. beziehen sich auf den durch Art. 25 der VO. vom 17. März 1852 aufgehobenen Zuschlag von ein Zehntel, welcher früher zum Vortheil der Staatskasse von allen Oktroieinnahmen erhoben wurde.

([4]) Die nachstehenden Vorschriften sind noch in Geltung; vgl. jedoch Art. 1 des Ges. vom 5. Juli 1872 wegen des Verfahrens beim Zusammentreffen einer Zuwiderhandlung gegen das Oktroi mit einer solchen gegen die Gesetze über die Zölle und indirekten Steuern.

([5]) Bis zum Erlaß des Ges. vom 5. Juli 1872 mußten die Protokolle über die Zuwiderhandlungen gegen die Gesetze über die Staatssteuern und die mit ihnen zusammentreffenden Oktroikontraventionen von zwei Beamten aufgenommen werden.

([6]) Vgl. Art. 8 des Ges. vom 27. frimaire an VIII, Art. 53 der VO. vom 1. germinal an XIII und Art. 164 der VO. vom 17. Mai 1809.

Protokoll die Art der Fälschung, der Abänderungen oder Zusätze anzugeben. Die gedachten Bezettelungen sind, versehen mit der Unterschrift und dem Namenszuge des Beschlagnehmenden, ne varietur, dem Protokolle beizufügen, welches die an die Partei ergangene Aufforderung, sie gleichfalls mit Namenszug zu versehen, und die hierauf ertheilte Antwort enthält.

Art. 77. Ist der Beschuldigte bei der Aufnahme des Protokolls anwesend, so ist darin anzugeben, daß es demselben vorgelesen und in Abschrift mitgetheilt worden sei. Im Falle der Abwesenheit des Beschuldigten ist demselben, wenn er einen in dem Orte der Beschlagnahme bekannten Wohnsitz oder Aufenthalt hat, das Protokoll innerhalb 24 Stunden nach seinem Abschlusse zuzustellen; im entgegengesetzten Falle ist das Protokoll in dernämlichen Frist an die Thüre des Gemeindehauses anzuschlagen.

Diese Protokollirungen, Zustellungen und Anschläge können alle Tage ohne Unterschied vorgenommen werden. (¹)

Art. 78. Die aus den Protokollen in Oktroisachen sich ergebenden Klagen und die Vernehmungen, die aus der Vertheidigung des Beschuldigten entstehen können, gehören zu der ausschließlichen Zuständigkeit des Polizeigerichts oder des Zuchtpolizeigerichts des Ortes, wo das Protokoll aufgenommen worden ist, je nach dem Betrage der verwirkten Geldstrafe. (²)

Art. 79. Die in Folge von Zuwiderhandlungen gegen die Oktroireglements mit Beschlag belegten Gegenstände sind auf dem nächsten Bureau zu hinterlegen. Wenn die von der Beschlagnahme betroffene Partei sich nicht innerhalb zehn Tagen eingefunden hat, um den Betrag der von ihr verwirkten Geldstrafe zu bezahlen oder wenn sie in derselben Frist keinen Einspruch gegen die Versteigerung erhoben hat, so erfolgt die Versteigerung gedachter Gegenstände durch den Einnehmer, nachdem fünf Tage vorher eine bezügliche Verkündigung an der Thüre des Gemeindehauses und anderen üblichen Orten angeschlagen worden ist, jedoch ohne jede weitere Förmlichkeit.

Art. 80. Wird die Versteigerung der mit Beschlag belegten Gegenstände aufgeschoben, so kann gleichwohl der Einspruch bis

---

(¹) Bezüglich der Verjährung der Oktroivergehen kommen die Vorschriften des § 67 des Str. G. B. (Bd. I. S. 185) in Anwendung, da die Oktroigesetze hierüber keine Ausnahmebestimmungen enthalten. (Vgl. Förtsch u. Leoni, Strafgesetze, Bd. II. S. 357.) Das Ges. vom 15.—17. Juni 1835 (Bd. I. S. 178) hat nur bezüglich der indirekten Staatssteuern, nicht auch für das Oktroi Geltung.

(²) Vgl. wegen der Zuständigkeit die Art. XI u. XII des Einführungsgesetzes zum Strafgesetzbuche.

zu dem für die gedachte Versteigerung festgesetzten Tage erhoben werden.

Der Einspruch ist zu begründen und hat eine Vorladung auf einen bestimmten Tag vor das im Art. 78 bezeichnete, nach Maßgabe der Höhe der verwirkten Strafe zuständige Gericht zu enthalten, unter gleichzeitiger Erwählung des Wohnsitzes in dem Orte, wo das Gericht seinen Sitz hat. Die Vorladungsfrist kann drei Tage nicht übersteigen.

Art. 81. Falls über die Anwendung des Tarifs oder über den Betrag der verlangten Abgabe eine Meinungsverschiedenheit entsteht, so ist der Waarenführer gehalten, vor Allem die geforderte Abgabe bei dem Einnehmer zu hinterlegen; unterläßt er dies, so darf er seinen Weg nicht fortsetzen oder den Gegenstand, der zu dem Streite Anlaß gegeben, nicht in den besteuerten Ort einführen. Dagegen bleibt ihm die Beschwerdeführung bei dem Friedensrichter des Kantons vorbehalten. Er kann nur gehört werden, wenn er die Quittung über den hinterlegten Betrag dem Friedensrichter vorzeigt, welcher alsdann summarisch und kostenfrei entscheidet, entweder in letzter Instanz oder vorbehaltlich der Berufung, je nach dem Betrage der verlangten Abgabe. (1)

Art. 82. Falls die mit Beschlag belegten Gegenstände dem Verderben ausgesetzt sind, kann die Versteigerung derselben vor Ablauf der oben festgesetzten Fristen durch eine einfache, auf Ansuchen ergangene Verordnung des Friedensrichters genehmigt werden.

Art. 83. Die Bürgermeister sind befugt, vorbehaltlich der Genehmigung des Präfekten im Transaktionswege einen Nachlaß der gesammten oder eines Theils der verwirkten Strafen zu gewähren, selbst nach bereits ergangenem Urtheile. Der Verwaltung der indirekten Steuern steht ausschließlich das gleiche Recht und zwar nach den für dieselbe bestehenden besonderen Vorschriften, jedesmal dann zu, wenn die Beschlagnahme im gemeinschaftlichen Interesse des Oktrois und der indirekten Staatssteuern vorgenommen worden ist.

Art. 84. Der Ertrag der Geldstrafen und Konfiskationen, wegen Zuwiderhandlungen gegen die Bestimmungen in Bezug auf das Oktroi ist, nach Abzug der Kosten und der gesetzlich vorwegzunehmenden Beträge (2) zur Hälfte der Gemeinde zuzutheilen

---

(1) Vgl. Art. 13 d. Ges. vom 27. frimaire an VIII.

(2) Das früher zu Gunsten der Staatskasse von allen Oktroieinnahmen zu erhebende Zehntel ist durch Art. 25 der VO. vom 17. März 1852 aufgehoben; sonstige Abzüge kommen gemäß Art. 153 des Ges. vom 28. April 1816 nicht mehr vor.

und zur Hälfte den Oktroibeamten, um unter diese nach festzusetzendem Modus vertheilt zu werden. (1)

### Titel X. Von den Gesuchen um Aufhebung oder Ersatz des Oktrois.

Art. 85. Die Gemeinden, welche ihr Oktroi aufheben oder durch eine andere Steuererhebung ersetzen wollen, haben ihr Gesuch durch den Bürgermeister dem Präfekten einzureichen, welcher, nach erhaltener Genehmigung des Ministers des Innern, den Gemeinderath ermächtigt, über dieses Gesuch zu beschließen. (2)

Art. 86. Der Beschluß des Gemeinderaths ist mit dem Gutachten des Unterpräfekten und des Bürgermeisters, durch den Präfekten, nebst dessen Bemerkungen, sowie einer Uebersicht der Einnahmen und der Bedürfnisse der Gemeinde, dem Minister des Innern zu übersenden, welcher vorläufig über die gedachten Vorschläge Entscheidung trifft. Derselbe setzt von seiner Entscheidung unverzüglich den Finanzminister in Kenntniß, welcher, nachdem er die sämmtlichen Verhandlungen unserer Genehmigung unterbreitet hat, sowohl im Interesse der Gemeinden als auch in demjenigen der Staatskasse die nöthigen Vollzugsmaßregeln anordnet. (3)

Art. 87. Die Oktroiabgaben sind fortzuerheben bis die Aufhebung des Oktrois genehmigt oder bis über die Frage des Ersatzes entschieden und dieser zur Ausführung gebracht worden ist.

### Titel XI. Von der der Verwaltung der indirekten Steuern übertragenen Aufsicht und von den Pflichten der Oktroibeamten in Bezug auf die Staatsabgaben.

Art. 88. Der Verwaltung der indirekten Steuern wird hierdurch ausdrücklich die allgemeine Aufsicht über die Erhebung

---

(1) Vgl. Art. 147 der VO. vom 17. Mai 1809 und den Art. 240 des Ges. vom 28. April 1816, sowie die Anm. zu letzterem (Bd. I. S. 121); s. auch Nr. II. der V. vom 4. August 1871, Nr. 12475 (A. Bl. S. 429), die Gebühren der Oktroibeamten für Erhebung der Eingangssteuern und die Antheile derselben an den Strafen und Konfiskationen betreffend und V. vom 22. Februar 1873 II. 1960 (A. Bl. S. 125), die Behandlung der Strafantheile betreffend. Wegen des Falls der Verpachtung des Oktroi vgl. Art. 126 der VO. vom 17. Mai 1809.

(2) u. (3) Die Art. 85 u. 86 sind durch Art. 9 des Ges. vom 24. Juli 1867 abgeändert.

und Verwaltung aller Oktrois des Königreichs übertragen. Sie übt dieselbe unter der Leitung des Finanzministers aus, welcher die zur Sicherung der Gleichförmigkeit und Regelmäßigkeit des Dienstes, sowie zur Ordnung der diesen Auflagen eigenthümlichen Rechnungslegung erforderlichen Anordnungen zu treffen hat. (¹)

Art. 89. (²)

Art. 90. Die Oktroieinnehmer in den der Eingangssteuer unterworfenen Gemeinden sind gehalten, zu gleicher Zeit die Vereinnahmung dieser Steuer zu besorgen. Der Betrag der Vergütung, welcher von der Verwaltung der indirekten Steuern für diese Erhebung bewilligt wird, ist unter alle Oktroibeamten einer und derselben Gemeinde in den von dem Bürgermeister zu bestimmenden Verhältnisse zu vertheilen. (³)

Art. 91. Die Beamten der indirekten Steuern haben im Innern der eingangssteuerpflichtigen Orte die Kontrole bei denjenigen Personen, welche Getränke in Niederlage haben, sowie bei den Brauern und Branntweinbrennern im Interesse der Gemeinden ebenso wie im Interesse der Staatskasse vorzunehmen. Die Oktroiverwaltung hat der Verwaltung der indirekten Steuern für die aus diesen Kontrolen entstehenden Kosten eine Vergütung zu leisten. (⁴)

---

(¹) Vgl. Art. 1 und 4 des Erlasses vom 5 germinal an XII.

(²) Ersetzt durch Art. 155 des Ges. vom 28. April 1816.

(³) Dieser Art. ist, ebenso wie der entsprechende Art. 154 des Ges. vom 28. April 1816, aufgehoben, nachdem die Eingangssteuer in Wegfall gekommen ist. Dagegen kann den Oktroibeamten die Erhebung der indirekten Staatssteuern auf dem Wege der Vereinbarung übertragen werden. Sie erhalten in diesem Falle die in der Verf. vom 25. Mai 1873 I. 13978 (A. Bl. S. 172) bezw. unter Nr. I. der Verf. vom 4. August 1871 Nr. 12475 (A, Bl. S. 429) festgesetzten Remisen. — Vgl. auch V. vom 23. April 1873 I. 10775. — Wegen des Falls der Verpachtung des Oktrois vgl. Art. 137 der VO. vom 17. Mai 1809.

(⁴) Nach Aufhebung der Eingangssteuer ist dieser Artikel in Wegfall gekommen und steht es nunmehr den sämmtlichen Gemeinden frei, die Kontrolen durch ihre eigenen Organe ausüben zu lassen, sofern nicht in den Oktroireglements selbst eine anderweite Bestimmung getroffen ist. Insbesondere sind es die Kontrolen behufs Erhebung des Oktrois von Branntwein, welche nur von den Oktroibeamten vorgenommen werden können, weil seit Abänderung der Branntweinsteuergesetzgebung die Verwaltung der indirekten Steuern nicht mehr in der Lage ist, das Alkoholerzeugniß der Brennereien und die Abgänge der Großhändler feststellen zu lassen. Dagegen kann auf dem Wege der Vereinbarung zwischen der Verwaltung und den Gemeinden, den Beamten der ersteren die Ausübung der Kontrole in

Art. 92. Die Oktroibeamten sind bei Strafe der Absetzung gehalten, von jedem Waarenführer, welcher den indirekten Steuern unterworfene Gegenstände, wie Getränke, Tabak, Salz und Spielkarten, befördert, die Vorzeigung der Transportscheine, Freischeine, Begleitscheine, Frachtbriefe und anderen Bezettelungen zu verlangen, die Ladungen zu revidiren und über die von ihnen hierbei entdeckten Defraudationen und Zuwiderhandlungen Protokolle zu errichten; ferner bei dem Dienste der indirekten Steuern, so oft sie dazu aufgefordert werden, mitzuwirken, ohne sich jedoch von ihrem gewöhnlichen Posten entfernen zu müssen und endlich jeden Tag dem Oberbeamten der indirekten Steuern ein Verzeichniß der der Staatseingangssteuer unterliegenden, zur Einfuhr gelangten Gegenstände einzureichen. (1)

Die Beamten der indirekten Steuern haben in gleicher Weise bei dem Oktroidienste mitzuwirken und über die von ihnen entdeckten Defraudationen und Zuwiderhandlungen bezüglich der Oktroiabgaben Protokolle zu errichten.

Art. 93. Die Oktroibeamten haben sich bei der Ausübung ihres Dienstes der Meßstöcke, Sonden, Reißer und anderer von den Beamten der indirekten Steuern in Anwendung gebrachten Geräthschaften zu bedienen.

Die Verwaltung der indirekten Steuern hat ihnen diese Geräthschaften, deren Preis von den Gemeinden zu vergüten ist, liefern zu lassen.

## Titel XII. Von der Oktroierhebung auf Grund eines mit der Verwaltung der indirekten Steuern abgeschlossenen Vertrags.

Art. 94. Die Bürgermeister, welche es im Interesse ihrer Gemeinde erachten, mit der Verwaltung der indirekten Steuern einen Vertrag über die Erhebung und die besondere Ueberwachung ihres Oktrois abzuschließen, haben durch Vermittelung der Unterpräfekten ihre Vorschläge dem Präfekten einzureichen; dieser übermittelt sie dem Direktor der indirekten Steuern, damit derselbe seine Bemerkungen beifügt, legt sie sodann mit seinem

---

den Brauereien und den steuerfreien Weinlagern übertragen werden. Hierfür wird, entsprechend einem Erlaß des französischen Finanzministers vom 20. Dezember 1816, eine Vergütung von 5 Prozent der festgestellten Oktroieinnahmen gefordert, soweit nicht etwa bezügliche Vereinbarungen aus früherer Zeit bestehn. Für die den Oktroiverwaltungen durch die Organe der Steuerverwaltung, jedoch mit Genehmigung der Hauptämter, zu liefernden Notizen wird eine Vergütung nicht beansprucht. (Verf. vom 12. November 1874. I. 16145.)

(1) Vgl. Art. 53 der VO. vom 1. germinal an XIII.

Gutachten dem Generaldirektor der indirekten Steuern vor, welcher geeigneten Falls bei dem Finanzminister die Genehmigung beantragt. (¹)

Art. 95. Die zwischen der Verwaltung der indirekten Steuern und den Gemeinden abzuschließenden Verträge haben sich nur auf die festen oder zufälligen Bezüge der Beamten zu beziehen; alle übrigen Kosten, welcher Art sie auch sein mögen, sind ausschließlich von den Gemeinden aus dem Rohertrage des Oktrois zu bestreiten.

Der Zweck dieser Verträge ist die Uebertragung der Erhebung und des Aufsichtsdienstes in Bezug auf das Oktroi an die betreffenden Beamten der indirekten Steuern. In den Städten jedoch, wo es nöthig ist, besondere Beamte für das Oktroi beizubehalten, werden diese Beamten auch fernerhin auf den Vorschlag der Bürgermeister und nach Einholung des Gutachtens der Direktoren der indirekten Steuern von den Präfekten ernannt. Ihre Zahl und ihr Gehalt werden von dieser Verwaltung festgesetzt; ihre Ernennung kann sowohl in Folge Antrags des Bürgermeisters als auch des Direktors der indirekten Steuern widerrufen werden.

Falls es der Präfekt nicht für angemessen erachtet, dem Antrag des Letzteren Folge zu geben, so hat er dem Generaldirektor der indirekten Steuern seine Gründe vorzutragen, welcher alsdann endgültig entscheidet.

Die Bürgermeister behalten das Recht der Ueberwachung der Beamten, sowie die Befugniß zur Transaktion bei Zuwiderhandlungen in den durch diese Verordnung bestimmten Fällen.

Art. 96. Die mit den Gemeinden abgeschlossenen Verträge bestehen zu Recht, bis sie von Seiten der Gemeinde oder der Verwaltung gekündigt worden sind. Die Kündigung hat stets von beiden Theilen, mindestens sechs Monate im Voraus zu erfolgen.

Art. 97. Die Einnehmer haben den Betrag ihrer Einnahmen für Rechnung des Oktrois zu den durch Art. 67 festgesetzten Zeitpunkten, abzüglich der vereinbarten Erhebungskosten, in die Gemeindekasse einzuzahlen und über dieselben, wie über ihre Einnahmen für die Staatskasse Rechnung zu führen.

Art. 98. Die Ueberlieferung des Oktroidienstes in denjenigen Fällen, wo bezüglich der Erhebung ein Vertrag mit der Verwaltung der indirekten Steuern abgeschlossen worden ist, erfolgt in der durch Art. 1 vorgeschriebenen Weise.

## Titel XIII. Allgemeine Bestimmungen.

Art. 99. Die Reglements und Tarife in Bezug auf das Oktroi dürfen hinsichtlich der Getränke keine Bestimmung enthalten,

(¹) Vgl. Art. 158 d. Ges. vom 28. April 1816.

welche den durch die Gesetze und Verordnungen für die Erhebung der indirekten Steuern ertheilten Vorschriften zuwiderläuft. (1)

Art. 100. Die Präfekten haben darüber zu wachen, daß die in die Oktroitarife ihres Bezirkes aufgenommenen Gegenstände, in den Gemeinden mit gleicher Bevölkerung so viel als möglich nach denselben Abgabesätzen besteuert werden.

Art. 101. Sämmtliche Tarife und Reglements in Bezug auf das Oktroi sind nach und nach zu revidiren, gemäß den Bestimmungen dieser Verordnung zu regeln, und durch den Finanzminister unserer Genehmigung zu unterbreiten.

Art. 102. (2)

Art. 103. (3)

Art. 104. Die zur Fabrikation von Schießpulver dienenden Stoffe unterliegen keiner Oktroiabgabe.

Art. 105. Niemand, welcher Art auch seine Dienstverrichtungen, seine Würde oder sein Amt sei, kann unter irgend einem Vorwand Befreiung von der Oktroiabgabe beanspruchen.

---

**28. April 1816.** — Ges. betr. die Finanzen. (B. d. L., 7. Serie, Nr. 623,)

Titel I. Von den Getränkeabgaben.

. . . . .

Art. 27. (4)

. . . . .

Art. 46. (5)

. . . . .

Titel II. Vom Oktroi.

Art. 147. Wenn die Einkünfte einer Gemeinde unzureichend für ihre Ausgaben sind, so kann daselbst, auf Ansuchen des Gemeinderathes, eine Oktroiabgabe von Verbrauchsgegenständen errichtet werden. Die Bezeichnung der besteuerten Gegenstände, der Tarif, die Art und Weise und die Erhebungsgrenzen sind von dem Gemeinderathe zu beschließen und in derselben Weise, wie die Ausgaben

---

(1) Vgl. auch Art. 150 des Ges. vom 28. April 1816.

(2) Bezieht sich auf das Oktroi in Paris.

(3) Dieser Art. bezieht sich auf das Oktroi für die zum Bedarf der Marine dienenden Gegenstände. Derselbe kann für E.-L. keine Anwendung finden.

(4) u. (5) Vgl. die Anm. zu Art. 8 d. Ges. vom 29. März 1832.

und Einnahmen der Gemeinde festzusetzen. Der Gemeinderath hat darüber zu entscheiden, ob hinsichtlich der Art der Erhebung die einfache Verwaltung, die Verwaltung mit gewissem Antheil, die Verpachtung oder die Abschließung eines Vertrags mit der Verwaltung der indirekten Steuern in Anwendung kommen soll; (1) jedenfalls hat die Erhebung unter der Ueberwachung des Bürgermeisters, des Unterpräfekten und des Präfekten zu geschehen.

Art. 148. Die Oktroiabgaben dürfen auch fernerhin nur auf Gegenstände des örtlichen Verbrauchs gelegt werden. Es dürfen von dieser Bestimmung nur in außerordentlichen Fällen und auf Grund eines besonderen Gesetzes Ausnahmen zugelassen werden. (2)

Art. 149. (3)

Art. 150. Die Oktroireglements dürfen keine Bestimmung enthalten, welche den Bestimmungen der Gesetze und Verordnungen betreffs der verschiedenen zum Vortheile der Staatskasse erhobenen Abgaben zuwiderläuft. (4)

Art. 151. Falls von Seiten der Gemeinderäthe die in den vorhergehenden Artikeln enthaltenen Bestimmungen in irgend einer Weise verletzt werden, hat der Finanzminister auf die Meldung des Generaldirektors der indirekten Steuern darüber dem Königlichen Rathe (5) zu berichten, welcher gebührende Entscheidung zu treffen hat.

Art. 152. Es können im Umkreise der großen Städte, innerhalb der Bannmeile, Erhebungsstellen errichtet werden, um die Defraudationen zu beschränken; die innerhalb dieser Bannmeilen erwachsenen Einnahmen gehören jedoch stets den Gemeinden, aus welchen sie zusammengesetzt sind. (6)

Art. 153. Der Reinertrag vom Oktroi unterliegt in allen denselben

(1) Vgl. Art. 104 u. 108 der VO. vom 17. Mai 1809 und Art. 94 der VO. vom 9. Dezember 1814.

(2) Vgl. Art. 11 d. VO. vom 9. Dezember 1814.

(3) Aufgehoben durch Art. 149 des Ges. vom 11. Juni 1842.

(4) Vgl. Art. 99 der VO. vom 9. Dez. 1814.

(5) Aufgehoben, da die Verwaltungsfunktionen des Königlichen Rathes (Staatsraths) auf den Oberpräsidenten übergegangen sind.

(6) Vgl. Art. 10 der VO. vom 17. Mai 1809 und Art. 147 der VO. vom 9. Dezember 1814.

unterworfenen Gemeinden, während der Dauer dieses Gesetzes, einem Abzug von 10 Prozent zum Vortheile der Staatskasse unter dem Titel einer außerordentlichen Steuer. (¹)

An den Erträgen, welche diesem Abzuge unterliegen, wird der Betrag der Miethssteuer in denjenigen Städten, wo diese durch einen Zuschlag zum Oktroi ersetzt ist, in Abgang gebracht. (²)

Dasselbe gilt von dem Abonnementsbetrag, über welchen sich die Verwaltung in Ausführung des Art. 73 dieses Gesetzes, als Ersatz für die Kleinverkaufsabgabe mit den Städten vereinbaren kann. (³)

Vom 1. Juli 1816 an darf keinerlei sonstiger Abzug von dem Reinertrag des Oktrois oder von den übrigen Gemeindeeinnahmen erhoben werden, unter welchem Vorwande und auf Grund welcher Gesetze und Verordnungen es auch sei. Dieselben sind ausdrücklich in Bezug auf Alles, was dem gegenwärtigen Gesetze zuwiderläuft, aufgehoben.

Art. 154. Die Oktroibeamten sind bei Strafe der Absetzung gehalten, die Erhebung der beim Eingang in die Städte zum Vortheile der Staatskasse zu entrichtenden Eingangssteuer zu bewirken, wenn die Verwaltung der indirekten Steuern es für dienlich erachtet; dieselbe läßt hinsichtlich dieser Erhebungen jede Art von Kontrole oder Aufsicht, die sie für nöthig hält, ausüben.

Wenn die Verwaltung der indirekten Steuern mit der Erhebung der Eingangssteuer Beamte beauftragt, welche von ihr angestellt sind, so sind die Gemeinden gehalten, denselben neben ihren eigenen Einnehmern in den an den Stadtthoren errichteten Bureaux Plätze anzuweisen. (⁴)

Art. 155. In allen Gemeinden, wo der jährliche Ertrag des Oktrois sich auf 20,000 Franken und höher beläuft, kann ein oberster Oktroibeamter eingesetzt werden. Dieser Beamte ist von dem Finanzminister auf den vom Präfekten gebilligten Vorschlag des Bürgermeisters und auf den Bericht des Generaldirektors der indirekten Steuern zu ernennen. (⁵)

---

(¹) Abs. 1 ist durch Art. 25 der VO. vom 17. März aufgehoben.

(²) Wegen des zweiten Absatzes vgl. Art. 73 des Ges. vom 24. April 1806 und Art. 20 des Ges. vom 21. April 1832.

(³) Dieser Absatz ist in Folge der durch Ges. vom 20. März eingetretenen Beseitigung der Kleinverkaufssteuer und damit auch des Art. 73 des gegenwärtigen Gesetzes (Vgl. Bd. I, S. 68) in Wegfall gekommen.

(⁴) Aufgehoben nach Beseitigung der Eingangssteuer, vgl. Art. 90 der VO. vom 9. Dezember 1814 und die Anm. zu dems.

(⁵) Vgl. Art. 122 der VO. vom 17. Mai 1809 und Art. 56 der VO. vom 9. Dezember 1814. Nach Art. 5 der VO. vom 25. März 1852 erfolgt die Ernennung der obersten Oktroibeamten durch die Präfekten auf den Vorschlag des Bürgermeisters und auf den Bericht des Direktors der ind. Steuern.

Das Gehalt des obersten Beamten wird von dem Finanzminister auf Vorschlag des Gemeinderathes festgesetzt und bildet einen Theil der Kosten der Oktroierhebung.

. . . . . (1)

Art. 156. Die Oktroibeamten jeden Grades werden von den Präfekten auf Vorschlag der Bürgermeister ernannt. Der Generaldirektor der indirekten Steuern kann im Interesse des Fiskus die Ernennung derjenigen dieser Beamten, welche ihr Amt nicht gehörig versehen, widerrufen lassen. (2)

Art. 157. (3)

Art. 158. Die Verwaltung der indirekten Steuern ist ermächtigt, mit den Gemeinden wegen der Erhebung ihrer Oktrois Vereinbarung zu treffen; die Verträge erhalten jedoch erst mit der Genehmigung des Finanzministers Gültigkeit. (4)

Art. 159. Alle rechnungspflichtigen Beamten des Oktrois sind gehalten, eine Kaution in baarem Gelde zu leisten, welche von dem Finanzministerium im Verhältniß von einem Fünfundzwanzigstel der zu erwartenden Bruttoeinnahme festgesetzt wird. (5)

Das Minimum beträgt 200 Franken.

Für die Oktrois der großen Städte sind die Kautionen besonders festzusetzen.

Diese Kautionen sind an die Staatskasse zu leisten, welche die Zinsen davon in dem für die Kautionen der

(1) Der Schluß des Artikels bezieht sich nur auf das Oktroi von Paris.

(2) Wenn mit der Verwaltung der indirekten Steuern hinsichtlich der Erhebung und Kontrolirung des Oktrois ein Vertrag abgeschlossen ist, so verbleibt gleichwohl dem Bürgermeister das Recht, die Beamten auszuwählen. (Art. 95 der VO. vom 9. Dezember 1814.) Im Falle der Verpachtung oder Verwaltung mit gewissem Antheil steht die Wahl dieser Beamten dem Pächter oder Verwalter zu. (Art. 119 der VO. vom 17. Mai 1809.)

(3) Betrifft die Art und Weise des vom Staat zu erhebenden Abzugs von 10 Prozent und ist durch Art. 25 der VO. vom 17. März 1852 aufgehoben.

(4) Vgl. Art. 94—98 der VO. vom 9. Dezember 1814.

(5) Vgl. Art. 1 der VO. vom 25. Juni 1835.

Beamten der indirekten Steuern festgesetzten Zinsfuße auszahlt. (1)

Titel V. Tabak.

. . . . .

Art. 224. (2)
Art. 225. (3)

. . . . .

Art. 235—247. (4)

---

**15. Mai 1818.** — Ges. betr. die Finanzen. (B. d. L. 7. Serie Nr. 4101.)

. . . . .

Art. 46. (5)

---

**3. Juni 1818.** — VO. betr. Festsetzung des Zeitpunktes für die Aufhebung der auf Grund des Erlasses vom 4. thermidor an X eingeführten Oktroiabonnements. (B. d. L. 7. Serie, Nr. 4295.)

Art. 1. Die Oktroiabonnements, welche auf Grund des Erlasses vom 4. Thermidor an X und später ertheilter Ermächtigungen eingeführt worden sind, werden vom 1. Januar 1819 an endgültig aufgehoben.

---

**5. August 1818.** — VO. betr. die Ausführung des Art. 46 des Ges. vom 15. Mai 1818 über die Kasernirungskosten. (6)

---

(1) Nach dem Art. 7 des Ges. vom 4. August 1844 betrug dieser Zinsfuß 3%. Dieses Gesetz ist nach § 16 des Ges. vom 15. Oktober 1873 (G. E. L., S. 273) als aufgehoben zu betrachten und das letztere auch auf die Oktroibeamten angewendet worden, insofern die von denselben zu leistenden Kautionen nicht mehr in baarem Gelde, sondern in Werthpapieren gestellt werden.

(2) u. (3) Vgl. Anm. zu Art. 9 des Ges. vom 29. März 1832.

(4) Vgl. Bd. I, S. 104, 105, 121 und 207, sowie wegen Art. 240 die Anm. zu Art. 84 der VO. vom 9. Dezember 1814.

(5) u. (6) S. Abschn. XVIII. „Kasernirungskostenbeiträge.“

**23. Juli 1820.** — Ges. betr. die Festsetzung des Einnahmebudgets für 1820. (B. d. L. 7. Serie, Nr. 9043.)

. . . . .

Art. 3. In denjenigen Gemeinden, welche auf Grund des Art. 152 des Gesetzes vom 28. April 1816 dem in der Bannmeile zu erhebenden Oktroi unterliegen, sind Getränke unter denselben Bedingungen, wie im Innern der Stadt, zur Niederlage zuzulassen.

. . . . .

---

**1. Mai 1822.** — Ges. betr. das Budget für 1822. (B. d. L. 7. Serie, Nr. 12637.)

. . . . .

Art. 10. Die Fabrikation und das Destilliren von Branntwein und Sprit in der Stadt Paris sind verboten. (1)

Jede Zuwiderhandlung gegen diese Vorschrift wird mit einer Geldbuße von 1000 bis zu 3000 Franken bestraft. . . . .

. . . . .

---

**24. Juni 1824.** — Ges. betr. den den Weingroßhändlern für Lagerabgang zu bewilligenden Rabatt. (Nr. II.) (B. d. L. 7. Serie, Nr. 17245.)

Art. 1. (2)

---

**24. Juni 1824.** — Ges. betr. die Erhebung der Branntweinsteuer. (Nr. III.) (B. d. L. 7. Serie, Nr. 17246.)

. . . . .

Art. 9. Die Oktroiabgaben von Branntwein und Sprit werden per Hektoliter reinen Alkohols erhoben.

---

**24. Juni 1824.** — Ges. betr. die Ausübung der Liqueurfabrikation. (Nr. IV.) (B. d. L. 7. Serie, Nr. 17247.)

. . . . .

Art. 4. Liqueurfabrikanten, welche den Großhandel

---

(1) Vgl. Art. 10 des Ges. vom 24. Mai 1834, wonach dieses Verbot auch in anderen oktroipflichtigen Städten eingeführt werden kann.

(2) Vgl. Anm. zu Art. 45 der VO. vom 9. Dezember 1814.

treiben, werden, sofern sie in Orten wohnen, die der Eingangssteuer oder dem Oktroi unterworfen sind, stets als Niederlageinhaber behandelt.

. . . . .

**23. Juli 1826.** — VO. betr. die Rechnungsführung der Gemeindeeinnehmer. (B. d. L., 8. Serie, Nr. 3496.)

Art. 1. Die Gemeindeeinnehmer haben für die Folge über sämmtliche Einnahmen und Ausgaben des Oktrois Rechnung zu führen, und dieselbe an den nämlichen Zeitpunkten und in denselben Formen wie für die übrigen Einnahmen und Ausgaben der Gemeinde abzulegen.

Art. 2. Demgemäß werden keine besonderen Rechnungen für diesen Theil der Einnahmen mehr aufgestellt, und über die auf Grund des vorhergehenden Artikels eingereichten Rechnungsablagen wird, nach ihrer Prüfung und Erörterung durch die Gemeinderäthe, für die Gemeinden, deren ordentliche Einnahmen, mit Einrechnung des Oktrois, sich auf . . . . .(1) belaufen, von dem Rechnungshof und für die übrigen Gemeinden von den Bezirksräthen entschieden.

Art. 3. Ist das Oktroi weder in Pacht noch in Verwaltung mit gewissem Antheil gegeben, so haben die Gemeinde-Einnehmer als Belege für ihre Dienstführung die Beweisstücke über den Rohertrag und die Erhebungskosten beizubringen.

Im Falle der Verwaltung mit gewissem Antheil müssen sie außer den ordnungsmäßigen Nachweisungen über die Einnahmen und die Kosten, je nach den Umständen, den vorläufigen Rechnungsabschluß am Ende des Jahres oder den endgiltigen Rechnungsabschluß am Ende der Pachtzeit über den mit dem Pächter getheilten Mehrerlös beibringen, gemäß der Kaiserlichen Verordnung vom 17. Mai 1809.

Ist das Oktroi verpachtet, so haben jene rechnungspflichtigen Beamten nur die nach den Pachtbedingungen geschuldeten und von dem Pächter geleisteten Einzahlungen nachzuweisen.

Art. 4. (2)

Art. 5. Gemäß diesen Bestimmungen ist die Verordnung vom 15. Juli 1824 aufgehoben und Art. 72 der Verordnung vom 9. Dezember 1814 widerrufen.

**29. März 1832.** — Ges. betr. die Ermächtigung der Stadt Paris zur Ausgabe von städtischen

(1) 30000 Franken zu Folge Art. 66 des Ges. vom 18. Juli 1837, betr. die Gemeindeverwaltung. (B. d. L. 9. Serie, Nr. 6946.)

(2) Enthält transitorische Bestimmungen.

Obligationen im Betrage von vierzig Millionen. (B. d. L. 9. Serie, Nr. 152.) (¹)

. . . . .

Art. 7. Die auf Federn ruhenden Privatwagen unterliegen für die Folge bei ihrem Eingange in Paris denselben Revisionen wie die öffentlichen Wagen.

Art. 8. Die Bestimmungen der Art. 27 und 46 des Gesetzes vom 28. April 1816 finden bei Defraudationen von oktroipflichtigen Lebensmitteln jeder Art bei deren Einfuhr in Paris Anwendung; jedoch darf die Geldstrafe bei Defraudationen, welche mittelst in Federn ruhenden Privatwagen verübt wurden, nicht mehr als 100 bis 200 Franken betragen. (²)

Art. 9. Die Einfuhr oder der Versuch der Einfuhr oktroipflichtiger Gegenstände in Paris mit Hülfe von Werkzeugen, welche für die Defraude hergestellt sind oder von sonstigen dazu tauglichen Hülfsmitteln, hat die An-

---

(¹) Die Art. 7—9 sind gemäß Ges. vom 24. Mai 1834 auf jedes Oktroi anwendbar.

(²) Die angezogenen beiden Artikel des Gesetzes vom 28. April 1816 beziehen sich ursprünglich nur auf die Eingangssteuer. Nachdem dieselbe aufgehoben ist, haben sie nur noch im Zusammenhang mit obiger Gesetzesbestimmung für das Oktroi Geltung. Sie lauten folgendermaßen:

Art. 27. Jedes ohne Anmeldung in einen der Eingangssteuer unterworfenen Ort eingeführte Getränke unterliegt der Beschlagnahme durch die Beamten. Ebenso wird mit den Wagen, Pferden und anderen Transportmitteln verfahren, wenn der Kontravenient nicht die höchste Strafe hinterlegt oder sichere Bürgschaft leistet.

Art. 46. Die Uebertretungen der Bestimmungen dieses Kapitels (Art. 20 bis 46) werden mit der Konfiskation der beschlagnahmten Getränke und einer nach der Schwere des Falls zu bestimmenden Geldbuße von 100 bis 200 Franken bestraft werden. Eine Defraudation mittelst eines auf Federn ruhenden Wagens soll jedoch stets mit einer Geldbuße von 1000 Franken bestraft werden.

Wenn die Defraudation mittelst Uebersteigens, durch unterirdische Gänge oder mit bewaffneter Hand begangen wird, so soll gegen die Kontravenienten außer der Geldbuße und der Konfiskation eine sechsmonatliche Gefängnißstrafe eintreten.

wendung der Art. 223, 224 und 225 desselben Gesetzes zur Folge. ([1])

---

**21. April 1832.** — Ges. betr. Feststellung des Einnahmebudgets für 1832. (B. d. L., 9. Serie. Nr. 169.)

Titel II. Von der Personal- und Miethssteuer.

Art. 20. In denjenigen Städten, in welchen Oktroi erhoben wird, kann der Beitrag zur Personal- und Miethssteuer gänzlich oder theilweise von den Gemeindekassen bezahlt werden, falls die Gemeinderäthe bei den Präfekten einen bezüglichen Antrag stellen. In den betreffenden Gemeinderathsbeschlüssen ist derjenige Theil des Beitrags zu bestimmen, der von dem Ertrage des Oktrois vorweg genommen werden soll. Der vermittelst der Steuerrolle zu erhebende Rest ist nur auf die Miethsteuerquote zu vertheilen.

Die von den Gemeinderäthen gefaßten Beschlüsse sind erst nach ihrer Genehmigung durch eine Königliche Verordnung vollstreckbar. ([2])

---

**28. Juni 1833.** — Ges. betr. Feststellung des Einnahmebudgets für das Jahr 1834. (B. d. L., 9. Serie, Nr. 240.)

. . . . .

---

([1]) Diese 3 Artikel des Ges. vom 28. April 1816 beziehen sich auf das Tabaksmonopol. Nach Aufhebung desselben haben sie nur noch im Zusammenhang mit obiger Gesetzesbestimmung für das Oktroi Geltung. Die Anwendung der Art. 223 u. 224 auf das Oktroi hat die Bedeutung, daß die Beamten der indir. Steuern, der Zölle, die Gensdarmen, die Forstaufsichtsbeamten und Feldhüter, sowie alle vereidigten Beamten zur Verfolgung der Oktroivergehen berechtigt sind und — unter den im obigen Art. 9 gegebenen Voraussetzungen — sowohl den genannten Beamten, als den Oktroibeamten selbst, die sofortige Verhaftung der Defraudanten gestattet ist.

Der Art. 225 war bereits durch das Ges. vom 21. April 1832 über die «contrainte par corps» abgeändert, gegenwärtig kommen die §§ 28 und 29 des Str.-G.-B. in Anwendung. (Vgl. Förtsch u. Leoni, Strafgesetze. Bd. II. S. 381 u. 382.)

([2]) Vgl. Art. 73 d. Ges. vom 24. April 1806 und Art. 153, Abs. 2 d. Ges. vom 28. April 1816.

Art. 9. Vom 1. Januar 1834 an werden in den der Eingangssteuer und dem Oktroi unterworfenen Gemeinden, in welchen öffentliche Niederlagen ordnungsmäßig errichtet sind, auf Antrag des Gemeinderaths die Privatniederlagen für Getränke aufgehoben werden. (¹)

**24. Mai 1834.** — Ges. betr. Feststellung des Einnahmebudgets für 1835. (B. d. L., 9. Serie, Nr. 286.)

. . . . .

Art. 9. Die Bestimmungen der Art. 7, 8 und 9 des Gesetzes vom 29. März 1832 bezüglich des Oktrois von Paris finden auf alle oktroipflichtigen Gemeinden des Königreichs Anwendung.

Art. 10. Auf Antrag der Gemeinderäthe kann in den dem Oktroi unterworfenen Städten der Art. 10 des Gesetzes vom 1. Mai 1822, welches die Fabrikation und das Destilliren von Branntwein in Paris verbietet, in Anwendung gebracht werden.

**25. Juni 1835.** — VO. betr. die Kautionen der Beamten der Finanzverwaltungen. (B. d. L. 9. Serie, Nr. 5832.)

Art. 1. Für die Folge dienen die von den Beamten der dem Finanzministerium unterstellten Verwaltungen geleisteten Kautionen zur Sicherheit für alle Funktionen, welche aus den verschiedenen dienstlichen Handlungen entstehen, mit denen sie von der gedachten Verwaltung betraut werden können, einerlei an welchem Orte sie ihr Amt ausüben oder ausgeübt haben. (²)

. . . . .

**20. Juli 1837.** — Ges. betr. Feststellung des Einnahmebudgets für 1838. (B. d. L., 9. Serie, Nr. 6961.)

. . . . .

Art. 6. (³)

. . . . .

(¹) Vgl. Art. 41 der VO. vom 9. Dezember 1814.

(²) Da die vorstehende Bestimmung mit dem Ges. vom 15. Oktober 1873, die Kautionen der Staatsbeamten betr., nicht in Widerspruch steht, so muß dieselbe noch als gültig angesehen werden.

(³) Vgl. Anm. zu Art. 45 der VO. vom 9. Dezember 1814.

**21. Dezember 1838.** — VO. betr. den für Lagerabgänge bei Getränken zu gewährenden Rabatt. (B. d. L. 9. Serie, Nr. 7727.)

Art. 1. (¹)

**11. Juni 1842.** — Ges. betr. Feststellung des Einnahmebudgets für 1843. (B. d. L., 9. Serie, Nr. 10,034.)

. . . . .

Art. 8. Für die Folge muß die Einführung der von den Gemeinderäthen beschlossenen Oktroiabgaben, die Abänderung der zur Zeit bestehenden, sowie jedes ihre Erhebung betreffende Reglement durch Königliche Verordnungen genehmigt werden, welche unter Beachtung der für die Verwaltungsreglements vorgeschriebenen Formen zu erlassen sind. (²)

Art. 9. Die zu Folge dieser Königlichen Verordnungen auf Getränke (³) gelegten Oktroiabgaben dürfen nicht höher sein, als die Abgaben, welche beim Eingange in die Städte zum Vortheile der Staatskasse erhoben werden (den Zehntelzuschlag nicht einbegriffen.) (⁴)

In denjenigen Gemeinden, in welchen wegen ihrer Bevölkerungszahl keine Eingangssteuer von Getränken erhoben wird, darf die Oktroiabgabe nicht höher sein, als

(¹) Vgl. Anm. zu Art. 45 der VO. vom 9. Dezember 1814.

(²) Vgl. Art. 7 d. VO. vom 9. Dezember 1814 und die Anm. zu dems. — Ferner Art. 3 d. Ges. vom 27. frimaire an VIII und Art. 147 d. Ges. vom 28. April 1816.

(³) Die Bestimmungen dieses Artikels sind durch den Art. 18 des Ges. vom 22. Juni 1854 hinsichtlich des Weins, Apfelweins, Birnweins und Meths modifizirt (s. d.) und gelten nur noch bezüglich des Branntweins.

(⁴) Da die Eingangssteuer von Getränken durch die Gesetze vom 20. März und 16. Mai 1873 aufgehoben ist, so hat der durch Art. 3 des Ges. vom 12. Dezember 1830 festgesetzte Tarif, soweit er die Eingangssteuer von Branntwein betrifft, nur noch im Zusammenhang mit der obigen Bestimmung für das Oktroi Geltung. Die bezüglichen Tarifsätze sind in den dem Art. 14 der VO. vom 17. März 1852 beigefügten neuen Tarif unverändert übergegangen. (Vgl. die Anm. zu Art. 18 des Ges. vom 22. Juni 1854.)

die Eingangssteuer, welche durch das Gesetz für die Städte von einer Bevölkerung von 4000 Seelen vorgeschrieben ist.

Eine Oktroiabgabe, welche höher als die Eingangssteuer ist, kann nur auf Grund eines Gesetzes eingeführt werden.

Der Art. 149 des Ges. vom 28. April 1816 ist aufgehoben.

---

**24. Juli 1843.** — Ges. betr. die Steuerbefreiung des zum Genuß untauglichen Branntweins und Sprits. (B. d. L., 9. Serie, Nr. 10775.)

. . . . .

Art. 3. Dieselben Reglements können eine zum Vortheil der Staatskasse zu erhebende Denaturationsgebühr einführen. Sie haben ferner eine Quote dieser Gebühr festzusetzen, welche die Städte an Stelle des Oktrois zu erheben befugt sind, doch darf diese Quote ein Drittel der für den Staat erhobenen Gebühr nicht übersteigen.

---

**19. August 1845.** — VO.

Art. 1. Vom 1. September 1845 ab wird die Denaturationsgebühr, welche von dem zum Genuß untauglich gemachten Alkohol zu erheben ist, entsprechend dem unter Nr. 1 beigefügten Maximaltarife herabgesetzt. (¹)

Art. 2. Die Stadt- und Landgemeinden dürfen von denaturirtem Alkohol keine Oktroiabgabe erheben, welche höher ist als die in dem unter Nr. 2 angefügten Maximaltarife angegebene.

Von dem im vorhergehenden Artikel bezeichneten Zeitpunkte an ist dieser Tarif alsbald in denjenigen Stadt- und Landgemeinden in Anwendung zu bringen, welche von denaturirtem Alkohol eine Oktroiabgabe erheben; es sei denn, daß die zur Zeit geltenden oder andere ordnungsmäßig genehmigte Tarife geringere Abgaben aufstellen.

. . . . .

---

(¹) Die für den Staat zu erhebende Denaturationsgebühr ist durch das Branntweinsteuergesetz vom 16. Mai 1873 aufgehoben (vgl. Bd. I, S. 69), der Maximaltarif Nr. 1 ist daher auch nicht zum Abdruck gebracht.

No 2.

## Maximaltarif

für die zu Gunsten des Oktrois vom Hektoliter alkoholhaltiger Präparate (zum Genuß untauglich gemachten Alkohols) zu erhebenden Denaturationsgebühr. [1]

| Menge der in dem Präparate (denaturirten Alkohol) enthaltenen Essenzen oder ätherischen Oele. | Maximum der zu erhebenden Gebühr. | | | | | | |
|---|---|---|---|---|---|---|---|
| | In den Gemeinden | | | | | In der Stadt Paris. | In der Bannmeile von Paris. |
| | welche der Eingangssteuer nicht unterworfen sind [2] | von 4000 bis 10,000 Seelen. | von 10,000 bis 20,000 Seelen. | von 20,000 bis 50,000 Seelen. | von 50,000 Seelen und darüber. | | |
| | Fr. C. | Fr. C. | Fr. C. | Fr. C. | Fr. C. | Fr. C. | Fr. C. |
| Von 2 bis zu 3 Zehntel . . | 0 64 | 0 64 | 1 28 | 1 92 | 2 56 | . | . |
| Von 3 bis zu 4 Zehntel . . | 0 56 | 0 56 | 1 12 | 1 68 | 2 24 | . | . |
| Von 4 bis zu 5 Zehntel . . | 0 48 | 0 48 | 0 96 | 1 44 | 1 92 | . | . |
| Ueber 5 Zehntel | 0 40 | 0 40 | 0 80 | 1 20 | 1 60 | . | . |

**10. Mai 1846.** — Ges. betr. die Erhebung der Oktroiabgaben von Vieh. (B. d. L., 9. Serie, Nr. 12720.)

Art. 1. Vom 1. Januar 1847 an sind die Oktroiabgaben von Vieh jeder Art nach dem Gewicht festzusetzen und nach Kilogrammen zu erheben.

[1] In Folge der Bestimmung im Abs. 2 des Art. 25 der VO. vom 17. März 1852 (s. u.) sind die in dem Tarif enthaltenen Gebührensätze je um $^1/_{10}$ herabzusetzen. (Vgl. Olibo I. S. 403.)

[2] Hierunter sind die Orte mit weniger als 4000 Einwohnern zu verstehen, da in denselben die jetzt beseitigte Eingangssteuer nicht erhoben werden durfte.

Jedoch können dieselben Abgaben auch noch fernerhin bei demjenigen Oktroi nach der Stückzahl festgesetzt werden, wo die Taxe für Ochsen nicht mehr als 8 Franken beträgt.

Art. 2 u. 3. (¹)

Art. 4. Vom Tage der Verkündigung dieses Gesetzes an darf keine Oktroiverpachtung anders als auf Grund eines Tarifs stattfinden, durch welchen das Vieh nach dem Gewicht besteuert wird, vorbehaltlich der durch den zweiten Absatz des Art. 1 aufgestellten Ausnahme.

Art. 5. Das zum Handverkauf bestimmte oder viertelsweise verhauene Fleisch darf beim Eingange in die Städte keiner Abgabe unterworfen werden, welche höher ist als die Schlachtsteuer und die Oktroiabgabe von Vieh jeder Art.

---

**17. März 1852.** — VO. betr. die Festsetzung des Budgets der Einnahmen und Ausgaben für 1852. (B. d. L. 10. Serie, Nr. 3773.)

Art. 14. (²)

Art. 17. (³)

Art. 25. Vom 1. Mai d. J. an wird die der Staatskasse zugewiesene Erhebung von 10 Prozent vom Ertrag des Oktrois aufgehoben.

Die Oktroiabgaben jeder Art mit Ausnahme der Zuschlags- und zeitweiligen Abgaben, deren Ertrag gegenwärtig von der Erhebung der 10 Prozent befreit sind, werden gleichzeitig von Rechtswegen um ein Zehntel herabgesetzt.

In Bezug auf die verpachteten Oktrois treten die vorhergehenden Bestimmungen erst nach dem Ablauf oder der Auflösung der gegenwärtig bestehenden Pachtverträge in Kraft.

---

**25. März 1852.** — VO. betr. die Decentralisation der Verwaltung. (B. d. L. 10. Serie, Nr. 3855.)

. . . . .

Art. 5. Sie (die Präfekten) haben unmittelbar und ohne Mitwirkung der Regierung auf Vorschlag der Vorstände der verschiedenen Dienstzweige zu ernennen:

. . . . .

---

(¹) Diese Art. enthalten transitorische Bestimmungen.
(²) Vgl. die Anm. zu Art. 18 des Ges. vom 22. Juni 1854.
(³) Vgl. die Anm. zu Art. 45 der VO. vom 9. Dezember 1814.

16. Die obersten Beamten der städtischen Oktrois.
. . . . . ([1])

**22. Juni 1854.** — Ges. betr. die Feststellung des allgemeinen Budgets der Ausgaben und Einnahmen für das Finanzjahr 1855. (B. d. L., 11. Serie, Nr. 1614.)

. . . . .

Art. 18. Die Oktroiabgaben von Wein, Apfelwein, Birnwein und Meth dürfen nicht höher sein, als das Doppelte der Eingangssteuer, welche in dem der Verordnung vom 17. März 1852 angefügten Tarif festgesetzt ist (das Zuschlagszehntel nicht einbegriffen). ([2])

In denjenigen Gemeinden, in welchen wegen ihrer Bevölkerungszahl keine Eingangssteuer von Getränken erhoben wird, darf die Oktroiabgabe nicht höher sein als das Doppelte der Eingangssteuer, welche durch die Verordnung vom 17. März 1853 für die Städte von einer Bevölkerung von 4000 Seelen festgesetzt ist.

Eine Oktroiabgabe, welche höher als das Doppelte der Eingangssteuer ist, kann nur auf Grund eines Gesetzes errichtet werden.

Art. 15 der Verordnung vom 17. März 1852 ist aufgehoben. ([3])

---

([1]) Vgl. Art. 155 d. Ges. vom 28. April 1816 und die Anm. 1 zu demselben.

([2]) Die nachstehenden Bestimmungen der VO. vom 17. März 1852 beziehen sich in erster Linie auf die Eingangssteuer und sind durch die Gesetze vom 20. März und 16. Mai 1873 aufgehoben. (Vgl. Bd. I, S. 67 u. 69). Dieselben haben jedoch im Zusammenhang mit der obigen Bestimmung hinsichtlich der Maximalsätze für das Oktroi noch Gültigkeit. (Vgl. den der VO. vom 12. Februar 1870 beigefügten allgemeinen Tarif.)

Verordnung vom 17. März 1852.

. . . . .

Art. 14. Die gegenwärtig in den Gemeinden mit einer zusammenwohnenden Bevölkerung von 4000 Seelen und darüber auf dem Wein, Apfelwein, Birnwein und Meth ruhende Eingangssteuer wird nach Maßgabe des dieser Verordnung beigefügten Tarifs auf die Hälfte herabgesetzt.

(Tarif s. folgende Seite.)

([3]) Vgl. Art. 9 des Ges. vom 11. Juni 1842.

# Tarif

der Eingangssteuer, welche in Gemäßheit des Gesetzes vom 12. Dezember 1830 und der vorstehenden Verordnung von den Getränken zu erheben ist.

| Einwohnerzahl der der Eingangssteuer unterliegenden Gemeinden. | Steuersatz für den Hektoliter (ohne Zehntel) | | | | | | | | | | | |
|---|---|---|---|---|---|---|---|---|---|---|---|---|
| | Nach der Verordnung vom 17. März 1852. | | | | | | | | | | Gesetz vom 12. Dezember 1830. | |
| | Wein in Gebinden und Flaschen in den Departements der | | | | | | | | Apfelwein, Birnwein und Meth. | | Reiner Alkohol in Branntwein u. Spiritus enthalten in Gebinden; Branntwein u. Spiritus in Flaschen; Liqueure u. in Branntwein eingemachte Früchte. | |
| | I. Klasse. | | II. Klasse. | | III. Klasse. | | IV. Klasse. | | | | | |
| | Fr. | C. | Fr. | C. | Fr. | C. | Fr. | C. | Fr. | C. | Fr. | C. |
| Von 4000 bis 6000 Seelen | — | 30 | — | 40 | — | 50 | — | 60 | — | 25 | 4 | — |
| „ 6000 „ 10000 „ | — | 45 | — | 60 | — | 75 | — | 90 | — | 40 | 6 | — |
| „ 10000 „ 15000 „ | — | 60 | — | 80 | 1 | — | 1 | 20 | — | 50 | 8 | — |
| „ 15000 „ 20000 „ | — | 75 | 1 | — | 1 | 25 | 1 | 50 | — | 65 | 10 | — |
| „ 20000 „ 30000 „ | — | 90 | 1 | 20 | 1 | 50 | 1 | 80 | — | 75 | 12 | — |
| „ 30000 „ 50000 „ | 1 | 05 | 1 | 40 | 1 | 75 | 2 | 10 | — | 90 | 14 | — |
| „ 50000 und darüber. . . . | 1 | 20 | 1 | 60 | 2 | — | 2 | 40 | 1 | — | 16 | — |

Anm. Die Bezirke Ober- und Unter-Elsaß gehörten in Bezug auf die Cirkulationssteuer nach Art. 3 des Ges. vom 12. Dezember 1830 zur dritten, der Bezirk Lothringen zur zweiten Klasse.

**24. Juli 1867.** — Ges. betr. die Gemeinderäthe. (B. d. L., 11. Serie, Nr. 15327.) (¹)

. . . . .

Art. 8. Die Beschlüsse der Gemeinderäthe in Betreff der Einführung des Oktrois, sowie der auf die Erhebung bezüglichen Reglements unterliegen der Bestätigung durch Kaiserliche Verordnung, welche auf Grund eines Gutachtens des Staatsraths (²) erlassen wird.

Dasselbe gilt hinsichtlich:

1) der Abänderung der Reglements oder der Oktroigrenzen;
2) der Aufnahme von Gegenständen in den Ortstarif, welche bisher noch nicht besteuert waren;
3) der Einführung oder Erneuerung des Oktroi auf Gegenstände, welche in dem nachstehend erwähnten allgemeinen Tarif (³) nicht inbegriffen sind;
4) der Einführung oder Erneuerung des Oktroi in einer Höhe, welche das in dem gedachten allgemeinen Tarif festgesetzte Maximum überschreitet.

Art. 9. Die Gemeinderathsbeschlüsse in Betreff

1) der Aufhebung oder Herabsetzung des Oktrois;
2) der Forterhebung der Prinzipalabgabe auf höchstens 5 Jahre;
3) der Erhebung eines Zuschlags bis zu einem Zehntel auf höchstens 5 Jahre

sind unter den im Art. 18 des Gesetzes vom 18. Juli 1837 festgesetzten Maßgaben vollstreckbar. (⁴)

Dabei wird jedoch vorausgesetzt, daß die auf diese Weise aufrecht erhaltenen oder veränderten Abgaben das Maximum eines allgemeinen Tarifs nicht überschreiten,

---

(¹) Zur Ausführung der nachstehenden Art. 8—10 dieses Gesetzes ist die VO. vom 12. Februar 1870 erlassen worden.

(²) Die Verwaltungsfunktionen des Staatsraths werden nach § 9 Abs. 3 des Ges. vom 30. Dezember 1871 durch den Oberpräsidenten wahrgenommen.

(³) Vgl. Art. 9.

(⁴) Der Art. 18 d. Ges. vom 18. Juli 1837, die Gemeindeverwaltung betr. (B. d. L., 9, Serie, Nr. 6946) bestimmt, daß die über gewisse Gegenstände gefaßten Gemeinderathsbeschlüsse

welcher auf das Gutachten der Generalräthe ([1]) durch ein Reglement festgesetzt werden wird ([2]) und daß mit den gedachten Abgaben keine Gegenstände belegt werden, welche in jenem Tarif nicht enthalten sind.

Im Falle einer Meinungsverschiedenheit zwischen dem Bürgermeister und dem Gemeinderath ist der Beschluß nur mit Genehmigung des Präfekten vollstreckbar.

Art. 10. Mit Genehmigung des Präfekten sind die Beschlüsse vollstreckbar, welche bezwecken:

die Verlängerung der gegenwärtig zur Erhebung kommenden Zuschläge,

die Erhebung eines Zuschlags von mehr als ein Zehntel des Prinzipales

innerhalb des im allgemeinen Tarife festgesetzten Maximums und mit Beschränkung auf die in demselben genannten Gegenstände. ([3])

. . . . .

**12. Februar 1870.** — Kais. VO., betr. Verwaltungsreglement zur Ausführung der in den Art. 8, 9 und 10 des Gesetzes vom 24. Juli 1867 über die Gemeinderäthe enthaltenen Bestimmungen in Bezug auf das Oktroi. (B. d. L. 11. Serie, Nr. 17513.) ([4])

Art. 1. Die Maximalsätze der Oktroiabgaben, welche die Gemeinderäthe einführen können und die Gegenstände, für welche sie diese Abgaben unter den Voraussetzungen der Art. 8, 9

---

alsbald dem Unterpräfekten zugestellt werden müssen und daß die Beschlüsse vollstreckbar sind, wenn sie nicht innerhalb 30 Tagen durch den Präfekten entweder ex officio wegen Verletzung gesetzlicher oder reglementärer Bestimmungen oder in Folge von Reklamationen aufgehoben worden sind. Außerdem kann der Präfekt innerhalb einer weiteren Frist von 30 Tagen die Vollstreckung des Beschlusses suspendiren.

([1]) Bezirkstage.

([2]) Art. 1 der VO. vom 12. Februar 1870. — Vgl. übrigens Art. 11 der VO. vom 9. Dezember 1814 und Art. 148 des Ges. vom 28. April 1816.

([3]) Vgl. Art. 3 der VO. vom 12. Februar 1870.

([4]) In der Einleitung zu dieser VO. ist auf die einschlägigen Vorschriften der älteren, noch bestehenden Ges. und VO., sowie insbesondere auf die betreffenden in den Sessionen von 1867 und 1868 beschlossenen Gutachten der Generalräthe (vgl. Art. 9 d. Ges. vom 24. Juli 1867) Bezug genommen.

und 10 des Ges. vom 24. Juli 1867 beibehalten können, werden durch den beifolgenden allgemeinen Tarif bestimmt.

Art. 2. Bei denjenigen Gegenständen, welche ihrer Natur nach entweder nach dem Gewicht oder nach dem Maaß oder nach der Stückzahl besteuert werden können, müssen die Gemeinden unter den verschiedenen, im allgemeinen Tarif zugelassenen Tarifirungsweisen wählen.

In den Fällen, wo die Benennung eines besteuerungsfähigen Gegenstandes im allgemeinen Tarif mehrere Arten oder Gattungen umfaßt und demgemäß verschiedene Abgabensätze innerhalb der Maximalgrenze zulässig sind, haben sie das Recht, die Artikel genau zu beschreiben und in Unterabtheilungen zu bringen.

Art. 3. Wenn eine Gemeinde ihr Oktroi innerhalb der durch die Art. 9 u. 10 des Ges. vom 24. Juli 1867 gezogenen Grenzen verlängert oder die Tarifsätze abändert, so hat der Bürgermeister innerhalb 30 Tagen dem Präfekten den Gemeinderathsbeschluß und drei Exemplare des verlängerten oder abgeänderten Tarifs einzureichen.

Das erste dieser Exemplare ist von dem Präfekten aufzubewahren, das zweite hat er dem Departementsdirektor, das dritte dem Generaldirektor der indirekten Steuern zuzustellen.

Im Uebrigen hat der Bürgermeister auch fernerhin, gemäß Art. 71 der VO. vom 9. Dezember 1814, die Uebersichten der Einnahmen und Ausgaben an Oktroi dem im Orte seinen Sitz habenden Oberbeamten der Verwaltung der indirekten Steuern zuzustellen, welcher sie dem Departementsdirektor zu übermitteln hat.

Art. 4. Die Abonnements, welche die Gemeinden mit gewissen Klassen der Steuerpflichtigen abzuschließen berechtigt sind, erlangen künftighin durch die Genehmigung der Präfekten Gültigkeit.

Eine zweite Ausfertigung eines jeden dieser Verträge ist dem Departementsdirektor der indirekten Steuern zuzustellen, welcher sie sammt dem genehmigenden Beschlusse des Präfekten an den Generaldirektor gelangen lassen wird.

Art. 5. Diejenigen Gemeinden, welche als Erhebungsmodus den Pacht angenommen haben, müssen auch künftighin die Verpachtung in den durch die Verordnung vom 17. Mai 1809 vorgeschriebenen Formen vornehmen lassen. (¹)

Die Präfekten haben dem Departementsdirektor und dem Generaldirektor der indirekten Steuern eine Ausfertigung des Beschlusses, durch welchen sie die Verpachtung, nachdem sie solche als richtig befunden, genehmigt haben, zu übermitteln; im

---

(¹) Vgl. Art. 110—136 der VO. vom 17. Mai 1809.

gleichen eine Abschrift des Verpachtungsprotokolls und des Lastenhefts. [1]

Art. 6. Die Kosten der ersten Einrichtung, der Verwaltung und Erhebung des Oktrois, welche nach den Vorschriften des Art. 10 der VO. vom 9. Dezember 1814 der Genehmigung des Finanzministers bedurften, sind für die Folge durch die Präfekten gutzuheißen, welche der Generaldirektion der indirekten Abgaben eine Ausfertigung des bezüglichen Beschlusses nebst einer Abschrift des Gemeinderathsbeschlusses zu übersenden haben.

Art. 7. Die Großhändler und Halbgroßhändler können von dem Privatniederlagerecht selbst dann Gebrauch machen, wenn sie in denselben Lagerräumen den Kleinverkauf betreiben.

Art. 8. Brenn- und Rohstoffe, welche in industriellen Anstalten und in den Staatsmanufakturen zur Verwendung kommen sollen, werden zum Privatniederlagerecht zugelassen.

Jedoch wird das Niederlagerecht für die Rohstoffe in dem Falle nicht gewährt, wo die, nach Maßgabe der in die Gewerbserzeugnisse übergehenden Mengen zu erhebende Summe, ein Viertel Prozent des Werthes dieses Erzeugnisses nicht erreichen würde.

Den Lagerinhabern werden alle diejenigen Mengen an Brenn- und Rohstoffen abgeschrieben, welche in den Gewerbsanstalten zur Herstellung oder Bereitung von, nach dem Oktroitarif des betreffenden Orts einer Abgabe nicht unterworfenen Erzeugnissen verwendet worden sind, vorausgesetzt, daß diese Verwendung zuvor angemeldet und den mit der Revision der Niederlagen beauftragten Oktroibeamten nachgewiesen worden ist. Andernfalls ist die Abgabe von den Fehlmengen zu erheben.

Wenn das Gewerbserzeugniß, zu dessen Herstellung oder Bereitung die Brenn- oder Rohstoffe verwendet sind, im Oktroitarif besteuert ist, so erlangt der Lagerinhaber gleichwohl die Steuerfreiheit für die bei der Fabrikation verwendeten Brenn- und Rohstoffe, dagegen hat er die Abgabe für das fertige Produkt zu entrichten, insoweit er nicht die Ausfuhr aus dem oktroipflichtigen Orte nachweist.

Art. 9. Wenn die Oktroiabgabe für diejenigen Brenn- und Rohstoffe, welche im Innern der oktroipflichtigen Stadt zur Herstellung oder Bereitung eines für den Verbrauch im Inneren bestimmten, besteurungsfähigen Gewerbserzeugnisses verwendet wurden, schon bei der Einfuhr entrichtet worden ist und die Zahlung ordnungsmäßig nachgewiesen werden kann, so ist der Betrag auf die für das fertige Produkt zu entrichtenden Abgaben aufzurechnen.

Wenn jedoch die für das fertige Erzeugniß geschuldeten Abgaben geringer sind, als die bei der Einfuhr entrichteten

[1] Vgl. Art. 135 der VO. vom 17. Mai 1809.

Abgaben, so findet eine Rückvergütung eines entsprechenden Antheils der letzteren nicht statt.

Art. 10. In keinem Falle dürfen die im Tarif enthaltenen Gegenstände verschiedenen Abgabensätzen unterworfen werden, je nachdem sie von Außen eingeführt oder im Inneren des oktroipflichtigen Ortes erzeugt oder hergestellt worden sind. (¹)

Der Art. 14 der VO. vom 9. Dezember 1814 ist aufgehoben.

Art. 11. Befreit von jeder Oktroiabgabe bleiben: Die Vorräthe an Lebensmitteln, welche zum Gebrauch der Landarmee, sowie der Kriegs- oder Handelsmarine bestimmt sind und in dem oktroipflichtigen Orte nicht verbraucht werden; ferner Holz, Eisen, Fette, Oele und überhaupt alle Stoffe, welche zur Herstellung und Unterhaltung des Materials der Landarmee, zum Schiffsbau oder von zur Fabrikation für die Schifffahrt dienenden Gegenständen verwendet werden; Brennstoffe und alle anderen von Kriegs- oder Handelsschiffen zum Verbrauch auf der See geladenen Vorräthe.

Diese Vorräthe und Stoffe sind in die Magazine der Militärverwaltung, der kaiserlichen Marine und der Handelsmarine in der Weise zu verbringen, wie es für die das Niederlagerecht genießenden Gegenstände vorgeschrieben ist.

Die Abrechnung über dieselben wird durch die hierzu bestimmten Beamten geführt und es sind die Oktroiabgaben nur für diejenigen Mengen zu entrichten, welche in das Innere des oktroipflichtigen Orts verbracht und zu anderen als den oben erwähnten Zwecken verwendet werden.

Art. 12. Steinkohlen, Koaks und alle anderen Brennstoffe, welche Seitens der Militärverwaltung zur Herstellung oder Unterhaltung des Kriegsmaterials und zur Anfertigung von für den Verbrauch außerhalb des oktroipflichtigen Orts bestimmten Gegenständen, ferner Seitens der Kriegs- und Handelsmarine zur Anfertigung von für die Schiffahrt dienenden Gegenständen verwendet werden, bleiben ebenso wie diejenigen Stoffe, welche in Gewerbsanstalten zur Herstellung oder Bereitung von Gegenständen des allgemeinen Handels Verwendung finden, auf Grund des Niederlagerechts von der Entrichtung der Oktroiabgaben befreit.

Art. 13. Brenn- und andere Stoffe, welche zum Eisenbahnbetriebsdienste, für die Arbeiten in den Werkstätten und zum Bahnbau dienen, bleiben vom Oktroi befreit.

Es sind demgemäß die Vorschriften in Bezug auf das Privatniederlagerecht, betreffs der Brenn- und Rohstoffe, welche in Gewerbsanstalten zur Herstellung und Bereitung von zum

(¹) Vgl. auch Art. 24 d. VO. vom 9. Dezember 1814.

allgemeinen Handel bestimmten Gegenständen verwendet werden, auch anwendbar auf Eisen, Holz, Kohlen, Koaks, Fette, Oele und überhaupt auf alle unter den oben angedeuteten Bedingungen zur Verwendung gelangenden Stoffe.

Dagegen sind alle im Tarif aufgeführten Gegenstände, welche in den Bahnhöfen, Wartesäälen und Dienstlokalen verbraucht werden, den örtlichen Abgaben unterworfen.

Art. 14. Für die Brenn- und sonstigen Stoffe, welche nach den Art. 8, 11, 12 u. 13 zum Niederlagerecht zugelassen werden können, kann der Abschluß von Jahresabonnements gefordert werden.

Die Abonnementsbedingungen werden nach freier Uebereinkunft zwischen dem Bürgermeister und den Oktroipflichtigen abgeschlossen.

Art. 15. Alle gegenwärtig in Kraft befindlichen Oktroireglements, welche keine mit den vorstehenden Artikeln 8, 9, 10 11, 12, 13 u. 14 übereinstimmenden Bestimmungen enthalten, verlieren mit Ablauf der durch die Genehmigungsverordnung für das betreffende Oktroi festgesetzten Dauer ihre Gültigkeit.

Art. 16. (1)

Art. 17. Unsere Minister, die Staatssekretäre der Finanzen, und des Innern werden, jeder innerhalb seines Ressorts, mit der Ausführung dieser Verordnung beauftragt.

Dieselbe ist in das Gesetzblatt aufzunehmen.

---

(1) Bezieht sich auf das Oktroi von Paris.

# Allgemein

erlassen zur Ausführung des Art. 9 des Gese

| Benennung der Gegenstände, welche mit dem Oktroi belegt werden können. | Maßstab, Gewicht oder Stückzahl | Maximalsatz in | | | |
|---|---|---|---|---|---|
| | | 1. Klasse. von 4000 Seelen u. darunter. | 2. Klasse. von 4001—10000 Seelen. | 3. Klasse. von 10001—20000 Seelen. | 4. Kl von 20001—50000 |
| | | Fr. C. | Fr. C. | Fr. C. | Fr. |
| **Getränke und Flüssigkeiten.** | | | | | |
| Wein in Fässern und Flaschen, Apfelwein, Birnwein, Meth (1) u. (2) . . . | Hektoliter. | Die Maximalsätze sind durch Ar des Ges. v. 22. Juni 1854 bestimm | | | |
| Branntwein oder Spiritus in Fässern, nach Maßgabe des Gehalts an reinem Alkohol, Branntwein oder Spiritus in Flaschen, Liqueur und in Branntwein eingemachte Früchte (3) . . . . . . | dto. | Die Maximalsätze sind durch A des Ges. v. 11. Juni 1842 bestir | | | |
| Denaturirter Alkohol (4) . . . . . . . . . | dto. | Die Maximalsätze sind durch A der Kgl. Verord. v. 19. August und die derselben unter Nr. 2 b fügte Uebersicht bestimmt. | | | |
| Bier . . { 1. In den Departements: . . . . . . Meurthe, Mosel, . . . . . . . . . . Oberrhein, . . Niederrhein, . . . . . . . Vogesen . . . . . . . . . . . . . . . . . . . . . . . . . . } | dto. | 3 — | 4 — | 4 50 | 5 |
| Essig jeder Art und in Essig eingemachte Konserven (5) . . . . . . . . . . . . . . . . | dto. | 1 50 | 2 — | 3 — | 4 |
| Eislimonade. (Limonades gazeuses) . . | dto. | 4 — | 5 — | 6 — | 7 |

*) Wegen der Befreiung des verzollten ausländischen Weins vom Oktroi, vgl. Ges. vom 15. Juli 1872.

**) An Stelle dieser amtlichen Tabellen ist jetzt das vom statistischen Büreau Oberpräsidiums herausgegebene Ortschaftsverzeichniß maßgebend.

## rif

### 24. Juli 1867, die Gemeinderäthe betreffend.

| …ten. | | Bemerkungen. |
|---|---|---|
| …Seelen. | über 100000 Seelen. | |
| …sse. | 6. Klasse. | |
| C. | Fr. C. | |
| | | Die Klasse, welcher jede Gemeinde angehört, wird durch die zusammenwohnende Gemeindebevölkerung bestimmt. Letztere ist amtlich angegeben in der letzten Reihe der Uebersicht Nr. 3, welche der Kaiserlichen Verordnung, betr. die Feststellung der Bevölkerungsziffern beigefügt ist. (**) |
| | | Wenn für eine Klasse zu einem Besteuerungsgegenstand kein Satz angegeben ist, so darf in dieser Klasse der gedachte Gegenstand nicht in den Oktroitarif aufgenommen werden. |
| | | (1) Der Maximalsatz beträgt das doppelte der zum Vortheil des Staats erhobenen Eingangssteuer und für die Gemeinden unter 4000 Seelen, wo eine Staatseingangssteuer nicht erhoben wird, das doppelte der in den Städten von 4000 Einwohnern erhobenen Eingangssteuer. (Vgl. . . . . . . . die der VO. vom 17. März 1852 beigefügte Tabelle.) |
| …) | 6 — | (2) Frische Weintrauben und die für Äpfel- und Birnwein bestimmten Früchte unterliegen dem Oktroi nach dem Verhältniß von 3 Hektoliter Trauben zu 2 Hektoliter Wein und 5 Hektoliter Aepfel oder Birnen zu 2 Hektoliter Obstwein. Trockene Früchte, welche zur Fabrikation von Obstwein oder Birnwein bestimmt sind, werden nach dem Verhältniß von 25 Kilogramm Früchten zu 1 Hektoliter Obstwein besteuert. |
| …0<br>– | 5 —<br>8 — | (3) Das Oktroi kann nicht höher sein als die Staatseingangssteuer und in den Gemeinden, wo keine Staatseingangssteuer erhoben wird, nicht höher als die Eingangssteuer in den Städten von 4000 Seelen. . . . . . |
| | | (4) Vgl. die Art. 2 u. 3 des Ges. vom 24. Juli 1843. |
| | | (5) Konzentrirter Essig, Essigsäure, Holzessig sowie Toiletteessig können dem Siebenfachen des nebenerwähnten Satzes unterworfen werden |

| Benennung der Gegenstände welche mit dem Oktroi belegt werden können. | | Maßstab, Gewicht oder Stückzahl. | Maximalsatz in | | | |
|---|---|---|---|---|---|---|
| | | | von 4000 Seelen u. darunter. 1. Klasse. | von 4001—10000 Seelen. 2. Klasse. | von 10001—20000 Seelen. 3. Klasse. | von 20001—50000 4. Kl |
| | | | Fr. C. | Fr. C. | Fr. C. | Fr. |
| **Eßwaaren.** | | | | | | |
| Lebende Thiere (6) | Ochsen, Kühe, Stiere | 100 Kilogr. | 2 50 | 3 — | 4 — | 5 - |
| | Rinder | Stück. | Das Maximum von 8 Fr. ist d das Gef. v. 10. Mai 1846 bestim | | | |
| | Hämmel | 100 Kilogr. | 3 — | 4 — | 4 50 | 5 - |
| | | Stück. | 1 — | 1 30 | 1 50 | 1 |
| | Ziegen | 100 Kilogr. | 1 — | 1 30 | 1 50 | 1 |
| | | Stück. | „ 35 | „ 45 | „ 50 | „ |
| | Lämmer und Zicklein | 100 Kilogr. | 3 50 | 5 — | 5 — | 6 - |
| | | Stück. | „ 50 | „ 80 | „ 80 | 1 - |
| | Kälber | 100 Kilogr. | 3 — | 4 — | 5 — | 7 - |
| | | Stück. | 2 55 | 3 40 | 4 25 | 6 - |
| | Schweine | 100 Kilogr. | 2 50 | 3 50 | 4 50 | 6 - |
| | | Stück. | 2 60 | 3 70 | 4 75 | 6 |
| | Milchschweine (Spanferkel | 100 Kilogr. | 3 — | 4 — | 5 — | 6 - |
| | | Stück. | „ 30 | „ 40 | „ 50 | „ 6 |
| Wurstlerwaaren | | 100 Kilogr. | 7 — | 9 — | 9 — | 10 - |
| Schmalz, Speck und gesalzenes Fleisch | | dto. | 5 — | 6 — | 6 — | 7 - |
| Abfälle und Nebentheile vom Vieh | | dto. | 2 — | 3 — | 3 50 | 4 - |
| Trüffel, getrüffeltes Geflügel und Wildpret, Trüffelpasteten | | 1 Kilogr. | „ „ | „ 60 | „ 75 | 1 - |
| Geflügel jeder Art und Stallhasen (7) | | dto. | „ 05 | „ 10 | „ 15 | „ 1 |

| ...ädten. | | |
|---|---|---|
| ...50001 - 100000 Seelen. | über 100000 Seelen. | |
| ...lasse. | 6. Klasse. | |
| ... C. | Fr. | C. |
| — | 7 | — |
| — | 7 | — |
| — | 2 | 30 |
| — | 2 | 30 |
| 65 | „ | 80 |
| — | 8 | — |
| 10 | 1 | 30 |
| — | 8 | — |
| 80 | 6 | 80 |
| 50 | 7 | — |
| 80 | 7 | 35 |
| — | 8 | — |
| 70 | „ | 80 |
| — | 10 | — |
| — | 7 | — |
| 50 | 5 | — |
| — | 1 | 20 |
| 20 | „ | 25 |

## Bemerkungen.

(6) Bezüglich des ausgeschlachteten Fleisches gelten folgende Bestimmungen:

Wenn das lebende Thier nach dem Gewichte besteuert wird, so sind die im Tarif enthaltenen Sätze für Ochsen, Stiere, Kühe, Rinder, Hämmel, Ziegen, Lämmer und Zicklein zu verdoppeln, diejenigen für Kälber um ein Drittel und diejenigen für Schweine um ein Fünftel zu erhöhen;

Wenn das lebende Thier nach der Stückzahl besteuert wird und der Satz für das Stück das im Gesetz vom 10. Mai 1846 festgesetzte Maximum von 8 Franken beträgt, so darf die Abgabe vom Ochsen-, Stier-, Kuh- und Rindfleisch den Satz von 4 Franken für 100 Kilogramm nicht übersteigen; wenn der Satz für das Stück derselben Thiere geringer ist als 8 Franken, so wird die Abgabe in demselben Verhältnisse festgesetzt, dergestalt, daß für 100 Kilogramm jeweilig nicht mehr als die Hälfte des Satzes für das Stück zu entrichten ist.

Um die Abgabe für das Kilogramm geschlachteten Fleisches von anderen Thieren, als Ochsen, Stiere, Kühe und Rinder zu ermitteln, wird der für das Stück festgesetze Satz durch das nachstehend angegebene, mittlere Gewicht des Thieres getheilt, nämlich:

| | | |
|---|---|---|
| Hämmel u. Ziegen... | 34 | Kilogramm. |
| Lämmer u. Zicklein.. | 16 | „ |
| Kälber......... | 85 | „ |
| Schweine........ | 105 | „ |
| Spanferkel....... | 10 | „ |

Das auf diese Weise berechnete Ergebniß wird bei Hämmeln, Ziegen, Lämmern und Zicklein verdoppelt, bei Kälbern um ein Drittel und bei Schweinen um ein Fünftel erhöht.

(7) In denjenigen Gemeinden, wo Geflügel, Kaninchen und Wildpret jeder Art nach der Stückzahl besteuert werden sollen, hat die Umrechnung nach dem nachstehend angegebenen Gewicht zu erfolgen:

| | | | |
|---|---|---|---|
| 1) Gemästete Truthähne oder Gänse... | Kil. | 5.000 | das Stück. |
| 2) Gemästete oder gewöhnliche Hähnchen, Enten, Alanten (barboteaux).... | | 1.000 | „ |
| 3) Gewöhnliche Truthähne od. Gänse, fette Kapaunen, fette Enten, Stallhasen.. | | 2.500 | „ |
| 4) Zahme Tauben u. Holztauben (bizets). | | 0.250 | „ |
| 5) Hirsche, Hirschkühe und Wildschweine. | | 55.000 | „ |
| 6) Rehe und Damhirsche.......... | | 20.000 | „ |
| 7) Hasen............... | | 3.000 | „ |
| 8) Hegekaninchen............ | | 1.000 | „ |
| 9) Auerhähne............. | | 2.500 | „ |
| 10) Wilde Gänse und Enten, Fasanen (Hähne und Hühner)........ | | 1.000 | „ |
| 11) Langschwänzige Enten (pilets) und rothe Rallen............ | | 0.500 | „ |
| 12) Schnepfen, Rebhühner, Tauben, Ringeltauben (ramiers) Wasserhühner, Kriechenten | | 0.400 | „ |
| 13) Becassinen, Wachteln, Krametsvögel, Amseln, Regenpfeifer, Tauchenten, Wachtelkönige (Erdrallen) u. Kibitzen. | | 0.125 | „ |
| 14) Lerchen und Ortolane...... | | 0.300 | je 10 Stück. |

| Benennung der Gegenstäude welche mit dem Oktroi belegt werden können. | Maßstab, Gewicht oder Stückzahl. | Maximalsatz in d | | | |
|---|---|---|---|---|---|
| | | von 4000 Seelen u. darunter. 1. Klasse. | von 4001—10000 Seelen. 2. Klasse. | von 10001—20000 Seelen. 3. Klasse. | von 20001—50000 Seelen. 4. Klasse. |
| | | Fr. C. | Fr. C. | Fr. C. | Fr. C. |
| Seefische (8) | 1 Kilogr. | „ 05 | „ 05 | „ 10 | „ 15 |
| Frische oder marinirte Austern (9) | dto. | — | „ 05 | „ 05 | „ 10 |
| | das Hundert. | — | 1 10 | 1 10 | 2 20 |
| Süßwasserfische | 1 Kilogr. | „ 05 | „ 05 | „ 10 | „ 15 |
| Wildpret (S. Bemerk. 7 auf S. 645) | dto. | „ 10 | „ 15 | „ 20 | „ 25 |
| Butter jeder Art, frisch oder eingeschmolzen, gesalzen oder ungesalzen | dto. | „ 05 | „ 05 | „ 10 | „ 10 |
| Trockene Käse | dto. | „ 05 | „ 05 | „ 10 | „ 10 |
| Konserven und eingemachte Früchte, Oliven, getrocknetes Tafelobst wie Rosinen, Feigen, Datteln, Prunellen rc. | dto. | „ 05 | „ 10 | „ 10 | „ 10 |
| Speiseöl jeder Art | 100 Kilogr. oder 1 Hektoliter. | 8 — | 11 — | 13 — | 15 — |
| Orangen, Citronen und Limonen | 100 Kilogr. | — | — | 5 — | 6 — |
| **Brennstoffe.** | | | | | |
| Brennholz (10) hartes | Kubikmeter. | „ 50 | „ 80 | 1 — | 1 25 |
| Brennholz (10) weiches | dto. | „ 40 | „ 65 | „ 80 | 1 — |
| Reisigholz und Wellen | das Hundert. | 1 — | 2 — | 2 50 | 2 50 |
| Holzkohlen und die daraus hergestellten Brennstoffe | 100 Kilogr. | „ 50 | 1 — | 1 25 | 1 70 |
| | 1 Hektoliter. | „ 10 | „ 20 | „ 25 | „ 35 |
| Steinkohlen, Torf, Anthracit, Braunkohlen und alle anderen mineralischen Brennstoffe | 100 Kilogr. | „ 15 | „ 25 | „ 30 | „ 35 |
| | 1 Hektoliter. | „ 10 | „ 20 | „ 25 | „ 30 |
| Koaks (11) | 100 Kilogr. | „ 20 | „ 30 | „ 35 | „ 40 |
| | 1 Hektoliter. | „ 10 | „ 10 | „ 15 | „ 20 |
| Animalisches und vegetabilisches Brennöl mit Ausnahme von Degras und Fischthran | 100 Kilogr. oder 1 Hektoliter. | 4 — | 5 — | 5 50 | 7 — |
| Mineralisches Brennöl | dto. | 2 — | 2 50 | 2 75 | 3 50 |
| Talglichte | 100 Kilogr. | 5 — | 6 — | 7 — | 8 — |
| Talg (Unschlitt) jeder Art (12) | dto. | 5 — | 6 — | 7 — | 8 — |
| Wachs, gelbes oder weißes | dto. | 12 — | 15 — | 18 — | 22 — |
| Wallrath roher | dto. | 4 50 | 6 — | 7 — | 8 — |
| Wallrath gereinigter | dto. | 9 — | 12 — | 14 — | 16 — |
| Stearinkerzen, Stearin- und Margarinsäure, sowie andere zum Ersatz für Wachs dienende Substanzen | dto. | 10 — | 13 — | 15 — | 16 — |
| **Futterstoffe.** | | | | | |
| Heu, Esparsette, Klee, Luzernerklee und andere Futterstoffe. (13) | dto. | „ 30 | „ 40 | „ 50 | „ 55 |
| Stroh jeder Art | dto. | „ 25 | „ 30 | „ 35 | „ 45 |

| …ädten. | | |
|---|---|---|
| …Seelen. | über 100000 Seelen. | Bemerkungen. |
| …lasse. | 6. Klasse. | |
| C. | Fr. C. | |
| 20 | „ 25 | (8) Eingesalzener Kabeljau, eingesalzene Makrelen, Stockfische, saure oder eingesalzene Häringe können nicht besteuert werden. |
| 10 | „ 10 | |
| 20 | 2.20 | |
| 15 | „ 15 | (9) Die Austern von Ostende und von Marennes können doppelt besteuert werden. |
| 30 | „ 30 | |
| 10 | „ 10 | |
| 10 | „ 10 | |
| 15 | „ 20 | |
| — | 16 — | |
| — | 6 — | |
| 50 | 1 80 | (10) Zertrümmertes Schiffholz und dergleichen Bretter werden als weiches Brennholz besteuert. |
| 20 | 1 40 | |
| 50 | 2 50 | |
| — | 2 — | |
| 40 | „ 40 | |
| 40 | „ 40 | |
| 30 | „ 30 | (11) Das im Innern der Städte aus versteuerten Kohlen bereitete Coaks ist von der Abgabe befreit. |
| 45 | „ 45 | |
| 20 | „ 20 | |
| — | 10 — | |
| — | 5 — | |
| — | 10 — | (12) Talg in rohem Zustande oder in Blöcken darf nur mit 1/5 des Satzes für geschmolzenen Talg besteuert werden. |
| — | 10 — | |
| — | 25 — | |
| — | 9 — | |
| — | 18 — | |
| — | 21 — | |
| 60 | „ 80 | (13) Grüne Futterkräuter können nicht besteuert werden. |
| 50 | „ 60 | |

| Benennung der Gegenstände welche mit dem Ottroi belegt werden können. | Maßstab, Gewicht oder Stückzahl. | Maximalsatz in d | | | |
|---|---|---|---|---|---|
| | | von 4000 Seelen u. darunter. 1. Klasse. | von 4001—10000 Seelen. 2. Klasse. | von 10001—20000 Seelen. 3. Klasse. | von 20001—50000 4. Kl |
| | | Fr. C. | Fr. C. | Fr. C. | Fr. |
| Hafer | 100 Kilogr. | „ 80 | 1 — | 1 20 | 1 7 |
| | 1 Hektoliter. | „ 35 | „ 45 | „ 55 | „ 8 |
| Kleie und Gries | 100 Kilogr. | „ 65 | „ 80 | 1 — | 1 5 |
| | 1 Hektoliter. | „ 20 | „ 20 | „ 25 | „ 4 |
| Gerste | 100 Kilogr. | — | „ 50 | „ 70 | „ 8 |
| | 1 Hektoliter. | — | „ 30 | „ 45 | „ 5 |
| **Baumaterialien.** | | | | | |
| Kalk und Mörtel jeder Art (14) | 100 Kilogr. oder 1 Hektoliter. | „ 15 | „ 25 | „ 30 | „ 4 |
| Cement jeder Art | 100 Kilogr. | „ 45 | „ 80 | „ 90 | 1 2 |
| | 1 Hektoliter. | „ 25 | „ 50 | „ 55 | „ 7 |
| Gyps | 100 Kilogr. oder 1 Hektoliter. | 0 20 | „ 30 | „ 40 | „ 5 |
| Bruchsteine, verarbeiteter Gyps, Pflastersteine und Mühlsteine von jeder Größe, bearbeitet oder unbearbeitet | Cubikmeter. | „ 25 | „ 35 | „ 45 | „ 5 |
| Quadersteine, harte | dto. | 1 — | 2 — | 2 50 | 3 - |
| Quadersteine, weiche | dto. | „ 80 | 1 60 | 2 — | 2 4 |
| Steinplatten u. Steinfließen jeder Art | Quadratm. | „ 15 | „ 25 | „ 40 | „ 6 |
| Marmor und Granit (15) | Cubikmeter. | — | 6 — | 10 — | 12 - |
| Eisen jeder Art, Zink, Blei, Kupfer, Gußwaaren — zum Häuserbau bestimmt, geformt oder ungeformt (16) | 100 Kilogr. | — | 1 50 | 2 — | 2 5 |
| Dachschiefer | das Tausend. | 2 — | 3 — | 3 — | 3 5 |
| Backsteine, Dachziegel, Thonfließen, Schornsteinhauben, Röhren und Töpferwaaren zum Häuserbau bestimmt | dto. | 1 50 | 2 — | 2 70 | 3 - |
| Thon, Letten, Sand, Bauschutt und Kies (17) | Cubikmeter. | „ 15 | „ 20 | „ 25 | „ 3 |
| Bearbeitetes Werk- oder Nutzholz, hartes | dto. | 2 — | 3 — | 4 — | 4 5 |
| Bearbeitetes Werk- oder Nutzholz, weiches (18) | dto. | 1 50 | 2 25 | 3 — | 3 5 |
| Holz mit der Rinde, hartes | dto. | 1 50 | 2 25 | 3 — | 3 5 |
| Holz mit der Rinde, weiches | dto. | 1 20 | 1 80 | 2 25 | 2 6 |
| Fensterglas | 100 Kilogr. | 1 — | 1 50 | 2 — | 2 5 |
| Spiegelglas | dto. | — | — | 6 — | 7 5 |
| **Verschiedene Gegenstände.** | | | | | |
| Seifen (19) | 100 Kilogr. | — | 4 — | 6 — | 8 - |
| Firnisse jeder Art, jedoch nicht alkoholhaltige, Blei- und Zinkweiß u. andere Farben; Essenzen jeder Art, flüssiger Theer, Rückstände von der Gasbereitung und andere als Essenzen verwendete Flüssigkeiten | 100 Kilogr. oder ein Hektoliter. | 2 — | 4 — | 6 — | 8 - |

| …dten. | | |
|---|---|---|
| …Seelen. …affe. | über 100000 Seelen. 6. Klasse. | Bemerkungen. |
| C. | Fr. C. | |
| — | 2 50 | |
| )0 | 1 15 | |
| 30 | 2 — | |
| 40 | „ 50 | |
| 25 | 1 50 | |
| 30 | 1 — | |
| 40 | „ 45 | (14) Kalk- oder Gypssteine werden nach Maßgabe ihres Kalk- oder Gypsgehalts besteuert. |
| 60 | 1 60 | |
| — | 1 — | |
| 60 | „ 70 | |
| 60 | „ 65 | |
| 50 | 3 50 | |
| 80 | 2 80 | |
| 65 | „ 65 | (15) Falls die Ermittelung des kubischen Inhalts von Marmor Schwierigkeiten bietet, so wird die Abgabe nach dem Gewicht erhoben und zwar nach dem Verhältniß von 2700 Kilogr. für den Kubikmeter. Marmor, welcher als Bestandtheil von Möbeln eingeht, kann nur nach dem Satze für Möbel besteuert werden. |
| — | 15 — | |
| 50 | 2 50 | (16) Für Kupfer kann der Steuersatz verdoppelt werden. |
| — | 4 — | |
| 50 | 4 — | |
| 35 | „ 40 | (17) Sand, Kies und Bauschutt, der zur Herstellung und Ausbesserung der öffentlichen Straßen bestimmt ist, bleibt von den Abgaben befreit. |
| — | 5 50 | |
| 75 | 4 — | (18) Latten, Geländer, Schindeln, Pfähle, Gitter, Stangen jeder Art können wie weiches Holz und nach dem Hundert besteuert werden, unter Berücksichtigung des Verhältnisses zu einem Cubikmeter. |
| 75 | 4 — | |
| 80 | 3 — | |
| — | 4 — | |
| — | 12 — | |
| — | 8 — | (19) Für Parfümerien, Seifen, können die Abgaben auf das Dreifache erhöht werden. |
| — | 9 — | |

**5. Juli 1872.** — Ges. betr. das Verfahren bei Zuwiderhandlungen gegen die Zollgesetze und die Gesetze über die indirekten Steuern. (G. E. L., S. 465.) (1)

§ 1. . . . .

Auf Zuwiderhandlungen gegen die Oktroigesetze finden die Bestimmungen dieses Gesetzes nur dann Anwendung, wenn die Oktroikontravention mit einer diesen Bestimmungen unterworfenen Steuerkontravention zusammentrifft. (2)

. . . . .

§ 27. (3)

**15. Juli 1872.** — Ges. betr. die Steuerfreiheit des verzollten ausländischen Weins und Obstweins in E. L. (G. E. L., S. 562) (4)

**25. Juni 1873.** — Ges. betr. die Einführnng der Verfassung des Deutschen Reichs in E. L. (G. E. L. S. 131)

. . . . .

§ 5. Die Beschränkungen, welchen die Erhebung von Abgaben für Rechnung von Kommunen nach Art. 5 des Zollvereinigungsvertrags vom 8. Juli 1867 (Art. 40 der Verfassung) unterliegt, finden auf die in Elsaß-Lothringen bestehenden Bestimmungen über das Oktroi bis auf Weiteres keine Anwendung. (5)

. . . . .

(1) Z. vgl. die Vorbemerkungen zu dem Abschnitt „Strafverfahren" Bd. I, S. 175.

(2) V. vom 4. November 1875, I. 15922 (die H. Z. u. H. St. Aemt. sollen Anzeigen wegen Oktroivergehen zur strafrechtlichen Verfolgung an die Bürgermeistereien abgeben).

(3) s. Bd. I, S. 197.

(4) s. S. 495.

(5) Nach § 1 des Ges. vom 15. Juli 1872 ist indessen der verzollte ausländische Wein bei der ersten Einlage vom Oktroi befreit.

# Chronologisches Inhaltsverzeichniß.

# Alphabetisches Inhaltsverzeichniß.

MIX
Papier | Fördert gute Waldnutzung
FSC® C083411

Kolibri 360 GmbH
Ferdinand-Jühlke-Straße 7
99095 Erfurt, Deutschland
produktsicherheit@kolibri360.de